景印香港
新亞研究所

新亞學報

第一至三十卷

第三九冊・第二十八卷

總策畫 林慶彰 劉楚華
主　編 翟志成

景印香港新亞研究所《新亞學報》（第一至三十卷）

景印本・編輯小組

總 策 畫

林慶彰　劉楚華

主 編

翟志成

編輯委員

卜永堅　李金強　李學銘　吳　明　何冠環

何廣棪　張宏生　張　健　黃敏浩　劉楚華

鄭宗義　譚景輝

編輯顧問

王汎森　白先勇　杜維明　李明輝　何漢威

柯嘉豪（John H. Kieschnick）科大衛（David Faure）

信廣來　洪長泰　梁元生　張玉法　張洪年

陳永發　陳　來　陳祖武　黃一農　黃進興

廖伯源　羅志田　饒宗頤

執行編輯

李啟文　張晏瑞

（以上依姓名筆劃排序）

景印香港新亞研究所 《新亞學報》 （第一至三十卷）

景印香港新亞研究所《新亞學報》第三九冊

第二十八卷　目次

當代新儒家的興起及其文化貢獻——紀念唐君毅、牟宗三二先生誕生百周年	蔡仁厚	頁 39-9
唐、牟二先生之陽明學——兼論朱陸異同	李瑞全	頁 39-21
〈中國文化與世界宣言〉之啟示——論聯署發表及共同參與撰寫之意義	黃兆強	頁 39-33
法國新儒家領域之研究	岑詠芳	頁 39-55
唐、牟二師對禪學開顯的處理述異	李潤生	頁 39-75
從佛教體用義之衡定看唐、牟之分判儒佛	吳　明	頁 39-97
唐、牟二先生論荀子	鄭炳堅	頁 39-119
讀唐君毅《大學》改本	黃漢光	頁 39-129
唐君毅先生的文化理想與實踐	劉國強	頁 39-147
唐君毅論荀子之統類心	張　倩	頁 39-163
忠義與報恩：中國祠廟文化的教育意義——以臺灣韓文公祠為例	柯萬成	頁 39-179
讀唐君毅先生《日記》叢札	李學銘	頁 39-191

比較牟宗三先生對天台圓教及郭象玄學的詮釋	楊祖漢	頁 39-211
牟宗三先生的存有論意識——從《五十自述》第三章「直覺的解悟」談起	李淳玲	頁 39-231
理智的直觀與智的直覺	盧雪崑	頁 39-247
據牟宗三先生的觀點判辨劉宗周的「意體」	陳敏華	頁 39-269
牟宗三先生詩學格調說管窺	劉衛林	頁 39-291
牟宗三先生論政道與治道	宋敘五	頁 39-309
《乾隆石經》考述	何廣棪	頁 39-317
論東漢之「事歸臺閣」與「權移外戚」	李學銘	頁 39-349
香蕉、茶葉與臺日貿易	陳慈玉	頁 39-375
張君勱之非理性主義、反理性主義與浪漫主義及其自我反省	葉其忠	頁 39-415
陳柱《公羊》學中的反戰論	盧鳴東	頁 39-499
〈賀萬壽詩〉之異文、用韻與修辭——以越南文獻為考察焦點	朱少璋	頁 39-521
讀阮刻本《尚書注疏》——兼論相關問題	宗靜航	頁 39-545
王筠《說文句讀》字義研究闡釋	馬顯慈	頁 39-577

新亞學報

第二十八卷

新亞研究所

景印香港新亞研究所《新亞學報》（第一至三十卷）

景印本・第二十八卷

第二十八卷

新亞學報

新亞研究所

景印香港新亞研究所《新亞學報》（第一至三十卷）

《新亞學報》學術顧問

王爾敏　宋　晞　李潤生　李豐楙　吳宏一　陳永明
陳祖武　張玉法　湯一介　單周堯　廖伯源　趙令揚
劉昌元　錢　遜　饒宗頤

（按姓氏筆畫為序）

《新亞學報》編輯委員會

鄺健行　（主席）
李學銘
莫廣銓

NEW ASIA JOURNAL EDITORIAL BOARD

KWONG Kin-hung　(Chairman)
LEE Hok-ming
MOK Kwong-chuen

景印香港新亞研究所《新亞學報》（第一至三十卷）

新亞學報第二十八卷

目　錄

上編：唐君毅、牟宗三先生百周年誕辰紀念國際學術研討會論文

一　蔡仁厚　當代新儒家的興起及其文化貢獻
　　　　　　── 紀念唐君毅、牟宗三二先生誕生百周年 ……………… 1

二　李瑞全　唐、牟二先生之陽明學
　　　　　　── 兼論朱陸異同 …………………………………………… 13

三　黃兆強　〈中國文化與世界宣言〉之啟示
　　　　　　── 論聯署發表及共同參與撰寫之意義 ………………… 25

四　岑詠芳　法國新儒家領域之研究 …………………………………… 47

五　李潤生　唐、牟二師對禪學開顯的處理述異 …………………… 67

六　吳　明　從佛教體用義之衡定看唐、牟之分判儒佛 …………… 89

七　鄭炯堅　唐、牟二先生論荀子 ……………………………………… 111

八　黃漢光　讀唐君毅《大學》改本 …………………………………… 121

九　劉國強　唐君毅先生的文化理想與實踐 ………………………… 139

一〇　張　倩　唐君毅論荀子之統類心 …………………………………… 155

一一　柯萬成　忠義與報恩：中國祠廟文化的教育意義
　　　　　　　── 以臺灣韓文公祠為例 …………………………… 171

一二　李學銘　讀唐君毅先生《日記》叢札 …………………………… 183

一三　楊祖漢　比較牟宗三先生對天台圓教及郭象玄學的詮釋 ……… 203

一四	李淳玲	牟宗三先生的存有論意識	
		—— 從《五十自述》第三章「直覺的解悟」談起 …………	223
一五	盧雪崑	理智的直觀與智的直覺 ………………………………	239
一六	陳敏華	據牟宗三先生的觀點判辨劉宗周的「意體」 ………	261
一七	劉衛林	牟宗三先生詩學格調說管窺 ………………………	283
一八	宋敘五	牟宗三先生論政道與治道 …………………………	301

下編：其他論文

一九	何廣棪	《乾隆石經》考述 …………………………………	309
二〇	李學銘	論東漢之「事歸臺閣」與「權移外戚」 ……………	341
二一	陳慈玉	香蕉、茶葉與臺日貿易 ……………………………	367
二二	葉其忠	張君勱之非理性主義、反理性主義與	
		浪漫主義及其自我反省 …………………………	407
二三	盧鳴東	陳柱《公羊》學中的反戰論 ………………………	491
二四	朱少璋	〈賀萬壽詩〉之異文、用韻與修辭	
		—— 以越南文獻為考察焦點 ……………………	513
二五	宗靜航	讀阮刻本《尚書注疏》	
		—— 兼論相關問題 ………………………………	537
二六	馬顯慈	王筠《說文句讀》字義研究闡釋 …………………	569

當代新儒家的興起及其文化貢獻
—— 紀念唐君毅、牟宗三二先生誕生百周年

蔡仁厚*

弁言

二十世紀是中華民族最倒運的世紀，也是剝極而復、起死回生的世紀。從五四開始反傳統，反儒家，到文化大革命批孔揚秦，中華民族的衰運已到盡頭（無以復加）。於是「否」極而「泰」來，從四人幫垮台到改革開放，神州大地的價值取向，出現大的迴轉，士民同心，一步步重新肯認文化傳統與孔子之道。中共一向緊抓「人民」二字，而事實上要到近一二十年，才漸漸體察民意，與天下士民走歸一路。

當代新儒家，沒有憑藉，沒有權勢，只憑良知天理，丹心血誠，為歷史運會爭剝復，為文化生命爭出路。當五四高喊打倒孔家店時，梁漱溟氏挺身出來講孔子（生命化孔子）。熊十力氏面對時風學風之卑陋，決志學術一途。他秉持孤懷弘識，自造《新唯識論》，撰著《讀經示要》，以精神力迫使可造之才接上文化傳統以開啟生命之新途徑。此二老者，一人倡導，一人開山。接下來新儒家第二代的核心人物，自以唐君毅、牟宗三兩位先生最為代表。（加上徐復觀先生，合為熊門三賢。）

當 1949 年大陸變色之際，熊先生年事已高，仍留北大。唐先生則自廣州到香港，與錢穆先生等創辦新亞書院，後合為中文大學，又辦新亞研究所，唐先生皆精誠貫徹，堅守不移。在民族文化生命「花果飄零」之時，堅持「靈根自植」，以「重建人文精神」為職志。同一年，牟先

---

*臺灣東海大學榮譽教授。

生在廣州拜別熊先生後而隻身赴台，先後在台灣師大、東海大學任教。之後應香港大學之聘前往講學。八年後轉中文大學。及退休，任新亞研究所導師。又應教育部之約，在台灣大學任客座，並先後開講於台灣師大、東海大學與中央大學。十餘年間，台港來回，兩地講學，重新開顯了儒門講學的新氣象。（牟先生之講錄，陸續由盧雪崑教授整理出版。）綜觀唐牟二先生之講學與著述，確然為當代新儒家的思想架構與價值方向，奠立了不拔之基。

在此，還有一事必須一提，是即 1958 年由唐先生執筆，以「牟宗三、唐君毅、徐復觀、張君勱」四位先生聯名發表之《中國文化與世界》宣言。這篇宣言，事實上就是當代新儒家文化立場之宣示。凡宣言中所言及之意與所論及之事，皆屬第三期儒家的價值內容，也是炎黃子孫所應共向努力的目標。而近一二十年來，神州大陸的文化價值之取向，也隱隱然是這篇宣言的精神為導引，而開顯出「人同此心，心同此理」的人文理想之嚮往。質言之，宣言中內聖外王新三統（道統、政統、學統）的實踐，也正是中國文化復興的總綱領。人若不再有偏見，不再有意識型態作祟，則這篇宣言，應可成為大家的共識。

一、 重建人文精神，反對以馬列取代孔子

我曾指出，唐先生的書，可分為三個階段。第一階段有三部書：《人生之體驗》《道德自我之建立》《心物與人生》。這三部書有一個總名，叫做「人生之路」。由第一階段主觀的道德生活之反省，注意到社會文化的重要，而看出各種社會文化的活動，如家庭、教育、經濟、政治、科學、哲學、文學藝術、宗教信仰，乃至於體育、軍事，皆有道德理性貫注運行於其間。現實中的各種社會文化之活動，都不自覺或超自覺地表現出道德的價值。整個人文世界都可以統攝於道德理性的主宰之下，是即唐先生另一部書《文化意識與道德理性》之中心觀念。由這部

理論性的書作一個過渡的橋樑，再向前開擴發展，便是第二階段的著作。

第二階段有四部書。第一部《中國文化之精神價值》，書中引申中國哲學的智慧，來論述中國文化的精神價值。這是民國以來通論中國文化最好的一部書。再來是《人文精神之重建》和《中國人文精神之發展》。此二部書從客觀的社會文化之觀點，來討論我們當前所遭逢的有關民主自由科學與社會生活、社會道德以及宗教精神、人類和平、世界悠久等等的問題。上述三部書代表唐先生全幅生命性情的發皇，和思想領域的擴大升進，真正達於「沛然而發，莫之能禦」的境地。牟先生在悼念文中曾引《莊子·天下篇》的話：「彼其充實不可以已……其於本也，弘大而闢，深閎而肆；其於宗也，可謂調適而上遂矣。」認為這幾句話，正可作為唐先生這幾部書的寫照。同時還告訴青年朋友要細讀這幾部不朽的著作以敦篤自己的性情，恢弘自己志氣，提高自己的理想。另外還有一部後來輯印的《中華人文與當今世界》，在性質上可以看做上述各書的衍展和引申。

以上幾部著作的核心旨趣，就是要重建人文精神。在世界各大文化系統中，最能表現人文精神的，莫過於儒家。唐先生指出道家自然無為，是超人文的；墨家著眼現實之功利，隔斷人文精神之開展，是次人文的（不好說墨家反人文，它只是不及，故為次人文）；法家以富國強兵為唯一的價值目標，貶視甚且扼殺人文價值，它是反人文的。在諸子之中，只有儒家是人文的，而且是全幅肯定人文價值，並以全幅心力表現人文精神，以開顯人文世界之全領域。

文革之時，有儒法之鬥爭。其實，只是法鬥儒，而儒家一路挨打，何來力量鬥法家？而中共的立場是「批孔揚秦」，揚秦就是挺法家。法家「以法為教，以吏為師」，中共「以馬列為教，向幹部學習」，二者是一樣的。二者皆與儒家「以經典為教，以聖賢為師」之精神迥不相同。二者皆是反人文的。崇馬列者，自必批孔。但孔子是聖人，聖人是

人倫之至，是人格世界最高的型範。故「聖人不能批」。這是文革幹部逼梁漱溟氏批孔時，梁氏輕輕說出的答話。這輕輕的答話，卻有千鈞之重，如泰山之不可搖動。這不可動搖的立場，說出來就是「反對以馬列取代孔子」。這是儒者共同的立場，永世不變。同樣的道理，如果基督徒要以耶穌取代孔子，也同樣不可。印度來的佛教，並沒有要求以佛陀取代孔子，故能久居中土，與儒家主客相敬。

二、「性、道、教」與心靈九境

唐先生第三階段的著作是《中國哲學原論》（含導論篇、原性篇、原道篇、原教篇）。在這幾本大書裡，唐先生是通貫中國哲學演進發展的全部過程，來申論（1）中國「心性」思想的發展。（2）中國「道」這個觀念的建立與發展。（3）宋明儒思想（聖人之教）的發展。這種大規模的學術思想之疏導工作，只有二個人做出來，那就是唐先生和牟先生。二位先生寫作的方式和著重點，不盡相同。牟先生的書，以透顯義理的骨幹和思想架構為主，比較著重於「同中見其異」，以使中國學術的義理綱維和思想系統，得以釐清和確立。這是講哲學史和哲學系統的立場。唐先生的書，則以通觀思想的承接與流衍為主，重在「異中見其同」，藉此以通論文化慧命之相續，以顯示承先啟後的文化生命之大流。這是重視哲學思想之交光互映和相續流衍的立場。

最後，唐先生還有《生命存在與心靈境界》，這是一部總結性的書，一方面是要解答形上學和知識論所引生的種種問題，一方面則依於生命三向，開出心靈九境。

（1）初三境為「萬物散殊境」、「依類成化境」、「功能序運境」，三者重在客體，都是「覺他境」。

（2）中三境為「感覺互攝境」、「觀照凌虛境」、「道德實踐境」，三者以主攝客，都是「自覺境」。

（3）後三境為「歸向一神」的神教境，「我法二空」的佛教境，「天德流行」的儒教境。三者皆為「超自覺境」，超越主客之相對，是「以主為主」的絕對主體境。

唐先生在文化學術上的貢獻是多方面的。綜而言之，可有三端：

第一是真切深微的道德宗教之體驗：對於人生和道德宗教體驗之深微真切，當世鮮有其匹。他所開發的人生智慧、人生理想、人生方向，就好比一面大鏡子，我們應藉這面鏡子時時照察自己，惕勵向上，以創造生命的意義和價值。

第二是深厚強烈的文化意識：牟先生在哀悼文中，稱唐先生為「文化意識宇宙中的巨人」。文化意識宇宙，是由中國文化傳統而開出的宇宙，是由夏商周三代文質損益，再通過孔孟內聖外王成德之教而開闢出來的。像宋明理學大家以及晚明顧、黃、王三大儒，都是文化意識宇宙中的巨人。而唐先生則是現時代的文化意識宇宙中的巨人。唐先生的生命格範，由他相知最深的老友牟先生表彰出來，唐先生在天之靈，也可以得到深切的安慰了。

第三個是周流貫徹的會通精神：遠在抗戰之時，唐先生就曾對牟先生說，你的思想是架構型的，我的思想是音樂型的。音樂型的特徵，在於思想觀念之層層發展，有如交響樂的旋律層層引出而齊奏和鳴。唐先生還表示，他願意使自己的哲學思想，成為一條人人可以往來行走的橋樑或通路。有了唐先生這種寬平坦蕩的胸懷，然後乃能善視各種學術思想，而一一安排其位次序列，使之交融會通而相輔相成。

三、表述儒釋道三教，暢通文化慧命

中國的哲學思想，首先是指先秦諸子。但諸子百家的思想，只有儒道二家有發展，有傳承。在兩千年的演進發展中，儒家道家與印度傳來的佛教，成為中國哲學思想的三大支柱。但魏晉玄學如何重視老莊的智

慧？中華民族對於佛教的教義系統是如何吸收的？其吸收的過程如何？同時，中國人又是如何消化佛教的？天台、華嚴、禪在中國開宗的意義又是什麼？我們能夠站在中國哲學史的立場，作出相應中肯的講論和脈絡分明的表述嗎？在這些問題沒有得到中肯適切的解答之前，文化的慧命將很難明通順達。

中國文化以儒聖之學為主流，以諸子百家為旁枝，而秦漢以降，復有其大開大合之發展，是即魏晉玄學、南北朝隋唐佛學、宋明理學三階段。但近三百年來，學失其統，對於三教大義，很少有人能總其要歸。若進而求能表述三教義理衍展之關節者，更是絕無而僅有。直到二十世紀的下半，牟先生先後撰著《才性與玄理》、《佛性與般若》、《心體與性體》三部書，以釐清其演進發展之義理脈絡，分判其異同分合的思想系統，使三教義理價值，煥然復明於世，而今後講述中國哲學史時，其上下通貫的綱領條脈，也將可以得到簡明順適的說明。

說到這裡，乃可了解為什麼二十世紀以來，我們一直沒有一部像樣的《中國哲學史》。其最基本的原因，就是我們對數千年文化生命開合發展的過程，一直說不明白；對魏晉玄學系統，對佛教的教義宗趣，以及中土對佛教的吸收與消化，一直理解不深入、不中肯。有關宋明理學的開展承傳與分化，也欠缺恰當相應的了解。在如此情形之下，當然無法出現一部像樣的《中國哲學史》。（這是學術界的共同責任，不只是著作者之過。）

牟先生表述儒釋道三教的義理系統，最大的貢獻就是暢通了中華民族的文化慧命。使我們生命可以從現在返本溯源，越過「民族生命受挫折，文化生命受歪曲」的滿清三百年，而直從晚明顧、黃、王三大儒，而宋明理學，而南北朝隋唐之佛學，而魏晉之玄學，而兩漢之儒學（經學），而先秦諸子，再上通二帝三王（堯舜禹湯文武周公），並通慧於伏羲炎黃。如此，整個民族文化生命都暢通了。

文化生命暢通之後，我們就可以在文化生命的大動脈上，來講述中

國哲學史的開合發展，以及新儒新三統的全面實踐。

四、開立三統，為內聖外王開創新途徑

儒家「以內聖為本質，以外王表功能」。內聖成德，聖聖相傳，形成「道統」。外王事功，則通向政治，推行仁政。這是由內聖通外王。就治道而言，修德愛民之政，當然很好。但中國傳統政治有三大困局，一直未能從客觀法制上得到解決：第一是改朝換代，治亂相循；第二是君位繼承，骨肉相殘；第三是宰相地位，受制於君。總起來看，就會發現中國傳統政治「只有治道而無政道」。宰相制度可以代表治道（治權運作的軌道）。而政權轉移的軌道（政道），卻從未客觀法制化。（1）禪讓靠德，不是制度。（2）世襲是制度，但只是家天下的制度，不合儒家天下為公的要求，所以儒家又講革命。（3）革命不是制度，而且湯武革命的結果仍然是家天下。至於（4）秦漢以後的打天下，那是武力解決，當然更不合乎理性。不過，我們也不必自貶。因為「政道」的客觀建立，乃是人類共同的問題。在西方也要到十八世紀才算解決，比我們早二三百年而已。

政治型態的演進，是從貴族政治到君主政治，再到民主政治。就政治型態的演進而言，它自成一個統緒，可名之曰「政統」。政統屬於外王，而外王不限於政治。因為外王事功的成就，也關乎知識技術。《易繫辭》有所謂「開物成務」（開發天下物資，成就天下事務）。又說聖人「備物致用，立成器以為天下利」。可見儒家先聖並沒有忽視科技之用。只因為農業社會對於科技的需要性並不迫切，而以中國人之勤勞聰明，也能夠隨時發明農業需要的器械之用。所以以儒家為主的學問傳統，不同於希臘傳統的知識之學，而是著重人品教養的「生命的學問」。於是儒聖的學問，通名之為「道統」，也同時以「學統」稱之。道是聖人之人道，學也是聖人之學。

這樣一來，中國文化偏重於德，而成就了道統的光輝；卻忽視了客觀獨立的學術（知識性的學問）。尤其在近代西方科技文明突飛猛進之情形下，中國文化就顯得落後了。五四運動打出「民主」「科學」的旗幟，是對的。但從「五四」看來，「民主、科學」只是口號，並不落實。當時人認為中國文化根本沒有民主，沒有科學，所以要拋棄傳統，「全盤西化」。到今天，時間過去快一個世紀了，而沿五四下來的知識分子，無論科學家或非科學家，都沒有人曾經探討「中國文化與民主科學，儒家思想與民主科學」的問題。中華民族的文化生命，一定走不上民主政治的道路嗎？中華民族的文化心靈，一定發展不出科學技術嗎？必不然矣。無論從觀念思想或文化心態看，中國文化（儒家思想）與民主科學之間，實無所謂「相逆的衝突」，而可以有「相順的發展」。其中本末先後、畸重畸輕的問題，以及文化心靈的表現形態，都可以自覺地隨時宜與事宜而加以調整。以前沒有的，今後可以創發出來。這是文化演進發展很平實的道理。為什麼沒有人加以說明呢？

牟先生的《歷史哲學》、《政道與治道》以及《道德的理想主義》，已對傳統中國文化中何以沒有民主科學？以及今後將「如何開出民主政治，如何發展科學技術」的思路和實踐，都作了深入而中肯的疏導。簡言之，依牟先生之說，「道統」屬於內聖方面，它是恆常的，要永續光大。「政統」「學統」是儒家外王的新內容。順「政統」而開出政道，完成民主政治的實踐。循「學統」而重視客觀之知識，調整文化心靈的表現形態，由德性主體開顯知性，以發展科學。

我在 2001 年，第六屆當代新儒家國際會議結束之後，寫了一篇〈新儒三統的實踐問題〉，發表於《鵝湖月刊》319 期，隨即編入拙著《新儒家與新世紀》（學生書局出版）。該文分為「道統方面的實踐」、「政統方面的繼續」、「學統方面的發展」三節進行討論。可供參看。

五、融攝西學，為中西哲學開顯會通之路

　　牟先生指出，人類的文化，或（1）由「綜和的盡理之精神」，表現「道德的主體自由」，使人成為「道德的」或「宗教的」存在。（如聖賢君子、忠孝節義、宗教教主、高僧聖徒）。或（2）由「分解的盡理之精神」，表現「思想的主體自由」以及「政治的主體自由」；前者使人成為「理智的存在」（如思想家、科學家），後者使人成為「政治的存在」（人作為權利義務的主體，即是政治的存在，也即「公民」這個觀念所表述者。）

　　進一步，牟先生又創用「理性的運用表現」與「理性的架構表現」，來對顯中西文化之特色。中國文化生命的特色，是理性的運用表現，而運用表現正是「綜和的盡理之精神」下的方式。西方是理性的架構表現，而架構表現又正是「分解的盡理之精神」下的方式。如此比配一下，可以使意思更為顯豁。

　　另外，牟先生在《心體與性體》書中，又有宋明理學三系之分判。首先是疏導「性理」的全義與偏義。全義的性理「即存有即活動」，偏義的性理「只存有而不活動」。而心性的關係，除了「心性是一」、「心性為二」，還有「以心著性」。而工夫進路之不同，或為縱貫的逆覺體證，或為橫攝的認知順取。前者即康德所謂「自律道德」，後者則為「他律道德」。這些分判都是很深透的。對於中西哲學之詮釋和融通，也可以使其思理更清晰，脈絡更條貫。

　　牟先生晚年，在譯註康德三大批判的過程中，正視了康德的洞見之重大意義，亦見到知性之存有論的性格之不可廢，並依據中國的傳統，肯定「人雖有限而可通無限」，「人可有智的直覺」。由中國哲學傳統與康德哲學之會合，而激出一個浪花，乃更能見出中國哲學傳統之意義與價值，以及其時代的使命與新生，並由此而看出康德之不足。牟先生說他「步步學思，步步糾正，步步比對，步步參透」，參透到《現象與

物自身》寫成，而後覺得灑然。

依牟先生的疏導，「現象」與「物自身」只是一物之兩面，只是兩種不同的表現而已。（物自身並非一個事實概念，而是一個有價值意味的概念，它就是物之本來面目，物之實相。所以，「物自身」乃是一個「朗現」。）人的行動，是現象，也可以是物自身。但康德一說到行動，就把行動歸屬於現象，而忘懷行動本身除了現象的身分，也同時有物自身的身分。康德說得太快，一下子就滑到現象界，因此，他的哲學體系，只能說是「一心開一門」。它只開感觸界的生滅門，而未能開出智思界的真如清淨門。如依中國的哲學傳統，則可直接肯定人類心靈可以開出兩層存有論。在此，牟先生借取佛教《大乘起信論》「一心開二門」之架構，來綜括兩層存有論。他融攝儒道佛三教的精髓，打通中西哲學的隔閡，再以創發性的詮釋，賦予「一心開二門」以新的意義和新的功能（不只用於修持，更擴大到哲學與文化之全體）。此步工作，實已為中西哲學開顯一條交會融通的坦途。

最後，有一部書可以代表哲學系統的究極完成，即就是《圓善論》。將圓滿的善（德福一致）看做一個問題，是來自西方；而正式提出解答，則始自康德。但康德的解答，是依基督教的傳統而做成。即，由肯定一個人格神的上帝，再由上帝對於懲罰與酬報之平均分配，來保證宇宙之公道（福德一致）。但這個解答不能算是圓滿而真實的解決。用佛教詞語來說，康德的解答只是別教中的解決。牟先生依於圓教的義理。以天台判教的智慧為準，首先疏通向秀郭象注《莊子》而確立道家之圓教。其次，疏通儒家發展到王學之四有四無，再回歸程明道之一本論，與胡五峯之同體異用，而確立儒家之圓教。圓教確立，用於圓善，則可獲得「圓善問題」之圓滿而真實的解決。

綜觀牟先生對「儒、道、佛」三教智慧系統的詮釋表述，對儒家外王學的充實開擴，對中國哲學史上諸多問題的省察，對中西文化會通的疏導，對西方哲學主流的核心著作之漢譯融攝，凡此等等，皆可看出他

縱貫古今、融通中外的思想規模。這樣，才真正是「古今中外，內聖外王」的大統合。

六、結論（新儒之判教）

在中國當代哲學界，有二位先生不約而同地做了比天台華嚴更深廣的判教工作，這就是唐先生和牟先生。

唐先生是通觀文化心靈活動的全部內容，而開列上文所說的九境，以分判人類文化中各種學術思想而及於「神教、佛教、儒教」的境界，這是一種廣度式的判教。

牟先生所做的，則採取較為精約而集中的方式，是就人類文化心靈最高表現的幾個大教來說話。他開出一個「判教與融通」的路道，認為中國儒道佛三教都能顯發自由無限心，以消除主客對立、能所對立，所以都是圓盈之教（儒為正盈，佛老為偏盈）。而西方宗教則是離教。因為主體與客體相隔離，所以是「證所不證能，泯能而歸所」的離教。牟先生依於正盈圓教的智慧，以融攝康德，並會通偏盈，以建立各大系統綜攝統一的軌轍。

在混亂低沉的二十世紀，當代新儒家能以判教的方式，開顯中西文化會通融攝的坦途，這不只是中國文化的「貞下起元」，也是人類文化融通會合的先聲。

景印香港新亞研究所《新亞學報》（第一至三十卷）

唐、牟二先生之陽明學 —— 兼論朱陸異同

李瑞全*

提　要

　　陽明學是宋明理學影響最重大的兩大學派之一，也是當代新儒學所最尊崇和繼承的大家。當代新儒學的兩位大師，唐君毅與牟宗三先生都有深論，奠立當代討論陽明學的基礎和方向。雖然兩位先生都是當代儒學巨擘，都歸宗宋明儒學，但對各家的評價和詮釋都各有不同，而文獻論據都很堅強和具有高度學術開創之成就與價值。王陽明哲學是其中一個典例。兩位先生對王陽明的基本評價可說相當接近，都認為是儒學的正宗，且早期亦多互相引證之處。但後期則有相當歧義和重點不同，很值得深入比較和見出兩種不同詮釋的洞見和影響。唐先生則重陽明與朱子之相繼處，對陽明學的評價相當一貫。而牟先生則重陽明之繼承孟子與象山之義理取向，又由於牟先生學術發展之階段，而對陽明學的論述亦有不同階段之重點。兩位先生對王陽明的詮釋和評價，又與對朱子哲學的詮釋密切相關，而二位先生對朱子或朱陸異同的論述，不但各有權威的論述，卻也是二位先生爭議最烈也最相逕庭的學術研究所在。因此，本文在論述二位先生之陽明學時，不免涉及二先生對朱子與陸象山之爭議和詮釋，此或有助掌握二先生之陽明學，以及廣義的宋明理學的評價和當代新儒學的哲學使命。

　　陽明學是宋明理學影響最重大的兩大學派之一，也是當代新儒學所最尊崇和繼承的大家。當代新儒學的兩位大師，唐君毅與牟宗三先生都

---

*國立中央大學哲學研究所教授。

有深論，奠立當代討論陽明學的基礎和方向。雖然兩位先生都是當代儒學巨擘，都歸宗宋明儒學，但對各家的評價和詮釋都各有不同，而文獻論據都很堅強和具有高度學術開創之成就與價值。王陽明哲學是其中一個典例。兩位先生對王陽明的基本評價可說相當接近，且早期亦多互相引證之處。但後期則有相當歧義和重點不同，很值得深入比較和見出兩種不同詮釋的洞見和影響。而兩位先生對王陽明的詮釋和評價，又與對朱子哲學的詮釋密切相關，而二位先生對朱子或朱陸異同的論述，不但各有權威的論述，卻也是二位先生爭議最烈也最相徑庭的學術研究所在。因此，本文在論述二位先生之陽明學時，不免涉及二先生對朱子與陸象山之爭議和詮釋，此或有助掌握二先生之陽明學，以及廣義的宋明理學的評價和當代新儒學的哲學使命。

程朱、陸王素被稱為宋明儒學之兩大主流和對立的學派。傳統上朱子被尊為集北宋理學之大成，而所編集之四書更在元代以後成為科舉考試之課本，因此，程朱被視為儒學之正統。在陽明未出之前，陸象山由於與朱子為主要的論敵，又被朱子強烈批評為流於禪，象山之學可說長期被忽略和誤解。此一情況到陽明以致良知教成為明代主流哲學之後，心學的傳統受到肯定，象山與陽明並列，方得到比較合理和重視的對待。然而，陽明固然稱頌象山，引為同道，但對象山仍有微言。而且，陽明對朱子之重視更遠勝象山，又編纂「朱子晚年定論」，以拉近朱子學與自己的距離。雖然此定論已被時人指出很多都是朱子少年早期之作，與晚年之發展與定型都不相類，但也可見陽明心切希望拉近兩者的距離，很有主觀調和之意。陽明此一主觀願望，也牽動對於陽明學的詮釋。此一表現，也影響了唐牟兩位先生對陽明學的詮釋焦點和定位。

1、 牟宗三先生之陽明學

牟先生之陽明學的基本特色在於運用西方的哲學區分，特別是康德

哲學於陽明哲學上，彰顯出陽明哲學的重要特色，並使得陽明學以及中國哲學的特色與優勝處，因而得以建立。牟先生對陽明學之詮釋可分為三個階段。在第一期中主要根據是《認識心之批判》一書的哲學基礎，這是牟先生第一期的康德學階段；第二期則進到《智的直覺與中國哲學》期間，牟先生重新消化康德，開始了第二期的康德學，特別是康德的道德哲學之自律模式；第三期是在建立天台宗之圓教模式之後，結合維根斯坦哲學之方法特色，即在《圓善論》之最後的反省，以圓教的視野評述陽明學的教義。以下分別進一步詳述牟先生在這三期陽明學中所著重的面相和詮釋上的特色。

　　牟先生第一期對陽明學之詮釋見於《宋明儒學的問題與發展》及《王陽明致良知教》兩書[1]。在陽明學的早期詮釋中，由於牟先生仍在第一期康德學，即《認識心之批判》期間，牟先生如一般西方當代哲學的主流，拒絕康德之現象與物自身之區分，因而亦未加以運用。但此期的詮釋已引進超越與內在之義，確認儒學核心概念，如仁體、良知等，基本上都是既超越又內在的普遍之心、性、理，支持陽明之心性、心理為一之義。牟先生並藉此指出朱子之性、理之說較偏於超越面，而少內在之義。超越而內在的義理是牟先生對中國哲學最重要和一貫的詮釋，也最能對顯出中國哲學與西方哲學之基本差異。同時，牟先生亦藉康德另一對概念，即形上的詮釋（metaphysical exposition）與超越的詮釋（transcendental exposition）之理念，轉化為形上的體證與超越的體證以

---

[1] 牟宗三，《宋明儒學的問題與發展》（台北：聯經出版公司，2003年），頁263。引文出自此書之「陸王一系之心性之學」部份。此原是牟先生於1956年發表於香港〈自由學人〉第一卷第1至第3期之長文，全文分為上中下三篇，中篇主要論述王龍溪之學。請參見該書楊祖漢之出版說明。《王陽明致良知教》則最初於1954年由台北中央文物供應社出版，現收入《牟宗三先生全集》（台北：聯經出版社）第八冊。

區分陽明之四有教與龍溪之四無說。牟先生認為陽明之四有教兩者兼備，而龍溪之四無則只有形上之體證，缺乏超越的體證。此解取自康德對於時空之形上詮釋與超越詮釋之區分。形上詮釋是說明該概念之「體」，即形上的意義，亦即存有上的地位；超越詮釋則是展示其「用」，用以說明此形上之體如何可用以說明經驗中一些先驗的或普遍於經驗的判斷，即超越而內在於經驗之用。牟先生認為陽明之四有教兩面圓足，方真為徹上徹下之教；而龍溪之四無說於良知心體之形上或先天之義特顯，但缺了往下貫徹之一面，此即所謂只對上等人為有效，不適於中、下等人之引接，亦因此而有流於虛玄而蕩之弊。牟先生此期並進一步申述陽明對見聞之知或一般科學知識之觀點，建立知識與道德之關係。牟先生指出倫理屬行為宇宙，知識與科技則屬知識宇宙，並以行為宇宙統攝知識宇宙，奠立德性之知的優先性，也開始有良知之自我坎陷之說，亦期由此以吸納朱子之動察靜養之認知工夫。此一部份不但保留在第二期之陽明學之詮釋中，也為唐先生引為同道之說【2】。

在此期，牟先生尚未有宋明儒三系之分，對朱子仍尊崇為儒家之正宗一脈，雖然已確認朱子不及陽明之真能繼承孔孟之教，且認為朱子之持敬之學亦必向陽明之致良知教作為歸趨，但仍只批評朱子為略偏，所謂偏向「理大心小」之弊而已。牟先生似依唐先生之中國哲學之詮釋為據，而多借引和互相發明之意。牟先生詮釋陽明學亦主要以朱子為對比，對象山之學幾乎不置一詞。此與唐君毅先生強調陽明學與朱學之關係，陽明對朱子之重視與受朱子之影響，遠超於象山的論點，相當一致。而唐先生於陽明之大學古本之研究上，亦徵引牟先生之由良知自我坎陷以衍生知識系統以為致良知教之輔助。此期間，兩位先生之互動頻密而互相輝映，共同推進宋明儒學之研究。

【2】參見唐君毅先生《中國哲學原論：原教篇》（香港：新亞研究所，1975 年）第十至第十二章「朱陸之學聖之道與陽明之致良知之道」。

李瑞全　唐、牟二先生之陽明學——兼論朱陸異同　　17

　　牟先生第二期的主要詮釋在《從陸象山到劉蕺山》一書，其時已經出版了奠定牟先生第二期康德學的《智的直覺與中國哲學》一書，和完成了《心體與性體》三大卷【3】。在這兩書中牟先生採用了康德的現象與物自身的區分，正式確立了中國哲學所論述的義理主要在物自身的一面。當然，牟先生已轉化了康德原來把智的直覺與物自身只限於上帝及其具有無限創造能力的一面，轉而以物自身為一具有無限價值意味之概念，是彰顯人之雖有限而可無限的依據，並由此論證儒家之良知、佛家之般若、道家之玄智等，都具有智的直覺的特性，可超脫康德之知性範疇之局限，而展現出事物之在其自己之真實相。牟先生以此區分說明陽明之「意之所在為物」與「明覺感應為物」之不同。後者所指之「物」乃指物之在其自己之物，前者所指之「物」則是現象意義之物。兩者同時含有行為物與存在物的意義。由此而顯出陽明學之精微處，得以通解陽明學中心、意、知、物之確實意義，彰顯良知之倫理與存有的地位。牟先生之詮釋使我們更由此而見出陽明之良知即天理，良知即宇宙生化的依據，良知即同時是天地萬物之存在之理等重要議題。良知之客觀性證立陽明並非巴克萊式之主觀唯心論。基本上，牟先生之陽明學詮釋幾獨立於朱學的傳統之外，以高度分解的方式申論陽明學的義理，貫徹陽明學之為一儒學傳統中的最明確的顯教，比諸象山之依孟子之學，以一心之申展方式來闡述儒學義理，更豐富多姿，義理圓融。牟先生並藉上述的觀點，分判陽明後學中的各種立場。最顯著的是以龍溪之四無說為陽明學之嫡傳，是四有教之調適上遂的發展，一反黃梨洲之以江右派雙江念庵為王學之正統，並見出劉蕺山之歸顯於密的哲學意義。陽明學至此又呈現出更豐富的內容。

【3】《從陸象山到劉蕺山》（台北：學生書局，1979 年）一書出版時，《現象與物自身》（台北：學生書局，1974 年）雖已出版，但王陽明的部份早已寫成，而其後增補的象山和王門後學與劉蕺山的析論，卻與陽明學不直接相關。因此，《現象與物自身》一書結尾部份之圓教觀念並未被明確引用到陽明學之詮釋中。

牟先生深研宋明理學的文獻，一步步放棄對朱子之代表儒學正統的觀念，最後在《心體與性體》三大冊之細密論證下，確定證朱子是別子為宗，分宋明理學為三系。凡此種種，文獻義理之融貫，析論之深密，夐乎不可易。牟先生據此而論定真正代表儒學的是象山與王陽明之心學。唐、牟二先生對朱子之評價開始有巨大的分歧，亦激發唐先生對陽明學的重新詮釋。至於唐先生之詮釋留待下一章才正式說明。

牟先生的第三期陽明學則在《佛性與般若》、《現象與物自身》成書之後，特別是見諸《圓善論》之作。此期間，牟先生採自天台宗之圓教與判教之理論，結合孟子與康德之圓善論議題，盛發圓教與圓善理論之論述。此一發展徹底改變了傳統論述圓教之籠統含糊之說，而為有確定的判準和依據的分判。同時，牟先生亦更進而重拾分析哲學的學理，引用維根斯坦之思維，建立分解與非分解之進路，以後者為圓教所必須具備的表達系統之無諍方式，確立以存有論與論述方法上之無諍為典式，由此以衡量各家哲學體系之圓教地位，並展現哲學之追求普遍性之永恆理想。宋明儒學各個家派不再籠統地都分稱為圓教。陽明學乃得到最後之評判。牟先生判定陽明學乃正面的分解，不像象山學之為近於以孟子為基礎，而純是第二序的展示。陽明學無法以非分解的方式來建立良知學之體系。因此，陽明學並沒達到方法上之無諍。在存有論上，陽明學也未達到詭譎相即之義，也不算圓教之完成。但陽明學在儒家之圓教系統中具有重要的關鍵地位。陽明學下啟龍溪之四無說，已突破分解的表示而臻於圓教之初階。牟先生認為陽明龍溪之教，再結合明道之一本論，與胡五峰之「天理人欲同體而異用，同行而異情」之詭譎相即的說法，共成一儒家之圓教，即以宋明儒學之整體，結成一大圓教系統。此中，陽明學分解地建立之內容乃是圓教的基本教義之理論。龍溪也被提升為屬於別教一乘圓教之地位。

2、 唐君毅先生之陽明學

　　唐先生之陽明學比較持守一貫的詮釋立場，各期的論述只在因應所探討的問題，而有重點或焦點之不同。在義理上，唐先生對陽明之詮釋與地位，並無重大的轉變，不像牟先生之可分為三期的陽明學。同時，唐先生之論述傳統哲學，基本上是求其會通，以見先後之大哲有其相承發展的表現。唐先生基本上認為中國的哲學思想，乃是一辯證式的開顯，亦可謂是一大理性的發展與示現。因此，唐先生對陽明學的詮釋，主要在顯示陽明與之前的哲學，特別是朱子在義理發展上的承傳關係。

　　唐先生基本上是認為陽明學乃是繼承朱子學的義理而來。雖然陽明之心學明顯是經由反省批判朱學而來，但唐先生卻認為陽明學的特色，不源自象山之學，而是建立在朱子所最重視的《大學》一書之重新詮釋之上。唐先生早期深入論析陽明之反對朱子之改編，認為《大學》古本並無錯簡，朱子之調動文字與所作之格物致知之增補實不必要。唐先生基本上認同陽明之說，但亦認為朱子之改親民為新民，及作出局部的文字段落的校訂，不無理據。如前所述，此時兩位先生對宋明儒學之義理詮釋相當接近，唐先生亦引牟先生之申論知識系統之義，以加強陽明學的知行合一的合理性。【4】

　　其後由於牟先生判朱子為別子為宗，唐先生乃寫朱陸異同重辯之文，以強調朱子之正統性【5】。其後，唐先生在此系列大書最後一卷《中國哲學原論：原教篇》中更詳細比論王陽明與象山和朱子之間的義理

【4】唐君毅先生《中國哲學原論》（香港：人生出版社，1966 年），「原格物致知下」。此書後改由香港新亞研究所出版，改名為《中國哲學原論：導論篇》。

【5】此文列於《中國哲學原論：原性篇》（香港：新亞研究所，1968 年）之附錄，全文名為「原德性工夫：朱陸異同探源」上、中、下三篇。

7

關係【6】。唐先生固然認為陽明學有進於朱子之處，且為儒學之正統，但認為一般以為程朱陸王作為兩大系統，陽明必與象山較為親密，更有相承之關係等，乃是一浮面不察之說。唐先生列舉象山之學的特色，雖與陽明學若合符節，但陽明學卻直從朱學之基本文獻，即《大學》之重新詮釋開始。致良知教之心、意、知、物無疑出於《大學》一書，也是朱子所最關注的一部哲學文獻。唐先生認為陽明學之致良知教乃是由朱子所開啟，陽明之異於朱子只在毫厘之間，更進而指出：

> 吾人亦可謂朱子如不死，亦即皆可循其所言之義而進，以衍出陽明之義。至少吾人可謂若無朱子之義之立於先，則亦未必能有陽明之義立於後。即有之，其義之價值，亦不能見。【7】

唐先生在此之意並不只限於指出陽明之致良知教乃由反省《大學》一書之用詞義理而為與朱子有傳承關係，且亦不止陽明對朱子有批判反省而有不可分之關係，而是更正面積極地以陽明學實為朱子之學的進一步發展，故論斷陽明學與朱子有較諸象山之學更密切之承傳關係。唐先生之論述主要關鍵在陽明與朱子在格物致知以成聖之工夫之中的相融通的關係。

　　唐先生認為朱子之格物致知之工夫實有其不可移易的價值與地位，並非象山陽明所可以反對的。唐先生認為朱子之格物致知中涵養用敬以至豁然貫通，乃是一種內外夾持之實踐方式，非象山之純然立其大本之所可取代，甚至朱子之持敬是象山所求以得到滿心而發的境界所必須先有之用功之地。而陽明之有進於朱子則是把此二者打併歸一，亦同時把心與理之兩行打併歸一。唐先生之稱許陽明學乃由於其繼承顏淵之實踐而總合知行為一，超越朱子象山之俱以知行為二之說。陽明亦通過致良

【6】請參見唐君毅先生《中國哲學原論：原教篇》，第十至第十二章「朱陸之學聖之道與陽明之致良知之道」。

【7】《中國哲學原論：原教篇》，頁341。

知而通貫已發未發之旨，確立心學之體系。此皆承朱子之論述而有的進一步的發展。

唐先生固然認為朱子之學並非如陸王一系所評為純是析心與理為二，而以朱子之致知純為向外求。唐先生大量引用朱子文獻以論證朱子之學亦為貫通內外之學，心亦不只是氣之靈與管合情與理之義，而更為心具理而為性，心所貫通者仍不外心所秉賦內具之性理【8】。而陽明之學正在於進一步以良知心體與理為一而彰顯朱子之義。唐先生認為陽明與朱子之異常只在朱子分別而言之義理，陽明則能打併歸一而出，而象山則常失諸只論本心一面，而缺細密的分析。此為唐先生以陽明評象山之粗略之一面之意。

3、 唐牟二先生對陽明學之詮釋之貢獻

由上所述，可略知唐、牟二先生於陽明學之詮釋的異同。二先生均以陽明學為最能代表儒家之正宗。於朱子之學則各有不同之評價。牟先生之論主要是據朱子之存有論上的論述而判為與孔孟及儒家之大宗 - 伊川除外 - 所不相符。因其義理有所歧出，故朱子之被視為正宗實別子為宗。由於存有論上之歧出，朱子之工夫論亦不免同為歧出，不能回歸儒家之逆覺體證之路。而陽明學乃直就良知而立言，糾正朱子之歧出，而又能細密展示工夫上的明確進路，故為宋明儒學之嫡傳。唐先生則以哲學大家之言，雖不必全對，但總有其不可取代處，故於朱子之學發揮其義理之精要之處，特別是其工夫論之細密處，以顯發陽明學有所繼承和發揚儒學之貢獻。此或可由二先生於陽明評象山「細看有粗處」之理解

【8】唐先生於朱子學之用心，請參見游騰達「唐君毅先生的朱子學詮釋之省察——以心性論為焦點」一文，此文刊於《鵝湖學誌》第四十二期（2009年6月），頁31-94。

9

之不同，可見出二先生析論陽明學之重點之不同。

唐先生認為陽明固然確認象山之精要與正統性，且亦是引以為同道的最重要的先行儒者，但亦認為象山有粗處。唐先生之論如下：

> 陽明亦嘗言象山之言「細看有粗處」（傳習錄下）又嘗謂「象山于致知格物，……沿襲舊說，亦是象山見得未精一處，不可掩也」。（卷六答友人書）至于象山之言之其他粗處何在，陽明固未多及。此蓋唯由自昔儒者，不喜輕議前賢之故。【9】

可見唐先生是以象山於格物致知之工夫上之不夠精密而被陽明評為有粗處。

牟先生亦注意到陽明評象山為粗之語，但認為這不應是指知識之多寡，亦不是修道工夫之造詣，而是本人當身風格上的表現。陽明由分解而有所立，義理精熟，系統嚴然，故對於象山之直拔俊偉，有粗一些之感覺。牟先生指出：

> 陽明之說其「只還粗些」恐怕亦只是不自覺地以自家「分解地有所立」中之文理密察，氣命周到，與象山「非分解方式」下之雷動風行，推宕飄忽，相質對，所引起之主觀的實感。【10】

牟先生是從兩者之體系的建立上詮釋陽明之批評。然象山之非分解的表現，恐怕亦未能達致圓教之無諍的非分解表示，故牟先生其後亦未以象山為非分解型態之代表。

唐先生因較重陽明與朱子之格物工夫之相承，故以陽明之批評為偏就格物致知之論說上為粗疏。此於象山之文獻與反對朱子之學方面自亦有據。蓋象山確是少及格物致知之說，而反對朱子之疏離也正是由於朱子重此種外向的認知事事物物之理的方式。牟先生則認為象山並無功夫

【9】《中國哲學原論：原教篇》，頁 295。

【10】《從陸象山到劉蕺山》，頁 19。此為該書第一章，乃是 1978 年所寫成的，天台圓教之義理已明，故有分解的非分解的方式之區分。

李瑞全　唐、牟二先生之陽明學── 兼論朱陸異同　23

上的缺失，且陽明之致良知亦實為象山之類型，亦先立其大者。因此，陽明不應以此為象山之缺失。因此，牟先生以為兩者在儒學的差別應在學理之體現表現上。由此可見二先生詮釋之重點頗有不同。牟先生是從體上解明陽之學，唐先生則重從用之工夫上論陽明之教。

　　牟先生之判教，固然有互相排斥之意味，故讓人深感朱子之被擯除於儒學之正統之外，翻五百年之定案。且程朱陸王縱有歧異，兩者之相近性，似與教外系統，如釋道墨法諸家仍有高度之差異。而朱子之修行品格表現，並不比象山陽明為低。故唐先生深信朱子之實踐工夫上實有所得，並不因其體系有歧出而減損其體證之真實。唐先生治學常思有所綜合，陳說各家之所長，及見出後人之有推陳出新之貢獻，亦不妨礙大儒之建樹有其永恆之價值。此意於其書中多有表達已，在此不多引。

　　唐先生之通貫先聖後賢之學，固有其用心所在，而在尋求其間會通，實帶出許多唐先生之創造性詮釋，對儒學之發展，所補非少。其匯而見於晚年之《生命存在與心靈境界》一書，最能代表唐先生之用心與成就之境界，而此書之義理系統亦自是一圓教之模型。[11] 然牟先生之判教，亦非意在排斥外教，而是作出哲學之分判，以建立哲學系統之同中有異，異中有同而井然不亂，以免爭議不斷而求以建立哲學之普遍價值。不同型態之圓教亦有循序漸進，各當其理之處，是亦一圓融之表現。

---

[11]《生命存在與心靈境界》（台北：學生書局，1977），詳論請參見李瑞全「唐君毅先生之判教理論與圓教模式」，該文發表於 2009 年 5 月香港中文大學哲學系主辦之「中國哲學研究之新方向── 中大哲學系創系 60 週年紀念暨唐君毅百歲冥壽國際學術研討會」。

景印香港新亞研究所　《新亞學報》　（第一至三十卷）

〈中國文化與世界宣言〉之啟示
——論聯署發表及共同參與撰寫之意義[1]

黃兆強*

提 要

〈中國文化與世界宣言〉（最後之定名及最完整之名稱為：〈中國

---

* 東吳大學歷史學系教授。

[1] 中央大學中文系、中央大學哲學研究所、台灣師範大學國際與僑教學院、東方人文學術研究基金會、鵝湖月刊社等單位為紀念〈中國文化與世界宣言〉發表五十週年，乃於去年（2008）5月2日至4日舉辦一紀念性之國際研討會。筆者應邀出席參加並發表論文，其題目為：〈人文意識宇宙中之巨人——唐君毅先生〉。會後大會擬出版論文集，惟企望投稿之論文以上述文化宣言為主軸。是以筆者另撰一文以為回應。其題目為：〈〈中國文化與世界〉宣言之草擬及刊行經過編年研究〉。全文含註釋四萬五千多字。本年（2009年）9月19-20日，母校香港新亞研究所為紀念先師唐君毅先生和牟宗三先生百齡誕辰而舉辦以下研討會：「唐君毅、牟宗三先生百周年誕辰紀念國際學術研討會」。筆者應邀出席會議並發表論文。以不克另撰他文，今茲乃濃縮、修改〈編年研究〉一文以應命；是深負於大會者！而所謂濃縮，乃指大幅度濃縮上文共三節中之第二節而言。至於第一節，則大體上一仍其舊，只作個別之改動增刪；第三節，則作相當大程度之改寫及增訂。第一節之主旨在於闡述牟宗三、徐觀觀、張君勱、唐君毅四先生聯署發表〈文化宣言〉之緣起；第二節乃按時間先後以敷陳〈宣言〉之草擬及刊行經過；而第三節之主旨則在於揭示四人共同參與起草〈文化宣言〉及出版翻譯等等過程中可蘊涵之各種意義。筆者以為第一節及第三節之內容（尤其第三節）對吾儕之有志於共同從事文化事業者，必可激發一定之啟示作用。是以把原題目〈〈中國文化與世界〉宣言之草擬及刊行經過編年研究〉改為現今之題目。

1

文化與世界——我們對中國學術研究及中國文化與世界文化前途之共同認識〉），乃由唐君毅先生草起而復經牟宗三、徐復觀、張君勱三位先生與唐先生往復研商修訂而最後聯名發表於五十年前的一篇醒世大文章。此文章 1958 年元月刊登於香港出版之《民主評論》及《再生》雜誌。該〈宣言〉之所以發表，乃緣乎上述諸先生有感於西方人士對中國文化之認識未能諦當，並深恐因此而生心害政，乃決然毅然聯袂發表文章，以正視聽，並欲進而轉移西方人士觀念上之成見，故噴薄而出撰就該〈宣言〉。

筆者有感於近現代學人鑽研並闡述該〈宣言〉之內容義蘊者相當多，惟〈宣言〉之撰寫過程、翻譯成英文之過程及出版之過程等等，則前賢似無相關之論著問世。至於四先生之聯署發表及共同參與撰寫所蘊涵之可能意義及理想意義的問題，則前賢似更不克道及。是以筆者不自量力，勉力草就本文以抉發上述諸義。

上述四先生苦心孤詣戛戛獨造，五十年後的我輩，能聞其風而愉悅讚嘆之，睹其行而踵武繼承之，俾藉以光暢吾國族之慧命、弘揚我華夏之文化者歟？凡有志之士，固當自反自勵、思齊奮發焉！筆者草就本文，區區之意，正在此矣。所謂「盡文化之責，勵世人之心」者耶！

一、 前言

〈中國文化與世界〉宣言[2] 是牟宗三（1909-1995）、徐復觀（1902-

---

[2] 本〈宣言〉之標題，在最早的油印本是題作〈中國文化宣言——我們對中國學術研究及中國文化與世界之前途之共同認識〉。此據江日新，〈張君勱與「中國文化與世界」宣言——其想法及訴求〉，頁 1，註 1。江文發表於上揭 2008 年 5 月之研討會。在香港發行之《民主評論》及《再生》雜誌 1958 年元月正式刊出

1982）、張君勱（1886-1969）及唐君毅（1909-1978）四位先生【3】聯名

〈宣言〉時，則以〈為中國文化敬告世界人士宣言〉作為標題，副題為〈我們對中國學術研究及中國文化與世界文化之前途之共同認識〉。1969年3月1日香港之東方人文學會出版《儒學在世界論文集》，其標題則改作〈中國文化與世界——我們對中國學術研究及中國文化與世界文化前途之共同認識〉（按：此標題中之副標題與上揭油印本標題全相同，唯大標題則刪去「宣言」二字，而以「與世界」三字取代之）。該〈宣言〉亦收入唐君毅先生1974年出版之《說中華民族之花果飄零》（台北：三民書局）及1975出版之《中華人文與當今世界》（台北：台灣學生書局）二書內，其標題均與收入《儒學在世界論文集》者相同。又：唐先生1957、1958、1959年所寫的日記和給各師友的信函，則或稱該文為〈中國文化宣言〉、〈學術文化宣言〉，或簡稱為〈文化宣言〉，甚至再濃縮而稱之為〈宣言〉。

〈宣言〉的共同發表人張君勱先生於1960年自序其名著《新儒家思想史》時，則仍沿用油印本的舊名：〈中國文化宣言〉。此見張君勱，〈再序〉，《新儒家思想史》（台北：中國民主社會黨中央黨部，1980），下冊，頁5。按：〈再序〉一文不標示撰寫日期，惟序文中提到相關〈宣言〉乃兩年前所發表。〈宣言〉既發表於1958年，則〈再序〉當撰於1960年無疑。1976年，中國民主社會黨中央黨部出版《張君勱先生九秩誕辰紀念冊》（台北：中國民主社會黨中央黨部，1976）。其中所附〈張君勱年譜初稿〉，頁101則作「為中國文化告世界人士書」。出版於1981年6月張君勱著，程文熙編之《中西印哲學文集》（台北：台灣學生書局，1981）亦附錄此文；文題亦作「為中國文化敬告世界人士書」。約於1986年出版之《張君勱先生百齡冥誕紀念文集》（台北：中國民主社會黨中央黨部，缺年份）收有江日新，〈張君勱先生（1886-1969）著作目錄初稿〉一文，文題則作〈為中國文化敬告世界人士宣言〉。呂希晨、陳瑩，《張君勱思想研究》（天津：天津人民出版社，1996），〈張君勱論著編年目錄〉，頁411，〈1958年〉條下則作：「〈中國文化與世界－我們對中國學術研究及中國文化與世界文化前途的共同認識〉，《民主評論》第九卷第一期，1958年1月1日。」其實，在《民主評論》中，此文之標題為〈為中國文化敬告世界人士宣言〉。題目作〈中

發表於五十年前的一篇醒世大文章。此文章 1958 年元月發表於香港出版之《民主評論》及《再生》雜誌。文章發表的緣起，二雜誌的〈編者按〉有相當詳細的交待【4】。茲引錄如下：

國文化與世界——我們對中國學術研究及中國文化與世界文化前途的共同認識〉者，首見諸上揭《儒學在世界論文集》。《牟宗三先生全集》（台北：聯經出版事業公司，2003），卷 32，《牟宗三先生學思年譜》，甲〈學行紀要〉，頁 25 及《牟宗三先生著作編年目錄》（亦收入《牟宗三先生全集》，卷 32），頁 26 均作：「〈為中國文化敬告世界人士宣言〉」。

筆者個人則以為以「文化宣言」（或簡稱「宣言」，或作「文化……書」）來命名最為醒目，且最容易喚起讀者之注意力而獲得發聾震瞶之宣傳效果。以之作為月刊、雜誌之標題，最為適宜。文章首發時尤其可以藉此「打響知名度」而使人多予關注。是以此文 1958 年首發於《民主評論》及《再生》時，以〈文化……宣言〉命名，固極適宜也。然而，經過多年沉澱後，產品（文章）不必再靠華麗的包裝（命名）來做宣傳；反之，貨真價實（具深度的學術實質內容）才是市場得以廣泛開闢之致勝關鍵。是以該文收入 1969 年《儒學在世界論文集》時，標題則改作〈中國文化與世界——我們對中國學術研究及中國文化與世界文化前途之共同認識〉。這是藉謙虛的態度以凸顯文章本身本有之客觀學術價值。作者似乎企圖透過此訴求來爭取更多讀者對相關問題的體認。此作法是極穩當可取的。唐先生其後所出版之書籍，凡收入此文者，其題目均以此為準，則可知其為最後之定名無疑。是以筆者認為編寫唐先生等人之著作目錄或於 1969 年以後稱呼該文時，宜以此定名為準，不宜再用其他名稱。當然在不引起混淆或誤會的情況下，為求簡便而仍稱之為〈文化宣言〉，甚或只稱之為〈宣言〉，亦無不可。

【3】下文為求省便，牟宗三、徐復觀、張君勱、唐君毅四位先生，在不引起誤會之情況下，恆以牟、徐、張、唐分別省稱之。按：張、唐、牟三先生之生平事蹟，分別見諸國史館編纂之《中華民國史稿・國史擬傳》，第三（1992 年出版）、第四（1993 年出版）及第六輯（1996 年出版）。撰寫人分別為王恢、李杜、蔡仁厚先生。張、唐二傳中皆有提及四先生於 1958 年發表〈文化宣言〉一事。

【4】二雜誌的編者按語，其內容全同，只有無關宏旨的個別文字上的差異；比較值得

此宣言之緣起，初是由張君勱先生去年春與唐君毅先生在美國談到西方人士對中國學術之研究方式，與對中國文化與政治前途之根本認識，多有未能切當處，實足生心害政，遂由張先生兼函在台之牟宗三、徐復觀二先生，徵求同意，共發表一文。後經徐、牟二先生贊同，並書陳意見，遂由唐先生與張先生商後，在美草定初稿，再寄徐、牟二先生修正。往復函商，乃成此文。此文初意，本擬先由英文發表，故內容與語氣，多為針對若干西方人士對中國文化之意見而說。但中文定稿後，因循數月，竟未及迻譯。而諸先生又覺欲轉移西方人士之觀念上之成見，亦非此一文之所能為功。最重要者仍為吾中國人之反求諸己，對其文化前途，先有一自信。故決定先以中文交《民主評論》及《再生》二雜誌之元旦號發表。特此致謝。

要言之，即有感於西方人士對中國文化之認識未能切當，並深恐因此而生心害政，乃決然毅然聯袂發表文章，以正視聽，並欲進而轉移西方人士觀念上之成見。唯以一時間不克迻譯，乃先以中文發表。[5]

其實，類似之宣言在上述宣言發表之 23 年前，即 1935 年時已出現過（按：早在 1933 年唐先生即嘗撰寫一文化宣言，參下文註【17】。）；而上述宣言發表之 46 年後，即 2004 年時又出現另一文化宣言。1935 年之宣言乃當年 1 月在國民黨中宣部組織下，由十位教授聯名共同發表[6]，其標題為「中國本位的文化建設宣言」；要旨如下：

注意的是《再生》雜誌有「實足生心害政」一語，此則為《民主評論》所缺者。以下引文乃出自《再生》雜誌。

[5] 不數月，此宣言即被節譯成英文，二年後即有全譯本之出現。下詳。

[6] 十位教授為：王新命、何炳松、武堉幹、孫寒冰、黃文山、陶希聖、章益、陳高傭、樊仲雲、薩孟武等十人。此據 www.zlunwen.com。又參黃漢光，〈同情與敬意——讀「中國文化宣言」〉，發表於上揭 2008 年 5 月之學術研討會；李宗桂，〈中國現代化的文化努力與民族精神的自我挺立〉，亦發表於上揭研討會。

1、中國是中國，不是任何一個地域，因而有它自己的特殊性。

2、對中國制度思想，加以檢討，存其所當存，去其所當去。

3、吸收歐美的文化，但須吸收其所當吸收，而不應以全盤承受的態度，連渣滓都吸收過來。吸收的標準，當決定於現代中國的需要。

4、中國本位的文化建設，是創造，是迎頭趕上去的創造；並且對於世界的文化能有最珍貴的貢獻。

5、我們在文化上建設中國，並不是拋棄大同的理想，是先建設中國，以促進世界大同上能有充分的力。【7】

發表於 2004 年（歲次甲申）之宣言，其緣起如下：中華民族文化促進會於當年 9 月在北京舉行「2004 文化高峰論壇」，論壇主題為「全球化與中國文化」。應邀出席者，如許嘉璐、季羨林、任繼愈、楊振寧、王蒙等 70 位學者名流於會議的閉幕式上通過和公開發表了〈甲申文化宣言〉。【8】 其要旨為：

1、認為文明多樣性是人類文化存有的基本形態。因此反對排斥異質文明的狹隘民族主義。

2、主張每個國家、民族都有權利和義務保存和發展其自身的傳統文化。亦有權利自主選擇接受或不接受外來文化因素。

3、中華民族應與時俱進，反思自己的傳統文化，學習和吸收世界各國文化的優長，以發展中國的文化。

4、推行公民教育，特別是未成年人的文化、道德教育，以及激勵國家、民族和地區間的文化交流。【9】

【7】擇錄自《文化建設》，第一卷，第四期；www.zgrj.cn；又參黃漢光，上揭文，頁2。

【8】 www.chinaelections.org/NewsInfo.asp?NewsID=61176 - 28k - ；黃漢光，上揭文，頁1。

【9】許嘉璐等，〈甲申文化宣言〉。摘錄自《大地》，2004，第十八期；「人民網」（www.people.com.cn）；又參黃漢光，上揭文，頁4。

黃兆強　〈中國文化與世界宣言〉之啟示——論聯署發表及共同參與撰寫之意義　31

　　以上三篇宣言，以發表的時代大環境前後有別、關注主旨不盡相同及發表者之學養各異，因此宣言的內容、重點，遂隨之而有所別異。然而，三宣言之要旨均在於肯定中國文化及不排斥自作主宰地汲納外國文化，則70年來皆前後一貫也。1935年及2004年的宣言，其篇幅皆不大【10】，均可說只是對相關課題作大綱式的宣示而已，未及深入析論各主旨。至於1958年的文化宣言，則以四萬字的篇幅，析論相關題旨。以深度及廣度言，均非其他二宣言所可企及。至於發乎至情、秉乎至理而對中華民族及中華文化因深情厚愛而生起之憂患意識及悲憫情懷，則更非1935及2004宣言所可仰望。【11】此則時代大環境不同、宣言發表者學養、感受有別，以至終極關懷及慧命所繫不盡相同而有以致之也。此吾人無能為力而亦不必強求前後三宣言同條共貫而一致者也。

　　58文化宣言共分為十二節。【12】其主旨蓋於各節標題見之。茲臚列

───────────────

【10】35文化宣言約2800字，04宣言約1500字。

【11】58宣言的聯名發表者共四人，其中三人（徐復觀、唐君毅、牟宗三）為筆者的業師。讀者或以此而認為筆者固對58宣言有所偏好。實則不然。試引錄與三先生無師生關係的廣州中山大學哲學系教授李宗桂先生的判語如下，以見筆者之意見絕非以師生關係而對相關宣言有所偏愛也。李先生云：「總的來說，三個文化『宣言』在文化價值上各有千秋，但都反映了一代知識份子在實現中國現代化問題上的努力，體現了民族精神的自我挺立。其間，又以當代新儒家文化『宣言』的貢獻為大。」（李宗桂，上揭文，頁11。）「當代新儒家文化『宣言』」，指的就是唐先生等人1958年所發表的宣言。

【12】此十二節，分為上、下兩篇，其中第一至第七節為上篇，八至十二節為下篇。按：〈宣言〉分為上、下兩篇應係原文即如此，而非二雜誌編輯之意。詳參1957.10.11張君勱先生致唐先生函。然而，該〈宣言〉爾後收入其他書刊時，則不必然再分兩篇，如1974年出版之《說中華民族之花果飄零》及1975出版之《中華人文與當今世界》二書中，該〈宣言〉即不再分篇。按：張先生致唐先生函及其他先生致唐先生函均未刊；各友好致唐先生函當為唐師母謝方回女士保

如下：

1、前言—— 我們發表此宣言之理由
2、世界人士研究中國學術文化之三種動機與道路及其缺點
3、中國歷史文化之精神生命之肯定
4、中國哲學思想在中國文化中之地位及其與西方哲學之不同
5、中國文化中之倫理道德與宗教精神
6、中國心性之學的意義
7、中國歷史文化所以長久之理由
8、中國文化之發展與科學
9、中國文化之發展與民主建國
10、我們對中國現代政治史之認識
11、我們對於西方文化之期望及西方所應學習於東方之智慧者
12、我們對世界學術思想之期望

宣言共十二節。首節（前言）闡述宣言發表之緣起。中間各節則旨在述說、闡釋與中國文化相關之若干概念；肯定中國固有文化的發展特色及重點；指出西方文化之不足及可向東方文化學習之處；並申述中國文化可與西方文化接軌之處。末節乃對世界學術作出期許，乃可謂著眼於為讀者構築一個未來的願景。宣言的整體架構真可達致劉勰論文敘筆所標舉的「原始以表末」、「釋名以章義」、「敷理以舉統」的旨歸了【13】。

存；後交託劉國強教授保管而今存放中文大學新亞書院（此等信函嘗倩人繕打。繕打本今存放於劉教授處。）1957.10.11函亦為江日新先生所引錄，見上揭2008.05.02-04研討會江著論文〈張君勱與「中國文化與世界」宣言—— 其想法及訴求〉之〈附錄〉。江先生所引錄者與筆者在劉教授處所見之繕打本，文字上微異，語句之組合亦略不同。大體上言之，以江先生之版本之行文比較通順。

【13】劉勰，《文心雕龍·序志》。此三項加上「選文以定體」，原為劉勰討論文體所依循的四個步驟，今借用於此以見〈宣言〉一文之合乎「文理」及內容之完整周備。

整份宣言，以結構言，則嚴謹而有序；以內容言，則充實而周延；以態度言，則不卑且不亢。洵乎體用兼備、表裡洞達之上乘佳作無疑。非學養湛深、識見淹貫，發乎至情、秉乎至性且悲願弘深、人溺己溺者，不足以撰就之也。

上揭舉辦於去年（2008）5月的「中國文化與世界宣言五十週年紀念國際研討會」中，不少論文對該文化宣言之內容，已作過相當詳盡的討論。今茲不擬贅說。【14】

如上文註【1】所述，本文乃濃縮、增修〈〈中國文化與世界〉宣言之草擬及刊行經過編年研究〉一文而來。讀者或有興趣知悉該文之取徑及所據之資料為何。是以今略作說明如下。該文主要是從歷史發展的角度切入以充份揭示上述〈文化宣言〉草擬及刊行的經過。是以該文內容以輯錄相關的原始材料為主；筆者個人的按語或闡述為輔。〈宣言〉既由唐君毅先生所起草，且唐先生寄人之書簡因部份為師母所抄錄而保存下來【15】；再者，唐先生1948年5月以後之日記又非常完整，是以該

【14】 該研討會論文（含不克出席會議而寄來之一文）共27篇，其中直接與宣言相關者計得5篇。然而，間接與宣言相關之論文，或與宣言之發表人，尤其與宣言執筆者唐君毅先生之思想相關之論文，則可說仍在半數以上。然而，亦有不少論文是與宣言或與宣言作者之文化思想無任何關係者，如論文中有論愛情浪潮者，有論牟宗三與康德者，有論唐、牟、徐三家易學者，有論牟先生之美學思想者，有論朱子的倫理學說者，有詮解孟子思想者便是其例。大型學術研討會，經常有類台灣流行之「大拜拜」；主題外之文章見諸研討會中，早已見怪不怪了！然而，學人應允與會發表文章，乃可謂係對會議之肯定及支持，主辦單位之予以尊重及接受，亦可謂係人情之常，吾人予以體諒可也。

【15】 謝廷光（唐師母）：〈唐君毅書簡刊行記〉，收入《唐君毅全集》（台北：台灣學生書局，1991），卷26，《書簡》。頁529載：「……，尤其早年書簡，幾全付闕如。幸而來港後，凡先夫所作書簡，常與廷光閱看，廷光喜愛之，每抄錄留存，但此限於在家中所作書簡，若在學校中或旅途中，與人書簡，廷光不得而

文之原始材料，乃以唐先生之相關材料為主。至於本文，其主旨乃在於闡發〈文化宣言〉撰寫、出版、翻譯等等過程中所可蘊涵之各種可能意義與理想意義。然而，意義必有所本而不能虛談空論。是以〈編年研究〉一文所據之材料仍為今文之所本，惟意義之揭示乃今文之主軸。此則二文之宗趣輕重有別也——一重客觀之陳述，一重意義之揭示。而後者乃旨在闡揚先哲之幽思，以啟迪後生之遠慮。讀者於斯幸留意焉。

2、〈文化宣言〉之草擬及刊行經過述要

唐先生之草擬〈文化宣言〉，事緣 1957 年 2、3 月旅美途次與張君勱先生見面時，由張先生倡議，復經在台之牟宗三、徐復觀二先生贊同而付諸行動者。【16】〈宣言〉之草擬及刊行經過，約言之，可分為以

見，自然未能抄錄留存了。今僅就家藏及所收回書簡編為一書，分上下冊。……書簡排列之前後次序，除《致廷光書》為已成之書列於卷前外，其餘則以輩份為序。」是除《致廷光書》（《全集》，卷 25）外，卷 26 之致其他各人書，均為唐先生在家中所作者。在學校或旅途中所修者，以唐師母無機會錄副而唐家不存也。（當然收信者或仍保存之）實在相當可惜！

【16】唐先生 1957 年 2 月至 8 月出國（離開香港）半年多。此行 2 月 10 日先赴日本參訪。同月 23 日赴美國，7 月 23 日自美國轉赴歐洲，8 月 27 日離開西歐轉土耳其及印度而於 29 日抵達香港。《日記》1957.08.27 條云：「此行共二百日。」先生出國參訪，乃應美國國務院之邀而成行者。（應美國國務院邀一事，參唐師母，〈讀隱名信有感〉，《唐君毅全集》，卷 27，頁 320；《全集》，卷 25，《致廷光書》，頁 321。）唐先生之美國行先赴檀香山，而於 2 月 27 日抵舊金山（三藩市），翌日即往訪時寓舊金山之張君勱先生。

《唐君毅全集·日記》〈1952.10.26〉條云：「我有一天生厭惡機械性之活動或紀律之性格，故少年時厭惡軍事操。廿二年在南昌直斥當時國民黨中之藍衣社之理論並欲自內部加以修改。當時程兆熊囑我代寫一文化宣言，我即首指出中國文化

下數階段。（下文分為八階段，其詳情概見上揭筆者〈〈中國文化與世界〉宣言之草擬及刊行經過編年研究〉一文。是以下文八階段相關內容所據之資料，在不引起誤會之情況下，恕從略。）

1、1957 年 2 月底或 3 月初至 1957 年 12 月中旬：〈文化宣言〉之草擬及修訂：

此為唐先生草擬〈文化宣言〉及與張君勱、牟宗三、徐復觀三先生台港美三地往復討論研商及修改訂正該〈宣言〉之階段；為時前後約十個月。

2、1958.01.01 中文本〈文化宣言〉面世：
同時刊登於《民主評論》及《再生》雜誌。【17】

3、1958.05〈文化宣言〉最早之英譯本（節譯）刊登在基督教刊物上：
瑞士蘇黎世大學教授 R.P.
Kramers 翻譯〈文化宣言〉為英文，作者順序及題目如下：
Chang, Carson, Mu Tsung-san, Hsu Fu-kuan, Tang Chun-yi, "A Manifesto for a Reappraisal of Sinology and Reconstruction of Chinese Culture"；刊登於（香港）基督教中國宗教文化研究社

精神為寬容博大。」（筆者按：民國廿二年，先生時年 24 歲，即大學畢業之翌年。）據此，則唐先生撰寫文化宣言，固「源遠流長」，而於 1933 年已開其端了！當然，此宣言與 1958 年之宣言自不同。但無論如何，他人看重唐先生而囑之撰寫宣言，原來早有先例，且比 1935 年由十位教授聯名共同發表之〈中國本位的文化建設宣言〉早了兩年。按：今未見此 33 宣言；乃程先生有意委託唐先生撰寫而唐先生最後未付諸行動歟？抑有他故歟？

【17】《民評》元月號（第九卷第一期，總 193 號）及《再生》元月號（復字第一卷第十八期，總 366 號）。據版權頁，皆出版於該月 1 日。〈宣言〉分別見二雜誌頁 2-21 及頁 2-39。按：二刊物之發行地（社址）皆在香港，《民評》在台灣亦有分社。

（Christian Study Centre on Chinese Religion）出版之《基督教與中國宗教季刊》（*Quarterly notes on Christianity and Chinese Religion*）上，1958 年 5 月，二卷二期，頁 1-21。[18]

4、1958 年年中，即〈文化宣言〉出版後數月：

〈宣言〉廣為眾人所關注：以胡適為代表之全盤西化派人士及不少基督徒極為關注〈文化宣言〉。[19]

5、1958 年 11 月中旬至 1960 年 10 月：商討〈文化宣言〉英譯事及英譯本之出版：

此階段為唐先生與牟、徐、張三先生設法翻譯〈文化宣言〉為英文並設法尋覓英文刊物出版之階段。最後乃在張其昀先生所辦之中國文化學院中國文化研究所（The Institute of Chinese

---

[18] 翻譯者 R.P. Kramers 於該譯本中之首頁指出云，此譯本既非全譯本，亦非逐字翻譯本（neither complete nor literal）。此〈宣言〉的中文原稿以〈中國文化與世界〉的標題收錄於唐君毅，《中華人文與當今世界》（台灣：台北學生書局，1975）一書中（頁 865-929）。據唐先生 1974 年於〈宣言〉末所附上之按語（上書，頁 929），吾人得知 Kramers（按語作：Kramer，蓋漏一 "s"）先生為瑞士蘇黎世大學教授。又：據唐先生〈從科學與玄學論戰談君勱先生的思想〉一文，此 Kramers 先生為該大學中文系教授，其中文名為賈保羅。此〈思想〉一文收入《中華人文與當今世界（補篇，下冊）》，《唐君毅全集》（台此：台灣學生書局，1991），卷十，頁 665-672。相關描述見頁 671，Kramers 則誤作 Kramer。

[19] 參上揭〈〈中國文化與世界〉宣言之草擬及刊行經過編年研究〉一文相關部份。又：義大利漢學家白安理（Umberto Bresciani）嘗指出，提倡敬天祭祖且非常愛國和十分推崇儒家教義的于斌樞機主教（1901-1978；國民政府統治大陸時期，嘗擔任南京總主教，1949 年流亡美國，1959 年遷居台灣，1969 年擢升樞機主教）即曾仔細研讀過此〈宣言〉。參白安理，〈祖先崇拜和于斌樞機〉，《第三屆臺灣儒學研究國際學術研討會論文集》，2003 年 2 月，頁 713。

Culture）以下刊物上刊登：*Chinese Culture*（卷三期一，1960年10月）【20】。此為全譯本，全文 71 頁。

6、1959 年日譯本面世：

《亞細亞雜誌》二十期刊登了〈文化宣言〉。此為節譯本。【21】

7、1960 年前出現另一英譯本（即第三個英譯本；乃節譯本）：

1960 或稍前 Warner Fan 先生翻譯〈文化宣言〉為英文。作者

【20】收入該刊頁 1-71。英文題目作 *A Manifesto on the Reappraisal of Chinese Culture*。副標題為：*Our Joint Understanding of the Sinological Study Relating to World Cultural Outlook*。目錄頁無副標題，而作者為："Hsieh Yu-wei（謝幼偉）& others"。文章首頁則開列所有作者名字，其順序為：Carson Chang, Hsieh Yu-wei, Hsu Foo-kwan, Mou Chung-san, Tang Chun-i。此順序大抵按五人姓氏之英文字母先後為序。此可猜想而得知者。但目錄頁只列謝氏一人，其他以 others 代之，則或以謝氏為引介至該刊發表之介紹人，故先開列其名字歟？個人則認為此排名先後雖或出自該刊之意，但幼偉先生應予以更動，蓋彼於〈宣言〉之起草及修改全無功勞，或幼偉先生本人亦不知其排名順序為如此乎？有關英譯之進行，其事蓋在台灣。1958 年 11 月 13 日唐先生給徐先生函云：「〈文化宣言〉能譯成，甚好。」（參上揭《唐君毅全集‧書簡》相關條目。以下同。）此可證其時〈文化宣言〉已譯成。此函為唐先生回覆徐先生者，時徐先生人在台灣。由此可推想徐先生嘗於日前在台去函唐先生告之譯成事。蓋如翻譯事在台灣以外地區進行，以香港學術資訊流通之便利速捷及唐先生為〈文化宣言〉之「總主持人」而言，則唐先生斷無不知之理。今唐先生獲告知始悉其事，則今所謂譯成者，其事應在台灣進行無疑。

【21】參上揭《儒學在世界論文集》，頁 167。然而，日本亞細亞雜誌第二十期遍尋不獲，所以實在不知〈文化宣言〉確有日譯本否？！可喜的是，日人中村俊也嘗研究〈文化宣言〉而寫了一篇學術論文。此即〈有關唐君毅東西冷戰時期的思想——『現代新儒家宣言』研究〉，載《東亞地域研究》，第七號，2000 年 7 月，頁 1-15。

順序及題目如下：Carsun Chang, Tang Chun-i, Mou Tsung-san, Hsu Fo-kuan, "A Manifesto for a Re-appraisal of Sinology and Reconstruction of Chinese Culture"【22】

此譯本雖為節譯，但英文寫得很漂亮，讀來使人賞心悅目。

8、1969 年迄今：轉載及著錄者不勝其數：

若干書籍，如《儒學在世界論文集》【23】及唐先生本人之文化論文集，如《中華人文與當今世界》、《說中華民族之花果飄零》等皆收錄該〈文化宣言〉。在後人為唐、牟、徐、張四先生所撰寫之生平年譜或學術／著作年譜上，恆以獨立條目著錄該〈文化宣言〉。

3、結論

牟宗三、徐復觀、張君勱、唐君毅四先生於 1958 年聯署發表〈中國文化宣言〉。其發機動念、起草、往復討論、修改、刊登、英譯、英譯之刊登，以至被轉載，甚至被上述四人之年譜或著述編年目錄等等所著錄者，均約略概見上文。【24】唐先生等人撰寫及發表這篇〈文化宣言〉，其事絕不易易。文章四萬字；撰文者（起草人）為唐先生。唐先生學問

【22】作為附錄收入 Carsun Chang , *The development of Neo-Confucian thought*（New York : Bookman Associates, 1962）一書內，頁 455-483。

此由 Warner Fan 所翻譯之英譯本，當完成於 1960 年（含）之前。張君勱先生（Carsun Chang）所撰之 *The development of Neo-Confucian thought* 之 Preface 嘗提及 Warner Fan 翻譯事，而該 Preface 乃撰於 1960 年，然則 Warner Fan 所作之翻譯，必完成於 1960 年或之前無疑。

【23】東方人文學會編印，香港：東方人文學會 1969 年 3 月 1 日出版。

【24】詳情則見諸上揭黃兆強，〈〈中國文化與世界〉宣言之草擬及刊行經過編年研究〉一文。

「根柢槃深，枝葉峻茂」【25】，且以其運思之精巧周延及為文之速捷曲暢來說，撰寫三四萬字的文章，三四日可立就。據唐先生《日記》及《致廷光書》，可知唐先生亦只用了不到四天的功夫便完成了這篇〈宣言〉的初稿。【26】然而，從張君勱先生率先倡議、唐先生隨而發機動念起計，至這篇〈宣言〉最後有機會刊登在《民主評論》及《再生》二雜誌上，前後共花了十個月的時間。按唐、牟、徐三先生之意，此〈宣言〉旨在對外國人士而發，是以本來是要先用英文發表的。惟以譯事不易，最後乃決定附從君勱先生之意見，先以中文發表；蹉跎歲月幾近三年，至 1960 年 10 月始在雖不滿意但仍可接受之中國文化學院所出版之 *Chinese Culture-A quarterly review* 上發表英文全譯本。【27】

以上粗見撰寫、發表、翻譯等等過程之不易易。茲稍詳細說明如下，藉以闡發其中可蘊涵之各種可能意義與理想意義。緣此如能進一步激發吾人之志氣，開通同儕之耳目者，則更係筆者喜出望外者也。約言之，其可有之意義有五：

（一）鐵肩擔道義之使命感：

> 聯署〈文化宣言〉之四先生在學術上皆可謂不世出之人傑也，且亦富民族使命感、文化使命感，尤其民族文化使命感。但要一時間擱置手邊之工作不做，而必須低首下心廣求異說，博採群言，俾起草（含尚需徵求他人同意以共同聯署）一文化宣言而言，則恐怕需要鼓起相當大的勇氣始可為功。換言之，非有決然毅然之衝勁及動力不可。萬事起頭難。何

【25】語出《文心雕龍·宗經》。

【26】初稿始撰於 1957 年 5 月 17 日，完成於 5 月 20 日；共三萬四千字。參《日記》，1957.05.17 條；1957.05.20 條；《致廷光書》，1957.05.23 函。又參上揭黃兆強，〈〈中國文化與世界〉宣言之草擬及刊行經過編年研究〉，相關條目。

【27】非聯署人授意之節譯本則於 1958 年 5 月已刊出；另一由君勱先生授意／同意之節譯本亦於 1960 年或稍前刊出。詳參上文。

人願意充當火車頭？此事不易解決。幸好，唐先生義不容辭而在張、牟、徐三先生之首肯並鼓勵下，而慨允其事；否則再好的文化見解、文化理念亦只好敝帚自珍了。【28】外國人何可得而知悉耶？！然而，其間整紛理亂，包容異見，融貫各家，別出心裁，復斷以己意；其事又豈易為之哉！

又：上文已指出，建議共同發表一宣言者，固君勱先生也。但如非唐先生旅美時在彼面前先道說「頗感中國人之在世界上已無聲音」云云【29】，則不見得君勱先生會主動建議

【28】其實，「義不容辭」必以仁為發端，即發端於心之不容已。唐先生及其他三先生，面對洋人之不解，曲解，甚至誣衊中國文化時，如非有不安、不忍、憤悱不容已之道德心靈（仁心、惻隱之心），則相應之「義」恐怕不易遽然生起也。「仁」、「義」、「道德心靈」、「不容自已」等等概念比較抽象。我們不妨用最粗淺的說法來作說明：四先生，尤其唐先生，之所以草擬該〈文化宣言〉，其實可以解釋為緣乎對文化事業之一股熱情、熱心。換言之，用道德學之術語來講，是「發乎仁」；用常識義來講，是「源自熱情、熱心」。就後者來說，黑格爾的說法很有啟發性而值得參考。他說：「我們簡直可以斷言聲稱，假如沒有熱情，世界上一切偉大的事業都不會成功。」語見黑格爾著，王造時譯，《歷史哲學》（上海：上海書店出版社，2008），頁21。當然，就黑格爾來說，熱情源自人之私欲。這點我們不必同意；亦暫不追問熱情之源頭。現今只就熱情本身為人的可貴之處來說。有關黑格爾人的熱情產生於私欲的問題，可參韓震，《西方歷史哲學導論》（濟南：山東人民出版社，1992），頁221-223。

【29】語見1958.01.19唐先生致謝幼偉先生函。此外，從唐先生論述張君勱先生的一篇文章中，亦可知唐先生實係〈文化宣言〉得以撰就之最關鍵人物，並可知悉二人擬發表〈文化宣言〉之動機。唐先生說：「他（君勱先生）說，美國人講中國學問，有些太不成話！我到美國之後，第一個印象亦是如此，我覺得許多美國人講中國學問，他們的觀點有問題，或者是傳教士的觀點，或者是外交家的觀點，或者某一西方學術的觀點。我看了這些情形，深不以為然，就向君勱先生提

共同發表一宣言。是以吾人可說，如君勱先生是〈文化宣言〉的推手，則唐先生更是推手中之推手。再者，在起草、研商及尋覓刊物發表等等過程中，唐先生任勞任怨，既不畏難，更不輕言放棄。真可謂「鐵肩擔道義，任事必爭先」【30】了。當然其他三位先生對唐先生之充份尊重、「充份授權」【31】，乃係〈文化宣言〉最後得以成功撰就並順利發表之另一關鍵原因所在。

及。君勱先生說，我們應該約幾個人共寫一篇文章來討論中國學術文化的性質與應如何研究的問題。他旋即寫信與當時在台灣的牟宗三和徐復觀兩先生徵詢意見，於是由我寫成初稿，再經君勱先生及牟、徐二先生修正若干處，定名為〈中國文化與世界〉。……」唐君毅，〈從科學與玄學論戰談君勱先生的思想〉，《中華人文與當今世界（補篇，下冊）》，《唐君毅全集》（台北：台灣學生書局，1991），卷十，頁 670。1958.01.19 唐先生致謝幼偉先生函，載《唐君毅全集》，卷二十六，《書信》，頁 188。

【30】本年（2009）5 月下旬四川宜賓學院等等單位為紀念唐先生百年誕辰，舉辦了一個研討會。筆者應邀參加。會後嘗隨主辦單位往訪唐君毅研究所。所長楊永明教授邀題字以作紀念。筆者不擅毛筆字，乃以原子筆寫下「鐵肩擔道義，任事必爭先」一語，蓋從太老師「唐鐵風」及太師母「陳大任」二人名字中各取一字以成句也。據唐端正，《唐君毅全集·年譜》，頁 3，太老師初字鐵風，晚易為迪風。唐先生一輩子教書，同時，幾乎一輩子都當教育行政方面的主管。嘗任系主任、系務會議主席、院長、教務長、研究所所長等職。而且每個職位都是由他人推舉或由校長所器重而出任的。細閱《年譜》，先生因行政職務而耗費極多時間，否則其學術上之表現應更為卓越。然而，唐先生經世致用而見諸日常實踐之意識特強。此乃其道德使命感所在，其出任行政要職，亦事有必至者也。

【31】徐先生嘗去函唐先生云：「兄可逕行處理，弟毫無他見。」（見 1957.08.21 徐先生致唐先生函。此函未刊；此函及其他先生致唐先生函皆唐師母謝方回女士交付劉國強教授保管而今存中文大學新亞書院者。）此固係徐先生函中之個人意見，但吾人認為，不妨視張、牟二先生亦持同一看法。

（二）求大同棄小異（存小異）之雅量：

　　　　牟、徐、張、唐四先生，各人在學術上皆獨當一面，且各有主見。據筆者所知，四人所撰寫、發表之各著作，大皆以個人一己之力為之，從不與他人合作而成文。【32】就撰寫一文化宣言而言，四先生皆有足夠之能耐、學養各自獨立成篇。今茲四人和衷共濟，求其大同棄其小異（存其小異）【33】而聯署為文，且非只是掛名，除唐先生為執筆者而貢獻最多外，其餘三先生皆各付出不少心力。就此來說，已是一士林佳話。此外，方東美、吳康、陳康等先生在〈文化宣言〉起草的過程中亦給予過意見【34】，又英文本〈文化宣言〉於 1960 年 10 月發表時，謝幼偉先生同意列名其上。此等事實皆可謂「人同此心，心同此理」的最佳寫照。【35】

【32】君勱先生或稍為例外，嘗於 1921 年以德文與德國哲學家倭伊鏗（R.C. Eucken，1846-1926）合著《中國與歐洲的人生問題》，並於翌年在德國出版。參張君勱，《中西印哲學文集》（台北：台灣學生書局，1981），〈編後記〉。

【33】按：四位先生之觀點及意見，不可能完全相同。所以今所見〈文化宣言〉之各項內容，必係在一定程度上相互包容、協調之結果。而所以有此結果，就〈宣言〉執筆者唐先生來說，他在求取意見上之「大同」之外，恐仍須保存各人意見上之差異（存小異）於〈宣言〉中的。然而，就三位先生來說，他們為了讓唐先生便於綜合彙整各意見，恐怕在求得並接受一「大同」之後，是會盡量放棄一己的「小異」的。換言之，在唐先生盡量「存（他人之）小異」而其他三先生又盡量「棄（一己之）小異」的情況下，〈文化宣言〉乃得以順利完成。這個過程看似簡單，但四先生在學術上皆係極有成就且亦極有主見的學者。如非均有容人之雅量，則〈宣言〉是沒有辦法草擬出來的，更遑論發表了。

【34】參 1957.09.08 徐先生致唐先生函。徐致唐函之出處，參上註【12】。

【35】象山先生云：「東海有聖人出焉，此心同也，此理同也；西海有聖人出焉，此心同也，此理同也；南海北海有聖人出焉，此心同也，此理同也；千百世之上至

黃兆強　〈中國文化與世界宣言〉之啟示──論聯署發表及共同參與撰寫之意義　43

（三）耐煩抗壓之能耐：

　　四人台、港、美三地從 1957 年 3 月起至 1959 年底，三年間魚雁往還不絕【36】。針對四萬字長文之增刪修改謄錄、宣言以何方式發表（以條目方式呈現，另分別撰文說明；或四人各寫一篇合為一冊；或以現今所見之方式呈現）、在何雜誌發表、只發表英文版抑中英文版同時發表或先發表中文版、找何人英譯、英譯本又宜在何雜誌發表、要付費英譯者否、聯署者四人排名序次先後等等問題，在書信中皆往復研商【37】。且 50 年前，既無影印機、傳真機、更無 e-mail、MSN、手機；電話費又極高昂，電話機又非隨處皆有，且通話品質恐絕不如今日（四先生之通訊以書信或面晤為主，似未嘗用越洋電話）。箇中之種種困難，可以想見。再者，唐先生起草初稿及與三先生書信往還往復討論之初期，人在旅

　　千百世之下，有聖人出焉，此心此理，亦莫不同也。」象山先生固係針對「宇宙便是吾心，吾心即是宇宙」的命題而說出曠宇長宙中凡聖人皆人同此心，心同此理的話；再者，唐、牟、徐、張、謝、方、吳、陳等先生亦不必皆係聖人。然而，針對中國文化被洋人誤解、曲解，甚至被誣衊，則不能不奮起而有所聲明表白。此所謂「同聲相應，同氣相求」、「沆瀣一氣」、「同仇敵愾」歟？上引象山先生語，見《陸九淵集》（北京：中華書局，1980），卷三十六，〈年譜〉，頁 483，〈紹興二十一年辛未〉條。

【36】計有二十餘函（含收錄於《唐君毅全集‧書簡》及唐師母謝方回女士交託劉國強教授保管而今存中文大學新亞書院者。）此不含唐先生給謝幼偉及胡蘭成亦談及〈宣言〉事之二函。

【37】其中比較不甚重要之問題，如付費英譯者否的問題，雖不必皆往復研商，但唐先生至少得先有一定之構想，然後始可向其他三人表示，俾徵求彼等之同意。此皆須費神用心。

美途次；且在美國多地奔波【38】，此更增加通訊上之困難。

（四）鍥而不捨，百折不撓之鬥志：

特別需要進一步指出的是上文已提及的英譯問題及英譯本之刊登問題。〈文化宣言〉最先的構想是為外國人撰寫的。但以譯人不易尋覓，乃先以中文發表。但畢竟仍以發表英譯本為終極考量。四人中以君勱先生之英語能力最好。【39】但彼當時「為生活所苦」、「以生活忙」【40】而不克任翻譯，這所以以上眾問題中，以英譯問題最為棘手。然而在各人努力下，全文英譯本終於在中文本〈宣言〉發表後一年內（約 1958 年 11 月）順利完成。然而，又以篇幅特長，外國出版之一般英文刊物不予接受刊登。經多方努力，拖延至譯稿完成後兩年，即 1960 年 10 月全文英譯之〈文化宣言〉始得順利面世。（詳下條）

（五）廣結善緣、得道多助以化解僵局：

上文已指出不易在西方覓得英文刊物以刊登英譯本〈文化宣言〉。幸好同意在英譯本上共列姓名之謝幼偉先生與中國文化學院創辦人張其昀先生相善。【41】在謝、唐二先生努力

【38】 參上揭《日記》（上），頁 289。

【39】 張先生留學地雖為日本及德國，但少年時因學習於上海廣方言館，又曾以英文教學，並嘗用英文撰寫論文、專書，是以四人中自以張氏之英語能力為最強。有關張氏與英文之關係，參〈寶山張先生年譜初稿〉，《張君勱先生九秩誕辰紀念冊》（台北：中國民主社會黨中央總部，缺年份），先生 12 歲、19 歲、21 歲、68 歲、78 歲等各條目。

【40】 此據 1957.11.03 君勱先生致唐先生函及 1957. 11.25 唐先生致徐、牟二先生函。前函未刊，其出處，參上註【12】；後函，載《唐君毅全集‧書簡》，頁 114-115。

【41】 不悉唐先生與其昀先生相善否？其可知者乃其昀先生甚賞識唐先生之學問。唐先生 1967.10.04 嘗致函其昀先生；從中得悉其昀先生擬創辦中華學術院，並擬授

下，〈宣言〉英譯本乃得在該學院所辦之 Chinese Culture（卷三期一，1960 年 10 月）登載，否則擬對外國人為中國文化事業發聲之原意便只好付諸流水了。此可見文化事業要在社會上生起廣泛作用，非只憑學者各自為戰，各人多寫一兩本學術專著便可竟其功的。平時廣結善緣尤不可少也。其實，所以能夠廣結善緣，恐怕其本身必須先為「有道」者，所謂「得道多助」、「德不孤必有鄰」是也，否則善緣即無從結起。〈文化宣言〉得在英文刊物上發表，及其前數年錢穆先生、唐先生等人所辦之新亞書院先後獲得上海商人王岳峰先生及美國耶魯大學雅禮協會之資助【42】，皆可謂「得道多助」之另一佐證。

由上觀之，要共同成就一文化事業，非有推手、非有執行者、非有決然毅然之意志，非兼具求大同存小異／棄小異之胸襟雅量，則事必不濟也。「蓋世必有非常之人，然後有非常之事；有非常之事，然後有非常之功。」【43】四先生之〈文化宣言〉，其一例而已。吾人有志於文化事業者，四先生之先例為楷模、為典範，此確然無疑者也。

最後，必須要對〈文化宣言〉所達致的效果或所引起的關注作一點說明。〈文化宣言〉發表後半年期間，已引起不少人士廣泛的注意。如香港之基督徒、台灣之洋人及時在台灣之胡適先生，不是集會討論，便

予唐先生哲士之頭銜。此其一。再者，其昀先生嘗邀約唐先生在中文大學榮退後至文化大學任教。此事見唐先生 1975.01.30 致其昀先生函。以上兩函均收入上揭《唐君毅全集‧書簡》中。

【42】 王氏資助新亞書院，乃 1949 年末至 1950 年 4、5 月間之事。（新亞書院原稱亞洲文商夜學院。1950 年 2 月 28 日，始改組為新亞書院。）美國耶魯大學雅禮協會決定以合作方式資助新亞，其事乃在 1953 年，正式合作則始於 1954 年。詳參上揭，《唐君毅全集‧年譜》，頁 70-73、82、87。

【43】 司馬相如，〈難蜀父老〉，《昭明文選》，卷 44。

是要求徒眾注意。【44】且兩三年內有三個不同英譯本及一個日譯本面世，真可謂「天道酬勤，功不唐捐」；唐先生等人的努力絕不枉然白費！〈宣言〉發表的目的可說達到了。當然，要藉此來完全扭轉時人（尤其洋人）對中國文化偏頗甚或錯誤的認識，甚至轉而促使彼等全盤肯定中國文化之價值及其對人類的貢獻，那是過高且不切實際的期許。但無論如何，作為中國知識分子來說，唐先生等人已盡了最大的責任，也可說擔負了時代的使命。

五十年後的我輩，能聞其風而愉悅讚嘆之、睹其行而踵武繼承之，俾藉以光暢吾國族之慧命、弘揚我華夏之文化者歟？凡有志之士，固當自反自勵、思齊奮發焉！筆者勉力草就本文，區區之意，正在此矣。所謂「盡文化之責，勵世人之心」【45】者耶？願共勉焉！

【44】 參 1958.06.02 徐先生致唐先生函、1958.06.22 唐先生致牟先生函及 1958.06.25 牟先生致唐先生函。以上三函，其中第二函收錄於上揭《唐君毅全集·書簡》中；一、三兩函則為中文大學新亞書院所保管；另有繕打本。參上註【12】。

【45】 東吳大學同事且亦師亦友之中文系前主任陳松雄教授擅為駢四儷六、錦心繡口之文。今台灣藝文界雅好此道而有所述作者，其成就恐無人能出其右。彼所為文章，筆者諷誦者再。松雄教授嘗應邀而為世界書局再版《陸宣公翰苑集注》（台北：世界書局，2005）撰〈再版序〉乙篇。「盡文化之責，勵世人之心」一語即出於該〈再版序〉末段。茲特別標出，示不掠美。

法國新儒家領域之研究

岑詠芳*

提 要

　　法國早於十七世紀便對宋代理學家如周敦頤、朱熹等有所介紹，但較多篇幅的著作要到十九世紀始陸續出現。雷慕莎（Abel REMUSAT）、包圭耶（Guillaume PAUTHIER）是研究這領域的開山祖；程艾藍（Anne CHENG）、費颺（Stéphane FEUILLAS）、王論躍（Frédéric WANG），則是目前最有力的帶動者。至于對當代新儒學的專題探討，要到二十世紀的八十年代才萌芽，于蓮（François JULLIEN）首揭開研究此領域的序幕，畢傲塞（Sébastien BILLIOUD）、杜瑞樂（Joël THORAVAL）的翻譯與論著為此領域，特別是對牟宗三思想的研究，分析，帶來重要的成果。

　　本文嘗試透過對相關的已出版或未出版的論文、譯作與專著的介紹，期能呈現法國在新儒家及當代儒學這一領域上的研究動態及方向。

引言

　　耶穌會士在 1687 年於巴黎以拉丁文出版了 *Confucius Sinarum Philosophus* 一書，中文標題為《西文四書直解》，後來又被譯作《中國賢哲孔子》。這是法國甚至歐洲最早介紹孔子及儒家的書籍，雖然實際只翻譯了《論語》、《大學》與《中庸》，而沒有《孟子》，但在十七世紀的西方，對中國經典的介紹，這本著作已算相當完備。此外，是書的編印，本來只是為了耶穌會士來華傳教時，便利他們了解中國文

---

*法蘭西學院漢學研究所圖書館研究助理。

化。這是一本入門參考書，也是他們向中國人傳教時的工具。然而，這本著作在當時及後來整個世紀，對中國文化的西傳，扮演了啟蒙與先驅的角色，豎立了東西文化交流的里程碑。同時，在柏應理（Philippe COUPLET, 1623-1693）為是書撰寫的近百頁的長序中，介紹了宋代的五位理學家：周敦頤、張載、二程和朱熹；還有朱熹的理學和易學，與及「太極」、「理」等新儒學的範疇，新儒家遂始得被法國知識界認知【1】。

然而，要等到十八世紀末至十九世紀初，法國對新儒家學說才有較多篇幅的介紹。一套大型叢書《中國之歷史、科學、藝術、風俗和慣例紀要》（*Mémoires concernant l'histoire, les sciences, les arts, les mœurs, et les usages, etc., des Chinois*），就分別引用了周敦頤的《太極圖》和朱熹的「理」、「氣」說【2】。

1815 年法蘭西學院（Collège de France）始創立漢學教席，由雷慕莎（Abel RÉMUSAT, 1788-1832）出任。他在其短暫的學術生涯裡，研究的重心偏於道教及文學。但在他逝世11年後才被整理出版的遺著《中國哲學》（*De la philosophie chinoise*）裡，他嘗試疏清法國一向以來對太極、理、氣等概念之錯誤理解及混淆，並對朱熹推崇備至【3】。及後他的學生鮑圭耶（Guillaume PAUTHIER, 1801-1873）繼承師志，對宋代理學作了首次較全面並深入的探討【4】，為法國漢學在新儒學的研究史

【1】 在序言裡，作者以 " neotericus" 一字來命名中國這個時期的思想家。 neotericus 是後拉丁語，意謂「新哲學家」，以別於早期的哲學家如孔子、孟子。稍後，法語譯為 " néo-confucéens"，並一直沿用至今。

【2】 見該書第二冊錢德明（Joseph-Marie AMIOT, 1718-1793）編著的《從文物看中國古代文明》（*L'antiquité des chinois prouvée par les monuments*）；第八冊韓國英（Pierre-Martial CIBOT 1727-1780）編著的《簡論中國人之語言》（*Essai sur la langue des Chinois*）。

【3】 此論文被編入雷慕莎的文集第五卷即最後一卷中，於 1843 年出版。

【4】 見氏著《中國哲學史提綱》（*Esquisse d'une histoire de la philosophie chinoise*）（1844）。

上，留下重要的一頁。

法蘭西學院的漢學教席，自雷慕莎始，到他的學生儒蓮（Stanislas JULIEN, 1797-1893）和後來接連繼任的沙畹（Édouard CHAVANNES, 1865-1918）、伯希和（Paul PELLIOT, 1878–1945）、馬伯樂（Henri MASPÉRO, 1883–1945）、戴密微（Paul DEMIÉVILLE, 1894-1979）等在漢學研究上都各有建樹，使法國曾經一度成為國際漢學研究的重鎮。但他們的研究領域及方法主要偏重考據訓詁等傳統進路[5]，新儒學幾乎無人問津，沉寂了一段長時間[6]。

法國新儒學研究的再興

大體而言，60年代以後，法國漢學研究的重點，有道教、佛學、敦煌學、科技史和考古學各領域。思想方面，戴密微的兩位學生謝和耐（Jacques GERNET, 1921- ）和汪德邁（Léon VANDERMEERSCH, 1928- ）是其中的佼佼者[7]。謝和耐繼承戴密微，接任法蘭西學院教席，講授中國知識分子及社會文化史。他的《事之理：王船山哲學評論》（*La Raison des choses : Essai sur la philosophie de Wang Fuzhi (1619-1692)*）一書，是其晚年傾力之作[8]；汪德邁在任教高等實驗研究院（École

---

[5] 除了法蘭西學院這些名師外，主持東方語言學院（Inter-universitaire des Langues Orientales）的葛蘭言（Marcel GRANET, 1884-1940）教授，在研究方法上亦有所創新。他以社會學方法與理論結合來研究中國古代思想與風俗，甚有影響力。

[6] 1942-1955之間，曾有三篇關於朱熹及周敦頤的論文問世，但卻未曾引起注意。

[7] 戴密微的研究範圍並不限於佛學和敦煌學，他對中國文學特別是詩歌方面亦很有心得。他的學生桀溺（Jean-Pierre DIÉNY）曾任教於高等實驗研究院（École Pratique des Hautes Études），對中國詩歌的講授與研究非常扎實而有創見，是法國漢學界中影響深遠的學者。

[8] 謝和耐最早階段，興趣在於佛教史及敦煌文獻。而《中國通史》（*Le monde chinois*）、《中國和基督教》（*Chine et christianisme : action et réaction*）等

Pratique des Hautes Études）時，則開設了儒家思想課程【9】。他的《王道》（*Wangdao ou la Voie royale*）一書，糾正了馬伯樂等人的錯誤，認為儒學人文主義是商周王道之頂峰。他的學生程艾藍（Anne CHENG, 1955-），2009 年進入法蘭西學院，與謝和耐的弟子魏丕信（Pierre-Étienne WILL, 1944-）同執掌漢學教席【10】，創下該學院一個學科同時擁有兩個教席的前所未有的先例，是以一時成為漢學界之盛事，受到廣大的矚目。

程艾藍在法蘭西學院的講席名稱與謝和耐當年的講席很近似，也是講授中國知識分子史。但與謝和耐偏重社會文化史及明末清初的遺民思想不同者，她以孔子為中心，重新檢視他在中國歷史潮流中過去及現在的角色。而她目前指導的博士生，有不少從事宋明儒學的研究。

例如，她的學生魯之賢（NOE Jeehyun）在研究韓國漢學大師丁若鏞（1762-1836）的尚書評注時，以大篇幅探討他如何以《朱子語類》為基礎，對朱熹關於《古文尚書》中〈大禹謨〉之「人心為危，道心為微；惟精惟一，允厥執中」十六字的詮釋的進一步疏解【11】；班婥（Maud

---

書面世後，名聞遐邇。及後，則致力於對 16-18 世紀的新儒學的研究。除了王船山，他還對顧炎武、唐甄等明末思想家有深入的，且獨闢蹊徑的論著。

【9】汪德邁本是法律專家，早期研究法家思想，後來兼及儒學，且對之投以更大的熱情。他在高等實驗研究院任教期間（1980-1993），曾先後邀請杜維明、劉述先等學者來巴黎，就當代新儒家思想與中國文化作了一系列的講座。

【10】魏丕信早於 1992 年接任謝和耐在法蘭西學院的教席，講授中國近代史。他專研官箴、荒政及政制，帶起了對這領域的研究風氣。

【11】魯之賢在韓國取得碩士學位，研究帕拉圖思想。現就讀於法國東方語言學院博士班。2009 年在中國研究學會（Association Française d' Études Chinoises）學術會議上，發表了《對朱熹詮釋〈尚書大禹謨〉中的十六字的反思》。丁若鏞，號茶山。兼思想與科學各領域，為學態度反對玄思，而力主義解，是韓國一位舉足輕重的儒學家。

M'BONDIO）【12】則嘗試用一新角度去研究周敦頤的《太極圖說》，並探討真德秀《心經》中的涵義；杜傑庸（Guillaume DUTOURNIER）【13】較關心的是理學與社會的關係。他以陸象山為中心，透過教育、科舉等現象，探討理學在社會上的實踐功能。

　　大體而言，法國新儒學的研究，從發軔到目前的新興階段，朱熹及周敦頤的思想仍是最受矚目的。但在 1996 年，費颺（Stéphane FEUILLAS）【14】的博士論文：《從〈正蒙〉看張載之自然與道德觀》（*Nature et Morale dans le Zhengmeng de Zhang Zai (1020-1078)*）則打開了對這項研究的新局面。

　　而王論躍（Frédéric WANG）【15】在 2004 年完成的博士論文：《王廷相之思想：對新儒學之省察》（*Le néo-confucianisme mis en examen : la pensée de Wang Tingxiang (1474-1544)*），則是首次將這位承接張載而影響王船山的明代理學家介紹到西方。他的研究重點，是透過對王廷相的生平與思想，探討他作品中有關現象界及人性的深層意義。

　　華瀾（Alain ARRAULT）【16】是道教研究開山祖施舟人（Kristofer

【12】班婥目前是巴黎第七大學狄德羅學院東亞文化研究中心（Langues et Civilisations de l'Asie Orientale, Université Paris 7 Denis-Diderot）的助教。她曾專攻西方哲學，到過中國學習。

【13】杜傑庸從 2009 年 9 月開始，被法蘭西學院聘任為程艾藍的研究助理。同時，他為法國「宋明儒學思想研究網」（http://www.daoxue.fr）撰寫文章，並與台灣華山書院的王財貴合作，加入民間讀經的推動行列。

【14】費颺是于蓮的大弟子，現執教於巴黎第七大學狄德羅學院東亞文化研究中心。其後，他在學術研討會上亦曾多次發表對張載理學思想的研究報告，現正進行《正蒙》的法譯工作。

【15】王論躍師從戴思博（Catherine DESPEUX），2008 年接任她在東方語言學院教授一職。除教授中國思想史，並主持或組織多項有關新儒學思想的學術會議。

【16】華瀾自 2000 年起成為法國遠東學院（École Française d'Extrême-Orient）研究員。

SCHIPPER 1934- ）的學生，他選擇了北宋五子之一邵雍為研究對象【17】。1995 年通過論文答辯，及後，經過多年的整理與修改，以《邵雍（1012-1077）：詩人及宇宙論者》（*Shao Yong (1012-1077), poète et cosmologue*）為題出版成書，收入《法蘭西學院漢學研究所論文叢刊》。他深研邵雍的陰陽數術，在法國研究新儒家思想的行列中，別樹一幟。

法國當代新儒學研究之萌芽與開展

最早把當代新儒家思想介紹到法國的，是與新亞研究所有著密切關係的于蓮（早期的中文名是朱利安）（François JULLIEN, 1951- ）。他於 1978-1981 在香港當法國文化參贊時曾旁聽徐復觀先生及牟宗三先生的課，深受兩位先生的學問感染。回國甫始，他即任教於巴黎第八大學，並著手籌辦《遠東遠西》（*Extrême-Orient, Extrême-Occident*）期刊，宗旨乃尋求東西方文化的對話，這亦是他日後研究的大方向，為法國傳統漢學帶來全新的視野。

1983 年，《遠東遠西》第三期，發表了于蓮親自撰寫的：《中國與西方之自然界之概念 - 根據唐君毅之詮釋》（《 La Conception du monde naturel, en Chine et en occident, selon Tang Junyi 》）【18】，還有他在高等師範學院（École Normale Supérieur）的校友狄梅傲（Jean-François Di Meglio）撰寫的：《 「天命之謂性」—— 根據牟宗三的詮釋》（《 La Nature comme destin emanant du ciel d'après Mou Zongsan 》）【19】 。這是

【17】 這位理學家，首次受到注意，要推到 18 世紀之初，在歐洲傳教士宋君榮（Antoine GAUBIL 1689-1759）翻譯的《書經》中，收入了馬若瑟（Joseph de PRÉMARE 1666-1736），劉應 （Claude de VISDELOU 1656-1737）的兩篇文章，其中便提到《性理大全》裡邵雍的作品，且以數術學家名之。

【18】 這是一篇對唐先生《中國文化精神價值》一書第五章，第 2-5 節的讀書札記。

【19】 這是一篇對牟先生《中國哲學的特質》一書第 7-9 章的讀書札記。

法國第一篇介紹唐君毅及牟宗三兩先生思想的文章[20]，亦是法國對當代新儒學學說研究的開端，但真正受到重視，還是本世紀初的事。以下就兩點來說明：

1 － 兩部當代新儒家著作的法譯本面世：

－ 2000 年，于蓮主編的《葛蘭言學院叢書》（Collection de l'Institut Marcel Granet）出版了由中國語言學家羅常培的女兒羅慎儀（LUO Shenyi, 1934-）[21] 翻譯，汪德邁修訂的：《梁漱溟：東西文化及其哲學》（LIANG Shu-ming, *Les Cultures d'Orient et d'Occident et leurs philosophies*）。汪德邁為是書撰寫序言，對梁漱溟的思想、時代背景及其影響，作了握要的介紹。這不僅是第一部當代新儒家著作的法譯本，同時為稍後的研究拉開了序幕。

－ 2003 年，由卡梅納洛維奇（Ivan P. KAMENAOVIĆ）[22] 和柏斯拓（Jean-Claude PASTOR）合譯的《牟宗三：中國哲學的特質》（MOU Zong-san, *Spécificites de la philosophie chinoise*）亦大功告成。現任法國高等社會科學研究院（École des Hautes Études en Sciences Sociales）副教授的杜瑞樂（Joël THORAVAL）[23]，為此書撰寫了一篇長近百頁的

---

[20] 翌年，于蓮發表了一篇有關對徐復觀先生《兩漢思想史》卷一：「兩漢知識分子對專制政治的壓力感」的讀書札記。見《遠東遠西》n°4 (1984), pp. 35-41：《中國知識分子面對權力政治所遭受的壓逼感》（*Note II : Du sentiment d'oppression éprouvé par les intellectuels chinois face au pouvoir politique.* D'après Xu Fuguan）。然而，于蓮受徐先生影響更深的是在文學批評方面。

[21] 羅慎儀於 1957 年畢業於北京外語學院法語系；1981年在法國修讀博士，1986 年進入法國國家科學研究院；1993-1997 成為法國人文科學院之一員。

[22] 巴黎索本大學遠東研究中心（Centre de Recherche sur l'Extrême Orient de Paris Sorbonne）成員。他已出版的譯作還有：《呂氏春秋》、《潛夫論》和《荀子》等。

導言：《聖人理想，哲學運思》（《Idéal du Sage, Stratégie du Philosophie》）；透過牟宗三先生的各種著作，將先生的時代感受、學思歷程與及對中國文化的終極關懷等等，分六大段落闡析：1 - 引介牟宗三思想；2 - 個人生命與文化命運；3 - 沉思現代性；4 - 儒家思想之重讀；5 - 從康德而來之理據；6 - 從佛學繞回來的義理。稍後，以研究牟先生思想著名的一位法國學者畢邀塞（Sébastien BILLIOUD），於《中國研究》（Études Chinoises）發表了對這譯本的書評，其中他稱許地說：「這篇導言將是劃時代的，它引介牟宗三思想，大大地超過了《中國哲學的特質》的範圍。杜瑞樂精細而中肯的分析，證明他對牟宗三眾多作品中所納入的智的宇宙，能掌握恰當。」[24]

2 - 研究當代新儒學的論文與論著的發表：

－ 對熊十力的研究：

汪德邁於 1996 年，撰寫的一篇文章：《熊十力之新唯識論 —— 現代儒家學者對佛學之新視野》（Une Vision confucéenne moderne du Bouddhisme : le nouveau cognitivisme de Xiong Shi-li）[25]，是法國最早關注熊十力思想的論著。

陶雲飛也是程艾藍指導的博士生[26]，論文正以熊十力為

---

[23] 杜瑞樂是「現代近代中國研究中心」（Centre d'études sur la Chine moderne et contemporaine）的主要成員。致力於文化人類學及當代中國知識份子的研究－儒家的現代走向及當代「中國哲學」的創新問題。近年對當代新儒家的思想作了許多思考工作，成為這領域的中堅。

[24]《中國研究》，vol. 23, 2004, p. 468-75.

[25]《從敦煌到日本：佛學與中國研究》獻給蘇遠鳴 （《De Dunhuang au Japon: études chinoises et bouddhiques offertes à Michel Soymié》）；éd. Jean-Pierre GRÈGE 戴仁，Michel SOYMIÉ 編。

[26] 陶雲飛原畢業於北京大學哲學系，及後在廣州中山大學，以研習宗教比較哲學

研究對象，題目是：《認知與實踐：研究熊十力哲學思想中之直覺問題》（*Connaissance et Pratique, Etudes sur la question de l'intuition dans la pensée philosophique de Xiong Shili*）。她認為「直覺」（或「直下」）是熊十力思想的中心，希望透過對他所有著作的研究與分析，看認知與道德實踐如何統合在這觀念裡。這篇論文雖然還在撰寫中，但肯定將為這片正在開墾的園地，帶來重要的成果。

一 對牟宗三的研究：

除了上述對牟先生《中國哲學的特質》的翻譯，2004 年，于蓮的學生畢邀塞（Sébastien BILLIOUD）完成法國第一篇研究牟先生的論文：《「智的直覺」在牟宗三哲學中之角色》（Le Rôle de l'intuition intellectuelle dans la philosophie de Mou Zongsan (1909-1995)）。

之後他陸續發表了三篇有關牟先生思想的文章：《牟宗三哲學之主體》（《Le sujet dans la philosophie de MOU Zongsan (1909-1995)》）[27]；《牟宗三，海德格與實踐理性的問題》（《MOU Zongsan, Heidegger and the problem of Practical Reason》）[28]；《論牟宗三對海德格的康德詮釋的質疑》（《MOU Zongsan's problem with the Heideggerian interpretation of Kant》）[29]。而最近撰寫的：《牟宗三道德形上學之研究》（《Thinking Through Confucian Modernity, A study of MOU

取得碩士學位。2006 年獲法國普旺斯大學（Université de Provence）中古哲學史博士候選文憑。現定居法國，為東方語言學院博士生。

[27] *Figures du sujet,* Paris, Collection Orientale, P.U.F. Oct. 2004, pp. 241-64.

[28] 北京大學哲學學報專號：《哲學在中國 20 世紀》，may, 2004, pp. 106-15.

[29] *Journal of Chinese Philosophy,* Volume 33, Juin 2006, pp. 225-47.（中文譯本將於 2009 年由北京人民大學出版，收入：《康德與儒學》中）。

Zongsan's Moral Metaphysics)》），快將出版。

畢遨塞自 2006 年 9 月起，成為法國駐香港的「現代中國研究中心」的研究員，主編《神州展望》（*Perspectives chinoises*）【30】。他對當代新儒學的推展功不可沒。

此外，程艾蘭的另一位學生郭小思（Cécile QUACH）【31】，則以《就牟宗三與李澤厚對康德及主體性理論中尋找中國哲學的特性》（《 *La quête d'une spécificité de la philosophie chinoise chez MOU Zongsan et LI Zehou : Kant et les théories de la subjectivité* 》）為題，正在撰寫她的博士論文。

一 綜合或專題的研究：

杜瑞樂於 1994 年在 *Esprit*（《精神》）上發表一篇名為《從哲學在中國到哲學中的中國》（ 《 *De la Philosophie en Chine à la Chine* 》）的文章，開始了對當代中國哲學的關注。其後，他對當代新儒學的思考與省察，寫了幾篇論文，計有：《儒家經驗與哲學話語—— 對當代新儒學諸疑難的反思》（《 Expérience confuceenne et discours philosophique - réflexions sur quelques apories du néo-confucianisme contemporain 》）【32】；《對智的直覺與當代儒家哲學的疑問》（《 La Question de l'intuition

---

【30】 這是隸屬於法國外交部旗下的二十八個駐外研究單位之一，由潘鳴嘯（Michel BONNIN）於 1991 年主持成立，以中國當代的政治、社會、經濟研究為主要領域。《神州展望》是其出版之期刊之一。

【31】 郭小思就讀於東方語言學院博士班。開始時，她意欲研究牟宗三道德哲學中的康德與孟子。

【32】 見《神州展望》，香港，71, mai-juin 2002, p.64-83. 張寧譯本見《中國學術》vol. 4 (2003), 2, p. 1-37， 北京。根據此版本而再進一步探討的，有：《Sur la transformation de la pensée néo-confucéenne en discours philosophique moderne.- Réflexions sur quelques apories du néo-confucianisme contemporain 》（《從現代

intellectuelle et la philosophie confucéenne contemporaine 》)[33]
和《當代新儒家思想中的宗教命運》(《 Le destin du religieux
dans la pensée néo-confucéenne contemporaine 》)[34] 。

畢傲塞不僅專研究牟先生的思想，在其主編的《神州展望》裡，亦曾發表過一些對現代新儒學的專題探討，例如與杜瑞樂合撰的：《當代儒學發展之一：教化──復興儒學為以教育工程》(《 The Development of Contemporary Confucianism (part 1), Jiaohua : The Confucian Revival Today as an Educative Project 》)；《當代儒學發展之二：安身立命或儒學之宗教向度》(《 The Development of Contemporary Confucianism (part 2), Anshen liming or the Religious dimension of Confucianism 》)[35] 和快將刊登的《當代儒學發展之三：禮教──以儒家禮儀之再造作為新世紀之始》(《 The Development of Contemporary Confucianism (part 3), Lijiao : The Reinvention of Confucian Ceremonies at the Start of the New Century 》)。

程艾藍在 2005 年國際學術會議：「儒家思想如何能參照西方之宗教概念來定位？」（《 Comment le confucianisme peut-il être situé par rapport à la conception occidentale de la religion ? 》）

哲學話語看新儒家思想之轉型──對當代新儒學諸疑難的反思》，見《遠東遠西》，n°27(2005), p. 91-119 。

[33] 見 *Revue internationale de philosophie : la philosophie chinoises moderne*（《哲學國際學刊：近代中國哲學專號》，2005/2, n°232, p. 231-245, 巴黎。

[34] 見 Le Nouvel Âge de Confucius（《孔子之新時代》)白蓮花（Flora BLANCHON）編，CREOPS, Paris, 2007. 是2005年國際學術會議：《 Comment le confucianisme peut-il être situé par rapport à la conception occidentale de la religion ? 》（與西方之宗教概念比較儒家思想如何能夠定位？）之論文結集。

[35] 分別見於該期刊之 2007/4, p. 4-20 和 2008/3, p. 88-106.

曾以：《當代新儒學中之憂患意識與宗教焦慮》（《 Conscience du souci et angoisse religieuse dans le nouveau confucianisme contemporain. 》）【36】為題，探討當代新儒學的使命感。

就以上的情況來看，法國不管是對新儒學或對當代新儒學的研究，都已從萌芽的階段走向興盛。法國學者已經注意到，在中國考據訓詁的學派之外，確另有學問新天地。尤其當代新儒學那種接引中國傳統文化，將其重新思考定位，以對應西方文化的各種挑戰的這種時代精神，已經喚起法國學者的濃厚興趣與熱烈討論。

美國漢學家墨子刻（Thomas METZGER）早於 1977 年，在他的《擺脫困境——新儒學與中國政治文化的演進》一書中，已提到當代新儒家對中國文化的重建與貢獻，對唐君毅先生的學術思想尤推崇備至。是年，我還在新亞研究所念書，唐先生從台灣回到香港養病，一天，聽到趙潛先生與唐先生在談論著墨子刻這本書，遂知道裡面有一章是專介紹唐先生的學問精神。後來，有機會拿來讀時，不禁想起昔日老師還在的情景。書中有一段這樣說：「⋯⋯我至今仍在研究他的思想，但我越來越深信，他的事例已經顯示出人們在 20 世紀會如何地哲學化：為了追求對人的存在的普遍本質的探索，甚至寧可擔當風險，去重申那些在一種文化比在另一種文化中更受到珍視的觀念。唐君毅所從事的冒險探索，使讀者們跟隨他一起這樣去做，證實了他作為一個哲學家和歷史學家，是何等博學精深。」【37】。目前，法國對唐先生的研究雖仍未成氣候，但先生這份精神，就目前法國對當代新儒學的研究趨勢來看，將會受到注目，為這領域帶來更新的視野。

【35】見 *Le Nouvel Âge de Confucius*（《孔子之新時代》）白蓮花編。

【37】此處借用顏世高譯的中文譯本（江蘇人民出版社，1990 年）。

附錄：有關書目

華瀾（**Alain ARRAULT**）

— 《邵雍 （1012-1077）：詩人及宇宙論者》 （*Shao Yong (1012-1077), poète et cosmologue*）。巴黎：「法蘭西學院漢學研究所論文叢刊」39 （Mémoire de l'Institut des Hautes Études Chinoises Vol. XXXIX ）， Collège de France, Institut des hautes études chinoises, 2002.

畢遊塞（**Sebastien BILLIOUD**）

— 《「智的直覺」在牟宗三哲學中之角色》（ *Le Rôle de l'intuition intellectuelle dans la philosophie de Mou Zongsan (1909-1995)*）。博士 論文，巴黎第七大學狄德羅學院東亞文化研究中心（Langues et Civilisations de l'Asie Orientale, Université Paris 7 Denis-Diderot）2004 （未刊）。

— 〈牟宗三哲學之主體〉（Le sujet dans la philosophie de MOU Zongsan (1909-1995) ）*Figures du sujet,* Paris, Collection Orientale, P.U.F. Oct. 2004, pp.241-64.

— 〈牟宗三，海德格與實踐理性的問題〉（MOU Zongsan, Heidegger and the problem of Practical Reason ）「北京大學哲學學報專號」：《哲 學在中國 20 世紀》，2004 年 5 月，pp.106-15.

— 〈論牟宗三對海德格的康德詮釋的質疑〉（MOU Zongsan's problem with the Heideggerian interpretation of Kant）*Journal of Chinese Philosophy,* Volume 33, 2006 年 6 月，pp.225-47 .（中文譯本將於 2009 年由北京人民大學出版，收入：《康德與儒學》中）。

— 〈當代儒學發展之一：教化—— 復興儒學為以教育工程〉（The Development of Contemporary Confucianism (part 1), Jiaohua：The Confucian Revival Today as an Educative Project）《神州展望》， 2007/4, p.4-20.

— 〈當代儒學發展之二：安身立命或儒學之宗教向度〉（The Development

of Contemporary Confucianism (part 2), Anshen liming or the Religious dimension of Confucianism）《神州展望》， 2008/3, p.88-106.

—〈當代儒學發展之：三禮教──以儒家禮儀之再造作為新世紀之始〉（The Development of Contemporary Confucianism (part 3), Lijiao: The Reinvention of Confucian Ceremonies at the Start of the New Century） （待刊）。

—《牟宗三道德形上學之研究》（Thinking Through Confucian Modernity, A study of MOU Zongsan's Moral Metaphysics）（待刊）。

程艾藍（**Anne CHENG**）

—《漢代儒家思想之研究：詮釋經典的一種傳統的形成》（*Etude sur le confucianisme Han : l'élaboration d'une tradition exégétique sur les Classiques*）。巴黎：「法蘭西學院漢學研究所論文叢刊」 26 （Mémoire de l'Institut des Hautes Études Chinoises Vol. XXVI）Collège de France, Institut des hautes études chinoises, 1985.

—《中國哲學》（*Philosophie chinoise*）與畢萊德（Billeter Jean-Francois），于蓮（Jullien François）合撰。巴黎：子夜出版社（Editions de Minuit），1994.

—《中國思想史》（*Histoire de la pensée chinoise*），巴黎：門檻出版社（Editions du Seuil），1997.

—《中國思想之現況》（*La pensée en Chine aujourd'hui*），巴黎，伽利瑪出版社（Gallimard），2007.

—〈中國哲學之問題〉（The problem with chinese philosophy），《哲學國際學刊：近代中國哲學專號》（*Revue internationale de philosophie : la philosophie chinoises moderne*），2005/2, n°232, pp.175-180, 巴黎。

—〈當代新儒學中之憂患意識與宗教焦慮〉（Conscience du souci et angoisse religieuse dans le nouveau confucianisme contemporain.），見《孔子之新時代》（*Le Nouvel Âge de Confucius*）白蓮花（Flora

BLANCHON）編，CREOPS, Paris, 2007.

—《中國其思乎？》（*La Chine pense-t-elle ?*），2008 年 12 月 11 日
在法蘭西學院開講儀式中的致辭（Leçons inaugurales du Collège de
France ; 201 ），Collège de France : Fayard, DL 2009.

周毅卿 **CHOW Yih-ching.**

—《新儒家學說中之道德哲學（周敦頤）》（*La philosophie morale dans le
néo-confucianiste (Tcheou Touen-yi)*）戴密微（Paul DEMIÉVILLE）
序，Paris : PUF, 1954.

杜傑庸（**Guillaume DUTOURNIER**）

—《儒家的反理智主義之起始——對「心學」始創者陸九淵哲學的理論
與實踐的研究》（*Aux origines de l'anti-intellectualisme confucéen.
Étude sur les écrits et la pratique philosophiques de Lu Jiuyuan (1139-
1193), fondateur de la tradition de l'"Etude du coeur"*）（博士論文，在
撰寫中）。

費颺（**Stéphane FEUILLAS** ）

—《從〈正蒙〉看張載之自然與道德觀》（*Nature et Morale dans le
Zhengmeng de Zhang Zai (1020-1078)*）博士論文，巴黎第七大學狄德
羅學院東亞文化研究中心（Langues et Civilisations de l'Asie Orientale,
Université Paris 7 Denis-Diderot）1996（未刊）。

樂嘉爾（**Stanislas LE GALL** ）

—《朱熹哲學：其理論與影響》（*Le philosophe Tchou Hi, sa doctrine, son
influence*）.「漢學文集」第六號（" Variete sinologiques n°6"）.
Imprimerie de la Mission catholique, orphelinat de T'ou-sé-wé, Chang-hai,
1894.

謝和耐（**Jacques GERNET** ）

—《中國通史》（*Le Monde chinois*），Paris : Armand Colin, 1972。中譯
本：《中國社會史》，耿昇譯，南京：江蘇人民出版社，1995。

— 《中國與基督教》（*Chine et christianisme : action et reaction*），巴黎：伽利瑪出版社（Gallimard），1982.

— 《中國之智慧》（*L'intelligence de la Chine, le social et le mental*），巴黎：伽利瑪出版社（Gallimard），1994.

— 《事之理：王船山哲學評論》（*La Raison des choses : Essai sur la philosophie de Wang Fuzhi (1619-1692)*），巴黎：伽利瑪出版社（Gallimard），2005.

— 《十六及十七世紀時中國之社會及思想》（Société et pensée chinoises aux XVIe et XVIIe Siècles），巴黎，Collège de France/ Fayard, 2007.

葛蘭言（**Marcel GRANET**）

— 《中國思想》（*La pensée chinoise*），巴黎，Albin Michel, 1999 再版。

于蓮（朱利安）（**François JULLIEN**）

— 《過程與創造：中國文人思想導論》（*Procès ou creation. Une introduction à la pensée des lettrés chinois*），巴黎：門檻出版社（Editions du Seuil），1989。

— 《勢：中國的效能史》（*La Propension des choses. Pour une histoire de l'efficacité en Chine*），巴黎：門檻出版社（Editions du Seuil），1992。

— 《中庸》（*Zhong Yong ou la regulation à usage ordinaire*），巴黎：Imprimerie nationale, 1993。

— *Eloge de la fadeur : à partir de la pensée et de l'esthetique chinoises*，巴黎：Ed. Philippe Picquier/LGF, 1993。中譯本：《淡之頌：論中國思想與美學》，卓立 譯，臺北：桂冠圖書公司，2006。

— 《內在之象：易經的哲學解讀》（*Figures de l'immanence. Pour une philosophique du Yi-king, le 《Classique du changement》*），巴黎：伽瑟出版社（Grasset），1993。

— 《迂回與進入：中國、希臘策略之意義》（*Le détour et l'accès : stratégies*

du sens en Chine, en Grèce），巴黎：伽瑟出版社（ Grasset）， 1995。

— *Fonder la morale : dialogue de Mencius avec un philosophe des Lumières*，巴黎：伽瑟出版社（Grasset）， 1995。中譯本：《道德奠基：孟子與啟蒙哲人的對話》，宋剛譯，北京：北京大學出版社， 2002。

—〈中國與西方之自然界之概念──根據唐君毅之詮釋〉（《La Conception du monde naturel, en Chine et en occident, selon Tang Junyi》），見《遠東遠西》（*Extrême-Orient, Extrême-Occident*）， n°3 (1983), p. 117-125。

卡文納維（**Ivan P. KAMENAOVIĆ**）

—《牟宗三：中國哲學的特質》（MOU Zong-san, *Spécificités de la philosophie chinoise*）與柏斯拓（Jean-Claude PASTOR）合譯。杜瑞樂（Joël THORAVAL）序：《聖人理想，哲學運思》（《Idéal du Sage, Stratégie du Philosophie》）。巴黎：雄鹿出版社（Les Editions du Cerf），2003.

—〈新儒家〉（Le néo-confucianisme），見《宗教世界》（*Le monde des religions*）2008 年 5 月， 巴黎。

—〈對中國思想中五個基本觀念的翻譯〉（A propos de la traduction de cinq notions fondamentales de la pensée chinoise），見《哲學雜誌》（ *Philosophie magazine*）, 2008 年 5 月，巴黎。

倫芭克（**Knud LUNDBAEK**）

—〈17 世紀至 19 世紀末歐洲文獻中的新儒家形象〉（L'image du Néo-confucianisme dans la littérature européenne du XVIIe à la fin du XIXe siècle），見《第三屆香堤邑國際漢學會議論文集：自 17 世紀始歐洲對傳統中國的評價》（*Actes du IIIe colloque international de sinologie Chantilly : appréciation par l'Europe de la tradition chinoise*），pp. 132-176. 巴黎，純文學出版社（Les belles lettres），1983.

羅慎儀（**LUO Shenyi**）

—《梁漱溟：東西文化及其哲學》（*LIANG Shu-ming, Les Cultures d'Orient et d'Occident et leurs philosophies*）法文譯本。汪德邁（Léon VANDERMEERSCH,）修訂并序。「葛蘭言學院叢書」（Collection de l'Institut Marcel Granet），巴黎，2000。

班娉（**Maud M'BONDIO**）

—《新儒家學說及宇宙思想：周敦頤研究》（*Néo-confucianisme et pensée cosmologique: Une étude sur Zhou Dunyi (1017-1073)*），）（博士論文，在撰寫中）。

狄梅傲（**Jean-François Di Meglio**）

—〈「天命之謂性」——根據牟宗三的詮釋〉（La Nature comme destin émanant du ciel d'après Mou Zongsan）見《遠東遠西》（*Extrême-Orient, Extreme-Occident*），n°3 (1983), pp. 126-134。

魯之賢（**NOE Jeehyun**）

—《丁若鏞（1762-1836），韓文的注經者：以「尚書」為例》（*Commentateur coréen des classiques: le cas du 《Shangshu》*）（博士論文，在撰寫中）。

鮑圭耶（**Guillaume PAUTHIER**）

—《中國哲學史大綱》（*Esquisse d'une histoire de la philosophie chinoise*），巴黎，獨立雜誌出版社（La revue indépendante），1844。

龐敬仁（**PANG Ching-jen**）

—《馬勒伯朗士的上帝觀念與朱熹的理觀念；理與氣，對朱子全書第49章之譯注》（*L'idée de Dieu chez Malebranche et l'idée de Li chez Tchou Hi ; Li et du K'i, traduction annotée du livre XLIX des oeuvres complètes de Tchou Hi*），巴黎，J. Vrin, 1942。

郭小思（**Cecile QUACH**）

—《就牟宗三與李澤厚對康德及主體性理論中尋找中國哲學的特性》（*《La quête d'une spécificité de la philosophie chinoise chez MOU Zongsan* *et LI Zehou : Kant et les théories de la subjectivité*》）（博士論文，在撰寫中）。

雷慕莎（**Jean-Pierre Abel RÉMUSAT**）

—〈中國哲學〉（De la philosophie chinoise），見雷慕莎《亞洲論文結集》（*Mélanges asiatiques V*）第五卷（遺集）：《東方文學與歷史合集》（*Mélanges d'histoire et de littérature orientales*），pp. 160-205. 巴黎，皇家出版社（Inprimerie Royale), 1843.

陶雲飛 （**TAO Yunfei**）

—《認知與實踐: 研究熊十力哲學思想中之直覺問題》（*Connaissance et Pratique, Etudes sur la question de l'intuition dans la pensée philosophique de Xiong Shili* ）（博士論文，在撰寫中）。

杜瑞樂（**Joël THORAVAL**）

—〈從哲學在中國到哲學中的中國：中國哲學存在嗎？〉（《De la philosophie en Chine à la " Chine" dans la philosophie. Existe-t-il une philosophie chinoise ?》）《精神》（*Esprit* ）1994 年 5 月號。

—〈現代性對中國與儒學的挑戰〉（La Chine et le confucianisme au defi de la modernit）《精神》（*Esprit* ）2000 年 7 號。

—〈儒家經驗與哲學話語——對當代新儒學諸疑難的反思〉（Expérience confucéenne et discours philosophique - réflexions sur quelques apories du néo-confucianisme contemporain）《神州展望》，香港，71, mai-juin 2002, p.64-83. 張寧譯本見《中國學術》vol.4 (2003), 2, p.1-37， 北京。

—〈對智的直覺與當代儒家哲學的問〉（La Question de l'intuition intellectuelle et la philosophie confucéenne contemporaine），《哲學國際學刊：近代中國哲學專號》（*Revue internationale de philosophie : la philosophie chinoises moderne*）， 2005/2, n°232, p. 231-245, 巴黎。

—〈當代新儒家思想中的宗教命運〉（Le destin du religieux dans la pensée néo-confucéenne contemporaine）見《孔子之新時代》（*Le Nouvel Âge de Confucius*），白蓮花（Flora BLANCHON）編，CREOPS, Paris, 2007.

此書乃 2005 年國際學術會議：《與西方之宗教概念比較儒家思想如何能夠定位？》（Comment le confucianisme peut-il être situé par rapport à la conception occidentale de la religion？）之論文結集。

汪德邁（**Léon VANDERMEERSCH**）

—《王道》（*Wangdao ou la Voie royale : recherche sur l'esprit des institutions de la Chine archaïque*）兩冊，巴黎，遠東學院出版（Ecole française d'Extrême-Orient），1977-1980。

—〈熊十力之新唯識論──現代儒家學者對佛學之新視野〉（Une Vision confucéenne moderne du Bouddhisme : le nouveau cognitivisme de Xiong Shi-li），見《從敦煌到日本：佛學與中國研究，獻給蘇遠鳴》（*De Dunhuang au Japon: études chinoises et bouddhiques offertes à Michel Soymié*）；戴仁（Jean-Pierre GRÈGE），蘇遠鳴（Michel SOYMIÉ）合編。東方學研究 31（Hautes études orientales 31），Ècole Pratique des Hautes Ètudes et Collège de France，巴黎，1996, p.301-306.

—〈法國對中國哲學史和儒教的研究〉（Les études françaises sur l'histoire de la philosophie chinoise et le confucianisme) 與程艾藍合撰，耿昇譯。北京，《世界漢學》n°1 (1998), p. 94-99.

王論躍（**Frédéric WANG**）

—《王廷相之思想：對新儒學之省察》（*Le néo-confucianisme mis en examen : la pensée de Wang Tingxiang (1474-1544)*）2004（博士論文，未刊）。

—〈王陽明心學與現代西方現象學〉，見《明清浙東學術文化研究》，陳祖武編，北京，中國社會科學出版，2004，pp.227-235。

—〈當前法國儒學研究現狀〉，見《湖南大學學報：社會科學版》第 22 卷第 4 期，2008 年 7 月，pp. 25-32。

唐、牟二師對禪學開顯的處理述異

李潤生*

提　要

現代新儒學家如唐君毅老師和牟宗三老師，其思想體系無不博大精深，不再如宋明儒者的排斥佛老，故對禪學研究，開顯獨特，識見越人。不過，由於稟賦有異，氣質不同，故君子和而不同，對同一主題亦各有發揮。今聚焦於二師對宗密《禪源諸詮集都序》之以教明禪而立禪家三宗的處理差異，再旁及如來禪、祖師禪、分燈公案，機鋒對語等其餘問題。於中主要分成「有關會通與歸攝的問題」「有關如來禪與祖師禪的問題」及「有關公案撥弄的問題」等三個部分。於中敍述唐、牟二師的不同觀點理趣、文獻依據、論證過程等。希望讀者可從中得以窺見二師的性情稟賦、氣質、學養、興趣、取向等等差別的某些端倪。

一、　前言

世人皆稱唐君毅老師與牟宗三老師為當代的新儒學家。其實唐、牟二師的學問豈局限於儒學？唐老師早年出版的《哲學概論》和晚年出版的《生命存在與心靈境界》兩部曠世巨著，根本就統攝了中、印、西方整個人類的文化思想，所以被譽為「文化巨人」。牟老師除貫通古今東西思想，博大高明，開顯睿見，自成體系而外，更譯註了康德三大批判，成為當代的「康德學專家」。

由此世稱新儒學家的唐、牟二師，非特精通中西哲理，即使對佛家

---

*本所教授。

諸宗各派的思想理論亦有所論述，有所開顯，對學人有所啟發，有所受益。如唐君毅老師在《哲學概論》第三部〈天道論——形而上學〉中，便有專章詳細論述「佛學中之唯識宗之哲學」。在《生命存在與心靈境界》第三部〈超主觀客觀境〉中，別有三章詳細闡釋「我法二空境」彼佛家深刻的思想。又在《中國哲學原論‧原性篇》中，從第七章至第九章，分別論述了佛家般若、唯識、涅槃、法華、華嚴，乃至天台宗及華嚴宗有關生命存在的心性思想；更在《中國哲學原論‧原道篇》卷三，以全編十六章的巨大篇幅，深入精微地論述了自印度傳入乃至在中國繼承而發展出來的整套佛學思想，涵蓋了生命現實與理想提昇、出離解脫、超凡入聖的全部內容。至於牟宗三老師，於其早年作品中，已有引述佛學思想理論[1]，此後出版《才性與玄理》以明魏晉玄學，寫《心體與性體》以明宋明理學，中間復成《智的直覺與中國哲學》及《現象與物自身》以辨中西哲學會通之道，跟著為要弄清南北朝隋唐那段佛學思想，便有《佛性與般若》的巨創[2]。

如是得見唐、牟二師思想體系的博大，雖被譽為「新儒學家」，而實不以儒學自限。他們對佛學研究的廣度與深度，其識見和成就貢獻都非一般佛學家所能企及。在探究中國佛學的過程中，當然不能忽略或遺漏了禪學這朵人類思想的奇葩。在唐老師的著作中，禪學的探討主要放在《中國哲學原論‧原性篇》第十章〈原性（十）禪宗與佛學他宗，及惠能壇經之自性與工夫〉及《中國哲學原論‧原道篇三》第十四章〈宗密論禪原與禪宗之道〉彼兩大章節之內。在牟老師的著作中，禪學的探

---

[1] 牟宗三：《中國哲學的特質》引言：「佛教裡神會和尚有這麼兩句話：『世間不思議事，為布衣登九五。出世間不思議事，為立地成佛。』……」民國五十二年人生出版社版，頁一〇〇。又牟宗三：《理則學》附錄中，對佛家的因明學亦有詳盡的邏輯性論述。今有台灣正中書局版。

[2] 其詳見牟宗三：《佛性與般若》序文。民國六十八年台灣學生書局版，頁六。

討主要放在〈如來禪與祖師禪〉【3】和《佛性與般若》第三部〈天台宗之性具圓教〉第二分〈天台宗之故事〉第一章〈法登論天台宗之宗眼兼判禪宗〉之第二節〈判攝禪宗〉中。唐、牟二師，雖然同是心思廣大，識見過人，但亦由於稟賦有異，氣質不同，故其對於禪學理趣的開顯發揮，自然不能要求同一；今試為文，略述其差異如後。

二、 有關會通與歸攝的問題

對於中國禪學的探討，唐君毅老師和牟宗三老師都曾用「禪宗」之名【4】，都把中國禪學作為一獨立的佛教宗派視之。既然是一個獨立的中國佛學宗派，則「禪宗」自然有其建立、發展、演變，乃至有其分支流派。是以唐君毅老師在《中國哲學原論・原道篇三》中，依宗密所撰的《禪源諸詮集都序》，就禪學所本的教義，分禪宗為三派，意在「以教明禪」及「通教與禪」，但宗密的《都序》「則要在以宗風與其所連之義理（為）判」【5】。所判為禪宗三派者，即是「息妄修心宗」、「泯絕

【3】 牟宗三〈如來禪與祖師禪〉一文，今已收輯在張曼濤所編《現代佛教學術叢刊》第五十二卷《禪宗思想與歷史》之中。此文的內容取材與《佛性與般若》中〈判攝禪宗〉所論述者，多有相同。

【4】 唐君毅：《中國哲學原論・原性篇》第十章標目為「原性（十）禪宗與佛學他宗……」，細目亦有「禪宗之向上一着義」、「禪宗之施教方式進於般若經論之處」等。

牟宗三：《佛性與般若》序言「即使如禪宗之教外別傳，不立文字，好像是中國人所獨創，然這亦是經論所已含之境界……」（見頁五）；第二分〈天台宗之故事〉之言「判攝禪宗」；附錄〈分別說與非分別說〉中所言「若以此為準，以之判攝禪宗」（見頁一二一四）等，都把「中國禪學」視作為一獨立的宗派。

【5】 唐君毅：《中國哲學原論・原道篇三》云：「此宗密之云禪宗之三宗與所本經教之關係，初未特重六祖惠能，亦未特重南北宗之分……達摩以壁觀為教……以

無寄宗」及「直顯心性宗」彼三宗。

　　唐老師為釋禪宗中的「息妄修心宗」，故先引宗密《都序》的原文，所謂「眾生雖本有佛性，而無始無明覆之不見，故輪迴生死……。故須依師言教，背境觀心，息滅妄念，念盡即覺，悟無所不知，如鏡昏塵，須勤拂拭，塵盡明現，即無所不照」等言【6】，然後論定「此即禪宗之漸教，為神秀禪師所弘揚，而亦合于達摩以壁觀教人」。以此宗的工夫「在次第息妄，以顯此（無所不照的）心，是為漸教。然謂其與唯識宗相扶會，則蓋未切（當），因（為）唯識宗並不言人原有此如明鏡（而）無所不照之心；依唯識宗，此（無所不照的）一心乃轉識成智所修成（故）……。人能止息對外境攀緣之妄念，而深信有如來藏為真性，而自緣之，即為攀緣如禪……。達摩言壁觀，更以《楞伽》授學者，則其壁觀之教，理應即此《楞伽經》，而以息妄修心言《楞伽》之旨，亦更適當」【7】。

《楞伽經》授學者……傳為禪宗二祖之慧可亦講《楞伽》。攝山之慧布講《三論》，參學于慧可。傳為三祖之僧燦有《信心銘》……。傳為四祖之道信講《般若》；道信下之牛頭更以講《般若》（著）名。傳為五祖之弘忍則……以《般若》教惠能；但張說之《弘忍傳》謂弘忍以《楞伽》教授。弘忍弟子神秀特重《楞伽》……。弘忍或兼講《楞伽》、《般若》者……。六祖惠能則據《壇經》乃初聞無盡藏尼講《涅槃經》，後聞《金剛經》……其心性即佛性之義可出于《涅槃經》及……自性清淨心如來藏一流之佛學……。宗密之《禪源諸詮集（都序）》所言之江西、荷澤、北秀、南侁牛頭、石頭、保唐、宣什等十家之學，畢竟如何……此屬專門之學，其中問題繁碎。但《禪源諸詮集（都序）》之分禪宗為（息妄修心宗、泯絕無寄宗、直顯心性宗彼）三宗，則要在以宗風與其所連之義理（為）判，而非以地域與師弟之傳承（為）判……。」見民國六十三年新亞版頁一三一五至一三一六。

【6】唐君毅：《中國哲學原論・原道篇三》頁一三一七至一三一八，並依《大正藏》卷四八頁四〇二（中）重校。

【7】唐君毅：《中國哲學原論・原道篇三》頁一三一八至一三一九。

李潤生　唐、牟二師對禪學開顯的處理述異　　　71

至於第二「泯絕無寄宗」，唐老師亦先引宗密《都序》原文，所謂「凡聖諸法皆如夢幻，都無所有，本來空寂，非今始無；即此達無之智亦不可得。平等法界，無佛無眾生……，無修不修，無佛不佛，設有一法勝過涅槃，我說亦如夢幻。無法可拘，無佛可作，凡有所作，皆是迷妄。如此了達本來無事，心無所寄，方免顛倒，始名解脫」【8】等。唐老師謂此宗「乃承印度般若三論宗而生之禪宗之一宗。今觀道信即重般若，牛頭一派原與攝山言三論宗之人相接」，故即屬此「泯絕無寄宗」所攝，蓋「大約由達摩、慧可之重《楞伽》，至道信、牛頭之接《般若》、《三論》，乃一禪宗思想之發展。其發展之序，乃由息妄修心，至不見有妄可息，有心可修，此自是進一層義」【9】。

第三宗名「直顯心性宗」，唐君毅老師先述宗密《都序》的原文，所謂「（此宗）說一切諸法，若有若空，皆唯真性。真性無相無為，體非一切──謂（真性）非凡非聖，非因非果，非善非惡等。然（此真性）即體之用，而能造作種種──謂能（造作）凡（能造作）聖，（能）現色相等。」【10】（按：至於「指示心性，復有二類」，則於下節討論「如來禪與祖師禪」時，再行引述。）唐老師按此是宗密會通禪宗與華嚴教所成的禪家第三宗。所謂「今按此禪宗（的）第三宗，宗密又或名之為圓宗，其所依之教應是圓教……。此自性清淨如來藏心（思想，在）《思益》、《楞伽》、《起信》等（終教經論）中已有之。……（此）謂真如如來藏之理，即在眾生之生滅事中而不相礙；一切眾生當下無不具足如來智慧為其本覺，但不自覺（有此本覺，故）未有始覺，即有妄想，而名（為凡夫）眾生……。宗密嘗學于（禪宗）荷澤神會而通宗，又學于（華嚴）澄觀而通教。則其志在會通（三）宗（與三）教，亦即

【8】同見前注。宗密原文則見《大正藏》卷四八頁四〇二（下）。

【9】同見前注【7】。

【10】同見前注【7】頁一三二〇。為方便閱讀，本文另加夾注，以括號標示之。

所以會通其師承所自也」【11】。

唐君毅老師依宗密《禪源都詮集都序》會通教與禪，即「以教明禪」把禪宗開成三宗後，更強調禪門的發展，修禪者「並非皆如論教者之須知種種教義，（而）其所修教義亦事實上可甚少」。雖「修禪（者）則皆是本已知（彼教）義已知（彼）境，而更求實證其義其境……（使此心）與所知之此義此境冥合為一……（但）即一極平凡之境，如一色一香，吾人之心亦難與之冥（合為）一」，因此「修禪與學教」自然亦可有「不同」。不過在禪修證境的過程中，必須與「定」、「慧」相應；定、慧固可同一，但亦可有強弱的偏重，如是則禪門三宗，唐師謂其定慧相配：

一、 息妄修心宗—— 重定止以攝妄境以歸心。

二、 泯絕無寄宗—— 重觀慧以觀空破空而空有雙泯。

三、 直顯心性宗—— 止觀雙運，即止成觀，定慧不二【12】。

至於牟宗三老師，一方面在《佛性與般若》一書，依宋代四明沙門法登所撰《圓頓宗眼》把禪宗歸攝到天台宗圓教中去，所謂：「總則法華開權顯實，說佛知佛見……。古人謂之『世尊拈華，迦葉微笑』，莫喻此耶？……達摩單傳心印，傳此法也。大哉此法，禪教之源乎？」【13】。一方面又依唐代宗密所撰《禪源諸詮集都序》所把禪門開

【11】 同見前注【7】頁一三二一。唐老師未有把禪門的「三宗」與教下的「三教」予以一一對應以顯其會通。今試越俎以作對應如下：

一者、息妄修心宗—— 會通於大乘始教。

二者、泯絕無寄宗—— 會通於大乘終教。

三者、直顯心性宗—— 會通於大乘圓教。

【12】 其間義理，見唐君毅《中國哲學原論‧原道篇三》頁一三二三至一三二九。

【13】 牟宗三：《佛性與般若》下冊頁一〇二八至一〇二九。法登《圓頓宗眼》一卷，今收於《卍續藏經》卷一〇一頁三九九至四〇七。

成「息妄修心宗」、「泯絕無寄宗」及「直顯心性宗」彼三外，更強調
「禪宗不能獨立地講」、「若以此（鬥機鋒、打手勢、參話頭、棒喝等奇
詭姿態）為獨立一宗以與他宗相對抗，則無意義」【14】。牟老師認為禪
門只是修行人百尺竿頭進一步的「圓證圓悟而已。然卻截取以為宗（派）
以與他宗相對抗，此則便成橫列的對立，反顯（得微）小矣」。是故禪
門既不可以獨立自成一宗以與他宗對衡，但可依教義以與他宗會通，如
「（唐）圭峰宗密可依華嚴宗以會禪，而言禪教合一，天台宗人亦可依天
台宗（的教義）以會禪而言禪教合一，甚至任何宗（派）皆可（以）如
此說。此（正顯）示『無法可說』之禪境乃（一切宗派的）共義，甚至
是儒、釋、道三教之所共。禪宗獨以此為宗，以主觀地說的『法付迦
葉』為心印，而又誇大『教外別傳』，則顯得孤（獨）矣」【15】。

又菩提達摩所說「二入四行」的「深信含生同一真性」，牟宗三老
師認為「（彼真性）可能就是這個如來藏性」。「如來藏性似可有三種說
法：

（一）如來藏自性清淨理，即二空所顯真如，此即世親《佛性論》所
　　　說之應得「因佛性」，亦即「理佛性」……。

（二）如來藏自性清淨心，在此真心與真性是一，此即以上（華嚴
　　　宗）所說，此是「真常心系統」之如來藏。

（三）一切法趣色、趣空、趣非色非空，祇點實相為如來藏，即資
　　　成軌，如來藏是事法，此是天台宗「性具」系統下的如來藏。
　　　此如來藏是就解脫斷德（緣因佛性）而言，然而（法身德、般
　　　若德、解脫德）三德圓伊，不縱不橫，不一不異，不可思議，
　　　故為圓教也。」

如是宗密《禪源諸詮集都序》所立的「禪門三宗」，若兼之以大、小乘

【14】牟宗三：《佛性與般若》下冊頁一〇四〇。

【15】同見前註。

共法的「自性般若」及上述所開成的「如來藏性三說」，便可以把禪門歸攝而成四配，如牟宗三老師言：「彼（宗密）以教方面之唯識宗（密意依性說相教）配禪方面之『息妄修心宗』。以教方面之空宗（密意破相顯性教），配禪方面之『泯絕無寄宗』（牛頭禪）。以教方面之《起信論》華嚴宗（顯示真心即性教），配禪方面之『直顯心性宗』之第二類（神會禪）。……（如是）而惠能禪（直顯心性宗之第一類）則落空矣，蓋此並不與『真心即性教』相應也。是則恰當的比配當如下：

（一）密意依性說相教即始別教配息妄修心宗（神秀禪）。

（二）密意破相顯性教即通教配泯絕無寄宗（牛頭禪）。

（三）顯示真心即性教即終別教配直顯靈知真性宗（神會禪）。

（四）天台圓教配惠能禪，即圓悟禪或圓頓禪。」【16】

牟宗三老師所建立禪宗的四種攝配，若與唐君毅老師所會通的禪宗三派相比，所依的文獻除宗密的《禪源諸詮集都序》是彼此相同外，牟師還兼採用法登的《圓頓宗眼》。所依的原則彼此都是「以教明禪」，亦即以「（會）通教與禪」為目的。會通的結果，唐師以達摩依《楞伽》壁觀之教為「息妄修心宗」，而不認為唯識可通，因為唯識原無「如明鏡無所不照之心」而唯「轉識成智」而後得故。牟師卻以唯識宗世親論師《佛性論》之立「理佛性」可釋「如來藏性」，因而接受宗密「以唯識宗配息妄修心宗」（按：也許這取之過寬，因為「如鏡昏塵」之說，唯識不類故。）不過在「比配」時，牟老師仍只以「神秀禪」與之相配。至於「泯絕無寄宗」則唐、牟二師均同以「牛頭禪」與之比配。對第三「直顯心性宗」，唐師唯指「神會禪」而未有論及「惠能禪」；然而牟師依宗密「指示心性，復有二類」之說，而以「惠能禪」比配「直顯心性宗之第一類」，以「神會禪」比配「直顯心性宗之第二類」；當然以「惠能禪」之通於「天台圓教」議為最高。如此即可以配合法登《圓頓宗眼》

【16】同見注【14】頁一〇六八至一〇六九。

把禪門歸攝到天台宗去的旨趣，而言「惠能禪屬天台圓教，神會禪屬華嚴宗之別教圓教」【17】。由此可見牟師完整無缺地依自己的思想系統來開顯處理有關的問題。

三、 有關如來禪與祖師禪的問題

禪宗依宋代道原《景德傳燈錄》卷十一所載，在禪修方面可有「如來禪」與「祖師禪」的分別【18】，而牟宗三老師則就唐代宗密所撰《禪源諸詮集都序》所說「直顯心性宗」中的「指示心性，復有二類」，把其中的第一類，開顯成惠能及其後正宗者的「祖師禪」，又把其中的第二類開顯成神會的「如來禪」，因而撰有《如來禪與祖師禪》一文，內容大致與所撰《佛性與般若》十九相同，而不過加上「一、教外別傳之意」、「二、神會之如來禪」及「三、惠能之祖師禪」三個分段的副題標目而已。今依牟老師此文的次第，分述其義如後：

一者、如來禪：牟老師以禪與教的「四種攝配」中的第三種「顯示真心即性教即終別教配直顯靈知真性宗（神會禪）」（師謂此屬攝於華嚴宗之別教圓教）為「如來禪」。宗密所立「直顯心性宗」的第二類「指示心性」言：「諸法如夢，諸聖同說，故妄念本寂，塵境本空。（但）空寂之心，靈知不昧。即此空寂之知是汝真性。任迷任悟，心本自知。不藉緣生，不因境起，知之一字（是）眾妙之門。（但）由無始迷之，故妄執身心為我，起貪、瞋等念。若得善友開示，頓悟空寂之知……覺諸

【17】引文取自牟宗三《佛性與般若》附錄〈分別說與非分別說〉，頁一二一四。

【18】宋・道原：《景德傳燈錄》卷十一云：「（仰山慧寂禪）師問香嚴（智閑）：『師弟近日見處如何？』（香）嚴曰：『某甲卒說不得，乃有偈曰：去年貧，未是貧；今年貧，始是貧。去年貧，無卓錐之地；今年貧，錐也無。』（仰山禪）師曰：『汝只得如來禪，未得祖師禪。』」見《大正藏》卷五一頁二八三（中）。

相空，心自無（貪、瞋等妄）念；（若有妄）念（生）起即覺，覺之即無。修行妙門唯在此也。……既了諸相非相，自然無修之修。煩惱盡時，生死即絕。生滅滅已，寂照現前，應用無窮，名之為佛。」【19】

　　所以謂宗密此文是釋神會「如來禪」者，牟老師是依保唐派僧人所撰《歷代法寶記》所言「神會和尚每月作壇場，為人說法，破（看心看淨的）清淨禪，立『如來禪』，立知見，立言說為戒、定、慧……。說『無念（為宗）』（之）法，立見性」以為依據【20】。所謂：「立如來藏（者），即立頓悟如來藏性得如來法身也。」【21】（按：依此則「如來禪」可界定為「通過頓悟（本具）如來藏（自）性（清淨心而）得如來法身的禪法名為如來禪」。神會的禪法正是類似華嚴宗之「顯示真心即性教」以成為禪門的「直顯心性宗」。牟老師引《神會集》中有云：「但自知本體寂靜，空無所有，亦無（所）住著，等同虛空，無處不遍，即是諸佛真如（法）身。真如（法身）是無念之體，以是義故，立『無念為宗』。若（證）見無念（真如法身體）者，雖具見、聞、覺、知而常空寂；即戒、定、慧一時齊等，萬行俱備，即同如來知見（之）廣大深遠。」【22】所言「直顯心性」者，「直顯」就是神會所謂「頓悟」義；「心性」者，即是「靈知真性」，即是荊溪所說的「清淨真如」，亦即宗密所言「空寂之心，靈知不昧」。故知神會「如來禪法」之「頓悟空寂之知」是兼體用說的，牟老師謂其體是「無住心」，即「如來藏自性清淨心」（按亦即是「清淨真如」、「真性」等），但此「空寂之體性」是有其「靈知

【19】見牟宗三《如來禪與祖師禪》的引文，即《現代佛教學術叢刊》第52冊頁八六至八七。亦見牟宗三：《佛性與般若》下冊頁一〇四八。宗密原文則見《大正藏》卷四八頁四〇二（下）。

【20】見《現代佛教學術叢刊》第52冊牟宗三所撰《如來禪與祖師禪》頁八七。

【21】見前注頁八四。

【22】同見注【20】。

之用」的，故言「立知見（按：此謂立知、立見，即立靈知之見；知是明徹，見是親自見到、照到、證到）」，亦「立言說（按：說無念，說戒、定、慧）」。如是可以把「無住心之自知、自見、自證、自照、自覺此靈知之用」收攝到「實體性的無住心」上，亦即收攝到「如來藏自性清淨心」上，而成為「依體之用」【23】。所以牟老師結言：「（此）即如來藏緣起之教說，……則神會之頓悟禪、如來禪，即同《（大乘）起信論》、華嚴宗之唯真心（說）。頓悟者，直顯真心之謂也；圓通者，『唯一真心迴轉』之謂也。此一系統必須預設一超越的（體、用）分解（分解成空寂之體與靈知之用），分解以示一超越的真心（靈知真性）。」【24】

二者、祖師禪：牟宗三老師認為禪宗頓悟有兩種方式：第一種是上文所言的「神會的如來禪」，即「超脫了看心、看淨、不動之類的方便，（而）直下於語、默、動、靜之間而平正地、詭譎地出之以無念、無相、無住之心，這就是佛了」。第二種是今正要闡述的「惠能及其後正宗的祖師禪」，即「超越了看心、看淨、不動之類的方便，直下超越地頓悟本心，（而）見性成佛」【25】。此「祖師禪」即是宗密《禪源諸詮集都序》所言「直顯心性宗」的第一類「指示心性」。彼云：「即今能語言、動作，貪、瞋、慈、忍，造善、惡，受苦、樂等，即汝佛性。即此（本具的佛性，汝）本來是佛，除此無別佛，除此（佛性）無別佛也。了此（本具的佛性）天真自然，故不可起心修道。道即是心，不可將心還修於心。惡亦是心，不可將心還斷於心。不斷（惡）不修（道），任運自在，方名解脫。（本具的佛）性如虛空，不增不減，何假添補？但隨時隨處息業養神，聖胎增長，顯發（佛性）自然神妙。此即是為真悟、真修、

【23】散見於注【20】頁八六至八八。

【24】同注【20】頁八八。

【25】同見注【20】頁八二。

真證也。」

惠能「祖師禪」所要證入者是「自性」。即《壇經·行由品》的「五自性句」所云:「何期自性本自清淨。何期自性本不生滅。何期自性本自具足。何期自性本無動搖。何期自性能生萬法。」牟老師認為此間所言的「自性」不同於「神會如來禪」所宗體用兼賅的「超越真心(靈知真性)」,而是「本來無一物」的「空寂性」;此空寂性必須通過「無所住而生其心(的自性般若智慧)」始能「如如地呈現(及證得)」。所以此間「祖師禪」所要證入的「自(本)性」便是「實相般若(按:實相一相,所謂無相,即是如相)」,而能證入的是「般若(如如智)心(按:即是清淨心、無念心、無所住而所生的心)」。是以牟老師云:「如如智即心,如如境即性。……『直指本心,見性成佛』(者,即)必須直(接)就著無念、無住著的般若清淨心而無心,始能(證)見『本來無一物』的空寂性而成佛。」【26】故知惠能的「祖師禪」沒有把「本心的如如心」與「本性的如如境」歸攝為一,故未有如神會「如來禪」這樣把「無住心」分解成一個體、用兼賅的「靈知真性」。至於「自性能生萬法」者,便不能謂「自性(空寂性)有能生萬法的作用」;「自性(空寂性)」只能如龍樹《中論·觀四諦品》所言「以有空義故,一切法得成;若無空義者,一切則不成」而以「漫畫式的方便語」說「自性含具萬法」,進而更說「自性能生萬法」;故知此中所言「生」者,只是「具現(把萬法全然呈現)」之謂,而不同於神會「如來禪」有實體性的「靈知真性」、「真心即性」之「生(成)」義【27】。牟老師認為依「祖師禪」不特「自性(真空)能含具萬法」,「以有空義故,一切法得成」故;而且「(自性)般若亦含具萬法」,以「般若空慧,亦因於一切(法)不取、不捨、亦不染著而(能)含具萬法」故【28】。「祖師禪」之「含

【26】同見注【20】頁八九。

【27】同見注【20】頁九十。

【28】同見注【20】頁九二。

具」義而非「生成」義的「生」是《般若經》的精神，是「不壞假名而說諸法實相」的精神【29】。

惠能的「祖師禪」所要證入的「自性」既然只是「空寂性」，是抒義字，無實體能生的作用，何以《壇經・懺悔品》又言「自性起一念惡，滅萬劫善因；自性起一念善，得恒沙惡盡」？牟老師釋言：「自性起一念惡，起一念善（者），語意當讀為『自性迷（時，妄心）起一念惡』，『自性悟（時，本心）起一念善』。並非是自性本身可以（生）起一念善，又可以（生）起一念惡也。此等語句皆是漫畫式的略辭，莫錯解。」【30】如是起善、起惡都是「心」的作用，非「自性」的作用；而「自性」即「空寂性」只有「以有空義故，一切法得成」的「含具」或「具現」意義而並無「生起」的意義。

牟老師認為惠能的「生死即涅槃，煩惱即菩提」的「祖師禪」是與「天台性具圓頓之教」相應的。何以故？牟老師認為「『看心觀淨，不動不起』即是有相禪。離一切相，不著一切相，直從自性空寂處直心而行，一切皆（即相而）還歸於無相：禪、戒、定，慧、懺悔，一（切）皆（是）無相，此即是『一行三昧』。只此一行，別無餘行，此即是『無相頓教禪』。有相禪乃漸教禪，屬『息妄修心宗』也。（惠能禪說言）『道須通流，何以卻滯？』心不住法，於相而無相，即通流之禪道（此即《維摩詰經》所謂『不斷淫、怒、癡，亦不與俱……。以五逆相而得解脫，亦不解不縛』，亦即天台之『不斷斷』義。（於『無念、無相、無住』的實踐過程中），『無念、無住』是工夫；『無相』乃直稱空寂性（自性）體而言，故『以無相為體』。……如此『無念、無住、無相』於日常生活中『即事而真』，當下即是，……（即）《維摩詰經》『除病不除法』之精神。推之而言『生死即涅槃，煩惱即菩提』、『通達惡際即

【29】同見注【20】頁九六。

【30】同見注【20】頁九九。

是實際』、『無離文字說解脫』、『無增上慢者，淫、怒、癡性即是解脫』，則更為警策壯闊。《壇經》簡易平直，未說至此，然實已涵蘊此等理境……。此種『（惠能祖師）頓悟禪』涵（蘊）著『般若作用的圓』，而亦更恰合於『天台宗一念三千之存有論的圓』；此種『性具圓教（按：所謂「一念無明法性心」即具十法界，成「一念三千」不思議境；無能覆所覆，故「不斷斷」；三道即三德而不須「緣理斷九」而即九界而為佛；一切法亦皆一體平鋪，皆圓實常住，而成「無說明的說明」、「無系統的系統」的詭譎地說的無諍之法【31】的天台圓教）』更能保證『惠能的頓悟（祖師）禪』。圓必涵頓……依天台教，則所謂『即心是佛』（者，此）『心』不是『真如心』，而是『煩惱心』；『直指人心，見性成佛』，即直指此煩惱心當下即空、（即）假、（即）中，呈現『空慧般若』，見『自性真空（空寂性）』以成佛也。」由此簡明精要地，牟老師把惠能禪法論定為「祖師禪」而與「天台性具圓頓之教」相應，而成為宗密《禪源諸詮集都序》中「直顯心性宗」的「第一類指示心性」的主要內容，以補諸家分類上的不足。

至於唐君毅老師對於宗密《禪源諸詮集都序》把禪門開成「息妄修心宗」、「泯絕無寄宗」、「直顯心性宗」三家，只依達摩等之宗《楞伽》、道信等之宗《般若》、神會等之宗《起信》以會通之，而並沒有把「直顯心性宗」的指示方式作分類，論定為「神會的如來禪」與「惠能的祖師禪」兩大類別。此外對牟宗三老師的《如來禪與祖師禪》的處理亦非完全同意。

唐君毅老師於牟老師《如來禪與祖師禪》未輯入《現代佛教學術叢刊》前，曾致函主編張曼濤先生。函言：「忽憶牟宗三先生曾在《哲學與文化》發表《如來禪與祖師禪》一文，不知兄已選入否？經牟先生同

【31】此間引文都取自牟宗三〈諍法與無諍法〉一文，見《佛性與般若》下冊頁一二〇四至一二一四。

意否？如未選入則作罷。……就弟記憶，牟先生此文乃以宗密《禪源諸詮集都序》中所說之『直顯心性宗』之禪之二種之第一種為『祖師禪』，即惠能禪，並與天台教理配應者；第二種為『如來禪』，即神會禪，與華嚴教理配應者。此中所包涵之問題似甚多。首則，宗密在《禪門師資承襲圖》中，明謂其所謂『直顯心性宗』之第一種，乃指惠能門下之旁支，即馬祖之『一切皆真之禪』；而第二種則為神會所承之惠能禪，即『如來禪』。但宗密並無於『如來禪』之上，另置一『祖師禪』之說。在《（景德）傳燈錄》中，仰山謂香嚴會得『去年貧，未是貧；今年貧，始是貧。去年（貧）無卓錐之地；今年（貧）錐也無。』【32】名如來禪。而以其後之會得『我有一機，瞬目視伊，若人不會，別喚沙彌』為祖師禪【33】。但（如來禪與祖師禪）二者涵義之分別，實不清楚。《太虛法師文集》中論中國禪宗史，又有『超佛越祖乃燈禪』之說；此乃由『逢佛殺佛，逢祖殺祖』之意借用而成名。但此與『貧無立錐之地，錐也無』之分別亦不清楚。……至於說華嚴教理與宗密之『直顯心性宗（之）第二種』相應會，自無問題。若說其「第一種」與天台教理相應會，則宗密無此說，自來亦無此說。若要立此說（者，則）恐須請牟先生再作補充。」【34】

【32】唐老師原文作「去年貧，未是貧。去年貧，貧無立錐之地；今年貧，連錐也無。」今依《大正藏》卷五一頁二八三載《景德傳燈錄》修訂。又中華書局版《五燈會元》卷九〈香嚴智閑禪師〉傳中作「去年貧，未是貧，今年貧始是貧。去年貧，猶有卓錐之地；今年貧，錐也無。」此外並有頌文喻「祖師禪」曰：「我有一機，瞬目視伊，若人不會，別喚沙彌。」而《景德傳燈錄》則無此祖師禪頌。見中卷頁五三七。

【33】《景德傳燈錄》原無此頌，《五燈會元》等則有，見前注及張曼濤先生在唐老師原文語句後的按語（又：張曼濤先生言「（祖師禪）出《指月錄》」亦不盡對）。

【34】見牟宗三：《如來禪與祖師禪》附錄〈唐先生來信〉，載《現代佛教叢刊》卷52，頁一一一。

由此可見唐君毅老師贊同以「華嚴圓教」的教理以與宗密「直顯心性宗」的「第二種方式」相應會，但不贊同以「天台圓教」的教理（即惠能祖師禪）以與宗密「直顯心性宗」的「第一種方式」相應會，理由有四：一者、《禪門師資承襲圖》謂「第一種方式」乃指惠能旁支馬祖「一切皆真之禪」而非如牟老師所指的「惠能禪」。二者、宗密並未於「如來禪」上另置一「祖師禪」。三者、「如來禪」與「祖師禪」的立名與頌文舉例在後起的仰山及香嚴語錄中雖有，但其涵義仍未有清楚的分別。四者、太虛法師據「逢佛殺佛、逢祖殺祖」的「超佛越祖」的「燈禪」與今所言「祖師禪」有何分別，亦不清晰。既然所包涵的問題甚多而複雜，則唐老師並不同意以會通於「天台圓教」之「惠能祖師禪」即為宗密「直指心性宗」的「第一種方式」【35】。不過唐老師卻沒有反對牟老師以「惠能祖師禪」與「天台圓頓之教」相會應。

四、有關公案撥弄的問題

牟宗三老師於以「惠能祖師禪」與「天台圓頓之教」會通，闡釋宗密《禪源諸詮集都序》中所指「直顯心性宗」的「第一種方式」之後，再強調「惠能」仍是「尊經重教」，雖然對經教「惟重心悟，不徒口誦」，甚而簡而不繁，略而不詳，但對弟子所問教義，都能「扼要講述，警策切當」。又「順其特重心悟，亦（能）開（啟）後來所謂宗風（……而）不落（入）知解言詮之機鋒（相鬥）」【36】。

【35】 愚按：牟老師只依《壇經》資料，加以哲理性的剖析，以見其處處與主張「性具」說的「天台圓頓之教」彼此相應，但卻沒有指出「惠能祖師禪」如何與宗密「直顯心性宗」之「第一種方式」中所指陳的特色（按：如『道即是心，不可將心還修於心。惡亦是心，不可將心還斷於心』等）如何相應。顯然「直顯心性之第一種方式」與「惠能祖師禪」的關聯，陳論似有不足。

【36】 引文散見牟宗三《如來禪與祖師禪》的末段，載於《現代佛教學術叢刊》卷 ㊾ 頁一一〇。

李潤生　唐、牟二師對禪學開顯的處理述異　　83

雖然「惠能祖師禪」順其發展，開出五家的宗風，不過，牟老師對五家宗風的公案禪法則頗有微辭，說云：「後來青原行思與南嶽懷讓兩系，號稱為禪宗之正宗者，便（只）專重在『無心為道』一語之撥弄，亦即專重在『拈華微笑』這一主觀的領受。如是（惠能、馬祖所言『即心即佛』是教，（百丈所言）『非心非佛』便是禪，（大梅法常所言）『任汝非心非佛，我只管即心即佛』……（丹霞所言）『佛之一字，永不喜聞』亦是禪。隨之而來的揚眉瞬目、擎拳豎拂、推倒禪牀、踢翻淨瓶、畫圓相、撥虛空、捧打、口喝、斬蛇、殺貓，種種奇詭的姿態，都是順『無心為道』這一語而來【37】。說穿了，即是『作用見性，當下即是』，……根本還是《般若經》之『不捨不著』。……彼等既專在種種奇詭的姿態處撥弄，不願說示，則吾人亦不須為之講說也。【38】是以牟宗三老師認為惠能以後的五家七宗的一切「公案禪法」無甚義理可言，只知以種種奇詭的方式，把「無心是道」、「當下即是」的思想形態加以撥弄而已，對一位重視教法義理的學者而言，當然沒有再進一步議論的必要【39】。

　　然而，對惠能以後的禪者，唐君毅老師卻沒有像牟宗三老師這樣作出「奇詭姿態的撥弄」的負面評價。唐老師首先以「無住」一語概括惠能禪法的工夫；他引《壇經・定慧品》言道：「道須通流，何以卻滯？

【37】黃檗禪師《宛陵錄》云：「問：『如何是佛？』師云：『即心是佛。無心是道；但無生心動念，（無）有有無、長短、彼我、能所等心。心本是佛，佛本是心；心如虛空，……不用別求，有求皆苦……。』見《大正藏》卷四八頁三八四（中）。

【38】同見注【36】。亦見牟宗三：《佛性與般若》下冊頁一〇六九至一〇七〇。

【39】於此牟老師作出夾注言；「（對後來的『燈錄公案禪法』），作佛教史者自可縷述。文人名士則喜取之以為好玩。重教法義理以及宗教精神者，則說至此便足夠，其餘盡在不言中也。」同見注【36】。

心不住法，道即通流；心若住法，名為自縛。」唐老師指出：「此道之通流，即工夫之通流；工夫之通流，唯賴心之不住於內外之流。」【40】從「無住而通流」則禪亦可以通教，故唐老師指出：「故教者之因機施教之言，要在足以與學者之所執，相銷而互泯；乃可以表為遮，或以遮為表，或即遮即表，或非遮非表；雙照兩邊，以不落兩邊；非四句百非之所能盡，復非離四句百非之所能盡；而一切言說遂皆唯有當機活用。心若不滯，道即通流，是能道貫一切經法……使一切經法之言皆成活句，而非死句，而問答之無窮無盡，乃皆為自性之動用矣。後來禪宗大德之施教，雖更有種種之方式，固亦皆可以此『出沒即離兩邊，說一切法，莫離自性……道貫一切經法，自性動用，共人言語』加以概括者也。」【41】故知「離兩邊」而「無住」，從「自性」起用，「當機活用」，「道貫一切經法」而「化成活句」以「銷泯學者之計執」，這亦是惠能以後接引後學的工夫與精神所在。

唐老師指出「禪宗之言（外離相，內離空），必不能組成一套教理，亦不能如一般宗教有一定之信條之故，因其（師弟間的）對語之旨（趣），乃正在使此對語（能）自相銷而（達至師弟）心意相契，以超出一切語言而歸（於靜）默。……此對語在根底上依於一人之能透至名言之外之一般若慧之呈現。（是故若）教者無般若慧，則不能知學者之執見之所在而善說；學者（若）無般若慧，則不能知教者之意之所在而善聞。（若）不能善說善聞，則言雖契理（然）不能契機，便（成）為廢言戲論。唯言能契機，而教者之言乃皆『見自本性』，學者亦可因之以『自見本性』。……此即不同於昔（時之）佛家學者，欲由誦經讀論，外窮法相法性，以契萬法之真如之路道；復不同於聚眾人於一堂中，由高僧大德講經說法，使人各得其解之路道；又不同於一人獨處茅庵、靜修

【40】 文句引自唐君毅《中國哲學原論·原性篇》頁二九七至二九八。

【41】 同見前注，頁二九九。

求道之路道；復非純為一人閉門求頓超直悟之路道；而只宜稱為一『由教者、學者之機感之直接相應，以悟道成道』之一路道。」【42】如是惠能以後的禪宗，不著意於其揚眉瞬目、捧打口喝等種種奇詭姿態的撥弄，而著意於其師弟間之對語，並彰顯此「師弟對語（按：其實亦得輔之揚眉口喝等姿態）之旨趣」，在語言相銷，機感相應，心意相通，無有滯礙地以證入自性本心。此是唐老師處理公案禪之異於牟老師之處。

唐老師更進而論及此種「師弟對語機感直接相應」的教與學之方式「是遠原自中國原有一師徒對話之傳統，由孔門問答之所開，亦有一朋友對談之傳統，如魏晉清談之所啟，方有此禪宗之人由師徒間之機感相應，以使人悟道成道之一方式。在機感之相應之中，人之心思之運用，不在己亦不在他，而在己與他之相對之應答之中，以言銷言，以言泯言，而成其相互的心之通流、道之通流，以各自見其本性。此固不同於一般人之談話之散漫無歸，亦不同於西方式學者、宗教家之共（同）討論一論題或教義，以求一結論——即與柏拉圖式之對話亦有不同」【43】。由此得禪門師弟間的機感對語，實由中國孔門問答傳統所開，而賦予「道須通流」、「相泯相銷」、「契理契機」、「善說善聞」、「破解迷執」、「契入自性」以「成道成佛」的佛家獨有的內容。

至於「呵佛罵祖」的後期禪宗的表現，則唐君毅老師亦有獨特的見解；唐老師釋言：「然復須知：如真順世間法與出世間法不二之義去講，則言世間法而不言出世間法，以致據世間法而表面呵斥出世間法或佛法，應亦同為未嘗不可。此即禪宗之所以自言飢餐渴飲、運水擔柴之事（以）外，（更即）別無佛法，而亦（更）可（以）呵佛罵祖也。……

【42】同見注【40】頁三○○。

【43】同見前注。唐老師跟著再作補充言：「中國所重人與人之對話，則重在人之各由語言以表現其自己心意，而使他人可由其言以知其心意。此乃直接以心之通流為目的。……在禪宗對語中，則因教者必須針對學者之迷而破斥之，而教者乃更居主動之地位。」見注【40】頁三○一。

（乃）至（世人）只言其他一切法而反對佛法（如儒、道二家者，則）亦未必即非佛法也。……（是故）即在中國固有思想之流中，除佛家精微、博大之心性論之外，仍有儒、道二家（乃至西方、印度）之心性論之流與之並行，鼎足為三，雖或相非，而皆天地間所應有，亦大心菩薩所應許之故也。」【44】只此語，非精通佛理者孰能領此？非是「文化巨人」孰能言之？

五、小結

前文討論到唐君毅老師與牟宗三老師把禪學開顯成多種的理論，其主要取材都只不過聚焦在唐・宗密《禪源諸詮集都序》中的「禪門三宗」的一小段之內；但由於君子和而不同，加上稟賦、氣質、學養、興趣、取向等等的不同，所以出現了上述種種不同的差異，舉其大者：其一、唐老師就禪者與其所依經教，以開顯「禪門三宗」，即以達摩等之宗《楞伽經》為「息妄修心宗」，以道信等之宗《般若經》為「泯絕無寄宗」，以神會等之宗《大乘起信論》為「直顯心性宗」；牟宗三老師則於「直顯心性宗」中，依其「指示心性，復有二類」，於是再開展而成「神會禪（會通華嚴的）直顯靈知真性宗」和「惠能禪（會通天台的）圓悟禪或圓頓禪」，如是便把「禪門三宗」開顯而成「禪門四宗」。其二、牟老師再依「神會禪（會通華嚴的）直顯靈知真性宗」立為「如來禪」，以闡釋宗密「直顯心性宗」的第二種方式，而依「惠能禪（會通天台的）圓悟禪或圓頓禪」為「祖師禪」，以闡釋「直顯心性宗」的第一種方式。唐老師對以「惠能禪」立為「祖師禪」沒有提出異議，但卻認為把「直顯心性宗」的第一種方式說成是「祖師禪」仍有種種問題尚待解決，並清晰地提出了四種理由加以討論，希望牟先生能夠予以補充。三者、牟

【44】唐君毅：《中國哲學原論・原性篇》頁三〇四至三〇五。

李潤生　唐、牟二師對禪學開顯的處理述異　　　87

老師認為惠能之後的五家宗風的禪法，只不過依「拈華微笑」主觀當下的領受，對「無心為道」作出「擎拳豎拂」、「揚眉瞬目」等種種姿態的「撥弄」，其義理則無甚可言。然而唐老師則對彼等「師弟間直接機感相應的對語」的教與學的方式卻給以很高的評價，因其能「當機活用」，「道貫一切經法」而「化成活句」，「善說善聞」、「契機契理」恰當地「銷泯學人的計執」，使其「明心見性」，「成道成佛」；並謂此種問答方式是回歸到中國孔門的傳統，是「道須通流」、「契入自性」的獨特方式。

　　除此依宗密《禪門三宗》的討論，引發唐、牟二師開展出上述三種分歧以外，我們還發現他們對「禪學」在佛學的定位價值上存在著極大的差異。那就是牟宗三老師在他的名著《佛性與般若》中，雖然對中觀、涅槃、地論、攝論、唯識、華嚴、天台等宗派思想，都有專章的安排，予以詳盡的討論。但，對「中國佛學」中的「禪宗」這朵奇葩，卻偏偏連一個專章也加以省卻了，只有「法登論天台宗之宗眼兼判禪宗」中所附屬的「判攝禪宗」那一節有所論述，但只能歸攝到天台宗作為附庸，失卻了獨立成宗的地位。至於在唐老師的著作中，不論《中國哲學原論·原性篇》或《中國哲學原論·原道篇》中，都有不少的獨立章節予以詳實深入的討論，並且把佛學之言心性者，歸極到禪宗教人「當下見性成佛」中去；故唐老師說：「惠能（禪宗）實開出一佛家施教之新方式……將『印度傳來之般若宗之一往遍觀法空之態度，與諸宗對法界八識、三身、四智所說之種種義諦，以及種種工夫』一齊收攝於此『自明本心、自見本性、即心即佛』之教中，使人可於言下頓悟而不待外求。由是而惠能（禪宗）之教所表現之精神，即無異一般若宗之精神與中國以前之重本心性淨之教之一新綜合，其所以能成為後之中國佛學之主流者，其故蓋亦在此。」【45】又從果位而言，唐老師說「天台言圓教

─────────────────────
【45】同見前注頁二八六。

可使學者當身入五品弟子位，三生必成。華嚴宗亦言三生入法界。此較印度佛教恒須歷無量劫數方成佛之說固大為簡易直截。然禪宗則可更言（即日常生活中之事物以喻說種種甚深微妙之義理，而使之由當前所見平凡事物中顯示，【46】如是）即當下一念心，以直悟佛心……（而）不須更多此一融攝之事，（則）禪宗即可獨自脫穎而出於前此（天台、華嚴等）諸教之外……而不必依傍於一定之教矣」【47】。如此觀點自然與牟老師之「判攝禪宗（於天台）」者大為不同，而成為第四點差異。

　　唐、牟二師對禪學的開顯，略而言之，雖有上述四端，但大都是觀點角度的取捨，而絕非關乎事實的真偽與立論的對錯，故亦不必於此作出是非的判斷。我們只覺得以他們作為「新儒學家」而能對非儒學的禪學理論，表達出有如上述「如來禪」、「祖師禪」、「禪門機感對語」等等具原創性與啟發性的分析論斷，遠遠超越了一般佛教學者所能達到的研究成果，更不採取宋明儒學家那種「排斥佛老」的態度，為今後佛教學人提供了寶貴知識，為天下學者樹立了不朽的榜樣。我們作為弟子的只好有「仰之彌高，鑽之彌堅，瞻之在前，忽焉在後……欲罷不能，既竭吾人，如有所立卓爾，雖欲從之，末由也已」的喟歎。

【46】此等「隨機接引」之義，見唐君毅《中國哲學原論‧原道篇三》頁一三三〇。

【47】同見注【46】頁一三一四。

從佛教體用義之衡定看
唐、牟之分判儒佛

吳　明*

提　要

　　自熊十力把西方哲學由觀解理性之強探力索而形成的根本問題「本體與現象」，說為中國哲學之「體用」，並依儒家大易大有之「體用」義，批評佛教唯識無體，此本為儒佛兩教之辯，卻觸發熊先生本人和當代哲學界對正宗儒家思想之系統性格、亦即儒家體用義之重新理解，並作出存在的回應。回應的結果，是以唐君毅、牟宗三為代表的當代新儒學的建立。唐、牟於儒家體用義，各有透闢之論析，並確認為一縱貫的、實踐的，亦即一活動的目的論的體用，更本之判佛教宗旨，為終歸于橫觀的「我法二空」之境者（唐先生），為縱貫而橫說、就着緣起而工夫論地說體用、以歸于滅度無體者（牟先生）。佛教之「空」慧，唯待儒家大有圓教而起虛繫無礙之察照之用。

　　以上為本論文內容要點。本論歸于認為：一目的論的、實踐的、創生義的「體用」為儒家哲學特質，而區別於橫說的、虛說的、泛說的「本體與現象」義之「體用」，是乃分別中西哲學，以及分判儒、佛兩教之重要關鍵。

一．中國思想中之體用觀與性相論

　　體、相、用，其中之體用，原是中國哲學之一根本的觀法，亦是中

---

*本所副教授。

國哲人最慣常使用的思想範疇。本人早年論魏晉言意之辨，曾以體用配言意，而以「才性四本」之同、異、離、合，說體用，說言意之辨，而發現魏晉時期為中國哲學史中擁有及運用最多思想範疇的時代，而體用觀作為玄學方法之發明，自此成為中國思想之主要範導原則。[1] 隨後之隋唐佛教思想大量借用體用觀，及至宋明兩代，理學家幾無一不在體用上用心，朱熹思想幾全依體用而展示。直至明末，王船山最善言體用。民國則有熊十力先生，藉體用之實證相應，破佛教唯識，建構其「體用不二」之唯心境論。「體」、「用」在中國思想一直最活躍，獨「相」似為正統派所忽略，至少一直未被中心論述所照明。其中一緣由，或中文辭義「體用」容易直接引發縱貫的、實踐的、實現的體證之路，以及形而上之意向；而「相」一辭之辭義，則有停留于表象、現象、關係、形式等橫攝性之平觀層面，少有理想性目的性之聯想。

　　中國思想中，性相之論，由魏晉才性名理、玄學名理所盛發。法相之論，有待于佛教唯識宗。一般之相論，往往很快被收攝入體用之論，如王船山把人的視聽色貌之容與喜怒哀樂之相，直接說為「即體之用」與「離體之用」。其言曰：「喜怒哀樂如有未發；視聽色貌，無未發也。蓋視聽色貌者，即體之用；喜怒哀樂者，離體之用。體生用生，因於物感，故有發有未發。即體之用，即以體為用，不因物感而生，不待發，亦無未發矣。」（《讀四書大全》卷七）喜怒哀樂是離體之用，體生用生，是則體用不即不二；視聽色貌是即體之用，即以體為用，此乃「天下唯器而已。道者，器之道也。」之另一說法。然無論是即體之用或離體之用，視聽色貌與喜怒哀樂之為形相，其之為形相之形式、結構，各部之關係等等之為如何？其意義、意味又如何？王船山一如舊正統派，在作嚴肅思考時迅速將這一切安排為體用論的體相、用相，再而直接遮

---

[1] 參閱本人（吳甿）著《玄理與性理》上篇第二章。香港經要出版社，2002 年 10月。

相歸體說用，一如理學家之謂「聖人不言有無」，只言如何尋得着手處。於是形相問題，很快轉手為性相問題、迹本論問題，再而轉手為體用問題；而體用問題，則轉手為工夫問題。中國的正統思想，遂少獨立的形相論、現象論，而工夫論獨盛，動輒即言「工夫所至，即是本體」。此言甚是，卻又錯過了停下來的那一步工夫，因而錯過了相論、量論。

二．玄學體用之重新衡定和當代儒佛之辯

重檢魏晉玄學之言體用，到底說的是後來習成之縱貫義之體用，抑或是橫觀義之體用，卻是問題。現在本人鄭重表示：凡未經分疏而籠統地沿用體用以言說魏晉玄學思想者，都是不嚴格的、錯的。魏晉玄學之言體用，其實正是從兩漢之外在的縱貫垂直而實在實說的體用觀中解放出來，平翻為一玄觀玄覽非體非用的虛說的體用。亦因此，魏晉玄學為中國哲學開闢一純智悟與美趣的時代，「上對兩漢經學而解放，下為隋唐佛學與宋明理學準備了豐富的哲學範疇和思想據點，以及反省由語言建構的這一切可由語言之自我對消，回歸存在、自由、無限可能性之玄的智慧。這是中國德福關懷之大傳統中，與於穆不已、充實光輝之聖證傳統相對之觀化辯示、虛靈冥合之智照傳統。或說，是德福關懷之性理傳統外，另一尚智崇美之玄理傳統。」（本人著《玄理與性理》封底語）此尚智崇美之玄理傳統，其思想之最大特色，正是將儒家性理系統之縱觀之「體用」，一律轉作平觀橫觀，轉作「迹本」論、轉為「言意之辨」、大談有無。時至今日，中國哲學確切需要我們活化強化此觀照凌虛、辯以示之之智照傳統，然而時代之問題同時又要求我們必須活化強化那長久主導華族文化生命而近趨疲弱的縱貫的實體創化的實證唯心的體用傳統，而亦縱亦橫亦順地重建中國哲學。

或曰：今日中國哲學，須有縱觀以攝相攝用以歸體而有體；須有橫觀以攝體攝用以歸相而有境；須有順觀，以攝體攝相以歸用而有用；而

體、相、用並立重建。此唐君毅先生《生命存在與心靈境界》所示者，本人認為，此書實乃大哲學之新典範。

當代新儒學的第一代即已觸發和以論戰的方式自覺啟動這方面的思考。當熊十力說：「哲學上的根本問題，就是本體與現象，此在《新論》（案指熊氏自造之《新唯識論》）即名之為體用。」[2]熊氏這裡並未區分此「哲學上的根本問題，就是本體與現象」究是縱說的，或是橫說的，而一律改以中國哲學原有的、實踐意味很重的「體用」名之。其實在西方，「現象與本體」確是其哲學之中心課題，卻多是以橫觀方式論辯開展的。在中國，哲學之中心課題則是「本體與工夫」，卻是以縱貫證示方式開展而稱「體用」。兩者並非一事，不可混濫。熊氏未作區分，言辭似仍沿舊說特別是王船山攝體歸用、攝理歸事之事論的體用觀。但另一方面，熊先生強烈反對王船山「無其器則無其道」之「事理主義」，而要雙向地從唯用論、唯事論與佛教之唯識、唯空、種子諸論中翻出來，亦即從種種橫觀橫說的體用，或以無體唯用、以無體息用為體用中翻出來，回歸儒家大易「體用不二、性相一如」之實證性智論，而為真實論之體用觀。

熊先生即本此儒家之真實體用，破佛教空、有二宗，其言曰：「佛家性相之談（法性省稱性，法相省稱相，見基師〔窺基〕識論述記等。）確與本論體用不二義旨，極端相反，無可融和。」[3]認為原來般若宗之大機大用，唯在破相顯性，「然由破相顯性之主張，一直往前推演，則相空而性復何存。此則大空諸師自己反攻自己，而終不自覺也。」[4]熊氏先以大易乾元之實體實性，為空宗要顯之性；再以為唯識宗之立相

【2】熊十力《新唯識論》（語體文本），第465頁。中華書局，1985年版。

【3】熊十力《體用篇》第65頁。台灣學生書局，民國六十五年四月，影印本。

【4】同上，第79頁。

【5】同上，第156頁。

吳　明　從佛教體用義之衡定看唐、牟之分判儒佛　　93

張有，亦為張此實體實性，匡救大空之失，而以「新緣生說」（案指「種子——熏習——現行」），攝相歸識，以識存相，「其用意信美矣。然其立論；極逞臆想。」「建立本有種子，為宇宙初因，頗近多元論；而後建立藏一切種子之賴耶識，又近神我論。」既立種子之我矣，又須轉識成智，還滅歸如，如是「種子，真如，是二重本體，有無量過。……其種子明明是萬法本原，而又說真如是萬法實體。如此，則何可避免二重本體之嫌。是乃鑄九州鐵，不足成此大錯。」【5】「大空談體而廢用，卒致性相皆空，由其有趣寂之情見在。大有繼大空而興，獨以破法相為未是，故創新緣生論，建立種子肯定法相，此其用意未可非，獨惜其理論不得圓成。」【6】此見熊先生一味以證實體實有，為釋氏本懷，而責之于空有二宗，謂空宗破相顯性，相空性亦空；而有宗立相顯識，識顯而遮性；另立種子說，則又鑄二重本體之錯。此皆體用為二截之過。「諸師逞臆，構成一套宇宙論，種種支離，其能免于書空之譏者鮮矣。」【7】

三．佛教體用義之自我衡定及其理論困難

其實佛法密意，竟非實說體用，乃正是虛說體用，或正以無體息用說體用，說工夫所至即是本體。空宗所證，性空唯名；有宗所論，虛妄唯識。先攝存在（一切法）于緣起，泛說緣起性空；繼而攝一一相（一一法）歸境，而說「境不離識，唯識所變」；再而援種子入賴耶識，破賴耶識為種子藏；而種子待熏現行，於是仍是緣起性空，「從無住本立一切法」（《維摩詰經·觀眾生品第七》）。此見佛教一路走來，發展到唯識學，其思想方法基本上都是橫說的。橫說地講境不離識，唯識所變，攝存在于緣起，即緣起而依解脫之目的（此則有縱貫義之相）工夫

【6】同上，第 157 頁。
【7】同上，第 159 頁。

論地說不增不減，說淨染、明無明、色即空；其說因果亦是橫說的，而非豎說的，非向上說因果，亦非向後說因果，亦非向下說因果，而只是就橫攝的二法泛說因果以證因果法非實，而蕩相遣執，從因果鏈中解脫。

所有佛教內部的爭議、佛教外部對之之爭議，往往正源自以為佛教是豎說的、實說的體用、因果。以為實說豎說「境為識所變現」，以為實說、豎說「本有種子為萬法之初因」，以為實說、豎說「真如是萬法實法」，如熊先生以大易之真實論體用而誤求之于佛教者；不知此佛教諸說只是就橫攝的一一法，即此橫攝而工夫論地帶出來的。由橫攝而工夫論地實踐不增不減，如實觀、如實知、真實行。「應知實無外境，唯有內識似外境生。」（玄奘《成唯識論》）以「成就四智菩薩，能隨悟入唯識無境。」（窺基《成唯識論述記》）「由斯遠離增減二邊，唯識義成契會中道。」（玄奘《成唯識論》）就工夫論而言「一切有為無為，若實若假，皆不離識。」（同上）。

然則真妄、淨染、覺迷亦全繫于「唯識」：「此唯識性豈不亦空？不爾。如何？非所執故，謂依識變，妄執實法，理不可得，說為法空，非無離言正智所證唯識性，故說為法空。此識若無，便無俗諦；俗諦無故，真諦亦無。真俗相依而建立故，撥無二諦是惡取空。」（同上）然亦因此由橫攝而工夫論地、實踐地講遠離增減二邊，純依他，真俗互依，契會中道，如實觀、解脫，卻又帶出許多問題、許多諍議。

既是「識所緣唯識所現」而「虛妄唯識」，則如何可避過「唯我論」？（熊十力先生亦特提此問題）[8]。如何可說共境、共相、共識？另一方面，唯識宗又說「無我」，「是故我見不緣實我，但緣內識變現諸蘊，隨自妄情種種計度。」（同上）既無我，又如何說「此識無始恒轉如流（恒言遮斷，轉表非常），乃至何位當究竟捨？阿羅漢位方究竟捨。……爾時此識煩惱粗重永遠離故。」（同上）無我又如何有位、有

---

[8] 同上，第 150－151 頁。

捨？又妄心之我如何知此識煩惱粗重永遠離？唯識之八識，何識可以知妄？知正聞熏習？知轉識成智？……種種難題，遂有種子說，種子又分淨、染、無記，又分本有、新熏、本新合用，而說「三法展轉」，「種子——熏——現行」是為諸境之本源。種子與八識結合，而說「境不離識，唯識所變（變現）」，八識與種子成為諸境一一法存在的根源的說明。這樣一來，把個「識」（合種子）說實了，說成了個「本體」、宇宙之體原；又把個「境」說實了，說成了個「相」，說成了個「用」，而由識所變現。然則，涅槃法身、真如本體之為萬法實體（亦是說實了的體用之體），與種子之為一一法之存在的根源，打成二重。唯一真心迴轉緣起一一法，與「種子——熏——現行」一一法，究竟何者為本體，也就成為佛教內部永遠的爭論與對立。

四．虛說的體用與佛教解脫目的論

問題的出現，就在這種說實了的真如體用觀與說實了的唯識體用觀。這種說實了的體用觀，實在觀、實體觀、實法、實用之體用觀，東西宗教哲學多有。印度舊婆羅門教的梵天正是一大實體，眾生亦是有種性之實體。佛教正是在反對婆羅門實在論之梵天觀及種性思想中一步步發展出來的。故佛教說體用，即首先須從佛教對一切實在論之排拒態度中理解。由是，佛教之體用觀——

不會是創造論的體用，不會是超越的實體之縱貫的體用（如儒家之體用，易傳「先天而天弗違」、「逆之則成聖成賢」二句所表者）；

不會是實現論的、綜合的順成的生命目的論的體用（如儒道二家之體用，易傳「後天而奉天時」、「順之則生天生地」二句所表者）；

亦不會是純相的意味論的以無為體、「無以全有」的觀照的、寄託在工夫境界中的順成性命，護持萬有之體用（如道家之體用）；

佛教只會是就着緣起法，不增不減、工夫論地還滅地說體用；只會

是倒果為因地,即着果地的海印三昧中的佛法身所倒映的世間一一法,而泛說體用;只會「從無往本立一切法」(《維摩詰經》)、「菩薩應無所住而生其心」(《金剛般若經》)、「祗心是一切法,一切法是心。故非縱非橫,非一非異,玄妙深絕,非識所識,非言所言」(智顗《摩訶止觀》)地說體用。

若唯識宗那樣攝境歸識,攝存在于三法展轉(種子── 熏── 現行),阿賴耶與前七識「一種七現」、「立相顯性」地說體用,對佛教解脫本懷而言,是說實了的體用。就說實了的唯識體用而言「境不離識,唯識所變」,而虛妄唯識,則如何得說「轉識成智」之「轉依」?「轉」謂「轉捨」、「轉得」,若捨是捨阿賴耶,得是得寄存之無漏種子,然無漏種子亦須憑藉外境熏習始得現行增長,但「識所緣唯識所現」,則成了自熏、如熏?唯識宗遂亦不能承認這種說實了的體用。

若真心系之攝諸法之如境空性于真如智心而與此智心為一,空如理因真心故而有一實體義,而說空如為體,實即真心為體,而成唯一真心迴轉為諸法之體,此真心遂成一實體性的實有,此即不空如來藏,而為真常唯真心之體用。對佛教之解脫本懷而言,此一條鞭地唯真心之體用,是將般若智如境空性之平平境,平地起土堆突起而為一豎立的真心系統,而為縱貫的、立體的、有增有減的、分析的而非如的,緣理斷九的,說實了的體用。佛教圓教遂不能承認這種說實了的體用,把這種說實了的體用判為權說。

佛教即使到了真心系統,雖已非一往平鋪平攝,但亦非縱貫的,亦非有體有元的,而只能說是非縱非橫,於念無念,於相無相,於住無住(禪宗「三無」),即活動即不存在,而說不斷斷、空不空如來藏。如是,佛教遂保存保護了緣起的一切法,同時保存保護了即緣起之一一法,不增不減而頓悟解脫之真如法性之真實性。自解脫言,佛教無須另證宇宙本如,另尋實體真用、終始條理、自由意志、道德法則。萬法已一一現前,生命存在卻如萬箭穿心,如何拔箭療傷,最是如實知、真實

行。若因此更立體法理法、箭法射法，更立萬法之元法，說體說用，說縱說橫，則豈只無關佛法，直是戲論。

是見佛教之體用，原是只能虛說、如說。只能說如體如用，此即著名「十如」：「佛所成就第一希有難解之法，唯佛與佛乃能究窮諸法實相。所謂諸法如是相，如是性，如是體，如是力，如是作，如是因，如是緣，如是果，如是報，如是本末究竟等。」（《妙法蓮花經‧方便品》）慧思（智顗之師）翻轉為「是相如，是性如，是體如，是力如，是作如，是因如，是緣如，是果如，是報如，是本末究竟等如。」而智者大師（智顗）再翻轉為：「相如是，性如是，體如是，力如是，作如是，因如是，緣如是，果如是，報如是，本末究竟等如是。」而曰：「非一二三而一二三，不縱不橫，名為實相。」（智顗《法華玄義》卷二）這樣一翻再翻，亦只為表示不能說實，不能說成縱，也不能說成橫。「亦不言一心在前，一切法在後；亦不言一切法在前，一心在後。……若從一心生一切法者，此則是縱；若心一時含一切法者，此則是橫。縱亦不可，橫亦不可。祇心是一切法，一切法是心。」（智顗《摩訶止觀》卷五）

五．縱貫實說與縱貫而橫說虛說

熊先生既本中國傳統實說的實體實性實用之體用觀，求之于唯識學，以為唯識學以識立相，立相則張有，則可顯性證體，遂其攝體歸用，「體用不二，性相一如」之本體論，美曰「援儒入佛」而迹近「緣佛求儒」，直是太相應而不相應，「契入有餘，透脫不足」（牟先生評梁漱溟先生語。亦可借用評說民初諸子）。皆未真能開闢相境、相論以安排佛教之無念、無相、無住之無體銷用之「空理」境，觀照凌虛之工夫未足與體用並立之故。近翻熊氏《體用篇》，很多「佛家性相之談，確與本論體用不二義旨，極端相反，無可融和。」之辭，竟以大易大有之體用，求之于佛家性相之談，其失望而回，豈不意料中事，何嘆惜疾

首之有！儒家大易大有，實體實性實用，是剛健的，創造的，無而能有，有而能無，即活動即存在的，實踐的，自我實現的，意志因果、實證相應的體用，何可求之於佛家之就着緣起，見體如體，見性如性，見相如相，見用如用之虛說的體用？佛家虛說體用，正為即緣起之一一法，就其為現象之為現象，不增不減，如實觀之，緣起性空，無一法有自性。故見體銷體，見性破性，見相破相，見用息用而不壞諸法假名。虛說體、性、相、用，以顯「實相一相，即是無相，即是如相」，而正要從種種體、性、相、用之妄執為實中解脫，而為解脫之目的論的自力自度論。此熊先生豈不知？或正要借唯識以破唯識以顯實乎？熊先生的方法，又較宋明理學家之以言空為忌諱進一步。

　　各教之理想目的不同，所立人極之型態不同，所立所見之體的體性不同，工夫亦隨之不同，故其體用義亦不同。分別衡定各教之體用義而論其不同，則相應而無礙；再而可即生命心靈之存在實感，判各教之高下、圓不圓，亦甚善。若以一教之型態求之于他教，而失望嘆惜，則無謂。除非，那求之於他教之哲學要求，本源自其教之目的宗旨，或來自普遍而基本的哲學課題，又或來自其教之哲學發展所必須回應者。

　　在體用義上，儒家與佛家正須各不相同。如前所述，儒家的型態，是以成德潤物為生命存在之目的，此目的又內在為生命心靈存在之體性，而為意志因果的縱貫的實體實性，並實踐地「體物而不可遺」統攝一一法，「妙萬物而為言」而為乾坤萬有基。佛教則正要從一一法之體、性、相、用之執定中捨離，而以生命之從因果體用中解脫而還滅為目的。此目的之可普遍而必然達到的根據，正在唯識學所論對世間一一法之存在的根源的說明之為「境不離識，唯識所變」。這裡有橫攝的法相之說明，亦有縱貫的工夫論之說明。其上句「境不離識」便是橫攝的，徹底經驗主義、現象主義的說明；下句「唯識所變」則是縱貫相的工夫論說明。但佛家工夫全就着緣起而依解心無染、我法二空為目的而說不增不減，說明無明，說八不中道，說轉識成智。這原是意志因果

的、縱貫的,但其所依所就,卻是橫攝的緣起系統,法相唯識。如是,唯識學的「唯識所變」並非要縱貫地、實在地說明一一法之存在之根源,而正是排拒一一法之存在的根源之實在化之實執,從而否定一一法之根源自性,從而回到緣起性空,解心無染。則「唯識所變」這句之說為是縱貫的恣態,其實是虛說的,嚴格說是不能解讀為體用的。歷來論者慣以體用套之,其實是誤解。套之而知其為虛說,而保護保留佛教之在縱貫軸上的工夫論之解脫之理想,亦是判教中的大事。

六．哲學的分判與綜攝

熊先生的破舊唯識而另造新唯識論,表明其工作不是判教,亦非援儒入佛,或緣佛求儒;而是借佛歸儒,把個唯識系統之法相論,來刺激儒家橫攝面的相論、量論,再以體用論衡之,而發現其實無體(或只是寂體、空如體),遂破舊論,另造新論,本儒家大易大有之義,即相言性,即用證體,成其「體用不二,性相一如」、乾元性海之儒家體用。雖曰新論,其實是儒家本有之古義,以至是泛說的中國思想本有之主義、傳統。「體」者存有也、實在也;「用」者表現(形相)也,實現(改造存在)也,「實現」又可分外實現(涉及改變外在存在)和內實現(涉及調整自我生命之存在)。兩者原是一事,焉有全不涉及表現或實現等活動,無形相、無作用之孤懸之「體」?或純形相、純變動而無目的、無體之「用」(返住于經驗現象之流,而言純相、純現象,而橫攝地虛說「用」,只是一過渡,正是於住無住。)?這種兩極化的割離論,亦只緣自一離實之名之以名生名、無限推演之結果,本就表現一自我分裂之體性之用之妄(歸于自我否定)。而反證仁體義用,承體起用,用足養體之必之常,可悠久而日新。

本大易大有之義,集文理、性理、玄理、空理、名理、事理、物理,遍觀人類各大文明各大教,而判教,此談何容易。當今之世,唯牟

宗三先生的《現象與物自身》、《心體與性體》、《圓善論》諸書可以擔當之，唯唐君毅先生《生命存在與心靈境界》諸書可以擔當之。西方無人可擔當此判教（雅斯培的軸心說只屬某義的歷史存在主義，未可言判教），印度無人可擔當此判教，日本亦無人可擔當此判教。當年梁漱溟先生的《東西文化及其哲學》、熊十力先生的《新唯識論》首發先聲而未能盡力、未竟其功者，或正是牟先生說的「契入有餘，透脫不足」。而唐、牟可以擔當此判教，卻是在流亡海外，蟄居香港一隅，四顧蒼茫，中心憂懼之心境中承擔之。今值二子冥壽百周年，豈能無感。

唐、牟在各自之判教中，都不以縱貫實說的體用義來看佛教。故對佛教之說體用，無論唯識學之言「自性」、「圓成實」、「種子現行」；或如來藏系統之言「自性清淨心」、「真常心」、「真如空性」；天台宗之言「一念三千」之「實相」；華嚴宗之言「不變隨緣，隨緣不變」之「唯一真心迴轉」；都只還他一個「虛繫無礙的非體用的體用」之地位。亦因此，佛教與道家正以其虛繫無礙〔另有半個道家卻有道心、靈台心與「在心上做工夫，在性上得收穫」（牟先生語）之真實存在義〕之性格而得與儒家之活動的實體實理實事之縱貫實說之系統，相配成為中國人文教之統之有宗，會之有元之全貌，而歸于不可缺，再而可吸收西方文化及其宗教。此則可謂：有縱有橫兼有順，有實有虛且有玄，有體有用還有相，有物有則更有德。

七．牟宗三之判釋：滅度的體用

現看牟宗三先生如何判佛教之言體用。兩大冊《佛性與般若》對佛教般若學、唯識學、真常教三部，有極透闢之判釋，今不能及。在《心體與性體》第一冊有一附錄長篇〈佛家體用義之衡定〉，今摘引數段，可略得其意。

（關於華嚴家之性起義、體用義）就華嚴宗說，「不變隨緣，隨緣

不變」是實然地說。在此實然地說下，吾人不能說如來藏心是體，而隨緣流轉是其用。即在十信終心已去，一念即得作佛，「一念即得具足一切教義、理事、因果等，及與一切眾生皆悉同時作佛」，而成為「因該果海，果澈因源」，因圓果滿之性起，十身佛之自境界，如理智中如量境之法性家實德緣起，而緣起就緣起說，亦仍是虛繫無礙之圓融。縱使唯一真心轉，性起具德，一時炳然，或隱映互現，而吾人仍不能說此真心為一創生的實體能創生此緣起事之大用。此體用仍是「緣起性空，流轉還滅，染淨對翻，生滅不生滅對翻」下之靜態的虛繫無礙之體用。（……）此真心迴轉之大緣起法實仍是順應實然說的「不變隨緣，隨緣不變」之所有而翻上來圓融無礙地寂滅之，而示現為實德而順成之，雖名曰大緣起法界，說的那麼豐滿熱鬧，實則亦可以說是一無所有，亦可以說是無一德可現。然而又實可一時炳然，亦實可隱映互現。在此種虛繫無礙的圓融狀態下，實無體用可說。體用皆是過渡中的詞語，亦是虛說的詞語。此如來真心實非創生緣起法之實體也。【9】

依真心起還滅行是體用，而此體用是返流，是過渡。及其全沒于果海，則真心呈現，寂滅無相，而體用義亦不存。縱使此海印三昧之果海，于不可說中方便假說為大緣起法，說的那麼豐滿熱鬧，還只是因位內容之映射，而實無真實之緣起，而真心與此虛映之大緣起法（所謂實德緣起）之關係亦非體用之實關係。蓋此大緣起法本是虛映虛說故。實處是在還滅之行修，而沒于果海則全成為「意義」，成為寂滅之「實德」，實無事可指，無相可說，焉有體用之實體與實事？就是著實了，說為大緣起法，其與真心

【9】牟宗三著《心體與性體》第一冊第 642 頁。台灣正中書局，民國八十五年二月第十次印行。

之關係亦仍是虛繫無礙之關係，而非創生的體用關係、因果關係也。【10】

（關於天台宗之體用義）就天台之「空假中」言，此中根本無體用義：空不是體，假不是用。（……）「即空即假即中」之圓融的資待亦只是詮表上之抒意的資待，證「實相」的資待，並非是客觀實有上因果、體用之資待。【11】

兩圓教（案指天台、華嚴）雖殊途而實同歸，仍不失佛家寂滅教義也。【12】

是以佛家之空假關係，理事關係，真如心與緣起法之關係，其本身皆非體用關係。（……）雖極圓融，甚至說無世可出、無生死可度、無涅槃可得，說出如許圓融、弔詭的妙論，亦仍是圓融地滅，圓融地出世，不可詭飾而辯掩也。【13】

佛教原以滅度捨離為宗趣而立教，亦以此滅此寂而真正區別于儒道二家及其他各教。言佛家教義者原不應詭飾辯掩把個佛教根本宗趣，弄成像醜媳婦般藏掩在許多詭辭妙論中隱而不見，卻正貶損了佛教。儒道二家亦不應從佛教之言空假關係、理事關係、識境關係、真如心與緣起之關係，而聯想到中國思想最喜講的體用，而以縱貫實說的體用，要求之于佛教，而失望嘆惜。論者更不應以佛家圓教（天台、華嚴）之圓融，圓融至于說無世可出、無生死可度，無涅槃可得，而謂佛家不出世、不滅度、捨涅槃，與儒道無別、三教合一，卻正掩沒了佛教的出世之理想、滅度之大願、涅槃之悲欣交集。雖云是圓融地滅、圓融地出世，到底亦仍是滅、出世、理寂不起、我法二空，而不是儒家道德的正

【10】同上，第644頁。

【11】同上，第644頁。

【12】同上，第644頁。

【13】同上，第646頁。

面承擔，亦不是道家的玄德的成全載物也。民初諸子中，梁漱溟先生倒是確知佛教滅度之宗趣，亦知此宗趣與儒家天道性命、孔顏樂處之義，與當今普世之核心價值與中國國情所需，皆不相合；唯移作人類最後歸寂用，而告誡國人今世勿言佛。然梁氏此見又入于人類集體歷史主義階段論，某義的歷史主義的集體解脫論，以階段論套說生命路向，套說宗教義理、理想人格。存有論的、邏輯的、目的論的實踐的；縱貫的、橫攝的、順成的；體性的、形構的、作用的；都混濫一起。梁先生卻在這混濫中顯其洞見，呈其存在的智慧和儒者生命的真誠，而判釋東西文化及其哲學而大致中肯不誤，契入有餘。熊十力先生則深入佛教唯識學，而感嘆無體可得，用在還滅，可謂窮佛見儒。熊氏遂出佛返儒，重證大易大有之道德創生論之體用，如本文上段所述。當今之世，能就人類古今所成之各大文化與宗教哲學，予以判釋衡定、各得其位、各正其命，以共證人類之為理性的生命存在者，唯牟宗三、唐君毅二子。牟先生之衡定佛教體用義為即緣起而言不增不減工夫之還滅的體用，上文亦已述過。今看唐先生如何判釋佛教。

八．唐君毅之判釋：我法二空

《生命存在與心靈境界》安排佛教於超主觀客觀境之層位，在縱觀之體境「歸向一神境」與順觀之用境「天德流行境」之間，而為橫觀之相境，名「我法二空境—— 眾生普度境—— 觀一真法界」。此安排直接表示唐先生認為，佛教思想的根本性格，是橫觀的法相論。由橫觀一切法而徹法源底，是性空唯名，即此緣起性空，而遍觀眾生妄執有我、有法，亦即妄執有縱觀之體、自性，妄執有順觀之目的、自成性，但事與願違而苦痛煩惱，佛教思想要求真切認識正視此由妄執生命存在之目的體用而不得之有情生命之苦痛煩惱之實感之真實性。此佛教之第一真理「苦諦」之成立。而破除有情生命種種執障的根本大法，亦只是以智慧

澈照有情生命所執者本性空，如實觀一一法只是緣起，此佛教之第二真理「集諦」。即緣起而言不增不減、法相，即復其對法界一切法之橫觀，如觀，此智慧即可拔除眾生之苦痛煩惱，以成此有情生命之救度，此佛教之「道諦」、「滅諦」。其言曰：

> 佛家思想，則要在由破除吾人之心靈對主觀客觀世界之種種執障，以先開拓此心靈之量，而成其對法界之一切法之橫觀，以使此心靈日進於廣大；而更自上而下，以澈入於法界中一切有情生命之核心，由其有所執而生之苦痛煩惱，更與之有一同情共感，而起慈心悲情；再以智慧照明此有情生命之核心所執者之本性空，而即以此智慧拔除其苦痛煩惱，以成此有情生命之救度。【14】

佛教之解脫、救度，觀一真法界、普度眾生，究其實亦只是即生滅門之一一法，而一一還滅之；還滅之而觀一真法界，此一真法界亦只是我法二空，非有一滅、涅槃之實體、實法，孤懸實存之佛性也。故凡還滅法者皆在與生滅法之相即中，俱存俱滅而無自法，是則緣起法、生滅法與還滅法亦本性空，而亦在緣起中而當再還滅之，而至于回到徹底之橫觀唯相之境界，而唯相即無相即如相，此之謂真如，如其本性空之如。縱觀之體境界、順觀之用境界，自佛教集中于生老病死之生命觀而言，正是苦之根源，業之羅網，正須工夫論地見體破體、見性破性，見用銷用，體用雙遮而歸相，相唯緣起，緣起性空。佛教的實踐工夫，即此緣起而不增不減，即生滅而還滅。

故佛教原不宜說體立體。唯識宗以識攝境，言「境不離識，唯識所變（變現）」，似有以識言心，立識為體之嫌。此熊先生或即此以為唯識宗立相顯性。而唐先生以自由心與橫觀之識心不可混濫，而正大不以為然，斥「心變現境」為「滯辭」：

> 言境為心所感通，不言為心所變現。心所變現者，自是心之所通

【14】《唐君毅全集》卷廿四，第 76 頁。台灣學生書局。

吳　明　從佛教體用義之衡定看唐、牟之分判儒佛　　　105

及，然此主體之心，通及客體之境時，此境即自呈現其「性相」
于此心。此中，境亦可說有呈現其性相之「活動」或「用」，而
後此境與其性相，方得呈現以「存在」于心，而通于境之心，亦
必因此而自變為以「呈現此境之性相」，為其「性相」之心，此
心又必有此自變之「活動」或「用」乃有此所變成之心之呈現以
「存在」。故此中有心境相互為用之義，不能只言心變現境。又言
心變現境，恒是就特定境，而言其為此心之所通。然心之所通，
不限于特定境，乃恒超于此特定境，以別有所通，而永不滯于此
所通。如飛鴻踏雪泥，飛鴻不留于其指爪之所在。故只言心變現
境，縱至于言一切境，皆心所變現，仍是滯辭。【15】

　　此段文辭所涉思理亦深微，須有所疏導。若無真解，直以客觀主義
套之，則成大謬。其實此段所言，正見唐先生以「性相心」與其所呈現
之境兩者之關係正是一橫攝的互倚關係，一相境，而非縱貫之體用境，
正以緣起故，不能言心變現境。佛教唯識本義，「境不離識」，即含
「境識不離」，若單言心變現境，則落一邊，于佛教空理遂成滯辭。以至
泛言境心關係者，說「境決定心」或「心變現境」，皆為滯辭。此種微
妙問題，前文已討論過。而心不限于為性相心，更可為體用心、超越
心。若心為自由無限心、創造心、自在自為心，以至天心，「所遇者
化、所存者神」之聖心、神心，則心所感通之境，不必是相境，自不宜
說心變現境以至一切境唯心所變現。以心之所通，非必橫通，更非必定
于一特定境而言通、言心變現境。此心恒超于一一特定境，且必超于一
一特定境，永不滯于一一特定境之所通，而上下與天地同流，與萬物人
神共遊，轉化一切、善化一切，而永無止境，亦永無一境可滯留，如飛
鴻踏雪泥，飛鴻不留于其指爪之所在也。若拘于心變現境之言，則神
心、他人之心之境，亦為我心之所變現耶？故唐先生斥之為滯辭。

──────────────────
【15】《唐君毅全集》卷廿三，第13頁。台灣學生書局。

九·儒家圓教與證如證悲

佛教之「從無住本立一切法」,「應無所住而生其心」之展轉迴旋,可以引生無窮詭辭妙論者。至於「一心開二門」之「一心」復歸何處?亦唯是「應無所住」地「開二門」即「滅二門」,歸于我法二空。

至於詰問為何佛教要集中在生老病死來說生命?為何不集中在作為一一被造物而必有體有性有用,受造物主之計劃所籌劃安排,故必以投向一神,被最高神攝收,來說生命存在?如耶教之說。又為何不集中在「天生蒸民,有物有則。民之秉彝,好是懿德。」來說生命之生與命?如孟子引《詩經·大雅》之說。為何不從生命之依空而出之清白空靈,同時是破空而出之獨化自生,既來自一純善之生生之德,又自生為一創造的獨體上來說生命自身之非執與本性之善?如孟、莊及魏晉玄學之說。為何不從此一一獨特之生命之共賦天命以為性,當以盡性立命為此生命自為之用,此順成性命之用,即生命所本之體之用,亦是生命自我創造之自成之用,而自有其相續之事,與事之相上來說生命之死的智慧與超分別我執性?如論、孟、易傳、中庸及宋明儒之說。為何不從此順成性命之德用(直心而行之謂德)之綜攝縱觀之性體與橫觀之性相,而次第開展,率性之謂道,則生命存在本可實現為即體即相即用之真實存在上來說真際實際、說「何期自性本自清靜,何期自性本不生滅,何期自性本自具足,何期自性本無動搖,何期自性能生萬法!」?如儒家、道家之種種說。此終見佛教之大不同于耶教,又大不同于儒道二家也。

言至此,若復詰問「一心開二門」之一心何在?一心為何開二門?佛教既無本體義之縱觀之體用,則將如何說明之?佛教必仍從苦、從無明煩惱向上翻而反顯此如來藏自性清淨心,此則仍只從生老病死說生命之我執,再欲破此執而說如來藏。若有即生老病死而說生命本善非執而常自超越,不起無明恐懼之苦,則無苦亦無須解脫,無無明故亦無此如來藏之一心與一心開二門矣!然則佛教之如來藏心與一心開二門原無邏

輯的與存有論的必然性。但本人願於此亟言佛教解脫論有其真實之普遍性、必然性。此解脫論之普遍性必然性，即落在生命存在之生老病死之普遍性、必然性上，亦即落在生命之有限性上。就生命自身而言，原無所謂有限，說生命之為有限，即已立生命存在之目的理想，以此生命存在之目的理想言，反照生命之存在相，而起無限之有限之感。就生命存在之目的理想言，即排除所有文化意義、精神價值之創造意義等等特殊之目的理想，此生命存在本身亦可以其之持續存在為其目的理想，而以此生命之喪失其持續存在為不符其存在之目的理想而大悲。即或本人已超越此以持續存在為生命之目的理想，而以精神價值之創造、或新一代生命之存在，為其生命之目的理想，但亦正因此，仍不忍、或更不忍于他人生命之不能持續存在，進而可言，不忍于六道眾生不能持續其生命之存在以修道而進于更高更自由之生命存在。故個人生命可以超越悲痛，而人生在世不能無悲痛。當眾生在生老病死、哀號無告之時，焉能不起竦慄之心、驚怖之心，痛澈臟腑，悲而至于欲從來無生、永斷輪迴。當年釋迦牟尼即此大悲立大誓願，誓證如救悲。既誓願證如救悲，即亦證悲證覺，不宜說佛教證如不證悲也。而佛教解脫論亦得證其普遍性必然性。

然此說佛教之解脫論有其普遍性、必然性，此普遍性必然性落實在生命無常必觸發仁心、道德心之大悲大願；此則由證如救悲，轉證大悲大願，轉證悲心、願心、仁心、覺心；是則此仁心悲心覺心實乃佛教普度眾生之解脫論之超越的源泉、本體。

前說佛教之大不同于儒家，原來竟是佛教自此生命之超越本源中心中，繞出來只看那生命之相，即此生命相之無常，而人常膠着於生命相、事相之上而執為常、為有，而事與願違，而無明、煩惱、苦痛，而佛教即此立誓願，以捨離滅度為教，而不知生命相可收攝于生命之義用而即生命相之無常證義理之必與常；復不知生命相可收攝于生命之自我超越與生命之自我歸復，而即生命相之無常證生命之真實無限。這裡，

實有無限之理義之莊嚴。

即此無限之理義之莊嚴，可言儒家圓教之模型，以及儒家圓教如何可「開出」其他教之義理關係。關此，牟宗三先生有一精要之批導，其言曰：

實踐理性充其極而達至「道德的形上學」之完成（在中國是儒家的形態，在西方是德國理想主義的形態），則這一個圓融的智慧義理本身是一個圓輪，亦是一個中心點，所謂「道樞」。說它是個圓輪，是說在這輪子底圓轉中，人若不能提得住，得其全，則轉到某方面而停滯了，向外開，亦都是可以的：上下、內外、正負，皆可開合。「道德的形上學」一旦完成，康德的那一層隔打開了，此就上帝說，雖超級而亦內在化了，人若順內在化的落實，提不住而真落下來了，則多從人的負面性（如罪）與有限性着眼，又再把上帝推遠一點，以保持其尊嚴，這也是可以的，這便是基督教的形態。這是上下的開，但不能憑這開來反對那實踐理性充其極的合。復次，那圓輪子本不外於「外」，若轉到外面而停滯了，見到外面亦有獨立性，就此而向外開，或開懷悌海式的宇宙論，或開海德格式的存有論，皆無不可，但若執此而與那圓輪子為對立，則非是。懷悌海的宇宙論終必收攝於這以實踐理性為中心的圓輪子內方能站得住。就海德格說，當「後天而奉天時」的時候，就是他的「存在倫理」。可是「後天而奉天時」原與「先天而天弗違」連在一起的。良知的當下決斷亦就是他的「存在倫理」中之存在的決斷，獨一無二的決斷，任何人不能替你作的決斷。可是良知的當下決斷原是本良知本體（即性體心體）而來，原是本「先天而天弗違」的道體性體而來，原不與康德所宣稱的格言相衝突，乃是本體以成用。若執着「後天而奉天時」一義而與「先天而天弗違」為對立，執着存在的決斷而忘其體，那便不對。此是內外的開合。復次，從正面踐仁盡性到圓熟之境，

一切都平平，一切都落實，人若在此平平落實處，只見到那形而下的器而膠着於事相上，則從負面來觀察人生，多從空、無一面入，也是可以的：無卻那相對事相的執着、人為造作的不自然，而超顯那自然無為的境界，這便是道家；空卻那事相緣起流轉的自性而當體證空，這便是佛教。因為這負面的生命原也是那圓輪子所要化掉的。若執着於這從負面入手之所證而與那圓輪子為對立，便不對。此是正負之開合。最後，在踐仁盡性到圓熟平平之境，如羅近溪所謂「抬頭舉目渾全只是知體著見」（「知體」即良知本體），人若在此提不住，見不到「知體著見」，而只見到「抬頭舉目」之生理活動，如是，只去研究這生理活動本身也可以，這便是所謂科學，但若在此執持只有這生理活動是真實，並無你所說的良知本體，那便成了荒謬的唯物論，此即馬克斯是也。【16】

禪宗六祖慧能當年大悟「一切萬法不離自性」：「何期自性本自清靜，何期自性本不生滅，何期自性本自具足，何期自性本無動搖，何期自性能生萬法。」突顯一奇偉之中國心靈，雖其所奉為佛教，卻已達于開天門，見天光。佛教之不可滅，正有待于一絕對的開天門，見天光，天德流行，大易大有之教之順成性命，即體即相即用之全幅開展，而佛教亦得在此順成性命之教之全幅開展中，盡其橫觀的我法二空之智慧之用。

【16】同註，第 187-188 頁。

景印香港新亞研究所《新亞學報》（第一至三十卷）

唐、牟二先生論荀子

鄭炯堅*

提　要

　　孔子以後，儒家分而為八，可稱為顯學者唯孟荀之儒，由於二人對孔子學說能加以繼承及再創造：孟子之性善論與仁政（內聖）學說、荀子之性惡論與禮治（外王）主張，提出了許多孔子未曾提及之「人文主義」及孟重「以仁識心」、荀重「以智識心」等有關之新問題。

　　傳統儒學重正統，斥異端，不免自限了自身之發展，由於時代和學者各自之氣質及認識意向之差異，對儒學都有不同的理解，孟荀雖去孔子不遠，但他們對孔子之理解都有顯著的歧異，而性善和性惡的對立與論爭，正可視為儒學繁榮、發展及互補，也可視為回應荀子所力倡之「全盡之學」。

　　依荀子，學術上不蔽者唯孔子，孔子所以不蔽在其仁智兼備。現代學界向　稱唐之著述為仁者型（兼重謹小慎微）、稱牟之著述為智者型（特重高視闊步）。照本人觀點，在行事上：唐常反以智者型手法以矯仁者型太仁柔之弊；牟則常反以仁者型手法以矯智者型太硬朗之失。即唐牟常作辯證轉化，而終表現為仁智兼備。此常為與唐牟交淺者所忽略。

　　本文介紹仁智兼備之唐牟論述也是仁者兼備之荀子（附孟子）讀者當留意孟荀理論之可互補處，同時亦不可忽略唐牟意見之可互補處。

　　我這篇論文，主要想通過研究荀子三個重要觀念：論「道」、論「心」及論「性」，以簡明方式比較唐牟兩位先生論荀子之同異意見及特

---

*本所教授。

點。

第一、先談唐牟如何研究荀子所論之「道」：

A、牟先生之觀點：

牟先生論荀子之「道」：首重言「人道」以治天，次言「人文化成之禮義之統」之治道，並特重一切天生之「有」，落於此統中而得其道。

（一）「有天道，有人道。荀子只言人道以治天，而天即無所謂道。即有道，亦只自然之道也。人以禮義法度而行其治，則能參。參者治人而遂以治天也。【1】

（二）「荀子之道即人之所以道，君子之所道。亦即君道。君道即能群之道，即治道。故此道即『人文化成之禮義之統』也。以此治人、治性、治天……此即『天生人成』義。」【2】

（三）荀子之道：「非天道，非地道，乃人之所以道，君子之所道」之「治道」。只此道為可貴，他道非所問。此道即「禮義之統」也。一切天生者皆落于此統中而「得其道」。得其道即得其「成全」也。成全萬事之道亦即萬事之所以為萬事之道。離卻此道，萬事自身無所謂道。天職，天功，天情，天官，天君，天養，天政，皆「天生之『有』」也。然天生之有，雖有其自身之特性，而不可以為道。道者成全此諸「有」者也。諸有落于此道中而成其為「諸有」。不落于此道中，雖天生其有，而終歸于「無有」。無有即毀滅。是以諸有自身，雖有特性，不可說道。而望「道」言，惟是一「材質」耳。材質不能自成，必待「禮憲之道」以成之。故除禮憲之為道外，無他道也。「道」成就一切「有」。成就一切有即成全有之生生矣。故有之生生不息亦因道之提挈而

【1】《名家與荀子》P. 214。

【2】《名家與荀子》P.211。

始然。是乃以人為之「禮義之統」而化成天，而治正天也。故曰人文化成。【3】（亦即「天生人成」）

牟先生此三項談「荀子之道」與他論「荀子整個學問」之二大綱領有關：

甲．「隆禮義而殺詩書」：主要提出荀子之「禮義之統」（如上述）；

乙．「天生人成」：主要提出荀子「以人治天」、「以心治性」。

荀子「以人治天」，究竟人是以甚麼來治怎樣的天？

荀子所言之天是形而下的自然的天。自「天生」言無可云善，自「人成」言，則善在禮義法度。孔孟言「天人合德」，荀子則只言「人參天地」。牟先生堅持孔孟正統儒家立場，評荀子之禮義法度非由天生（非由「性分」中出），只歸之於人為，缺點是「不見本源」。

牟先生說：「荀子之天非宗教的，非形而上的，亦非藝術的，乃「自然」的，亦即科學中「是其所是」之天也。孔孟言與天合德，其天乃形上的天，德化的天。荀子無可說與天合德。參義，則孔孟荀皆可言。孔孟之天是正面的，荀子之天是負面的。因是負面的故在被治之列，（荀子之參只是治，此與參贊不同，）亦如性之被治然。性惡之性亦是負面的。天生人成，自天生方面言，皆是被治的，皆是負面的。此無可云善也。自人成方面言，皆是能治的，正面的。此方可說是善。而其所以『善』則在禮義法度。」【4】（即禮義之統）

荀子「以心治性」，究竟是用甚麼來治甚麼樣的性？

牟先生認為：綜括荀子論性之大旨：其論人之性完全從自然之心理現象而言。從好利，疾惡，耳目之欲，方面言，則性是喜怒哀樂愛惡欲之心理現象，是即人欲之私也。從飢而欲飽，寒而欲煖，勞而欲休，方面言，則性是生物生理之本能。自人欲之私與生物生理之本能而言性，

【3】《名家與荀子》P.220。

【4】《名家與荀子》P.214。

是即等于自人之動物性而言性。此固不事而自然。然此自然是動物性之自然。荀子所見于人之性者，把人只視為赤裸裸之生物生理之自然生命。此動物性之自然生命。尅就其本身之所是而言之，亦無所謂惡，直自然而已矣。惟順之而無節，則惡亂生焉。是即荀子之所謂性惡。[5]

荀子「以人治天」、「以心治性」都要利用「禮義之統」（「道」）來進行，荀子之道充滿「客觀精神」。這裡所說的「客觀」是指內在仁義（道德理性）之客觀化於歷史、文化、國家、政治而為集團之形成且由此集團以實現。荀子重現實之組織，重「禮義之統」，重「分」重「義」，皆是其「客觀精神」之表現。

牟先生認為荀子「道」，是人之「主觀仁義」，通過「天生人成」以表現「客觀精神」。

B、唐先生之觀點：

唐生論荀子之「道」首重「人」是「最為天下貴」，要在「自然世界」之上，自開一正理平治之「人文世界」。他說：

（一）荀子之言道，則屬儒家之流，而不同於孟子只重在別人於禽獸，而兼重在言人所以別於自然之天地萬物者。故王制篇謂『水火有氣而無生，草木有生而無知，禽獸有知而無義；人有氣、有生、有知、且亦有義，故最為天下貴也』。則人之尊乃對一切自然之天地萬物而見。而人之所以尊貴，則不同孟子之自主觀心性說，而是自其有客觀之『義』說。荀子之義即禮義。禮義之道，即人文統類所以形成之道也。人文之統類成，而人在自然之世界之上，自開一人文之世界。……通貫古今，而自有其歷史者。……荀子言聖王……重在盡倫盡制（此即聖王之道），以成客觀人文之統類……重『心』之知通統類，行成統類，使世由偏險悖亂，而致正理平治，以成就人文世界，皆合於禮義，而後人

[5]《名家與荀子》P.223。

得最為天下貴。故荀子禮論更謂『禮者人道之極也。』此即荀子言道之特質所在也。」【6】

唐先生對荀子之「道」，又加補充：

（二）荀子所謂「道」，即在人文歷史之事物中，所發現之普遍法則或規律。此即可用以解釋荀子之何以重百王之統，何以重法後王之禮制之粲然者，又何以重聖王之師法；並見荀子之學之標準，純然在外。即與孟子之學，重心性所在，即道之所在者，全相對反矣。【7】

唐先生認為「荀子之道」，一方要求人「最為天下貴」，但另一方又並不要「征服自然」，而要「天人和諧」。唐先生說：

（三）「荀子重人之對天而盡人事，而人事之所成者，即非自然界之天地萬物所原有。然此亦不涵有：人之地位在天地之上之義，亦不涵有人對其外萬物，求加以控制，征服自然，而表現人之權力之義。荀子謂『天有其時，地有其財，人有其治，夫是之謂能參。』此要在言人事與天地之事相配，以成三。 其言『天地生君子，君子理天地』，即言人與天地之關係，為一對等交互的，以其事互相回應之關係。此皆明白不涵人之位在天地之上，控制萬物、征服自然之思想。荀子天論之旨，雖以天人『分』言，固亦不與其他儒道思想言天人之『和』者，必然相衝突者也。」【8】

第二、談唐牟如何研究荀子所論之「心」：

A、牟先生觀點：

（一）荀子所論之心是「以智識心」：荀子只認識人之動物性，而于

【6】《中國哲學原論（原道篇）》P. 437。

【7】《中國哲學原論（原道篇）》P. 443。

【8】《中國哲學原論（原道篇）》P. 440。

人與禽獸之區別之真性則不復識。此處虛脫，人性遂成漆黑一團。然荀子畢竟未順動物性而滾下去以成「虛無主義」。他于「動物性之自然」一層外，又見到有高一層者在。此層即心（天君）。故荀子于動物性處翻上來而「以心治性」。惟其所謂「心」非孟子「由心見性」之心。孟子之心乃「道德的天心」，而荀子于心則只認識其「思辨」之用，故其心是「認識的心」，非道德的心也；是智的，非仁義禮智合一之心也。可總之曰以智識心，不以仁識心也。此智心以清明的思辨認識為主。荀子解蔽篇即在解人之蔽以恢復其清明之智心。清明以「虛一而靜」定。

（二）牟先生提出：「智心」有兩層：一是邏輯思辨的，一是智的直覺的。前者為知性層，後者為超知性層。雖有兩層，統名為智心，亦可統名為認識心。西方哲人所把握者，大體以知性層為主。荀子雖言虛一而靜，然亦只落于知性層。惟道家虛一而靜之道心，則屬于超知性層。順此而言，即佛家之般若智亦屬于超知性層之認識心。在西方，惟康德能善言「道德的心」。在中國，則由孟子以至宋明儒者皆精言之，以「以仁識心」為主流。荀子心靈與路數根本為「名數」的「邏輯」的，其所缺者是「遵守邏輯之法則」，《正名篇》只是一個開端。戰國時代之詭辯家，名數之心靈不及荀子之偉大。

（三）「以仁識心」，表現道德主體，使人成為道德的存在。「以智識心」，表現思想主體（或知性主體），使人成為理智的存在。而中國文化中之荀子正是與西方文化之主流同其路向。

（四）荀子以智心之明辨（即不暗之天君）治性，實非以智心本身治性，乃通過禮義而治性也。明辨之心能明「禮義」，能為禮義，而禮義卻不在人性中有根，是則禮義純是外在的，而由人之「積習」以成，由人之天君（智心）以辨。由天君以辨，是外在的發明義；由積習以成，是經驗義。

（五）與孔孟傳統比較：荀子之「禮義之統」雖是道德的，而其外在之底子卻是自然主義的。此亦即經驗論與實在論的也。此與順孔孟傳統

而言「禮義三百，威儀三千，莫非性情中出，」迥乎異矣。【9】

牟先生分辨指出孟子是：「以仁識心」，荀子是「以智識心」，並指出荀子與西方文化主流是同一路向，分析得很清晰高明。

B、唐先生之觀點：

（一）唐先生認為荀子雖以論性惡馳名，但他的核心思想卻在言「心」非在言「性」：

唐先生認為：由孟子之言性善，吾人即可由之以引申出孟子尚存養重擴充之修養理論，以仁心行仁政之政治思想。而直接由荀子之言「性惡」之理論，則只證明荀子之視性為待變化者。然其所以當變化之理由何在，及變化之力之自何來，與荀子整個「政治文化」之思想，全不能由其性惡觀念以引出。謂荀子之思想中心在性惡，最為悖理。荀子之思想之核心，正全在其言心。【10】

（二）唐先生不但認可荀子「以智識心」，且開創式提出荀子「以意（意志）識心」：

唐先生謂：荀子論心，主要見於其《解蔽篇》，其要點有二：一以心有思慮，辨別是非，即有「知」之能力，故能知「道」；另以心有自己主宰的「意志力」，故能守「道」。

荀子謂：心能「自禁、自止」，「出令而無所受令」，故可「自作主宰」，有自我「向上」、「欲善」之性，以知「統類之道」，而實行此道，以制性化性、以成善行。由是荀子之心，第一步為「理智心」，而次一步則為「意志行為」之心。此意志行為之心，乃能上體道而使之下貫於性，以矯性化性。

上文牟先生謂荀學要旨在「天生人成」。「人成」主要靠「心」，

【9】《名家與荀子》P. 224-P. 226。

【10】《中國哲學原論（導論篇，原心下）》P. 111。

故唐、牟二人，均重荀子言「心」。但鄭重指出荀子兼重「意志行為心」，則屬唐先生之特殊見解。

唐、牟二先生論荀子之心性，也有相同之意見：

荀子講禮法之路與孟子不同。孟子從「道德的心」講。而荀子則從「明辨的心」講，明辨心即「認識的心」，孟子是心性合一的，荀子則重心而輕性。荀子講禮法不在人性上立根。其禮法遂成外在的，其理性系統之根乃自然主義之底子，重權威，故後來可轉出法家（荀學即差在此一點），故「性善」絕不能不肯定。因此乃價值之源。是理性理想之形而上的先天根據。故荀子言禮義之統所依據之基本精神與心思之形態，乃與孟子所代表之正宗儒家殊不相應也。

第三、談荀子論「人性惡」問題，唐牟二位觀點，只有一半相同：

A、牟先生之觀點：

牟先生認為：（上文已略有提及）荀子把人視為「動物性」之自然生命，本無所謂惡，是自然而已。惟順之而無節，則惡亂生。是即荀子所謂性惡。

B、唐先生之觀點：

（一）唐先生也認為：由天所就之自然性，初無惡之義，如耳聰目明自身，即不可說為惡者。再進一步言，今若只視荀子為自客觀經驗中見種種人性惡之事實，乃歸納出此惡之結論，或先有見於天性之惡，然後提倡人偽以化性，這都是不明白荀子言性惡之旨。

（二）唐先生以為荀子所以言性惡，乃實唯由與人之「偽」相對較，或與人之慮積能習，勉於禮義之事相對較，而後反照出的。故離此性偽二者所結成之對較反照關係，而單言性，亦即無性惡可言。

（三）荀子之性惡論，不能離其道德文化上之「理想主義」而了解。

鄭炯堅　唐、牟二先生論荀子　119

在此人已有此一道德文化理想之情形下，對此理想之實現，必待於人對於其現實生命之狀態，能有所轉化之義，荀子之所認識者，實較孟子為深切。既欲轉化之，即不以之為善，而當以之為惡；性惡之論，亦即在此義上，為不能不建立。【11】

　　唐先生以荀子要由「轉化現實」之理想來建立性惡，頗為創新。

　　唐、牟二人，對荀子反孟子而主「性惡」都表示不贊同。

A、牟先生之觀點：

　　（一）聖人之偽「禮義法度」不繫于其「德性」，而繫于其才能。「性分」中無此事，而只繫于才能，則偽禮義之聖人可遇而不可求，禮義之偽亦可遇而不可求，如是則禮義無保證，即失其「必然性」與「普遍性」。禮義雖可學，然若眾人之性分中無此事，則雖可而不必能。能不能才也。若根本無此能，則眾人即根本無「與于禮義」之分也。此則不能真正「尊人道」。反之如禮義有其「必然性」與「普遍性」，而後人極立，而人道尊。人之成其為人是性分中之不容已。【12】

　　（二）牟先生又說：（荀子）由「動物性」之「自然」言人性，則人與動物無別……孟子由「四端之心」以見仁義禮智之性，正是由此點出人性與禽獸區別。故此「性善」不宜取消也。

B、唐先生之觀點：

　　唐先生亦批評荀子：分心與性情為二，貴心而賤性情，未能認識孟子之「性情心」，遂不能直由「心之善」處，以指証「性善」，為荀子大缺點所在。【13】

【11】《中國哲學原論（原性篇）》P. 52。

【12】《名家與荀子》P. 227。

【13】《中國哲學原論（導論篇，原心下）》P. 113。

要之，唐牟二人均站在正宗儒家立場以評荀學。並均認為荀學之價值是秉承孔子之傳統，表現「客觀精神」，及透顯「知性主體」可開出知識之學。

參考書：

A、牟宗三著：

（一）歷史哲學：台灣學生書局，1998 年（第九版）。

（二）名家與荀子：台灣學生書局，1979 年（初版）。

（三）人文講習錄：（牟宗三主講，蔡仁厚輯錄）：廣西師範大學（桂林），2005 年（初版）。

B、唐君毅著：

（一）中國哲學原論（原道篇一）：台灣學生書局，1992 年（第二版）。

（二）中國哲學原論（原性篇）：香港新亞研究所，1968 年（初版）。

（三）中國哲學原論（導論篇……）：香港人生出版社，1966 年（初版）。

讀唐君毅《大學》改本

黃漢光*

提 要

朱子章句《大學》和《中庸》主要是只發揮老師程頤和自己的觀點，並非集採眾說以為注。他之所以以這種方式解釋《大學》和《中庸》，是因為他作注時，改動了部分經文的順序。他這個廢棄諸家，獨採己說的注解方式，是因為他對原本《大學》內文的章句的排列順序，有獨特的看法使然的，也就是說，經文不同的排列，影響到經文的解釋；所以朱子對《大學》的章句，是建立在經文的特殊排列順序上的。

隨著《四書章句集注》受到重視，朱子對《大學》文本的改動以及注釋也普遍被學人所接受；但是朱子之後，仍有不少學者，不同意朱子的看法，也提出過不同的意見，他們大都不能接受朱子對《大學》文本的改動，也有學者如王陽明者，認為未經改動的《大學》古本，文意和思想內容，本來就完整，不須更動。唐君毅老師對《大學》多所用心，在其為數六冊的《中國哲學原論》中，在不同的冊次和章節中，都曾多次討論；對《大學》文本的改動，也有其特別高明的處理方式。本文主要推介唐師對《大學》的研究成果，並加以簡單的評述。

一 前言

《大學》本來是《禮記》中的一篇，並沒有受到特別重視，可是自從朱子把它與《中庸》由《禮記》抽出，與《論語》和《孟子》合成《四

---

*國立東華大學社會發展學系教授。

書》，且列為《四書》之首。朱子並分別作《大學》和《中庸》章句，作《論語》和《孟子》集注，《大學》才獨立成書。以朱子的地位，對《四書》又特別推崇，《大學》也就日益受到關注。元、明以後，《四書》地位更勝《五經》，《大學》便躍然成為儒家的基礎典籍，成為學者入德之門。

朱子對《論語》和《孟子》作集注，《大學》和《中庸》作章句。朱子注釋《論語》和《孟子》時，是集採前人眾家的解釋的集匯；而章句《大學》和《中庸》則主要是只發揮老師程頤和自己的觀點，並非集採眾說以為注。他之所以以這種方式解釋《大學》和《中庸》，是因為他作注時，改動了部分經文的順序。他這個廢棄諸家，獨採己說的注解方式，是因為他對原本《大學》內文的章句的排列順序，有獨特的看法使然的，也就是說，經文不同的排列，影響到經文的解釋；所以朱子對《大學》的章句，是建立在經文的特殊排列順序上的。

隨著《四書章句集注》受到重視，朱子對《大學》文本的改動以及注釋也普遍被學人所接受；但是朱子之後，仍有不少學者，不同意朱子的看法，也提出過不同的意見。他們大都不能接受朱子對《大學》文本的改動，也有學者如王陽明者，認為未經改動的《大學》古本，文意和思想內容，本來就完整，不須更動[1]。唐君毅老師對《大學》多所用心，在其為數六冊的《中國哲學原論》中，在不同的冊次和章節中，都曾多次討論；對《大學》文本的改動，也有其特別高明的處理方式。本文主要推介唐師對《大學》的研究成果，並加以簡單的評述。

---

[1] 可參考唐君毅《中國哲學原論・導論篇》第九章〈原致知格物上〉，頁 315~317。臺灣學生書局，1985。

　岑溢成《大學義理疏解》也有深入的分析，頁 115~146。鵝湖月刊雜誌社，1983。

二 古本《大學》的結構性及朱子補傳的問題

　　古本《大學》從首章「大學之道，在明明德，在親民，在止於至善」，及「所謂誠其意者：毋自欺也」以後，從結構上看，結構是很嚴格的；相對而言，前面的部分，就顯出有點雜亂。特別是經過朱子的改動，把篇首之「在親民」改為「在新民」；移「康誥曰：克明德」至「與國人交止於信」三章於「其厚者薄，其薄者厚，未之有也」一段之後；又移原屬於誠意章之「詩云瞻彼淇澳」至「沒世不忘」一段，及「子曰：聽訟，吾猶人也」至「此謂知本」一段，併置於「與國人交止於信」之後，而在「此謂知本」之前。經此一改動，兩個「此謂知本」連接在一起，更顯出《大學》可能有闕漏的問題，所以朱子就依據程頤的意見【2】，認為其中一個「此謂知本」為衍文而將後一個「此謂知本」刪去。但一經刪去一個「此謂知本」後，接下去的「此謂知之至也」一句，又上無所承，出現這種情形，朱子遂推斷謂：「右傳之五章，蓋釋格物、致知之義，而今亡矣」【3】。依朱子之意，傳之第五章，應該是解釋格物、致知之義的，但因為脫落散佚了，為了彰顯《大學》的原義，所以他根據程伊川的意見，作了一個補傳，內容是：

　　　閒嘗竊取程子之意以補之曰：所謂致知在格物者，言欲致吾之知，在即物而窮其理也。蓋人心之靈莫不有知，而天下之物莫不有理，惟於理有未窮，故其知有不盡也。是以大學始教，必使學者即凡天下之物，莫不因其已知之理而益窮之，以求至乎其極。至於用力之久，而一旦豁然貫通焉，則眾物之表裏精粗無不到，而吾心之全體大用無不明矣。此謂物格，此謂知之至也。【4】

【2】朱熹《四書集註》。

【3】同上。

【4】同上。

經過文本的改動，加上這個補傳，《大學》明顯的出現三綱八目，條理井然，從形式上看，結構顯得完整齊一；也更能使「古者大學教人之法、聖經賢傳之指，粲然復明於世」【5】。唐師認為朱子所編章句，移動古本之次序者三，改字一，刪字四，新作補傳，共計三十四字。於原文的改動，不可謂不大【6】。問題首先是，這個改動是否有必要？意思是說，《大學》的文句，是否真的出現明顯的闕佚，非加改動修補，沒有辦法完整的顯示表達的意義；其次是：經過改動增補之後，是否有可能改變了《大學》本來要表達的重要思想？

王陽明即認為不須改動，古本《大學》文本，原自可通；不過，陽明則以致良知來解釋致知。如此一來，《大學》全文，即可得到通暢的解釋。只是《大學》原文，又從未出現過良知一辭，所以，陽明的方式，表面上看，沒有如同朱子的改動文本，與朱子增加補傳的方式，其實也很相似。陽明以致良知來解釋致知，效果與朱子相像，則同樣會有是否有可能改變了《大學》本來要表達的重要思想的疑慮。

三　朱子章句更動文本的是與不是

唐先生即認為「朱子補傳之不當，及其所訂章句，有是與有不是，則陽明欲全復《大學》古本，亦無當于理」，所以興起重訂《大學》章句的作為。下面介紹他重訂《大學》章句的具體作法前，先看看他認為朱、王的作為的不當之處。首先是朱子改動《大學》文本與增作致知補傳。

【5】同上，《四書集註序》。

【6】唐君毅《中國哲學原論‧導論篇》第九章〈原致知格物上〉，頁305。以下內文因為引用此文之處太多，凡加上括號而未另再作注的地方，都表示是由該文徵引，不再一一加注。

朱子改動《大學》文本，唐先生認為「有是與有不是」。正確的地方，是「其重訂之章句，除將「康告曰克明德」至「與國人交止於信」三章，移置於前，確乎有據，吾亦印持」，印持的原因是在《大學》文本「確乎有據」，證據在「原《大學》一書，有綱有目，明為一條理之作。理當順其文義次第，及章句先後所宜，為之編訂。而靫就朱子《章句》之移動『康誥曰』以下，至『與國人交止于信』三章，其功實大。蓋此三章，明為分別釋明明德、新民、及止於至善之義者，實當移置於前文也。即其改親民為新民，亦非無理。因《大學》本文，原有釋新民者，而無釋親民者也。」。

至於不是之處，首先是「其重訂章句之後，使兩個『此謂知本』相連。一個『此謂知本』接上文，再刪去一個『此謂知本』，乃見『此謂知之至也』一語，上無所承」，這個改動，刪去一個『此謂知本』，校勘的意義上說，改動是非常重大的。因為若非在文本中有充足確實的證據，增刪文本的內容，是最大的忌諱。朱子這樣的改動，在《大學》文本是找不到充足確實的證據支持的。就因為這樣對文本的更動，使「此謂知之至也」一語，上無所承。

其次是「將誠意章之『詩云瞻彼淇澳』至『沒世不忘也』，及『子曰聽訟吾猶人也』至『此謂知本』二章，移置於前，則並無堅強之理由」。「移置此二章，致使兩個『此謂知本』相連」，而必須增加補傳，《大學》文義始能貫通，也製造出更多的爭議。唐先生所謂移置此二章並無堅強之理由，是因為

「按此詩云『瞻彼淇澳』一段，所以原屬於誠意章者，蓋誠意章前文所講者，原是由『無自欺』、『慎獨』之工夫，以『誠於中』而『形於外』，而使『德潤身，心廣體胖』。此段中之道學，自修，正為慎獨與修德之事，而恂慄威儀，亦正為德潤及於身，『心廣』而彰於體貌之徵。鄭注謂恂慄之恂字，或作峻，讀如嚴峻之峻，言其容貌嚴栗。朱注雖釋恂慄為戰慄，亦謂恂慄威儀，

言其德容表裡之盛，則與鄭注，亦大體不殊。至於言『盛德至善，民之不能忘也』，『君子賢其賢而親其親，小人樂其樂而利其利，此以沒世不忘也。』則正謂君子誠意之功，至於充內形外，則其所知、所止之至善，亦充內形外，而足感人化民，使民不能忘，而君子之風，乃化及小人。此正與前文相發明。至於『聽訟吾猶人也，必也使無訟乎？無情者不得盡其辭，大畏民志』一段，鄭注謂『聖人之聽訟，必使民無實者，不敢盡其辭，大畏其心志，使誠其意不敢訟。』朱注謂『聖人使無實之人，不敢盡其虛誕之辭……有以畏服民之心志，故訟不待聽而無訟也。』此中朱注又實與鄭注，大旨無別。今依古本將此段仍屬誠意章，即謂人能誠意至於盛德，至善，而化民，則人之無實而興訟者，亦不敢盡其欺罔虛誕之辭，而不敢不誠。故《朱子語類卷十六》亦謂『大畏民志者，大有以畏服斯民自欺之志』，是與鄭注全無別矣。故此聽訟一段，亦與前文之『小人閒居為不善，見君子而後厭然，揜其不善而著其善』，同為誠意之極，至盛德至善，而民莫能忘之效驗；有如《孟子》之言君子之『所過者化』，《中庸》之言『至誠而能化』，實文從而字順者也。而朱子之注，原與鄭注大體相同，唯以其必欲將其中一段，移置於釋『止於至善』之第三章，再分出一段，成為釋本末之第五章；乃凡於鄭注視為誠意之效驗之處，皆改視為『明明德而止於至善』者之效驗。此中唯就義理而觀，如朱子之謂『恂慄威儀，民莫能忘』，及『使無情者不能盡其辭』，為『明明德而止於至善』之效驗，固未嘗不可。然謂為誠意之極之效驗，又何嘗不可？而此二段文，古本既原在誠意章中，順上文之解釋，又本無不可通之處。」

「將誠意章之『詩云瞻彼淇澳』至『沒世不忘也』，及『子曰聽訟吾猶人也』至『此謂知本』二章，移置於前」。使本來在誠意章的段落，移至

傳之三章，以釋止於至善。唐先生認為此兩段文移動與否，對《大學》內容的貫通不相干，完全沒有改動的充足理由。

至於因更動文本，導致文本看起來有佚文，要必須作補傳，使《大學》貫通可解，唐先生則認為「朱子作補傳之內容，與《大學》本文「有不相貼切之處」而「補傳實不必作」。其理由是：

> 朱子補傳，……其所欲講明者，乃在「致知在格物」及「物格而後知至」二語。《大學》言「致知在格物」，未嘗言欲致其知者先格其物。……《大學》本文言「欲明明德於天下者，先治其國；欲治其國者，先齊其家；欲齊其家者，先修其身；欲修其身者，先正其心；欲正其心者，先誠其意；欲誠其意者，先致其知。」此中明有先後之序，而《大學》本文，亦重在處處說明，何以必先有此而後有彼之義。故以「所謂平天下在治其國者」，「所謂治國在齊其家者」，「所謂齊其家在修其身者」，「所謂修身在正其心者」，各為一章之始。唯於誠意章，未明言所謂正心在誠其意者。然誠意章前言誠意，繼言心廣體胖，即下接正心，義亦無缺。果如朱子之意，謂《大學》有闕文，而為之補傳，則朱子首當補釋「所謂誠意在致其知者」，以明《大學》所謂「欲誠其意者先致其知」之義。而不當只補釋「致知在格物」之義。因格物致知為一事，則釋得「欲誠其意者，先致其知」，不另釋「致知在格物」，實未嘗不可。然釋「致知在格物」，而不釋「欲誠其意者先致其知」，則萬萬不可。因此事，乃與其餘者同在一線索中之思想也。朱子乃不此之圖，唯以補傳釋「致知在格物」及「物格而後知至」二語，而未釋「欲誠其意者，先致其知」及「知至而後意誠」二語，是輕重倒置也。（《朱子語類》中，多有言知至而後意誠者，然皆未包括於補傳中）又尅就其補傳之內容而論，則朱子言知，首謂「人心之靈，莫不有知」，其言物也，則曰「天下之物，莫不有理」；遂謂惟於「理有未窮」，故其「知

有不盡」。至窮理致知之效，則朱子言其在「豁然貫通」，以使「眾物之表裡精粗無不到，吾心之全體大用無不明」。此可說為正心之始，而非誠意之始。朱子之釋格物，又初不直以物為所對，而以物所自有之理為所對，則朱子之言格物致知，即為一方冒過與誠意之關連，而一方又冒過物，而直達於物之「理」者。朱子又未嘗於其補傳言，人必知理而後意誠，亦未嘗言惟其理有未知，故其意有不誠。則朱子補傳，實未嘗補其所當補，而其所補，亦未嘗貼切於原文也。……然要之，亦足見朱子補傳中之義，非必《大學》原文所有之義，而有其不能使人無疑者在也。

唐先生認為：朱子之意，謂《大學》有闕文，而為之補傳，則朱子首當補釋「所謂誠意在致其知者」，以明《大學》所謂「欲誠其意者先致其知」之義。而不當只補釋「致知在格物」之義。因格物致知為一事，則釋得「欲誠其意者，先致其知」，不另釋「致知在格物」，實未嘗不可。然釋「致知在格物」，而不釋「欲誠其意者先致其知」，則萬萬不可。所以，朱子的補傳「實未嘗補其所當補，而其所補，亦未嘗貼切於原文也。」

四　陽明以致良知，增字解經的得失

唐先生首先即認為陽明以致良知說《大學》之致知較朱子更易解釋「知止而後意誠」及「欲誠其意者，必先致其知」二語。而且與《大學》所言之致知，與誠意、格物之關係之文句，大體上相契合。

「王陽明之說《大學》之致知為致良知，其說與朱子相較，實更易解釋『知止而後意誠』及『欲誠其意者，必先致其知』二語。蓋依陽明之言良知，原為知善知惡，而好善惡惡者。好善而如好好色，惡惡而如惡惡臭，是即誠意之實功。故人能真致其良知者，即必能誠其意；而人不能知善知惡，即不能好善而惡惡，亦不能

好善如好好色，惡惡如惡惡臭。故欲誠其意者必先致知，而致知之教，即貫徹於誠意。此實較朱子之惟論致知之待於格物窮理，而未及於致知與誠意之關係者，更能應合於《大學》之文句所涵之義。」而且「陽明之以《大學》之致知為致良知，雖與《大學》所言之致知，與誠意、格物之關係之文句，未嘗不可在大體上相契合⋯⋯」。

但問題的關鍵，首先是尌就《大學》之本文而言，《大學》未曾使用過良知二字，而先秦諸子之中，唯獨孟子提出過良知良能的觀念。所以，他懷疑「陽明又何得逕謂《大學》之知，即必為孟子之良知或其所謂良知乎？」

其次是前面說：「陽明之言，可與《大學》上之文句在大體上相契合」，其實即表示陽明之言並非能全相契合之義。《大學》入德的八條目的先後順序是很清楚的，不應混漫。唯若依陽明致良知之說，雖可說致良知之真至處，即意誠處。若單就誠意與致知，格物與致知及其他八目先後的關係而言，實可無必然的先後順序可言。此即有違《大學》本文之八目順序之意。

今循《大學》言知至而後意誠之意，雖可說為知真至處，即意誠處，尌就二者之相關處言，亦無先後，而格物致知，亦原可無先後。然《大學》立言次序，要是先格物、次致知、次誠意、次正心。《大學》言物格而後知至，知至而後意誠，而未嘗言意誠而後知至，知至而後物格。如依陽明之說，循上所論以觀，實以『知善知惡，好善惡惡』之知，至於真切處，即意誠，意誠然後方得為知之至。又必意誠而知至處，意念所在之事，得其正，而後可言物格。是乃意誠而後知至，知至而後物格，非《大學》本文之序矣。

況且陽明致知之教，與《大學》之先後之序有必然不能相順適之處，令唐先生不能無疑。因為順陽明致良知之教，「其言乃歸於以格

物、致知、誠意、正心、以及修、齊、治、平之事，實為一事而異名」，而《大學》文本上八條目是很明顯的，而成德的八目順序，也條理井然，這和朱子改動文本全然無關。因此，若捨棄八目，認為實為一事，則「無分先後之說，果《大學》之本義乎？即謂此先後，非時間上之先後，豈無義理次序上之先後乎？若義理次序上，皆無先後，任舉其一，皆足概餘，則陽明又何不以正心為教，以誠意為教，而必以致知為教乎？如致知一義居先，則何以解於《大學》之以致知與格物、誠意、正心之並重，及格物之宛然為八目之首，又何以解『致知在格物』之一言？則謂《大學》之致知，直接與陽明之致良知之份量相稱，人誠不能無疑矣。」

五 唐先生重訂《大學》章句及其緣由

經上文的說明，可見朱子補傳之不當，及其所訂章句，有是與有不是，則陽明欲全復《大學》古本，亦無當于理。

朱子《章句》之移動「康誥曰」以下，至「與國人交止于信」三章，分別解釋明明德、新民、及止於至善之義，以及改親民為新民，都很恰當，唐先生都加以認同。可見古本《大學》有錯亂；既有錯亂，則其錯亂之處，亦可能不限於朱子之所發見或朱子所發見也可能有不當之處。唐先生即指出，歷來不同意朱子改本的，主要有兩個地方，其一是：「詩云瞻彼淇澳」，至「此以沒世不忘也」一段，朱子割裂古本原在誠意章下的文句，提至「與國人交止於信」之後，以釋止於至善。其次是：「知止」以下，至「則近道矣」以上，四十二字，朱子未加改動，但可能也有錯亂。

唐先生自言，自始即對這兩處有所懷疑，「繼見諸家之說，遂證此中確有疑點，唯諸家所重編定之次序，又不能全愜於心。因不揣冒昧，以古本為據，重編《大學》」。經重編之後，《大學》編排的順序如下：

黃漢光 　讀唐君毅《大學》改本　　131

　　大學之道，在明明德，在新（依朱子改親作新）民，在止於至
　　善。古之欲明明德於天下者，先治其國；欲治其國者，先齊其
　　家；欲齊其家者，先修其身；欲修其身者，先正其心；欲正其心
　　者，先誠其意；欲誠其意者，先致其知；致知在格物。物格而後
　　知至，知至而後意誠，意誠而後心正，心正而後身修，身修而後
　　家齊，家齊而後國治，國治而後天下平。

此上為《大學》之三綱領及八條目之次第，如朱子說為《大學》之
經文亦可。

　　康誥曰：克明德。太甲曰：顧諟是天之明命。帝典曰：克明峻
　　德，皆自明也。

上釋自明其明德。

　　湯之盤銘曰：苟日新，日日新，又日新。康誥曰：作新民。詩
　　曰：周雖舊邦，其命維新。是故君子無所不用其極。

上釋新民 —— 即由自明其明德而明明德於天下也。

　　詩云：邦畿千里，惟民所止。詩云：緡蠻黃鳥，止於丘隅。子
　　曰：於止知其所止，可以人而不如鳥乎？詩云：穆穆文王，於緝
　　熙敬止。為人君，止於仁；為人臣，止於敬；為人子，止於孝；
　　為人父，止於慈；與國人交，止於信。

上釋止於至善，即謂明明德新民之事，在止於至善也。

　　知止而後有定，定而後能靜，靜而後能安，安而後能慮，慮而後
　　能得。物有本末，事有終始，知所先後，則近道矣。自天子以至
　　於庶人，壹是皆以修身為本。其本亂而末治者否矣。其所厚者
　　薄，而其所薄者厚，未之有也。此謂知本，此謂知之至也。

上釋致知格物。

　　所謂誠其意者，毋自欺也。如惡惡臭，如好好色，此之謂自謙，
　　故君子必慎其獨也。小人閒居為不善，無所不至，見君子而後厭
　　然，揜其不善而著其善；人之視己，如見其肺肝然，則何益矣。

11

頁　39 － 139

此謂誠於中，形於外，故君子必慎其獨也。曾子曰：十目所視，十手所指，其嚴乎？富潤屋，德潤身，心廣體胖。故君子必誠其意。詩云：瞻彼淇澳，菉竹猗猗，有斐君子，如切如磋，如琢如磨；瑟兮僩兮，赫兮喧兮，有斐君子，終不可諠兮。如切如磋者，道學也；如琢如磨者，自修也；瑟兮僩兮者，恂栗也；赫兮喧兮者，威儀也；有斐君子，終不可諠兮者，道盛德至善，民之不能忘也。詩云：於戲，前王不忘，君子賢其賢而親其親，小人樂其樂而利其利，此以沒世不忘也。子曰：聽訟，吾猶人也，必也使無訟乎。無情者不得盡其辭，大畏民志，此謂知本。

上釋誠意，以下全據古本。

從上文的說明，除了解釋致知格物，即「知止……此謂知之至也」一段，原本只是基於自己的懷疑，及後再見到「諸家之說」，增強了他疑古本《大學》有錯亂之處，沒有說明更動的理由外，唐先生對《大學》文本的改動，都有詳細的解釋。而「知止……此謂知之至也」一段的改動，又是他的改本與其他改本差異最重大之處，因而他必須特別與以說明，關鍵之處在「致知」的解釋。

他認為「所重編章句，其目標在顯出致知之『知』，乃包涵『知止』之『知』，『知所先後』之『知』，及『知本』、『知至』之『知』，此皆同為一『知』。」所以「致知」應包涵「知止」、「知本」、「知至」三者。

「所謂知止，即止於至善（下文即將「知止至善」視為一名看），如『為人君，止於仁；為人臣，止於敬；為人子，止於孝；為人父，止於慈；與國人交，止於信』──之類。此中『知止』之『知』與『止』，乃從主觀方面說；君臣、父子、國人，則為客觀所對之對象或物。至善，即主觀之當知、當止之『對客觀對象之物之當然之道也』。主觀對一一之對象，皆止於一一之當然之正道而不移，則定、靜、安、慮之功，於是乎見。由是而《大學》之致知之要點，即在於能知此『止』，

黃漢光 讀唐君毅《大學》改本 133

以知止至善。」所以，知止意即吾人應接客觀外物之時，皆能把握到最正確之接物之道，並持續以此最正確之接物之道接物而不改變。

至於知本，則是「就吾人所對之客觀之物之不同，而知其本末，因而於吾人之應物之事，亦當就其連貫，而知其終始，乃先其本始者，後其末終者。」所以知本，是知不同物彼此間的本末順序，面對不同物彼此間的本末順序，應物的行動即為事，吾人面對不同物時，能知物彼此間的本末順序，而應之以不同的先後順序，以本始為先，終末為後，就是『知本』。能知止與知本，即能達於『知之至』，也就是『知之致』【7】。

格物之格，唐先生認為「則格物者，即吾人於物之至，而來接來感者，皆加以度量，而依類以有其當然的所以應之感之之行事而不過之謂。」《大學》所謂「物之本末者，如天下之本在國，國之本在家，家之本在身，……上文所謂父子屬於家，君臣、國人屬於國。本末之物，皆物也。事之終始者，如《大學》所謂治國為平天下之始，即平天下為治國之終；齊家為治國之始，即治國為齊家之終；修身為齊家之始，即齊家為修身之終；正心為修身之始，即修身為正心之終；誠意為正心之始，即正心為誠意之終等等是也。吾人能確知此中物之本末，究之終始，並知所先後，由本而末，由始而終，由近而遠，由小而大，以自明其明德，而明明德於天下；並知無本始，無以成末終，知末終即所以備本始，此即「知本」而「知之至」，亦即知之致也。然此知之致，唯由於吾人之先有接於天下、國、國中之君、臣、國人、家、家中之父子等物，明其分別與本末之序，而後方知吾人所以應之之「修、齊、治、平，以及事父、事君、與國人交」之正道（即當止之至善之至道），故曰致知在格物。」反過來說：「物來接來感者，有其本末之序，吾人應感之行事，乃依其先後，各有當然之正道，為吾人所知。故曰：物格

【7】蔡仁厚《宋明理學》南宋篇，頁178，臺灣學生書局，1989。

而後知至也。」

唐先生進一步認為：如依他編訂之《大學》章句，及接受他的解釋的觀點看，「即見《大學》之言致知格物，實與其整個思想系統，及前後文之文理，絲絲入扣，而無待乎增損。《大學》中之知之一字，只須兼包涵「知止至善」及「知本」、「知之至」之義而說，亦無待於以良知釋之，而可自通。」

五　朱子、陽明二家之說與《大學》不相應之處

所以，朱、王二家之說皆非。他們共同錯誤之原，在於對《大學》本文中之事物二字皆未能得其正解。

> 朱子於「物有本末，事有終始，知所先後」三語，乃不連於修身為本以說，亦不視為解釋格物致知之文；而以為是解釋三綱領之語。故其言曰：「明德為本，新民為末；知止為始，能得為終。本始所先，末終所後」。此亦惟因朱子謂物即是事，方有此說。如依吾人上文之說，則德與民，可說是物；明德、新民，乃事而非物。《大學》物有本末，事有終始，乃相對成文，以言物與事之本末終始之相關。而朱子乃分物之本末為二，以說「明明德」與「新民」，以「事之終始」為專說「知止」以下事，則二語失相對成文之義矣。然朱子既視物為事，又將「物有本末，事有終始，知所先後」，視為三綱領者，則《大學》之格物致知，則與此二語不相干。而此四字，乃益見其為虛懸無釋，遂更不能不有補傳之作矣。……是見《大學》之物，應即指在內在外之種種具體之物。此具體之物之間有本末關係，而吾人對之有所事事時，即當先事於本，後事於末。此即物有本末，事有終始之所以相對成文也。而事之當先者，其所對之物，既為事之當後者，所對之物之本，則事之當先者，亦可說為事之當後者之本。

至於陽明，唐先生亦認為：

> 承朱子而亦以物為事，並以事為意之所在，故陽明講格物，亦不對物講，而以正意念之不正，使歸於正，而使事得其正，即為格物。故陽明謂意在事親，則事親即是物，而親乃非物。如此釋《大學》，亦將使《大學》之物之一字落空。……然循吾人上來之說，則事與物固有別，而於物之本末，事之終始，能知所先後，實為《大學》之一要義所存。故篇首「古之欲明明德於天下者」一段，全以論八目之先後為宗旨。而世人之欲明明德者，其患亦恆在於不知先後，而欲一步躍過，其志其情，遂虛枵龐大而無實。《大學》於此，乃於所以明明德於天下之事，由小而大，由本而末，由始而終，層層加以劃開，而工夫則步步加以收進，以底於當前所可遵循實踐，而下手落足之處。此即於物之來接來感者，先知吾所以應之感之，之至善之正道，而止於是，即以此自誠其意，而正其心，修其身，以立本；再達於齊家、治國、平天下以成末。故必先自明其明德，乃有新民之功，以明明德於天下，使人皆止於至善。斯乃《大學》本文之要義所存。

六　結語

　　經過上面的介紹與及唐先生的說明，我們確實看到他的《大學》改本在學術上很有價值，首先是：改動最少亦是最能透顯大學本義的重編本。我們從而認同他所編訂之《大學》章句，「言致知格物，實與其整個思想系統，及前後文之文理，絲絲入扣，而無待乎增損。《大學》中之知之一字，只須兼包涵「知止至善」及「知本」、「知之至」之義而說，亦無待於以良知釋之，而可自通」的自我評價。蔡仁厚亦認為：「在不增刪《大學》原文的原則下，以期《大學》之綱目系統秩然有序，而又義理完足，則唐編章句蓋是唯一可以滿足這一條件

者。」[8]我們從唐先生對朱子、陽明的評論看，其實唐改本的優點，不單只在不增刪《大學》原文的原則下，是唯一可取的改本；就連增刪《大學》原文之情況下，也是最能彰顯《大學》綱目系統秩然有序，而又義理完足的改本。

其次是唐編本《大學》的改動，也不是純出於一己之私見，而是前有所承，並加上個人的創見的成果。前有所承上，前文看到唐先生對朱子改本批評之處甚多，也很不客氣，而都集中在對《大學》義理的解釋上；其實，從章句上看，唐改本承襲朱子兩個很重要的地方。首先是接受朱子改古本「親民」為「新民」；其次是對於古本先後可能錯置秩序的疑問，唐編也接受了朱子將「康誥曰」以下，至「止於信」，移於「國平而後天下治」之後，視為《大學》三綱領之文，唐先生並認為朱子之改動，義意重大，而加以推崇。唐改本獨創的部分是把古本「自天子以至於庶人」至「此謂知本，此謂知之至也」連接於「則近道矣」之後而合為一章，以釋致知格物。這樣的改動，雖然的確是唐先生的獨創，但亦非完全前無所承，而是多少受到王艮、董槐、葉夢鼎、王柏、吳澄等的啟發的。這是章句重編上的繼承和創新。

繼承和創新不只出現在章句的重編上；在義理上，唐先生最大的貢獻是對「知」的擴大解釋，認為應包涵「知止」之「知」，「知所先後」之「知」，及「知本」、「知至」之「知」，也受王艮以下淮南格物說的影響[9]。經過「知」的擴大解釋，能夠清楚的顯示出《大學》哲思

【8】同上，頁175。

【9】唐先生在《中國哲學導論・導論篇》第九章〈原致知格物上〉第五節中，即附論到陽明以後，討論有關格物的各家說法，可以發現許多，知本、知止的討論。頁325~331。

楊祖漢的《大學義理疏解》對淮南格物說的敘述中，也有相當的討論，頁140~143。

的知與善；知與物；知與止三者彼此相連的整體關係。而彰顯出綱目清晰，條理井然，首尾連貫，不牽扯於外的《大學》整體面貌。

朱子以即物窮理言格物，引領以窮理為論究《大學》的方向，而窮理本身，並非《大學》關注的問題，唯因朱子學術地位崇高，移轉了孔、孟儒家的主流，形成牟宗三所說的別子為宗【10】，雖然也開出一片天地，卻也因此而遮蓋了原始《大學》關注的問題。陽明以致良知說致知，雖與《大學》之文句在大體上相契合；然而經陽明之手，使「《大學》由體達用，由內而外，三綱八目之鋪陳」，「化為本末內外、一以貫之之圓教」，因而。混漫了《大學》八目本始、終末的入德順序，同樣無助於《大學》本義的釐清。

唐改編本《大學》以知之新義為核心，澄清了「知止」之「知」，「知所先後」之「知」，及「知本」、「知至」之「知」的相連關係；導正了自朱子以來，致知意義的歧出；釐定出事與物，本與末的確切意義。於是《大學》三綱八目的本末始終順序，得到確立，也彰著了《大學》由內聖以通外王之道的統貫之道。

【10】牟宗三《心體與性體》第一冊，頁 19，正中書局，1968。

景印香港新亞研究所《新亞學報》（第一至三十卷）

唐君毅先生的文化理想與實踐

劉國強*

（一）少懷聖賢理想

唐君毅先生十四、五歲即有希聖希賢之志，青少年的時候已相當自負，他嘗自反省謂：「決不甘於為一普通人，這從我十六七年來之日記可見。」[1]，在學問上是要博覽群書，要建立思想大系統，然後推動文化教育事業，重建中華文化，對民族對人類作出貢獻。唐先生的人生理想，基本上是儒家傳統中的內聖外王的理想。

> 在二十歲那年生日，唐先生曾作一詞，其中有謂，……但志多思廣，心存萬象，重新文化，捨我其誰？使身長健病魔不繞，轉思潮何足道哉！君休笑，我葫蘆中藥，你自難猜。[2]

雖然那時唐先生正藉煩惱多病，帶點年輕人的狂妄，但也反映了他的胸懷大志。唐先生尚在戀愛的時候，在寫給戀人謝廷光女士也即後來的唐夫人的信函中，都較其他地方更直接而毫無保留地表白個人所懷抱的志向與理想。唐先生在 1940 年 10 月 11 日給戀人的信中謂，他自認為在三十歲時自己的哲學規模已立，人生觀大體已定，並「志願想在十五年內寫三部大著作，一關於宇宙者、一關於人生者、一關於宗教者，自以

---

*香港中文大學教育學院副教授。

[1]《致廷光書》，《全集》卷廿五，頁 145。唐先生十五歲開始寫日記，至三十歲前「幾日日有所思，亦日日有所記」，惜在中日戰爭時，存於鄉間友人處；及共產黨清算地主，友人遭其殃而盡毀。（《生命存在與心靈境界》下，「後序」，《全集》卷廿四，頁 469）

[2] 同上，頁 144。

為必傳後世。……著作寫成後，即辦教育文化事業，或隱居修道。」【3】
大概唐先生是要自己的戀人充份了解自己的理想和未來努力的方向，在
相隔八天後的另一信中更清楚的說：

> 不過我現在已決定了，一切的事都當不問收穫，但問耕耘。只是
> 盡其在我。我現在想關於文化事業一層，如辦書店學校……造成
> 一種文化運動之類，我是無必然之把握，因為賴於外在之條件太
> 多，如果能去作則去作，如時會不合，我便決心專門著我的書。
> 如教書與著書不相悖則教書。如相悖則我在一、二十年後再置備
> 點田產便隱居著書，這便是我上次與你信的意思。【4】

這種有道則見於文教事業，無道則隱，與孔子有道則兼善天下，無道則
乘桴浮於海之心境可謂相通。唐君毅先生這種求實踐文化理想之心，是
源自對民族人類的責任感，是源自對人類的普遍之愛。【5】

如果因唐先生並沒有像他那時代很多的知識份子青年人那樣，直接
參與革命或社會改革運動，而批評他的文化理想是空想的或抽象的或只
在書房裏鑽牛角尖式的，指其不能拯救危難的中國，沒有效果，這種功
效主義的批評是膚淺的。雖然很多時候，唐先生也想著像甘地一樣犧牲
個人一切幸福，參與直接的行動以改革政治與社會，但他知道自己的長
處在思想，因此便決定以文化教育的努力，以促進社會，表達對於民族
人類的愛。【6】

的確，唐先生的性情是好思想好反省的，而且喜歡追求徹底的無所遺漏
的反省，他的好思想反省以至於一種時刻作超越的反省之精神，使他的
思想及生命追求不達於恆常普遍的義理而不止。

【3】同上，頁 144。

【4】同上，頁 162-163。

【5】同上，頁 144-145，159。

【6】同上，頁 159。

劉國強　唐君毅先生的文化理想與實踐　　141

　　這種追求恆常普遍的生命情調，在唐先生青少年時代已經顯現。唐先生十七歲時，中學畢業，離重慶到北平讀書，父親送他上船，與父親一起睡在船艙上，到天亮船開了，父親要離開，唐先生當時有一種離別之情，很悲哀，然忽然間念及古往今來無數人間之父子兄弟夫婦，皆同有此離別之情，而生大感動。同年，唐先生在當時的北平讀書，一夜至當時的一大學廣場中，看一關於孫中山先生未逝世前的電影。當時繁星滿天，唐先生由電影而引發想到的，是人間中的志士仁人，如孫中山先生的所為，在廣宇悠宙中，像滄海一粟。但為什麼這些志士仁人，必鞠躬盡瘁以為之？【7】
唐先生不止反省到時代與國難，更反省到人間一切志士仁人的仁心，在宇宙中有什麼意義，他像過往大儒一樣，在義理紛亂閉塞的時代，要為天地立心，為生民立命——要建立人間的大信。不建立人間之大信，中國亦可以不成中國，一切志士仁人的生命之鞠躬盡瘁亦可無意義與莊嚴。

　　唐先生要追求徹底的無所遺漏的反省，於是當時代的各種思潮都在他生命中產生激盪與矛盾，他的生命成為了不同思想的戰場，但唐先生始終對矛盾激盪有所不安，既要同情了解各種思想，也要使各種思想有路相通；念茲在茲，一直用心不懈。

　　但唐先生並沒有說自己的文化理想是絕對唯一的人生目標與理想，要一切人跟從。唐先生嘗言，「人生在世，求所以自盡及報國之道亦多端。」【8】
唐先生的文化理想，正正是要通過文化教育，使所有人皆能培養出能體驗各種價值的廣闊心胸，不要執一而廢百，這樣人類社會才能致太平與

【7】〈民國初年的學風與我學哲學的經過〉，《全集》，卷九，頁337；〈後序〉《生命存在與心靈境界》，《全集》卷廿四，頁467。

【8】1952年致梁漱溟先生函，《全集》卷廿六，頁17。

悠久。唐君毅先生的文化理想固不能窮盡人生一切有價值之理想，然而一切真有理想的人，尤其是我們中國人，是應該多少了解唐先生的文化理想的，不要只浮泛的看唐先生一生似沒有轟烈之行為，也尚未有產生很大的社會效果，便輕率予以否定。

唐君毅先生在三十歲寫《人生之體驗》一書前後，已經過了大量的閱讀、時代的激盪、生命性情的切實體驗，與及困心衡慮的思索而達到有所信仰，思想方向已基本確立，而這可信可確立者並不離儒家傳統的性情之教。由此唐先生肯定中國文化中有貞定之價值在。在中國紛亂，世界大戰的時代中，唐先生也並沒有真想著退隱，他越發對中華文教的價值有深切的認識與體會，越發欲以教學著書及支持各種文化教育事業，來重建中國文化，進而貢獻於人類世界。

（二）發揚中華文化念茲在茲

年輕人有大理想，有要推倒一世豪傑的氣概也不難，難在念茲在茲，躬行實踐，堅持不懈，至老不休。唐先生一生除從事沉重的教學、行政工作與著述外，任何有關發揚中華文化之活動，縱使是學生團體辦的，只要時間容許，他都親身參加，或多方給予鼓勵，表示支持。

說唐先生為發揚中華文化念茲在茲，決不是一句普通的公式化的恭維說話，而是寫實的。唐先生把傳揚中華文化，孔子之教時刻繫念於心。如1949年，共軍南下，南京危急，唐先生自願思想趨向唯心，與共產黨唯物之旨勢難相容，便促兩妹及妻奉母還鄉，臨離別時告母曰：

> 兒未嘗為官吏，亦不隸政黨，唯兒上承父志，必以發揚中華文教為歸。【9】

在1954年4月29日致徐佛觀（即徐復觀）先生之函裏，唐先生謂：

【9】〈母喪雜記〉，《全集》卷三之四，頁67。

吾人對中國文化歷史，亦當好而知其惡，並兼從歷史的根源上，作疏導工夫，方可照顧到未來與現在。……此時所需者，乃以孝子慈孫之心，保存若祖若宗之德澤，兼補其所未備，而要以出之以肫懇真切之言為重。【10】

1959 年 11 月 5 日，唐先生在致函張君勱先生，請他來新亞講學，即反映其為保留文化種子之熱切。唐先生寫道：

總之私意當前吾人所能致力者乃主要在學術，現在新亞略具基礎，能聚集若干大體上志同道合之人，及若干書籍，共同講學，當可為後代留下若干種子。【11】

1962 年，與謝幼偉、牟宗三、王道及程兆熊諸先生，鑑於中國儒學的衰落，擬共發起一東方人文學會。目的是要以講學接近青年人，並與國際上研究儒學之學者通聲氣，重刊絕版的儒學書籍。在 6 月 16 日致函在美國的陳榮捷先生，希望他在美支持，共列名發起，也說到：

只希望能由講學以多有一些下一代之青年同有志於儒學之復興之事業，暫不求一時之張揚，而求如細水之長流。【12】

又於 1971 年，去函陳榮捷先生，盼他能請假一年，往星架坡大學作東方哲學教授，訪問一年，同樣可見唐先生對保留中國文化學術種子之熱切。信中唐先生寫道：

吾人唯望中國文化學術之種子能多散佈幾個地方，亦算吾人對先哲之一交代。如吾兄能回東方任教一時期，其意義亦甚重。【13】

事實上，七十年代初，筆者還在大學時，唐先生對我們學生也不只一次說過：大陸現在不講中國文化，中國文化暫時不受重視不要緊，但只要

【10】《全集》，卷廿六，頁 22。

【11】《全集》，卷廿六，頁 22。

【12】《全集》，卷廿六，頁 46-47。

【13】1971 年致陳榮捷先生信，日期未詳，《全集》，卷廿六，頁 55。

保留涓滴，細水長流，中國文化總有復興的希望。

在母喪後，因感趙冰、錢賓四、沈燕謀、趙鶴琴等長輩，在致輓聯花圈時亦以伯母稱呼自己母親，以稱呼之微，而可見聖賢之教，使叔伯姑侄兄弟姊妹之倫，通於四海，而使天下人可以屬一家之親，由此更見華夏文教之價值，遂向母禱告云：

> 然今日國運如斯，教化安托？願以微軀與邦人君子共興華夏，以此人倫之教，光被四表，格於上下，敬懷心願，以告吾母。【14】

又告云：

> 願本斯心，與師友相切勵，以共繼斯文，則今後華夏光明，誠當永在。【15】

1964 年 5 月 24 日致函當時在台灣的牟宗三先生，盼在台灣能為中華文化樹立一方向，而香港為殖民地，人們對中華文教之義幾毫無所感云：

> 弟甚望台灣諸友能在此切身所感處由此以淬礪其志，樹立一方向，則海外之人亦更有所嚮往。弟在此十餘年來屢屢言及此類之義，而聽者幾毫無所感。弟對此最為寒心。蓋無此文教喪失之痛，則其可以探文教之原者皆抽象而無生命，其智慧之原亦終不得開。唯弟後亦逐步了解此間原為殖民地，原非中華文教弘化之區。人本未嘗生活於中國之鄉土，受中華文教之陶養，故不能怪人之無感！【16】

所謂「不能怪人之無感」，是唐先生縱使在失望之餘，仁者之心懷，自己雖矻矻於弘揚自家之文化價值，還總是盡量求諒解他人，同情他人之處境。

事實上，在其文章中，唐君毅先生求中華文教復興的心願、意志和

【14】〈母喪雜記〉，《全集》，卷三之四，頁 65。

【15】同上，頁 64。

【16】《全集》，卷廿六，頁 182。

劉國強　唐君毅先生的文化理想與實踐　　145

情懷，都時常直接或間接的流露，可說隨處皆是，以上所引只是一鱗半爪，或亦足以顯示唐先生為中華文教之復興之念茲在茲的一些精神風貌。若文章如 1958 年與牟宗三、徐復觀、張君勱三先生共同發表的〈中國文化與世界〉宣言，欲向西方人指出了解中國文化之正道，中國文化之價值與中國文化可貢獻於世界之處。[17] 又如 1961 年，在香港《祖國周刊》（35 卷第一期）發表的〈中華民族之花果飄零〉一文，感概中華民族之無所保守，移民他國的中國人，皆以學習他國之文化，歸化他國為榮，雖情有可原，但「此風勢之存在於當今，則整個表示中國社會、中國文化與中國人之人心，已失去一凝攝自固的力量」，中國民族就像「一園中大樹之崩倒，而花果飄零，遂隨風吹散；只有在他人園林之下，托蔭避日，以求苟全；或牆角之旁，沾泥分潤，冀得滋生。此不能不說是華夏子孫的大悲劇。」[18]

這些直接談復興中華民族與文教之文章，影響及反響亦相當大。唐先生後又有〈花果飄零及靈根自植〉及〈海外中華兒女之發心〉之文章，對反響作出回應，指出中國人對自己的文化與學術之自尊自重，自信自守之道，希望中國人之一念自覺，當下發心，而「共負再造中華，使中國人之人文世界，花繁葉茂」[19]，「而使中國在二十一世紀，成為人的文化之中國，而世界人士之共努力，則可使二十一世紀，成為一真正的人的世紀。」[20]

唐君毅先生懷著一種宗教的熱誠，以求中華學術文教之復興，進而才能使中華民族真正的站立起來。唐先生認為，中國的復興，必須是中華文化與中華民族的雙足站立的復興，任缺其一，都不是中華民族真正

---

[17]《全集》，卷四之二，頁 3 - 67。

[18]《全集》卷七，頁 12。

[19] 同上，頁 68。

[20] 同上，頁 74。

的復興。【21】

唐君毅先生的人生理想，是成聖成賢，是「內聖」，他的「外王」的
理想，也就是其文化理想。內聖是外王的基本，所以唐先生的成聖成賢
的人生理想，便是其文化理想的根本。但文化理想——即他的復興中國
文化運動，是否成功，也沒有必然把握，須依賴於外在條件，唐先生自
己是了解這一點的，上文曾引述唐先生致戀人的信中已說明自己立意
「當不問收穫，只問耕耘」。在 1956 年 9 月 17 日致徐復觀先生的信中
也表達了同樣的態度。唐先生說：

> 今日之事，戰和皆難。人類之存毀，國家之興亡，皆在不可知之
> 數。唯進德修業，出心之所不容已。其餘唯有俟命矣。【22】

但文化理想是不是太抽象玄遠，而逃避了對中國當前危機的責任，致沒
有實際參與時代的革命與社會改革運動呢？

（三）關心國運世運

這樣看唐先生，固是對唐先生缺乏了解，也不一定真能解決中國的
時代問題。在唐先生看來，當代中國的問題，世界的危機，根本上是一
文化的問題，是中西文化的衝突問題，如唐先生說：

> 現在世界的危機，我們不能只說他〔它〕是一軍事上、外交上、
> 國際關係上、政治經濟上的危機，一切危機的底子上，只是一文
> 化的衝突。【23】

唐先生要人先從觀念上認清這一點，才能把握問題的結徵，則中國的問
題、世界的問題才較易解決。1940 年 12 月，唐先生在《理想與文化》

【21】《全集》卷八，頁 233。

【22】《全集》卷廿六，頁 106。

【23】《全集》，卷十，頁 148-149。

的發刊辭已強調：

> 在此世界人類淪於浩劫，中華民族堅苦抗戰建國的時代，我們不能直接的從事以戰爭維持正義的工作，但是我們不能不想到戰後的整個人類文化問題，中西文化的關係問題。【24】

縱然唐先生本著儒者「修身以俟命」的態度，欲從文化的本源上解決時代問題，唐先生一方面是非常關心中國的國運及人類的命運的，另方面躬行實踐，始終不渝，求實現他的文化理想。

青少年時代的唐君毅，是較內向沉默的，然而他對當時的時代是十分關心的。二十年代的重要報刊，如北京《晨報》副刊、《上海時事新報》副刊《學燈》、《民國日報》副刊《覺悟》，以及《新青年》、《嚮導》、《創造週報》等期刊，唐先生當時都看並保留貯存起來，【25】應該可以推論說，唐先生年青時是勤於讀報，十分關心時代的。在對日抗戰期間，唐先生與一些老一輩的人創辦《重光月刊》，出錢出力，鼓吹抗戰。【26】1940 年，得一位江津縣的愛國商人出錢負擔，唐先生便與周輔成先生約了幾位朋友，共同發起《理想與文化》期刊，唐先生並為第一期寫發刊詞。【27】

1973、74 年間，中國大陸「批林批孔」，73 年 9 月，北京人民出版社出版趙紀彬著「關於孔子誅少正卯問題」，香港《大公報》於十月間連載，唐先生為維護孔子，無懼大陸批孔之風熾烈，先後寫〈孔子誅少正卯傳說之形成〉、〈孔子誅少正卯問題重辯〉兩文，加以辨正，指出此說是法家之徒所偽作。【28】在唐先生逝世前一天，即 1978 年 2 月 1 日，報載大陸載批評孔子誅少正卯事，已有翻案文章，而且為孔子辯

【24】《全集》，卷十，頁 33。

【25】周輔成，〈記君毅先生若干事〉，《全集》，卷三十，頁 78。

【26】《年譜》，《全集》卷廿九，頁 35；《全集》，卷三十，頁 81。

【27】《全集》卷三十，頁 82-83；卷十，頁 33。

【28】《年譜》，《全集》，卷廿九，頁 192-194；卷八，頁 341-361；卷九，頁 295-304。

護的理由，與唐先生〈孔子誅少正卯傳說〉一文中所持理由相似，認為中共在文化的觀點上可能有新的轉機，唐先生對此感到欣喜，並把自己的近作，檢出兩套，分別寄贈北京大學圖書館、南京大學圖書館，並附函說明作者原是北大、南大（原中央大學）的學生，已離校數十年，並無寸進，愧對母校，特將近作數冊贈母校。【29】

唐先生看到台灣政局安定，經濟繁榮，便常說：「其實中國社會不必清算鬥爭，也可致國家於富強。」【30】聞大陸成功發射人造衛星，也面有喜色地說：「只要政治安定，科學是容易趕上人家的。」【31】聽到兩岸政治黑暗便興嗟嘆。國民黨逮捕雷震先生，唐先生等亦認為「台灣捕雷震事，以法律言之，謂為通匪，實無根據」，便曾電文蔣介石，望其據實，並重視中外輿論。【32】唐先生自 1949 年來港後，對中共的倒行逆施，也時有為文批評，唐先生的風格總是以事說理，不作偏激之論，以其認為「書生論政，亦須目光四射，不宜只為偏激一往之論」。【33】於大陸文化大革命時，中國歷史文物遭受到毀壞，唐先生憂心如焚，看到知識份子受批鬥圍攻，更感不安。四人幫垮台後，唐先生心裏再燃起對國家前途的期望，嘗對學生說：「不怕，只要能向好的方面變，總有希望，一旦中共政權變得開放，你們大可回大陸教書，提倡人文精神。」【34】

1951 年，在報上讀到〈人類的大毀滅〉文章，便撰長文回應，指出要避免第三次世界大戰發生，避免人類的毀滅，現代的西方人與中國人

【29】《全集》，卷三十，頁 604，頁 377；《年譜》，《全集》，卷廿九，233。

【30】同上，卷廿九，頁 233。

【31】同上，頁 233。

【32】《全集》，卷廿六，頁 25。

【33】同上，頁 26。

【34】《年譜》，《全集》，卷廿九，頁 233。

劉國強　唐君毅先生的文化理想與實踐　　149

亞洲人必須深切認識三個根本矛盾——第一是共產主義者一定要「拯救」或征服世界；第二是亞洲民族與一切二三百年被歐洲壓迫之民族，一定要起來；第三是歐洲人還在自覺或不自覺要保存其過去向其他民族侵略所得之果實，自覺或不自覺的自以為應高居於亞非兩洲人、中國人之上，或許還未忘去對黃禍的仇怨與恐懼。這三者是相互矛盾的。【35】解決此等核心矛盾，問題在於如何使蘇俄放棄其命定要統治世界之社會理想與唯物的絕對鬥爭主義。中共須了解其一段之成功，只是中國民族一定要起來，中國數千年之歷史文化所養成之民族自尊心，想一出此百年之怨氣的衝動，使他成功，故應自覺中國民族之歷史文化之真要求順其傳統之歷史文化之精神以發揚滋長。不應把蘇俄放在中國之上，不應把馬恩列斯放在中國歷代無數的聖賢豪傑之上，不要以唯物的絕對鬥爭主義，代替中國之人文的和平精神。而世界上之自稱先進民族要以平等的目光看待所謂落後之民族與及在實際上在文化上原是先進的東亞大國，如中國與印度之民族。唐先生並提出由聯合國來召開世界學術文化會議，並促進世界文化的交流。【36】

　　在六十年代末中蘇邊界糾紛後，七十年代初中蘇交惡越甚，唐先生因擔心中蘇終發生戰爭而帶來中華民族之大災難以至亡國滅種，於1973年2月發表〈如何消滅中共與蘇俄戰爭可能性〉，分析鞭辟入裏，語重心長。指出中蘇之戰之深因是中共與蘇俄之爭作馬列主義之正宗，爭作共產主義集團的領導權，如果中國大陸與俄國發生戰爭，中共決不能以保衛正宗馬列主義而取得勝利，只會使中國之神明華冑，萬世為蘇俄之奴。要避免與蘇俄戰爭，只有放棄馬列主義。【37】

　　可見唐君毅先生雖然哲思玄遠，著作等身，學術成績斐然，但唐先

【35】《全集》，卷十，頁144-145。

【36】同上，頁146，152。

【37】同上，頁283-288。

生是時刻關心國運的，故唐先生由文化以通於中國現實問題，如民主、科學、教育、宗教、國情、世局、現代中國人等等的文字甚多。此見唐先生知識廣博，目光與關懷四射，是其不可及也。

（四）為教育與文化鞠躬盡粹

為保存文化之種子，為發揚中華文化，繼往開來，唐君毅先生在教學與行政的工作上與及推動與支持文化社團之活動上，躬行實踐，真的做到鞠躬盡瘁，死而後已。

唐先生畢業於南京中央大學，1940 年受當時哲學系系主任宗白華先生之邀重返哲學系任講師，大抵是因他的學養及做事之負責任，三四年間便被升任為正教授並任系主任的行政工作。而當時中國的風氣，系主任通常在外國留學的資格，出外留過學的回國後便可以一步登天當上教授。所以唐先生之例是較突出的。1947 年，由於系內人事糾紛，唐先生為支持被解聘之牟宗三、許思園二先生而請辭到江南大學任教，惟中央大學不放人，只好請假一年，而江南大學則要唐先生同時出任教務長之職。在此期間，唐先生好友程兆熊先生在江西鉛山縣北十五華里處的鵝湖旁辦鵝湖書院，那時學生已超過一千餘人。程兆熊先生在暑假請唐先生到鵝湖籌劃恢復鵝湖講學耕讀之風。鵝湖地處偏僻，直不能直抵，至少要步行十五華里，唐先生不辭勞苦從江南大學乘火車經上海、杭州，先到上饒，再到鵝湖，唐先生在鵝湖住了一暑假，並為一些尚在校的師生講演。【38】

暑期後，即 1948 年秋，唐先生一方面須返中央大學授課，另方面也須在江南大學兼課，又要分心於籌劃恢復鵝湖書院講學之風的工作。

【38】程兆熊，〈悼唐君毅教授〉、〈唐君毅先生與鵝湖〉，《全集》，卷三十，頁 64-77。

劉國強　唐君毅先生的文化理想與實踐　　　　　　　　　　151

　　49 年逼於形勢，與錢穆同來香港，於六月七日抵港，八月又因與李
稚甫先生於穗創辦一孔學院，故旋即於八月廿四日折返穗，事未成，才
於九月十日再來港。【39】可見唐先生只要有任何機會發展中華文教，他
都不辭勞苦。十月與錢先生，張丕介先生等創辦亞洲文商書院。

　　1950 年 2 月 28 日，亞洲文商書院改組為新亞書院，自此時起，唐
先生即一直任教務長，直至 1961 年，才辭去教務長職，總共任教務長十
二年。而教務長工作之繁重，尤其是新亞早年，正須發展，但資源有
限，人手有限，唐先生的工作之辛苦，可以想見。且唐先生自知性情過
於仁柔，不宜行政。唐先生在 1948 年 6 月 19 日的日記中即嘗記曰：

　　　近來頗感處人辦事之不易，必須處處能沉著氣，見侮不辱，並出
　　　語斬截方能有力。我為人過於仁柔，處處苦口婆心，用之於教育
　　　則宜，用之於辦事則太罷皀，他人不得要領，則無所適從也。【40】

　　事實上，唐先生也不喜行政，尤其是很多的開會與應酬。1955 年一
次唐先生在信中對徐復觀先生說：

　　　弟近來之生活實要不得，上一星期即有五次之開會及酬應等，每
　　　次費三時以上。【41】

所以早在 1954 年 11 月 16 日唐先生致徐復觀先生的信函中，即告訴徐
先生曾多次向錢穆先生表示不欲任教務，弟已數與錢先生言不任教務，
但亦終未有繼任之人，亦只有忍耐再說。【42】

　　1955 年 2 月 26 日在致徐先生的另一信中唐先生表明為了中國文化
教育之前途，犧牲時間繼續為新亞的教務還是值得的，唐先生在該信中
寫道：

【39】《年譜》，《全集》，卷廿九之一，頁 70。

【40】《日記（上）》，《全集》，卷廿七，頁 5。

【41】《全集》，卷廿六，頁 93。

【42】同上，頁 86。

弟之教務事已向錢生說多次，彼近年來對弟個人意亦甚善，彼自亦有種種長處。弟在此因不與任何事生事，而其他同事則時有芥蒂，故彼不願弟辭此事。弟犧牲時間能間接有助於中國教育文化之途亦未嘗不可。【43】

於是，是負上新亞之教務十二年之久，而且唐先生同學教授哲學課外，尚一直兼任哲教系系主任之職。而唐先生做事認真，負責任，教他為新亞發展所付出的心力與時間，是甚大的。只是唐先生為人務實並不高調，亦不好名。朱明綸先生在1978年悼念唐先生的文章中謂：

先生務實，凡事只求有益於學校社會，不計個人名位得失。如創辦數學系，延聘君璞師主持，皆先生全力達成，從不矜功。【44】

唐先生早年在南京中央大學教學時，已甚受學生歡迎，唐先生早期的學生劉雨濤先生記述說：「每次唐先生上課，教室裏坐得滿滿的，如果來遲了，會找不到座位。」這正好說了筆者第一次上唐先生課的經驗。筆者1971年進入新亞書院後，第一天上唐先生「倫理學」的課，筆者遲到了，在農圃道一個約可坐三、四十人的課室裏，都被坐滿了，筆者只好到隔壁取來一張凳，想辦法擠到課室尾末角落的點空間安頓下來，當時只感到有點尷尬和不好意思，後來才發現這些現象也是常見的。自此之後，筆者每次盡可能早到課室，坐在最前排（也因為初時為了要聽清楚唐先生的四川國語）。唐先生講課十分投入，的確是到了忘我的境界，一講便是兩三小時，中間沒有休息，他的投入使他不時越講越精神，講得滿身大汗，煙點著才也忘記了，只管燒，燒到手不放下。講到興致處唐先生很多時會發出純真的笑聲，唐先生整個生命的投入，使學生感到一個真誠熱切而知識廣博宏通的生命，縱然學生或有不明白有不能盡數吸收之處，也會受到潛移默化的感染。

【43】 同上，頁91。

【44】 朱明綸，〈敬悼唐君毅先生〉，《全集》，卷三十，頁240。

唐先生在重教相同之科目時，往往會以不同方式不同進路來講，或則以人物為主線或則以問題為主線，又或則以概念範疇為主線。唐先生對學生作業是親自批改的，筆者的經驗是，作業的眉批最甚不多，但文末總評語，也是用心和恰當的，並非公式化評語。

在學生的眼中，唐先生甚為隨和，學生有問題，唐先生都很樂意答問，而且問一個問題，唐先生便可滔滔不絕的由一個問題引申到另一的問題，使人聽後或心胸眼界大開，如沐春風。

唐先生因癌症在台灣動過手術，回港後，仍上課不輟，在一九七九年九月的新學期裏，唐先生堅持開兩門課：一為「中國哲學問題」，一為「中國經典導讀——禮記」。筆者兩門課都有旁聽。唐先生講到精彩處，就像不曾有病似的。

可見唐先生為教育為文化鞠躬盡粹。當然唐先生為教育為文化鞠躬盡粹，可以說的，和可以說得更細緻的，還有更多可以說，本文只說到這裏。

景印香港新亞研究所《新亞學報》（第一至三十卷）

唐君毅論荀子之統類心

張　倩*

提　要

　　唐君毅以「即哲學史以言哲學」的方式建構自己的思想，荀子對「禮」的思考成為他解讀中國「禮樂文化」特質的重要資源。他認為「統類心」是荀子思想的核心，並從從「依類以通達」和「至虛而涵攝」兩方面論述了「心」是成就禮樂和自作主宰的根據，進而通過對求善和知道、守道、行道之關係的論述，展示荀子學說在導人行善中的曲折處，彰顯荀子學說在工夫上的嚴密。不同于牟宗三由「邏輯心靈之發展」、徐複觀以「認識心」來定位荀子對中國文化的貢獻，唐君毅通過對「統類心」的論述肯定荀子思想的人文價值，代表了新儒學在心性論的脈絡下探索荀子學說之積極意義的努力，同時又用荀子學說中割裂心與性情為二的「弊端」突出心性之學的高明通透。

　　把中國文化類型概括為以德性為基礎的禮樂文化，是唐君毅對中國文化之精神價值的理解。此外，倫理的人文主義、水之文化都是唐君毅對中國文化特質之概括。相較而言，「禮樂文化」則尤能與他的立足現實的文化精神價值論相一致。有論者指出，禮樂文化是唐君毅對中國文化諸方面精神價值的質的歸納和論的提升，而中國文化諸方面精神價值，如統緒意識、內在超越、實踐理性、融攝精神、天人合德等則是禮樂文化特質的具體表現，二者互相涵攝，共同燭照著中國人的精神生活，並昭示了中國文化的未來。

---

*廣州中山大學哲學系博士研究生。

[1] 唐君毅以「即哲學史以言哲學」的方式建構自己的思想，荀子對「禮」的思考成為他解讀中國「禮樂文化」重要的思想資源。在他看來，「統類心」是荀子思想的核心，重點在於「知人文之理」。所謂「統類心」，即「知類兼能明統之心」，包含著依不同標準區分萬事萬物，以及洞悉各類事物在根本上具有同一根源兩方面內容。**[2]** 以荀子學說中「以類度類」和「大清明」為出發點，唐君毅從「依類以通達」和「至虛而涵攝」兩個方面論述了「心」是成就禮樂和自作主宰的根據，進而通過對求善和知道、守道、行道之關係的論述，展示荀子學說在導人行善中的曲折處，彰顯荀子學說在工夫上的嚴密。唐君毅的這種爬梳，既有在心性之學的脈絡下彰顯荀子思想之人文價值的意蘊，又能反正心性之學之高明通透。

一、依類以通達

對於「類」的探討，至少區分為兩個層面：一是對客觀物件的規律和結構的認識；二是對人類自我的認識和精神自覺。通過認知事物現象和屬性的相似性，人們把萬事萬物劃分成諸多類，一方面使世界從無序走向有序，另一方面也通過類比的方式溝通事物之間的聯繫，把人和人的世界納入到一個總體關聯中來把握。唐君毅所講之「依類以通達」實際上就代表著這種總體意識。具體到荀子學說中，「依類以通達」所指者，即在於「辨類」和「知統」兩方面，其中包含著「發現共相形式」的認知能力和「在一『一切理皆內在於具體事物之信念下』」，向物件而運

---

[1] 李宗桂：《評唐君毅的文化精神價值論和文化重構觀》，《哲學研究》，1989 年第 3 期。

[2] 唐君毅：《中國哲學原論・導論篇》，臺灣：學生書局，1991 年 9 月版，頁 135—136。以下對同一著作的引用，均與該著作第一次引用時所注的版本相同，為行文簡便，不再注明。

用」的行為能力，亦即「心」不僅具有認知各種個體事物之共相的認識論意義，同時還是人們在具體情境中行為活動的動力。因而，唐君毅認為，荀子之「統類心」，實際上所表現的是「使心之虛靈明覺，不被抽象概念所界畫系縛，而常與其之事象相接，與之親和，隨具體事物之變化而運行，而保其生動性與活潑性」【3】的理性能力。這種理性能力，亦是唐君毅尋求中西理想主義之會通的基礎。

《荀子·正名》中，對「辨類」以使心合於道的思想有具體論說：「辯說也者，不異實名以喻動靜之道也。期命也者，辨說之用也。辨說也者，心之象道也。心也者，道之工宰也。道也者，治之經理也。心合于道，說合於心，辭合于說，正名而期，質請而喻。辨異而不過，推類而不悖，聽則合文，辨則盡故。以正道而辨奸，猶引繩以持曲直，是故邪說不能亂，百家無所竄。」借助於說、辭、名等範疇，荀子認為從「類」概念來辨別事物的同與異，按種屬關係進行推理，是做到同類事物有共名，聽他人之言而取其符合文理者，自己辨說則盡事物之實的具體途徑。在這個過程中，心成就道和主宰道的意義，也被突出出來。王先謙認為，「言辨說者不唯兼異常識之名，所以喻是非之理」、「心有所明則辨說也」。辨、說、辭背後的價值意味，其實亦是根源於「心」之所明。【4】唐君毅則從用名之標準恰從「對之負責而來」這個向度進行詮釋，彰顯其中的精神和價值意味。他認為，「『名之定』乃成為『諸個人之主觀精神之求相喻相結，以成為一社會之客觀精神』之不可少之資。」【5】這裏所強調的，是由定名、辨類之思維和行為中所蘊含的主體精神之拓展而實現的溝通事物之間的聯繫、增強人倫情感和社會政

【3】唐君毅：《中國文化之精神價值》，臺北：正中書局，2000 年 10 月版，頁 133
—134。

【4】（清）王先謙撰，沈嘯寰、王星賢點校：《荀子集解》（下），北京：中華書局，
1988 年 5 月版，頁 422。

【5】唐君毅：《中國哲學原論·導論篇》，頁 180。

治方面的親和力。「心」在這裏不僅是具有認識和邏輯的功能，更是指向「實」和發動行為的動力。

《荀子‧解蔽》有言：「聖也者，盡倫者也。王也者，盡制者也。兩盡者，足以為天下極矣。故學者以聖王為師，案以聖王之制為法，法其法以求其統類。以務象效其人。」從「知統」的一面來看，明晰聖王在倫、制兩個方面的大統地位，效法聖王之倫與制，是荀子思想所重之「大理」。由此可見，荀子所重視的「統類」，最先也不是由各人的知識所直接構成的；而只是聖王所傳承下來的。王先謙把這裏的「統類」解釋為「法之大綱」【6】，可見對諸法中所一以貫之的基本理念和根本原則的探尋。唐君毅以「禮者，法之大分，類之綱紀也」（《荀子‧勸學》）為基礎，用「知統」來概括這一探尋過程。具體而言，即是「觀此諸類之概念之交會於一個體，乃以一個個體統攝諸類」，明晰個體對於自身諸種角色、多個範疇的統一為關鍵。這又需要借助「父母」、「先祖」、「天地」、「君師」所具有的綜攝貫通義。其中，父母為「諸子女對之有同類之親子關係」之統之所在；先祖為「一切後世子孫對之有同類之後裔關係」之統之所在；君師是「一切人民對之『有同類之社會政治之上下位分關係』」之統之所在；天地是「人類與萬物，皆與之有『同類之由之生養之關係』」之統之所在。【7】知父母、先祖、君師、天地之「統」，並由禮義之統加以貫通，呈現「心」之人文價值，是荀子「統類心」之「知統」的邏輯進程。認可天地、先祖、君師一起，可以涵括所有對人類繁衍和發展具有決定意義的存在，唐君毅從天地、先祖、君師在生、類、治方面的統貫義來著眼，指出天地、先祖、君師是先王和聖人制禮是所效法的物件，從制禮效法物件的權威性上表現了「統類心」之一本性的現實意義。

《荀子‧禮論》中對「禮三本」的論述，其基本意涵在於指出，天地

【6】（清）王先謙撰，沈嘯寰、王星賢點校：《荀子集解》（下），頁 407。

【7】唐君毅：《中國哲學原論‧導論篇》，頁 137。

是生之本，先祖是類之本，君師是治之本。對於它的理解，存在著諸多分歧。有學者認為「禮三本」是指禮有三個本源；【8】有學者認為，「禮之三本」存在著意義上的差異，只有天地才是禮之真正本源。【9】陸建華認為禮三本實際上是制禮所依據的三種物件，並認為聖人和先王制禮，從製作主體的角度間接證明了禮的權威，而制禮取法對象於天地人（包括先祖和君師），則是從禮的效法對象的角度間接證明了禮的權威。【10】借助于陸建華的說明，我們更容易厘清唐君毅把統類心作為禮之根據的內在理路：心重知統類，故能貫通古今，聯繫人我，形成具有普遍約束力的行為規範，使人在具體的情境中有恰當的行為舉止。這也是荀子所強調「禮」之通達「大理」，「統類心」以成就「文理」的意蘊：「文理者，禮文之理，社會人文之理。文理乃指人與人相交，發生關係，互相表現其活動態度，而成之禮樂社會政治制度之儀文之理而言。……此文理乃由人之互相表現其自內而外之活動所成。人自內而外之活動有段落，又以所對之他人他物而異，則有分別義。……然各人之活動，由禮樂加以聯繫貫通，以相交於天地、君師、先祖，即見合見通，則文理亦有總持義。」【11】在唐君毅的思路中，荀子所強調的依舊在於：人有自內而外、持續發展、與他人求通的活動，這都是心之統攝、安排的作用表現，「理」在這裏側重于橫攝諸禮儀的內在根據。而這與「貴本之謂文，親用之謂理，兩者合而成文，以歸大一，夫是之謂大隆。」（《荀子·禮論》）的意旨並不悖。【12】「禮」、「理」、「心」

【8】孔繁：《荀子評傳》，南京：南京大學出版社，1997 年版，頁 21。

【9】惠吉興：《荀子禮論研究》，《河北學刊》，1995 年第 4 期。

【10】陸建華：《荀子禮學研究》，合肥：安徽大學出版社，2004 年 12 月版，頁 61。

【11】唐君毅：《中國哲學原論·導論篇》，頁 44 — 45。

【12】「貴本則溯追上古，禮至備矣，兼備至為文；親用則曲盡人情，禮至察矣，密察之謂理。理統于文，故兩者通謂之文也。」（清）王先謙撰，沈嘯寰、王星賢點校：《荀子集解》（下），頁 352。

步步向內深化，最終形成以「心」為形上根據，「禮」為外在表現，「理」為具體規範的文化哲學系統。

這與牟宗三對荀子之禮樂思想之認識差別頗大。牟宗三指出：「其（荀子——引者注）所隆之禮義系于師法，成於積習，而非性分中之所具，故性與天全成被治之形下的自然的天與性，而禮義亦成空頭的無安頓的外在物。……荀子只知君師能造禮義，庶人能習禮義，而不知能習禮義之心即是禮義之所出也。」「其（荀子——引者注）所重視者為禮義之統，即全盡之道。而根本處則在其能深把握住理性主義之精髓也。此精髓即在其是邏輯的，建構的。故荀子一方重禮義之統，一方能作正名也。理智之心之基本表現為邏輯，此是純智的。邏輯值初步表現即在把握共理，由之以類族辨物。故荀子喜言統類也。」【13】從價值之心來挖掘荀子思想的深刻內涵，正是唐君毅獨具慧眼之處。

在唐君毅看來，荀子論述「依類而通達」之心時，心不僅具有認知和邏輯意義，亦有促進主體精神轉化為客觀精神的能力；聖王依其「統類心」為根據，效法天地、先祖、君師制「禮」並通達文理，建立了一個以具有行為動力的「統類心」為根據的、面向人文世界的橫攝系統，是荀子思想的根本旨歸。在「依類以通達」的自覺意識中，人關於個體與社會或個體與類的關係的認識、關於人在宇宙中的自我定位、關於人類未來的價值追求等，都以自覺的方式表達出來。對荀子思想的這種解讀和吸收，或者是唐君毅思想不能被簡單地納入孟子——陸王系統的原因之一。

二、至虛而涵攝

唐君毅對「統類心」之何以「涵」和如何「攝」的分析，是以闡釋

【13】牟宗三：《名家與荀子》，臺北：學生書局，1985 年版，頁 198、頁 200。

「至虛」之心——「能知一類事物之理，又兼知他類事物之理，而綜攝之」【14】為根據的。對心靈之虛靈不滯、周行萬物的認識，是唐君毅思想中一以貫之的基本理念。他以「知道」為核心，根據荀子「虛一而靜，是謂大清明」（《荀子·解蔽》）的論述，層層展開，彰顯荀子特色之所在：「荀子之虛一而靜之工夫，則又不只成就一個靈台之光耀，且為本身能持統類秩序，以建立社會之統類秩序，以成文理之心。」【15】由心所持之「統類秩序」顯發為社會之「統類秩序」，關鍵在於心之主宰作用如何發揮作用，如何達到「人心原能兼知萬物，而又能擇一以精於一事，則人之各有所專精之事，更相配合，即人所以組織此人文社會之本」【16】的理想狀態。

《荀子·解蔽》有言：「人何以知道？曰：心。心何以知？曰：虛一而靜。 心未嘗不臧也，然而有所謂虛；心未嘗不兩也，然而有所謂一；心未嘗不動也，然而有所謂靜。」從「虛靜」之通於「能一」來論述「虛一而靜」之心能「一於道」，是唐君毅解釋「統類心」之涵攝功能的第一步。他指出「心之由虛而藏，而不以此一害彼一，以使其對此一與彼一之知，自相限制，更求靜以察一；即此心之知中之行，而見此心之能自作決定，而自作主宰」。【17】這種自作主宰之義，實際上是在「對於萬物各得其位，而通止於度，兼加以綜攝統貫之心」。【18】這也就是唐君毅在《中國文化之精神價值》一書中在描述中國哲人論述「心」這一範疇時對荀子論心的綜合概括：「一方面言其能至虛，以攝受外物之

【14】 唐君毅：《中國哲學原論·導論篇》，頁136。

【15】 唐君毅：《中國哲學原論·導論篇》，頁132－133。

【16】 唐君毅：《中國哲學原論·原道篇（卷一）》，臺北：學生書局，1986年10月版，頁454。

【17】 唐君毅：《中國哲學原論·原道篇（卷一）》，頁453。

【18】 唐君毅：《中國哲學原論·導論篇》，頁135。

形象；一方即視此心為主動的向外伸展，而兼知其異，實行一綜合的定置作用者」。【19】此「通止於度」而具有「定置作用」之心，根據何在？又何以可能？從「心者，形之君也，而神明之主也。出令而無所受令，自禁也，自使也，自奪也，自取也，自行也，自止也。」（《荀子・解蔽》）解釋出心對於人的身體、行為的主宰義，這是唐君毅從論述心之統類相人文社會之統類過渡的關鍵，主要通過對「道」所內具的具體意向而展開。

唐君毅認為，荀子「兼陳萬物而中懸衡」之「道」，並不是抽象的統一之理，而是「諸『互相分割而互為制限之各類事物（如詩書禮樂之類）之理』所合成之具體統一之理。故吾人能本此大理為仁義之統，以制節吾人之情欲也。」【20】由此而言，人類社會先要根據自覺的「類」本質形成「具體統一之理」，展示人類各種文化活動的內涵和發展，繼而才能有據以節制情欲之行為。唐君毅認為，荀子在申論名實關係時，借助於「價值」這一理念，已經說明了此「具體統一之理」形成的根據：「原人之所以兼有類名與種名，即所以別同異。類名所以表一類事物之同，即兼所以表一類事物與他事物之相同之處。種名所以表一類事物中有各種之異，即兼所以表一事物與他事物之相異之處。一類事物之各種即相異，遂連帶有價值上至高下貴賤可說矣。夫然，吾人於一實事實物，必兼有種類之名以表之，乃能別同異而明貴賤。……吾人既能於事物之同異，兼有所知而能辨之，亦必當兼有此表同異之名，乃能喻人全幅之志意。」【21】簡言之，唐君毅認為，荀子肯認各種類概念都蘊含著價值意味，表現人的精神和意志，並因此而有價值之高下。價值差等是諸不同之類整合的內在根據，人自覺地由此理而行，即可作出恰當

【19】唐君毅：《中國文化之精神價值》，頁 131。

【20】唐君毅：《中國哲學原論・導論篇》，頁 136。

【21】唐君毅：《中國哲學原論・導論篇》，頁 168。

的行為。

　　成就「心」在各種人文活動的主宰意義，這是「統類心」在「統諸類」方面的表現。同時，「統類心」還能「同時肯定各類事物，求知各類活動」，也是各種文化活動並行不悖的根據，通過科學技術與社會文化分途發展來建立一個多方面表現人文精神的人格世界，是唐君毅思想的歸宿。這與唐君毅所強調的中國文化之「一本性」【22】之「仁心」具有溝通的可能。他以「仁心」作為通觀中西文化的標準，認為各種文化活動自有其價值，同時又有價值之差等：科學和民主自由的價值，在於它們對挺立人的主體性、自作主宰的積極意義，應當置於人文價值之下。此種價值差等意識一方面為科學、民主、自由在中國文化中的存在找到了依據，進而主張用西方文化之「方以智」來充實中國文化之「圓而神」。用價值差等意識來實現中國傳統人文精神與科學民主自由的溝通，同時亦強調「依于肯定客觀超越理想之精神，伸引吾固有文化中相同之緒，以全套而取之」。正是在這個意義上講，唐君毅對與荀子之「統類心」的重視，不僅代表了肯定各種文化活動橫向發展和相對價值的努力，為接納西方文化的科學、民主、自由精神提供了開放的空間，還包含著挺立人文價值的義蘊；而「仁心」則是各種文化活動的根據。就此而言，「統類心」與「仁心」，在不同的層面上各自證成道德理性在人文世界中的主宰意義，在唐君毅的思想中密切相關。

　　當然，從唐君毅整個思想來著眼，推崇心性之學、德性之知是他的根本追求。在這種學術進路中，他對荀子之「統類心」的肯定，更多地是從「至虛而涵攝」所具有的開放性來進行的，一方面在心性學的脈絡

【22】 在《中國文化與世界》宣言中，唐君毅等人指出，「此一本性乃謂中國文化，在本原上，是一個體系」，「中國之哲學科學與宗教、政治、法律、倫理、道德，並無不同之文化來源」。《唐君毅全集》（第四卷），臺北：學生書局，1991年9月版，頁14、頁16。

下彰顯荀子思想的積極意義，另一方面則反證了道德主體的主宰性。唐君毅通過對荀子「統類心」的論述，展開了對文化整體的原始形成及其各部分之間內在聯繫的探討，對文化整體的邏輯重構及其實現途徑的思考，實質上亦是指向道德主體在整個文化構成中的地位和作用。

三、為善之曲折

唐君毅認為，荀子所講的「人之欲為善」（《荀子‧性惡》），實際上內蘊著從認識上的主宰心到行為上的主宰心的轉化，彰顯了禮義的意義，較之孟子之擴充本心，在工夫論上更加嚴密。在工夫論的層面指出荀子成就「道心」──「兼知不同之人所專精之事之意義與價值，既能兼知之，更求加以配合貫通之道」[23]的人文意義，是唐君毅解釋荀子思想的重點之所在。他做出結論：「荀子之言心，正是，一方面有類於前三家（孟子、墨子、莊子── 引者注）之說，則又有所增益。其論心之所以為心，與修養此心之功夫，皆有較三家加密處。唯其裂心與性情為二，貴心而賤性情，未能真認識孟子之性情心，遂不能直由心之善處，以指證性善，此荀子之大缺點所在。」[24]荀子分裂「心」與「性」，賦予心自作主宰之義理，並強調禮在人之實踐中的意義，都是以「人可以為善」為旨歸，只是其中多了很多曲折。

荀子主張「化性起偽」，其目的在於提醒人為善。這如何可能？荀子自己提出了這一問題，也回答了這一問題：「途之人可以為禹，曷謂也？曰，凡禹之所以為禹者，以其仁義法正也。然則仁義法正，有可知可能之理。然而途之人也，皆有可以知仁義法正之質，皆有可以能仁義法正之具，然則可以為禹明矣。」（《荀子‧性惡》）質、具分別指心和

---

[23] 唐君毅：《中國哲學原論‧原道篇（卷一）》，頁 439。

[24] 唐君毅：《中國哲學原論‧導論篇》，頁 133。

張　倩　唐君毅論荀子之統類心　　165

耳目等感官之功能；其中，心又對耳目感官具有統攝意義。故而，只有心才能知曉由惡通向善的道路。在唐君毅看來，心經由知「道」而向善，本身即是一曲折：「由心知統類，加以實踐，斯有善行；而心實不能直欲為善，而只能直欲求知道。故心欲為善是間接說，而非直接說。」【25】在心與善之間，必須包含「養心」以「知道」，進而「行善」的過程。

　　如何理解荀子之「道」？由於「道」這一範疇在中國哲學中的根源性地位，對道的不同理解，是導致學說間差異的根本原因。荀子對「道」的討論，多從活動規律的角度進行，比較典型的有：「夫道者，體常而盡變，一隅不足以舉之」（《荀子・解蔽》）、「萬物為道一偏，一物為萬物一偏」（《荀子・天論》）、「大道者，所以變化遂成萬物也」（《荀子・哀公》）。有論者指出，先秦道論，從縱向上看，實際上時老莊之實體之道不斷地向規律之道分化的過程；從橫向上看，道有三種形態：老子提出的本原之道，莊子提出的本體之道，荀子提出的總體之道（總體之道即萬物的普遍規律——引者注）。【26】從活動規律的角度來解釋荀子之「道」是荀子研究中的普遍共識。在唐君毅對荀子的解讀中，「道」的主要含義是「人文統類所以形成之道」。他以《荀子・儒效》中「道者，非天之道，非地之道，人之所以道也」為核心，指出《荀子・天論》中關於道的論述，旨在說明「人之所以為人，則在人之如何用此天生之五官與心，而有人之所以成就其對天地萬物之人事，而有當知當行之人道在。」【27】在「人心」與「人道」的共同作用下，人有其當知當行之人事。而這種作用究竟如何發生？亦即心與道如何決定人的行為？如何

【25】唐君毅：《中國哲學原論・導論篇》，頁140。

【26】葛榮晉：《中國哲學範疇通論》，北京：首都師範大學出版社，2001年4月版，頁159－160。

【27】唐君毅：《中國哲學原論・原道篇（卷一）》，頁440－441。

認定人的行為之善？唐君毅對這一問題有獨到的見解，並提出「人之欲禮義、行禮義、造禮義之積思慮習偽故之心，乃恒對其所欲轉化之現實生命狀態已存在。」【28】

在《中國哲學原論・原道篇》中，唐君毅把「道之始點」理解為：「在人之生命心靈之活動所共知所共行之道。蓋此人生命心靈之活動，沿其向上或向下，向前或向後，向內或向外之諸方向進行，即原可開出種種道路，以上及於天，下及於物，內通於己，外及於人；以使其知、其行，據後而向前；由近而無遠不屆，由低而無高不攀，由狹而無廣不運；而成己成人，格物知天；……一切高妙之境，其始點與根原，仍只在吾人之眼前當下之生命心靈之活動，原有此種種由近至遠，由低至高，由狹至廣之道路在。」【29】從心靈活動的方向、途程來理解「道」，指出心依其道德文化理想而轉化現實生命狀態，這是唐君毅能夠深刻理解荀子學說中為善之曲折的關鍵。

這種理解，沿著心之內外溝通與人文歷史之前後相繼兩個方面展開。唐君毅指出，「此道初在主客內外之中間，而為人心循之以通達於外，以使人心免於蔽塞之禍者。故此道在第一義，初當為心之道，在第二義方為心所知之人文歷史之道。」【30】在唐君毅，「道」本身即內蘊著心之活動規律與人文歷史規律兩重含義，而人文歷史規律亦是為人心所知者。「道」作為人心活動的規律，本身即是心之表現；而使人心合於人類歷史規律，則絕非易事。一方面，心需要向內自知其自身，另一方面，心需要向外關聯，進入人文世界，求知統類之道。無論向內或者向外，都不是心能夠自然通達的，需要經過「虛一而靜」以致「大清明」

【28】唐君毅：《中國哲學原論・原性篇》，臺北：學生書局，1989 年 11 月版，頁 70。

【29】唐君毅：《中國哲學原論・原道篇（卷一）》，頁 7－8。

【30】唐君毅：《中國哲學原論・原道篇（卷一）》，頁 446－447。

張　倩　唐君毅論荀子之統類心　　167

的過程。唐君毅認為，在這一過程中，辨人心道心之別，明晰人心如何轉化成為道心，是理解心與道之關係的關鍵。徐複觀從欲望和認識能力的角度指出，「荀子一面以心為好利，乃就其欲望一方面而言；一面以心為能慮能擇，乃就其認識能力一方面而言；此亦為荀子言心之二方面，而非將心分成人心與道心兩個層次。」就此而言，唐君毅作的這種層次上的區分是一種誤讀。【31】而在這裏，唐君毅是從對「道」之認識程度、能否兼知的人文意義上進行的。其中，「人心即專精於一事，而不能通於他事之心；而道心則為能兼知不同之人所專精之事之意義與價值……」【32】從這個角度講，唐君毅對荀子之「心」的劃分，主要是從其認識能力和行為動力的角度進行的，不涉及欲望問題，具有合理性。

　　知曉「道心」才是真正的「統類心」，這是荀子學說中為善之曲折的第一個環節。唐君毅指出，「人心原能兼知萬物，而又能擇一以精於一事，則人之各有所專精之事，更相配合，即人之專精於一事者，可更不求其他之事，以致不知人於有所專精之事之外，應尚有能配合此諸人各所專精之事者。此能配合諸人各所專精之事者，則不能只是專精於一事者；而當為能兼知各專精之事之價值，並知如何將此專精之各類之事，統之於一道，而有一合道之心者。然此一合道之心，則非人人所能有。此合道之心之培養，亦非易事。此則由於人之既專於某一類之事，人即恒可自限於某一類之事，以用其心之故。」【33】可見，道心才是真正之統類心，真正能導人向善者。他認為，知曉人向善之根據在於道心，而荀子之「道心」又不同於孟子所講之「善端」之心，不能直接發出道德行為。

　　為善的曲折不僅由於由心知道的過程，還因為在由心知道之後，還

【31】徐複觀：《中國人性論史‧先秦篇》，臺北：商務印書館，1969 年版，頁 243。

【32】唐君毅：《中國哲學原論‧原道篇（卷一）》，頁 455。

【33】唐君毅：《中國哲學原論‧原道篇（卷一）》，頁 454 — 455。

要經過理智心向意志行為之心的轉化。這是荀子學說中為善之曲折的第二個環節。他指出,「荀子所謂心有向上之能,⋯⋯所謂向上之能,乃由下直升,至其所謂性情之上,以知統類之道;而實行此道,以轉而制性化性,以成善行者。由是荀子之心,即只在第一步為一理智心,而次一步則為一意志行為之心。此意志行為之心,乃能上體道而使下貫於性,以矯性化性者。」【34】

通過「傘」的比喻,唐君毅把向善的兩個曲折過程生動的表達出來:「荀子之心,即有如原為一傘之直立,而漸向上撐開,以鋪陳出統類而下覆者。」【35】故而,唐君毅對向善之曲折的表述,可以概括為:第一、統類心 → 知道;第二、行道 → 意志行為之心 → 化性起偽以達於善。「道」在這種曲折中具有仲介的作用,而「養心」的工夫則是一以貫之。唐君毅指出,荀子養心,「要在念念積累,以使之趨於堅固」;荀子言誠,「要在由知道而守道行道,以措之於矯性化性之行。而此誠之工夫,則為致誠固誠篤之工夫。由誠固誠篤之工夫彰著,而人之精神即下化自然之性,而心之知道之知,亦下貫而條理此自然之性,此知之明,亦徹于此自然之性。」【36】唐君毅認為荀子之統類心能知人倫、人文之道之全,能知人類歷史文化相繼相續之全,故而在荀子處是「以心主生」,「以心主性」,強調了人必須依賴現實自然生命的變化來實現對道德人文理想的追求。

徐復觀把荀子之心解讀為認識心,並指出向善之曲折的原因在於認識心不能夠直接保證行為之善:「認識之心,可以成就知識;而知識對於行為的道德不道德,並沒有一定的保證。於是荀子一方面要靠心知,以使人由知道而通向於善;但另一方面又要以道來保證心知的正確

【34】 唐君毅:《中國哲學原論‧導論篇》,頁 140。

【35】 唐君毅:《中國哲學原論‧導論篇》,頁 140。

【36】 唐君毅:《中國哲學原論‧導論篇》,頁 141。

性。」，並把荀子經由心知以向善的過程概括為：求道 → 心虛一而靜 → 心知道 → 微（徐複觀認為，微有兩層含義：一是「因心知道以後，而心的認識能力，可極盡其精微」；二是「因認識之極盡其精微，而可以知行冥一，由知之精而同時即見行之效，有似於中庸所說的『從容中道，聖人也』的微妙境界」。）【37】這種見解，與唐君毅之「意志行為心」為必須，具有高度的一致性。又因為徐複觀從「認識心」的角度來解讀荀子之論心，不能必然地包含行為之心，故而行為之「善」在荀子處難以獲得保證；而唐君毅用「統類心」包含「意志行為心」，進而凸顯實踐的意義。

不同于牟宗三由「正名」思想中之「邏輯心靈之發展」【38】、徐複觀以「虛一而靜」之「認識心」【39】來定位荀子對中國文化的貢獻，唐君毅通過對荀子「統類心」的論述肯定荀子思想的人文價值，實際上代表了新儒學在心性論的脈絡下探索荀子學說之積極意義的努力，同時又用荀子學說中割裂心與性情為二的「弊端」突出心性之學的高明通透，並指出「程朱之論，蓋亦正每為人之由荀子之論，再轉進一步，以重引入孟子性善之論，所宜經之一論也。」【40】

【37】徐複觀：《中國人性論史・先秦篇》，頁 240、頁 246。

【38】牟宗三：《名家與荀子》，頁 193。

【39】徐複觀：《中國人性論史・先秦篇》，頁 240。

【40】唐君毅：《中國哲學原論・原性篇》，頁 76。

景印香港新亞研究所《新亞學報》（第一至三十卷）

忠義與報恩：中國祠廟文化的教育意義
—— 以臺灣韓文公祠為例

柯萬成*

提 要

　　本文探討中國祠廟的教育意義，以臺灣韓文公祠為例。因為報恩與轉報的觀點，係得唐先生之啟發，合當以為紀念。

　　唐代，韓愈以古文明道，自身則躬行先王之道。在朝廷，他死諫佛骨；於潮州，他愛民養士。他的作為，原是對道統生命的報恩，對唐皇朝庭報恩。他的直道，雖不容於朝庭，但得潮人之心，被潮人思慕，潮人啟建祠廟，馨香以祀，是潮人的回報。韓愈的人格精神，高標萬代，他的忠義典型，孕育了潮州節義文化。是故，今日於韓文公祠的祭祀，我們倡言忠義，報恩的精神，乃至轉報於國家社會，服務人類，本為人類生生應有之意義。本文依序敘述韓祠修建歷史及其宗旨，發現此一深邃的人文意義，必須表而出之。

一、前言

　　近幾年，拜讀《唐君毅全集》，獲益良多。唐先生是文化大師，一代哲匠；從悲憫近代中國文化的花果凋零裡，欲振起人文，恢宏士氣，自作主宰，激濁揚清，震奮世俗，曾發出「世界無窮願無盡，海天遼闊立多時」的豪願。

　　書中，唐先生於人文教育方面尤為諄諄教誨，如〈海外中華子孫之

---

*國立雲林科技大學漢學資料整理研究所副教授。

安身之道〉【1】〈中國教育應有之根本改造〉【2】諸篇，有望於中國之大學校長及教師，重視中國整個文化之發展。後學如我，尚須效法處甚多。

唐先生關心文化生活，有幾篇文章探討祠廟之祭祀、提倡「天地君親師」三祭，如〈中國之祠廟宇與節日及其教育意義〉【3】〈說中國人文中的報恩精神〉【4】指點出儒家之宗教情懷及禮之三本，重視報恩精神，倡議生活化，建議有志者，當從此入，以建立現代禮樂。後學讀畢，深受啟發。

近年，筆者關注臺灣韓文公祠的祭祀活動。猛然發現，韓愈雖逝，但其精神信仰仍寄寓於祠廟中，活在中臺兩地的祠廟裡，歲歲受祀，由宋代至今（999--），超過一千年。

韓愈（768-824）元和十四年（819），因上疏〈論佛骨表〉，觸唐憲宗之怒，貶為潮州刺史。任內，驅除鱷魚，解放奴婢，延師興學，頗有善政【5】。雖然治潮不到八個月【6】，但恩澤長存，得潮人感念，宋人遂

【1】 唐君毅：《中華人文與當今世界補編》（下）（臺北：臺灣學生書局，民 77 年 5 月全集初版）頁 450-451。

【2】 唐君毅：《中華人文與當今世界補編》（上）（臺北：臺灣學生書局，民 77 年 5 月全集初版）頁 412-416。

【3】 唐君毅：《中國人文與當今世界》（下），（臺北：臺灣學生書局，民 69 年 4 月三版）頁 576-599。

【4】 唐君毅：《中華人文與當今世界補編》（上）（臺北：臺灣學生書局，民 77 年 5 月全集初版）頁 360-369。

【5】 羅聯添：「今據文籍，其政可得而言者三：一曰除鱷魚，二曰放奴婢，三曰興學校。」《韓愈研究》（臺北：臺灣學生書局，民 70 年 11 月增訂再版）頁 106-108。

曾楚楠則歸納為四：「驅鱷除害，關心農桑，贖放奴婢，延師興學。《韓愈在潮州》（潮州：文物出版社，1993 年 8 月）頁 7-16。

【6】「韓愈自四月二十五日蒞潮，至十月廿日遇赦授袁州刺史」，筆者在〈將至韶州

建祠廟。這便是潮州韓文公祠（以下簡稱韓祠）的由來。

明清時，韓文公祠流行於潮州梅州一帶，成為通祀。清初，隨著移民腳步，韓文公信仰亦傳到臺灣。臺灣韓文公祠原是廣東省潮客移民而完成在地化的信仰。

臺灣的韓文公祠，分有專祠和從祀兩種形態，前者包括：臺南建有韓文公祠，屏東內埔鄉有昌黎祠；後者包括：嘉義市廣寧宮、雲林大埤三山國王廟、彰化永靖三山國王廟、苗栗文昌祠等。當中，名聲較著的為屏東內埔鄉昌黎祠。歷史較早者為臺南韓文公祠。今日，中國奉行無神論，以故，韓文公祠只被視為古蹟；而臺灣各地的韓文公祠，香火頗盛，反映了韓文公信仰，歷久彌新。

本文欲探中國祠廟之祭祀意義，方法上則以台灣韓文公祠為中心，就韓愈為何被奉祀？其祭祀意義為何？教育意義為何？以為論述。

韓祠的名稱，因異時異地而不同。有稱昌黎先生祠堂（宋代陳堯佐時）、有稱昌黎伯韓文公廟（宋代王滌時）、有稱韓文公祠（臺灣臺南）、有稱昌黎祠（屏東內埔），為了論述方便，本題逕取韓文公祠為名，以為概括。

二、韓愈為何被奉祀？

韓愈是人，為何成為神？被後世奉祀？

《禮記・祭法》：「夫聖王之制祭祀也，法施於民則祀之，以死勤事則祀之，以勞定國則祀之，能禦大菑則祀之，能捍大患則祀之。」[7] 所謂

先寄張端公使君借圖經〉詩曾有考證，以為韓愈聞命在十一月上旬，離潮約在十一月中下旬或十二月初旬。參拙作〈韓愈詩四家繫年異同比較〉，《韓愈古文新論》（臺北：文史哲出版社，民90年）頁375-377。

[7]《禮記》（十三注疏本，臺北：藝文印書館，民71年8月九版）頁802。

法施於民、以勤死事，以勞定國，能捍大患、能禦大災者則祀之；簡言之，凡是有功烈於人民者，皆入祀典。

任內，韓愈驅除鱷魚，解放奴婢，延師興學，有功於潮州，固然得潮人思慕懷念。這裡，必須特別揭出的，就是德禮忠孝的教育了。韓愈治潮，留意風俗教化，重振州學。他考察州學廢弛的原因後，「今此州戶萬有餘，豈無庶幾者邪。刺史縣令不躬為之師，里閭後生無從所學爾。」[8]於是自己任教，「躬為之師」，之外，特意延請趙德「攝海陽縣尉，為衙推官，專勾當州學，以督生徒」[9]，並自捐廩俸百千作為本金，收其孳息，做為飲食支出。趙德，廣東海陽縣人，大曆十三年進士。年紀長於昌黎。[10]韓愈推薦其人：「沉雅專靜，頗通經，有文章，能知先王之道，論說且排異端，而宗孔氏，可以為師矣。」[11]而趙德私輯韓文72篇為《昌黎文錄》課誦潮民，皆理純義正之文。韓愈離潮後，潮州州學因有趙德督導，得以穩定下去，有益於當地文教事業之長期發展。

自昌黎置鄉校後，至宋而人才大盛。鄉校之學額，生員名數，亦由舊額120人漸增至180人，這裡的生員名額，反映了潮州一帶文教興起的情況。當然與郡守提倡分不開，此中，「王滌、丁允元俱為韓公立廟，滌即東坡為撰碑之郡守，皆留心文教者也。」[12]

---

[8]〈潮州請置鄉校牒〉，《韓昌黎文集校注》，頁401-402。

[9] 同上註。

[10] 饒宗頤〈趙德及其昌黎文錄〉：「德為廣東海陽縣人，全唐文載其曾官殿中丞。海陽縣志謂其大曆十三年進士，距元和十四年，昌黎謫潮，凡四十三年，時德年當逾六十，反長于昌黎。置鄉校牒但稱彼為秀才，蘇軾為韓廟碑則稱公命進士趙德為之師。」（《潮州商會會刊》，香港，該會印行，1981）

[11] 同上註。

[12] 饒宗頤〈趙德及其昌黎文錄〉引舊圖經云：「元祐間王侯滌嘗少增其數。自曾侯登而後，所撥之田，具載于籍。養士舊額百有二十人。丁侯允元增五十人，今

宋代，治潮州者，頗有賢吏，多以學韓為務，愛民養士。於是，三陽之地，進士疊出，文風之盛，異於廣東他縣，遂有「海濱鄒魯」之譽。

後人推原其功，韓公遂被推為典範。於是，潮人祠祀韓文公了。

三、韓祠的教育意義

韓祠的祭祀，當然是祈福；也應有其教育意義。

禮者，「履也，祭神求福也。」（《說文·示部》）但所謂福，有世俗之福與賢者之福之分。

祭者，「志意思慕之情也。」（《荀子·禮論》）思慕甚麼？當是思慕其德操，崇拜其人格。

祭者，「所以追養繼孝也。」（《禮記·祭統》），此由孝親推出，「致孝於鬼神」，於是而有報恩之義。

（一）、宋代韓祠的教育意義

潮人祭祀韓文公，是志意思慕的表示；同時，也是祈福。其間演進，凡經三個階段：禱神求福、忠義教化、正氣為神。

早於宋代，潮州人對韓文公的崇拜，近於迷信，蘇軾（1036-1098）便說：「潮人之事公也，飲食必祭，水旱疾疫，凡有求必禱焉。」韓愈治潮八個月，生時能除民禍，得潮人深信，乃至於韓愈離潮後，遭遇「水旱疾疫」時，仍然向他神祠祈福。這是第一階段。

陳堯佐（963-1044）立祠於州治，親撰〈招韓公文并序〉，揭出祠祀的意義：「祀之之義，蓋所以獎激忠義而厲賢材也。」[13]欲藉韓愈

增至一百八十人，遂為定額。」此宋末鄉校生員名數，王滌、丁允元俱為韓公立廟，滌即東坡為撰碑之郡守，皆留心文教者也。（《潮州商會會刊》，1981）

[13]《永樂大典》卷5345，頁3。

的忠義精神，崇高的德行，勉勵賢才繼起效法。這是第二階段。

中唐至北宋，百年之間，韓愈英靈不散，仍能庇護潮民。神明，原是超越時空而存在，蘇軾說：「公之神在天下者，如水之在地中，無所往而不在也。」對此現象，蘇軾延孟子說，認是韓文公的正氣使然，他在〈潮州韓文公廟碑〉洋洋灑灑說：

> 匹夫而為百世師，一言而為天下法，是皆有以參天地之化，關盛衰之運。其生也有自來，其逝也有所為矣。故申呂自嶽降，傅說為列星，古今所傳，不可誣也。孟子曰：「我善養吾浩然之氣。」是氣也，寓於尋常之中，而塞乎天地之間。卒然遇之，則王公失其貴，晉楚失其富，良平失其智，賁育失其勇，儀秦失其辯，是孰使之然哉？其必有不依形而立，不恃力而行，不待生而存，不隨死而亡者矣。故在天為星辰，在地為河嶽，幽則為鬼神，而明則復為人。此理之常，無足怪者。【14】

北宋元祐五年（1090），潮州知州王滌把韓祠遷於州城之南七里，題為「昌黎伯韓文公廟」，蘇軾受邀撰寫碑文，時年 55 歲。上距韓愈唐穆宗長慶四年（824）之逝，已有 266 年之久。韓愈雖作了古人，他的氣仍浮蕩在空中。當其氣盛充盈而為神，蘇軾提出的「正氣為神」說，是為第三階段，仍為教化意義。重要的是，他向世人揭示了韓愈的人格世界。於此人格世界，他日當為文專論。

「知言養氣」本是孟子的道德人格修養之實踐，正氣是道德修養存養擴充之體現。韓愈〈爭臣論〉中，以「爭臣」自況：「自古聖人賢士皆非有求於聞用也，閔其時之不平，人之不乂，得其道，不敢獨善其身，而必以兼濟天下也。孜孜矻矻，死而後已。」韓愈這種「得位行道」思想，他的精神力量就是正氣。其見之於勇諫佛骨，以至治潮之施為，可謂具體有徵。

【14】《蘇東坡全集》後集卷 15（北京：中國書局，1991 年 9 月 2 刷）頁 627-628。

再後，宋末時，文天祥〈正氣歌〉係順此而發輝，其為國殤節，當為此精神之極致體現。

復次，蘇軾進一步指出韓文公於文化史的貢獻：「參天地之化，關盛衰之運。」

所謂參天地之化，說出《中庸》。《中庸》講「誠」，「唯天下至誠為能盡其性‧能盡其性‧則能盡人之性‧能盡人之性‧則能盡物之性‧能盡物之性‧則可以贊天地之化育‧可以贊天地之化育‧則可以與天地參矣。」

蘇軾極論韓愈之至誠，因為至誠，而能感化，故能「開衡山之雲、能馴鱷魚之暴、能信於南海之民」[15]，廟食至今。潮人受生於天地，而韓公以教化助成之，與天地同功，這是「贊天地之化育」的意義。

唐先生依文化哲學觀點，另出新義。他指出「贊天地之化育」，古人稱之為盡心盡性，今日，就是「代神工作」。他說：「神即人類精神之全般價值理想，至真至善至美，完全與無限」，當人類不限於個體心，要求成為普遍心時，「代神工作」，就是完成真實的自己：

> 神即人類精神之全般價值理想，祂即是至真至善至美完全與無限，你代神工作，即是為實現人類精神之全般價值理想底工作。實現人類精神之全般價值理想，即出於你之要以你之心，與一切人類的心連接，而成為普遍心。你之心之所以要成為普遍心，由於你不願只限於個體心。你之不願只限於個體心，由於你的本性要求無限。所以代神工作，即所以滿足你心之本性的要求，即所以實現你心的本性。代神工作，即是完成你真實的自己。我們的結論，用中國的舊話來說，即贊天地的化育，便是盡性，

---

[15] 蘇軾云：「故公之精誠，能開衡山之雲，而不能回憲宗之惑；能馴鱷魚之暴，而不能弭皇甫鎛、李逢吉之謗；能信於南海之民，廟食百世，而不能使其身一日安之於朝廷之上。」同上註。

便是成己。【16】

而「贊天地的化育」，又道出了韓愈追求真善美的人格世界。此義甚廣大，恕本文未能闡述。

（二）、今日韓祠的教育意義

宋人於韓祠的祭祀意義，從祭神祈福，到獎勵忠義，到正氣為神，分三個階段。今日，我們論韓祠的人文精神教育，後學提出忠義和報恩兩點。

1、忠義：

早先，在宋代時，陳堯佐認識到韓愈對潮州的文化教育貢獻，在於道德教化：「唐元和十四年，昌黎文公愈，以刑部侍郎出為潮州刺史，至郡專以孔子之道教民，民悅其教，誦公之言，藏公之文，綿綿焉迨今知學者也。」【17】

陳堯佐，據《宋史·本傳》載：「進士及第……知真源縣，開封府司錄參軍事，遷府推官。坐言事忤旨，降通判潮州（999）。修孔子廟，作韓吏部祠，以風示潮人。」【18】在潮州，曾補抓鱷魚，撰〈戮鱷魚文〉，當市人之前殺之，以做為教育之用。陳堯佐治潮，上距韓愈（768-824）之逝，凡175年。他因「言事忤旨」貶潮，修孔廟、作韓祠、戮鱷魚，性情與遭遇，顯然有取於韓愈。是一位學習韓愈、效法韓愈的人物。

元豐七年（1084），韓愈受詔封昌黎伯。配祀孔廟，理由是「發明先聖之道，有益學者。」【19】

【16】唐君毅：〈心靈之發展〉《人生之體驗》（台北：臺灣學生書局，2000年5月，全集校訂版）頁169。

【17】〈招韓文公文并序〉，《永樂大典》卷5345，頁22。

【18】《宋史》卷284，中華書局點校本，頁2449。

【19】《宋史·禮志》卷105，中華書局點校本，頁2549。

柯萬成　忠義與報恩：中國祠廟文化的教育意義——以臺灣韓文公祠為例　179

據《宋史·神宗本紀卷16》：「七年，五月壬子，以孟軻食文宣王，封荀況、揚雄、韓愈為伯，並從祀。」[20]為何韓愈得從祀孔廟？因為他於儒學貢獻，如同荀況、揚雄二人一樣，故得從祀孔廟及封爵。

其後，韓愈之繪像遂從祀於「國子監及天下學廟」。[21]

再過6年，潮州知州王滌治潮，順於民意之求，於州城之南建成「昌黎伯韓文公廟」了。

王滌字長源，元祐五年（1090）任潮州知州，他師法韓愈，「養士愛民」[22]。

陳堯佐立祠於州治之後，並親撰〈招韓公文并序〉高高揭示此祠祀的意義：「祀之之義，蓋所以獎激忠義而厲賢材也。」[23]。

《元一統志·昌黎伯廟》說：「繼是，邦人或因守倅之美政，足以感人心，寓公之高行，足以激流俗，皆為立祠，以為後勸云。」[24]

「獎忠義而厲賢材」、「感人心，寓高行，激流俗，以為後勸」二句，無非藉此告訴世人，這是崇高的德行，這是忠義精神，以為勸化的意思。

廖德明〈八賢贊後序〉直指人心為教化之本，痛陳今之郡守只逐其末，「惟汲汲於財賦獄訟簿書之末，風化之本，鮮有經意。」[25]於是列舉潮州八賢趙德、吳子野等八人，撰〈八賢贊〉揭其旨趣：「八賢者，典型也，文獻也，風俗之本也。」[26]期盼潮人瞻仰之際，感發精神，以為化民成俗。

【20】《宋史》，中華書局點校本，頁312。

【21】《宋史·禮志》卷105，中華書局點校本，頁2549。

【22】《潮州府志》33，頁786。

【23】《永樂大典》卷5345，頁3。

【24】《永樂大典》卷5343，頁44。

【25】《永樂大典》卷5345，頁6。

【26】《永樂大典》卷5345，頁6-7。

廖德明關心的，便是人格教育了，他標舉八位潮州賢者，一一贊頌，無非藉此儀型，「化頑成仁」，把愚頑教化成仁者，多麼具有人文理想性，是一位有心人。

今日，我們瞻仰韓祠，其忠義典型，使人學習，使人思慕，使人感興發奮，生歡「有為者若是」，這是從韓祠而得忠義的教育意義。

2、報恩

古之聖王，神道設教。「天地君親師」三本，其中，天神地祇是一本；君師、祖先是人，為二本。天神地祇是宇宙生命之本，君師，是文化生命之本、祖先，是身體生命之本。三本皆為我之本源，無本即無源。

有祈有報，本為人情。於天地社稷，人有春祈秋報；於君師聖賢，我們崇德報功，建立〈祭法〉的標準；於堂上父母，「生，事之以禮」；於宗廟祖先，「祭之以禮」，於是建立人道，人倫之道。於是我們報恩，報三本之恩。

唐先生〈說中國人文中的報恩精神〉，有精闢的申論：「中國人文中之報恩精神，即要報在先的人，對現在的我之一切生活上的事之恩德。」[27]

感恩而報恩，用直接之途徑，如子女奉養父母，學生報答老師便是；之外，又有「轉報」的方法，如教育子女，以報父母之恩，如教學生，以報師恩便是，所謂「轉報」即把恩義報於後人。唐先生說：「此報恩之道，不必只是我之還報於對我有恩者，而恆是我之轉施恩德於此外、此後之人之『轉報』，如以教育子女報父母之恩，以教學生報師恩。」[28]

因為有此「報恩」精神，使人間恩義相續，構成了人類悠長的歷史

---

[27]《中華人文與當今世界補編》（上冊），頁360。

[28]《中華人文與當今世界補編》（上冊），頁360。

文化，生生不已，剛健不已。唐先生說：「此即足以成就人之先後之生活之相續，以及文化歷史之相續，亦即人生一切繼往開來，承先啟後之事業之本。」【29】

唐先生所言之「報恩」精神，古人稱為報本反始，崇德報功，裡面有敦厚人倫的深厚意義。俗語謂之：「飲水思源」，「吃果拜樹頭」是也。

漢人王充從唯物論觀點探討，認為「人有賞功供養之道，故有報恩祀祖之義。」【30】，人於有功者給獎賞，或給予物質的供養，原是人類共同的心理，故有祭祀的行為。王充說：「凡祭祀之義有二，一曰報功，二曰修先。報功以勉力，修先以崇恩，力勉恩崇，功立化通，聖王之道也。」【31】

父母養育子女，子女孝養父母，固然是報恩。復次，唐先生標出孝子「繼志述事」也是報恩：「人之繼志述事，如曾子之全其福，以全生而全歸，亦是報父母恩之方式。」【32】

推而大之，報恩於人類，此為大孝，唐先生據《孝經》之義，說：「中國之孝經以人之一切對現在未來之人之服務，而立德立功之事，以亦皆可以作為報父母之恩之事，亦皆是大孝。」【33】

試想，我們投生人間，一無所有，一無所知，而有今天的我，完全是「天地君親師」的給賜，是受恩。如何報「天地君親師」之恩？於堂上父母盡孝，盡份，於宗廟祖先，「慎終追遠」，於天地社稷，從孝親義，推而致孝於鬼神，必誠必敬，既是崇恩也是報恩。復次，我們教育子女，作育英才，傳承文化，既是報恩，又即轉報恩義於後世。進而，

【29】《中華人文與當今世界補編》（上冊），頁360。

【30】《論衡・祭意篇》，頁517。

【31】《論衡・祭意篇》，頁516。

【32】《中華人文與當今世界補編》（上冊），頁361。

【33】同上註。

我們自覺我身之渺小，我身之悠悠，我得「天地君親師」而成才，我得五倫之助而成業，於是飲水思源，對歷史文化有責任，致力為人類服務，是為大報恩了。

順著唐先生觀點，韓愈行道是「報恩」，報儒家聖王之恩，不惜身命，諫迎佛骨，如此氣節，是報朝廷恩。貶於潮州，諸多善政，乃「轉報」於潮人。潮人受教，人文蔚起，建祠立廟，固然是「報恩」，而後世治潮官宦學韓事韓，啟迪人心，仁孝忠義，以教導其兒孫後世，即將恩義「轉報」於後人。此中，恩恩相續，義義相連，綿綿遞遞，承先啟後，繼往開來，便蘊藏著深邃的人文意義。

四、結語

古代廟學一體，祭祀與教育相連繫，此制度隨滿清之滅亡而崩解。近代之學校，施行新式教學，視祠廟為宗教祈福場所。世人重視現實，營役於考試、求學位、謀公職，祈求金榜題名，原為人之常情，而祠廟的甚盛香火，本亦無所厚非，惟不應止於祈福而已。

古來，儒家致力於人文教育。以韓祠為例，宋代以來，陳堯佐建立祠祀，王滌建廟，蘇軾撰韓碑，諄諄然就韓文公的人格道德，多所表揚其文章教化，用以建立典範，樹其忠義、標其正氣、譽其至誠，無非藉其典範，以建立人道，開出人文世界，恢弘人文意義，以為人文化成。

今日，臺灣韓文公祠之祭祀，除了事神求福外，筆者認為還有許多人文意義，古人稱之為：報本反始、崇德報功；陳堯佐稱之為：忠義教化、獎勵賢才；今人稱之為生命教育，承擔責任等等。依唐先生說，可稱為報恩與轉報的精神了。

古人云：「湧身百代上，千古有餘情」，本文以韓文公祠為中心，拈出忠義與報恩兩項，論其教育意義；其實，未嘗不是今後中國祠廟文化所應致力之所在。

讀唐君毅先生《日記》叢札

李學銘*

提　要

日記是一個人較真實的生活、思想紀錄，雖然並不全面。本文嘗試從唐君毅先生（1909-1978）在香港三十年（1948-1978）所記述的《日記》，了解他的自省功夫、品德修養、治學之道和為文意見。至於其他方面的內容，限於時間和篇幅，只好從略。以蠡測海，不免有偏，期望敬重唐先生的晚輩後學和讀者諸君，可以聞一得二，甚或舉一反三。

一. 引言

日記是一個人較真實的生活、思想紀錄，雖然會有局限。本文嘗試從唐君毅先生（1909-1978）的《日記》（1948-1978），了解他的自省功夫、品德修養、治學之道和為文意見。為甚麼我們閱讀和討論的內容，只限上述唐先生在香港三十年所記述的《日記》？主要的理由，是由民國十五年至民國卅五年（1926-1946）唐先生的《日記》和札記詩稿，都丟失了。資料缺乏，討論無所依據，因此討論的範圍，只好限於 1948 年以後的三十年記事了。唐先生在 1954 年 3 月 4 日的《日記》這樣說：

> 四妹昨來信……我十五至卅五年之日記與札記詩稿等，皆已無蹤跡矣。我在此十五年中乃學問最進步之時，日記中所記之生活反省及思想皆最詳，札記中則包含三十以前之思想系統，此皆我過

---

*本所教授／香港公開大學榮譽教授。

去最寶貴者，今已不知所在矣。[1]

所失日記，是唐先生三十歲以前最可寶貴、最有價值的生活、思想紀錄。這些資料，為甚麼會失去呢？唐師母謝廷光女士在《唐君毅日記刊行記》中記述：

（唐先生）以抗戰時期避日機轟炸，將日記、札記與家中藏書和他父親文稿一併寄存成都附近之雙流縣劉雲家中，劉乃他父親學生。後來共產黨以劉家為地主，被抄家，故所寄存之藏書、父親文稿，和他的日記、札記詩稿就不知去向了。[2]

相對於失去的資料，唐先生認為「在香港日記，則無大的價值，不過對他個人則有極大之歷史意義」[3]。其實，我們要了解唐先生的生活和思想，他在香港所記三十年的《日記》，固然有極大歷史意義，同時也有不可忽視的價值，因為由 1948 年至 1978 年，正是唐先生由盛年而至晚年的時期，在這一大段時間內，他的學問、思想，應該是最穩定、最成熟的。我的閱讀札記，就以這個時期的《日記》為對象。

二. 唐君毅先生《日記》內容類札

唐君毅先生《日記》的內容，涉及範圍雖不算很廣泛，但也相當豐富，限於時間和篇幅，不可能作全面的述說。姑就讀後札記所得，分為幾類，並附說明，藉供敬重唐先生為人、學問的後學參考。以蠡測海，未必盡是，懇請讀者寬而容之，進而正之，幸甚！

---

[1] 見《唐君毅全集》卷二十七《日記》上冊，1991 年 9 月學生書局（台灣），頁 169。以後引述，出版年月及書局名稱從略。

[2] 見《唐君毅全集》卷二十八《日記》下冊，頁 481。

[3] 參閱同上。

李學銘　讀唐君毅先生《日記》叢札　　185

1. 常反躬自省

在日常生活中，唐先生常反躬自省，力圖改進。在《日記》中，不乏這方面的記述。在自省過程中，唐先生對自己的責備，有時不免嚴而苛切。

（一）待人之道

1948 年 6 月 19 日《日記》載：

> 近來頗感處人辦事之不易，必須處處能沈著氣，見侮不辱，並出語斬截方能有力。我為人過於仁柔，處處苦口婆心，用之於教育則宜，用之於辦事則太囉唆，他人不得要領，則無所適從也。【4】

唐先生自省為人過於仁柔，常苦口婆心教人，有時不免囉唆。辦事幹練之人，則須能沈著氣，出語斬截，處事決斷。在我的印象中，唐先生的確不是出語斬截、處事決斷的辦事幹才，但我們何必要求一位思想家、教育家、學人是個辦事幹才呢？

1951 年 5 月 11 日《日記》又載：

> 與廷光談，彼謂彼有時亦常疑人疑自己……此種心理我時常發生……我覺此乃由于一本原上之罪惡，即不相信自己，與不相信人。不相信自己，由當下之自己與過去之真自己忽然脫節，而以一切可能之事為真實，并由于人之過度之好名心而恐怖萬一之失其名譽。……此乃一極深之精神病態……此病終當去之方是。其要在撥去「可能」之幻想而一切歸于「實事」。【5】

人常有懷疑之心，更常會懷疑人家對自己懷疑，這是病態，唐先生自省也常有此病態。病態之起，其一是以幻想為事實，其二是對人對己缺乏信任，其三是有極端的好名心和得失心。解決之法，在撥去「可能」的

【4】見《唐君毅全集》卷二十七《日記》上冊，頁 5。

【5】見同上，頁 88。

3

頁 39 - 193

幻想而一切歸於「實事」。根據唐先生的自省，可見他嚴於責己，而且有不斷勉力向善、求進之心。

（二）自責與自勉

1951 年 12 月 10 日《日記》載：

> 我之最大缺點在不定，無論在內心意念與說話態度行動上皆然。以後宜首在行路與說話時力求從容穩定。[6]

唐先生以「不定」自責，他力求自己在內心意念與說話態度行動上能從容穩定。能認識自己的缺點，才可以知道怎樣改進。不過，唐先生對自己雖有「從容穩定」的要求，但實際上，他無論在品德修養、研治學術或傳道授業等方面，都經常表現出一種急不及待、猶恐失之的熱切之情。這就是他自稱為「不定」的缺點。

1952 年 10 月 26 日《日記》又載：

> 我有一天生厭惡機械性之活動或紀律組織之性格，故少年時厭惡軍事操。廿二年……當時程兆熊囑我代寫一文化宣言，我即首指出中國文化精神為寬容博大。……然我之生活亦因此有無條理而雜亂之病，若干年來之思想漸使我之廣博思想秩序化，以後我之生活當亦整秩方是，此固不礙我之重寬容博大之胸襟境界也。[7]

中國文化精神寬容博大，這是唐先生所蘄向的精神，並實踐於生活之中。但寬容博大的流弊，會使生活無條理而雜亂。唐先生以此自警，既求思想之秩序化，又求生活的整秩，而無論「秩序化」或「整秩」，必須以不妨礙重寬容博大的胸襟為原則。

1956 年 4 月 1 日《日記》又載：

> 晨思每日應事稍多，恆覺神思散亂，此蓋由應事時或以矜持心、或以計較心、或以剋核心、或以得失心應之之故。人之意念行為

---

[6] 見同上，頁 105。

[7] 見同上，頁 130-131。

實在不自覺加以檢點，即有陷于非之可能，人生實長在有過中，
欲立於無過之地亦為私欲，要在隨時自覺加以反省耳。【8】

唐先生時時自覺反省，這是其中一例。他認為，矜持心、計較心、剋核
心、得失心，使人神思散亂，實有害於應事。甚至「不自覺加以檢點」
及「欲立于無過之地」，這其實也是「私欲」的表現，會使自己「陷于
非之可能」。唐先生的自省，真是嚴而深切。

（三）相勉與僭妄

1950 年 5 月 21 日《日記》載：

對家庭中人與親戚只能望之能生存，甚難勉以道義，往往用力多
而成效少。學問事業之相勉皆只能求之于師友，此點我以後當記
住，以免自討煩惱，浪費精力。【9】

唐先生在六妹結婚之日，勸勉她和她的夫婿「勿忘學問」【10】。不過在
勸勉之後，唐先生有以下反省：以道義相勉，包括學問事業方面的相
勉，只能求之於師友，而難求之於親人。大抵關係親密，有時難以嚴正
論學、論道。古人提議「易子而教」，也可能是這個道理。可見相勉之
道，要看對象，要留意人我關係，不能固執己見，鐵板一塊。

1963 年 2 月 7 日《日記》又載：

我之缺點為對若干他人之事責任心太強，翻成一僭妄或佔有，實
則已（己）力不能及之事，則不必引為己責，人各有一個天，不
必皆由我為之擔憂也。【11】

對他人的事有太強責任心，則會擔憂，甚至會干預，這就會造成「僭妄
或佔有」。唐先生大抵有過這樣的經歷，因而有這樣的反省，例如上面

【8】 見同上，頁 227。

【9】 見同上，頁 60。

【10】 參閱同上。

【11】 見同上，頁 468。「已力不能及」，應作「己力不能及」，是手民之誤。

提到他對六妹和妹夫的勸勉，就是其中一例。在《日記》中，唐先生常有這樣或那樣的自覺和反思。

（四）論生死幽明

1976 年 8 月 21 日《日記》載：

> 二三年來我嘗念人於死無所畏懼之道，在念對此世界而言，昔之聖賢豪傑吾之父母及先輩師友，皆無不離此世界而去，則我有何德當久存於斯世乎？每一念此，即於吾一生之生死覺灑然無懼矣。吾若欲求延其生之壽，亦只以有其他尚存之人之故而已，每念他們失去了我的悲哀，我實不忍離開愛我而尚存的人。【12】

這是唐先生對生死問題的思考。人皆會死，因此不必對死恐懼，但仍然力求延生，主要是為了「尚存」的人，尤其是「愛我而尚存的人」。其中有豁達語，也有關愛語。

1976 年 9 月 14 日《日記》又載：

> 午睡後他說覺得舒服一點，大家很高興，父女二人還談了一些人生志趣和讀書為人的道理；又談死生幽明之理，「孔子曰：『大哉死，君子息焉。』所愧自己全無修養工夫。」【13】

上文是唐師母代記，「他」指的是唐先生。孔子之言，其實是子貢之言【14】。大抵唐先生在病中引述孔門高弟的話語來表達自己的看法。生死是大事，面對死亡，君子會安然坦然地面對。唐先生自愧「全無」君子的「修養工夫」，是謙遜，也是反躬自省的自勵。他其實「對死亡無

【12】 見《唐君毅全集》卷二十八《日記》下冊，頁 44。

【13】 見同上，頁 420。

【14】《荀子·大略篇》載：「子貢曰：『大哉死乎！君子息焉，小人休焉。』」（見王先謙《荀子集解》卷十九，2008 年 10 月中華書局〔北京〕，頁 511。）《日記》中所云「孔子曰」，可能是唐先生或唐師母的誤記。

李學銘　讀唐君毅先生《日記》叢札　189

所畏懼」，有「肅然承擔的魄力」【15】。

2. 論品德修養

唐先生常作品德修養的思考，並為養身、養心的實踐而努力。他以志道、據德、依仁、游藝作為自我修養的指標，因而可以遇疾不憂，遇詆不懼。

（一）學人的生活和修養

1966 年 11 月 10 日《日記》載：

> 連日為養身而習靜坐靜睡。更念只此是道。又在靜中常念及以往之種種過失及不免對人有意或無意之辜負，因知懺悔與對人之感念皆清心靜心之道。【16】

唐先生常作品德修養的思考。他認為靜坐、靜睡是養身之道；自我懺悔與對人感念是清心、靜心之道；前者是養身，後者是養心。養身是健康問題，養心是修養問題。

1977 年 4 月 2 日《日記》又載：

> 近日廷光欲念多，問毅兄如何能去掉欲念。他說「清靜自然無欲，無欲自然清靜」。【17】

上述是唐師母記述唐先生談論去欲念的話語。「清靜」是關鍵，清靜則心清、心靜，能清靜其心，則無所求，無所求何來欲念多？唐先生所強調的，仍是一貫的養心功夫。

（二）論人生責任

1967 年 1 月 30 日《日記》載：

【15】 參閱唐師母《唐君毅日記刊行記》，《唐君毅全集》卷二十八《日記》下冊的「附錄」，頁 485。

【16】 見《唐君毅全集》卷二十八《日記》下冊，頁 111。

【17】 見同上，頁 450。

廷光偶覺人生不免有委屈之感，毅兄說人生是要盡責任的，但問
耕耘，不問收穫，自然就無委屈之盛（感），並覺得處處有歉
意。又謂人如有貪念，即有委屈之感。【18】

這是唐師母代記的《日記》。唐先生很清楚地指出，人有貪念，才會有
委屈之感。貪念之起，是因為有所求——要問收穫。不問收穫的人，只
知人生要盡責任，只問自己是否有做得不夠的地方，那自然會不斷產生
歉意，有這種心態的人，又怎會有貪念？又怎會有委屈的感覺？這就是
唐先生對人生責任的看法。

（三）去憂念即去心魔

1968 年 10 月 30 日《日記》載：

二星期中時念將哲學筆記重組織為一書，但以目疾之故，時憂念
今生能成此書否。此憂念乃一魔，因我所信真理在天壤不增不減
之義，我不發現之，亦不增不減，吾人不應存此憂念。……人恆
覺「吾生有事」乃當有之念。但此念只所以使不作虛生之想。今
有書待作，則使我之以後有生之年，如目力健常，亦不致為虛
生，此為有書待作之唯一價值。此價值乃對己而非對真理自
身。【19】

唐先生相信「真理在天壤不增不減」，因此個人著述的價值，是對己而
不是對真理。在這個前提下，我們實不應憂念今生能否完成自己的著
述。唐先生常有急於著述之志，有時不免心存憂念。唐先生認為，憂念
是心魔，去憂念即去心魔。這是自解，也是對後學的提示。

（四）衰病正當用工夫處

1968 年 11 月 1 日《日記》載：

【18】見同上，頁 122。「委屈之盛」，應作「委屈之感」，是手民之誤。

【19】見同上，頁 176。

李學銘　讀唐君毅先生《日記》叢札　191

念人至老衰病患之境，以己力之弱，而對人之責望怨望恆多，希倖得與忌嫉之念，皆可無緣而自起，此中人之生命如水淺而沙石皆見。然能知此義，則老衰病患，正人當用工夫處。孔子言「不怨天不尤人，知我者其天乎？」此非易屆之境也。【20】

唐先生常作道德自覺的反省，這又是一例。他自勉老衰病患之時，「正人當用工夫處」，不要對人責怨，不要存有倖得和忌嫉之念。

（五）以聖言為修養指標

1975 年 1 月 4 日《日記》載：

念孔子志於道四句，可加指明為：志於天人之道，據於天性之德，依於物我感通之仁，遊於人文化成之藝。以統平日之所思。【21】

孔子云：「志於道，據於德，依於仁，游於藝。」【22】唐先生稍增文字，使語意較為明確、具體。這固然便於後學的理解、掌握，同時也可讓我們知道唐先生以聖言作為自我修養的指標，並且用來統攝自己平日的思緒。

（六）遇詆毀置諸不理

1948 年 7 月 4 日《日記》載：

遇人詆毀，應置諸不理。【23】

遇詆毀而不理，非有寬容、恕人之心不可。唐先生以此自勉，而於生活中亦能實踐。如 1958 年 5 月 20 日《日記》載：

【20】見同上。

【21】見同上，頁 366。

【22】見朱熹《四書章句集注‧論語集注》，2005 年 9 月中華書局（北京）重印本，頁 94。

【23】見《唐君毅全集》卷二十七《日記》上冊，頁 6。

9

今日人生社王貫之攜來隱名信一封，沒有一句好話，全是詆罵人的。毅兄看後很不在乎，並說毫無解答的必要，但我心中實在抱不平，覺得太委屈他了。雖然毅兄曉諭我，他說孔子聖人也，但仍要受人詆毀，所以子貢有仲尼不可毀也之語。【24】

這則《日記》由唐師母代記。用隱名信詆毀人，是怯懦者的行為。應付這些怯懦者，最好的辦法，就是置諸不理。不理是一回事，但一般人不能沒有不平之感。看來唐先生真能超越不平，所以不會產生委屈的感覺，同時也能以善言開導為自己抱不平的親人。

3. 論治學之道

治學是學者的要事。唐先生的《日記》有較大篇幅討論治學之道的種種問題，其中有關治學志趣、治學進程、治學方法等方面，所論尤多，可供我們參考。

（一）治學志趣

1965 年 2 月 11 日《日記》載：

念吾一生之寫作嚮往者，可以二語概之：「大其心以涵萬物，升其志以降神明」或「大心涵天地以成用，尚志澈神明以立體」。而此即中國先哲精神所在也。【25】

唐先生以中國先哲精神的所在為一生寫作即撰著的嚮往目標。「大其心」、「升其志」是修養功夫，「涵萬物」、「降神明」是蘄向目標。「涵萬物」也就是「涵天地」，為的是要「成用」；「降神明」也就是「澈神明」，為的是要「立體」。

1967 年 8 月 17 日《日記》又載：

晨起念我二十年來所論以告世者，可以立三極（太極、人極、皇

【24】 見同上，頁 318。

【25】 見《唐君毅全集》卷二十八《日記》下冊，頁 50。

極）、開三界（人格世界、人倫世界、人文世界）、存三祭（祭
天、祭祖宗、祭聖賢）盡之。[26]

唐先生自述二十年來的論著，可用立三極、開三界、存三祭三事來概
括。這三事，可說是唐先生治學的蘄向所在。究竟三極、三界、三祭之
間的關係怎樣？在同日的《日記》中，唐先生有詳細的說明：

> 人格世界開於人各修己而內聖之道成，太極見於人極。人倫世界
> 開於人之待人而內聖之道見於人，人極始形為皇極。人文世界開
> 於人之待天地萬物，而皇極大成，無非太極。祭天地而一人之心
> 遙契於太極，所以直成一人之人格，祭祖宗而後世之情通，所以
> 直樹人倫之本，祭聖賢而人格之至者得為法於後世，而人文化成
> 於天下。立三極依於智，開三界依於仁，存三祭依於敬。[27]

唐先生認為，人格世界是修己功夫，人倫世界是待人功夫，人文世界是
待天地萬物功夫。功夫修養的極詣，太極、人極、皇極三者就可相通而
無窒礙。至於祭天地是為了完成人格，祭祖宗是為了樹立人倫，祭聖賢
是為了化成天下。而治學用力的所在，應以上述種種為目標，在用力過
程中，不可不以智、仁、敬為依憑。

（二）問題思考

1968 年 10 月 1 日《日記》載：

> 念我以往所思之哲學問題：一為不思而中之智慧如何可能，此為
> 香港出版之《道德之自我建立》第二編之二文中之一。二為不勉
> 而得之道德生活如何可能，此於《朱陸問題探原》及《原性》文
> 中曾指出其為宋明儒學之核心問題。三為由言至默之知識論形上
> 學如何可能，我此半年中所寫之哲學筆記，即向由言至默方向而
> 論知識論形上學。然我初不自覺我之思想之三問題如此。此略類

---

[26] 見同上，頁 139。

[27] 見同上，頁 139-140。

康德之何者為人所知人所行人所望之問題。而實皆高一層次之問題，而純為契應東方哲學方有之問題與思想也。【28】

這是唐先生自述在以往的治學過程中，所思考的三個哲學大問題，這三個大問題是：

（1）不思而中之智慧如何可能？

（2）不勉而得之道德生活如何可能？

（3）由言至默之知識論形上學如何可能？

關於這三個問題的思考，唐先生都各有著述，只是他最初並不自覺會有這樣的思考和著述。唐先生還指出，自己所思考的問題雖略與康德相類，但實際有分別，因為自己的思考，純屬契應東方哲學才有的問題與思想。唐先生的所學，雖以中國思想為主，但其中頗有汲取自西方哲學思想的成分和來自西方思想家的啟發。不過無論是怎樣的汲取或啟發，唐先生的治學，仍然歸本於中國思想，因而可契應於東方哲學思想，特別是中國的哲學思想。

（三）治學經過及進程

1954 年 3 月 15 日《日記》載：

夜念我過去之寫文可分五時期：自廿六歲至廿九歲數年皆喜論中西哲學問題之比較後輯成《中西哲學之比較論集》于正中出版，卅歲至卅三歲數年中喜論道德人生成《人生之體驗》及《道德自我之建立》二書在中華商務印行，卅四歲後應教育部之約寫《中國哲學史綱》十七萬言，至卅六歲後補作《宋明理學論》廿萬言，後又寫《朱子理氣論》七萬言，此文後只零星在刊物上發表若干篇，大約見于《理想與文化》、《歷史與文化》及《學原》，卅八歲至四十一歲時寫《文化之道德理性基礎》，其中有二篇四十二歲時乃完成，四十一歲至今則又著《重論中西文化及人類文

【28】 見同上，頁 172。書名號代加。

化前途等問題》而針對時代立言。回想起來，皆四年一變，乃不期然而然者，亦異事也，不知此後數年尚如何。【29】

唐先生自述十多二十年來五個時期的治學情況（由廿六歲至四十二歲）。凡要了解他的治學興趣與取向的人，不可不細讀這則《日記》。除《中國哲學史綱》受教育部命撰述不計外，他由中西哲學比較的認識開始，進而關注道德與人生、道德與文化等問題，並深入探研宋明理學特別是朱熹的理氣論；在四十一、二歲時，則留意中西文化的比較和人類前途等問題。唐先生的治學，大抵四年一變，雖說「不期然而然者」，但由此可見他對學問的探研，有不斷求進、自強不息的存心。

1974 年 6 月 26 日《日記》又載：

念我過去之思想寫作之發展，三十歲前之《中西哲學比較論集》，只述而不作；其後之所作乃以《人生之體驗》中之《心靈之發展》一文為基，由此第二步為見此心靈之發展於人生之行程（亦見《人生之體驗》）；第三步為由此人生之行程之表見於人之文化與德性而成《文化意識與道德理性》一書；第四步為用此理論以講《中國文化之精神價值》；第五步為發揮此書以論現代之文化問題而有《人文精神之重建》、《中國人文精神之發展》及今所輯之繼此二書而寫之《中華人文與當今世界》；第六步為用之以為初學寫《哲學概論》，言知識論當歸於形上學，形上學當歸於人生論；第七步為由此以論中國哲學之基本觀念之歷史發展是為《中國哲學原論》；第八步為回歸於心靈以觀照人類之哲學境界是為《心靈三向》與《心靈九境》所由作；第九步則為吾年來所思之人類反面之罪惡之起原及社會政治之禍患根原之問題也。【30】

【29】 見《唐君毅全集》卷二十七《日記》上冊，頁 170。

【30】 見《唐君毅全集》卷二十八《日記》下冊，頁 347。

在 1954 年 3 月 15 日的《日記》，唐先生追述了十多二十年來五個時期的治學情況；由 1954 年至 1974 年，剛好是二十年，他又分九步詳細敘述自己治學的進程和發展，而每一步基本上都有具體著作可為代表。從這些著作的內容，我們既可了解他的思想進程和轉變，而每一步進程和轉變，都與上一步有緊密的聯繫，可說下一步的思想和著作，是上一步思路的發展。甚至他三十歲前的「述而不作」──《中西哲學比較論集》，也不能說與後來各步的內容、進程和發展沒有關係。可以說，1954 年和 1974 年這兩則《日記》，應該是唐先生一生中重要思想和主要著作的紀錄。

（四）與晚輩論治學之道

1955 年 3 月 24 日《日記》載：

> 夜與研究所學生談話，略說學哲學應重哲學史，對不同哲學取欣賞態度，並由知文化史而知錯誤理論之價值、哲學問題與哲學史之研讀之二元化。學歷史者應重哲學，如舊歷史家重三代之治與顧頡剛之層壘（累）造成古史觀皆有哲學為背景。又歷史問題與時代有關。中國未來之學術發展，講中國學術當融之於哲學社會科學中，而不只名為中國之學。【31】

這是唐先生對研究生諄諄提示的談話。他指出學哲學不應忽略哲學史，也就是研究學術思想不能不理會學術思想史，因為這樣才可擴大我們的識見，並對不同哲學或思想能理解和欣賞。不過，哲學問題與哲學史的研究，兩者關係密切，但又不可混而為一。唐先生又認為，「學歷史者應重哲學」，因為古今史家的理論和撰著，都有史觀在其中，關於這方面，現代哲學家馮友蘭也有相似的說法。馮氏在《中國哲學史》中表示：「敘述一時代一民族之歷史而不及其哲學，則如『畫龍不點

【31】見《唐君毅全集》卷二十七《日記》上冊，頁 198-199。「層壘」，似應作「層累」。

晴』。」【32】此外，唐先生又表示，研究歷史，不能忽略時代因素，這是非史學家的真有史識之見，值得研究史學的後學記取。

1977 年 11 月 12 日《日記》又載：

> 與學生談新亞研究所之性質與其他研究所之異同，及新亞諸導師成學之經過各不相同，亦多曲折，如從事政治教育行政等。然其所以能成其學，則在先有根底（柢），在從事他業時於學問不忘，而其多曲折之經歷乃為增其識見之用。故諸同學應自諸導師之識見向之學習。【33】

唐先生之意，大抵為：閱歷有助學問之成，但須先有根柢，有閱歷無根柢，則難以成學。研究生大多是年輕人，閱歷不足，是理所當然的事。為求將來的閱歷可助益自己學問之成，年輕人最好先努力及早打好自己學問的根柢。

4. 論為文之道

唐先生在《日記》中，對自己所撰文字，常作理性的省察。他認為為文有難易之別，但應向最難挑戰；他又認為，善用各類文字風格，有助表達效果。此外，他又強調，為文須有至誠惻愓，不可心存功利，並應力求讓人易於理解。

【32】馮友蘭在《中國哲學史》第一篇《子學時代》的第一章《緒論》中說：「培根曾說：許多人對天然界及政治宗教，皆有紀述；獨歷代學術之普遍狀況，尚無有人敘述紀錄，此部分無紀錄，則世界歷史，似為無眼之造像，最能表示其人之精神與生活之部分，反闕略矣。（見培根之《學術之進步》The Advancement of Learning）敘述一時代一民族之歷史而不研究其哲學，則如『畫龍不點睛』，如培根所說。研究一時代一民族之歷史而不研究其哲學，則對於其時代其民族，必難有澈（徹）底的了解。」（1959 年 8 月中國圖書公司〔香港〕，頁 17。）

【33】見《唐君毅全集》卷二十八《日記》下冊。頁 470。「根底」，本作「根柢」，現兩詞通用。

（一）論為文之難易

1951 年 2 月 24 日《日記》載：

> 文章之言對敵、命令、諷刺、打倒為事者易作，以平心析理述事
> 者較難，以轉邪歸正，引人向上及表現自己向上之精神更難，以
> 感人使人自然興起而向上者最難。【34】

為文有難有易，據唐先生的意見，由易而難，可分為四個層次：（1）
攻訐、譴責、諷刺之類的文章易作；（2）平心析理述事的文章較難作；
（3）引人轉邪歸正、向上及表現自己精神向上的文章更難作；（4）能感
動人使自然向上的文章最難作。推求唐先生的語意，他大抵希望我們寫
文章不要取易捨難，「較難」會是人人都要達到的要求，而「更難」和
「最難」，更是為文時應該蘄向的目標。

（二）應善用各類文字風格

1951 年 4 月 22 日《日記》載：

> 念我以前作文有抒懷式，如《人生之體驗及人生之智慧》。有反
> 省式如《道德自我之建立》。有辯論式如《物資生命心》。有析
> 理式如《文化之道德理性基礎》、《朱子理氣論》。有說教式如
> 《孔子與人格世界》。有述學式如《中西哲學比較研究集》及中哲
> 史中《王船山學述》及《今論中西文化》等。以前蓋不自覺所作
> 文字風格各異，以後當求自覺的用之，當可有進步處。【35】

上文所謂「文字風格」，實即各類表達方式。唐先生自覺所作文字風格
各異，略加分類，有抒懷式、自省式、辯論式、析理式、說教式、述學
式等多種，如果能自覺而善加運用，當可使自己的作文（書面語表達）
有進步。他的意見，大抵是：為文當看內容而採用適合的表達方式和風

【34】見《唐君毅全集》卷二十七《日記》上冊，頁 82。

【35】見同上，頁 86。

格。不過作者如果沒有自覺之心，就難以知道，怎樣的表達方式和風格，才是最適合的。

（三）為文須絕功利之心

1951 年 8 月 8 日《日記》載：

> 近來寫文，對作人精神當處處充滿于當前之事中之意有所了解，精神充滿于事即是敬，與絕功利之心通。【36】

這是唐先生對為文之道的體會。他認為為文之道，須以精神處處充滿於當前之事，如此才可真正了解當前之事中的意，能夠這樣，才會對事有敬，有敬，自然會絕功利之心。不能絕功利之心的人，對當前之事的了解，很難沒有障蔽，下筆為文時，不免會有偏頗了。

（四）為文須有至誠怛惻

1951 年 12 月 31 日《日記》載：

> 自念我之文字與若干師友之文字亦多缺至誠怛惻之意，終不免隨時下習氣而多浮語虛詞，何能透至他人性情深處。又念真宗教精神之高遠與宋明理學家之鞭辟近裏真不可及，內心深感難過愧悔。【37】

唐先文自省為文「多缺至誠怛惻」，不免有「時下習氣」而「多浮語虛詞」，他蘄向的，是真宗教精神的高遠和宋明理學家的境界。可見他時常嚴厲自我督促，甚至不惜痛加自責。他的提示很清楚：為文須有至誠怛惻，也就是要有真摯的情感，否則就會沾上時下浮誇的習氣，不能透入他人的性情深處。

（五）為文須儘量使人喻解

1952 年 10 月 26 日《日記》載：

【36】見同上，頁 96。

【37】見同上，頁 107。

> 念我過去寫文雖多，然未寫攻擊人諷刺人之文，亦未寫逢迎人或
> 媚世悅人之文，並求于文中勿有傷及他人及驕傲誇耀之語氣，此
> 乃我之好處。但我寫文乃因常要自己說出自己之異乎流俗處而未
> 能儘量求使人喻解，此乃仁智不足之故，宜改之。【38】

這是唐先生對自己所寫文章的評論。他自信所寫文章有不攻擊、不諷刺、不逢迎、不媚世、不驕誇等等優點，但因存心「異乎流俗」，常有未能儘量使人喻解的情況。他認為這是「仁智不足之故」。他以此自責，並勉勵自己改進。

三. 結語

唐師母在《唐君毅日記刊行記》中表示：日記記述的是個人生命的歷程，是個人的歷史。我們要了解一位學人，應當要看他的日記，因為從日記可窺見一位學人的願力、志趣、治學經過和為人之道，其中還有許多發人深省的地方【39】。我們讀了唐君毅先生的《日記》，所得到的印象，可說與唐師母的說明完全相符。

在《刊行記》中，唐師母還有一些話語，頗能說明唐先生的為人和思想，並有助於我們了解唐先生《日記》的主要內容。唐師母說：

> 他的《日記》寫得很簡單，似乎很平凡，但在簡單平凡的句子
> 裏，已表現了他溫純敦厚、勤勞孝友之天性，及一種內在的道德
> 的自覺反省而表現出來的至誠惻怛之性情，常抱苦心孤詣，與人
> 為善，望人人各遂其生，各不受委屈之懷。【40】

上述文字，足以概括唐先生的性格、為人、胸懷，從《日記》的記述，不難得到具體的印證。唐師母又說：

【38】見同上，頁130。

【39】參閱《唐君毅全集》卷二十八《日記》下冊的「附錄」，頁481-482。

【40】見同上，頁482。

李學銘　讀唐君毅先生《日記》叢札　　　201

> 先夫在思想學術上的態度是非常寬大的，只要是從良知理性出
> 發，目標在使人類社會更合理想，不同的思想路向是可以相容
> 的，不同的著作，他都欣賞。他說若人人能本良知理性，化私為
> 公，心光交映，這是多麼善的世界。【41】

寬大、相容，是唐先生在思想學術上經常保持的態度。他能欣賞意見不
同的著作，能肯定異己之美，反而對待自己的不足，他常採取一種苛責
的態度。在《日記》中，不乏這方面的資料。唐師母又說：

> 先夫稟性仁柔，苦心孤詣，凡事為人設想，自己苦惱……這種性
> 格的人，真不宜於辦行政……行政的事竟累了他一生。【42】

在《日記》中，唐先生常檢討自己的不足，並不惜自我責備，不擅長辦
行政，只是其中的一端。唐師母認同唐先生的說法，並指出「行政的事
竟累了他一生」。她為甚麼這樣說？原來行政事務，有時會干擾唐先生
的情緒，又影響了他的治學、著述進度，而且也確實招來了一些同輩和
晚輩的批評。老實說，在我認識的前輩和同輩中，能公開自承不擅行政
或自責缺失的人，其實不多。

　　根據初步考察，唐先生的《日記》，較多涉及反省、品德、治學、
為文等方面的內容，真不愧為學人的本色。本文以札記方式，嘗試摘取
一些語段或語句，略作分類，並加按語，藉供讀者參考，並讓有志向學
的後學，從中得到一些提示和啟發。《日記》之中，當然還有不少可貴
的意見，可供我們作進一步的摘取，可惜時間、篇幅有限，竭澤而漁的
摘取工作，只好留待他日了。

2009 年 7 月初稿

2009 年 9 月定稿

【41】見見同上，頁 483。

【42】同上，頁 484。

景印香港新亞研究所 《新亞學報》 （第一至三十卷）

比較牟宗三先生對天台圓教及
郭象玄學的詮釋

楊祖漢*

提　要

　　牟宗三先生對天台宗的哲學，有度越前人的詮釋，他認為天台宗是佛學中真正的圓教。本文試圖將牟先生有關天台圓教的詮釋，用在郭象的莊子注上。牟先生對郭象在莊子注中之義理，亦已有非常深入的闡明，但他認為郭象只表現了「般若作用的圓」，而未至「存有論的圓」的層次；本文在此問題上，提出進一步之思考，希望通過對郭象莊子注的相關文獻之詮釋，論證其中涵有「存有論的圓」之意義。

　　牟先生對於天台宗哲學，衡定其為佛教中的真正圓教，對智者的判教論，開權顯實、發迹顯本，及一念三千，佛即九法界眾生而成佛、不斷斷、佛性有惡等義，作了非常明白的詮釋。又根據天台圓教的義理，解決「德福一致」的問題，這是當代儒學在哲學上一個非常高的成果。我此文不重在討論天台的義理，而是想藉牟先生天台宗的詮釋，對向秀、郭象《莊子注》（下文簡稱「郭注」）的義理作進一步的發揮。

　　牟先生在《才性與玄理》對郭注的哲學內涵，已有非常明白的分析，如對逍遙、迹冥、天刑等玄義，有深度的闡發。[1] 亦已說明郭注的迹冥及天刑義，是有圓教之義者。後來在《圓善論》中，也很清楚地

---

*臺灣中央大學中文系教授。

[1] 見牟宗三先生《才性與玄理》（收入《牟宗三先生全集》第 2 冊，台北：聯經，2003 年。）第六章第三至七節。

表達了郭注的即俗迹而見至德之圓境,而認為天刑義如同天台宗之三道即三德。但牟先生又認為由於道家對一切存在並無根源的說明,其為圓教只是一境界型態之圓境,只是以玄智成全一切迹用,由此保住一切存在,如同佛教之般若成全一切法,是般若作用的圓,尚非存有論的圓【2】。若郭注只屬作用的圓,而未至存有論的圓,則郭注對一切存在,只有由主體的道心玄智而來的妙用的保存,而不能自客觀的存在物本身,言其有存在之必然性,為不可少者。若是則牟先生雖亦藉郭注說明道家的圓善義,但由此而言圓善,其德福之詭譎的相即義,恐未能至如天台宗般之圓實之境。即郭注並未能窮法之源而至其極,若不能至極,則並不能對每一法之存在之必然性,有明確的論述,而其圓善義亦恐不能真正落實。

　　牟先生有關郭注的闡釋是非常高明的,好像已無餘意。但我覺得如果用天台圓教的角度來說明郭注的注文,有些地方是可以補充的。我認為郭注所言之「大小逍遙一也」、「性各有極」及「命遇之為必然」等義,似都可用存有論的圓來說明。若可如此說,則郭注的義理可得到更全面的理解,而道家之圓善義,亦似可更為落實。又若郭注有存有論之圓以保住一切法(存在)之義,則亦可從根本上堵截對郭注的一通常之誤解。此誤解即由於郭注之言大小逍遙一也,一切存在都可各任其性各當其分而自足,以為郭注是一要人安於現況,不思改進,對現實作委順的全盤承認之思想。其實圓教的保住一切法,並非對一切現實存在者作直下無條件的承認與接受。郭注所說的於當下之自己之才性能力及遭遇上作任其性當其分之工夫,乃是一極高度之精神修養工夫。只是此工夫即於當下之存在情況而任運之,其所顯發之精神境界與當下之情況脗合無間,於是不顯其工夫相,此意即理想之真人於每一存在處境中呈現之道心玄智,固非凡俗可及,但真人或至人之作為,亦不異於凡俗。圓教

【2】牟先生《圓善論》(《牟宗三先生全集》第 22 冊)第六章第四節。

下之工夫，與凡俗之士不作工夫，以為凡所作者皆為合理，雖相似而實迴然不同。【3】此義可以用天台宗的法性之與無明，是「依而復即」之說來闡明，即在同一個存在情況下，可以是法性或無明的表現，既然每一法都可以是如此，則斷無明而不必斷此存在之法。由是每一法之存在，皆不可少，而有存在之必然性。此亦同於胡五峯所云「天理人欲，同體而異用，同行而異情」（《知言》）之意，同一行為在凡俗是人欲之事，在聖人則是天理之事，故任何事都可以不去掉。除了藉天台圓義來說明郭注的內容涵義外，本文也希望表達郭注與天台學義理型態是大體相似的。天台智者大師所闡發的圓教思想，或可以被理解為中國哲學心靈在佛教思想的刺激下，藉佛教教義表達了固有的玄理。

一、從「存有論的圓」理解「大小逍遙一也」

支道林的逍遙義與郭注不同，牟先生已明白指出了支道林的說法，雖然清楚地表示至人逍遙與芸芸眾生逍遙的不同，但並不比郭注優勝。郭注除了涵有「至人的逍遙與大鵬小鳥的逍遙不同」此一意義，即分別說外，還有「在至人的逍遙之境界下，順通萬物，而見一切存在物都逍遙」的意義。而後一意義沒有抹殺前面的分別，而是更高一層之渾化，此為「融化說」，故郭注的義理比支道林更為圓融。【4】於此，我想進

【3】錢穆先生說：「而向、郭以來清談諸賢，則浮沉富貴之鄉，皆支遁所謂『有欲而當其所足，快然有似乎天真』也。遊心不曠，故遂謂尺鷃大鵬各任其性，一皆逍遙矣。」（《莊老通辨》頁454，《錢賓四先生全集》台北：聯經，1998）又云：「然郭象之說，辨矣而未能謂之是。唐權載之文集〈送渾淪先生遊南岳序〉，述渾淪言：『郭氏注《莊》，失於脗合萬物，物無不適，然則桀驁饕戾，無非遂性，使後學者懵然不知所奉。』此從其說之影響於人文界者言。」（《莊老通辨》頁550）按錢先生所說的，便是一般對郭象注最易產生之誤解。

【4】同註【1】，第三節。

一步說，我認為郭注的逍遙義與支道林所說的不同，除了「融化說」包涵「分別說」之義外，郭注似有客觀地就每一存在物言逍遙之可能，即不只是就主體言「一逍遙一切逍遙」之境界，而有「存有論的圓」之義。為方便討論，此處之有關文獻仍須徵引，《世說新語》劉孝標注云：

> 向子期、郭子玄《逍遙》義曰：「夫大鵬之上九萬，尺鷃之起榆枋，小大雖差，各任其性，苟當其分，逍遙一也。然物之芸芸，同資有待，得其所待，然後逍遙耳。唯聖人與物冥而循大變，為能無待而常通，豈獨自通而已。又從有待者不失其所待；不失，則同於大通矣。」支氏《逍遙論》曰：「夫逍遙者，明至人之心也。莊生建言大道，而寄指鵬、鷃。鵬以營生之路曠，故失適於體外；鷃以在近而笑遠，有矜伐於心內。至人乘天正而高興，遊無窮於放浪；物物而不物於物，則遙然不我得；玄感不為，不疾而速，則逍然靡不適。此所以為逍遙也。若夫有欲當其所足；足於所足，快然有似天真。猶饑者一飽，渴者一盈，豈忘蒸嘗於糗糧，絕觴爵於醪醴哉？苟非至足，豈所以逍遙乎？」此向、郭之注所未盡。【5】

支道林的說法突顯了至人才能真正逍遙的意思，避免了以為「逍遙」是指一切大大小小的存在物都自然逍遙，不必用工夫的誤解。但支道林的說法只就至人本身以規定逍遙義，不能表示圓教的義理。牟先生解「又從有待者，使不失其所待，所待不失，則同於大通矣。」為渾化的境界，即是至人與一切存在一齊登法界之意。此大大小小的存在當然是不能自覺地作修養工夫，以達到真正的逍遙者，但在至人無待的心境下，一切存在是自由自在的，所以是「一逍遙一切逍遙」，牟先生如此說應

【5】見劉義慶著，劉孝標注，余嘉錫箋疏：《世說新語箋疏・文學》（臺北：華正書局有限公司，1989年3月）第32條，頁220-221。

是「主體的沾漑」義。此中並不就大小存在本身來討論此等是否逍遙，而是說一由至人生命表現出之物我皆逍遙之境界。牟先生此義當然是道家玄理該有的境界，但我覺得郭注也有就存在界大大小小的存在物本身來思考之意，他明白說各存在物只要能把它們的存在情況處理好，即「各任其性」、「苟當其分」，就可以都是逍遙。這並非只是至人任萬物自然而產生的物我渾化之境界，而是可以落實在每一存在物上說的。當然此雖涉及存在物而有存有論之意義，但是否能對一切存在作根源之說明，而且此一說明是否為一「圓說」？此尚須詳論。而於此處，吾人欲先強調郭注有就客觀的存在物上說之義。固然這「大小逍遙一也」是至人的境界，但這種精神境界是可以普遍地在每一個個體存在中表現的。每一個個體即於他們所處的情況、所能有的才力，作自然無為的工夫，就可以呈現逍遙的境界。此說涉及存在，且一切存在物皆不能外，故我認為可以借用「存有論的圓」來說明「大小逍遙一也」的義理。下再引兩段原文來說明：

> 夫莊子之大意，在乎逍遙遊放，無為而自得，故極小大之致以明性分之適。【6】

> 物各有性，性各有極，皆如年知，豈跂尚之所及哉！自此已下至於列子，歷舉年知之大小，各信其一方，未有足以相傾者也。然後統以無待之人，遺彼忘我，冥此群異，異方同得而我無功名。是故統小大者，無小無大者也；苟有乎大小，則雖大鵬之與斥鷃，宰官之與御風，同為累物耳。齊死生者，無死無生者也；苟有乎死生，則雖大椿之與蟪蛄，彭祖之與朝菌，均於短折耳。故遊於無小無大者，無窮者也；冥乎不死不生者，無極者也。若夫逍遙而繫於有方，則雖放之使遊而有所窮矣，未能無待也。【7】

【6】〈逍遙遊〉「化而為鳥，其名為鵬」注。

【7】〈逍遙遊〉「小知不及大知，小年不及大年。」注。

郭象所說的「極小大之致，以明性分之適」，語雖簡，但其義很可以注意。他此一注語表明天地間的存在，不論是極大的或極小的，都可以逍遙，只要能夠適於性分的話。他所說的極大極小很明顯已包含大大小小、林林總總的存在物，這就表示了郭注所理解的逍遙，是存在界中一切存在，不管是怎麼樣子的存在，都可以達到的。依此義，即郭注所要表達的除了在聖人任順萬物，不干涉一切而表現出的逍遙境界之外，還有客觀的認定：一切存在物在任何情況，不管他們形體的大小，才力的高下有如何的不同，只要作無為自然的工夫，而至「各任其性，各當其分」之境，便都可以逍遙；而且即使逍遙境界呈現了，也不會改變存在物大大小小的情況。無小無大，無死無生，即是「冥」，而此冥是表現在一切的大小、年壽長短之存在物中，而並非泯除大小長短或死生。這裡表示了郭注有「逍遙」或「冥物」對於存在界本身的個別情況、各種差別，是固然可以成全，但亦不會改變之意，於此就可以說「不斷斷」。即逍遙之境的達至，固然必須有高度精神修養的工夫，因為有此精神修養，而使生命得以純潔化，這就是「斷」；但此高級的精神修養的呈現，不會改變存在物原來的狀況，這是「不斷」。第二段原文正表示此義。〈逍遙遊〉篇所列舉的存在物，有極大的、極小的，極長壽的、極短命的。依此義類推，當可以包含智慧極高的、能力極大的，與才智平庸、能力凡下愚拙的；也包含了各個存在物的遭遇的最好的情況與最壞的情況，如吉凶禍福等。如此一來郭注所認為的逍遙境界，確是即於每一個存在物、任何一種存在狀況，都可以顯示出來的理想境界。此境界並不與任何存在有隔。「無小無大」之冥，即於各大小之物而表現，故能「異方同得而我無功名」。這便是一圓教的說法，且其為圓，是就存在物之存在上說，而非只從道心玄智的妙用上說。支道林認為只有至人才顯示逍遙的境界，此義是很不足夠的；而只從聖人順通萬物而顯的主觀境界來說「一切逍遙」，似亦不能盡郭注的全部意蘊。郭注從物的形體大小、年壽長短、才性高下、遭遇的順逆來說明逍遙，明顯地

是從存在物的存在情況來作考慮，而肯定逍遙不離開存在物的每一種可能的狀況，故我認為可以用牟先生「存有論的圓」來說明此義。又郭注云：

> 故有待無待，吾所不能齊也；至於各安其性，天機自張，受而不知，則吾所不能殊也。夫無待猶不足以殊有待，況有待者之巨細乎！【8】

所謂「各安其性，天機自張」，便是在分殊中表現同一普遍之冥，故曰「吾所不能殊也」，此「冥物一如」之境固然說的是至人的心，但也可以就每一存在者本身說，即理解為每一存在物在自己的存在位置、情況下，都可以表現出來的境界，天機自張，即每一物皆安於其自己，皆表示自由自在之無限意義，每一存在物都可以有這種玄境。以天台圓教的義理來類比，可說是佛即九法界眾生而成佛。郭注所理解的至人，亦可說是與一切存在不隔。圓佛之佛是即於九法界眾生而成佛，所謂圓佛，不能看作為一特殊的個體的圓滿智慧生命，而是一絕對普遍之智慧生命，此智慧可在一切人，甚至一切存在中呈顯。且其呈顯於存在界中，是即於任何一存在、任何一可能之情況而顯的。若能轉迷成悟，九法界眾生的差別不改，而可以不離當前的各特殊情況而表現佛的境界。佛法界與九法界相即，九法界一旦暢通決了，當體便是佛法界。郭象所說的逍遙，亦可理解為普遍永恆之智慧生命，此智慧亦與一切存在不隔。每一存在物，不論其為如何之存在，皆可表現逍遙之境。所謂「無待不足以殊有待」固是表示渾化之境，但也可以有「無待」的意義就在總總存在物的有待的情況中表現，「無待不隔於有待」之意。或可說是，無待而以有待的樣式表現。

【8】〈逍遙遊〉「若夫乘天地之正，而御六氣之辯，以遊无窮者，彼且惡乎待哉！」注。

二、才性的高下與極限作為圓教的內容與憑藉

從上一節所說的「無待不隔於有待」,「逍遙即於大小、長短、順逆而顯」,我們可以了解郭象何以會對人的才性之不同、命遇的順逆都全盤承認的緣故。從上所說,既然每一個人、物不論其大小長短都可以逍遙,則各人、物的大小、長短、智愚、吉凶等都可以保住。因為這些可以當下都是圓境,於是這些個別不同的情形就不需要去掉,如此就可以有郭注所云的不管才性是高是下都可以適性,安於其自己之意。這就是說,每一個人或物,可以就他當前的情況而冥化,如是,種種大小、高下及智愚的不同情況就成為表現「無」或「冥」之境界的機緣。固然於每一個當前情況表現「冥」的境界是非常不容易的,但也可以說是人人可能的。所謂不容易是說自然無心的心境極難呈現,而人人可能是說此境界跟我們自身的才性、所處的情境不隔,甚至是可以合而為一的。最高的境界可以不異於吾人當下所處的情況,於是,我們所處的任何情況與環境可以都是表現真人境界的機緣。從這個角度看,也可以說真人是人人可能的。真人所以能表現其生命意義的情況,我們都有。如果任何存在的情況都可以是聖人、真人境界之呈現機緣,其存在便有必然性。此如天台宗所說三道即三德,不論是染或淨、迷或悟,都只是此三千法。若是則三千法都有其存在之必然性。若三千法皆因可是佛法而有其存在之必然,則吾人亦可由此肯定一切眾生皆可成聖成佛及成真人。如此言人人皆可成聖成佛,是以聖佛與眾生不隔,任何生活之情況,都可以是聖、佛之生活之義上說,與一般從人人都有善性或佛性,而肯定人人可以成聖成佛之論不同,但亦可相通。

本來講聖人、真人或佛等理想境界,必須要肯定人人有成聖成佛的根據,然後才有成聖、佛的必然性,而成聖成佛的根據與人的生理自然的氣性才性是不同的,於是就有兩重人性的講法。要成聖成佛須體現超越的成聖、佛之性以轉變自然生理的才性,如宋儒所說以「天地之性」

（或「義理之性」）來變化「氣質」。依此思路，才性或氣質之性對於成聖是限制。但現在按照郭象的看法，才性的高下與逍遙不隔，玄智便即於才性而表現。人在知「物各有性，性各有極」而不想去改變它，不因為自己凡庸卑下而羨慕上智高才，能夠如是地安於其自己，不攀緣羨欲，那就可以當下逍遙無待。而在此情形，才性的限制固然是限制，但同時也是逍遙境界的開顯呈現之條件。於是，其有極限的才性就成為逍遙必然具有的條件與基礎，依此義，才性不必為義理之性所對治，而只須即此而任之，人對自己高下不同，有其極限的才性也不必企圖改變。或此可說是「不變變」，即改變自己因有此限制而欣羨之想法，而肯定現實之才性存在之必然。這樣看來，人各有他的不同的才性，才性之必有其極限，是人人可以成聖、成真人的條件。就是說，如果要真正證成人人皆可以成聖、人人可以成真人，則每個人才性的不同、天資的高下及遭遇的順逆等不同，都需要保住。我們不能說，成聖、成真人只有在某種具有高級智慧的人又有平順遭遇才可以，因為如果這樣說，則成聖、成真人就不是每一個人都可以達到的事。成聖需要有高度智慧的呈現，此是不錯的，但此高度智慧必須能在一切人的具體狀況中呈現。當然這當中還是要區分成聖的根據（義理之性或道心玄智），與才性、氣質之性的不同；但聖性、玄智的呈現，不必改變人的現實才性。或可進一步說，聖智就是因為人之才性有高下，有賢不肖之分，及有吉凶禍福等不同，才會呈現。因為沒有這些不同，人便不會知有限極而放下攀緣，安之、任之，而表現普遍的玄智。由此義，亦可說有極限之高下、長短或吉凶，亦是成聖成真人所以可能之根據。此與人人本具善性，故有成聖之根據之義不同，但似亦可有此一「根據」之義。我想這可能是郭象講「性各有極」，肯定「大小逍遙一也」之微義。如果上說不誤，聖智可以與才性相冥，而以才性的樣子來呈現，而且可以原有的不同的才智而呈現，則此大略同於天台宗所謂的「佛即九法界而成佛」，或是無明與法性是在同一三千法中呈現之意。吾人所見的，只是不同的

人、物各依其才性表現其大小不同、高下有別的種種活動，但這種種不同的事情可以是真心的逍遙之境，也可以是成心的有為生活，不管是無明法或是法性法，都只是這三千法。同一三千法可以是無明，亦可是法性，二者同體互依，故此中三千法之存在不可改，由此便保住成真人為人人可能。吾人由此可以說，存有論之圓具一切法為郭注義理必要之論。

上面的說法表達了郭象注的兩重玄義。第一，本來是成聖限制的高下、大小不同的才性，成為人人可以成聖之理論必須要保住的分別。此義可以讓我們了解為什麼天台宗非要保住九法界的差別不可。保住差別法，才可說人人皆可成佛，若佛境界不能即於差別法而呈現，則本來便在差別中之眾生便無成佛之希望。第二，人才性的高下有其不同，有其極限，本來面對極限人就會感受到無可奈何、沒有辦法；但郭注卻可以在即才性的極限處發現逍遙的真實根據。於知道才性能力的極限，而又能安於此限，便可以顯發理想的逍遙境界。即是說最高的精神境界，在遇到了極限，無路可前進的時候發生。此時，極限就是一種成全。每個人都會遇到從他的才性而來的限制，此是最令人沮喪的事，但按郭象注，此卻是讓我們可以表現最高境界的時候。在知有限極時，此限制似是一呼召，要你放下攀緣羨欲而安之；面對極限之逼迫，你非放下焦慮及不安不可，一旦放下，便體現了無限的精神，於此，人便取得最高的價值，有最大的滿足。我覺得郭象此義是相當玄奧的。這樣了解郭注，應該可以避免認為郭注是安於現實，不求上進的思想。圓教的肯定一切，是經過發迹顯本，即於每一存在中顯發其本具之無限價值而肯定之，此是暢發每一存在與最高價值不隔之義，此切不可被理解為頹廢思想。郭注云：

> 夫年知不相及若此之懸也，比於眾人之所悲，亦可悲矣。而眾人未嘗悲此者，以其性各有極也。苟知其極，則毫分不可相跂，天下又何所悲乎哉！夫物未嘗以大欲小，而必以小羨大，故舉小大

楊祖漢　比較牟宗三先生對天台圓教及郭象玄學的詮釋　　213

之殊各有定分，非羨欲所及，則羨欲之累可以絕矣。夫悲生於
累，累絕則悲去，悲去而性命不安者，未之有也。【9】

此段說眾人之所悲，往往只為了人與人之間相當有限的差距，而人與人之間之差距，比起以八千歲為春、八千歲為秋者，誠不可以里道計，這應是更可悲的，但人卻不會因比不上大椿之長壽而悲。何以故？以差距太遠，性各有極，不能比較也。故知限極，會使人心情安定，而止於其所當止。故差距如此大而使人知限極，反而是使人止於其性分之道。就表示了在才性方面，人可因差別懸殊，而不作比較，於是便安於所限。人如果能夠安於其限，對優勝於我者沒有一點羨欲，生命毫不動盪，於是就可以在分殊的定限中得到最大的滿足。由此可以說對於高下、長短、順逆等的不同，是非要肯定不可的。郭注此段以年知相差之限極會使人知限而不作比較，以明限制處即是人之解脫處，亦甚玄奧。

　　人生種種差別是必須要肯定的，因若不然，聖人、真人之境就不是每一個人都可能達到。而成聖人、真人亦必須要是聖智、玄智的呈現，依天台宗的說法，合此二義，便須說「不斷斷」，如上文所說的聖智（此是無限的）在才智（此是有限的、有高下的）中呈現，才智就是聖智，二者相即。此亦可說才性之限制與聖智是「詭譎地相即」者。郭注確有「不斷斷」的義理，在郭注中有如下一段：

理固自全，非畏死也。故真人陸行而非避濡也，遠火而非逃熱也，無過而非措當也。故雖不以熱為熱而未嘗赴火，不以濡為濡而未嘗蹈水，不以死為死而未嘗喪生。故夫生者，豈生之而生哉，成者，豈成之而成哉！故任之而無不至者，真人也，豈有概意於所遇哉！【10】

【9】〈逍遙遊〉「而彭祖乃今以久特聞，眾人匹之，不亦悲乎！」注。

【10】〈大宗師〉「若然者，登高不慄，入水不濡，入火不熱。是知之能登假於道者也若此。」注。

郭注此段大意是真人之行動與一般人沒有兩樣，但他的內心之境界是不一樣的。如求生是理所應為的，故真人亦會避免危險，但他這樣行動並不是因為畏死，只是按理而行。故真人和一般人一樣，會行於陸而不蹈水，亦會遠於火。其行為外表固然與眾人一樣，但他的所以發出行為之心是出於自然，並非有所為而為，即不是如眾人內心般有避濡逃熱的想法。因此真人雖然不畏熱，但也躲開火；不在意水會濕身，但也不會行入水中；他不會擔心死亡，但亦不會輕易放棄生命。郭注這段話很明白表達了真人的生命活動可以與眾人一模一樣，但他的內心卻表現了最高的精神境界。由是可說同一類行為，其所以產生此行動之動機，所根據之行動原則，可以不同。如在外表上看是惡的行為（如貪、嗔或甚至打人殺人），固可因有惡心而發出，而亦可能是因為慈悲而引致。故一切法本有其存在地位，而不可斷，人須去掉的是內心之不純粹、不自然，而若去掉了此等生命之毛病，並不必會去掉此種因病而起之行為，因為此等行為亦可由自然無病之存心生出的。由此說佛境界才可遍及於一切法，所謂「通達惡際，便是實際，行於非道，達於佛道。」郭注所說的迹冥、天刑及天之戮民義，都明白含此意，牟先生對此有明白之闡發。而上引郭注之文，更明白地從行動本身，即就法之存在上來討論，闡明任一法之存在都可以是聖人之法或是凡人之法，故成聖或成真人可即任一法來成就。此明顯有法之存在有其必然性之義，故由此吾人可說郭注有「存有論的圓」之想法。

順著上文的意思，我們可以轉一個想法，既然真人最高精神境界的表現不異於一般人，則一般人雖然所作所為是凡俗的事情，但也可以在這些事情上表現如真人般的最高的精神境界，即是說最高的精神境界，是人人可為，人人有份的，而後面這一層意思應該是郭象所重視的。此意即凡夫俗子在日常表現的行為，也可以是聖人所表現的，故凡即是聖，聖凡不二。由凡而聖，固然必須久遠的工夫歷程，但從「不二」說，又可言當下即是。此可見肯定才性的高下、能力的大小，及遭遇的

吉凶順逆是很重要的。

三、於成心見真心，而真心又不會泯除成心

上述郭象的想法，雖然是嚮往逍遙無待的理想的精神境界，但他不是從理想境界本身來著墨，而是先從存在物的大小不同、才智高下來著眼，即他是從現實，甚至是從凡俗來著手。他是從與純粹而超越的理想不同之世間來入手，他似是要即凡而聖，即內在而超越。他的理論，是要達到理想的境界與一切凡俗的生活不隔。這種從凡俗入手，即俗而證真，又雖證真而不毀俗的看法，應該與天台宗的「觀心論」是相近的。天台宗所觀的心是一念心，而一念是當前的一念，當前的一念當然往往是陰識心、妄心。然此一念心雖是妄，但真心也涵在其中，並非決定性的妄；雖非決定性的妄，但還是可以說從妄心入。從妄心入而證真，證真心而以妄心的樣子呈現，如此就可以不壞九法界法，此是天台宗的核心觀念，圓教所以能成立的關鍵見解。如果從超越的真心為起始，從真心契入，固然可以指出成聖成佛的超越根據，但這樣一來，九法界法不容易被保住，因俗或妄是由於真心在纏而造成，若顯真，便須破妄，故曰「緣理斷九」。故真心系統雖使眾生成佛有其保證，但所因處拙，曲徑迂迴，佛與眾生是有隔的。從工夫論角度言之，則嚮往一真心，或先求真心呈現以起工夫，亦是可批評的。如知禮云：

> 又若不立陰等為境，妙觀就何處用？妙境於何處顯？故知若離三道，即無三德。如煩惱即菩提，生死即涅槃，《玄文》略列十乘，皆約此立。又《止觀大意》以此二句，為發心立行之體格，豈有圓頓更過於此？若如二師所立，合云菩提即菩提，涅槃即涅槃也。（《十不二門指要鈔》）

煩惱即菩提固然是圓說，而一念無明法性心固然如牟先生所說是開決了大小乘言心識之一念心，即此心是圓說之一念；但雖如此，從工夫論的

角度看，天台宗之觀心，是從妄心入，從人當前之陰識心、幻妄心入。從此入，才有轉妄成真，觀空破執之工夫可用，若此一念是真心，則心已是真，如何用功？此義當然尚須考慮，真心呈現，亦可說是給出實踐之動力，給出價值之源，未必如知禮之所言。但知禮之論，確有實義。即由現實之一念心作工夫，工夫方有下手處，見妄之為妄，才要用功求真、求淨，同時此破妄成真、真亦即妄而表現，此方是圓。於此言妄心，則妄是真心之存在處、寄託處，必在妄中作去妄之工夫，方有真心，不然則若眼前者是真心，以真求真，便成了同語重複，故上引文云「菩提即菩提，涅槃即涅槃」，此如何用功？依此意，似可較深入理解郭注的意義。我覺得郭象從物的大小、才性的極限入手，也近似於天台宗的玄義。

從大小事物與高下才性入手可以保住種種分別，此義在郭象註解〈齊物論〉多次表現。據郭象的了解，莊子的平齊是非，並不是提出一個超越於一般人的真是真非來解決問題。而是即於世俗的是非，及是非所以形成的成心處，看到一切人其實有共同的是非，甚至天下一是，天下一非。郭注云：

> 物皆自是，故無非是；物皆相彼，故無非彼。無非彼，則天下無是矣；無非是，則天下無彼矣。無彼無是，所以玄同也。【11】
> 夫自是而非彼，彼我之常情也。故以我指喻彼指，則彼指於我指獨為非指矣。此以指喻指之非指也。若復以彼指還喻我指，則我指於彼指復為非指矣。此〔以〕非指喻指之非指也。將明無是無非，莫若反覆相喻。反覆相喻，則彼之與我，既同於自是，又均於相非。均於相非，則天下無是；同於自是，則天下無非。何以明其然邪？是若果是，則天下不得〔復〕有非之者也。非若果非，〔則天下〕亦不得復有是之者也。今是非無主，紛然淆亂，

【11】〈齊物論〉「物无非彼，物无非是。」注。

明此區區者各信其偏見而同於一致耳。仰觀俯察，莫不皆然。是以至人知天地一指也，萬物一馬也，故浩然大寧，而天地萬物各當其分，同於自得，而無是無非也。【12】

郭象從人、物皆「以自己為是，以別人為非」入手，從人皆自是處說天下無非，從人皆非彼（以別人為非）處說天下無是，故「是」是另外一個角度的「非」，「非」是另外一個角度的「是」，於是要說「是」便通通「是」，要說「非」便通通「非」。此一論辯的方式很像天台宗湛然所說「心之色心，非色非心，而色而心，唯色唯心」（〈十不二門〉），即說是心，則心又是色，說是色，則色又是心；故色不只是色而又是色，心不只是心而又是心；最後，若說色則通通是色，若說心則通通是心，二家說法十分相似。郭象從人人都是己而非他的俗情來契入，這就是從妄心入；但於俗情處可以證悟到，俗情本身就包涵了真理，即可以推出無是無非。說「無是無非」就破了俗情中的自是非他，而雖然破了自是非他，但仍然可以維持人俗情上有是非的樣子，因為並沒有用另外一種是非來取代人的自是非他。只是於此心契入，即妄見真，即成心而見玄理；於見玄理處，道心玄智便顯。道心雖顯，但並沒有去掉世間之是非。而當說天下只有一是一非，則說「是」便通通「是」，說「非」便通通「非」，此確近於「唯色唯心」之論，這樣層層升進，可以從俗情成心而進到最高的玄理境界。又從俗情成心的自是非他，可以體會到天下人都是如此，這一體會一定是蘊藏了普遍的、超越的真心呈現；但此真心是即俗而真，沒有真心的樣子。於此可見，真心不隔於俗情。這裡可以表現像天台宗所說的「無明無住，無明即法性；法性無住，法性即無明」之義。又從自己成心的是非，體會到一切人的是非，又見到天下只有一是一非，此義與「一切法趣空，是趣不過」相近。

上引郭象第二段文獻，解釋「以指喻指之非指，不若以非指喻指之非指」不一定切合〈齊物論〉本文之文意，他所理解之指與非指，從彼我之是非處說，此未必合原意；但他以我指喻彼指，而明白彼指於我指

為非指，又以彼指喻我指，則證我指為非指，其所用的辦法，亦是於俗情成心而見道心玄智，是相當能夠表達玄義的。從我指於他人為非指，他人之指於我為非指，可見「是」即是「非」。又由指是指而又是非指，非指是非指而又是指，則從我之指與非我之他之指處，便可以普遍地包括一切指，故為天地一指。由是於任何人之任何想法處，都可證無是無非，或全是全非，故一切便可止息而各歸其自己，各當其分而自得。以上證郭注從成心之是非體會玄理的無是無非，近於天台宗由妄心契入，即妄見真的說法。

四、命遇之冥化

上文曾說郭注表示即於一切存在之形體大小、才智高下，及遭遇之吉凶而逍遙；關於遇之吉凶處，須引文證明。下列各段皆表示可即於任一遭遇而冥，即遇而安，又體現無限價值之意。

> 羿，古之善射者。弓矢所及為彀中。夫利害相攻，則天下皆羿也。自不遺身忘知與物同波者，皆遊於羿之彀中耳。雖張毅之出，單豹之處，猶未免於中地，則中與不中，唯在命耳。而區區者各有所遇，而不知命之自爾。故免乎弓矢之害者，自以為巧，欣然多己，及至不免，則自恨其謬而志傷神辱，斯未能達命之情者也。夫我之生也，非我之所生也，則一生之內，百年之中，其坐起行止，動靜趣舍，情性知能，凡所有者，凡所無者，凡所為者，凡所遇者，皆非我也，理自爾耳。而橫生休戚乎其中，斯又逆自然而失者也。【13】

中與不中（被箭射中與否）唯在命，即這是不可知的。而推廣此意，人生之一切遭遇，亦非我所能知，故云「凡所遇者，皆非我也，理自爾

【12】〈齊物論〉「天地一指也，萬物一馬也。」注。

【13】〈德充符〉「遊於羿之彀中。中央者，中地也；然而不中者，命也。」注。

耳。」能體會至此，則便可即於任一遭遇而冥，雖並不改變我面臨的任何遭遇，但不管是何種遭遇，都可「遺身忘知與物同波。」

> 其理固當，不可逃也。故人之生也，非誤生也；生之所有，非妄有也。天地雖大，萬物雖多，然吾之所遇適在於是，則雖天地神明，國家聖賢，絕力至知而弗能違也。故凡所不遇，弗能遇也，其所遇，弗能不遇也；〔凡〕所不為，弗能為也，其所為，弗能不為也；故付之而自當矣。【14】

此從人之遭遇之不可測處，推證人之遭遇是有理作根據的。故說物無妄然，必由其理。此似正面肯定世界之合理性，但其實不然。此理是不可知，不可測的，因理並非出於人，故非人所能知。故人之遭遇之吉凶禍福，非人所能預料。往往有不為而成，為之反敗，求避禍反得禍，不避禍而得福之情況。故郭注認為凡所遇，是弗能不遇，而凡所不遇，是弗能遇也。此似是命定論之意，然其實義是於此命之不可測處任之安之，視為必然遇到者。即既然吾人之所遇，是不可測知的，吾人便可不論何種遭遇都須安之。即既不可測，便放下任何推測之想法，於此人當下便得心神之安寧。這如上文所云於極限處顯發玄智，使極限成為呈現逍遙之境之場所之意。

> 苟知性命之固當，則雖死生窮達，千變萬化，淡然自若而和理在身矣。【15】
>
> 既稟之自然，其理已足。則雖沈思以免難，或明戒以避禍，物無妄然，皆天地之會，至理所趣。必自思之，非我思也；必自不思，非我不思也。或思而免之，或思而不免，或不思而免之，或不思而不免。凡此皆非我也，又奚為哉？任之而自至也。【16】

此段說「其理已足」、「至理所趣」，即說一切遭遇，都是有理或合理

【14】〈德充符〉「哀公曰：『何謂才全？』」注。

【15】〈德充符〉「故不足以滑和」注。

【16】〈德充符〉「既受食於天，又惡用人！」注。

的，此表示人生不可測的遭遇，皆有其理上之必然性。郭注所云必自思之，必自不思；或思而免之，或思而不免等等，相當表現了其人生體驗之悲情，亦玄奧之至。其旨即上文所說，於不可知不可測處，亦即在知有人力不能及之極限處，當下任之、止息自己之憂煩徬徨，於是便呈現玄智而逍遙。而既說遇皆有理而具必然性，當然是不可改的，由一切高下不齊、吉凶無定之有其存在之必然性，又說不論處於何種情況，都可逍遙，此可證本文所說郭注之玄理，不只就聖人一逍遙一切逍遙之境界說，亦不只言聖人可即一切而冥，亦是就一切存在本身說每一存在都可以是聖義，而不可少。此肯定每一存在情況遭遇皆有必然性，又皆可即於此而逍遙，當然亦涵牟先生所說德與福詭譎的相即之義，由是而證圓善之可能。

又上引文所說「凡所有所無、所為所遇，皆理之自爾」，明白說一切法之存在皆理所本有，為不可少的，此可說是對一切法之存在，作根源之說明。在〈大宗師〉之郭注中，有如下一段：

> 人之生也，形雖七尺而五常必具，故雖區區之身，乃舉天地以奉之。故天地萬物，凡所有者，不可一日而相無也。一物不具，則生者無由得生；一理不至，則天年無緣得終。然身之所有者，知或不知也；理之所存者，為或不為也。【17】

由「舉天地以奉之」及「凡所有者，不可一日而相無也。一物不具，則生者無由得生；一理不至，則天年無緣得終。」可見郭注有一切存在都收攝於此之意。此即是涉及一切存在，及說明一切存在之「存有論」之說法。郭象是從人之生須涉及一切存在，以言一切存在無一可以去掉，而有此存有論之理論，亦甚為特別。又另有一段郭注亦有此意：

> 非唯無不得化而為有也，有亦不得化而為無矣。是以（無）〔夫〕有之為物，雖千變萬化，而不得一為無也。不得一為無，故自古

【17】〈大宗師〉「知人之所為者，以其知之所知以養其知之所不知，終其天年而不中道夭者，是知之盛也。」注。

無未有之時而常存也。【18】

郭象依其物塊然自生之玄理，而言無不可化為有，有亦不可化為無，又由此言自古無未有之時而常存，意即萬有之存在雖千變萬化，但不會有天地萬物不存在之情況出現，這雖是玄談，但亦可說是對一切存在，作了根源之說明。因萬物之存在是有其理的，故不能沒有天地萬物之存在。若以上所說不誤，郭注中其實亦不乏對一切存在作根源之說明之存有論說法。由此似可證成本文所說郭象具有「存有論的圓」之義理。

結語

郭注所說的逍遙、適性是不論存在物形體之大小，年壽之長短，才性之高下，及命遇之吉凶，都是可能的。而上述列舉之種種，應即涵一切存在之意。若是則郭注所說之所涉及之存在，應大略同於天台宗所說之九法界法，或「一念三千」之三千世間法。其言大小逍遙一也，是就客觀存在之一切法而言，並不止於至人之心境之逍遙。而上文所述之郭注，亦確有不論如何之存在物或情況，都有其存在之必然性，必須保住之意，此亦同於天台宗所言之不斷斷，除無明有差別。依郭注，此是由逍遙境界之不隔於任一存在，而保住一切差別法，而此保住一切之差別，如大小、長短、高下、吉凶等，是要說明一切存在皆可成聖成真人之必須之理論。若此等人人可能有之差別法之必須保住，方可言人人皆可成至人，皆可逍遙，則可知郭注是一圓教之義理，並非認為任順欲望、成見，便是逍遙。若加上此存有論之圓之義，則牟先生所闡釋之郭注之義理，或可更見其圓足，而道家之圓善（德福一致）義，則亦似更見其為必然，更為落實。

【18】〈知北遊〉「仲尼曰：『昔之昭然也，神者先受之；今之昧然也，且又為不神者求邪？无古无今，无始无終。』」注。又此注由余姒倩同學提供，並參考其意見。

景印香港新亞研究所《新亞學報》（第一至三十卷）

牟宗三先生的存有論意識
——從《五十自述》第三章「直覺的解悟」談起

李淳玲[*]

提 要

本文藉《五十自述》英譯進至第三章「直覺的解悟」之便，勾繪牟宗三先生的哲學輪廓，並藉此展示相關議題，指出牟先生強烈的存有論意識實源於老中國的「易經哲學」。雖然他一方面藉佛教資源發展「執」與「無執」的兩層存有論，一方面藉康德「智的直覺」概念突破康德哲學的界限，但是他基本存有論的意識卻根植於儒家，與《易傳》「乾元性海」的道德意識相關，因此他兼容並蓄，從一開始就逆轉康德的「認知一般」（cognition in general），不走他純粹理性批判的進路，反而直接掌握「實踐理性的優先性」（primacy of practical reason），以生命實踐決定存在內容，徹底發揮儒家哲學的精神，所以他最終才以「價值」的內容填補康德「物自身」不可知的概念，建立起一個以「圓善」為皈依的「絕對實在論」。

《五十自述》的英譯是「中國哲學與文化研究基金會」（Foundation for the Study of Chinese Philosophy and Culture，簡稱 FSCPC）目前進行中的兩項牟宗三先生作品的翻譯工作之一，由盧名揚先生擔綱，另一則是《中國哲學十九講》，由胡以嫺女士翻譯。筆者則因興趣所致，每在《五十自述》譯成一章之際，就從不同的角度評述一些牟先生的思路以及相關的哲學問題。

---

[*] 中國哲學與文化研究基金會研究員。

《五十自述》書寫到第三章 —— 直覺的解悟，牟先生正式進入哲學領域，雖然他所進入的哲學領域一開始是涉及數理邏輯及懷悌海（Alfred North Whitehead, 1861-1947）的哲學，但是他天生的混沌氣質，強度的直覺力，與「落寞而不落寞」的存在欣趣，實與古典中國《易經》的宇宙情懷相呼應，這一點始終滲透在他的思緒，決定著他的哲學性格，所以到了晚年他所闡釋並開展的新儒家哲學，不只局限在《論語》、《孟子》從道德主體所發的道德哲學而已，還拓展至《中庸》、《易傳》從「道德意識即宇宙論意識」所決定的存有論，與他生命的基本氣質及存在意識有很大的關係，這是「直覺的解悟」這一章所透露的重要訊息，必須在此先點明。

事實上，他從一開始接觸數理邏輯，就與時代的氛圍緊密聯繫，當時北大的教授們如張申府先生，金岳霖先生都是致力於邏輯學與新實在論的學者，他們緊跟著西方哲學的脈動，對於邏輯經驗論的走向有一定的關切，所以牟先生當時與邏輯實證論也走得很近，每當有相關的新書出版，他就所費不貲地買來先睹為快，與他的老師們同步用功，甚至青出於藍，評介老師們的作品與邏輯識見。比如說，他曾有「略評金著《邏輯》」一文（1936），批評金先生的邏輯概念不瑩澈，拖泥帶水，支離瑣碎。他說：「譬如 A 命題中之『一切』，他也要問是以往的一切？還是現在的一切？還是將來的一切？像這樣牽涉到時間問題，不但是不相干，簡直是乖妄。」（《全集》25:169）[1] 所以他與先生們一起鑽研西方當令的邏輯學走向，直接吮吸當時西方學問的養分，並同時處理老中

---

[1] 指《牟宗三先生全集》，台北聯經，2003，以下簡稱《全集》。他在此對金先生的批評十分有意，代表他清晰的抽象意識、先天意識，以及對「形式邏輯」的掌握。但是到了《認識心之批判》時，他卻以類似的理由批評康德，則是他對康德「先驗邏輯」的誤解或不接受了。他一直到《認識心之批判》再版時才表達自己早年誤解康德，沒有意識到康德知性的存有論性格，只意識到他知性的邏輯性格。而關於此點，他是受到海德格醒豁的，才有《智的直覺與中國哲學》一書。

國的易經哲學，寫出一本化腐朽為神奇的著作：《從周易方面研究中國之玄學及道德哲學》（1935），[2]這是他學思歷程的開端，一個十分獨特的現象，值得後學更多的關注。

他的讀易是自覺的，規模龐大，讀法特別，獨闢蹊徑，與向來的學者不同。他一方面受懷悌海客觀的、寬闊的數學宇宙所吸引，回應出一種「智及之」的秩序與美感，另方面還與伏羲畫卦的靈光爆破呼應，直透他的存在情懷。雖說在當時，他並沒有意知這樣「智及之」的感應終究會與「仁守之」的道德心性相通，他也尚無仁心的悱惻之感，但是他直覺的存在感受卻是極為強烈。筆者以為這決定了他存有論意識的哲學基調，同時也正是因此，他很快就意識到自己與懷悌海的差別，一種生命存在的扞隔，絲毫不可能勉強。

懷悌海融貫生物、物理、數學展延而成的客觀宇宙世界，外延與內容兼蓄，幅員遼闊，光潔有序，富麗堂皇，直接遙契古希臘傳統的理智與富貴氣息，與他從混沌裡夾帶的荒氣並不搭調。如果說懷特海的世界像是毗盧舍那佛十玄緣起的華藏世界，那麼牟先生的世界就是人間世的皇天后土，渾樸自然，並沒有華麗的妝點。

從學術上說，牟先生很快就對當時西方發展的「數理邏輯」與「形式主義」的無根感到不滿，他必須從「邏輯」追溯至「純理」的根源，轉入「形上學」的關切而與「存有論」掛勾。這樣的思索凸顯他哲學家的氣質與靈魂，也透露他根深蒂固的存在意識及古典氣派，與懷特海既可相應又不盡相應。

與懷特海可相應的是他也帶出一種古典的貴氣，一種智及之的、抽象的理性光潔；不盡相應的是他生命的渾樸，他的體、力與質地所表現的強度，並不是懷悌海所必有，[3]反而是傳統中國哲學對著渾淪的宇

---

[2]《全集》1。

[3]此依筆者自己的一點觀察而判。記得讀羅素《自傳》時，羅素提及懷特海先生有憂鬱症。反之，牟先生被問及儒家人是否寂寞時完全不解其意。換句話說，牟先

宙意識所折射的光輝，自然、直接、溫暖而帶土性，是滋潤大地生命的光輝。這一點似乎是中西文化根本的差別，開竅不同，而從他的喜愛《易經》，大規模鑽研《易經》，闡述《易經》表現了出來。

他此時讀《易》，最特別的收穫之一，就是指出老中國的「羲和傳統」。「羲和傳統」是屬於陰陽家的方術傳統，完全滲透在傳統中國人的認知意識裡。一般人無論表面上認同的是哪一家，骨子裡都很難逃脫陰陽家系統性的滲透，因為那是一種根深蒂固的認知習慣，完全滲透在中國人的生活質地中，日用而不知，根基於一種自然哲學，渾樸直接，源遠流長，並不是輕易可能隔斷的。他曾著有「陰陽家與科學」（1942）【4】一文，專論老中國的這個「智學」的傳統。可惜這個傳統雖然始於一種空靈超脫的認知意識，卻緊貼著「實用」發展，並沒有進一步從中抽象，發展出客觀的、基礎性的知識，因此這個傳統相較於西方亞里斯多德的邏輯而言，只能算是一種中道腰斬的學問傳統，成就了一些實用之「術」，卻不足以成就客觀完備的知識，締造「學統」。因此傳統的中國文化一方面具有極高致的形上學，另方面卻沒有堅實對等的知識系統，以為形而下學問的基石，這自然是十分可惜之事，也十分奇特，好像整個民族文化對於抽象的客觀知識都沒有太大的興趣似的。

但是牟先生在此卻是對「羲和傳統」深具同情，因為他看出「齊諧者志怪者也」的齊東野人，「先驗小物，推而大之，至於無垠」的興趣，雖有荒誕浮誇的一面，卻仍不失一種生命的充沛之象。齊東野人不但想像力豐富，並且這種聯想推論的方式也「正是歸納之推斷」。【5】這裡正是中國人在形下的經驗實踐重要的推理習慣，一種以歸納、類比的方

生完全專注於哲學思索，不曾有一絲的寂寞情緒。這確是一種生命強度的表現，一般人很難及此。康德也是一樣，他對人的道德意識要求到「不許自殺」，「必盡其才」的地步，也是一種生命強度的表現。懷特海並不及此。

【4】《全集》25:345-68。

【5】《全集》25:357。

式，以小驗大，推之無窮的論理方式。這種推理方式雖然不是形式邏輯的分析演繹，卻仍具有另類的先天性與普遍性，必須另說另講，而不是不予置評。

事實上，這種另類的邏輯與康德《第一批判》「先驗辯證論」〈附錄〉裡的討論相當，是一種針對「歸納法」的根芽與先天性的討論。探至究竟，可能與康德哲學最重要的「先驗邏輯」有關，更與傳統中國陰陽家所運用的「陰陽五行」相涉，因此必須另眼相看，而不是直接否棄它。因為康德的「先驗邏輯」撇不開「感性直覺」的「時空形式」，離不開「先驗構想力」（transcendental imagination）的反省動作，而所謂「因果範疇」的必然關係也不只是源於「形式邏輯」的先天性，還必須黏合「時間」，才可能有「決定對象」的作用。也就是說，先驗構想力必須依「先天的圖式」，重現已然消逝的存在表象，才可能透過此一「類比」、「綜合」的作用，達成「決定對象」的結果，此即康德「先天綜合判斷如何可能」之最高原則──「經驗所以可能的條件即經驗對象所以可能的條件」（A158/B197）之深刻意義。而傳統中國人「陰陽五行」的認知法則正是這樣的一種類比歸納法則的具體表現，它們的生剋關係，還原在直覺整全的太極圖式之自然哲學的脈絡中，正是一種「形式邏輯」黏合「時間」的表象。絲毫不爽。由此可見它們正是一種「先驗邏輯」的格局。因此，「陰陽五行」這套法則可能正是一套具有主觀先天意義的歸納法則，可以當作「軌約原則」運用，它們本身雖然不是「構造原則」，卻可以用以指點「構造原則」的運作方向，進而規範由這套法則所決定的經驗學問。

這套法則所決定的經驗學問，可能以中醫學發展得最為完備。傳統中醫學正是運用「陰陽五行」的法則構造它的理論基礎。從學問的觀點看，這套法則確實有它的先天性，也有它運作的範圍與法度，應該被善解、澄清，而不是被忽略、誤解。所以在當代，它確實具有哲學議題的意義，尤其是從知識論涉及經驗法則的討論，更值得且更需要徹底被檢

討，才可能為中醫作為學問系統的意義中肯地定位。但這是後話，必須另文深索。【6】只是在當時，牟先生並沒有觸及中醫學，他只處理了一些屬於律曆與數之原則性的討論，以及象數易學宇宙論的鋪排，【7】他並沒有從個別學問的內容探索古天文的律曆與數或醫學，他自己在《五十自述》第三章裡自稱這是「學力不逮」，有待後學。但是此等專精的學問，本來就不是一時一地完成於一人。因此他當時的努力，已經在哲學上窺探了先機，並且將相關的議題提示了出來，至於其它由個別學問的鋪排、發揚與補綴，本來就有待後學繼續努力。

遺憾的是，時至今日，想要發揮此等「羲和」之幽光，可能還是得從西方的學問發端，因為西方學術的論理氣質與「羲和」的傳統還是比較接近。輓近幾部《周髀算經》的詮釋著作已經在西方出現，西方人如今對中醫學也有相當的興趣，從認識論探索中醫學的進路也略有所聞，到頭來恐怕還是得「從出口轉內銷」，才可能引起中國人自己的注意，這當然還是傳統中國文化裡一種學統不立的結果，對於知識的客觀性不夠重視。六、七十年前，牟先生已經發出類似的喟歎，並且在晚年不時慨嘆「學問」的艱難，於今一般學者對於論理的興趣仍然不是很高，還是以「實用」當令，學歷只是用來換取爵位的工具，學問本身好像沒有獨立的客觀價值，真正「多元」文化的社會並沒有建立，有科技而無科學家的靈魂，更少見哲學家的學術趣味，很不容易出現獨立思考的科學家或思想家，對於認知學問的熱誠與興趣相對地比較淡漠，並沒有真正的「多元」意識。看來牟先生到今天還是比時代早生許多，他對學問的客觀意識比一般人強勁太多。

【6】艾利森的新著《習慣與理性》（Henry E. Allison, *Custom and Reason in Hume, A Kantian Reading of the First Book of the Treatise,* Clarendon Press, Oxford, 2008）也有一章〈附錄〉，專門討論康德有關歸納法之先天性的問題，有興趣的讀者可以參考。

【7】《全集》25:357。

《五十自述》往後寫到第四章「架構的思辨」，牟先生自己在哲學事業上的發展更加輝煌，躍入另一番境界，深入另一波與康德哲學波瀾壯闊的會通，這並不是本文所能備述。在此可以論及的只是首先，他自己哲學的生涯與發展，雖然從此沒有再回頭料理懷悌海哲學、易經哲學與羲和之學，但是他從中所汲取的養分，那些屬於理性的智光與生命渾樸的情懷，從來沒有一刻離開過他。他晚年對於兩層存有論的發遑，雖說是攝取了許多佛教及康德智慧的結果，但是他最終肯定「智的直覺」，以實踐的存有論呈現「良知」，不論從哪一個角度看，都還是屬於儒家老傳統的根底。那強而有力、超越的道德主體意識、那恢弘寬闊的宇宙意識與生命情懷，始終不捨動態、存在、實踐的存有論意識，與《易經》的生成哲學都息息相關。所以到了晚年《中國哲學十九講》的時代，他就直接拈出「生」（生命）的概念取代西方的存有（being）概念了。因此筆者以為，他從生命主體的道德實踐旁攝康德，攝入佛教，不但藉它們的哲學概念重構儒家的道體，還別開生面地為佛教哲學烘托出另類的、非道德性的，卻仍直屬生命解脫實踐的存有論，非常有意義，雖然一般的佛教學者不一定會同意他的處理，但是至少不能忽略他的詮釋，而必須哲學地與他討論。因此他的哲學，最終就在「智的直覺」（intellectual intuition）的肯定下，證成了傳統中國學問成聖成佛與成真人的基礎。這根本上已經與西方宗教，印度宗教，甚至康德哲學分開了。因此筆者認為他存有論的哲學基調，是從他處理《易經》時就被決定的。

其次可以論及的是，他往後進入康德哲學，對於西方學問傳統的省思更為深刻，他基本上已經不再回頭料理傳統中國的「羲和之學」，對於英人李約瑟（Joseph Neeham 1900-95）所心儀的中國科技也沒有太大的肯定。因為他以為那仍然是屬於中道腰斬，沒有完全發展成功的科技，離客觀的「學問」系統還有一大段距離。這一點必須提出來澄清。牟先生的哲學識見與學問的分際一路走來清楚分明，並沒有任何含混，他在此與傳統儒家人的心態一致，對於陰陽家或易學象數的部份並不欣

賞，既不能同意陰陽家的走向，也不願意為他們背書，雖然他對他們還是有相當的同情與了解。換句話說，以一個當代儒家人的心態而言，雖然他的存在意識與《易經》的形上學與道德哲學互相呼應，但是他的科學意識卻直接與近代西方的科學相應，並不與傳統中國只帶出一些科學意味的「陰陽家」相應，因為他以為，前者奠基於亞里斯多德的邏輯，才是理性理論健康的發展，後者並沒有完成這一步，並不足以成就客觀的知識。因此從一方面言，牟先生直覺的解悟決定了他強而有力的存有論意識與實踐意識，但是從另一方面言，也決定了他必須放棄懷特海，捨棄陰陽家，繼續走入更抽象的「架構思辨」裡，而這「百尺竿頭」的一步，完全是屬於有別於直覺的知性推論（discursive understanding）範圍。

在此暫且不表宗教，先回頭料簡一下康德哲學，以澄清牟先生在此可能與他的衝撞。康德哲學原是有所對的，他首先對他自己傳統的形上學發難，對所謂「驕傲的存有論」質問，所以他的哥白尼轉向，就是要把理性向來抬眼望青天，編織一套形上學的興緻勘落，鎖定界限，先將理性戡定為「認知一般」（cognition in general），並分化成感性、知性與理性三個層面，以它們作為人類根本的認知能力，不可能去認識任何屬於超越感性的對象。因此它們在認知上各有所司，穩當地建構法定的現象界（phenomenon），貞定可能經驗的先天基礎，決定知識的客觀實在性（objective reality），範域認知領域的界限，不再像傳統的形上學者一樣，輕易地凌越超感性的領域，各說各話，編派出一人一套，虛妄不實的存有論。正是在這樣的批判意識下，康德的哲學志業才轉向檢查人類理性認知的能力、法則與界限，將直覺限定在「感性」的範圍，並將此感性直覺的先天法則確定在時空形式，以落實認知對象以及知識的客觀實在性。因而他斷然不願意承認人可能有「智的直覺」，只將「智的直覺」歸屬於上帝，不屬於人類認知能力可能觸及的範圍，這是他批判哲學的進路。因此這樣一種「認知的轉向」（epistemic turn, Henry E. Allison 用語），就先把康德哲學的基調穩住，並把他哲學的首出，定位

在「開始於」經驗事實。

康德在此是用心良苦的，如果我們大膽地把康德拉到中國文化的脈絡裡比對，他斷然是一個類似牟先生一樣的儒家人，或許還是一個比牟先生還要「頑固」的儒家人，因為他斷然不可能去同意「先驗小物，推而大之，至於無垠」的齊東野人。並且筆者還以為，康德批判的對象，正是他自己文化裡的「齊諧志怪」。他的批判本懷，首先就是為了要保住知識，這裡正是他深刻的文化根，認同客觀知識的真實價值。他首先從理性勘落知性這一個層次，藉知性之必須黏結於感性直覺（sensible intuition），把人類知識價值的「真」值保住了，而此處的「真」值即是指「經驗的實在性」（empirical reality）而無它。如前所述，艾利森在此所強調康德的「認知轉向」（epistemic turn）必須這樣理解才中肯，但這並不表示康德僅止於認知的轉向。我們從他後來的第二、第三批判，也知道他不但要保住知識的價值，還要進一步保住道德與宗教。只是他保住的道德與宗教已經經過一道哲學的批判與澄清的手術了，與傳統西方的天啟宗教不再是同一個調門，這當然是康德自己受到某些西方人士反彈的理由，他的確是與他自己的傳統有相當的背離。然而，這樣一個西方批判意識最為深刻的哲學家，結果反而成為人類永恆價值的守護者── 人文精神的護持者── 這一點牟先生與他完全是認同的。

當然，康德從認識論的進路，以為人只有「感性直覺」，沒有「智的直覺」的限定正是牟先生所不能同意的。他在《現象與物自身》一書裡，開宗明義就不同意康德這個說法，以為他這樣的進路過於死煞，一下子就把人定住了，不能轉圜，所以牟先生起步就說「德行的優先性」，當下拆散康德的「認知轉向」，直扣「道樞」，跨入「實踐理性」（practical reason）的領域，不再從康德《第一批判》的認知界域切入。牟先生的氣魄有點類似康德後來的德國理念論者，夾著康德反康德（牟先生晚年十分推崇費希特（Johann Gottlieb Fichte），應該不是偶然），也有點像康德的朋友萊因赫德（K. L. Reinhold）一樣，倒著讀康德，以

理性、甚至以「實踐理性」掛帥，泯滅了康德分別「知性」與「理性」的用心，所以並不能算是康德「批判」哲學的初衷與原味。關於此處所涉及的種種曲折，也不是本文申述的範圍，有興趣的學者可以自行下工夫鑽研，或可參考筆者近年有關這方面的討論，因為這些問題確實是筆者的興趣所在。[8]

在此所要強調的是，牟先生何以可能對康德做這樣的扭轉？他的扭轉是否避得開康德的批判？他強勁有力的存有論意識，是否是康德所批判的、從認知能力建構的傳統西方式的存有論？如果是，他要如何逃遁康德的批判？如果不是，他要如何自圓其說？進而，在牟先生改造康德的哲學體系之下，是否保得住康德想要保住的知識？還是說，在牟先生的哲學體系裡，知識成為可有可無、可開可不開的「坎陷」問題，可以不必然開？還是說── 在理性的命令與要求下── 必然要開、遲早要開？換句話說，牟先生所詮釋、所開展的當代新儒家是否保得住知識？是否開得出知識學統？要如何開出？這似乎已然與詢問新儒家開不開得出現代化、開不開得出多元的外王文化一樣，是落入同一個層次的問題，確實是當代中國哲學迫切的議題，也是傳統中國人進入現代化必須遭遇的議題，無法逃遁。由此可見牟先生一生哲學思考的深切，不但與他時代的感受息息相關，也緊扣中西哲學會通的動脈。

過去，書寫大歷史的黃仁宇先生，不斷地指出中國文化的問題出在「不能在數目字上管理」，[9] 但是他究竟是歷史學家不是哲學家，無法像康德一樣分辨「理性」與「知性」，破開「軌約原則」（regulative principle）與「構造原則」（constitutive principle），更無法指出「不能在數目字上管理」是屬於「知性」的不濟，或「構造原則」的不備。依康

---

[8] 筆者最近一篇在台北「康德的傳承」學術研討會上發表的相關文字是「康德的後學：是『善紹』？還是『別子』？」

[9] 參考黃仁宇先生《萬曆十五年》，《中國的大歷史》等著。

德，「軌約原則」歸理性，「構造原則」屬知性，兩者都具有「先天性」，但是前者的「先天性」是「未決定的、方向性的」，後者的「先天性」則是「決定性的」，兩者層次不同，不當混漫。尤其不該誤將「軌約原則」當成「構造原則」運用。這樣的誤用會造成許多的誤推、誤判與錯誤的期待（wishful thinking）。

傳統的中國文化由於「知性」沒有獨立健全的發展，所以談不上「理性」與「知性」的分際，一般人常把主觀的「軌約原則」與客觀的「構造原則」混用，尤其是在實踐的領域裡，無論是屬於道德實踐或屬於技術實踐，分辨這兩個原則都很不容易，因為主觀原則與客觀原則在踐行中融合於一身，如何決定行為的結果是源於軌約原則，還是依於構造原則，還是融合為一？這裡涉及更多道德哲學與理論哲學的分際。嚴格說來，康德從知識論的進路，分判「軌約原則」與「構造原則」，限定理論理性的界域，對傳統中國以實踐為主導的哲學而言，本質上是很難掌握的。這也是牟先生早期就將康德的「軌約原則」改為「實現之理」的理由，因為對他而言，主觀的「軌約原則」就是實踐構造的原則，本該以「實現之理」看待。這當然完全不合康德批判哲學的本意。

又、牟先生曾藉太史公對蕭何「碌碌無奇節」的評語道出中國人好「英雄」、喜「天才」的欣趣，這樣的欣趣與「知性」本質的碌碌性格並不搭調。知性的環節要求絲絲入扣，必須耐煩費力，才可能條理始終，貫徹到底，這裡沒有便宜可討。當年項羽火燒咸陽宮，若非蕭何搶下宮中文獻，劉邦這批「馬上打天下」的草莽英雄不必會有「禮儀三百，威儀三千」的能耐，蕭丞相的功不可沒，但是太史公在此並沒有了解他，反而是牟先生對「知性」敏感，看出蕭丞相構造性格的本質，因此等百世之後才還給了蕭丞相一個公道，這不只是知音了，還是牟先生寬闊普遍的識見，能看出文化質地的虛欠。筆者因此以為，康德批判哲學對知性與理性的分際，有必要被意識與被闡釋，老中國的哲學才有可能在這個時代繼續吸取養分，截長補短，轉化出現代化與多元化的新面貌。

再說，邁向現代化的第一步必須培養起基本的「客觀意識」，這是傳統中國文化比較虛欠的一環。換句話說，「知性」與「理性」的分際必須分明，「客觀的」與「主觀的」先天性必須分辨，牟先生晚年特別感嘆學問的艱難與學統的不立，與這一環重要的文化反省通通有關。記得七零年代有一回在台北，報上刊載有民宅因囤積火藥引起爆炸傷及無辜，他就不勝唏噓地說這就是現代化的問題。民宅不可囤積公共危險物本是現代化公民社會的普遍意識，應該是被貫徹執行的法規，屬於現代人「百姓日用而不知」的部份，何以無有是法？或者有是法而無有是執法之力，而讓不必要的悲劇發生？眼前的台灣社會，這些屬於一般知性構造原則的範圍，常常被尚未趕上現代化的主觀人情與陋規所佔據，使得知性的客觀性無法發揮，或被軟疲的意志力所妥協。可歎的是，七零年代牟先生所感慨的事例，到了今天都還層出不窮。媒體上不時報導有人將大批瓦斯筒囤放在民宅，被抓包後，還氣壯地說依法行事過於煩瑣昂貴，無利可圖，不能生存云云。可見這種現實的圖利與怠惰，實為一種主觀意識的私利與意志的虛脫，完全沒有一丁點的客觀意識，或一絲實踐客觀意志的法治意識。一般的從政者只看到如何分贓資源，完全沒有客觀的政治識見，否則怎麼可能縱容像扁家一樣，如此囂張的、全面的、幫派式的貪婪，一家子都目無法紀，毫無客觀意識？一個看起來好像已經具有政黨輪替的民主政治社會，卻不具備民主社會所要求的客觀內涵，這表示現代化的基礎並不穩固，一般人的客觀意識還很薄弱，現代化的路徑還很遙遠。因此筆者以為，如果沒有知性的客觀意識，沒有貫徹知性的理性意志，或沒有知性與理性的分際，是很難真的開展出現代化，康德哲學在此可以為中國哲撐開骨架，但是仍然需要先消化它，綜合它，才可能從自家的生命生出相關的議題。

回頭再說，傳統西方的存有論緊扣住「存有」（being）的概念，因果律所涉及的「生成變化」（becoming）是邏輯上的後出，因此西方傳統是由 "being"（存在）決定 "becoming"（生成）。康德哲學的第一個轉

折是從存有論轉成認識論，將傳統存有論的概念都轉成了認識論上的「範疇」，這對於傳統西方哲學而言，當然是一個石破天驚的轉向，尤其是康德藉此轉向對認知領域作出界定，根本劃開了實踐哲學，使得實踐哲學的領域柳暗花明，可以另說另講，而把道德哲學，甚至實踐理性界限內的宗教以一種高明的方式保住了，反而因此敲開了與中國哲學接榫的契機。這正是牟先生所以認為康德哲學可以作為中西哲學會通的橋樑的理由。因為如果沒有康德的這一轉，西方純粹以「存有」概念當令的哲學與中國人的心態十分隔閡，很難找到接榫點，西方的上帝與中國的聖人可能永遠無法交談，因此康德的這一迴轉，在他自己的文化脈絡上看，是屬於人文精神的彰顯，而在中國文化的脈絡裡觀，卻正好是與儒家的人文關懷掛勾。這或許終將是康德哲學普世化的大關鍵。

只是康德的思想究竟還是屬於他龐大西方傳統的產物，客觀的意識強，"being"（存有）的意識強，因此他才可能把一大套牟先生後來所謂的「執的存有論」貫徹得那麼周延，打造出一套屬於可能經驗範圍內的「存有論」（經驗的形上學），以「識執」為基礎（雖說康德自己並沒有「執」的概念，「執」的概念，尤其是「自性執」的概念是來自佛教的「唯識學」），但是他這套以認識論為基礎的經驗的形上學，正是因為奠基於「執」，而與「存有論」這個概念的本身出現了緊張性。一方面，他必須指出存有論的「先驗幻象」（transcendental illusion），另方面，他又必須證成知識的客觀實在性，就裡確實是康德哲學表述上的極大挑戰。不像佛教的「空宗」，一旦指出了存有論上的「先驗幻象」，並無須積極地經營「識執」的客觀價值，反而要「轉識成智」，撇開知識的實在性。這當然是佛教不同的價值取向，也是佛教表現「實踐理性優先性」的所在，與康德哲學還是有軒輊之別，當然彼此因此所將面臨的問題就各自不同了。牟先生就曾呼籲佛教應該重視其「遍計所執性」的諦性，而這一點佛教必須走到「圓教」的系統才有解決的可能。

在此筆者以為，康德最初剖判「知性」與「理性」的分別，就是為

了要突破這步批判的工作，以便消解此一千古大惑，化解「經驗的實在論」與「先驗幻象」的兩難（執與無執間的緊張性）。換句話說，正是因為康德分辨了「知性」與「理性」，才有可能「別開生面」，分別「理論理性」與「實踐理性」，剖開「構造原則」與「軌約原則」，一方面保住知識，另方面還從「實踐理性的優先性」保住道德與宗教。因此康德的批判哲學對於中西哲學的比較研究十分重要，尤其是「先驗辯證論」的部份，可以說是他批判哲學的靈魂。

進而，也正是在他這樣批判哲學的脈絡下，才可能更清楚地襯托出中國哲學特殊的取向，也就是牟先生以「德行的優先性」所開展的哲學，這樣的哲學似乎正是一種以「生成」（becoming）決定「存在」（being）的實踐哲學。知識的問題在這樣的哲學裡必然成為「坎陷」以後的「執」的學問，而不再是生命首出的問題。毋怪牟先生一生深受康德的影響，到了此等大關鍵處卻必須與康德爭辯。因為他以為，道德的實踐才是生命終極的核心價值。在此道德並不勞上帝來保證，反而是逆向地去保證上帝的理念，與康德實踐哲學的思路巧妙地相契了。因此，傳統中國儒家的精神到此完全擔負了宗教在西方文化的重任，而康德實踐哲學想要保住的理性界限內的宗教才可能與儒家對談。

再說，牟先生所謂「實踐理性的優先性」，是指道德實踐所呈現的實事實理、實踐內容而言，他並以「心體與性體」這兩個存有論的詞語表述彼此雙向流通、動態活動的義理，儼然是由 "becoming" 來決定 "being"。他的目的就是在強調「主觀的道德無限心」誠然正是「客觀的存有性體」，是「既存有又活動」，「既活動又存有」交互流通的「心體與性體」，是透過動態的實踐所呈現、所決定的存有，完全是以生命為主軸的學問，不但是實踐哲學，還是宇宙創生的存有哲學。筆者以為這樣的存有論意識並不是傳統西方的存有論，也不是康德由認識心打造成的經驗的形上學，更不是康德批判哲學所要批判的對象，反而是康德一心想要力保的實踐理性。牟先生這樣的存有論意識來勢強勁，完全回

溯至最古典、最原始的中國《易經》哲學，尤其是《易傳》裡以「乾元性海」所創生、所貞定的道德哲學，這是由實踐理性所貞定的嘉祥世界，一派「虛室生白，吉祥止止」的人文世界，也是牟先生所謂的「無執的存有論」所呈現的世界，毋怪他最終會判定康德的「物自身」其實是一個價值意味的概念！這是一種徹底的樂觀態度，將涅槃實現於人間世，表現儒家全幅的人文精神，豐盈飽滿。也是因此，牟先生才稱儒家為「盈教」，是一門可以貞定生命的「實踐的智慧學」，並且在進一步論及知識之時，他才必須提出「自我坎陷」的概念，從一個「無執的」存有論坎陷成「執」的存有論而安立知識。這自然已經不是康德批判哲學的進路了。

牟先生這樣的「坎陷」概念在康德的哲學裡其實是沒有的，因為康德的哲學開始於事實，並沒有「坎陷」不「坎陷」的問題。在此唯一一個比較接近「坎陷」概念的是康德在「先驗感性論」裡提到時間「一瞬」、空間「一點」是「限制」概念，不是「原子」或「極微」概念的意義。因此康德一開始就與先驗實在論（transcendental realism）撇清，避開從原子、極微可能被誤推成（或執著成）實有或存有的錯誤。因此，這裡的「一瞬」與「一點」確實都有一絲「坎陷」（否定）的意味，都是一種限定對象的設置，但是在康德，這些都是屬於認識論範圍的闡述，若強要與牟先生的「坎陷」概念類比並不恰當，或許還需要更多層次的鋪排，所以暫時不論。另外，有關西方哲學「存有」概念的詮釋，有興趣的讀者可以參考牟先生在《圓善論》最後的〈附錄一〉裡的精湛解釋。【10】

言說至此，才可能略及「直覺的解悟」這個詞語的英譯問題。英譯者盧名揚先生目前選用 " intuitive understanding" 的譯詞並不是沒有問題的。" intuitive understanding" 與 " intellectual intuition" 在康德哲學術語的英譯都是「智的直覺」，牟先生在此處的用語斷然不是康德「智的直覺」之意。然而牟先生以「解」與「悟」合併成一詞，除了有理解

【10】《全集》22:327-30。

（understanding, comprehension）意以外，還有從「直覺」帶出來的「當下」（immediacy）、「攝受」（apprehension）、「了悟」（realization, reflective realization），與「單一整全」（singularity）之意。康德對直覺 "intuition" 的攝物，還用了另外一個字 "apprehension" 來表述，"apprehension" 好像也不足以表達出「解悟」由體知而了悟的實踐意義。似乎牟先生在此所用的「解悟」，一方面比康德「智的直覺」的意思要少得多，因為它不是「無執」的「無限心」或「般若智」，然而它也有「了知」之意，卻並不完全是康德構造「概念」的知解意（understanding）；另一方面它又比康德「感性直覺」的意思要多得多，因為這個「解悟」不只是被動受納的感性而已，還有主動的知解明白意。因此說起來，它可能與康德《第三批判》的「反照（省）判斷力」（reflective judgment）比較接近，不但反照直覺，還涉及「判斷力」下判斷動態的「判斷」動作（act of judging），不單只是感性、知性、或理性分別主客，橫列靜止的認知作用，還有縱貫立體的了知動作。所以，譯成 "intuitive reflection" 或 "reflective intuition" 也許是一個考量。若不然，單譯成 "intuition" 或 "intuitive judging" 也罷，以避免與 "intellectual intuition" 的混漫，到底這個詞語對於康德哲學與牟宗三哲學而言，都是太重要、太關鍵的哲學術語，不宜引起誤導。如此，暫時書寫於此，供名揚參考，聊備討論。

又、盧名揚先生這一講的英譯已經發表在 FSCPC 之網站上：

http://fscpc.org/mouzongsan/mou.asp

理智的直觀與智的直覺

盧雪崑*

提　要

　　本文旨在論明：一、康德否決「人的知性可有一種直觀的功能」，是要推翻一切臆測的理智的認識之體系。依康德的批判考論，所謂的「理智的直觀」只不過是我們能思之而沒有矛盾而已，我們對之不能形成絲毫概念，甚至不能理解其可能性。一切企圖「直觀地構造絕對本體」，以及試圖以「意識的直觀」、「思維的直觀」、「自我直觀」、「自為理念之直觀」等說法混同康德所言「理智的直觀」的做法，都與康德的批判哲學背道而馳。二、牟先生依中國哲學傳統建立智的直覺學說。先生所論「智的直覺」不能混同康德所論「理智的直觀」，考察牟先生「智的直覺說」，就儒家道德心之明覺言，指本心創造活動之自動性、自發性及創造性，用康德的詞語說，此乃本純粹實踐理性（亦即本意志自由）立法而顯其積極的自由而論；就道家玄智與佛家般若智而言，是指對治「有為」（道家）、「識執」（佛家），也就是在個人精神修養的踐履中求超脫感性欲念及自然因果之束縛，破除感性與知性的限制而顯的一種非推理的純智的活動，用康德的詞語說，此乃本於「獨立不依於任何感性衝動而來之強迫的獨立性」而顯的消極義的自由而論。如果我們依照康德的批判思路來察看牟先生的智的直覺學說，我們不難見出：先生所論「智的直覺」（無論性智，還是玄智或空智）皆不是就人類心靈之認識機能而立說（既不是就知性而論一種直觀的理解作用，亦非就作為認識能力的直觀而論一種純智的直觀作用），而是就獨立不依於感性的理性機能之自由而立論的。

---

*本所副教授。

一

　　一部西方哲學史記載着形形色色的超感觸學說，以及各式各樣質疑超感觸物存在的論爭。康德構作其批判哲學之時，他面對的正是這樣一個永無休止的哲學戰場：一方面，唯理論者的獨斷引生出虛幻，莊嚴的超感觸領域淪為哲學家展示空想與神救論的場地；另一方面，懷疑論者、經驗論者起而要求取消「超感觸者」問題之哲學意義，這是一種更危險的傾向，因為它忽略理性自身之本性及其要求，因而破壞一切純粹哲學。

　　面對哲學論戰的困局，康德耐心地對爭戰雙方的諸多說法作出周致的無偏見的檢察與裁判，直至發見到一個全新的哲學思路。他發見哲學一直以來的困局源自一個錯誤的思維定式：哲學家都以為「主客關係」是自明的，「人們一向假定，我們的一切認識皆必須以對象為準。」（Bxvi）而一切我們認識的對象皆被視為物自身。【1】唯理論將主客一致性歸於理智直觀，或是訴諸前定和諧，主張知性作用本身直接獲得超感觸者的知識。康德經由《純粹理性批判》的工作揭發出這些見解都是一些荒謬的獨斷。而簡單的實在論主張事物本身經由我們的感取就能夠在我們心靈中留下模本，因此以為我們經由感性就能直接地認識物自身。這種簡單的頭腦當然更不能為康德所接納。

　　康德揭示出一個一直以來被人們忽略的事實，那就是，如果「一切我們的認識皆必須以對象為準」，那麼，我們是不可能有甚麼先驗的，

【1】康德批評萊布尼茲把顯相理智化（intellektuierte），而洛克把知性概念全都感性化（sensifiziert）。他說：「這兩位大人物不在知性和感性中尋求表象的兩個完全不同的，但只有在連繫中才能對諸物作客觀有效的判斷的來源，他們各自只抓住兩個來源中的一個，把這一個看作直接就物自身而言，而另一個所作的只不過是前者的混亂的或有序的表象而已。」（A271/B327）

或是超感觸的知識的，因而，一切越過經驗而開闢超感觸領域的形上追求也是注定無望的。但是，事情恰好與人們慣常的思維定式相反，只要我們如實地考察我們的認識機能的活動，我們就不得不承認：其實，只有外在客體符合我們的主體認識機能之模式，它們才可能成為我們認識的對象。經由分析主體認識機能與外在客體的關係來說明主客一致性如何可能，這是令人信服的唯一途徑。除此之外，無論是前定和諧說、先天植入說，或是白板說、印本說，皆經不起根源的考問。以此同時，我們也得承認，實有並非根源自經驗而只源自我們的心靈本身的認識，並承認感觸界之外實有廣闊無邊的場地，那怕我們不能認識它，然而我們能思想它。不過，我們首先要考量我們的理性，只有在理性的必然法則指導下，我們才能論及超感觸者而不致墮入想入非非的虛妄深淵。

要使哲學脫離獨斷虛幻與無止境爭吵的困局而步入一門學問的確當途徑。康德要求我們擺脫那種離開人的主體機能而尋求認識外在客體的虛妄作法。一切我們的哲學認識所論及的只能是我們主體機能關涉到的同一世界的不同領域，任何主體與客體、經驗與超驗（transzendent）截然二分的二元世界觀都是站不住腳的。

康德將主客關係的根源歸回到主體，展開了開闢超感觸領域的一條全新的哲學思路，這條思路對我們的感性與知性嚴格限制：不僅感性的直觀不能達到客體之在其自身，知性的概念亦無能認識物自身。這開始看來是限制了人類的認識，然而，若不揭明這一限制，哲學家們一直以來將知識論混同形上學而招致的困局則永無了期。哲學的困局確實應歸咎於哲學家長久以來將建立超感觸界為本務的形而上學作為一門關於外在客體之超感觸存在及其性狀的知識。經由《純粹理性批判》「超越感性論」與「超越分析論」，康德不但將感性與知性從其綜和活動中分解出來，從而區別出接受表象的能力與通過表象認識對象的能力兩種不同的功能，並且也將知性與理性的機能嚴格區別開。如此一來，我們得以區分兩種不同的對象：感取與知性的對象，以及理性自身產生的對象。

前者屬感觸界；後者屬超感觸界。感觸界只局限於經驗領域，康德稱之為「自然概念之領域」；超感觸界與理性的本性相關，康德稱之為「自由概念之領域」。而理性自身產生的「超感觸的東西」必須與感性與知性的對象區分開。

依康德之考察，感性是被動的，只含有我們為外物所觸動時才生起的表象。知性雖然是一種自發的活動，但知性以其自己的活動所產生的概念只能用於把感取的諸表象置諸規律之下，並藉此把它們統一於一整一的意識中，若離開感性的使用，知性完全沒有東西被思想。也就是說，知性只能在經驗中對於感取的對象有所決定而產生客觀實在性的知識。知性通過自然概念來立法，並且是理論的。知性若離開感取直觀則無法施其決定對象的作用，故此，任何試圖僅藉純然的知性活動，或者空想一種直觀能力加於知性而宣稱認識了超感觸對象，那必然要製造獨斷的虛幻。理性區別於知性，它是純粹的自動。理性超乎感性所能給予它的每一東西而提供「理念」，在理念中表示出一種純粹的自動性。不過，「理性的純粹的自動性」決不能等同於無法則的任意杜撰，任何妄想一種理性自身的直觀以構造超感觸物的做法都是獨斷的妄作。理性是通過自由概念來立法，並且是實踐的。康德嚴格區分開「知性立法」與「理性立法」：「通過自然概念來立法，這是通過知性發生的，並且是理論的；通過自由概念來立法，這是由理性而發生的，並且是純然實踐的。」（KU 5:174）「包括着一切先驗的理論認識之根據的自然概念基於知性的立法；包含着一切無感性條件的先驗實踐規範之根據的自由概念基於理性的立法。」（KU 5:176）康德指出：「這兩種立法中任一種皆不損害另一種。」（KU 5:175）並且指明：「知性與理性各有其不同的立法管轄同一片經驗領土。」以及「這兩種立法及這兩種立法所專屬的機能共存於同一主體內而無矛盾。」（KU 5:175）人在自身中真實地發見一種與知性區別開的理性機能，藉着這種機能及其立法，我們才得以區分感觸界與超感觸界兩個不同的領域。除遵循理性立法的指引，我們決

不能論及超感觸者，而不墮入虛幻與妄作。

西方傳統形而上學的課題是經由越過感性而去建立越界的東西（Überschwengliche）及超自然的東西的知識。海德格在《康德與形而上學問題》一書中對這個傳統有一簡述【2】，他特別提到亞里士多德之後形而上學的學院概念，指出這種概念的形成應追源到基督教信仰的世界觀，按照這種世界觀，存在者區分為神性的存在者與非神性的存在者，後者是被造物，而在被造物中人因靈魂不滅而占有特別的位置。於是存在者綜體劃分為神、自然與人。以此，形而上學的下屬科目就劃分為：神學、宇宙學和心理學。並且有一個一般形而上學（存有論），它以一般存在者為其對象。【3】海德格批評這種學院概念並沒有看到柏拉圖和亞里士多德所留下的中心問題的可質疑性。其實，在這個傳統中，「甚麼是存在者」從未得到確定就被當作是自明的。【4】海德格的這點批評是對的。

康德對傳統形而上學的質疑正是從它獨斷地規定的「存在者」的存在之自明性開始。經由《純粹理性批判》的考量，「自然」被限定為「現象的綜集」，我們對自然物的認識僅僅是就它們之為顯相而言，物自身是我們不能認知的。因而，確切地說，我們是要對自然物之為顯相的存在有所探究，而不能對自然物之為物自身有任何認識。而顯相之為顯相一定要歸源到使顯相可能的認識主體，因之康德說：「存有論」這種驕傲的名字必須讓位於「純然的純粹知性之分解」這個謙遜的稱謂。（A247/B303）康德經由《純粹理性批判》對於認識機能的批判考量取得

【2】 Heideggar ， Kant und das Problem der Metaphyik ， vierte erweiterte auflage/ Vittorio Klostermann Frankfurt am Main 1973 ，. S.10. 中譯參考鄧曉芒譯「康德和形而上學問題」，收入《海德格爾選集》（上），上海三聯書店，1996，頁87-88。

【3】 同註【2】，S.8-9.

【4】 同註【3】。

一個重要成果，那就是揭明：通過理性的思辨使用而建構的形而上學（包括存有論和宇宙論）只是軌約的，而不能是構造的；也就是說，不能靠理性推理來推斷出任何超感觸物的實存；就思辨理性而言，作為形而上學研究的三個對象之理念（上帝、自由、靈魂不滅）皆只是懸而未決的，即並非不可思維的。康德限制理性的思辨使用，進而轉至實踐的領域探明：此三理念如何在純粹理性的實踐使用中實在化。經由「實踐理性批判」對意欲機能作批判考量，康德揭明：一方面，從感觸的觀點，我們可以依自然之概念及原則對顯相身分的人作出存在的理解與規定；另一方面，從超感觸的觀點，視人作為睿智體的存在，我們也能夠依自由之概念及原則對物自身身分的人作出存在的理解與規定。通過「實踐理性批判」的工作揭示出唯一一個雖然並不直接地經由直觀而肯斷，然可經由力學的因果原則而呈現的真實存在，那就是意志自由。依康德的批判考察，唯一真實而可規定的超感觸的存在者是具有自由意志的人。唯以自由為真實基礎，上帝和不朽的理念作為自由意志的必然客體（圓善）的條件才獲得安立和客觀實在性。

二

康德恰當地將形而上學（作為超感觸領域的學問之純粹哲學）歸於純粹實踐理性管轄，而與知性所管轄的知識論及邏輯學嚴格區分開。在知性立法的自然概念之領域，概念的實化必須經由感取的直觀，在這個領域，實化原則是直觀的展現原則；在理性立法的自由概念之領域，理念的實化靠的是意志自由，而不能也不必依待直觀中的展現，在這個領域，實化原則是純粹實踐理性的創造原則。在西方哲學的傳統中，論概念、理念者大有人在，康德獨到的創建性的識見不在他也論概念和理念，而在他通過對於人類心靈機能作出周全慎密的批判考察，從而如理如實地揭明概念和理念各自不同的實化活動及其原則。學者們通常粗心

地把「觀念論」的標籤貼在康德身上，那是草率而有害之舉。

康德處於一個獨斷的傳統中，他必須否決人有知性的直觀能力，才能擊敗源遠流長的獨斷形而上學，打破從知識論、邏輯學論證超感觸者存在的困局，轉而從實踐領域以意志自由為拱心石而建構超感觸領域。康德致力於破除舊形而上學的虛幻，其中一個重要貢獻就是拆穿「理智的直觀」的虛假性，並推翻「以理智的直觀作為理念的實化原則」的獨斷手法。康德指出：他的前輩中就不乏頭腦敏銳者，他們被範疇的超越使用誘使致陷入一種臆測的理智的認識之體系（vermeinten System intellektueller Erkenntnis）中，這種體系力圖沒有感取之到場而決定它的對象（A280/B336）。我們見到，康德不遺餘力地否決「人的知性可有一種直觀的功能」，就是要推翻一切臆測的理智的認識之體系。純粹知性之批判已經達到這樣的結論：唯有直觀與範疇相應，我們的認識才能夠有客觀實在性的客體，而我們的感取直觀和範疇兩者沒有一個適合於感取以外的對象。（A287/B343）知性與感性雖然是兩種不能互換其功能的兩種機能，但只有它們互相結合才能產生認識。（A51/B75）。感取不能思想，知性不能直觀（A51/B75），我們不能假定我們的知性有一種特殊的直觀模式，甚至就算我們想要假定一種不同於我們的感取的直觀的另一種直觀模式，我們的思想功能對這種直觀模式而言也還是會完全無意義。（A286/B342）知性決不能跨越感性的限制（A246/B303），範疇的使用也決不能超出經驗對象的界限。（A248/B309）

我們檢視一下康德論及「理智的直觀」（intellektuelle Anschauung）的文本：

引文一：》…… wie es von sich selbst urteilen wurde, wenn seine Anschauung bloße Selbst tätigkeit, d.i. intellektuell, wäre.《（B68）（它的直觀若是純然自我活動，就是說，假若是理智的，則它會只判斷其自己。）

引文二：》Das Bewußtsein seiner selbst（Apperzeption）ist die

einfache Vorstellung des Ich, und, wenn dadurch allein alles Mannigfaltige im Subjekt selbsttätig gegeben wäre, so wurde die innere Anschauung intellektuell sein.《(B68)（那自我意識（統覺）是「我」的單純的表象，並且，假如僅藉此，主體中的一切雜多就會自動地被給與，則內部的直觀會是理智的。）

上兩段引文出自《純粹理性批判》「超越的感性論」§8「對於超越的感性論的一般的省察」，那是康德在論及我們人類的感取直觀不過是顯相之表象時，虛擬地假設那麼一種理智的直觀。在「超越的分析論」論及我們的知性只能「思」的時候，康德也虛擬地假設一種直觀的知性：

引文三：》Ein Verstand, in welchem durch das Selbstbewußtsein zugleich alles Mannigfaltige gegeben wurde, wurde anschauen; der unsere kann nur denken und muß in den Sinnen die Anschauung suchen.《(B135)（一種知性，假若在其中經由自我意識，一切雜多同時被給與，則這知性會是直觀；我們的知性只能思，以及必須在感取中去尋找直觀。）

我們必須注意到，康德論及「理智的直觀」的幾段文本使用的都是第二虛擬式，》würde《或》wäre《表第二虛擬式，表達某事（物）是假設的，或只是一種願望，但並非現實，或不能實現。如果我們把虛擬式讀成肯斷式，並據之認為康德主張實有一種「理智的直觀」，那就會對康德批判哲學產生一種損害性的誤解。

事實上，在康德的論說中，所謂的「理智的直觀」只不過是我們能思之而沒有矛盾而已，我們對之不能形成絲毫概念，甚至不能理解其可能性。康德明確指出：「理智的直觀不是我們所有的那種直觀，而我們甚至也不能理解此理智的直觀的可能性。」（B307）「我們不能形成任何其他可能的知性之絲毫概念，無論是自身可以直觀的那樣的知性，還是那種以不同於在空間和時間中的另類的感取直觀為根據的知

性。」（B139）

康德在批判地考論傳統神學時也論及「理智的直觀」。在《純粹理性批判》「超越的感性論」§8 論及自然神學的一段裡，康德說：「在自然神學中，由於人們自己想到一個對象（da man sich einen Gegenstand denkt），它不但對我們根本不可能成為直觀的對象，而且乃至對它自己也絕對不可能是感取直觀的對象（因為它的一切認識必須都是直觀，而不是任何時候都表現出限制性的思維），所以，人們就小心地想到把時間和空間的條件從它的直觀中除去。」（B71）很清楚，這裡康德論及的是：人們在自然神學中想到一個根本不能直觀到的對象（上帝），隨之也想到一種除去了時間和空間的條件的直觀。接下來康德說：「時間和空間作為內外直觀的主觀形式，而這種直觀的模式之名為感取的，是因為它不是本源的，亦即它不是這樣一種直觀，這種直觀本身就使直觀的客體的存在（Dasein des Objekts）被給與。……這種理智的直觀看來（scheint）只是屬於根源者（Urwesen），而絕不屬於有依待者。」（B72）該處所論「理智的直觀」只表示人們在自然神學中可以想到這樣一種只屬於根源者的直觀，如果學者們據之以為康德主張實有一種理智的直觀，它本身就能把它的客體之存在給予出來，而且只為上帝（根源者）所有。那就是明顯地錯解康德本人的意思。該段文本的上文下理完全清楚明白，找不到任何證據證明康德本人持有一種「實有一個具有理智直觀的上帝」的主張。

此外，在《實踐理性批判》第三章「純粹實踐理性的動機」那裡，康德花了八個段落（KpV 5:101-102）與那些自以為依據經驗原則能夠解明「自由」的敵手論戰。最後論及「上帝創造」的問題。康德明文表示：他的論敵如要抱持上帝是一切被造物的實存之原因這一神學的觀點，則除非同時肯認「上帝只創造物自身，而不創造顯相」，否則「自由就會是無法拯救了。」（KpV 5:101）我們注意到，康德在這論辯中多次使用虛擬式。我們實在不應以斷句取義的方式從該等論辯中歸結到：康德主

張實有一個上帝來創造物自身。

康德的《純粹理性批判》作為一個理性的法庭，審判了「上帝存在」的一切證明，並宣判這一切證明非法及無效。在康德的說統中，就理性的思辨使用而論，上帝的概念只是一個理念，在其中，理性只意在一系統性的統一，（A569/B597）它只能當作「綜實在」的概念而使用。但是，在基督教的傳統中，這個「實在之綜集」之理念首先被實在化（realisiert），然後又被實體化（hypostasiert），而最後又被人格化（personifiziert），因此，似乎一切事物的完整的可決定性（可能性）就在一「最高的知性」，即一睿智體（上帝）中。（A583/B611）康德指責這是「非法臆斷」。（A583/B611）

我們要注意，康德在關涉到神學之討論時不可避免地要述及上帝，但我們不能據此以為康德肯斷：上帝存在。在批判哲學中，「上帝」作為沒有任何經驗中的對象的理性概念，只是懸而不決地被思想，作為啟發性的虛擬（als heuristische Fiktionen）被用來建立起知性在經驗領域中系統使用的規約原則（regulative Prinzipien）。（A771/B799）康德說：「沒有人可以自誇：他知道有上帝和來生。」（A829/B857）「無論在超越的神學中，還是在自然的神學中，不管理性在其中把我們帶到多麼遠，我們都找不到絲毫有價值的根據來假定一個惟一的者，以便可以有充分理由把它置於一切自然的原因之先，並使自然原因在一切方面依賴於它。」（A814/B843-844）「全部的感觸界，就它的各種分子的經驗上有條件的存在而言，必不會受無條件必然者所影響。」（A560/B588）這就是明文表示：上帝對感觸界中的一切東西並無因果作用。儘管我們可以思想一個無條件必然者（上帝）作為世界中一切物的創造主，但我們充其量能思想它創造物自身，而物自身是我們完全不能認識的。上帝不是作為物質的造物主。（KGS 22:55）離開道德的關連於目的，我們對世界的創造主不能形成任何決定的概念，人們可以思想一個不可認識的上帝創造不可認識的物自身而無矛盾，人們也可以思想一種歸於虛擬的上

帝的「理智的直觀」，然而這只不過是純然的詞語上的遊戲而已。這是康德明確地指出了的。

眾所週知，《純粹理性批判》已雄辯地否決了一切關於我們知道有一上帝存在的主張。當康德在《實踐理性批判》提出「上帝存在」之設準，他並非要否定前一個批判取得的成果，他自始至終堅持：我們並不因着這個設準就能知道現實上有一個上帝存在。上帝存在之設準是道德信仰之事，而並非屬於學理信仰的有關上帝存在的學說。道德法則是具有自由意志的人所立，而不必預設上帝存在；倒是道德法則通過作為純粹實踐理性對象之圓善概念規定了作為至上的根源者（即上帝）之概念，從而為根源者的神學概念（上帝）提供了意義。（KpV 5:133）上帝之理念因着其作為圓善可能之條件而被賦予實在性，「但這實在性只是與道德法則的施行相關（而不是為思辨的任務）時被賦予。」（KpV 5:138）為實現圓善之故而設定上帝存在也決不是要求思辨理性假定一個逾越經驗的新客體。（KpV 5:135）海涅曾嘲笑康德「用實踐理性，就像用魔杖一樣，使得那個被理論理性殺死了的自然神論的屍體重新復活。」【5】那完全是一種誤解。

在《判斷力批判》中，康德對「至上的原因」這個傳統中的神學概念作出考論。康德說：「我們可以有理由追問：我們以一個偉大的對我們而言不可測度的知性作為自然中一切安排的基礎，並讓它依照意圖（Absichten）來安排這個世界，那又有什麼用呢？如果自然對這個終極意圖什麼也沒有說。」（KU 5:440）自然的目的論充其量引出自然神學，而自然神學（Physikotheologie）對於神學本身是沒有用處的。（KU 5:442）我們所以有充分理由把世界歸於一個「至上的原因」，不只是在自然到處都有目的，而且還有一個終極目的。（KU 5:454）而只有純粹理性才能先驗地提供的一個終極目的才會告訴我們必須設想自然的至上

【5】引自古留加著《康德傳》（北京商務印書館，1981年7月初版），頁131。

原因有什麼特性、程度和關係，（KU 5:441）由之才能夠推出有至上原因的決定的概念。「至上原因」只有因着人的意志自由依照道德法則而產生的終極目的，同時也就是因着人本身作為道德者是創造的終極目的，始與世界及人相關連，而這種關連並非實在的原因之聯繫，而是理想的原因之聯繫。康德論明：我們從道德的目的論不能推到一個道德的世界創造者，而只能推到世界的一個終極目的。（KU 5:455）為了要說明符合於終極目的的那些事物之實存，我們才必須承認一個道德者作為世界的創造者，也就是說必須承認一個上帝。（KU 5:455）

康德基於其「超越的自由」之慧識提出純粹的道德宗教學說，堪稱偉大的宗教啟蒙。他說：「真正的啟蒙是要將對上帝物神化的偽事奉轉變成一種自由的，從而也是道德的事奉。如果我們背離了這一點，那麼，加之於人的就不是上帝的兒女的自由，而是一種法則（規章性法則）的枷鎖。這種法則由於無條件地迫使人們信仰某種只能歷史地認識，從而並非對每一個人來說都是有說服力的東西。」(Rel 6:178-179)康德反對那種將人視為上帝的造物，因而設想人普遍地無條件服從上帝的立法之盲信，因為這種盲信使人能夠自由地運用自己的力量變得絕對不可理解。康德提出，「上帝之國的公民」其實義只能是由「遵循自由法則」而成為上帝之國的公民。（Rel 6:192）毫無疑問，康德徹底批判了基督教信仰，我們完全沒有理由認為康德從基督教傳統出發主張「上帝憑理智的直觀創造物自身」，並將一種「上帝的理智直觀的創造性」加入康德的體系中。如果我們以為康德「從上帝及其創造性處說物自身的實義，並從上帝及其理智的直觀去證成顯相與物自身之超越的區分」，那麼，我們就完全失去批判哲學作成的超越區分的本旨實義。

依據康德的批判考量，恰恰因為人的直觀只能是感取的，「顯相與物自身之超越區分」才得以立。假若人的直觀能夠是知性的，那就表示感性與知性這兩種認識能力的作用並無分別，因而也再沒有現實性與可能性之區分。若人的直觀是理智的，那就意味不必以時空之形式而能接

受外在客體，即人能憑理智的直觀就可以認識上帝、靈魂不滅以及積極地考量之自由，乃至其他超感觸的東西；批判之考量成為不必要，並且也無從提出轉至實踐領域去以意志自由為拱心石而建立關於超感觸界之認識。毫無疑問，關於直觀和知性的區分以及二者相互關係的新觀點是康德認識論的重要成果。康德把直觀從知性領域排除出去，並恰當地把它限制在感性領域，他在認識論中所使用的》Anschauung《一詞專門指我們的認識機能對於感觸客體之間直接的、非概念的關係，而與一般所言涵義寬泛的直覺（Intuition）區別開。一般言「直覺」指沒有經過推理、辨解過程而直接獲得認識的能力。唯理論哲學家主張直覺是人的理智的一種活動，笛卡兒就認為直覺是從理性的靈光中降生的；斯賓諾莎認為通過直覺才能使人認識無限的實體；萊布尼茨則把認識自明的理性真理的能力稱之為直覺，諸如此類。康德否定人有理智的直觀，是批判哲學的重要貢獻，據此，康德有效地揭穿舊有形而上學中理智論的哲學家（Intellektualphilosophen）所製造的形形色色的虛幻。在《純粹理性批判》之「超越的方法論」第四章「純粹理性的歷史」中，康德指出柏拉圖以降一切理智論哲學家的弊病，那就是他們認為「在感官中所有的無非是虛幻（Schein），只有知性才認識真的東西（Wahre）」，他們「要求真的對象只是智性的（intelligible），並主張一種並不伴隨任何感官的而僅僅通過純粹知性而來的直觀」（A854/B881）。

許多學者不能理解康德堅持「人不能有理智的直觀」之重要意義，他們以為人的知性若無直觀的能力，一切我們的感取直觀不能及的事物就必然成為不可能，哲學所關注的終極根據和最高原則也無從談起。顯然，他們完全忽略了批判哲學已經作出理論哲學與實踐哲學的區分，並且已論明，哲學所關注的終極根據和最高原則之探究屬於實踐哲學，而在這個領域，實踐的認識並不必靠賴直觀。早在康德那個時代，就有不少德國哲學家提出形形色色的理智直觀學說，以圖修正康德的批判哲學。耶可比（Jacobi）主張「理性即是直接的知識（unmittelbaren

Wissen）」，提出一種對於上帝為對象的理智的直觀。【6】「對於耶可比的超自然的感覺主義來說，『理性』意味着關於超感觸的東西的直接感覺，意味着關於上帝、自由、道德和靈魂不朽的直接感覺。」【7】謝林（Schelling）提出「一個絕對單純，絕對同一的東西不能通過描述，不能用概念來理解或言傳，而只能被直觀。這樣一種直觀就是一切哲學的官能（Organ）。但是，這種直觀不是感性的，而是理智的。」【8】費希特在《倫理學體系》（Das System der Sittenlehre nach den Prinzipien der Wissenschaftslehre, 1798）中提出：「思維正是對於思維者本身作為睿智者（Intelligens）所具有的規定性的直接意識，……。一種直接的意識叫做直觀；既然在這裡沒有任何物質性的持續存在是借助於感受被直觀的，而是睿智者直接作為睿智者被直觀，並且只有睿智者被直觀，所以這種直觀就有理由叫做理智的直觀。」【9】在《全部知識學的基礎》（Grundlage der gesamten Wissenschaftslehre, 1794）中說：「知識學以自由的內部的直觀能力為前提。」【10】黑格爾提出：「自為的理念（Idee,

---

【6】 參見黑格爾著《小邏輯》§ 63、65。G. W. F. Hegel, Werke 8, Enzyklopädie der philosophischen Wissenschaften im Grundrisse (1830), Erster Teil, Die Wissenschaft der Logik Mit den mündlichen Zusätzen (Suhrkamp 1970), 中譯參考：賀麟譯《小邏輯》，北京：商務印書館，1997，頁 267。

【7】 Windelband-heimsoeth, Lehrbuch der Geschichte der Philosophie J. C. B. Mohr (Paul Siebeck) Tübingen, 1957, s. 495. 中譯參見：羅德仁譯：《哲學史教程》，下卷，北京：商務印書館，1996，頁 793。

【8】 F. W. J. Schelling, System des transzendentalen Idealismus (1800), s.296. 中譯參見：謝林著，梁志學、石泉譯《先驗唯心論體系》，北京商務印書館，1997，頁 274。

【9】 Fichtes Werke IV, s.47. 中譯參見：費希特著，梁志學、李理譯《倫理學體系》，中國社會科學院出版社，1995，頁 48。

【10】 Fichtes Werke, I, s. 419-. s.88.

盧雪崑　理智的直觀與智的直覺　　253

welcher für sich ist）按照它同它自己的統一性來看，就是直觀。」【11】

　　哲學家們不理會康德將》Anschauung《一詞趕出知性領域之深義，他們都不滿康德未能直觀地構造絕對本體，而試圖以「意識的直觀」、「思維的直觀」、「自我直觀」、「自為理念之直觀」等說法混同康德所言「理智的直觀」。【12】叔本華對這些做法有嚴厲批評，他說：「近五十年來，德國的偽哲學正是在純粹幻想的產物，一種完全虛構的理性上建立起來。」他指出：所謂「絕對的自我」之隨意構造；對於絕對同一性或漠不相干性的理智的直觀；純粹的自我意識，絕對理念，概念自我運動；以及對於神性、真實性、完美性等「種種可以想到的『性』的直接把握」，這些只是為康德的嚴厲批判而困惑的哲學教授們所上演的鬧劇。【13】

三

　　康德面對西方傳統形而上學的困局而需要費心處理許多難題，這些難題是中國哲學從來沒有發生過的。中國哲學從沒有主張神性存在者之存在的自明性，沒有由知性的直觀直接認識自在之物而引生的虛幻，也沒有將越過感觸界之限制而進至超感觸界的智慧混同對於自然物的認識而引發的紛爭。我們清楚，中國哲學的傳統中完全沒有任何藉着虛構一種知性的直觀能力製造出來的臆測的理智之認識體系，無論在儒家、道

【11】同註【6】，§ 244。

【12】牟先生受到這些德國哲學家的影響，可見於《心體與性體》（一），綜論部，頁181-183。在那裡，先生引述謬勒（Müller）述介德國觀念論不滿康德論「人沒有理智的直觀」的幾段話，並表示有同感。

【13】Arthur Schopenhauer, Über die vierfache Wurzel des Satzes vom zureichenden Grunde, 1813，§ 34。中譯見：叔本華著，陳曉希譯《充足理由律的四重根》，北京商務印書館，1996，頁 127。

家或佛家,「智的直覺」並不就感性與知性一而不二說,而是就我們心靈的理性作用之自由義、無限義及創造義而言。牟師宗三先生說:「若在我們人身上能開出自由無限心,由此無限心即可開出智的直覺。」[14]

我們要清楚,先生所言「智的直覺」決非指我們心靈機能的認識能力而論,用先生的話說,「認知主體,無論如何理性,如何邏輯,它究竟不是由無限心所發的智的直覺。」[15]因此,如果我們譯「智的直覺」一詞為德文,不能譯做 》intellektuelle Anschauung《,以避免「智的直覺」與「理智的直觀」二詞混為一談。我們或可德譯「智的直覺」一詞為 》intelligibele Intuition《。我們譯 》intelligibel《為「智性的」,與 》intellektuell《(理智的)區別開。康德明確提出不能混淆此二詞,他明示:「我們必不可使用『理智的世界』一詞以代替『智性的世界』(mundus intelligibilis)一詞,就像德人的解釋中所常作的那樣。因為只有認識才或是理智的或是感性的(sensitiv)。然而只要能是這種或那種直觀之對象,這客體都必須稱之為智性的或感觸的(intelligibel order sensibel),儘管這很刺耳。」(B312)依照康德的明示,我們就能夠區分:「理智的」意指作為我們的認識機能之知性的;而「智性的」可用於這種或那種不同於感取直觀模式的直覺。據此,我們視「理智的直觀」為獨斷唯理論的戲論的同時,並不妨礙我們肯定牟先生的智的直覺學說之意義。

牟先生依中國哲學傳統建立智的直覺學說。首先從儒家言,「由吾人的道德意識顯露一自由的無限心,由此說智的直覺。」[16]先生說:「當本心仁體(自由意志是其良能)隨時在躍動,有其具體呈現時,智的直覺即同時呈現而已可能矣。」[17]先生依儒家而論的「智的直覺」乃

【14】牟宗三著《現象與物自身》,台灣學生書局,民國 79 年,「序」頁 16。

【15】同註【14】,「序」頁 15-16。

【16】同註【14】,「序」頁 6。

【17】牟宗三著《智的直覺與中國哲學》,台灣商務印書館,民國 60 年,頁 194。

是「本於本心仁體之絕對普遍性，無限性以及創生性而言」，他說：「智的直覺不過是本心仁體底誠明之自照照他（自覺覺他）之活動。自覺覺他之覺是直覺之覺。自覺是自知自證其自己，即如本心仁體之為一自體而覺之。覺他是覺之即生之，即如其繫於其自己之實德或自在物而覺之。」【18】隨後又論道家與佛家方面的智的直覺。從道家的「玄智」論一種智的直覺，此乃是「由道心之圓照而說智的直覺」，先生說：「道心之虛寂圓照本由學、知（或名、知）之滅於冥極而顯示。…… 它的自照就是它的智的直覺之反而直覺它自己。它的智的直覺就是它的圓照之自我活動（動而無動之動）。」【19】從佛家的「空智」論智的直覺，則是「觀空而不起執」之般若智，先生說：「起執是識，般若與識對反，故曰智。」「佛心無外即是無限，因而必涵有一智的直覺在內。此智的直覺即寄託在圓教之般若智中。」【20】

考察牟先生「智的直覺說」，就儒家道德心之明覺言，指本心創造活動之自動性、自發性及創造性，用康德的詞語說，此乃本純粹實踐理性（亦即本意志自由）立法而顯其積極的自由而論；就道家玄智與佛家般若智而言，是指對治「有為」（道家）、「識執」（佛家），也就是在個人精神修養的踐履中求超脫感性欲念及自然因果之束縛，破除感性與知性的限制而顯的一種非推理的純智的活動，用康德的詞語說，此乃本於「獨立不依於任何感性衝動而來之強迫的獨立性」而顯的消極義的自由而論。如果我們依照康德的批判思路來察看牟先生的智的直覺學說，我們不難見出：先生所論「智的直覺」（無論性智，還是玄智或空智）皆不是就人類心靈之認識機能而立說（既不是就知性而論一種直觀的理解作用，亦非就作為認識能力的直觀而論一種純智的直觀作用），而是就

【18】同註【17】，頁 200。

【19】同註【17】，頁 210。

【20】同註【17】，頁 211。

獨立不依於感性的理性機能之自由而立論的。

當康德說：「自由是現實的，因為自由這理念經由道德法則顯露自己。(Freiheit wirklich ist; denn diese Idee offenbart sich durchs moralische Gesetz.)」（KprV 5:4）「自由的理念其實在性是一特種因果性之實在性，……，它可以經由純粹理性的實踐法則以及依據實踐法則在現實的行動中證實，因此，可以在經驗中證實。在一切純粹理性之理念中，此自由之理念是唯一的一個其對象是事實而必須列入可覺知的東西之內。」（KU 5:468）在康德所言「呈露」、「可覺知的東西」中就含着一種自由意志的自我意識，而且這意識不是感觸的，而是「智性的」。箇中意義完全就是牟先生所言：「自由自律的意志就是道德覺情這個本心。它不但是理性，且亦是明覺。其自我立法之理性一面（康德說純粹而實踐的理性自我立法）就是其明覺之作用。……明覺之自我立法，其立之，即是覺之，它是在覺中立。它立之，它即感受之，它是在立中感受。它覺，它感受，即在此覺與感受中，轉出智的直覺。」【21】「自由底透露必通過道德法則始可能。自由是需要另開端而自吾人之道德意識上來揭露的。」【22】可見，牟先生亦並不主張離開道德法則而可有一種獨立於道德心之外的「智的直覺」。【23】

康德論及理智的直觀時說：「如果它是直接地自我活動的，它必只表象它自己。」（B68）在康德那裡，假設為上帝所有的「理智的直觀」

【21】 同註【2】，第 77-78 頁。

【22】 同註【2】，第 117 頁。

【23】康德堅持我們不能獨斷地發明一種知性的直觀來證實「自由」，就是要揭示出：我們只能經由道德的進路證成「超越的自由」，只能經由意志自立道德法則以及在現實行動中依據道德法則而行，我們才能夠在道德踐履的實事中當即感受到及覺知到意志的自由。這正是牟先生所言「自由底透露必通過道德法則始可能」之義。詳論參見拙作〈就牟宗三先生對康德自由學說之批評提出商榷〉（香港：《新亞學報》第二十四卷，2006 年 1 月號，頁 159-178）。

盧雪崑　理智的直觀與智的直覺　　257

之「自我活動」是直接地絕對無限定的。因此康德明文表示，這種一種假想的直觀，我們甚至不能理解它的可能性。（B307）我們不能形成任何具有這種直觀的知性之絲毫概念。我們決不能拿虛擬地歸於上帝的一種僅僅可允許無矛盾地思想的理智的直觀之「自我活動」混同於中國哲學中依自由無限心而論的「自我活動」義。牟先生指出，儒家言「道德本心之誠明所發」就是「心之自我活動的智的直覺」。【24】道家方面，「智的直覺即是寂虛之心齋之自我活動。」【25】這是很對的。不過，我們要注意，不能拿先生依中國哲學而論的自由無限心的「自我活動」混同於依虛擬的上帝的理智直觀（或直觀的知性）而論的自我活動。無論儒家所言道德心，抑或道家所言道心，都是就真實的自由無限心（用康德的詞語說，就是就真實的理性機能之自由）而顯其自我活動。儒家言「道德本心之誠明所發」必定要在道德實踐中顯，決不能是如假想給上帝的「自我活動」那樣超絕的，棄道德實踐而自在自存的。正如牟先生說：本心仁體「其躍動或呈現是在駁雜中」「當機作純天理地呈現（如見孺子入井等），此機亦是一限制。」【26】道家言「心齋」亦須「氣之虛」以示之，道家決不離開個人精神修養的具體踐履而空談一種理智直觀（或直觀的知性）的自我活動。牟先生就說：「道家本是直接地從有為之有限定，相對待，與造作不自然，化除而上越之。」【27】。並且，我們要注意，康德在陳述傳統神學之說法時，述及「上帝的理智直觀的創造性」，此類說法決不能與中國儒家本心仁體的創造性相提並論。牟先生在《智的直覺與中國哲學》一書對於本心仁體的智的直覺之創生性分三層說明：一、本心仁體之明覺活動反而自知自證其自己。」【28】

【24】同註【17】，頁 188。

【25】同註【17】，頁 208。

【26】同註【17】，頁 196。

【27】同註【17】，頁 197。

【28】同註【17】，第 196 頁。

二、「本心仁體連同其定然命令之不斷地表現為德行，……性體不容已地發布命令，亦不容已地見諸行事，不是空懸的一個命令。此即孟子所謂良知良能，亦即本心仁體之創造性。」【29】三、本心仁體「不但特顯於道德行為之成就，它亦遍潤一切存在而為其體。」由仁心感通之無外說「一切存在皆在此感潤中而生化，而有其存在。」【30】總之，本心仁體之創生性是具體呈現的，經由人的道德實踐而真實證成的。而且這種創生性是落實於人的生活世界，因而也就是超越的（transzendentale），生生不息的。反之，無論西方傳統思辨哲學中，抑或基督宗教中所言「上帝創造」的主張都是超絕的（transzendent）。上帝是超自然，上帝與宇宙是二元。所謂「上帝創造」是指上帝創世，宇宙存在是因為上帝要它存在，物質是上帝創造的。經康德的批判，這類「上帝創造說」充其量不過只是一種虛擬而已。

　　最後，必須申明，康德通過他的批判工作揭明：絕對不能有適當於理性的概念即理念的直觀可被給與。（KU § 59）但我們不能據之認為康德要否定任何理性概念的真實性，從而將康德關於超感觸領域之真實性的豐富論說棄置不顧。在《判斷力批判》（§ 59）中，康德提出真實化的兩種方式：「一、當『相應於知性所掌握的概念』的那直觀是先驗地被給與時，則真實化是規模性的（schematic）；二、當概念是一個『唯有理性能思之，而且沒有任何感取的直觀能與之適合』的概念時，則真實化是象徵性的（symbolic）。」（KU 5:351）康德指明：直覺表象模式與辨解模式（Diskursiven）相對反，而並不與「象徵」對立。他說：「如果人們把『象徵的』一詞與直覺表象模式對立起來，那麼，這就是對這個詞的一種雖然被近代邏輯學家接受了，但卻是意義顛倒了的，不正確的使用。因為象徵的表象模式只不過是直覺的表象模式的一種罷了。」

【29】 同註【17】，第 197 頁。

【30】 同註【17】，第 199 頁。

（KU 5:351）又說：「認識之直覺必須與辨解的東西（而不與象徵的東西）相對反。（Das Intuitive der Erkentnis muß dem Diskursiven (nicht dem Symbolischen) entgegen gesetzt werden.）前者要麼通過證實而是規模性的；要麼作為按照一種純然的類比而是象徵的（symbolisch）。」（KU 5:352）在我們的認識中，感取的直觀（sinnliche Anschauung）是規模性的；此外，我們還有一種直覺是非感觸的，它沒有規模可藉以對概念作直接展示，但卻可憑藉某種類比而對概念作間接展示。康德說：「人們也把經驗的直觀用於類比，在這種類比中，判斷力完成了雙重的任務，首先是把概念使用於感取的直觀的對象，其次是把純然對那種直觀的反思的規則使用於一個完全不同的對象，前一個對象只是這後一個對象的象徵。」（KU 5:352）我們知道，康德強調：離開感取的直觀，我們決不能對任何東西有理論的認識；但不能因之忽略，康德也指出：對於「唯有理性能思之，而且沒有任何感取的直觀能與之適合的一個概念」，可以配上一種象徵的認識之直覺。（KU 5:351）於此，我們可以言一種「不可知之知」。【31】

結束語

康德一生致力於人類心靈機能的批判考察工作，他作為「人類的真正闡釋者」揭示的真理正正是要扭轉他本人身處其中的歷史文化傳統。在西方傳統長久的神律和道德他律的文化背景下，西方社會的教範違離

【31】道家之勝義正在這「以無知知」的智慧。關於道家所言「道」及「道心」之自由義與康德所論宇宙論意義的「超越的自由」之可相通處，以及從象徵性的直覺表象模式看道家的象徵詞語，詳論參見拙文〈從康德所論物自身不可認知及超越的自由之宇宙論意義看道家言道及道心之自由義〉（香港：《新亞學報》第二十七卷，2009 年 1 月號）。

康德提出的新世界智慧實在太遠了，乃至於康德哲學在西方世界裡只是一種違世獨立的理性智慧之光。相反，在中國文化生命中，這種理性的智慧是由普遍的教範體現的，並且是由每一個人自己在其生命的真實踐履中呈露與印證的。假若康德身處中華民族文化的傳統中，恐怕他會說：瞧！理性的智慧的全部佐證就在這裡。

附釋：

康德的著作引文方式及引文來源縮略語：

KGS：Kants gesammelte Schriften (Königlich Preussischen Akadämie der Wissenschaften，1922年). 隨後之阿拉伯數字分別為卷數及頁數。例：KU 5:351。

A/B ：Kritik der reinen Vernunft (KGS 3 ,4). （A 即《純粹理性批判》第一版，B 即第二版。不標卷數。）

KpV：Kritik der praktischen Vernunft (KGS 5).

KU ：Kritik der Urteilskraft (KGS 5).

據牟宗三先生的觀點判辨
劉宗周的「意體」

陳敏華*

提 要

劉宗周是晚明最後一位理學繼承者，這個定位來自他既肯認王陽明的「求本心於良知」，同時又能了解良知教的「相融相即」，這一點對確定良知教呈一顯教的規模有着積極的意義。他據《大學》釐清陽明所規定的「致知格物」與「心意知物」諸義，並簡別「四有句」，這是一種學風上的扭轉，但不是逆向的，而是開展的。以上種種討論，宗周是以嚴分「意」與「念」為大原則。在這原則下，宗周為「意體」之超越性提供證明，並確立「意體」之客觀實在性，最後且證成「意」是創造道德世界的能力，是吾人內在本具者，因此，他能開出有別前儒的誠意教。有明一代，未有儒者對「意體」作如此深刻之探究，此為宗周一大貢獻，本文即據牟宗三先生的觀點，以三個論題，層層推進，剖析宗周的「意體」，藉此明其實義。

一、前言

牟宗三先生曾以「開端別起、歸顯於密」八字評劉宗周誠意之學，曰：

> 所謂開端別起者，將外擴的致良知教中「良知之用」收攝於內斂的誠意教中之「淵然貞定」之「意」也。如是，一、不得不嚴分

---

*香港新亞研究所哲學博士。

意念，不可以生滅有對之念為意；二、由意彰著心之所知為心，而特重主宰性。[1]

「良知之用」為陽明學精粹，牟先生認為：「……良知是通透於天心仁體之全蘊的『既虛亦實』之本質，而其首先呈現於人之心目中者，則為其虛德，即所謂『虛靈明覺』者是……然人之踐此則甚難」[2]，故此宗周以「意體」的「淵然貞定」開出一既內在的、又是先天的工夫——誠意教，可算更端別起，大異前儒。

本文會就以下三個論題開展，包括：

一為宗周的「意體」之超越性提供證明，分「嚴分意與念」及「意為心之所存」兩節論述；

二是「意體」之客觀實在性的確立，由意彰著心，突出「意」的主宰義具客觀實在性；

最後證成「意」是創造道德世界的能力，此部分是從牟先生之「意知體物不遺」看宗周的「天地萬物一體」所突顯的道德創造力，證成此道德創造力乃吾人內在本具者。

透過以上三個論題之辨析，宗周的「意體」的實義將可一一確立。

二、「意體」之超越性

1. 嚴分「意」與「念」

宗周嚴分意與念，是宋 明儒所罕見的，以下有一段提綱語，見於〈學言〉中，曰：

> 意者心之所存，非所發也。或曰：「好善惡惡，非發手？」曰：「意之好惡，與起念之好惡不同。意之好惡，一機而互見；起念之

---

[1] 牟宗三：《宋明儒學的問題與發展》，〈劉蕺山誠意之學〉（臺北：聯經出版事業股份有限公司，2003 年 7 月初版），頁 297。

[2] 同上註。

陳敏華　據牟宗三先生的觀點判辨劉宗周的「意體」　　263

好惡，兩在而異情。以念為意，何啻千里？」【3】

首先，牟先生於對「意之好惡」及「念之好惡」有兩段詳細的案語曰：

> 案「意之好惡一機而互見」，好善即見惡惡，惡惡即見好善，故互見也，雖有好惡兩用而實為一機。「念之好惡兩在而異情」，念有生滅，有住著，住著於其好之所好即在於其所好處，住著於其惡之所惡即在於其所惡處，故兩在也；其好之所好不必善，其惡之所惡亦不必惡，然而所好所惡內容總不同，故異情也。「異情」即異其實（內容）也。【4】

> 「意之好惡一機而互見」，好善即惡惡，反之亦然，故互見，雖有好惡，而實為一機，此顯意為超越層。「念之好惡兩在而異情」，有善有惡為兩在，兩在即異情，此顯念為感性層。【5】

以上案語標示，第一：「好善」即見「惡惡」，「惡惡」即見「好善」，顯示「好」與「惡」雖是兩種用向，但同屬「意」之機能，內容一致，故言「一機而互見」。至於「念」則有生、滅、住、著等不同的情態，有內容上的差異，其好惡與善惡並不是絕對地配稱，所以說「兩在」，即各自有其域地，因此牟先生斷其為「異其實」是如理的；第二：「意」與「念」均有好惡之用，但「意」與「念」有本質上的不同，「好善」「惡惡」顯「意」為一種機能，因其關涉善惡之判別[好惡]，故是「道德的」，同時，不受「生、滅、住、著」等在經驗界中呈現的情態影響其好惡之用，它自是「好善」「惡惡」，所以是有「超越性」的，「念」則在感性層，受經驗事物影響。

牟先生亦以是否「絕對善」來判分「意之好惡」及「念之好惡」，

【3】 戴璉璋、吳光主編：《劉宗周全集（二）》，〈語類十四・學言中〉（臺北：中研院文哲所，1996 年），頁 485。

【4】 牟宗三：《從陸象山到劉蕺山》（臺灣：學生書局，1979 年 8 月初版），頁 511。

【5】 同上註，頁 453。

云：

> 此「兩在而異情」之好惡之念，亦可有善的，然而不必其善，因逐物而起故，即善，亦是相對而限定之善。因此，此好惡之念乃善惡混雜，經驗的、偶然的、生滅起伏的。其普遍底子乃是逐物而起，兩在而異情。故為善惡雜。意之好惡，其普遍底子乃是絕對的自肯，一機而互見，故為絕對善。【6】

「意」作為吾人的一種內在機能，對道德的判定若是一絕對的自肯[即自我立法自我遵守]，成就一絕對善者，則「意」的種種內容自有其絕對普遍必然性，這種「貞定」對自律道德的證成有着極其莊嚴的意義。

吾人既有「意」此道德機能，為何仍不免有「念起念滅」？宗周作了一些說明：

> 今心為念，蓋心之餘氣也。餘氣也者，動氣也，動而遠乎天，故念起念滅，為厥心病。【7】

> 人生而靜，天之性也。感於物而動，性之欲也。欲動情熾而念結焉。感有去來，念有起滅，起滅相尋，復自起滅。人心出入存亡之機，實係於此。甚矣！念之為心祟也，如苗有秀。【8】

宗周視「念」為心之餘氣，因其動而遠乎天，這裏的天應作「天理」解，意即因念動而不循天理行事，成了「心病」。吾人又因感於物而欲動情熾，使念更集結，變為「心祟」。牟先生對「餘氣」之詮釋如下：

> 餘氣者，心氣之動被物所牽引，遺出而洩漏，遂凝結於感覺之情，而不返者也。遺出而不返，遂為心之餘氣矣。……心氣之

【6】同註【1】，頁 308。

【7】同註【3】，頁 491。

【8】同註【3】，頁 492。

動，若不經過內聖之踐履工夫以貞定之，使之恆如其性，而一味順其經驗的自然之動用而流行，則其動也，即不能將其內蘊全幅保聚於其自身而恆如其性，而圓整其自己，使之無欠無餘。【9】

理清「念」的本質後，宗周規定「意」隸屬超越層這一點便毋用置疑，因為若我們視宗周的誠意之學是一種內聖之踐履工夫，則擺脫經驗成素、不被「物」所牽引而流蕩，以「意」的恆如其性為踐德的先驗原則是必須的，嚴分「意」與「念」正是立穩此根基的首務。

宗周以上的立場，在〈陽明傳信錄三〉的案語中表現得更形清晰，云：

> 一切好歹念都著不得，可知凡有念皆不是道。【10】

> 「其次且教在意念上著實，用為善去惡工夫，久之心體自明。」蒙謂纏著念時，便非本體。人若只在念起念滅上用工夫，一世合不上本體了，正所謂南轅而北轍也。【11】

上兩節引文之「著」應作「着」解，有「執」之意。「凡有念皆不是道」，「纏著念便非本體」，宗周正正以儒家的恆常：天理、天道為踐履的標的，在念上用為善去惡工夫，因易陷經驗界的巢圍，所以日久心體不一定自明，要合上本體[即心體]，就要保住「意」的超越性，一切好歹念都着不得。

2.「意」為心之所存

由好善惡惡之肯認，宗周再提：「意者心之所存，非所發也」這一個新觀點，以突顯意體之為超越者是必須的。在〈答史子復〉一書中，

【9】 同註【1】，頁 309。

【10】 戴璉璋、吳光主編，《劉宗周全集（四）》，〈陽明傳信錄三・黃以方記〉（臺北：中研院文哲所，1996 年），頁 104。

【11】 戴璉璋、吳光主編，《劉宗周全集（四）》，〈陽明傳信錄三・王畿記〉（臺北：中研院文哲所，1996 年），頁 107-108。

他有以下肯斷語：

> 意為心之所發，古來已有是疏，僕何為獨不然？第思人心之體，必有所存而後有所發，如意為心之所發，則孰為心之所存乎？如心以所存言，而意以所發言，則心與意是對偶之物矣，而惡乎可？總之，存發只是一幾，故可以所存該所發，而終不可以所發遺所存，則〈大學〉「誠正」一關，終是千古不了之公案，未可便以朱、程之言為定本也。陽明先生曰「有善有惡者意之動」，僕則曰「好善惡惡者意之動」，此誠意章本文語也。如以善惡屬意，則好之惡之者誰乎？如云心去好之，心去惡之，則又與無善無惡之旨相戾。今據本文，果好惡是意，則意以所存言，而不專以所發言，明矣。【12】

這一段論說，可分為兩個結語去理解：

第一個結語：存發只是一幾

宗周假定「人心之體，必有所存而後有所發」，若意為心所發，則心存些甚麼？如心是存者，意是發者，則心與意便互相抵觸，除了因「存」「發」的分際不同，而且因所發必關涉經驗層，如此意體之超越義不能確立，「意」不能與「心」連著說，於宗周來說這是不容許的。故此宗周總結存發只是一幾，「存」「發」不存在時間上的先後，是「一幾」的不同面相而已，不然《大學》「誠正」一關不能通過（案：指「誠意」與「正心」兩種工夫會割裂開）。

以上「存發只是一幾」義，另見於〈答董生心意十問〉的解說中，云：

> 問：「意屬已發，心屬未發否？」
>
> 人心之體，存發一機也。心無存發，意無存發也。蓋此心中一點

【12】戴璉璋、吳光主編，《劉宗周全集（三上）》，〈文編七・書（論學）・答史子復〉（臺北：中研院文哲所，1996年），頁446。

虛靈不昧之主宰，嘗嘗存，亦嘗嘗發。【13】

以上云「人心之體，存發一機」，因「心」中自有一點虛靈不昧之主宰，常常存了又發，而又不定在存或發。看以上「心無存發，意無存發」兩句，此心中主宰乃是超越層的「意」。

第二個結語：意以所存言，而不專以所發言

宗周謂「好善惡惡者意之動」是據〈誠意章〉本文而來，此處可溯源《大學》：「所謂誠其意者，毋自欺也。如惡惡臭，如好好色。此之謂自謙，故君子必慎其獨也」（〈誠意章〉）。我們若以「善」「惡」屬於意，那由甚麼來好之、惡之？如果是由「心」來好之、惡之，則與陽明所倡「無善無惡心之體」（陽明「四有句」中首句）的宗旨相違背。故此宗周以好之、惡之屬於「意」來解釋文本，進一步肯定「意」是一存者，是一能發出「好之」及「惡之」的不同徵向者。宗周亦根據「意」這個特點，來指示出陽明的「有善有惡者意之動」中的「意」不是一個真正的道德實體，因為據陽明的說法，「意之動」的本身成了有善、有惡者，如此則「意」亦成了一有善、有惡者，宗周認為陽明所謂的「意」應是有經驗義的「念」。

概括〈答史子復〉一文，「人心之體」在作用層上說，是必有所存而後有所發，否則「所發」無從產生。但在實存的層面上，不論「意」是否由「心」所發，「心」總是有所「存」。至於「心」與「意」不能是對偶之物，其實是宗周視「意」有超越義，才有此立論。

根據以上的立論，宗周曾批評朱子，云：

> 意者，心之所存，非所發也。朱子以所發訓意，非是。傳曰「如惡惡臭，如好好色」，言自中之好惡一於善而不二於惡。一於善而不二於惡，正見此心之存主有善而無惡也，惡得以所發言乎？

【13】戴璉璋、吳光主編：《劉宗周全集（二）》，〈語類十一・問答・答董生心意十問〉（臺北：中研院文哲所，1996年），頁398。

如意為心之所發，將孰為所存乎？如心為所存，意為所發，是所發先於所存，豈大學知本之旨乎？【14】

宗周借《大學・誠意》之意來批評朱子規定「意」是心之所發的不恰當。宗周的理據在「如惡惡臭，如好好色」正見此「心之存主」是一於善而不二於惡，即全幅內容是善而無惡，否則不能作出好惡的道德判斷，反過來假設，「心的存主」的內容若有善有惡，則絕無道德義，不能作道德判斷了，所以宗周指出以所發（即有善有惡）來說明「意」，一則使「意」落於經驗義，同時亦使「心」喪失道德義。至於宗周反對「所發先於所存」，以其違反了《大學》的本旨，但宗周視何者為其本旨，這需另文進一步探討。

其次，《大學・誠意》中「自欺」之意，宗周於〈大學古記〉有註云：

> 自欺云者，自欺本心之知也。本心之知，善必知好，惡必知惡，若不能好惡，即屬自欺。此正是知不致處。毋自欺，則「如好好色，如惡惡臭」，意斯誠矣。故欲誠其意者，必先致其知，而其功歸于慎獨。獨者，藏身之地，物之本也，於此慎之，則物格而知至矣。【15】

以上「毋自欺」的意思，是不自欺本心之知。此處宗周明確規定「知」是本心之知，是善必知好，惡必知惡，這裏的「必知」是肯定語，涵此價值判斷：「必知好及惡」有其必然性，而必知好及惡的「本心」，亦必是一道德實體，否則上述的價值判斷不能作成。宗周進一步再指出「不自欺」者，則「如好好色，如惡惡臭」，則意誠。這點十分重要，因為「意」亦因此有了道德義，可稱為「意體」。

【14】 戴璉璋、吳光主編：《劉宗周全集（二）》，〈語類十二・學言上〉（臺北：中研院文哲所，1996 年），頁 459。

【15】 戴璉璋、吳光主編，《劉宗周全集（一）》，〈大學古記・第三章〉（臺北：中研院文哲所，1996 年），頁 737。

陳敏華　據牟宗三先生的觀點判辨劉宗周的「意體」

就以上諸義，宗周再舉例如下：

意者，心之所發，發則有善有惡。陽明之說有自來矣。抑善惡者意乎？好善惡惡者意乎？若果以好善惡惡者為意，則意之有善而無惡也明矣。然則誠意一關，其止至善之極則乎？【16】

「心無善惡，信乎？」

曰：「乃若其意，則可以為善矣，乃所以為善也。」

「意有善惡，信乎？」

曰：「乃若其知，則可以為良矣，乃所以為善也。若夫為不善，非意之罪也。吾自知之，吾自蔽之，不能知所止焉耳。」【17】

宗周視「意」有不同於陽明等大儒處，他的重點是以好善惡惡為「意」的內涵，因此，「意」作為道德判斷能力的先驗原則，其「自身必為善」〔意之有善而無惡〕是分析地真，因此，誠意是至善之極則，即踐德的終極標準亦是自明的。

宗周再採孟子「乃若其情則可以為善矣，乃所謂善也。若夫為不善，非才之罪也」（《孟子·告子上》）證成「性善」的論說形式，回應「心無善惡、意有善惡」的提問。牟先生在《圓善論》一書中，對「乃若其情」此論題有以下的案語：

案此段話是孟子確認性善之正說。此一正說是先就人之為人之實情，也可以說，就一切理性存有之為理性存有之實情，而言其「可以為善」，意即實有其足可為善之能力（良能之才）以為善……【18】

宗周之「意」與孟子之「情」（實情）義同，套用牟先生的案語，可表述「乃若其意」及「乃若其知」等回應如下：就一切理性存有之為理

【16】戴璉璋、吳光主編：《劉宗周全集（二）》，〈語類十四·學言下〉（臺北：中研院文哲所，1996 年），頁 522。

【17】同上註，頁 523。

【18】牟宗三：《圓善論》（臺灣：學生書局，1985 年），頁 22。

9

性存有之實意〔意體〕、實知〔良知〕，實有其足可為善之能力以為善，若夫為不善，是不能知止而已。這一種論說方式，顯示宗周深得儒學宗旨。

至於宗周註云：「故欲誠其意者，必先致其知，而其功歸于慎獨」，是想據此言「意體」亦通於「獨體」，肯定「獨體」之好惡即「好惡之兩意一機」，曰：

> 如惡惡臭，如好好色」，蓋言獨體之好惡也。原來只是自好自惡，故欺曰「自欺」，謙曰「自謙」。既自好自惡，則好在善，即惡在不善；惡在不善，即好在善，故好惡雖兩意而一幾。若以所感時言，則感之以可好而好，感之以可惡而惡，方有分用之機。然所好在此，所惡在彼，心體仍是一箇。一者，誠也。意本一，故以誠還之，非意本有兩，而吾以誠之者一之也。【19】

「獨體」的本質在自好自惡，這一個觀點相當重要，它有一自定法則及自我遵守之意，是一自律道德的規模，故宗周加上「體」字，突出其為道德實體，是相當合理的使用。至於「好惡雖兩意而一機」一語，是剔除好善與惡惡的對偶性，上文曾論及二者不是異質的兩個機括，而是「好在善，即惡在不善」，反之亦然，故是一機，這是避免了「意」「念」混雜的困難，宗周並藉此言「心體」、「意體」均是一，這個「一」是真實無妄的，故以「誠」表之。宗周曾云：「心無善惡，而一點獨知，知善知惡。知善知惡之知，即是好善惡惡之意」（〈學言中〉），是以「獨知」為「致其知」中的「知」，亦是「意體」通於「獨體」的另一明證。

「意為心之所存」還有另一「幾微」義，牟先生評「意」為一「淵然貞定」者即本此而來，茲引宗周之言如下：

> 「如惡惡臭，如好好色」，全是指點微體。過此一關，微而著矣。好而流為好樂，惡而流為忿懥，又再流而為親愛之辟，為賤惡之

【19】同註【16】，頁 522-523。

陳敏華　據牟宗三先生的觀點判辨劉宗周的「意體」　271

辟，又再流而為民好之辟，民惡之辟，濫觴之弊一至於此，總為
不誠意故。然則以「正心」章視誠意，微著之辨彰彰矣，而世儒
反以意為粗根，以心為妙體，何耶？【20】

「如惡惡臭，如好好色」是誠意、慎獨之功，故「意體」其用未彰時
即「微」，但意能誠後，「微」即著，故宗周感慨世人對「好惡」誤解，
演變為民好、民惡之辟，徹底減煞了「好善惡惡」的道德義，宗周更認
為《大學‧正心》章正顯「心正」也是「誠意」之功，故反斥「以意為
粗根」者為不諦。上文亦有以「微體」一詞與「意根」相通的意思，宗
周於另處又言：

> 好惡從主意而決，故就心宗指點；喜怒從氣機而流，故就性宗指
> 點。畢竟有好惡而後有喜怒，不無標本之辨，故喜怒有情可狀，
> 而好惡托體最微。【21】

「好惡從主意而決」中的「主意」即「意體」，好惡借托於「意體」，
由此而極言「微」，其義與上一則引文同。至於「心宗」與「性宗」之
別，是從好惡及喜怒所從者而分出。重點在「標本」之辨，是宗周想突
出「意體」乃最微者。「淵然」就是譬此「微」如海般深邃。

至於「幾」，同於「兩意一機」中之「機」者，是機括的意思，宗
周多次贊同以「微之微」言《大學》之誠意，就是以「意」為實體，並
配《易》以定義「幾」，云：

> 其四曰：《大學》八條目，向來於誠意一關都看錯了。今來教
> 曰：「學至誠意，微之微矣。」卓哉見也。意有好惡而無善惡，
> 然好惡只是一機。《易》曰「幾者動之微，吉之先見者也」是也，
> 故莫粗於心，莫微於意。【22】

【20】同註【16】，頁 528。

【21】同註【5】，頁 540。

【22】戴璉璋、吳光主編，《劉宗周全集（三上）》，〈文編七‧書（論學）‧答葉潤
山民部〉（臺北：中研院文哲所，1996 年），頁 387。

《易》曰：「幾者動之微，吉之先見。」更不雜凶字。君子見幾而作，所謂「善，必先知之也」。惟先見，故先知，先知之謂知幾，知幾則知所止矣。或曰：「吉下有凶字。」仍是「不善必先知之」，不以禍福言也。【23】

宗周以「吉之先見」而言好惡只是一機，而「意」因此無善惡，是「動之微」者，君子知幾並知所止，即「止于至善」也，在此是特重「先知」而不是禍福吉凶。至於心粗，應指心有餘氣時之「心」而已，是用來映襯「意」為微之微。

其實，宗周以他理解的《大學》為審察標準，指出「意」作為一道德實體的根源是落在「心」上。收於《蕺山學案‧語錄》其中一節，即展示了上述意義，同時，亦有「意」微（心最初之機）的意思，云：

《大學》之言心也，曰忿懥、恐懼、好樂、憂患而已。此四者心之體也。其言意也，則曰好好色，惡惡臭。好惡者，此心最初之機，即四者之所自來。故意蘊於心，非心之所發也。又就意中指出最初之機，則僅有知善知惡之知而已。此即意之不可欺者也。故知藏於意，非意之所起也。【24】

宗周認為《大學》所言之忿懥、恐懼、好樂、憂患是「心之體」，此種理解可與孟子論四端之心（惻隱、羞惡、恭敬、是非）的方式相同，即以「惻隱」之具體行為顯人有惻隱之心，心是一道德實體，而非視「惻隱之行為」是一道德實體。宗周亦非視忿懥、恐懼、好樂、憂患為道德實體，四者原是「心」在經驗層發用時所顯者（案：宗周之言「即四者之所自來」，應是此意，而非「心」生出此四者，否則「心」不能是道德實體），而對此四者有好惡之「意」，是心最初之機，「心」淵

【23】同註【16】，頁5 26。

【24】楊家洛主編：《中國學術名著第三輯歷代學案第一期書（四）》，〈明儒學案‧蕺山學案〉（臺北：世界書局，1984年2月四版），頁677-678。

然有定向，由發用以見體，肯定了「意體」義，所以宗周的結論是：「意」蘊於「心」，非心之所發，此處與「意是心之所存，非所發」義同。

「意」既要起用，其最初之機亦只能是「知善知惡」之「知」，因不「知」如何可定好惡？但這裏的「知」決不是認知義上的知道或不知道，否則會隨經驗中千差萬別的事宜牽動，「知」既「知善知惡」，其有道德意義不容否定。至於「意」不可欺，因「意」非由外界之物事操控。同理，非「意」生起「知」，能知善惡是由「知」本身彰顯「意」之作用，故此，「知」亦是「自知」，不用他證。由此推證，此藏於意之知即「意」自身之「明覺」，亦可名為「意知」。

三、「意體」之客觀實在性

宗周頗多話語講解「心」與「意」所透顯出來的主宰性，譬如：

心之主宰曰意，故意為心本，不是以意生心。故曰「本」。猶身裡言心，心為身本也。鄧定宇曰：「心是天，意是帝。」[25]

天穆然無為，而乾道所謂剛健中正，純粹以精，盡在帝中見；心渾然無體，而心體所謂四端萬善，參天地而贊化育，盡在意中見。離帝無所謂天者，離意無所謂心者。[26]

以上兩段，是宗周配合《易》來言「主宰」義：「天，一也。自其主宰而言，謂之帝。心，一也。自其主宰而言，謂之意。天有五帝，而分之為八節十二辰。故曰：『帝出乎震⋯⋯』即主宰即流行也」[27]，「意為心本」是宗周的宗旨，他取「天」「帝」作喻，即主宰即流行，是想突

【25】 同註【16】，頁 528。

【26】 同註【16】，頁 523。

【27】 同註【16】，頁 522。

出「心體」之參天地贊化育乃「意」之功。

宗周在〈答董生心意十問〉的解說中又云：

問：「心有無意時否？」

意者，心之所以為心也。止言心，則心只是徑寸虛體耳。著箇意字，方見下了定盤鍼，有子午可指。然定盤鍼與盤子，終是兩物。意之於心，只是虛體中一點精神，仍只是一箇心，本非滯於有也，安得而云無？【28】

以上是董生的第三問，問「心」有沒有缺乏「意」的時候？宗周明示所謂「意」是「心之所以為心」的根據。單說「心」時，心只是一個虛體〔案此處之「虛體」並非指「心」無實體義，而是「心」此時彷似在一虛空的狀態，待「意」來充實之〕，有了「意」，便是有了精神，如定盤鍼指出子午線一樣，但心仍是那一個，如未下鍼前那一個盤子，故「心」不滯說定有或定無「意」。簡言之：心有「意」時，像定盤鍼指出方向；心無「意」時，盤子仍在那裏，只是沒有指示方向。在這裏，我們會審視第二種情況，即心會有「無意」之時，此狀態並非不關涉道德範疇時才出現，恰切而言，是「意」未作用而矣，而不是無「意」的存在。我們既已視「心」為一道德心，則「意」是心之所存，遇事必應，故有好惡之表現，即牟先生所謂「淵然貞定」。而董生此問，乃將心與意分拆為兩個獨立體來看，以「心」為主；宗周之答，則顯「意」之功，故言宗周之學乃誠意之學。其次，作為定盤鍼，即有指導性，亦有主宰義在其中。

董生的最後一問，同樣有上述的意旨，曰：

問：「從心不踰，此時屬心用事，還屬意用事？」

此箇機緣，正是意中真消息，如定盤鍼在盤子中，隨盤子東西南北，此鍼子只是向南也。聖人學問到此得淨淨地，並將盤子打

【28】戴璉璋、吳光主編：《劉宗周全集（二）》，〈語類十一・問答・答董生心意十問〉（臺北：中研院文哲所，1996 年），頁 397。

碎，鍼子拋棄。所以平日用無意工夫，方是至誠如神也。無聲無
臭，至矣乎！

此箇主宰，要它有，又要它無。惟聖人為能有，亦惟聖人為能
無。有而無，無而有，其為天下至妙至妙者乎！【29】

宗周深諳聖人「從心不踰」（《論語·為政》）之境，即隨其心而安
行但不超越法度[此處可參考朱熹《四書集註》之注解]，所以在回答董
生此問，此時屬「心」還是「意」在用事，他明指這是「意中真消息」，
所謂「真消息」，即是實義，「意」既是恆指向南的定盤鍼，對盤子〔即
對虛體的「心」〕而言，它是一主宰。不過，聖人踐德無局限相，「所以
平日用無意工夫，方是至誠如神」，最後，盤子與鍼子乃是一而二、二
而一者。

宗周藉以明志的四句，當中首兩句：「有善有惡者心之動，好善惡
惡者意之靜」【30】，正好再用來配合說明「心」與「意」的用，牟先生
對此有極精闢的分析：

劉蕺山不先抽離地設一「無善無惡」之「心之體」，直就具體的
眼前呈現的動用之心而言心，此不是超越分解地說，而是現象學
地、描述地說。故直云「有善有惡者心之動」：心之關涉於經驗
而發心動念必隨經驗而歧出而分化，故有善惡之「兩在」。……
但是，心不能只是現象學地順經驗一面去看。它還有超越的一
面。這超越的一面也可以現象學地而且體性學地給指點出來，反
顯出來。這便是「好善惡惡意之靜」一句之所示。此好善惡惡之
「善」不是經驗層上的「念」，它是超越的、先天的、道德判斷所
自出的絕對自肯、純一無二的自肯、恆自淵然貞定的自肯，所以
它是絕對地「善的意」，絕對地「善的自肯」。順這自肯而直接
推出的或最原始的道德態度或道德決斷便就是這「好善惡惡」所

【29】同上註，頁 400。

【30】同註【14】。

表示的。……它雖不是經驗層上的「念」，但它卻也是現象學地
呈現的，它不是一個抽象，也不是一個設定。它是一個具體的絕
對真實。這就是可以現象學地而且是體性學地給指點出來或反顯
出來的心之「超越的」一面。惟因有此一面，人心始有主宰可
言。【31】

宗周肯定意蘊於心，心有實體義，但亦會起用，故牟先生的分別說
是必需的，「心有實體義」是超越分解地說的「心」，「動用之心」是
現象學地、描述地說的「心」。因發心動念關涉經驗，而心之動之善惡
兩在不能離念，故念亦為善惡兩在。但超越地說的「心」，也可由現象
學地而且體性學地表示之，所謂體性學，即能體現吾人之道德性之學
問，而這套學問亦可在經驗界以現象方式呈現出來者，即有客觀的實在
性，儒家之學問即是此種異質綜和的模式。宗周深得儒學精粹，並舉
「心」的兩層意思，由好善惡惡的「意」來反顯彰著「心」的超越層。綜
括好善惡惡的「意」是有一絕對的自肯（此自肯由「毋自欺」、「自慊」
而來），故為絕對地善。在這處，我們可以清楚地察照出宗周開端別起
的新觀點：「以意為首出，由意彰著心」的道德價值究竟落在何處。

以上的分析，得出「意體」作為一種吾人內在本具的道德機能，不
純停在道德理念與原則之先驗層中，它是能在經驗界以現象方式呈現出
來者，即這一種道德機能是實踐上「能用」的，使「意體」有一種客觀的
實在性，放之四海皆準，在儒學的推展中，宗周這方面的貢獻彌足珍貴。

四、「意」是創造道德世界的能力

「意」作為一道德實體，它的理念與原則早在超越層面確立，而在
經驗界中，「意」亦同具客觀實在性，這一點，是前儒所未觸及的，宗

___

【31】 同註【1】，頁 298-300。

周更把「意」推前一步，點示出「意」有創造道德世界的能力。

在上節所引的《蕺山學案・語錄》中，續有一段云：

> 又就知中指出最初之機，則僅有體物不遺之物而已。此所謂獨
> 也。故物即是知，非知之所照也。《大學》之教，一層切一層，
> 真是山窮水盡學問。【32】

順以上語錄之意，「知」即「良知」，何以滲有「物」在內？在「體物不遺之物」與「物即是知」兩句中，宗周所指之「物」，意思是否一致？首先，「體物不遺之物」一句，首個「物」字，應指因吾人本「誠」而被賦予了價值義的一切「物」，為何宗周將此「物」作如是觀？其用意於「體物不遺」之「不遺」一詞可見，而且應與程明道言「體物而不可遺」義相同：

> ……體物而不可遺者，誠敬而已矣，不誠則無物也。《詩》曰：
> 「維天之命，於穆不已。於乎不顯，文王之德之純」，「純亦不
> 已」，純則無間斷。【33】

以誠敬的工夫，不間斷地達致體物而不遺，應是宗周誠意說的濫觴，因為「不誠無物」一語，肯定了此一道德踐履背後的超越根據——心體的作用，在宗周而言，即「獨體」、「意體」的彰著。至於「體物不遺之物」最末一「物」字，非指經驗層的任何事物，而是「知」中最初之機，是「獨體」，也是「意體」，故吾人可喚此「物」為「意知」，「意知」即是能誠、能體物不遺的保證。

牟先生對整段語錄，曾有總結云：

> 意知體物不遺，則所體而不遺之物即天下、國家、身心三物也。
> 意知即于物，物亦即于意知。即于意知即即于「至善」，即于
> 「止」。

【32】同註【24】。

【33】〔宋〕程顥、程頤撰，潘富恩導讀：《二程遺書》，〈明道先生語一〉（上海：上海古籍出版社，2000 年 12 月第一版），頁 165。

故物止于知（意），非知之所照也。「物即是知」，此「即是」由即于止、即于至善而定。一層切一層即向裡收攝也。知吾知，則知習于獨，此以獨說知，故「知」即獨體，體物而不可遺者。【34】

牟先生分析「所體而不遺之物」的「物」乃天下、國家、身心等，「意知」（可分言「意」與「知」，因知本身彰顯了意的作用）既然體物不遺，則與「物」通，並止于止、止于至善。由於「物」被收攝入意知內，故另一方面亦可以「知」或「獨」表述「物」的超越義。

其次，我們再借宗周錄於〈學言〉的兩段話了解「物即是知，非知之所照」的含義：

身者，天下國家之統體，而心又其體也。意則心之所以為心也，知則意之所以為意也，物則知之所以為知也，體而體者也。物無體，又即天下國身心意知以為體，是之謂體用一源，顯微無閒。【35】

心無體，以意為體；意無體，以知為體；知無體，以物為體。物無用，以知為用；知無用，以意為用；意無用，以心為用。此之謂體用一源，顯微無閒。【36】

依「物則知之所以為知也，體而體者也。」與「知無體，以物為體。」兩句，即明：「物」是「知之所以為知」；加上：「物無用，以知為用」，明「物」、「知」乃體用一源，故「物即是知，非知之所照」的說法是合理的。在「物即是知」的角度而言，此「物」亦有超越義，因「知」如前述與「意」是一合相，「意」是一實體，則「物」順此理

【34】牟宗三：《牟宗三先生全集⑧》，〈蕺山全書選錄〉（臺北：聯經出版社，2003年4月初版），頁54-55。

【35】同註【14】，頁457。

【36】同註【16】，頁531。

路，可確解為不屬於經驗層的任何一事或一物，而是一超越義上的「物」【37】。

宗周在《大學古記約義》中，亦有相類意思的篇幅：

> 盈天地間皆物也。自其分者而觀之，天地萬物各一物也；自其合者而觀之，天地萬物一物也，一物本無物也。無物者，理之不物於物，為至善之體而統於吾心者也。雖不物於物，而不能不顯於物：耳得之而成聲，目寓之而成色，莫非物也，則莫非心也。……致吾心之聰明者，致吾心之良知也。良知之於物，如鑑之於妍媸、衡之於高下、而規矩之於方圓也。鑑不離物而定妍媸，衡不離物而取高下，規矩不離物而起方圓，良知不離物而辨是非，一也。故曰：「致知在格物。」……心非內也，耳目非外也，物非粗也，無物之物非精也，即心即物，非心非物，此謂一以貫之。【38】

以上引文可分三個觀點來說明：

首先是宗周確定天地萬物可以分、合來看，即是各一物或一物（即無物），而吾心不受物的拘限，但借物而顯。其次，致吾心之聰明即致良知，也離不開物。最後是即心即物，非限於「只是心」或「只是物」。這與程明道的「仁者渾然與物同體」的觀點一致。

至於「物無體，又即天下國身心意知以為體」，說明了宗周貫通物、知、意、心四者為一，在主、客觀面，在經驗及超越層，綜述出一

【37】牟宗三先生曾就宗周「知止」之知與「知藏於意」之知的使用提出批評，言其混雜，使「物即是知，非知之所照」一語出現問題，內容詳見牟宗三：《從陸象山到劉蕺山》（臺灣：學生書局，1979 年 8 月初版），頁 473-484，因篇幅關係，本文暫不處理此批評。

【38】戴璉璋、吳光主編，《劉宗周全集（一）》，〈大學古記約義·格致〉（臺北：中研院文哲所，1996 年），頁 759-760。

個道德形上學的規模，至於獨之知，即致知之知，即本源即末流也，是故得「體用一源，顯微無閒」，此為比前賢說得更到底的定論。

在《大學雜言》的序文中，宗周云：

> 諸生講《大學》。一夕，偶思而得之，因謂諸生曰：《大學》一篇是人道全譜。試思吾輩坐下只此一身，漸推開去，得家、國、天下，漸約入來，得心、意、知。然此知輕是懸空起照，必寄之於物，纔言物，而身與家、國、天下一齊都到面前，更無欠剩。【39】

宗周的「推開去」及「約入來」，是孟子的盡心工夫，是明道的體物不遺，此為儒學一貫的義理關節所在。故宗周的「四句」以「有善無惡是物則」作結，「物則」即是「天理」，是意知獨體所具並能呈現的體物不遺的天理，亦為有善無惡者，故一無欠剩。

五、結語

上文曾引宗周重「意」，以「意根」名之，此義亦見於另處，如：

> 《大學》之教，只要人知本。天下國家之本在身，身之本在心，心之本在意。意者，至善之所止也，而工夫則從格致始。正致其知止之知，而格其物有本末之物，歸於止至善云耳。格致者，誠意之功，功夫結在主意中，方為真功夫，如離卻意根一步，亦更無格致可言。故格致與誠意，二而一，一而二者也。知止而定、靜、安、慮、得，所謂知至而後意誠也。意誠則正心以上一以貫之矣。今必謂知止一節是一項工夫，致知又是一項工夫，則聖學斷不如是之支離，而古人之教，亦何至架屋疊床如是乎？【40】

【39】戴璉璋、吳光主編，《劉宗周全集（一）》，〈大學雜言〉（臺北：中研院文哲所，1996 年），頁 767。

【40】同註【14】，頁 458。

陳敏華　據牟宗三先生的觀點判辨劉宗周的「意體」　　281

然則致知工夫，不是另一項，仍只就誠意中看出。如離卻意根一
步，亦更無致知可言。【41】

宗周明言《大學》之教在「知本」，這個「本」由八條目層層探索，
停在「意」處，成為「根源」，名其為「意根」，這肯定了他以「意體」
為首出；又因其為「至善之所止」，這個「意根」即有道德義。因此，
宗周順理再釐定「格物致知」義，致知之「知」應是「知止之知」，將
「知」的認知義剝落，而「物」則是有「本末」者，不再限指「物」為經
驗界的事物。如此，宗周遂下結論：格致與誠意通而為一，離卻意根無
真功夫可言，可見「意根」一詞，寓意深遠，就如植物深藏之盤根，為
一整株植物立足之根基，「意根」也為踐德之依據。他更肯定聖學絕不
支離破碎，「知止」與「致知」無分別，只要於意誠後，則正心等諸關
節即能貫通（意誠則正心以上一以貫之），這一點顯示宗周重建的誠意
學，為道德實踐工夫確定了一個發展的方向。

因為宗周對《大學》的理解有進於前儒，因此他的「致知」較之陽
明的「致良知」，藉「工夫結在主意中」的立場，便多了一重預防之
效，如牟先生所言：「預防者，即在將平散之虛用收攝於『淵然貞定』
之實體。此不是任何外在的工夫與矜持所能防止者。…此即是歸顯於
密，誠意之學之所由立」【42】。當然，作為踐德的終極標的，「致知」
與「致良知」無異義，均一併為儒學的圓滿發展而奮鬥。

【41】 同註【16】，頁 525。

【42】 同註【1】，頁 298。

景印香港新亞研究所《新亞學報》（第一至三十卷）

牟宗三先生詩學格調說管窺

劉衛林*

提 要

牟宗三先生不獨精研哲學，為新儒學大家，於傳統詩學上亦多所創獲開拓。如其早年之說詩，即稽考往古，具體闡述傳統詩歌之格調作法，與深入推求唐人詩歌風雅所在，於筆下對屈原、曹植、陶潛、李白、杜甫諸人作品之詩意詩法均多有發明。正如先生於〈說詩一家言序〉內所提出，先生之說詩，「將以明世運之盛衰，鼓詩人之志氣，使其知所關甚大。」是以說明先生詩說，除有助闡發先生之詩學外，當亦有助於瞭解先生之襟抱與識見。本文即本乎先生早年所撰〈說詩一家言：格調篇〉，嘗試具體分析先生詩學格調說之理念，由此闡明先生詩學思想及其特色所在。

一、牟宗三先生詩學格調說的寫作背景

牟宗三先生在哲學研究方面卓有成就，當世推為新儒學大家，然而在傳統詩學研究方面，也不乏創獲與開拓。在民國廿八年（1939年）十月至十一月期間，牟先生即在《再生》雜誌第三十至三十二期內，以「牟離中」之名先後發表〈說詩一家言：格調篇〉、〈說詩一家言：唐雅篇〉及〈說詩一家言：詩意篇〉三篇論傳統詩學的專著。及至一九四一年先生另有〈論詩境〉一文，發表於《再生》雜誌第六十五期。【1】各

---

*香港城市大學文化及傳意部講師。

【1】先生於 1940 年 2 月 10 日在《再生》雜誌上，曾發表涉及論傳統詩歌寫作問題

篇對傳統詩學上有關格調作法，唐人詩歌風雅與氣象，以至詩意、意象
與意境等問題，予以具體闡明及深入論述。

先生之說詩，固然如〈說詩一家言序〉內所提出，原有感於其時之
世道人心而發。在〈說詩一家言序〉之內，先生對當日時局與世運盛
衰，密切關乎詩人志氣等問題，綰合於一己遭遇，而有以下感喟：

> 時政腐亂，人心頹喪；國土削弱，士氣無主。鄙薄者，崇外而自
> 卑；浮誇者，藉今以傲古。此乃有關于世運，非可怨天以尤人。
> 李太白詩云：「《大雅》久不作，吾衰竟誰陳。」又曰：「廢興雖
> 萬變，憲章亦已淪。」盛衰之勢，蓋自古然矣。所望能有一二佳
> 人，不慕虛榮，自甘冷落。處污泥而不染，運樞機于屏帷。發潛
> 德之幽光，留典章于異代，則亦重光之根基也。吾不能負戈殺
> 敵，深自愧恨，乃偷生邊陲稽考往古。將以明世運之盛衰，鼓詩
> 人之志氣，使其知所關甚大，而有以自養，無徒輕浮為也。【2】

先生於此序之下，注明寫於「民廿七年七月廿七日蒼梧蝴蝶山」，知先
生寫作三篇〈說詩一家言〉之時間，適為一九三八年七月前後一段期
間【3】，其時國人先後經歷一九三七年七月爆發之「七七事變」，及同

的〈論魯默生詩〉一文。因該文以文體論當屬於推介魯氏詩之序，與其餘各篇集
中探討傳統詩歌格調作法，與詩歌意象境界的專門論著，在性質上並非一致，故
不在本文討論範圍之內。

【2】牟宗三：〈說詩一家言序〉，《牟宗三先生全集》（臺北：聯合報系文化基金會，
2003 年），第 26 冊，《牟宗三先生早期文集》下，頁 1089。

【3】三篇先後發表時間分別為：〈說詩一家言：格調篇〉發表於民國廿八年，即 1939
年的 10 月 1 日；〈說詩一家言：唐雅篇〉發表於同年的 10 月 10 日；而〈說詩
一家言：詩意篇〉則發表於同年的 11 月 20 日。因《五十自述》內牟先生提到
「在廣西一年復去昆明」，故得推想三篇可能在寫成〈說詩一家言序〉前後完
成，從發表期間推測，三篇詩論或自 1938 下半年至 1939 年年底之前，分別在廣
西及昆明兩地撰寫。

年十二月發生之「南京大屠殺」，正當舉國上下同心浴血抗日，對日寇侵略同仇敵愾之際，先生因抗戰全面爆發之故，逼於播遷廣西鄉間，任教於馬村內之南寧中學，【4】是以序內先生有「吾不能負戈殺敵，深自愧恨」之嘆。如序內所言，正因有感於其時「時政腐亂，人心頹喪；國土削弱，士氣無主」，先生在深自愧恨之餘，所以有「乃偷生邊陲，稽考往古」想法，寫成〈說詩一家言〉三篇，冀能「明世運之盛衰，鼓詩人之志氣，使其知所關甚大，而有以自養，無徒輕浮為也。」是知先生對所撰詩論原抱極高期望。就如序內所提到，處此世運傾頹，時局亂離之際，先生所望唯在「能有一二佳人，不慕虛榮，自甘冷落。處汙泥而不染，運樞機于屏帷。發潛德之幽光，留典章于異代，則亦重光之根基也。」即可說明先生於戰亂日亟，一身轉徙流離之際，然而仍繫心於說詩，除意在發潛德之幽光以外，更深冀其說足為後世典則，以供異日光復國土時重新建構文化之資。亦唯此之故，是以先生於序中特意申明，此等亂世下偷生邊陲時所撰詩說，對於世運盛衰與詩人志氣而言，事實上關係至為重大。

二、牟宗三先生詩學及其哲學觀念

考乎〈說詩一家言〉三篇及其後所撰〈論詩境〉所論，確見先生詩說足以自成一家。先生論傳統詩不獨多所創見，就如篇中提出不當以田園詩人或隱逸詩人目陶淵明，以至論歷來對杜甫詩推崇太過，及點出杜詩其實並無詩意等多方論證，在在均屬發前人所未發之創見。除此以外，先生於〈說詩一家言〉三篇及〈論詩境〉內論傳統詩歌內容、風格、

【4】先生於《五十自述》內提到此一時期情況云：「翌年七七事變，抗戰爆發，我播遷廣西。在南寧中學任教。那時南寧中學由南寧遷居鄉間，地名馬村。」《五十自述》（臺北：鵝湖出版社，1989年），頁69。

作法及詩境等問題，雖自歷來詩學上流行的說詩概念，諸如：格調、格律、美刺、風雅、雅正、詩意、意象、意境等概念入手，然而一經先生組織運用及闡析深化，這些向來承襲遞用的詩學概念，在先生筆下即另具特殊意義，建構成一套自成一格，足以反映先生哲學思想理念的詩歌理論。

先生說詩之所以能自成一家，簡括言之就在於先生論詩，雖多沿用以往詩話或詩歌理論用語，然而卻往往並不因襲傳統固有概念。綜觀〈說詩一家言〉各篇即可知，先生之說詩實以宋明儒學，亦即心性之學的理念，注入到傳統詩學觀念之中，由此建立以性理之學為內蘊或最高標準的一套新儒家詩說。先生詩論既於前人之外另闢蹊徑自成一家，是以三篇取名為「說詩一家言」，顯然便是有意從命名上彰明此節。

據《五十自述》內先生自述，在流寓廣西到播遷昆明這一段寫作〈說詩一家言〉各篇的期間，先生著力思考的是數理邏輯分析和架構思辨等問題【5】，這一段思想發展中的特徵，可說是具體表現在其時撰寫的〈說詩一家言〉當中。先生這四篇自成一家的詩論，不獨在內容和架構上深具系統條理，而且在方法上也顯得富於思辨，和具備深度與層次。各篇詩論不但分工明確，而且對於重點剖析的每一詩學觀念，在篇中均有嚴格而清晰的界定，更能提供具體例證來配合篇中對於詩學觀念的分析。凡此種種，均可說是先生長期以來所受數理邏輯分析訓練和哲學思辨方式，反映到詩學理論建構時所產生的結果。各篇詩論中每貫串著先生一向的哲學理念，往往以哲學概念注入或者闡釋傳統詩學上的觀念。因篇幅所限，以下將集中於〈說詩一家言：格調篇〉所論，以格調

【5】先生在《五十自述》內對這一期間的思想重點和發展，有頗為詳細的描述。如說明在南寧中學任教期間的情況是：「我課餘之暇，天天為此（數學邏輯解析與構造）問題困惑。每傍晚散步於阡陌間，小橋邊，流水旁，默默沈思，忽然得著了一隙之明。」《五十自述》，頁 69。

說為例，析述先生詩論與其哲學觀念的密切關涉。至於其餘各篇所涉先生詩學問題，容另撰專文予以探討。

三、牟宗三先生詩學格調說與傳統詩學

（一）牟宗三先生詩學中的格調說

先生詩論雖成一家之言，然而所論大都建基於傳統詩學觀念之上，由此再構建出屬於先生本身的一套詩歌理論。像詩論首篇〈說詩一家言：格調篇〉所要集中探討的，便是傳統詩學上的「格調」問題。篇中對傳統詩學上習用的「格調」一詞，提出了清晰而又頗為具體詳細的說明。對詩學上「格調」中的「格」這一概念，篇中有如下闡述：

> 何謂「格」？推明政治，莊語得失，謂之雅，理也。刺美風化，緩而不迫，謂之風，事也。憂幽憤悱，寓之興比，謂之騷，情也。采摭事物，摛華布體，謂之賦，景也。理、事、情、景，交織綿密，精神貫注，無過不及，是謂之格。格者，詩之所以為詩之道也。譬如人格，人之格在乎天理人情。無情無理，謂無格。有情無理而不得其正，流入偏激，則謂格之疵瑕。格有疵瑕是格之有等差，其高下可以量也。詩格亦如此。詩格之高者，理事情景之大語也。始條理，終條理，金聲而玉振也。【6】

對於傳統詩學上「格調」觀念內的「格」問題，以上一段專論就有頗為清晰及具備條理的解說。篇中對於傳統詩學上「格調」觀念內的「調」問題，也有相當集中的分析和說明：

> 何謂「調」？調暢其氣，動蕩其態，聲韻鏗鏘，八音克偕，是謂之調。調者，詩之所以為詩之才也。格以正之，氣以充之。氣之呈在乎才。才之呈則調也。氣有暴氣，有正氣，有平旦之氣，有

【6】 牟宗三：〈說詩一家言：格調篇〉，《牟宗三先生全集》（臺北：聯合報系文化基金會，2003 年），第 26 冊，《牟宗三先生早期文集》下，頁 1093。

浩然之氣。呈暴氣者，調之下也。氣之正者則調高，氣之平者則
調雅。譬之人，格是其天理人情之性，調是其內聖外王之才。其
才用之而得當，其氣無不正，其情無不和，周旋揖讓，無不中
矩。是則其才之高也，亦即其調之高也。性則才矣，才則性矣。
格高則調雅，調雅則格高。【7】

從以上兩條對於傳統詩學上習用的「格調」概念論述可見，先生論詩雖
多沿用舊說，諸如篇內直接或間接地用到：美刺、風化、風雅、比興、
詩關乎政教等不少傳統概念說詩，然而事實上在論詩歌「格調」的問題
上，最足以見出先生詩論從沿襲中開創新說，以至建立一家之言的這一
特點。像先生在〈說詩一家言：格調篇〉內這種以「天理人情之性」
與「內聖外王之才」，去詮釋詩學上「格調」概念的論詩見解，既不見
於歷代詩話或詩家論著之中，更不是傳統以來詩學上一向所有的說法。
一經比照之下，便可見出在〈說詩一家言：格調篇〉內，先生對「格調」
概念的理解和詮釋，與傳統以來一向的說法事實上就頗異其趣。

（二）牟宗三先生詩學格調說與傳統詩學的關涉

以往在詩學上對「格調」觀念的解釋，大抵主要從兩方面去理解：
一方面理解為詩歌的風韻體格，也就是從體制風格方面說明「格調」問
題；另一方面則理解為詩歌的格律音調。從明代以來，文論家往往好用
「格調」這一觀念來討論詩歌創作。郭紹虞在〈神韻與格調〉一文中，提
到歷來文學理論中格調說的發展時，便指出這一現象：

由格調說言，李東陽可說是格調說的先聲，李夢陽可說是格調說
的中心，何景明則可以說是格調說的轉變。【8】

【7】同上，頁 1093-1094。

【8】郭紹虞：〈神韻與格調〉，《郭紹虞說文論》（上海：上海古籍出版社，2000
年），頁 126。

便點出傳統文論中提倡格調說者，當以明代李東陽為先聲，又以其後李夢陽、何景明等明七子為格調說之大宗。

明清以來詩家倡言格調者，以明七子及沈德潛為最著。明七子上承嚴羽辨體制觀念詮釋「格調」，由於作詩務求高古，以格高調逸相標榜，是以有「詩必盛唐」之說，以追求神似唐人格調為標的，最終落入尺寸規摹古人的窠臼之中。清代沈德潛詩論後世每稱之為「格調說」，然而沈氏論詩實少言「格調」，其詩論標榜「越三唐之格」而「仰溯風雅」【9】，與明七子所標榜「詩必盛唐」之說，兩者同樣都是從辨體的問題上追求詩歌格調的高逸，在論詩的基本理念上來說其實並無異致。先生在〈說詩一家言：格調篇〉內論格調，其中如標榜詩道，反對以聲律相尚，要求作詩上溯於風雅，以至講求詩之尚古與高格等持論，與沈德潛的「格調說」，就有不少相類之處。如上文所提出，先生論詩往往從沿襲中創新說，所提出之格調說正建基於傳統詩學之上。像〈說詩一家言：格調篇〉內對詩之「格調」，就有以下的說明：

> 李白古風、樂府皆有古意。古風極沖淡，有似于曹、陶。樂府枉顯本人之才情，乃發之于浩然正氣。七古歌行，風流飄逸，情調極佳，有似庾、鮑。世人所見之李白多屬此，亦是李白之本象。餘則或頹慢，或放肆，無足取者。故太白詩可有三種：
>
> 一、古風、樂府，格高調雅。是謂古調。
>
> 二、七古歌行，風流飄逸者，情調枉佳，是謂唐調。
>
> 三、七古歌行，頹慢放肆者，格調均下，是謂惡調。【10】

在以上論述中，可見先生論李白詩之格調，以古風、樂府及七古歌行等不同體式，依次區分為「古調」、「唐調」及「惡調」三種。雖然此說

【9】沈德潛撰，霍松林校注：《說詩晬語》（北京：人民文學出版社，1979 年），卷上，頁 186。

【10】牟宗三：〈說詩一家言：格調篇〉，頁 1096。

前半論李白詩有「古調」與「唐調」之說本諸前人，【11】然而此種自辨別體制上論詩歌「格調」的做法，正是由嚴羽《滄浪詩話》而下，至李東陽及明七子等人，以風韻體格論詩歌「格調」的主張。

若進一步具體分析，先生既以作品的「格高調雅」、「風流飄逸者，情調枉佳」，和「頹慢放肆者，格調均下」等表現，從作品格調的高下立論，將詩歌劃分成「古調」、「唐調」及「惡調」等三種不同的體制，這一做法和沈德潛格調說的「越三唐之格」而「仰溯風雅」主張，在講求辨體以至追求格調高雅的論詩觀念上，可說是彼此對於詩歌格調的理解頗見一致。

另一方面，在〈說詩一家言：格調篇〉內，也不乏從聲律音韻的角度去析論詩歌「格調」者。如篇中論《詩經》內有多種不同的詩調，並對各種調式下一總結及說明：

> 《三百篇》調雖如此之多，總觀之不外連韻疊韻是也，故可曰「古調」者，「連綿調」也。毫無古意之「唐雅」（杜詩），即無此連綿調，而屬「排比調」，見下可知。【12】

從上述對於不同詩調的闡述，可見先生從詩歌的押韻方式及音節的緩急抑揚，去論詩歌「調」的問題，並由此區分其詩究竟屬於「古調」抑或「唐雅」——此即以上所舉先生由「調」以觀「格」的格調之說。先生於此論「格調」，既由詩歌音節押韻方面入手，而又以辨識體制風格，甚至超越唐音上溯風雅為標的，則是先生所提倡的格調說，實兼攝以往詩學論格調時偏重風韻體格與格律音調兩種不同觀點。先生詩論除建基於

【11】在〈說詩一家言：格調篇〉內嘗引王士禎之說云：「《居易錄》云：『唐五言詩，杜甫沈鬱，多出變調。李白、韋應物超然復古。然李詩有古調，有唐調，須分別觀之。』故知李詩有「古調」及「唐調」之說，並非先生所創。〈說詩一家言：格調篇〉，頁 1097。

【12】牟宗三：〈說詩一家言：格調篇〉，頁 1095。

傳統詩學觀念上而能有所發展外，又能在前人舊說以外有所開拓。以格調說為例，先生便專以性理之學闡釋「格調」觀念，從新儒學的角度對格調觀念進一開拓發明，為傳統詩學格調說開出嶄新的領域與面貌。

四、牟宗三先生詩學格調說與宋明儒的性理之學

先生詩學格調說雖建基於傳統詩學舊說，然而能自此開拓出格調說之新面貌。倘歸納先生詩學並具體言之，即先生論詩之格調始於傳統詩學風雅之說，而最終歸結於宋明儒者的性理之學。先生以宋明儒的性理之學闡明詩歌格調之說，其先見於〈說詩一家言：格調篇〉開篇處對於「格調」與「風雅」關係的說明。先生於篇中論詩歌格調時便首標「風雅」：

> 刺美風化，緩而不迫，謂之風；推明政治，莊語得失，謂之雅。風者事也，雅者理也。五十九首，其事則仙，其理則道，其情則傷。事生景，理生情。理、事、情、景，交織綿密，無間隔兩橛之弊，則詩格高，詩調美矣。【13】

此外篇中釋何謂詩之「格」時，亦有與以上說明相同的說法：

> 推明政治，莊語得失，謂之雅，理也；刺美風化，緩而不迫，謂之風，事也；憂幽憤悱，寓之興比，謂之騷，情也；采摭事物，擒華布體，謂之賦，景也。理事情景交織綿密，精神貫注，無過不及，是謂之格。格者，詩之所以為詩之道也。【14】

可見先生從「風雅」角度論詩歌格調的高下。在以上兩條中，先生對「風雅」分別解釋為「刺美風化，緩而不迫」，和「推明政治，莊語得失」。此外在〈說詩一家言：詩意篇〉中也有對於「風雅」的說明：

【13】同上，頁 1089。

【14】同上，頁 1093。

還有一派，則為風雅之遺音：剌美風化，推明政治，歌詠事物，鋪陳終始，此乃表現人類之靈魂時代之精神者也。【15】

自以上各條所見，所謂詩的「風雅遺旨」或「風雅之遺音」，都指詩歌能夠剌美風化，推明政治，關乎倫紀世運，足以表現時代精神。倘由此而論，先生格調說之標榜風雅，似乎一依傳統詩學尚雅正的觀念，未出沈德潛等以仰溯風雅為詩道之尊的舊說。然而倘更細讀先生的格調說，便知篇中之所以標舉風雅者，其實是先生以性理之學說詩的結果。在〈說詩一家言：格調篇〉內有一條與此相關又頗值得注意的說明：

李白〈古風〉五十九首，發之于平旦之氣。故格調尚高，不失為風雅之正。【16】

在以上說明中，先生點出李白〈古風〉五十九首之所以格調高，而不失風雅之正的原因，全在於能「發之於平旦之氣」。又篇後總論李白〈古風〉五十九首格調時，亦以「發之於平旦之氣」解釋其所以格高調雅之故：

五十九首大體尚不離此，故不失為格高調雅之作。李白本放浪頹廢之人，而能作此，可知為發之於平旦之氣。我疑心此詩必作於居山東或京洛之時，故詩中有「黃河」「洛陽川」之詞。後來居江漢，則諸格放蕩矣。【17】

篇中在闡明何謂詩之「調」時，亦提及「平旦之氣」：

調者，詩之所以為詩之才也。格以正之，氣以充之。氣之呈在乎才，才之呈則調也。氣有暴氣，有正氣，有平旦之氣，有浩然之氣。呈暴氣者，調之下也。氣之正者則調高，氣之平者則

【15】牟宗三：〈說詩一家言：詩意篇〉，《牟宗三先生全集》（臺北：聯合報系文化基金會，2003 年），第 26 冊，頁 1130。

【16】牟宗三：〈說詩一家言：格調篇〉，頁 1089。

【17】同上，頁 1093。

調雅。【18】

又篇中論李白詩調皆絕唱千古時，亦提到此節：

> 其發於平旦之氣者，尚不失為格之正。夜氣一失，則下流矣。故作詩必敬。【19】

以上各條內所提到，可以令詩歌格調高雅的「平旦之氣」，以至最後一條與之相對的「夜氣」，原來都見之於《孟子‧告子上》之中。孟子以牛山之木為喻論人之良心放失，而有以下說明：

> 牛山之木嘗美矣。以其郊於大國也，斧斤伐之，可以為美乎？……其所以放其良心者，亦猶斧斤之於木也，旦旦而伐之，可以為美乎？其日夜之所息，平旦之氣，其好惡與人相近也者幾希，則其旦晝之所為，有梏亡之矣。梏之反覆，則其夜氣不足以存。夜氣不足以存，則其違禽獸不遠矣。【20】

是知「平旦之氣」與「夜氣」，原本為孟子闡明「人禽之辨」問題，借以說明人良心放失的譬喻。朱子在《四書章句集注》內對此解釋為：

> 「平旦之氣」，謂未與物接之時，清明之氣也。……言人之良心雖已放失，然其日夜之間，亦必有所生長。故平旦未與物接，其氣清明之際，良心猶必有發見者。……至於夜氣之生，日以寖薄，而不足以存其仁義之良心，則平旦之氣亦不能清，而所好惡遂與人遠矣。【21】

從朱子的闡述中，可知無論「平旦之氣」抑或「夜氣」，本來都用於說明人的良知與心性問題。所謂「平旦之氣」，是指未與物接而保有得之

【18】同上，頁 1093。

【19】同上，頁 1099。

【20】《孟子‧告子上》，朱熹：《四書章句集注》（北京：中華書局，1983 年），卷 11，頁 330-331。

【21】朱熹：《四書章句集注》（北京：中華書局，1983 年），卷 11，頁 331。

自天的清明之氣，也就是人原先所發現及存有的「仁義之良心」。先生以孟子這一心性之說論詩，以能否發之於「平旦之氣」來決定詩歌格調的高下，與是否能得風雅之正，其說已不再局限於以往詩學上以為「風雅」在於刺美風化，或推明政治得失等推尊詩道的觀念，而是將詩歌的格調問題，密切聯繫於從孟子到宋明儒者所重點探討關乎道德良知本性的性理之學。

至於「風雅」與「格調」兩者間的具體關係，如上文所提到在先生詩論格調說當中，曾點明「風者事也，雅者理也」，以為「風」屬於「事」，「雅」屬於「理」，而這兩者與「格調」的關係則是：

> 事生景，理生情。理事情景，交織綿密，無間隔兩橛之弊，則詩格高，詩調美矣。【22】

可見先生以為詩歌格調的高下，取決於分別屬於「風」的「事」，和屬於「雅」的「理」，及由兩者生出的「景」和「情」。只要理事情景四者在詩中「交織綿密，無間隔兩橛之弊」，便可以達到「詩格高，詩調美」的地步。此節在篇中界定何謂詩之「格」時亦提到：

> 理事情景交織綿密，精神貫注，無過不及，是謂之格。格者，詩之所以為詩之道也。……詩格之高者，理事情景之大語也。【23】

這種論詩歌格調高下，在於理事情景交織綿密，精神貫注而無間隔兩橛之弊的觀點，在先生詩論中屢見，如篇中論李白古樂府之所以格調極高時，便點明詩中具備上述的特色：

> 〈戰城南〉、〈上留田〉、〈箜篌謠〉、〈日出入〉、〈北風行〉、〈獨漉篇〉皆格調極高，詩意極密之作。……無句不佳，無緣不緊。此乃千古絕調。【24】

【22】牟宗三：〈說詩一家言：格調篇〉，頁 1089。

【23】同上，頁 1093。

【24】同上，頁 1097。

論李白〈梁甫吟〉一篇得騷人之體時，亦點出此節：

〈梁甫吟〉一篇理事情景相貫注，又幽憂憤悱，頗得騷人之體。【25】

除此之外，在〈說詩一家言：格調篇〉開篇處說明李白五十九首〈古風〉之所以不失雅正時，也提出了相同的論點：

理事情景，交織綿密，無間隔兩橛之弊，則詩格高，詩調美矣。作詩不是一件輕率事。要精神貫注，要提撕驚覺，要敬不要怠。怠則慢而不緊，弛而不張，流而不返，滑而不蘊，此下品也。五十九首大體尚能貫注。【26】

除了要求理事情景交織綿密和精神貫注之外，這條材料更提出了詩歌要格高調美的話，更要講究「要提撕驚覺」，和「敬」而不「怠」。

就以上材料所見，先生論詩之格調時，將風雅變為詩中的理事情景，而又以詩中理事情景的組織安排，甚至作詩態度決定詩歌的格調高下。先生這種以詩中理事情景交織綿密，要求精神貫注敬而不怠，能無間隔兩橛之弊的詩歌理論，於傳統詩學格調說之中可謂前所未見。雖然理事情景四者，以往論詩文內容時往往多有提及，詩學上也不乏專門而深入論述者，如葉燮在《原詩》內篇中論作詩之法時便提出：

自開闢以來，天地之大，古今之變，萬彙之賾，日星河嶽，賦物象形，兵刑禮樂，飲食男女，於以發為文章，形為詩賦，其道萬千。余得以三語蔽之：曰理、曰事、曰情，不出乎此而已。然則，詩文一道，豈有定法哉！先揆乎其理；揆之於理而不謬，則理得。次徵諸事；徵之於事而不悖，則事得。終絜諸情；絜之於情而可通，則情得。三者得而不可易，則自然之法立。故法者，當乎理，確乎事，酌乎情，為三者之平準，而無所自為法也。【27】

【25】同上，頁 1097。

【26】同上，頁 1089-1090。

【27】葉燮撰，霍松林校注：《原詩》（北京：人民文學出版社，1979 年），頁 19-20。

可見便專以理、事和情三者論詩。其後沈德潛在《說詩晬語》卷上內，亦有專論詩中理、事、情和景關係的見解：

> 事難顯陳，理難言罄，每託物連類以形之；鬱情欲舒，天機隨觸，每借物引懷以抒之。比興互陳，反覆唱歎，而中藏之歡愉慘戚，隱躍欲傳，其言淺，其情深也。倘質直敷陳，絕無蘊蓄，以無情之語而欲動人之情，難矣。【28】

從以上詩論可見，前人論詩中理事情景問題，如葉燮在《原詩》中所探討的，是從理事情三者去說明詩的「定法」與「自然之法」等作法問題；而沈德潛論詩中的理、事、情和景（即其所稱之「物」），則不過藉此說明詩歌的比興問題而已。兩者所論既無關乎詩歌的格調高下，亦未涉及理事情景與詩歌風雅，或者人的精神貫注敬而不忘等問題。

至於先生論格調時所一再提及的理事情景「無間隔兩橛之弊」的要求，倘若考乎前人詩論，可見傳統詩論中也不乏相類的說法，如王夫之在《夕堂永日緒論內編》內便提出：

> 夫景以情合，情以景生，初不相離，唯意所適。截分兩橛，則情不足興，而景非其景。且如「九月寒砧催木葉」，二句之中，情景作對；「片石孤雲窺色相」四句，情景雙收，更從何處分析？【29】

王夫之以上詩論便要求情景相生，指出詩中情景不應截分為兩橛。在〈說詩一家言：格調篇〉內，先生論李白〈古風〉其二篇中的情景安排時，便有與王夫之以上詩論相若的說法：

> 此詩所表現的情緒是清爽悲涼之感，並不十分興奮。可見結尾兩句之情與通篇所寫之景，不相圓融。輕心讀去，自無所覺。再三諷詠，則總有兩橛突兀之感。此是一點白璧之瑕，然影響詩極則

【28】沈德潛撰，霍松林校注：《說詩晬語》（北京：人民文學出版社，1979年），頁186。

【29】王夫之撰，戴鴻森箋注：《薑齋詩話箋注》（北京：人民文學出版社，1981年），卷2，〈夕堂永日緒論內編〉，頁76。

甚大。【30】

先生論詩的「兩橛」問題，亦針對詩中情景的不相圓融而言，驟看似與王夫之所論並無差別，然而倘若進一步對詩論旨趣加以檢定的話，即知王夫之所論原在點明詩之情景相生，二者不即不離的關係；而先生所論重點卻不在說明詩中情景關係。先生提出以上論述後，隨即舉陶淵明詩與李白詩比較，並且指出：

> 但淵明寫的那麼低回依依，淡泊恬靜，而其淒涼之情，函蓄之深，又直不可以言語形容。經此一比，當知李白輕浮多矣。這就是李之詩格不如陶處。【31】

可見先生論詩的情景兩橛，重點在借此指出詩不能輕浮，反之應當函蓄深厚，才可以令詩格高雅，顯然所論仍是針對詩歌的格調問題而立說。

兼之篇中所提出的「無間隔兩橛之弊」之說，原就詩中理事情景的「交織綿密」而言。假使詩能做到「無間隔兩橛之弊」，即是理事情景能「交織綿密」的話，若依照葉燮、沈德潛等傳統詩學觀念要求，充其量亦不過就詩歌作法層面而論，達到妥善組織安排詩中的理事情景，或由此發揮詩歌的比興而已。然而先生卻獨闢蹊徑，不但由此闡明詩歌的格調問題，更將組織安排詩中的理事情景這一原屬詩歌作法問題，從性理之學的角度立論，提升到詩人自覺與成德的層面。以上這點可以從篇中論理事情景的「交織綿密」一事，得以具體地證明。

如上文所提到，先生在篇中指出詩歌格調高下，主要取決於「理事情景交織綿密，精神貫注，無過不及」，以上這一理論的提出，正是將詩歌作法問題提升到精神生命層面的做法。要清楚說明這問題的話，大概先要解答的是如何才是「精神貫注」？又為甚麼組織安排詩歌理事情景等內容時，竟要以精神去貫注？以上引文曾舉出篇中說明「理事情景，交織綿密，無間隔兩橛之弊，則詩格高，詩調美矣」後，對此補充

【30】 牟宗三：〈說詩一家言：格調篇〉，頁 1090。

【31】 同上，頁 1090-1091。

如何才是「精神貫注」的一段解釋，為方便說明茲再引述如下：

> 作詩不是一件輕率事，要精神貫注，要提撕驚覺，要敬不要怠。
>
> 怠則慢而不緊，弛而不張，流而不返，滑而不蘊，此下品也。【32】

在以上說明中，先生以「要提撕驚覺，要敬不要怠」，來闡述詩中「精神貫注」的具體情況，並舉出「慢而不緊，弛而不張，流而不返，滑而不蘊」等不同表現，來說明怠而不敬所帶來的弊病。其中所舉慢、弛、流、滑等問題，正是「交織綿密」的反面說明。以上這種以「提撕驚覺」及「敬而不怠」工夫，令精神得以貫注，使一篇作品的理事情景能夠交織縝密，從而做成詩歌格調高雅的論點，不但並非歷來詩學上論格調者所有，事實上亦未見諸傳統詩學觀念之中。不過倘自先生所熟悉的心性之學入手探求的話，便會明白到以上這種從精神生命層面入手，講求縝密及敬的工夫來提升詩歌格調的詩學主張，其實完全建基於傳統哲學思想內，尤其宋明儒者所講求的性理之學的觀念之上。在朱子對君子成德體仁工夫的說明當中，便有與先生上述格調說持論相同的說法：

> 人能有以體乎仁，必其無一毫之私，得以間其生生之體，使之流行貫注，無有不達，無有不遍，然後為能全其心之德，愛之理也。此顏子之克己，仲弓之敬恕，與聖人居處恭，執事敬，博學篤志，切問近思等處，正欲使工夫縝密也。【33】

以上朱子論人之體乎仁德，正是要求生生之體的天命流行貫注於人身上，並且通過居敬令體仁工夫得以愈益縝密。朱子這一說法正是從仁德修養的角度，去發揮《中庸》「天命之謂性」的道理。取先生上述論格調高下之說加以比照，即知先生論詩正是取宋明儒者性理之學的觀點，注入到傳統詩學格調觀念之中，是以朱子論體仁成德工夫時，所提出的

【32】 同上，頁 1089-1090。

【33】 朱熹：〈答徐居甫〉，《晦庵先生朱文公文集》，《四部叢刊初編縮印本》（上海：商務印書館，1936 年），第 59 冊，卷 58，頁 1056。

生生之體流行貫注，要透過執恭敬而令工夫縝密等要求，到先生論詩歌創作時就成為「要精神貫注，要提撕驚覺，要敬不要忘」，而令詩歌內容得以「交織綿密」的一套格調說。這種由通過居敬工夫而令天命貫注，從而提升及肯定個體的觀念，在《中國哲學的特質》內，先生說明「天命下貫而為性」的問題時便有明確的論述：

> 在中國思想中，天命、天道乃通過憂患意識所生的「敬」而步步下貫，貫注到人的身上，便作為人的主體。……彷彿在敬的過程中，天命、天道愈往下貫，我們的主體愈得肯定，所以天命、天道愈往下貫，愈顯得自我肯定之有價值。【34】
>
> 天道與天命不單在人的「敬之功能」(Function of Reverence) 中肯定，更在人的「本體」(Substance) 中肯定。【35】
>
> 天命、天道貫注到個體的身上時，只要這個體以敬的作用來保住天命，那末天命下貫所成的個體的性可以永遠呈現光明。【36】

由以上所論可以明白，先生詩學格調說中所提出的「精神貫注」，實指由天命、天道下貫所成就的精神生命；同時亦得以明白，何以先生論詩歌格調高下會取決於詩歌內容是否能精神貫注與敬而不忘，原因就在通過執敬工夫可以令天命、天道貫注到人的身上，從而令個體呈現光明——人的德性既得肯定及提升，表現於詩歌創作即為格高調雅。此即先生以性理之學內成德體仁觀念，建立詩學上格調之說的具體證明，先生詩學之所以能於舊說之外另闢蹊徑，得以自成一家，於此就可謂灼然可見。

2009 年 9 月完稿於馬鞍山致遠軒蝸居中

【34】牟宗三：《中國哲學的特質》（上海：上海古籍出版社，2007 年），頁 15。

【35】同上，頁 17。

【36】同上，頁 22。

景印香港新亞研究所《新亞學報》（第一至三十卷）

牟宗三先生論政道與治道

宋敘五*

提 要

《政道與治道》一書，是牟宗三先生生前力作之一，並有多次增訂版本傳世。作者手頭的一本，是台灣學生書局，二零零三年增訂版。

這一本書，是牟先生作品之中，增訂次數較多的書中其中的一本。為什麼增訂多？是因為這本書中所講到的問題，是關乎國家民族長治久安、人民幸福的大事。是在牟先生這樣以國家為念的知識分子，夢寐不忘的大事。因而念之深，思之切，新見層出不窮，故有多次增訂版本抒發新意也。

本文之作，首先闡發牟先生有關政道與治道之思想，並藉此機會表達作者對國家民族之良好願望，呼喚良好政道、治道之建立，希望在牟先生百年誕辰紀念之際，有以告慰牟先生。

一、前言

把政道與治道分開為兩個不同而又相對應的概念來討論，是牟宗三先生的創見，又是牟先生作為一個中國知識分子「先天下之憂而憂」的情懷的表現。在今天，我們紀念牟先生百年誕辰，又當中國在經過百年離亂之後，徘徊在十字路口之際，重溫牟先生關於政道與治道之思想，應為合時之舉。

---

*本所教授。

二、牟宗三先生論政道與治道

牟先生說:

> 政道是相應政權而言,治道是相應治權而言。中國在以前於治道,已進至最高的自覺境界,而政道則始終無辦法。因此,遂有人說:中國在以往只有治道而無政道。[1]

三、從歷史演變看中國的政道

所謂政道,即是政權如何取得。中國士人,經常對帝王取得天下之方式,有所評點,如說:某人為竊國。歷史上有人說:王莽為竊國,袁世凱亦為竊國。這是因為他們二人國祚太短,沒有能夠把皇位傳給子孫,更沒有文人替他們「塗脂抹粉」。

若從中國歷史上,看政權取得的方式,則大多數取之於武力,此即毛澤東所謂「槍桿子出政權」也。在春秋之前,由部族的力量取得政權,而取得政權的部族,即成為貴族,又按奪取政權過程中功績的大小,而被分封為公、侯、伯、子、男等各有封地的諸侯,以及大夫、士等。士即為替部族打天下的基本武力。當各諸侯受天子之封,率領大夫、士等到達封地,封地的原居民即被限制必須在原居地務農,並藉「粟米之征」以養貴族。此即孟子所說的「有大人之事,有小人之事。」大人即治人者,小人即治於人者。又說:「治人者食於人,食人者治於人,天下之公義也」。這是封建時期的政治倫理,亦即是最早的政道的安排。

在封建時期,政權屬於部族,如夏朝屬於夏民族,商朝屬於商民族,周朝屬於周民族;並不是屬於「普天之下」的人民。執戈衛國是一種權利;也只有士才有這種權利。農民沒有從軍打仗的權利。

---

[1] 牟著《政道與治道》第一章,頁一。(台灣學生書店,2003 年三月增訂新版)。

把農民排斥於從軍打仗的遊戲之外，是貴族們保持封建統治於不墜的唯一方式。而破壞這種遊戲規則的也是貴族。戰國時期，各國貴族開始用農民參加戰爭，初時是用農民運送輜重、武器、搖旗吶喊，繼而參加戰鬥，到最後成為軍隊主力。若農民成為軍隊主力打天下，等於是「普天之下」的人民都參加「打天下」。把天下打回來之後，封建制度也被破壞了。天下也不再屬於某一個部族，而真正可以說：

　　天下者，天下人之天下也。

打天下，是一種社會成本非常大，損失非常慘重的遊戲。封建時期，天下屬於一家一族，封建諸侯互相攻伐，事所必然。當天下屬於天下人之後，天下萬民一律平等，理應不再互相攻伐；如再攻伐，則是蠢事。

西漢之後，中國已經成為一個平民社會，本應不再用殺戮的方式，來轉移政權；好像歐洲各國在脫離封建制度之後一樣。但是中國讀書人不明白其中道理，仍然懷念着古代的帝王之制【2】，因此，西漢之後到今天二千多年，中國人仍然用古代的藥方，治當代之病。

四、讀書人的歷史使命

但是，非常遺憾：中國歷朝歷代的讀書人，沒有能夠看清楚中國歷史進化的規律。當西漢社會已經離開封建體制，進入全民社會之際，沒有能夠看清形勢，找到全民政權建立及轉移的方式。

人是社會的主人翁，尤其是讀書人，更應該看清楚自己所處的社會是甚麼社會，應該做一些甚麼事情推動社會向前進步。但西漢的讀書人

【2】董仲舒說：「至秦則不然，用商鞅之法，改帝王之制。」（《漢書‧食貨志》載董仲舒語。）董仲舒所謂的「帝王之制」，即封建之制。照此語氣看，是董仲舒認為「帝王之制」不應改變。

並沒有做到：前有董仲舒，後有王莽，他們只是緬懷已逝去的周朝封建制度，沒有看清楚西漢社會。

由於中國歷代的讀書人，都沒有看清楚歷史進化的規律，令中國社會在西漢之後，二千多年來，打打殺殺，陷入「治亂興衰」的怪圈，找不到出路。

五、治亂興衰 —— 找不到出路的怪圈

吾友陳佳榮兄，以《中國歷代之興治盛衰亂亡》為題，撰寫其概括中國歷史的大著【3】，指出：中國歷史演變，不外乎「治、亂、興、衰」的形態的轉換。

洪亮吉有詩詠中國歷史的演變謂：

> 一治一亂，運天地之生；前聖後聖，拯斯民之死。【4】

說出中國歷史的演變之規律為：治世之後，必有亂世，亂世生靈塗炭，必待聖主出，拯救人民，並開下一治世。

徐復觀先生著《兩漢思想史》說：一治一亂的循環，只是循環，是原地打轉，並沒有進步【5】。

梁漱溟先生《中國文化要義》說：「中國社會有兩大古怪。其一為：「歷久不變的社會，停滯不進的文化。」【6】

又說：「次言中國文化停滯不進，社會歷久鮮變一點，這涵括兩個問題在內，一是後兩千年的（即西漢之後）中國，竟然不見進步之可

【3】陳佳榮著《中國歷代之興治盛衰亂亡》，香港學津書店，1989。

【4】洪亮吉（1746-1809）〈重修唐太宗廟碑記〉《洪北江詩文集》上冊 223-224 頁。

【5】徐著《兩漢思想史》。

【6】梁著《中國文化要義》緒論（第八頁）（台灣正中書局，1970）。

怪，再一是從社會學上來講，竟難判斷它是什麼社會之可怪。」【7】

六、聖王與世襲

二千年來，中國政權轉移的方式為：在亂世中有聖者出，建立政權、改朝換代，是為第一代皇帝，其後為世襲。而各朝之第一代皇帝，必是在天下大亂、群雄並起之際，掃平群雄，取得最後勝利而後得天下，則其人必集權術、狡詐、殘忍於一身，凡人性中之善者，摒除殆盡，凡人性中之惡者，必達至最高級。如此，始可得到最後勝利，取得政權，得稱聖王。

中國古語中，有所謂「蠱」。「蠱」者，蟲之中最毒者，凡製蠱者，必將多條毒蟲置一器中，使之互噬，最後群蟲皆死，只餘一蟲，此一蟲即謂之蠱，即蟲中之最具毒性、最兇殘者。

中國用殺戮的方法，為轉移政權的方式，其得天下稱君稱聖者，必為社會中之最兇殘、最狡詐之人。如用此方式，改朝換代，其統治手法，必日漸殘忍。中國自西漢至明、清，人權日壞，相權日低，官吏質素亦每況愈下，原因在此。

至於每一朝代之繼任人，由世襲方式，其禍害更大，這一方面論者已多，茲不贅述。

七、近代歐洲各國的政道與治道

二〇〇四年，我參加〈中國經濟思想史學會第十一屆年會〉【8】，在該會上，我提出一篇論文，題目是：〈春秋戰國到西漢時期的中國社會與歐洲十五到十八世紀社會之比較〉。在這篇文章之中，我說：

【7】 同【6】，同書第九頁。

【8】〈中國經濟思想史學會第十一屆年會〉在廣東省珠海市，北京師範大學珠海分校召開，二〇〇四年十一月二十五日至廿八日。

春秋戰國到西漢時期的中國社會，與歐洲十五到十八世紀的社會，非常相似。兩者都是在封建體制崩潰之後，面臨轉型的社會。但其演變則大不相同。在經濟制度方面，歐洲各國先有重商主義（Mercantilism）之激盪，而後分別進入資本主義社會。在政治制度方面，各國都經過一、兩百年的醞釀，分別找到適合於本國情況的政權建立及轉移方式，避免了再用戰爭的方式「改朝換代」。

與歐洲社會比較，中國社會在西漢之後，則大不相同。主要原因，是中國讀書人對社會演進的規律認識不足。中國士人仍然留戀着封建體制。董仲舒說：「至秦則不然，用商鞅之法，改帝王之制。」董仲舒似乎仍然懷念着「帝王之制」，不願意離開封建社會；也沒有體會到：人民在擺脫封建貴族之壓迫後成為自由民的尊貴性。

一個社會之中，讀書人常為社會表率，西漢時期及後世的讀書人，既然沒有了解到秦、漢之後的社會，與春秋、戰國之前的社會已有本質的不同，並致力尋找不再同以前一樣打打殺殺的方式，作為政權建立及轉移的方式。忍念政權之取得及轉移，仍然二千年一貫。中國人到了今天，仍然不清楚自己身處何時何地？

八、中國的治道

牟宗三先生說：「中國在以往，只有治道而無政道」【9】。又說：中國以往的治道，有三個系統，即：

一、儒家的德化的治道；
二、道家的道化的治道；

【9】牟著《政道與治道》第一章，頁一。

　　　　　　　宋敍五　牟宗三先生論政道與治道　　　　　307

　　三、法家的物化的治道。【10】

　錢穆先生在《中國歷代政治得失》一書第一講說：

> 　皇帝是國家的唯一領袖，而實際政權則不在皇帝而在政府，代表
> 政府的是宰相。皇帝是國家的元首，象徵此國家之統一。宰相是
> 政府的領袖，負政治上一切實際的責任。皇權與相權的劃分，這
> 常是中國政治史上的大題目。【11】

　上述牟先生所說的中國治道的三個系統，可以說是中國歷代各朝治
道的三個原則性的方向。而錢先生所說的皇權與相權的劃分，則是中國
儒家從古到今夢寐以求的願望。

　根據儒家的願望，君常為聖君，相常為賢相，社會方可到達一個治
世。但衡諸歷史事實，聖君賢相的出現，非常少有。其主要原因是相權
受制於君權，前文謂：牟宗三先生說：中國只有治道，沒有政道；但究
其實際，如果沒有政道，治道也難以實現。

九、政道干擾治道

　從中國在西漢之後，二千年歷史中觀察，皇權對相權的干擾，確不
乏實例。西漢在武帝之前，丞相尚受到尊重，武帝之後，權歸內朝，丞
相已無實權。唐朝太宗時期，為中國歷史上君相彼此互相尊重、契合的
時期；但此情形，在中國歷史上絕少見。明、清兩朝廢宰相，更是政道
干犯治道之顯例。

　治道之中，最主要者有二：即：治國權與衛國權。西漢初年，國家
最高官員為三公，即：丞相（治國）、太尉（軍權、衛國）及御史大夫

【10】牟著《政道與治道》第二章。
【11】錢著《中國歷代政治得失》第一講（漢代）頁5，（香港三聯書店，2007）。

（副丞相並負監察之職）。可見治國與衛國之任務同樣重要。相權在二千多年中受壓於君權之情形已見上述，至於軍權，在二千年之間，亦同樣受疑忌及受壓制於君權。自西漢時起，皇帝即對軍權不放心，漢初軍權屬太尉，但太尉到武帝建元二年（即漢武帝登基後的第二年）即廢【12】，權移大將軍，屬內朝。這可看出皇帝不放心軍權。軍權可以衛國，亦可以奪（皇帝之）權。皇帝既將天下置於「筐篋」之中，【13】則必時時刻刻提防軍人奪權，所以也將軍權置於「筐篋」之中。因此，二千年來，軍人多不能「衛國」，只能奪權。歷代軍人能執干戈衛國家者，多屬異類，如漢朝之李廣、李陵，宋朝之岳飛，明朝之戚繼光，清朝之曾國藩等。

十、呼喚政道之建立

百年以來，中國飽受戰亂之苦，中華兒女，流落海外，花果飄零，殷切期望國家政道之建立，重建海內外同胞之向心力。

今天，在中華民族長遠的歷史看來，又面臨西漢之後的第二個台階。西漢時期，中國社會本已脫離封建制度，但因為歷代的讀書人不明所以，所以誤了重建政道的佳期，忍令國人多過了二千多年打打、殺殺的日子。今天，中國又在經歷百年動亂之後，到達一個新時期。再因為全球一體化，科學發達，交通、資訊，瞬息千里。必須建立和平、理性、透明的政道，始可凝聚海內外同胞之向心力，並由此解決台灣問題、港澳問題，及其他少數民族問題。中華兒女同心一德，共同攜手走向未來的世紀，再開新紀元。則牟宗三先生「中國有治道而無政道」之遺憾，始可消除！

謹以此文，紀念牟宗三先生。

【12】《漢書·百官公卿表第七上》：「太尉，秦官，掌武事，武帝建元二年省。」

【13】牟著《政道與治道》新版序（頁20）引「黃梨洲曾云：三代以上，藏天下於天下，三代以下，藏天下於筐篋」語。

《乾隆石經》考述

何廣棪*

提 要

我國歷史上大規模刊刻儒家石經，凡七次。經始於東漢靈帝《熹平石經》，其後有三國曹魏齊王芳《正始石經》、唐文宗《開成石經》、五代十國後蜀孟昶《廣政石經》、北宋仁宗《嘉祐石經》、南宋高宗《御書石經》，與清高宗《乾隆石經》。

《乾隆石經》亦稱《清石經》，開雕於乾隆五十六年（1791），而於五十九年（1794）刊刻完竣。所刻計為《周易》、《尚書》、《毛詩》、《周禮》、《儀禮》、《禮記》、《春秋左氏傳》、《春秋公羊傳》、《春秋穀梁傳》、《論語》、《孝經》、《爾雅》、《孟子》十三經，凡碑一百八十九，立於北京國子監。

《清石經》乃據蔣衡手書《十三經》鐫刻上石。乾隆曾諭遣和珅、王杰為總裁，董誥、劉墉、金簡、彭元瑞為副總裁，金士松、沈初、阮元、瑚圖禮、那彥成、劉鳳誥、汪廷珍、邵晉涵為校勘，理董其事；並命悉心研辦，務臻完善，以副其尊經右文之至意。

《熹平》、《正始》、《開成》、《廣政》、《嘉祐》、《御書》諸石經，歷經天災人禍，而《開成》則幸屬完整，其餘皆殘碑斷碣，所存無幾。惟考古研經之士猶窮治之不屢，著述且甚豐贍。獨於此有若魯殿靈光及今巍然尚存之《乾隆石經》，二百年間竟闃然沉臥國子監中，問津者少，研究不多。以迄道光年間，始有馮登府撰《石經補考·清石經考》，及民國十八年（1929），張國淦氏撰《歷代石經考·清石經考》而

*香港樹仁大學教授。

有所論說。惟馮、張二家之文仍具蟫漏,留待後人補苴之處不少。用是不辭疏漏,擬先就《清石經》刊刻之人與事,及與此石經相關涉之問題而有所考述,以期裨補馮、張二氏之闕略。然續貂之譏,則或有所不避矣!

壹、緒 言

我國歷史上大規模刊刻儒家石經凡七次。經始於東漢靈帝《熹平石經》,其後有三國曹魏齊王芳《正始石經》、唐文宗《開成石經》、五代十國後蜀孟昶《廣政石經》、北宋仁宗《嘉祐石經》、南宋高宗《御書石經》,與清高宗《乾隆石經》。[1]

《乾隆石經》亦稱《清石經》,開雕於乾隆五十六年(1791)十一月,而至五十九年(1794)九月間刊刻完竣。所刻者計為《周易》、《尚書》、《毛詩》、《周禮》、《儀禮》、《禮記》、《春秋左氏傳》、《春秋公羊傳》、《春秋穀梁傳》、《論語》、《孝經》、《爾雅》、《孟子》等十三經,凡碑一百八十九,字約六十三萬,刻竣後皆立於北京國子監。

《清石經》乃據康熙時人蔣衡真書《十三經》鐫刻上石。進行伊始,乾隆即諭派和珅、王杰為總裁,董誥、劉墉、金簡、彭元瑞為副總裁,金士松、沈初、阮元、瑚圖禮、那彥成為校勘,理董其事;並命諸人悉心研辦,務臻完善,以副尊經右文之至意。

《熹平》、《正始》、《開成》、《廣政》、《嘉祐》、《御書》諸石經,其後歷經天災人禍,僅《開成》一經幸屬完整,其餘多屬殘碑零

---

[1] 我國歷代刊刻儒家石經,除上舉七次外,據張國淦《歷代石經考·七朝以外石經附考》所載,尚有《晉石經》、《魏太武石經》、《金太學石經》。請參考氏所撰書(臺北:鼎文書局,民國61年4月初版),第549～552頁。

何廣棪 《乾隆石經》考述　　311

碣，所存無幾。惟考古研經之士猶對上述諸石經窮治不懈，且頗有著述。[2] 惟獨對此有若魯殿靈光迄茲仍巋然尚在之《乾隆石經》，二百年間闃然沈睡國子監，問津者少，作全面而系統研究者竟闕如。至光緒十六年（1890）四川尊經書局刻《石經彙函》所收之馮登府《石經補考・國朝石經考異》，暨民國十八年（1929）張國淦撰《歷代石經考・清石經考》，始欲就此有所論說，惜二書成文仍嫌疏略，留待後人補苴之處不少。用是不辭固陋，擬繼馮、張二氏之後，徵引史料，詳作考述，續貂之誚，亦或有所不避矣。

貳、《乾隆石經》之經營及其所涉之人與事

　　乾隆五十六年（1791）十一月二十一日，清高宗頒諭內閣，謂《十三經》「允宜刊之石版，列於太學」，著派和珅等為總裁，董誥等為副總裁，金士松等為校勘，經營其事。從是日起乃展開《乾隆石經》籌備開雕工作。乾隆於其諭中曰：

　　　　自漢、唐、宋以來，皆有石經之刻，所以考定聖賢經傳，使文字異同歸於一是，嘉惠藝林，昭垂奕禩，甚盛典也。但歷年久遠，率多殘缺，即間有片石流傳，如開成、紹興年間所刊，今尚存貯西安、杭州等府學者，亦均非全經完本。我朝文治光昌，崇儒重道。朕臨御五十餘年，稽古表章，孜孜不倦。前曾特命所司創建

---

[2] 研究上述六種石經之論著，即據明清學者所撰者，計有：瞿中溶《漢石經考異補正》、陳宗彝《熹平石經殘字》、翁方綱《漢石經殘字考》、萬斯同《漢魏石經考》、孫星衍《魏三體石經殘字考》、王國維《魏正始石經殘字考》、顧炎武《唐國子學石經》、王朝璩《唐石經考正》、嚴可均《唐石經校文》、吳騫《唐開成石經考異》、王昶《後蜀毛詩石經殘字考》、繆荃孫《蜀石經校記》、吳騫《蜀石經毛詩考異》、丁晏《北宋汴學二體石經記》、王秉恩《北宋汴學篆隸二體石經跋》等。

3

頁 39 - 319

辟雍，以光文教，並重排石鼓文，壽諸貞珉。而《十三經》雖有武英殿刊本，未經勒石，因思從前蔣衡所進手書《十三經》，曾命內廷翰林詳覈邨誥，藏弆懋勤殿有年。允宜刊之石版，列於太學，用垂永久。著派和珅、王杰為總裁，董誥、劉墉、金簡、彭元瑞為副總裁，並派金士松、沈初、阮元、瑚圖禮、那彥成隨同校勘。但卷帙繁多，恐尚不敷辦理。著總裁等再行遴派三人，以足八員之數為校勘。諸臣等其悉心研辦，務臻完善，以副朕尊經右文至意。【3】

乾隆之諭，意在彰顯其「文治光昌，崇儒重道」之偉績。諭中謂其前此已「創建辟雍，以光文教」，又「重排石鼓文，壽諸貞珉」，今則擬將蔣衡手書《十三經》刊石，「用垂永久」。所委派之官吏，有總裁二人，副總裁四人，校勘五人，另須增派校勘三人，則乾隆擬委派者，合共十四人。

和珅等於接諭旨之次日，即乾隆五十六年十一月二十二日，立刻奏上〈謝恩摺〉，除摺首「恭謝天恩」，頌揚高宗「體道敷言，崇經壽世，與前聖而揆一德」外；又於摺末表達彼等皆有「勤事勘讎」之決心，並期奉旨刊刻之石經皆達致「豕亥、烏焉勿誤」之效果。【4】

乾隆五十六年十一月二十三日，和珅等又奏上〈請添派劉鳳誥等三員校勘石經摺〉，其摺曰：

臣和珅等謹奏，為奏聞事。臣等奉旨校勘石經，除派出五員外，命臣等添擬三人，以足八員之數。欽此。臣等公同商酌，淹通經學者，殊難其選。就其平日尚能誦習者，查有侍讀學士劉鳳誥、祭酒汪廷珍、侍講邵晉涵三員，堪充校勘。如蒙俞允，臣等將諸

【3】中國第一歷史檔案館編：《纂修四庫全書檔案》（上海：上海古籍出版社，1997年7月第1版），下冊，第2258～2259頁。

【4】和珅等之〈謝恩摺〉，見前揭書，〈軍機大臣和珅等奏謝恩命辦理十三經刻石摺〉，第2260～2263頁。

經酌量卷帙多寡，分與八員承勘，以專責成。其餘收發、催趲、監看上石，尚在需員，容臣等於館、部、內務府諸員內酌量派員。至懋勤殿所藏《十三經》冊，就近交與趙秉沖專管收發記載。又查有蔣衡之孫蔣和，係分發直隸河工、從九品試用之員，現未起身，尚能守其家學，兼工篆隸，可否令其留京以備委用。為此奏聞請旨。謹奏。【5】

此摺除奏請添派劉鳳誥、汪廷珍、邵晉涵三人為校勘外；另謂「收發、催趲、監看上石，尚在需員」；「懋勤殿所藏《十三經》冊」擬「交與趙秉沖專管收發記載」；【6】又謂蔣衡之孫蔣和「尚能守其家業，兼工篆隸」，擬「令其留京以備委用」。上述諸事，和珅等「奏聞請旨」後，倘獲乾隆恩准，則參預工作之官員，日益增多矣！

以下擬徵引史料，先行考述乾隆所委派總裁、副總裁諸臣及此諸人與《清石經》相涉之事項如次：

和珅，《清史稿》卷三百十九〈列傳〉一百六有傳。其傳載：「和珅，字致齋，鈕祜祿氏，滿洲正紅旗人。……五十六年，刻《石經》於辟雍，命為正總裁。時總裁八人，尚書彭元瑞獨任校勘，敕編《石經考文提要》，事竣，元瑞被優賚。和珅嫉之，毀元瑞所編不善，且言非天子不考文。上曰：『書為御定，何得目為私書耶？』和珅乃使人撰《考文提要舉正》以攻之，冒為己作進上，訾《提要》不便士子，請銷毀，上不許。館臣疏請頒行，為和珅所阻，中止，復私使人磨碑字，凡從古者盡改之。」【7】據是，則和珅與彭元瑞間頗有爭功邀賞事，有關二人相爭事，容後補述。

【5】 同註【3】，第2263～2264頁。

【6】 此處所言「懋勤殿所藏《十三經》冊」，即指蔣衡真書之《十三經》。

【7】 趙爾巽等：《清史稿・和珅傳》（北京：中華書局，1977年8月第1版），第三十五冊，第10752～10754頁。

王杰，《清史稿》卷三百四十〈列傳〉一百二十七有傳。其傳載：「王杰，字偉人，陝西韓城人。……乾隆二十六年，成進士，殿試進呈卷列第三。高宗熟視字體如素識，以昔為尹繼善繕疏，曾邀宸賞，詢知人品，即拔置第一。及引見，風度凝然，上益善。……五十一年，命為軍機大臣、上書房總師傅。次年，拜東閣大學士，管理禮部。臺灣、廓爾喀先後平，兩次圖形紫光閣，加太子太保。杰在樞廷十餘年，事有可否，未嘗不委曲陳奏。和珅勢方赫，事多擅決，同列隱忍不言，杰遇有不可，輒力爭。上知之深，和珅雖厭之而不能去。杰每議政畢，默然獨坐。一日，和珅執其手戲曰：『何柔荑乃爾！』杰正色曰：『王杰手雖好，但不能要錢耳！』和珅赧然。」【8】據是，則和珅與王杰亦素不和。是次高宗安排王杰同為總裁，不無防犯和珅「事多擅決，同列隱忍不言」，而「王杰遇有不可，輒力爭」，用以抗衡和珅。惟《清史稿》未載王杰參預《清石經》事。另檢朱珪撰〈東閣大學士文端王公杰墓誌銘〉、【9】姚鼐撰〈光祿大夫東閣大學士王文端公神道碑文並序〉、【10】《清史列傳》卷二十六〈大臣傳次編〉一〈王杰〉【11】亦均乏載。王杰實有任《清石經》總裁，本文後段述及和珅等撰《欽定石經改正字樣》，其書識語亦稱王杰為「石經館總裁」，足資參證。

董誥，《清史稿》卷三百四十〈列傳〉一百二十七有傳。其傳載：「董誥，字蔗林，浙江富陽人，尚書邦達子。乾隆二十八年進士，殿試進呈卷列第三，高宗因大臣子，改二甲第一。……初，邦達善畫，受高宗知。誥承家學，繼為侍從，書畫亦被宸賞，尤以奉職恪勤為上所眷

【8】《清史稿·王杰傳》，第三十七冊，第 11085 ～ 11086 頁。

【9】錢儀吉：《碑傳集》（北京：中華書局，1993 年 4 月第 1 版），第三冊，卷二十八，〈乾隆朝宰輔〉下，第 940 ～ 942 頁。

【10】前揭書，第 942 ～ 943 頁。

【11】《清史列傳》（臺北：臺灣中華書局，民國 72 年 2 月臺 2 版），卷二十六，頁30A ～ 34B。

注。累遷內閣學士。四十年，……充四庫館副總裁，接辦《全書薈要》。」【12】是董誥或以「奉職恪勤為上所眷注」，又曾「充四庫館副總裁，接辦《全書薈要》」，素富經驗，而被派《石經》副總裁職。《清史稿》未載此事，劉逢祿〈記董文恭公誥遺事〉【13】亦乏載。清李元度《國朝先正事略》卷二十〈名臣‧董文恭公事略〉則載：「（乾隆）五十五年，加太子太保。明年，詔刊《石經》于太學，充副總裁。」【14】《清史列傳》卷二十八〈大臣傳次編〉三〈董誥〉亦載：「（乾隆）五十六年十月，刊《石經》於太學，以誥充副總裁。」【15】與乾隆諭旨合。

劉墉，《清史稿》卷三百二〈列傳〉八十九附其父〈劉統勳〉。其傳載：「墉，字崇如，乾隆十六年進士，自編修再遷侍講。……充上書房總師傅。……五十四年，以諸皇子師傅久不入書房，降為侍郎銜。尋授內閣學士，三遷吏部尚書。嘉慶二年，授體仁閣大學士。」【16】未載派《清石經》副總裁事。《國朝先正事略》卷十六〈名臣‧劉文正公事略子文清公墉〉、【17】《清史列傳》卷二十六〈大臣傳次編〉一〈劉墉〉，【18】亦均未載。

金簡，《清史稿》卷三百二十一〈列傳〉一百八有傳。其傳載：「金簡，賜姓金佳氏，滿洲正黃旗人。……乾隆中授內務府筆帖式，累遷奉宸院卿。三十七年，授總管內務府大臣。監武英殿刻書，充《四庫全書》副總裁，專司考覈督催。」【19】乾隆或以金簡為內務府大臣，素

【12】《清史稿‧董誥傳》，第三十七冊，第 11089 頁。

【13】《碑傳集》，第三冊，卷三十八，〈嘉慶朝宰輔〉，第 1091～1093 頁。

【14】李元度：《國朝先正事略》（長沙：岳麓書社，1991 年 5 月第 1 版），第 599 頁。

【15】同註【11】，卷二十八，頁 1B。

【16】《清史稿‧劉墉傳》，第三十五冊，第 10467～10468 頁。

【17】同註【14】，第 473～474 頁。

【18】同註【11】，卷二十六，第 26A～30A 頁。

【19】《清史稿‧金簡傳》，第三十六冊，第 10787 頁。

富監理刻書經驗，且專擅「考覈督催」，乃派為刊刻《石經》副總裁，惟《清史稿》傳中未有其出任此職之記載。美國學者恒慕義（A. W. Hummel）《清代名人傳略》中卷有〈金簡傳〉，【20】亦未載任《清石經》副總裁事，而對金簡之治事能力則詳予鋪述，且推崇備至。乾隆委派金簡為副總裁，絕非從學術才能作考量，而是重視其辦事能力。《清史稿》未載此事，實屬難明，其間或另有緣故。

彭元瑞，《清史稿》卷三百二十〈列傳〉一百七有傳。其傳載：「彭元瑞，字芸楣，江西南昌人。乾隆二十二年進士，改庶吉士。散館授編修，直懋勤殿。大考，以內直不與。遷侍講。擢詹事府少詹事。直南書房。遷侍郎，歷工、戶、兵、吏諸部。高宗六十壽，次〈聖教序〉為讚以進，上嘉之。上製〈全韻詩〉，元瑞重次周興嗣〈千字文〉為跋。上手詔獎諭，稱為『異想逸材』，賜貂裘、硯、墨。敕撰寧壽宮、皇極殿鐙聯，稱旨，賜以詩。辟雍成，釋奠講學，又繼以耕耤。上〈三大禮賦〉。擢尚書，歷禮、兵、吏三部。五十五年，上八十壽，以歲陽在庚，進〈八庚全韻詩〉。上以庚韻字數奇，易首句用韻去一聯，末句乃用諧律，親為裁定。尋加太子少保、協辦大學士。五十六年，以從孫冒入官，御史初彭齡論劾，左授禮部侍郎，命仍直南書房。尋復授工部尚書。」【21】據是，則知元瑞以「異想逸材」，歷受乾隆知遇，屢荷褒嘉。雖其從孫冒入官，元瑞被御史論劾左遷，亦蒙寬宥。【22】然《清史

【20】恒慕義（A. W. Hummel）：《清代名人傳略》，中國人民大學清史研究所《清代名人傳略》翻譯組譯。（西寧：青海人民出版社，1999年2月第1版）中卷，第174～176頁。

【21】《清史稿‧彭元瑞傳》，第三十六冊，第10769～10770頁。

【22】《清史列傳‧彭元瑞》記此事較翔實，曰：「（乾隆）五十六年四月，以從子良彝為其子頂冒吏員職名，事覺，未將容隱之處據實檢舉。經御史初彭齡劾奏，部議奪職。奉旨：『彭元瑞辜負朕恩，徇情容隱，本應按例懲辦。念其學問素優，堪任編纂書籍之事，姑免其全行斥退，著革去太子少保、協辦大學士、吏部尚

稿》未載其任《石經》副總裁事，實屬疏略。《清史列傳》卷二十六〈大臣傳次編〉一〈彭元瑞〉則載：「（乾隆五十六年）十二月，以太學石刻《十三經》暨石鼓文，命充副總裁。……五十九年九月，《石經》告成，恭編《考文提要》十三卷，得旨褒獎，晉太子少保，賜賚有加。」【23】今人蔡冠洛《清代七百名人傳》第四編〈學術・樸學・彭元瑞〉所載同。【24】

綜上所述，乾隆石刻《十三經》，委派總裁二人，副總裁四人，事似尋常。若從深處考察，則足見乾隆處事周延，匠心獨運。和珅、王杰，地位顯赫，並居總裁，二人性格不同，堪可互相制衡。乾隆如是安排，實以王杰牽制和珅。至所派副總裁四人，均「奉職勤恪」，夙具經驗，且治事能力極強；其中尤以彭元瑞「異想逸材」，最能主導《石經》刊刻工作。四人和衷共濟，足以成事竟功。乾隆如斯選材用人，確具睿智與慧眼。

《乾隆石經》開雕後，所用校勘連同後添派者凡八員，茲亦略考諸臣相涉事項如次：

金士松，《清史稿》卷三百五十一〈列傳〉一百三十八有傳。其傳載：「金士松，字亭立，江蘇吳江人。……乾隆二十五年，成進士，選庶吉士，授編修。……調吏部，直講經筵，校勘《石經》，遷左都御史。」【25】

書，仍加恩降授侍郎，南書房行走，予以自新而觀後效。」尋補禮部侍郎；十月，遷工部尚書，仍賜紫禁城騎馬。」足見乾隆對彭元瑞格外開恩，一切從寬恕宥。

【23】同註【11】，卷二十六，頁 36B。

【24】蔡冠洛：《清代七百名人傳》（香港：遠東圖書公司，1963 年 7 月 1 日初版），第 1633 頁。

【25】《清史稿・金士松》，第三十七冊，第 11266 頁。

沈初，《清史稿》卷三百五十一〈列傳〉一百三十八亦有傳。其傳載：「沈初，字景初，浙江平湖人。……乾隆二十七年，南巡，召試，賜舉人，授內閣中書。明年，成一甲第三名進士，授編修。……初以文學受知，歷充四庫全書館、三通館副總裁，續編《石渠寶笈》、《秘殿珠林》，校勘太學《石經》。」【26】《清史列傳》卷二十八〈大臣傳次編〉三〈沈初〉載：「沈初，浙江平湖人。……（乾隆）五十六年，……十一月諭曰：『前蔣衡進手書《十三經》，宜刻石，列於太學，用垂永久，著沈初隨同校勘。』」【27】

阮元，《清史稿》卷三百六十四〈列傳〉一百五十一有傳。其傳載：「阮元，字伯元，江蘇儀徵人。……元，乾隆五十四年進士，選庶吉士，散館第一，授編修。逾年大考，高宗親擢第一，超擢少詹事。召對，上嘉曰：『不意朕八旬外復得一人！』直南書房、懋勤殿，遷詹事。……元博學淹通，早被知遇。敕編《石渠寶笈》，校勘《石經》。」【28】《清史列傳》卷三十六，〈大臣傳續編〉一〈阮元〉載：「阮元，江蘇儀徵人。乾隆五十四年進士。……五十六年二月，大考一等第一名，超擢詹事府少詹事，……十一月，詔充《石經》校勘。」【29】《國朝先正事略》卷二十一〈名臣・阮文達公事略〉同。【30】

瑚圖禮，《清史稿》無傳。《清史列傳》卷二十八〈大臣傳次編〉三〈瑚圖禮〉載：「瑚圖禮，完顏氏正白旗，滿洲人。……五十二年成進士，改庶吉士。……五十六年四月，升侍讀。五月，遷祭酒。九月，考試滿洲科甲出身京堂翰詹各員，瑚圖禮名列第一，奉旨在南書房行走。

【26】《清史稿・沈初》，第三十七冊，第 11265 頁。

【27】同註【11】，卷二十八，頁 33A ～ 33B。

【28】《清史稿・阮元》，第三十八冊，第 11421 ～ 11424 頁。

【29】同註【11】，卷三十八，頁 18B ～ 19A。

【30】同註【14】，第 626 頁。

何廣棪　《乾隆石經》考述　319

十月，授公中佐領。」【31】未載其任校勘《石經》事。

那彥成，《清史稿》卷三百六十七〈列傳〉一百五十四有傳。其傳載：「那彥成，字釋堂，章佳氏，滿洲正白旗人，大學士阿桂孫。乾隆五十四年進士，選庶吉士，授編修，直南書房。四遷為內閣學士。……那彥成遇事有為，工文翰，好士，雖屢起屢躓，中外想望風采。」【32】未載其任校勘《石經》事。《國朝先正事略》卷二十三〈名臣‧那文毅公事略〉、【33】《清史列傳》卷三十三〈大臣傳次編〉八〈那彥成〉【34】並同。

上述校勘五員，平素皆為乾隆器重，至其才能與識見亦素所習知。所謂「天子聖哲」，乾隆皇帝選材用人，殊得其當。

其後和珅等所推薦校勘三員，茲亦一併考述如次：

劉鳳誥，《清史稿》無傳。《清史列傳》卷二十八〈大臣傳次編〉三〈劉鳳誥〉載：「劉鳳誥，江西萍鄉人。乾隆五十四年一甲三名進士，授編修。五十六年大考二等，超擢侍讀學士。五十七年，命提督廣西學政。」【35】據是，則未載鳳誥曾任校勘《石經》事，且其人於乾隆五十七年已「提督廣西學政」矣。

汪廷珍，《清史稿》卷三百六十四〈列傳〉一百五十一〈汪廷珍〉載：「汪廷珍，字瑟庵，江蘇山陽人。……成乾隆五十四年一甲二名進士，授編修。大考，擢侍讀。未幾，遷祭酒。六十年，以事忤旨，降侍講。」【36】未載其曾任校勘《石經》職。《國朝先正事略》卷二十三〈名

【31】同註【11】，卷二十八，頁 30A。

【32】《清史稿‧那彥成》，第三十八冊，第 11458～11462 頁。

【33】同註【14】，第 676 頁。

【34】同註【11】，卷三十三，頁 1A。

【35】同註【11】，卷二十八，頁 48B。

【36】《清史稿‧汪廷珍》，第三十八冊，第 11424～11425 頁。

臣・汪文端公事略〉、【37】《清史列傳》卷三十四〈大臣傳次編〉九〈汪廷珍〉【38】亦同。

邵晉涵，《清史稿》卷四百八十一〈列傳〉二百六十八〈儒林〉二有傳。其傳載：「邵晉涵，字二雲，餘姚人。乾隆三十六年進士，歸班銓選。……五十六年，大考遷左中允。擢侍講學士，充文淵閣直閣事日講起居注官。」【39】未載任校勘《石經》事。王昶〈翰林院侍講學士充國史館提調官邵君晉涵墓表〉、【40】《國朝先正事略》卷三十五〈經學・邵二雲先生事略〉、【41】《清史列傳》卷六十八〈儒林傳〉下一〈邵晉涵〉【42】均同。惟洪亮吉所撰〈邵學士家傳〉有「亮吉與君交幾三十年，於詞館為後進。凡值校讎之役如國史、《石經》等，亦無不與君偕」之語，【43】則晉涵應有校勘《石經》事。

有關和珅等上摺推薦劉鳳誥等三人為校勘，乾隆收摺後僅御批「知道了」三字，其後未見頒旨表示俞允。《清史稿》等書亦未有三人曾任校勘《石經》之記載，而僅洪亮吉記及與邵晉涵同校《石經》，是以若無新資料足以證明此事為實有，則於劉、汪二人事似可存疑。

至和珅等摺中推薦之趙秉沖，《清史稿》無傳。檢《清史稿》卷一百八十六〈表〉二十六〈部院大臣年表〉五上有十條趙秉沖官職變動之資料，【44】然所記皆嘉慶十年後事。是故趙秉沖有否被派專管收發記載

【37】同註【14】，第 682 ～ 684 頁。

【38】同註【11】，卷三十四，頁 26A ～ 29A。

【39】《清史稿・邵晉涵》，第四十五冊，第 13209 頁。

【40】《碑傳集》，第四冊，卷五十〈翰詹下之中〉，第 1413 ～ 1414 頁。

【41】同註【14】，第 980 ～ 982 頁。

【42】同註【11】，卷六十八，頁 59A ～ 60A。

【43】錢仲聯：《廣清碑傳集》（蘇州：蘇州大學出版社，1999 年 2 月第 1 版），卷九，第 620 ～ 621 頁。

【44】《清史稿・部院大臣年表》，第二十三冊，第 6746 ～ 6766 頁。

懋勤殿所藏蔣衡手書《十三經》，似無其它資料可資印證。

蔣衡祖、孫事跡，《清史稿》卷五百三〈列傳〉二百九十〈藝術〉二附〈王澍〉，其傳載：「蔣衡，改名振生，字湘帆，晚號拙老人。與澍同里。鍵戶十二年，寫《十三經》。乾隆中，進上，高宗命刻石國學，授衡國子監學正，終不出。衡早歲好游，足迹半海內，觀碑關中，獲晉、唐以來名蹟，臨摹三百餘種，曰《拙存堂臨古帖》。晚與澍相期鬭勝，每臨一書，相從質證。子驥，孫和，並以書世其家。」【45】另《清史列傳》卷七十一〈文苑傳〉二〈蔣衡〉，【46】記蔣衡事更詳悉，不備錄。

參、《乾隆石經》之刻竣及高宗所撰序

《乾隆石經》經始於乾隆五十六年十一月，畢工於五十九年九月，所刻石數，計《周易》六碑、《尚書》八碑、《詩》十三碑、《周禮》十五碑、《儀禮》十七碑、《禮記》二十八碑、《左傳》六十碑、《公羊傳》十二碑、《穀梁傳》十一碑、《論語》五碑、《孝經》一碑、《爾雅》三碑、《孟子》十碑，凡一百八十九碑，約六十三萬字，刻竣後皆立於北京國子監。

有關《乾隆石經》所據之版本，馮登府《石經補考·國朝石經考異》曰：

> 《周易》分上、下經二卷，〈十翼〉十卷，共十二篇，此古本也。王弼從費氏《易》，以〈彖〉、〈象〉、〈文言〉分入每卦中，別為〈繫辭〉上、下，〈說卦〉、〈序卦〉、〈雜卦〉五篇；朱子用呂大防、呂祖謙古本，離上、下經與〈十翼〉為十二，以復

【45】《清史稿·蔣衡》，第四十六冊，第 13888 頁。

【46】同註【11】，卷七十一，頁 51B～52A。

孔子之舊，今《石經》從之。《尚書》，《石經》悉仍孔傳本，惟〈書序〉統為一卷，在經之後，蓋從馬、鄭之本，與孔傳各列篇首者不同。《詩》，《石經》分卷與今本同，惟〈詩序〉合為十篇，在經之末。《石經考文提要》云：「鄭康成謂諸序自合為一篇，毛公始分以寘諸篇之首，今從《欽定詩經傳說彙纂》寘經末，以復其舊，其間異字、脫簡有足訂今本之譌者。」【47】

張國淦《歷代石經考‧清石經考》亦曰：

> 《周易》用朱子《本義》本；《尚書》用孔傳本，〈書序〉列經後，用馬、鄭本；《詩》用今本，〈詩序〉列經後；其餘諸經俱用今本。【48】

據是，知《乾隆石經》以復古為宗。所用之本，《周易》據朱子《周易本義》，蓋以其依呂大防、呂祖謙《周易古經》也。《石經》所刻作十二篇，與王弼從費氏《易》者不同。《尚書》用孔傳本，即偽孔安國傳本也，惟《石經》，其〈書序〉統為一卷附經後，蓋從馬融、鄭玄本，與偽孔傳本各列於篇首不同。《詩經》分卷同今本，惟〈詩序〉合為十篇附經末，蓋據鄭玄說，並從《欽定詩經傳說彙纂》置經末，以復其舊。其餘諸經則俱用今本。

《乾隆石經》既刻竣，高宗因續論功，於乾隆五十九年九月頒論曰：

> 《石經》總裁等校勘《石經》，見在將次完竣，和珅等與彭元瑞均係總裁。和珅等所管事務較繁，止能綜其大綱，酌加參閱；至于校訂釐正，皆係彭元瑞專司其事，彭元瑞著加太子少保銜，並賞大緞二匹，以示獎勵。若校定之文或有紕繆不經之處，將來披覽所及，經朕指出，惟彭元瑞是問。【49】

【47】馮登府：《石經補考》（清光緒十六年四川尊經書局刻《石經彙函》本），卷十一，頁 1A，頁 2A，頁 3A，頁 3B。

【48】張國淦：《歷代石經考》（臺北：鼎文書局，民國 61 年 4 月初版），第 529 頁。

【49】前揭書，第 528 頁。

據是，則彭元瑞以專司校訂釐正《石經》有功，獨獲褒賞。此事引致和珅嫉妒與不滿，見載前引《清史稿·和珅傳》。乾隆此諭於末處謂「校定之文或有紕繆不經之處」，「惟彭元瑞是問」云云，則不無安撫和珅之作用，不意十全老人處事，其考慮深遠周延如此。

《乾隆石經》刻成，將立於國子監，高宗乃撰〈御製石刻蔣衡書《十三經》于辟雍序〉，亦刻碑立於國子監《石經》前。全文曰：

前歲集〈石鼓文〉而為之序，有曰：「凡舉大事者必有其會與其時，而總賴昭明天貺，以成其功。」信弗爽也。石鼓不過周宣王之事，列于文廟之門，以寓興文，尚俟其時其會；若夫《十三經》，則古聖先賢出諸口以傳道授教，其重于〈石鼓文〉奚啻倍蓰哉！則今之石刻《十三經》是矣！蓋此為蔣衡手書，獻于乾隆庚申者，其間不無少舛譌。爰命內翰詳覈，以庋之懋勤殿之高閣，至于今五十有餘年，亦既忘之矣。昨歲命續集《石渠寶笈》之書，司事者以此經請，乃憬然而悟曰：「有是哉！是豈可與尋常墨蹟相提並論，以為幾暇遣玩之具哉！是宜刊之石版，列于辟雍，以為千秋萬世崇文重道之規。」夫經者，常也，道也。常故不變，道則恒存。天不變，道亦不變，仲舒之言實已涉其藩矣！蓋石經之昉自炎劉一字，曹魏三字，訖不可考。李唐、北南宋雖曾有刻，或乖或不全。茲則出一人之手，經諸臣之目，視歷代為加詳矣。予自六齡入學堂，讀《易》、《書》、《詩》三經，所為易簡，而天下之理得；二典三謨，為王道始；正變風雅，不知無以言。及長而涉獵三《禮》，覺與三經為有間。枕葄《麟經》，慎正統偏安之必公，孜孜屨飫，毫釐弗衰。雖自愧學之未成，迺今刻諸石，列諸辟雍，應時舉事，以繼往聖、開來世，為承學之士之標準，豈非厚幸也歟？蔣衡一生苦學之勤，亦因是酬矣！若夫歷代注疏，入主出奴，紛如聚訟，既冗且繁，衡止書諸經正文，餘概從刪，是也。或以為不觀注疏，何以解經？予則以為以

注疏解經，不若以經解經之為愈也。學者潛心會理，因文見道，以六經參互之，必有以探其源而晰其奧者，是在勤與明而已。且予重刻木板《十三經注疏》，分布世間者不少也。舉辟雍以五十年，勒《石經》又越六載，凡所以待其時而逢其會，八十老人後，得成斯大功者，何莫非賴昊天之鴻眖乎？昔著〈知過論〉，以為其不可已者仍酌行之，斯之謂矣！蓋凡物有其成必有其壞，所為石鼓、石經者是也。然向不云乎，經者常也，道也，天不變，道亦不變。依聖人之門牆，示萬世之楷則，孰謂滄桑幻化，能移我夫子不朽之道也哉！是為序。【50】

乾隆庚申，即乾隆五年（1740），乃蔣衡上其手書《十三經》之年。讀高宗此〈序〉，既可考見其選用蔣衡手書《十三經》刻石之緣起，亦可藉悉其自幼治經，耄耋弗衰之事實，與刻經而不刻注疏之原因與用心。

肆、彭元瑞撰《石經考文提要》及高宗所下諭旨

大抵《乾隆石經》刊刻之同時，彭元瑞即負責校訂釐正《石經》，並撰寫《石經考文提要》。乾隆五十九年九月，《石經》刻竣，元瑞《石經考文提要》亦同時撰就。本文前徵引《清史列傳》卷二十六〈大臣傳次編〉一〈彭元瑞〉載：「（乾隆）五十九年九月，《石經》告成，恭編《考文提要》十三卷，得旨褒獎，晉太子少保，賜賚有加。」及高宗乾隆五十九年諭：「《石經》總裁等校勘《石經》，見在將次完竣，和珅等與彭元瑞均係總裁。和珅等所管事務較繁，止能綜其大綱，酌加參閱；至于校訂釐正，皆係彭元瑞專司其事，彭元瑞著加太子少保衘，並賞大緞二匹，以示獎勵。」即是明證。《石經考文提要》凡十三卷，乾

【50】前揭書，第 530 ～ 532 頁。

隆本擬鐫版頒行天下，後因受和珅所阻，中止刊行。以迄嘉慶四年（1799）十月許宗彥始刊刻之，光緒十六年（1890）四川尊經書局《石經彙函》收之，其書首頁所署撰人職銜為：「太子太保、工部尚書、協辦大學士，詔充《石經》校勘官，臣彭元瑞。」元瑞之太子太保，乃嘉慶四年時晉升，工部尚書為原職，而協辦大學士則卒後加贈者也。【51】許宗彥刊刻《石經考文提要》，所撰〈跋〉曰：

> 石經始於漢，而殘字僅存；《唐石經》雖在，然以後人補改，轉失其真。高宗純皇帝敦崇經術，乾隆五十六年命刊立《石經》，以詔示天下萬世。其時校勘臣據《欽定》、《御纂》本，及內府所藏宋、元舊刻，以訂監本之譌。刊石既竟，大司空彭芸楣師仿唐張參《五經文字》例，別撰《考文提要》，每經為一卷，凡十三卷。少司農阮芸臺師謂宗彥曰：「《石經》列在太學，鄉曲之士或不能盡見，而正譌補脫署具《提要》中，使學者見此書，不至為坊本所惑。由是以窺《石經》之涯涘，亦高宗純皇帝嘉惠士林之至意也。」爰錄本而授之梓。嘉慶四年冬十月，兵部車駕司額外主事許宗彥謹跋。【52】

許〈跋〉中之「彭芸楣師」即彭元瑞，「阮芸臺師」即阮元。許〈跋〉不但言及《乾隆石經》諸臣據《欽定三禮》、《御纂四經》等以訂監本之譌，又言及彭撰《石經考文提要》所仿體例與卷數，並引阮元之說以評彭書之功用與價值。

《石經》與《石經考文提要》既成，乾隆五十九年九月十七日，高宗頒下諭旨，曰：

> 國家以《四書》、《五經》試士。經書自五代鐫版以來，久鮮手鈔。士子誦讀多係坊本，即考證之家亦止憑前明監本。然監本中

【51】《清史稿‧彭元瑞》，第三十六冊，第 10770 頁。

【52】彭元瑞：《石經考文提要》（清光緒十六年四川尊經書局刻《石經彙函》本），〈跋〉頁 1A～1B。

魚豕之舛訛、字句之衍缺，不一而足；甚至《儀禮》一經脫去六
節，增多二節，大為聖籍之累。我朝文治光昭，聖祖仁皇帝《御
纂四經》，朕復《欽定三禮》，武英殿官刻《十三經》，勘讎精
覈，久已頒發黌序，嘉惠藝林。但各書卷帙繁多，草茅寒素艱於
購覓，未必盡人能讀。近因刊刻《石經》，出內府所弆天祿琳琅
宋版各經，古今流傳舊本莫不薈萃，命總裁各官等詳悉校對，與
武英殿官刻諸書參稽印證，多相脗合。其較坊、監本互異之處，
逐條摘出，釐訂成編，名為《考文提要》。書不過六冊，而俗本
相沿譌謬，靡不開卷瞭然。夫經學至宋儒闡發而益昌明，以漢、
唐留貽之書，又加宿學名儒積年考訂，然後付諸歗劂，故其本較
為精審。士子以經義進身，平居諷讀，自當選求善本，冀得真
詮。茲《考文提要》一書，精覈明備，無難家誦戶習，著仿《唐
石經》時刻《五經文字》、《九經文字》樣例，刊置經末，列樹
戟門，並鎸版頒行天下，俾士子人人傳觀爭寫，共窺中祕精華，
不復襲別風淮雨之陋。但恐為期過促，僻遠地方傳布尚有未周，
著於乙卯科鄉試為始。俟三科後，考試《四書》、《五經》題文，
俱照頒發各條敬謹改正。倘再有沿用坊本以致舛誤者，將考官及
士子分別議處停科，並載入科場磨勘條例，庶士子咸知折衷正
義，不為俗學所惑。此旨著即弁於《考文提要》簡端。【53】

乾隆諭旨之內容，除謂《乾隆石經》經「詳悉校對」，與武英殿官刻諸
書「多相脗合」，更推崇《石經考文提要》「精覈明備」，明令於乙卯
（乾隆六十年）鄉試之三科後，凡考試《四書》、《五經》題文，俱須照
頒發各條改正，倘再有沿用坊本致誤者，考官、士子均分別議處停科，
並命將此諭旨載入科場磨勘條例，俾令遵行。乾隆諭旨之措辭，其嚴厲
有如此者。

【53】《欽定石經目錄》（民國 22～25 年《武進陶氏書目叢刊》鉛印本），第 3～4 頁。

惟至乾隆五十九年十月十六日，高宗一反前說，又下諭旨，曰：

昨九月間，石經館司事大臣等奏：「士子所讀經書多係坊本，即考證之家亦止憑前明監本。然監本中魚豕之舛譌、字句之衍缺，不一而足。我朝文治光昭，聖祖仁皇帝《御纂四經》，及《欽定三禮》、《武英殿刊刻十三經》，勘讎精核，久已頒發黌序，嘉惠藝林。但各書卷帙繁多，草茅寒素難于購覓，未必盡人能讀。近因刊刻《石經》，出內府所弆天祿琳琅宋版各經，古今流傳舊本莫不薈萃，蒙命臣等詳悉校對，與武英殿官刻諸書參稽印證，逐條摘出，釐訂成編，書不過六冊，而俗本相沿譌謬，靡不開卷瞭然。擬名《考文提要》，請頒行天下，俾士子人人得窺中秘精華，不復襲別風淮雨之陋。但恐為期過促，僻遠地方傳布尚有未周，請于乙卯科鄉試為始。俟三科後，考試《四書》、《五經》題文，俱照頒發各條敬謹改正。倘再有沿用坊、監本以致舛誤者，將考官及士子分別議處停科。」朕已允行。茲該館書成呈覽，抽閱數條，不過字句書體間有異同，於聖賢經義初無出入。在總裁等校刊《石經》，自應折衷善本，援據精詳；而士子等自束髮受書以來，父師授受，循誦習傳，若限以三科，遽令通行遵改，似屬強以所難；且恐鄉閭村塾傳布難周，未能家置一編，熟習貫中，或應試者因一二字句舛誤被斥，或考官等偶不及檢，遂干處分，似此繁列科條，轉非朕嘉惠士林、稽古右文之意。聖賢垂教之義，原不在章句之末，即流傳古文，儒先各守經師家法，未必無習誤承譌，士子等操觚搆藝，惟期闡發經旨，亦不必以一二字之增損、偏旁之同異為去取也。另著該總裁等詳繹此旨，折衷妥議具奏。【54】

【54】和珅等：《欽定石經提要舉正》，收入故宮博物院編：《故宮珍本叢刊》（海口市：海南出版社，2002 年 10 月第 1 版），第 21 冊，第 309～310 頁。

乾隆此諭，與前諭意旨大異其趣，既謂《石經考文提要》，「抽閱數條，不過字句書體間有異同，於聖賢經義初無出入」；又謂「士子等操觚撫藝，惟期闡發經旨，亦不必以一二字之增損、偏旁之同異為去取也」；最後並「另著該總裁等詳繹此旨，折衷妥議具奏」。則此諭所言，與其前此推譽《石經考文提要》為「精覈明備」，令「士子人人傳觀爭寫，共窺中秘精華，不復襲別風淮雨之陋」云云，顯相矛盾。

其實，彭元瑞所撰《石經考文提要》，雖旁徵博引群書，以為校訂釐正，惟其所著重者確如乾隆所批評：「不過字句書體間有異同，於聖賢經義初無出入」。茲不妨舉其書第一條「《周易》上經〈比〉初六」為例，以況其餘：

> 上經〈比〉初六「有它吉」監本作「有他」。今从《御纂周易折中》、武英殿本、陸德明《經典釋文》、《唐石經》、李鼎祚《易傳》、《南宋石經》、宋本《九經》、南宋巾箱本、宋本《周易注疏》、岳珂本、張載《易說》、郭雍《大易粹言》、朱震《漢上易傳》、李衡《周易義海撮要》、沈該《易小傳》、趙彥肅《復齋易說》、王宗傳《童溪易傳》、王申子《大易輯說》、董楷《周易傳義附錄》、俞琰《大易集說》、胡一桂《易本義附錄纂注》、胡炳文《周易本義通釋》、董真卿《周易會通》，下「有它咎」、「有它不燕」、「有它吉也」，並同。【55】

此條徵引書籍凡二十三種，可謂博極群書，但所考出者僅屬「它」、「他」之不同，以證成監本書體之不當，然於經義內容殊無考論也。本文前述及和珅嘗因彭元瑞撰《石經考文提要》被優賚而深忌嫉之，至是乃藉機攻訐，並撰《石經考文提要舉正》，大加誅伐。

【55】同註【52】，頁 1A～1B。

何廣棪 《乾隆石經》考述　　329

伍、和珅等編纂之《欽定石經考文提要舉正》及其所上奏摺

　　和珅欲攻訐彭元瑞《石經考文提要》之未允當，乃藉乾隆五十九年十月十六日諭旨「另著該總裁等詳繹此旨，折衷妥議具奏」之語，特撰《欽定石經考文提要舉正》，以覆勘彭書。和珅此著，書首署「總裁、經筵日講起居注官、太子太保、文華殿大學士、翰林學院掌院學士、忠襄伯，臣和珅等奉敕覆定」。全書分「卷首」、「第一卷」、「第二卷」、「第三卷」、「第四卷」五部分。「卷首」收乾隆五十九年十月十六日、十二月初七日恭奉諭旨，及諸臣奏摺。「第一卷」收奉旨覆勘《考文提要》內毋庸照改者一百五十六條。「第二卷」收奉旨覆勘《考文提要》內虛字偏旁無關文義、現刻《石經》並未歧誤者一百四十五條。「第三卷」收奉旨覆勘《考文提要》內欽遵《御纂四經》、《欽定三禮》及《康熙字典》者共五百四條，核係訂正坊本錯誤者六十九條。「第四卷」收奉旨覆勘《考文提要》內應行照改者八十六條。【56】書成，和珅等並上奏摺云：

> 總裁臣和珅等謹奏：十月十六日欽奉上諭，令臣等將前進《考文提要》另行折衷妥議，仰見我皇上於章明經義之中，寓體恤士林至意，訓詞深厚，指示精詳。臣等詳細恭繹，實深欽服。伏惟聖朝文治光昌，聖祖仁皇帝《御纂四經》，我皇上《欽定三禮》，皆經宸案，折衷群言，總彙頒行海內已數十年。所有前明監本及坊間俗本之譌，久經訂正，原不待茲之刊刻《石經》，始行釐定。第因蔣衡所書，往往繕寫沿訛，未盡符於官本，特命臣等率同校勘，自應恪遵，頒行各經一一校正上石。臣等前次以《石經》新成，士子未能徧覩，請將《提要》刊布頒行，垂為令式，

【56】同註【53】，第309頁。

是以彙萃成編。今蒙聖明訓示，以字句偏傍異同，與經文原無出入，且士子誦習已久，不必強以所難。聖慈嘉惠無窮，覺臣等前請，殊屬拘迂。所有《考文提要》六冊，應請毋庸刊刻，以便習誦而省繁擾。至擬改各條，臣等復加校勘，除冊內欽遵《御纂》、《欽定》各經，及《康熙字典》五百四條，久如日月經天，士子循誦習傳，不啻家喻戶曉，應請毋庸置議；此外四百餘條，皆係援據《唐石經》及天祿琳琅所藏宋本等書，大半俱係訂正前明監本及俗本之訛，但如「於」之改「于」，「惟」之改「唯」，「之」、「也」等字之增損，「它」、「他」等字之互異，雖徵引浩繁，無關文義，計一百四十六條，均請毋庸登載。其餘各條，臣等逐細體會，雖與《御纂》、《欽定》各經原本未符，但援引各本文義較長，並有參用殿本《經解》者，共八十六條，應請照刻。其文義相等，雖博採古本，究難更張時習，應請毋庸照刻。仍依蔣衡所書內已刻者磨改一百十二條，未刻者照原六十七條，謹分列四單，恭呈御覽，伏候欽定訓示，臣等即行遵照，飭令刊刻，上緊完竣。其前進《考文提要》六冊，已奉有「御書鈐寶」，請將毋庸登載各條撤出，止將照改各條另繕一編，謹將「御書鈐寶」移冠簡首，並將十月十六日所奏諭旨恭繕簡端，附載臣等此次奏摺于末，交懋勤殿彙入蔣衡原冊，一併存貯，以昭典學同文之盛。其原繕六冊，應請同校勘各檔，移交武英殿存貯。謹遵旨公同妥議，是否有當，伏祈皇上訓示遵行，謹奏。

乾隆五十九年十二月初七奉旨依議，著照此畧加編纂成書，交武英殿繕寫三分，一存懋勤殿，一存翰林院，一存國子監，以備稽考。欽此。【57】

和珅此摺，除說明編理《石經考文提要舉正》之原委外，其最重要目的

────────

【57】同註【54】，第 311～312 頁。

何廣棪 《乾隆石經》考述　　　331

仍為抨擊彭元瑞，希令「所有《考文提要》六冊，應請毋庸刊刻」，及《考文提要》「原繕六冊，應請同校勘各檔，移交武英殿存貯」，其用心蓋欲使彭書既不能刊刻版行，廣泛流布，而其書之原稿亦局鐍固密，不使外界得以研閱。

陸、和珅等另撰之《欽定石經改正字樣》

《石經考文提要舉正》撰就後，和珅等另撰有《欽定石經改正字樣》一書。書首有識語，曰：

> 乾隆五十九年九月十七日，臣等校刊《石經》，撰進《考文提要》六冊，奉敕覆勘，折衷定議。旋於十二月初七日詳議，分單奏呈御覽。奉旨著編纂成書，繕寫三部，分貯懋勤殿、翰林院、國子監。除欽遵纂成《考文提要舉正》一書，另行備錄，全函分貯外，謹將應改之八十六條，仍依原本摘錄成冊，歸於蔣衡所書《十三經》冊後，一體存弆，以備稽考。乾隆六十年二月初一日，石經館總裁臣和珅、臣王杰、臣劉墉、臣董誥、臣彭元瑞拜手謹識。【58】

讀此識語，可注意者三事，其一為《欽定石經改正字樣》撰成於乾隆六十年二月初一日前；其二為《欽定石經改正字樣》既云「仍依原本摘錄成冊」，則其內容應與《石經考文提要舉正》第四卷相同，惟經比勘，兩者仍不盡相同；其三為和珅等五人同稱「石經館總裁」，則其時劉、董、彭之地位或已與和、王同。而其中獨闕金簡之名，未知何故。

《欽定石經改正字樣》所收者，乃「奉旨覆勘《考文提要》內應行照改者」之八十六條，茲選《書經·洪範》「無偏無頗」條為例，以見此書

【58】和珅等：《欽定石經改正字樣》（故宮博物館編：《故宮珍本叢刊》），第 21 冊，第 350 頁。

23

頁 39 － 339

寫作體例，並比對其與《石經考文提要舉正》不盡相同如次：

〈洪範〉無偏無頗，監本作「無偏無陂」。案《冊府元龜》：「天寶四載，帝讀〈洪範〉，至『無偏無頗』，而聲不和韻，因改『頗』為『陂』。下詔曰：『典謨既作，雖曰不刊，文字或訛，豈必相襲。朕臨政之暇，乙夜觀書，每讀〈洪範〉，至「無偏無頗，遵王之義」，三復斯文，並皆協韻，惟「頗」一字，實則不倫。又《周易·泰卦》中「无平不陂」，《釋文》云：「陂字亦有頗音。」「陂」之與「頗」，訓詁無別，為「陂」則文亦會意，為「頗」則聲不成文。應由煨燼之餘，編簡隊缺，傳受之際，差舛相沿；原始要終，須有刊革。朕雖先覺，兼訪諸儒，僉以為然，終非獨斷。其《尚書·洪範》「無偏無頗」字，宜改為「陂」。』」吳棫《韻補》云：「古『義』字音『俄』，《周官》注亦音『俄』。《古文尚書》『頗』叶『陂』音，唐明皇以『義』字今音『义』，改『頗』為『陂』，以從今音，古音遂湮滅。」王應麟《困學紀聞》云：「宣和六年，詔〈洪範〉復從舊文，以『陂』為『頗』，然監本未嘗復舊也。」顧炎武《唐韻正》云：「《呂氏春秋》引《尚書》『無偏無頗，遵王之義。』《史記·宋世家》亦作『無偏無頗，遵王之義。』《文苑英華》載孟簡詩『王道舊無頗』，唐黃頗字無頗，〈王璠傳〉有仲無頗。知唐改後，『頗』、『陂』二字尚並行。至宋刻本行，而古本亡，一從『陂』字矣。下文『人用側頗僻』，亦未嘗改，明皇於經傳多任意更定，如《禮記》則進〈月令〉於〈曲禮〉之前，史傳則升老子於伯夷之上，今皆為後人所正。而〈洪範〉『頗』字，因循未復，故備載昔人之說，以俟後云。」今改正。【59】

《欽定石經改正字樣》此條，考訂甚翔實，考究其實，乃全據彭元瑞

【59】同註【58】，第350～351頁。

《石經考文提要》迻錄而成。【60】

然《石經考文提要舉正》第四卷同條則載：

〈洪範〉無偏無頗，《提要》據《困學紀聞》等書，改「陂」為「頗」，臣等覆檢薛季宣〈書古文訓〉，從「頗」。林之奇《尚書全解》云：「『陂』舊作『頗』，唐明皇以協韻改為『陂』；〈唐藝文志〉，開元十四年，元宗以『無偏無頗』聲不協，詔改為『陂』。應從『頗』。」【61】

則二者之詳略異同，實相懸甚遠。

柒、嘉慶八年之重修《石經》及光緒十一年之奏修《石經》

有關嘉慶八年（1803）重修《石經》事，最早見載王昶《金石萃編》卷一百一〈唐〉七十「〈石刻十二經跋一〉條」，王〈跋〉曰：

高宗純皇帝崇尚經術，以唐、宋而後久虛刻經之典，且石經中尚無《孟子》，今《孟子》既列學官，宜有定本，昭示萬世。方集議舉行，而大學士公阿桂適奏世宗時無錫布衣蔣衡曾寫《十三經》全本進呈，尚貯內閣，特命總裁、分校等官，勘定勒石，不獨於注疏舊本，唐、宋石經多所訂正，兼與《御纂四經》、《欽定三禮》，及《武英殿板十三經》亦有互異。時總裁彭司空元瑞等撰為《考文提要》一書，發明校改之由，極為精審，而當時急於竣事，未及盡從。逮我皇上嘉慶八年，司空奏請重修，得旨俞允，於是復命文臣勘詳磨改，以臻美善。故今太學所立《石經》，與前此摹搨頒賜諸王大臣者復有不同。【62】

【60】同註【52】，頁 4B～5B。

【61】同註【53】，第 341 頁。

【62】王昶：《金石萃編》（掃葉山房，民國 8 年石印本），第十七冊，卷一百十，頁 2A～2B。

其後馮登府《石經補考》卷十一〈國朝石經序〉載：

> 石經肇始于漢，歷代相承，率多殘泐。惟《唐石經》至今尚存，最為完備，然亦有補刻之譌。我高宗純皇帝於乾隆五十八年詔刻《十三經》於太學，[63] 即長洲所書勘定立石，依《開成石經》，參以各善本，多所訂正。彭尚書元瑞曾譔《考文提要》十三卷，以證校正所自，當時因急於告竣，未及盡改。迨我仁宗睿皇帝嘉慶八年，尚書奏請重脩，於是命廷臣磨改，以期盡善，故前後搨本不同。[64]

是則嘉慶八年有重修《乾隆石經》事，而奏請重修者乃彭元瑞，其時應在嘉慶八年九月前，蓋元瑞是年「九月，疾益劇，……逾時卒」。[65]

據王昶《金石萃編》「〈石經十二經跋一〉」條謂「今太學所立《石經》，與前此摹搨頒賜諸王大臣者復有不同」；馮登府《石經補考・國朝石經序》謂《乾隆石經》「前後搨本不同」；而此事張國淦《歷代石經考・清石經考》亦有記，曰：

> 其拓本有乾隆、嘉慶搨本，前後不同。偶見於京師故家中，近亦無新拓本。[66]

張書另徵引《碩軒隨錄》載：

> 《清石經》，廠肆不易得，京師故家中偶見之，言是當年內廷頒賜。其《周易》依朱子《本義》本，〈書序〉、〈詩序〉均在後，與現存《唐石經》並板本不同。曩擬集贄甋搨，皆以石刻甚近，與普通本無大異，故不見貴，無應之者。亦可見今之所貴重者，在彼而不在此也。[67]

---

[63] 乾隆詔刻《十三經》，經始於乾隆五十六年，馮氏誤記。

[64] 同註[47]，頁 1A。〈序〉中所言之「長洲」，即指蔣衡。

[65] 《清史列傳・彭元瑞》，卷二十六，頁 37B。

[66] 同註[48]，第 534 頁。

[67] 同註[48]，第 535 頁。張國淦徵引《碩軒隨錄》一書，未明言其撰人，檢楊庭

何廣棪　《乾隆石經》考述　　335

是則《乾隆石經》有乾隆、嘉慶二搨本，而後人尤貴重乾隆搨本也。

至光緒十一年（1885）奏修《石經》事，清人蔡賡年有《奏修石經字像冊》，【68】其書卷首載：

奏修《石經》文字樣本

堂諭《乾隆石經》，字迹歲久受損。本堂于七月間奏准請遵《欽定考文提要》及時修刻在案，著派蔡賡年敬案石刻編冊呈堂，覆定發修。此諭。光緒十一年十二月十五日，學錄蔡賡年遵奉謹編。【69】

是蔡賡年奏修《石經》在光緒十一年（1885）十二月，時距乾隆五十九年（1794），已九十年，距嘉慶八年（1803），亦八十二年，因《乾隆石經》「字迹歲久受損」，乃有「覆定發修」之必要。蔡賡年，《清史稿》、《清史列傳》等書均無傳。《奏修石經字像冊》扉頁載：「蔡賡年，字崧甫，德清人。咸豐辛酉科優貢生，同治丁卯科舉人，官國子監學錄。」其科第、宦履可考知者僅如此。《乾隆石經》經蔡賡年「敬案石刻編冊呈堂，覆定發修」，計查得《周易》文字儗修十三科、《尚書》文字儗修六十四科、《毛詩》文字儗修九十五科、《周禮》文字儗修百三十二科、《儀禮》文字儗修六十一科、《禮記》文字儗修百二十六科、《左傳》文字儗修百二十六科、《公羊》文字儗修五十四科、《穀梁》文字儗修四十三科、《論語》文字儗修四十七科、《孝經》文字儗修四科、《爾雅》文字儗修三十九科、《孟子》文字儗修五十九科，都計《十三經》文字儗修八百六十三科。

有關蔡賡年奏修《乾隆石經》事，馮登府《石經補考・國朝石經考

福、楊同甫編《清人室名別稱字號索引》（上海：上海古籍出版社，2001 年 12 月第 1 版）增補本，上冊，第 591 頁載：「碩軒，謝琪賢。」未悉撰人即謝琪賢否？

【68】蔡賡年：《奏修石經字像冊》，收入賈貴榮輯：《歷代石經研究資料輯刊》（北京：北京圖書館出版社，2005 年 6 月第 1 版），第 8 冊。

【69】前揭書，第 547 頁。

異》未及載，蓋馮氏卒於道光二十一年（1841）；而張國淦《歷代石經考・清石經考》則闕載。張書於〈清石經考〉後附〈歷代石經一覽表〉，其〈表〉於《清石經》僅表列四條，即「乾隆五十六年（1791），國子監刊石經」；「乾隆五十九年（1794），國子監石經成」；「仁宗嘉慶八年（1803），磨改石經」；「民國十八年（1929），今石經存北平舊國子監，無殘闕」。而未載光緒十一年（1885）蔡賡年奏修石經事。拙文此處所考述，足補張書之未備。至民國十八年，石經得以「無殘闕」，蓋亦因經蔡賡年奏修完竣之故也。

捌、結　語

以上凡分六項，詳引史料，對《乾隆石經》作全面而系統之考述。自揣所得，較之馮登府《石經補考・國朝石經考異》、張國淦《歷代石經考・清石經考》均為翔實；對二氏書中所未及載與疏略處，亦有所突破與補苴。拙文雖屬續貂之作，而繼軌馮、張，亦庶幾無愧怍矣。

二〇〇六年八月二十四日下午三時，為對《乾隆石經》之現狀有所深悉，乃親赴北京，倩中國社會科學院歷史研究所中國思想史研究室研究員吳銳博士引領，前往國子監作實地考察。當日游人稀少，環境幽靜。走近入口處，已見碑林聳立，甚是壯觀。入門後，目睹二石碑橫列地上，其一刻「嵩高峻極」，另一刻「功存河洛」，蓋以表彰碑林之聳峙，及有功於儒學也。《石經》正反面皆刻字，連同清高宗諭旨一塊，合共一百九十塊。碑與碑間僅可容人，惟《石經》向上矗立，固無法閱讀。若干碑之表面有被刻意破壞之痕迹，據云乃文化大革命時無知紅衛兵所為，殊可憾也。碑林後處，另有一碑，署「蔣湘帆寫經圖」，橅刻蔣衡立像一幀，像中人長髯過胸，容貌儒雅，碑上有詩及題跋，文字多磨滅漫漶，無法通讀。

【70】「〈十三經簡介〉」，宜稱「《乾隆石經》簡介」。

何廣棪　《乾隆石經》考述　　337

入口處另豎有〈十三經簡介〉一篇，【70】全文曰：

《乾隆石經》共六十三萬字，為康熙年間江蘇金壇恩貢生蔣衡手書，（1672～1742）又名振生，字拙存，號湘帆，又號江南拙叟、潭老布衣，清代著名書法家。他在西安見唐《開成石經》出於眾手雜書，既失校核，又混亂不齊，便決心自書一部《十三經》。他從雍正四年（1726）至乾隆二年（1737），歷時十二年才大功告成。此手書《十三經》列中國歷史之最，是祖國文化藝術寶庫中的稀世珍品。

乾隆五年（1740），江南河道總督高斌將此《經》奉獻乾隆皇帝，翌年旨授蔣為國子監學正。乾隆五十六年（1793）特旨欽命和珅、王杰為總裁，董誥、劉墉、金簡、彭元瑞為副總裁，并派金士松等八人隨同校勘，然後將其「刊之石版，列於太學」，定名《乾隆石經》。經文全部石刻一百八十九塊碑，加〈諭旨告成表文〉一碑，共一百九十塊。規模宏大，楷法工整，雄強茂美，其精確完美方面都優於《開成石經》。

《乾隆石經》所刻經文為《尚書》、《周易》、《詩經》、《周禮》、《儀禮》、《禮記》、《春秋左傳》、《春秋公羊傳》、《春秋穀梁傳》、《論語》、《孝經》、《孟子》、《爾雅》等儒家十三部經典著作。《十三經》是春秋、戰國至西漢初期的儒家經典，記載了夏、商、周以來的我國古代歷史、哲學、詩辭和典章制度。作者主要是孔子及其弟子和傳人。

《乾隆石經》原作為國子監監生的標準範本，立於國子監六堂，一九五六年修繕國子監時移此。【71】一九八八年北京孔廟列為全國重點保護單位後，對《十三經》碑林進行了大規模的修繕整理，於一九九二年三月一日正式對外開放。

【71】《乾隆石經》，原立於國子監六堂，後移至北京孔廟與國子監間夾道內。1981年夾道蓋屋面，修水泥地面，並加固底座。

29

頁　39－345

據是,則《乾隆石經》自光緒十一年(1885)十二月十五日奏修後,一九五六年由國子監六堂移至孔廟與國子監夾道內。後於文化大革命時慘遭破壞,一九八八年乃進行大規模修繕整理,歷經四年,以迄一九九二年三月一日始重行對外開放。

綜上所考述,則《乾隆石經》經始於乾隆五十六年(1791),以迄一九九二年修繕完竣,對外開放,計歷時二百零二年。

2009 年 9 月 29 日增訂於樹仁大學中國語言文學系

附錄:「國子監」、「《乾隆石經》碑林」、〈十三經簡介〉、「嵩高峻極」、「功存河洛」、「蔣湘帆寫經圖」照片各一幀。

國子監

《乾隆石經》碑林

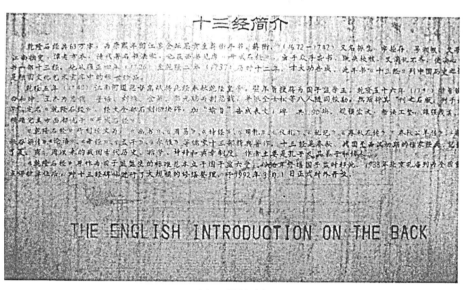

〈十三經簡介〉

「嵩高峻極」

「功存河洛」

蔣湘帆寫經圖

論東漢之「事歸臺閣」與「權移外戚」

李學銘*

提 要

論史事者每謂光武「政不任下」,「事歸臺閣」。然則臺閣之權任為何?其時中央政制,是否果有內朝(中朝)、外朝之別?「事歸臺閣」與「權移外戚」之間,有何因果關係?爰據史料,試加辨析及申論。至於全文之內容要點,依次為:三公權任與臺閣;內朝與外朝之辯;兩漢內朝之情況及發展;尚書權任與外戚擅政之關係;外戚以大將軍錄尚書事。

論東漢史事者,每謂光武政不任下,雖設三公,而事歸臺閣。然則東漢之初,果盡奪三公之權歟?而「事歸臺閣」與「權移外戚」之間,其因果關係又如何?其間事權轉移之跡,殆可得而論者。爰就所知,勾稽史料,略加排比,並作辨析如下。

一、三公權任與臺閣

《後漢書‧仲長統傳》載《昌言‧法誠篇》云:

> 光武皇帝慍數世之失權,忿彊臣之竊命,矯枉過直,政不任下,雖置三公,事歸臺閣。自此以來,三公之職,備員而已;然政有不理,猶加譴責。而權移外戚之家,寵被近習之豎……光武奪三公之重,至今而加甚,不假后黨以權,數世而不行,蓋親疏之勢

---

*本所教授/香港公開大學榮譽教授。

異也。[1]

李賢等注云：「臺閣，謂尚書也。」[2]夫尚書之名號、組織、職務及其淵源變革，歷來論者頗為詳悉，近人論著尤多涉及，故於此僅擇其必要者言之，其餘概從省略。仲長統所言光武「政不任下，雖置三公，事歸臺閣」諸語，殆為近實。惟須略加辨明者，厥為東漢尚書之權任，其初不過擬定制詔、與聞國政而已，尚未盡奪三公之權也。王鏊（1450-1524）《震澤長語》卷上「官制」條云：

光武中興，身親庶務，事歸臺閣，尚書始重。[3]

既云「始重」，則其時尚書仍未盡奪三公之權。如光武初年，以鄧禹為大司徒，時禹西征關中，不關政務，帝以伏湛才任宰相，拜為司直，行大司徒事[4]。此政仍在三公之證。又建武二年（26），宋弘代王梁為大司空，在位五年，坐考上黨太守無所據，免歸第[5]。又建武二十七年（51），拜趙熹為太尉，永平三年（60）春，坐考中山相薛修事不實免[6]。則建武、永平之世，三公非無所職，審矣。惟自光武以降，國事眾務，寖歸尚書，其職務乃日廣，其權任亦日重，且愈後而愈甚。若其進展之跡，史料蓁繁，難於具引，茲舉一二史料於下，殆亦足以證明。

《後漢書·陳忠傳》云：

（安帝）時三府任輕，機事專委尚書，而災眚變咎，輒切免公台。忠以為非國舊體，上疏諫曰：「……今之三公，雖當其名而

---

[1] 見《後漢書》卷四十九，1965 年 5 月中華書局（北京）校點本，頁 1657-1658。以後引述，出版年月及書局名稱從略。

[2] 見同上，頁 1658。

[3] 見陶珽纂《續說郛》第十九，1964 年 6 月新興書局（台灣）影印本，頁 853。

[4] 參閱《後漢書》卷二十六《伏湛傳》，頁 894。

[5] 參閱《後漢書》卷二十六《宋弘傳》，頁 903 及 905。

[6] 參閱《後漢書》卷二十六《趙熹傳》，頁 914-915。

無其實，選舉誅賞，一由尚書，尚書見任，重於三公，陵遲以來，其漸久矣。……」【7】

是則安帝之世，三公權任，陵遲已久，用人賞罰，全由尚書。又《後漢書・宦者呂強傳》云：

（靈帝時）強上疏諫曰：「……舊典選舉委任三府，三府有選，參議掾屬，咨其行狀，度其器能，受試任用，責以成功。若無可察，然後付之尚書。尚書舉劾，請下廷尉，覆案虛實，行其誅罰。今但任尚書，或復敕用。……」【8】

據此，東漢尚書權任發展之概略，可以得而明矣。而東漢外戚之擅政驕縱，亦愈後而愈烈，此固人所習知，毋庸舉證。然則「事歸臺閣」與「權移外戚」之間，是否有其因果關係？案仲長統所論，其言未顯，其間事權轉移之跡，誠不易於分析，惟二者互相關涉之處，則灼然可睹。茲謹舉述史實及學者之說，試加闡釋，蓋所以證實本文之論旨也。

二、內朝與外朝之辯

漢代中央政制，是否果有內朝（中朝）與外朝之別？歷來論者紛紜，意見不一，而最針鋒相對者，厥為勞榦先生與徐復觀先生之辯。勞氏嘗撰《論漢代的內朝與外朝》一文，明指中央政制有內朝、外朝之別，其源始於西漢武帝。蓋武帝親攬大權，丞相自公孫弘以後，政事一歸尚書，霍光以後，凡秉政事無不領尚書事。尚書雖名屬外朝之少府，而實為內朝之官而非外朝之官【9】。徐氏起而質疑，其意大略為：

【7】見《後漢書》卷四十六，頁 1565。

【8】見《後漢書》卷七十，頁 2532。

【9】參閱《史語所集刊》第 13 本，1948 年中央研究院，頁 227-267；此文原載《中研院集刊外編》第 3 種《六同別錄》（中），1945 年 12 月中央研究院（台灣）。

1. 內朝或中朝意指有內臣、中臣或近臣於宮內作政治之決策與執行，而實際其時並無此種固定之組織與經常之政治活動【10】。

2. 漢代有內臣、中臣，但並非有內臣、中臣即有實際內朝、中朝之存在，甚至「內朝臣」、「中朝臣」亦僅為習慣或帶政治運用之稱呼【11】。

3. 君主領導內臣、中臣或近臣處理政務，不能稱為內朝或中朝，因此乃君主直接處理政事，尚書仍須向其負責，猶如丞相（宰相）亦向其負責【12】。

4. 中書屬內，尚書屬外，尚書奏事須由黃門侍郎轉達，可見尚書非內臣（中臣），故尚書之經常政治工作，並不代表內朝或中朝之經常政治工作【13】。

5. 以官制言，丞相應統轄內臣、中臣，凡丞相能實行其職權時，固無所謂內朝，若內臣、中臣逕以君主之名專政，而置丞相於不顧，亦無所謂內朝或中朝【14】。

6. 東漢多為內臣（中臣）專政之局，但無內朝或中朝之稱【15】。

7. 漢代所謂內朝或中朝之出現，乃霍光欲把持權勢而篡奪正常官制之職權，為掩飾其篡奪，乃強作內朝（中朝）、外朝之分【16】。

徐氏之說，發表於 1972 年，時勞氏未有迅速回應。直至 1980 年，勞氏於《史語所集刊》第 51 本第 1 分發表《漢代尚書的職任及其與內

【10】參閱徐復觀《漢代一人專制政治下的官制演變，中（內）朝問題的澄清》，《周秦漢政治社會結構之研究》，1972 年 3 月新亞研究所（香港），頁 242。

【11】參閱同上。

【12】參閱同上。

【13】參閱同上，頁 242-243 及 253。

【14】參閱同上，頁 242-243。

【15】參閱同上，頁 242。

【16】參閱同上，頁 242-248。

朝之關係》一文，文中未有提及徐氏之名及其文，惟其內容，則顯然為徐文而發，其說可歸納為：

1. 中書與尚書任務並無不同，中書即尚書之主管，中書令之部屬，即尚書臺中所有官吏。中書令以下之中書僕射，乃中書令之副貳，其地位在尚書令之下，如其時有中書令，中書僕射之權，當在尚書令之上。惟由武帝至成帝，中書令一職，或存或廢【17】。

2. 尚書職務，與「內朝」或「中朝」無法分開。「內朝」於正式職官系統中雖無合法地位，然自武帝始，逐漸形成君主賓客、近臣間接干政以至外戚、權臣直接干政之現象，與丞相所率領之九卿各署之「外朝」，形成對立之形勢。此乃權之所在，不能不承認「內朝」存在之事實【18】。

3. 《漢書·劉輔傳》顏師古《注》引孟康舊《注》，舉述內朝（中朝）官僅為大司馬左右前後將軍、侍中、常侍、散騎、諸吏而無尚書，不足為異，因其原意僅作舉例說明，並非意在窮舉，故宮內之職官如車騎將軍、左右曹、給事中……亦未提及【19】。

4. 漢代以丞相為首之百官，朝會在未央宮前殿，前殿以內及前殿兩旁均不能進入，侍中、中常侍可入禁中，其他加官者進入時仍須通報。外朝官吏之辦公處所在宮外，於前殿正式朝會時，方能得見君主；內朝官吏之辦公處所在宮內，可隨時由君主召見，其意見如受接納，則由君主下詔丞相九卿。是則內朝之作用為擬定制詔，外朝之作用為執行制詔。倘無擬定制詔一事，則內朝無存在之必要【20】。

【17】 參閱勞榦《古代中國的歷史與文化》上冊，2006 年 12 月中華書局（北京），頁 118-119。

【18】 參閱同上，頁 119。

【19】 參閱同上，頁 119-120。

【20】 參閱同上，頁 120-121。

5. 無論尚書為內朝之主體或內朝之附屬，尚書與外朝之關係，實遠遜於與內朝之關係，尚書與君主之關係，亦遠超逾與丞相之關係。尚書附於少府之下，僅屬「以文屬焉」而已。就政治功能言，尚書令早已出乎少府管轄之範圍，故尚書令不僅非少府之屬員，如尚書令具有丞相權力時，則尚書令其實已為少府之主管【21】。

6. 武帝崩，昭帝初即位，政事一決於大將軍霍光。光謂丞相田千秋曰：「始與君侯俱受先帝遺詔，今光治內，君侯治外，宜有以教督，使光毋負天下。」(《漢書》六十六《公孫劉田王蔡陳鄭傳》)治內、治外，均需決事。據《漢書・百官表》及《漢舊儀》，知丞相府有確實之辦公組織，如其內、外於同等權量之下辦公行文決事，則「外」有組織，「內」不應無組織。宮內辦公之組織，應為「尚書臺」，而「尚書」為「臺」中真正辦公之僚屬【22】。

7. 史載漢代制詔，均為先未央宮，然後詔書下御史大夫，再由御史大夫下丞相，丞相下中二千石、二千石。尚書之工作，本為接受奏章及發出制詔，如其屬外朝官，則漢代奏章應上丞相，而制詔亦由丞相發出。勞氏強調：此實為不可能之「驚人」結論。無論如何，尚書及為尚書辦事之尚書郎，其辦公處所，無疑應在宮內而不在宮外【23】。

8. 《漢官儀》云：「漢明帝詔曰：尚書蓋古之納言，出納朕命，機事不密則害成，可不慎歟？」(《漢官儀》卷上，頁 14) 是則東漢明帝時，尚書仍為一最高機密處所，倘其屬於外朝，則其與君主之關係，必較為疏遠，此恐非事實也【24】。

勞氏承認「內朝」非官制之常，於正式職官系統中並無合法地位，

【21】 參閱同上，頁 121。

【22】 參閱同上，頁 126-127。

【23】 參閱同上。

【24】 參閱同上，頁 130。

李學銘 論東漢之「事歸臺閣」與「權移外戚」 347

此殆近於徐說。所不同者，勞氏謂宮內既為權之所在，則不能不承認「內朝」存在之事實。而徐氏則認為，若內臣、中臣或近臣逕以君主之名專政，而置丞相於不顧，則無所謂內朝或中朝，因尚書處理政事，仍須向君主負責；徐氏更謂尚書向君主負責，猶如丞相亦向君主負責，因此不可謂君主屬於內朝[25]。倘以此說為前提，則君主殆亦不屬於宮外由丞相領導公卿百官之朝廷矣。君主原為朝廷之最高負責人，而朝廷本無內外之分，惟宮內既已形成另一權力實體，內外權力對立之事實已然存在，則內外權力實體之官吏，名義上均須向君主負責，自屬理所當然之事，至於是否有內朝（中朝）、外朝之稱，則僅屬枝節而已。以此為基礎，自以為上述勞氏之說，似可信從。爰就所見資料，略論兩漢內朝或中朝之情況及發展。

三、兩漢內朝之情況及發展

漢代中央正式職官系統，本無所謂「內朝」（中朝），惟宮內既於丞相所領導之朝廷外形成另一權力實體，則不能不承認「內朝」之存在。內朝之起，溯其淵源，蓋始於西漢武帝時。當代學人論者不尟，而徐復觀、勞榦兩先生論之綦詳。徐氏力言此乃霍光為篡奪正常官制之職權，故強為內朝（中朝）、外朝之分。其說如此，可見亦承認宮內權力實體存在之事實，惟不欲稱之為「內朝」或「中朝」而已。

《漢書・劉輔》顏師古（581-645）注引孟康舊《注》云：

> 中朝，內朝也。大司馬左右前後將軍、侍中、常侍、散騎、諸吏為中朝；丞相以下至六百石為外朝也。[26]

---

[25] 參閱徐復觀《漢代一人專制政治下的官制演變》，《周秦漢政治社會結構之研究》，1972 年 3 月新亞研究所（香港），頁 253-254。

[26] 見《漢書》卷七十七，1964 年 11 月中華書局（北京）校點本，頁 3253。孟康，三國時人，生卒年不詳。

錢大昕（1728-1804）《三史拾遺》卷三云：

> 《漢書》稱中朝官，或稱中朝者，或稱朝者，其文非一，唯孟康此
> 《注》最為分明。……給事中亦中朝官，孟康所舉，不無遺漏
> 矣。……然中外朝之分，漢初蓋未之有，武帝始以嚴助、主父偃
> 輩入直承明，與參謀議，而其秩尚卑。衛青、霍去病雖貴幸，亦
> 未干丞相、御史職事。至昭、宣之世，大將軍權兼中外，又置前
> 後左右將軍，在內朝預聞政事，而由庶僚加侍中、給事者，俱自
> 託為腹心之臣矣。此西京朝局之變，史家未明言之，讀者可推檢
> 而得也。【27】

孟康所舉內朝（中朝）官，僅為大司馬左右前後將軍、侍中、常侍、散
騎、諸吏，故錢氏評云「孟康所舉，不無遺漏」。據《漢書‧百官公卿
表》載：

> 侍中、左右曹、諸吏、散騎、中常侍，皆加官。所加或列侯、將
> 軍、卿大夫、將、都尉、尚書、太醫、太官令，至郎中，亡員，
> 多至數十人。侍中、中常侍得入禁中，諸曹受尚書事，諸吏得舉
> 法，散騎騎並乘輿車。給事中亦加官，所加或大夫、博士、議
> 郎，掌顧問應對，位次中常侍。中黃門有給事黃門，位從將大
> 夫。皆秦制。【28】

可見侍中、左右曹、諸吏、散騎、中常侍、給事中，均為加官。錢大昕
沿襲孟康之說，誤將前後左右將軍列為中朝官，其實《漢書‧劉輔傳》
所舉中朝官四人，如左將軍辛慶忌、右將軍廉褒、光祿勳師丹、太中大
夫谷永，均有加官【29】。此四人之所以為中朝官，非因本官，而實因曾

【27】 見錢大昕《廿二史考異》附錄一，2004 年 4 月上海古籍出版社（上海），頁
　　　1434。

【28】 見《漢書》卷十九上，1964 年 11 月中華書局（北京）校點本，頁 739。

【29】 參閱《漢書》卷七十七，同上，頁 3252。

李學銘 論東漢之「事歸臺閣」與「權移外戚」 349

加官侍中、諸吏、散騎、給事中也【30】。以上《漢書・百官公卿表》所述，全為君主近臣，屬宮內職官，其中如左右曹、尚書、給事中，皆孟康《注》所未及。或謂中（內）朝指宮內黃門以內之禁中，故所謂中朝官，應指有權自由出入禁中及參與機要事務之官，二者組合，方構成中朝官【31】。其實黃門以外即所謂禁外之職官，倘未加官，誠未能自由出入禁中，奏事仍須經由黃門侍郎轉達，然其辦公處所仍在宮內，其工作又須配合加官者，並隨時聽宣召參與機要事務，則所謂中朝或內朝，實未可屏除宮內臺閣未有加官之職官也。勞榦先生之所以謂尚書職務，與中朝或內朝無法分開者，以此。

逮及東漢，情況若何？據《資治通鑑》胡三省（1230-1302）《注》，謂東漢無中、外朝之別，夷考其實，疑非確當。惠棟（1697-1758）《後漢書補注・列傳第五十一》嘗辨之，其說云：

> 胡三省曰：「西都中世以後，以三公九卿為外朝官，東都無中外朝之別。此中朝直謂朝廷。」棟案：胡說非。《周禮・槁人職》鄭玄《注》曰：今司徒府中有百官朝會之殿，云天子與丞相舊決大事焉，是外朝之存者歟？⋯⋯又《朝士・注》曰：今司徒有天子以下大會殿，亦古之外朝。干寶《周禮・注》曰：禮，司徒府中有百官朝會殿。《續漢志》曰：詔群臣會司徒議。是東漢以來外朝之證也。【32】

胡三省之言，大抵謂東漢之世，權在內朝（中朝），內朝直謂朝廷，故無內外之別。惠棟引述資料，證明其時司徒府中有百官朝會之殿，君主

【30】參閱陳仲安、王素《漢唐職官制度研究》，1993 年 3 月中華書局（北京），頁 16。

【31】參閱同上，頁 17。

【32】見《後漢書補注》卷十四，1937 年 4 月商務印書館（上海）國學基本叢書本，頁 648。

9

頁 39 － 357

亦有詔群臣會司徒議。是則東漢大抵仍以三公九卿等官為外朝,大將軍以次諸官為內朝。惟東漢已不置散騎,諸吏似亦不置。他如給事中、左右曹諸官,設置亦少;而中常侍一職,乃悉任用宦者。《後漢書‧朱穆傳》云:

> 案漢故事,中常侍參選士人,建武以後,乃悉用宦者。【33】

其說是也。遞及東漢晚期,宦官勢力倍長,中常侍及小黃門,且直接控制尚書臺事,於是形成一新內朝,而本屬內朝之尚書,則反有由內而外之勢。《後漢書‧李固傳》載李固於順帝陽嘉二年(133)對策云:

> 今與陛下共理天下者,外則公卿尚書,內則常侍黃門。【34】

正如前文所論,尚書本屬少府,李固名之為「外」,與公卿並列,就職官系統言,是亦情理之常。惟尚書於東漢末誠有逐漸為人所「外」之勢,且愈後而愈顯,所以然者,宦官勢力增長與新內朝逐漸形成故也。然無論何時,尚書仍為「時君」所用,則與往昔無異。所異者「時君」本為太后,而後來則由成長後之君主所替代,而權力之掌握,則由可自由出入禁中之宦官,取代漸不為人主所信賴之外戚而已。是則尚書權任之範圍若何?仍可討論,而國政大權,果為彼等所操持乎?亦不可不加辨明。茲謹摘取若干史料,略依先後次序,附以說明,藉以見尚書之權任。由於本文所討論者為尚書權任與外戚擅政之關係,故凡涉及宦官方面之問題,姑暫置而不論焉。

四、尚書權任與外戚擅政之關係

東漢中央官制,多沿西京之舊,以三公部九卿,然其政治實權,則輒由尚書所操持。《後漢書‧梁統傳》云:

【33】見《後漢書》四十三,頁1472。

【34】見《後漢書》卷六十三,頁2076。

統在朝廷，數陳便宜。以為法令既輕，下姦不勝，宜重刑罰，以
遵舊典。……議者以為隆刑峻法，非明王急務……不宜開可。統
復上言曰：「……願得召見，若對尚書近臣，口陳其要。」（光
武）帝令尚書問狀。統對曰……議上，遂寢不報。【35】

可知刑事政策之制訂，尚書於朝廷有操縱上下之權，梁統雖尊貴，以列
侯奉朝請，亦不得不由尚書問狀，口陳其要。

尚書亦得審覽章奏，決定其可否奏聞，倘有浮詞，逕可抑而不省。
如《後漢書・明帝紀》所記，即其明證：

（明帝永平六年）夏四月甲子，詔曰：「……先帝詔書，禁人上書
言聖，而閒者章奏頗多浮詞，自今若有過稱虛譽，尚書皆宜抑而
不省，示不為諂子蚩也。」【36】

尚書權足抑下章奏，其見任之重也如此。又君主詔命，尚書亦可先行檢
閱，倘有未是，則可舉駁而封還之。如《後漢書，鍾離意傳》云：

（明）帝性褊察，好以耳目隱發為明，故公卿大臣被詆毀，近臣
尚書以下至揰拽。……唯意獨敢諫爭，數封還詔書，臣下過失輒
救解之。【37】

時鍾離意之職任，即為尚書僕射。又《後漢書・宋均傳》云：

（明帝）以其能，七年，徵拜尚書，每有駁議，多合上旨。均嘗
刪翦疑事，帝以為有姦，大怒，收郎縛格之。……均顧屬言曰：
「……均雖死，不易志。」……帝善其不撓，即令貰郎，遷均司
隸校尉。【38】

尚書可駁議，甚至刪翦疑事，其地位之權要，不喻可曉。

【35】見《後漢書》卷三十四，頁 1166-1169。

【36】見《後漢書》卷二，頁 109。

【37】見《後漢書》卷四十一，頁 1409。

【38】見同上，頁 1413。

又《後漢書・黃香傳》云：

> （和帝永元）六年，累遷尚書令。……十二年，東平清河奏訞言
> 卿仲遼等，連所及且千人。香科別據奏，全活甚眾。每郡國疑
> 罪，輒務求輕科，愛惜人命，每存憂濟。又曉習邊事，均量軍
> 政，皆得事宜。【39】

既可「全活甚眾」，又能「務求輕科」，則其權力亦可決定刑罰輕重；
甚至軍政事務，竟亦可均量建言。此固與黃香曉習邊事有關，然倘非權
任所在，恐亦不至如是也。

若夫百官失職，尚書亦可予以糾劾，諸所刺舉，無所迴避。如就
《後漢書・樂恢傳》所載，即可見之：

> （和帝時，恢）入為尚書僕射，是時河南尹王調、洛陽令李阜與竇
> 憲厚善，縱舍自由。恢劾奏調、阜，並及司隸校尉。諸所刺舉，
> 無所迴避，貴戚惡之。【40】

此言樂恢以尚書僕射劾奏河南尹、洛陽令及司隸校尉，甚或三公違法，
尚書亦可案發其事。倘非人主見任，焉克臻乎是耶？如《後漢書・劉愷
傳》云：

> （安帝元初中）時征西校尉任尚以姦刑被徵抵罪。……太尉馬
> 英、司空李郃承望驚旨，不復先請，即獨解尚臧錮，愷不肯與
> 議。後尚書案其事，二府並受譴咎，朝廷以此稱之。【41】

馬英、李郃獨解任尚臧錮，尚書案發之，雖太尉、司空亦並受譴責。若
三公之位，倘有出缺，尚書竟亦可加推薦。《後漢書・龐參傳》載其事
云：

> （順帝永建）四年，（參）入為大鴻臚。尚書僕射虞詡薦參有宰相

【39】 見《後漢書》卷八十上，頁 2615。

【40】 見《後漢書》卷四十三，頁 1478。

【41】 見《後漢書》卷三十九，頁 1308。

器能。順帝時以為太尉，錄尚書事。【42】

尚書於選舉孝廉，亦每典其事。如《後漢書·左雄傳》云：

（順帝時）廣陵孝廉徐淑，年未及舉，臺郎疑而詰之。……郎不
能屈。雄詰之曰……淑無以對，乃譴卻郡。【43】

時左雄為尚書令，徐淑未能通過疑詰，以致落選，可見尚書可左右選舉
之決定。至選舉政策，亦多由尚書擬定。《後漢書·黃瓊傳》云：

雄前擬舉吏先試之於公府，又覆之於端門，後尚書張盛奏除此
科。瓊復上言：「覆試之作，將以澄洗清濁，覆實虛濫，不宜改
革。」帝乃止。【44】

又《後漢書·韓韶傳》云：

（桓帝）時太山賊公孫偽號歷年，守令不能破散，多為坐法。尚
書選三府掾能理劇者，乃以韶為嬴長。【45】

署任官吏之權，尚書竟亦得之。而其署任人選，可涉及三府掾屬。又
《後漢書·楊秉傳》云：

（桓帝時，太尉）秉奏（侯）覽及中常侍具瑗……書奏，尚書召對
秉掾屬曰：「公府外職，而奏劾近官，經典漢制有故事乎？」秉
使對曰……尚書不能詰。【46】

則三公掾屬，尚書亦可召對詰詢。詰詢掾屬猶事之小者，而尚書竟亦掌
握刑獄之權，甚至凌辱大臣。如《後漢書·左雄傳》云：

大司農劉據以職事被譴，召詣尚書，傳呼促步，又加捶撲。【47】

又《後漢書、周景傳》注引蔡質《漢儀》云：

【42】見《後漢書》卷五十一，頁 1690-1691。

【43】見《後漢書》卷六十一，頁 2020。

【44】見同上，頁 2035。

【45】見《後漢書》卷六十二，頁 2063。

【46】見《後漢書》卷五十四，頁 1774。

【47】見《後漢書》卷六十一，頁 2022。

（桓帝）延熹中，京師游俠有盜發順帝陵，賣御物於市，市長追捕不得。周景以尺一詔召司隸校尉左雄詣臺對詰，雄伏於廷答對，景使虎賁左駿頓頭，血出覆面，與三日期，賊便擒也。【48】

大司農、司隸校尉班在大臣，地位尊崇，而竟受捶撲、頓頭之辱，可知尚書威權之盛。實則尚書之權任，至順帝、桓帝時，幾於無所不及，甚至公卿集議，尚書亦可參與。如《後漢書，周舉傳》云：

（順帝）永和元年，災異數見……詔召公、卿、中二千石、尚書詣顯親殿……群臣議者多謂宜如詔旨，舉獨對曰……於是司徒黃尚、太常桓焉等七十人同舉議，帝從之。【49】

是則東漢尚書，不僅內典機密，權任頗廣，且亦可與公卿大臣參決國政者也。故《後漢書・李固傳》載李固之言曰：

今陛下之有尚書，猶天之有北斗也。斗為天喉舌，尚書亦為陛下喉舌……尚書出納王命，賦政四海，權尊勢重，責之所歸。【50】

東漢尚書為「出納王命」之喉舌，故李固喻為天之北斗，又云「賦政四海」，可見權任之廣，則其權尊勢重，殆無可疑。是以中央官吏如九卿等奏事，均須經由尚書，而君主下詔命，亦幾全經尚書。如《全後漢文》載《無極山碑》云：

（靈帝）光和四年□月辛卯朔廿二日壬子，太常臣耽、丞敏頓首上尚書……臣耽愚戇，頓首頓首上尚書。……光和四年八月辛酉朔十七日丁丑，尚書令忠下。光和四年八月辛丑朔十七日丁丑，太常耽、丞敏下常山相。【51】

【48】見《後漢書》卷四十五，頁 1539。《漢儀》原名《漢官典職儀式選用》，孫星衍校集。參閱《漢官六種》，1990 年 9 月中華書局（北京），頁 208。

【49】見《後漢書》卷六十一，頁 2027。

【50】見《後漢書》卷六十三，頁 2076。

【51】見嚴可均校輯《全上古三代秦漢三國六朝文》卷一百四，1965 年 11 月中華書局（北京），頁 1032 下。

李學銘　論東漢之「事歸臺閣」與「權移外戚」　355

據是，可覘上下之際，尚書地位之權要矣。而地方官吏如郡國守相等，對朝廷奏事，亦多直上尚書。如《全後漢文》載弘農太守樊毅《復華山下民租田口筭狀》云：

> （靈帝）光和二年十二月庚午朔十三日壬午，弘農太守臣毅頓首死罪上尚書……臣毅誠惶誠恐頓首頓首死罪死罪上尚書。【52】

斯即郡守奏事直上尚書之證。

綜合上引諸條史料，可知東漢尚書權任所及之廣，君主見任之重，未因其漸為人所「外」而改變。且所謂「外」，「禁外」而已，並非處於宮外也。然則國政最終取決大權，果為尚書所操持耶？夷考其實，是又不然。茲謹節取若干史料於後，並試加申論焉。

《後漢書・朱暉傳》云：

> （章帝）元和中……是時穀貴，縣官經用不足，朝廷憂之。尚書張林上言：「穀所以貴，由錢賤故也。……」於是詔諸尚書通議。暉奏據林言不可施行，事遂寢。後陳事者復重述林前議，以為於國誠便，帝然之，有詔施行。【53】

可見有關國事決策，君主每詔尚書通議，惟施行與否，仍須視君主之然否為定。換言之，東漢國政最終取決大權，乃在君主而不在尚書。如《後漢書・南蠻西南夷傳》云：

> 順帝永和元年，武陵太守上書，以蠻夷率服，可比漢人，增其租賦。議者皆以為可。尚書令虞詡獨奏曰：「……今猥增之，必有怨叛，計其所得，不償所費，必有後悔。」帝不從。【54】

尚書誠可參議國政，惟從與不從，仍以君主意向為歸。

考東漢政體，就全國言，乃中央集權制，就中央政府言，乃君主集

【52】見嚴可均校輯《全上古三代秦漢三國六朝文》卷八十二，同上，頁 915 上。

【53】見《後漢書》卷四十三，頁 1460。

【54】見《後漢書》卷八十六，頁 2833。

權制,光武事歸臺閣之措施,其意即在乎是。是以當時君主於政事措
施,每有最終抉擇大權,即尚書通議之結果,亦可予以否定,觀上舉史
料可知。明乎東漢君主集權之政體,然後當時之政局,乃可得而知之。
《後漢書·皇后紀》之《序》云:

> 東京皇統屢絕,權歸女主,外立者四帝,臨朝者六后,莫不定策
> 帷帝,委事父兄,貪孩童以久其政,抑明賢以專其威。【55】

上云「外立者四帝」,謂安帝、質帝、桓帝、靈帝也。安帝由清河王子
入繼,質帝由千乘王子入繼,桓帝由蠡吾侯子入繼,靈帝由解瀆亭侯子
入繼;此四帝也。然安帝崩,閻太后立北鄉侯懿嗣位,當時稱少帝,是
四帝之外,尚有一帝【56】。由於「權歸女主」,於是決策抉擇之權,乃
在太后而不在君主矣。《後漢書·劉愷傳》云:

> (安帝)元初中,鄧太后詔長吏以下不為親行服者,不得典城選
> 舉。時有上言牧守宜同此制,詔下公卿,議者以為不便,愷獨議
> 曰……太后從之。【57】

公卿以為不便,劉愷獨議迥殊,而鄧太后從之,則太后具有決策大權可
知。又《後漢書·欒巴傳》云:

> 徵拜尚書。會帝崩,營起憲陵。陵左右或有小人墳冢,主者欲有
> 所侵毀,巴連上書苦諫。時梁太后臨朝,詔詰巴……巴坐下獄,
> 抵罪,禁錮還家。【58】

又《續漢書·五行志四》云:

> 順帝崩,梁太后攝政,欲為順帝作陵,制度奢廣,多壞吏民家。
> 尚書欒巴諫爭,太后怒,癸卯,詔書收巴下獄,欲殺之……丙午

【55】見《後漢書》卷十上,頁401。

【56】參閱趙翼《廿二史劄記》卷四「東漢多母后臨朝外藩入繼」條,2001年11月
中華書局(北京)王樹民校證訂補本,頁93-94。

【57】見《後漢書》卷三十九,頁1307。

【58】見《後漢書》卷五十七,頁1841。

李學銘　論東漢之「事歸臺閣」與「權移外戚」　　　357

地震，於是太后乃出巴，免為庶人。【59】

樂巴以忤太后得罪，則尚書職任之閑要，乃視時主之意向耳。夫公卿之權，固由尚書所奪，惟決策大權，則由君主或太后所操持。倘屬英明之主，政柄自無旁落之虞，惟黯弱者則不得不以政柄託諸他人。無知之君，以為戚屬與近侍足資信賴，此所以東漢君主屢以政柄委諸外戚或宦官也。復次，東漢諸帝多不永年，而子嗣又少【60】，若逢君主之崩，每由外藩入繼，入繼者非太后本生，為一己及親族安危計，太后自以政柄付諸至親，而己則臨朝聽政。太后之至親‧非其父兄而何？於是外戚乃可藉太后而干政矣。夫尚書為宮內臺閣之職官，其職任愈廣，事權愈重，外戚則愈便於宰制國政，是以「事歸臺閣」與「權移外戚」之間，實有其相互之因果關係，此可從而得知也。

抑且臨朝太后之父兄，每居將軍之位，並獲加官，屬內（中）朝官屬之首，又為時主至親，則其於內朝之尚書，豈無重大影響耶？《後漢書‧韓棱傳》云：

> 及（竇）憲有功，還為大將軍，威震天下，復出屯武威。會帝西祠園陵，詔憲與車駕會長安。及憲至，尚書以下議欲拜之，伏稱萬歲。【61】

此則史料，不待詮釋，而大將軍竇憲與尚書之關係，觀者已自得之。又《後漢書‧丁鴻傳》云：

> 是時竇太后臨政，憲兄弟各擅威權。鴻因日食上封事曰：「……天下遠近皆惶怖承旨，刺史二千石初除謁辭，求通待報，雖奉符

【59】見《後漢書》附《志第十六》，頁 3331。按：《後漢書》所附八《志》——《律曆》、《禮儀》、《祭祀》、《天文》、《五行》、《郡國》、《百官》、《輿服》，原屬司馬彪《續漢書》。

【60】參閱趙翼《廿二史劄記》卷四「東漢諸帝多不永年」條，2001 年 11 月中華書局（北京）王樹民校證訂補本，頁 93。

【61】見《後漢書》卷四十五，頁 1535。

璽，受臺敕，不敢便去，久者至數十日。背王室，向私門，此乃

上咸損，下權盛也。……」【62】

刺史二千石雖受臺敕，不敢便去，所以然者，求待謁辭竇憲而已，則外

戚權勢之盛，實遠駕乎臺閣之上。《後漢書・竇憲傳》又載：

舊大將軍位在三公下……憲威權振朝庭（廷），公卿希旨，奏憲

位次太傅下，三公上……尚書僕射郅壽、樂恢，並以忤意，相繼

自殺。【63】

公卿希旨奏請，竇憲位次竟在三公上，而於尚書僕射之死，亦具影響之

勢力。又《後漢書・梁冀傳》云：

每朝會，（冀）與三公絕席。十日一入，平尚書事。……專擅威

福，凶恣日積，機事大小，莫不諮決之。……百官遷召，皆先到

冀門，牋檄謝恩，然後敢詣尚書。【64】

據是謂外戚勢力之盛，權任之重，實駕乎尚書之上，洵非徒事臆測而

已。

竊謂光武之以事歸臺閣，所以欲自攬其權耳，經由尚書笐理文書，

初亦無盡奪三公權任歸諸尚書之意。何以得見其然？約而言之，理有二

端：其一為秩位卑微，其二為選任輕易。考尚書令秩祿不過千石，而尚

書僕射及尚書，亦僅六百石耳【65】，其性質不外為君主近臣。如《後漢

書・順帝紀》云：

（順帝）即皇帝位，年十一。近臣尚書以下，從輦到南宮。登雲

臺，召百官。【66】

又《後漢書・竇武傳》載竇武上疏云：

【62】見《後漢書》卷三十七，頁 1265-1266。

【63】見《後漢書》卷二十三，頁 818-819。

【64】見《後漢書》卷三十四，頁 1183。

【65】參閱《後漢書》附《志第二十六・百官三》，頁 3596-3597。

【66】見《後漢書》卷六，頁 249-250。

李學銘　論東漢之「事歸臺閣」與「權移外戚」　　359

今臺閣近臣尚書令陳蕃、僕射胡廣、尚書朱寓、荀緄、劉祐、魏朗、劉矩、尹勳等，皆國之貞士、朝之良佐。【67】

可見尚書令、尚書僕射、尚書均為近臣。近臣之所以為「近」，固與君主形跡接近有關，然率多位秩較卑，亦為事實。惟其秩位本卑，卑則易制，參知政事，又非法制明定，於是決策大權，自非為其所有，是以東漢一代，尚書權任雖重，然終無擅政竊命之事者，理有由矣。若夫東漢尚書之選任，亦頗輕易，蓋多從郎官超升此位，雖曉習文法，長於應對，然察察小慧，類無大能【68】。選任輕易若此，於是君主乃可集權一己，操持政柄。顧君主雖藉尚書以奪公卿之權，而其權卒不能自有，此則非光武初意之所及也。王鳴盛（1722-1797）《十七史商榷》「臺閣」條云：

漢世官府不見臺閣之號，所云臺閣者，猶言宮掖中祕云爾。……臺閣者尚書也……而漢又別有中書，為尚書者士人多宦者少，中書則皆宦者也。……臺閣之名本在尚書也，而又屬之中書矣。官不論貴賤，惟視其職之閒要，而閒要惟視時主之意向，其制無時不改。【69】

王氏之言，殆得當時史事情實。蓋東漢君主每多沖齡即位，太后臨朝者多，「時主」，即太后也。故事雖歸諸臺閣，權則移於太后父兄，於是太后之父兄，乃每藉將軍之職任以顯有國政矣。「事歸臺閣」與「權移外戚」之間，關係密切如此，宜乎尚書權任之輕重，每與外戚擅政之難易互為因果也。

【67】 見《後漢書》卷六十九，頁 2240。又見嚴可均校輯《全上古三代秦漢三國六朝文・全後漢文》卷十六竇武《諫黨事疏》，1965 年 11 月中華書局（北京），頁 558 上。

【68】 參閱《後漢書》卷二十六《韋彪傳》，頁 918-919。

【69】 見王鳴盛《十七史商榷》卷三十七《後漢書九》，2005 年 12 月上海書店出版社（上海），頁 258-260。

五、外戚以大將軍錄尚書事

今猶欲加辨析者，厥為東漢外戚與領錄尚書事，其間之關係若何？夫尚書為機衡之任，故雖為三公，亦必錄尚書，然後得知國政，故自西漢中葉以降，即多執政大臣領錄尚書事。所謂「錄」，猶「總領」之義也【70】，故亦有稱「領」或「領錄」者。東漢之世，太傅、三公、將軍均可錄尚書事，尤以太傅、太尉、司徒錄者居多。茲迻寫史料於下，以為例證。

《後漢書・章帝紀》云：

> （章帝即位）以（趙）熹為太傅，（牟）融為太尉，並錄尚書事。【71】

又《後漢書・鄧彪傳》云：

> 和帝即位，以彪為太傅，錄尚書事。【72】

又《後漢書・張禹傳》云：

> （殤帝）延平元年，遷（禹）為太傅，錄尚書事。【73】

又《後漢書・馮魴傳》云：

> 及北鄉侯立，（魴之孫石）遷太傅，與太尉東萊劉喜參錄尚書事。【74】

又《後漢書・桓焉傳》云：

> 順帝即位，拜（焉）太傅，與太尉朱寵並錄尚書事。【75】

【70】《後漢書》卷四《和帝紀》「大司農尹睦為太尉，錄尚書事」句下注云：「錄謂總領之也。」見頁 74。

【71】見《後漢書》卷三，頁 130。

【72】見《後書》卷四十四，頁 1496。

【73】見同上，頁 1498。

【74】見《後漢書》卷三十三，頁 1149-1150。

【75】見《後漢書》卷三十七，頁 1257。

又《後漢書・李固傳》云：

　　及沖帝即位，以固為太尉，與梁冀參錄尚書事。【76】

又《後漢書・胡廣傳》云：

　　質帝崩，（廣）代李固為太尉，錄尚書事……靈帝立，復以司徒
　　與太傅陳蕃參錄尚書事。【77】

又《後漢書・梁冀傳》云：

　　沖帝始在繈褓，太后臨朝，冀與太傅趙峻、太尉李固參錄尚書
　　事。……元嘉元年……（冀）每朝會，與三公絕席。十日一入，
　　平尚書事。【78】

又《後漢書・陳蕃傳》云：

　　永康元年，帝崩，竇太后臨朝，詔曰：「……其以蕃為太傅，錄
　　尚書事。」【79】

又《後漢書・何進傳》云：

　　（中平六年）何太后臨朝，進與太傅袁隗輔政，錄尚書事。【80】

又《後漢書・周景傳》云：

　　（初平三年，景子忠）代皇甫嵩為太尉，錄尚書事。【81】

又《後漢書・楊彪傳》云：

　　（初平）三年秋，代淳于嘉為司空，以地震免。復拜太常。興平
　　元年，代朱儁為太尉，錄尚書事。【82】

──────────────

【76】見《後漢書》卷六十三，頁 2082。

【77】見《後漢書。卷四十四，頁 1509。

【78】見《後漢書》卷三十四，頁 1179 及 1183。

【79】見《後漢書》卷六十六，頁 2168。

【80】見《後漢書》卷六十九，頁 2 248。

【81】見《後漢書》卷四十五，頁 1539。又，《後漢書》卷九《獻帝紀》載：初平三
　　年冬十二月，周忠以太尉錄尚書事。參閱頁 373。

【82】見《後漢書》卷五十四，頁 1787。又，《後漢書》卷九《獻帝紀》載：初平三

又《後漢書‧朱儁傳》云：

> 初平四年，代周忠為太尉，錄尚書事。【83】

又《後漢書‧趙典傳》云：

> （興平元年，典子溫）代楊彪為司空，免。頃之，復為司徒，錄尚書事。【84】

徐天麟《東漢會要‧職官一》分類載太傅、三公、大將軍錄尚書事，頗具條理，爰錄於下，俾可與上引史料互相參證焉：

1. 太傅錄尚書事者：趙熹、鄧彪、張禹、馮石、馮魴、桓焉、趙浚、陳蕃、胡廣。

2. 太尉錄尚書事者：牟融、尹睦、徐防、趙熹、朱寵、劉光、龐參、李固、胡廣、周忠、楊彪。

3. 司徒錄尚書事者：趙戒、胡廣、王允、淳于嘉、趙溫。

4. 司空錄尚書事者：楊彪。

5. 大將軍錄尚書事者：梁冀、竇武、何進。【85】

根據《後漢書》，徐氏所述，稍有疏誤。如馮石為馮魴之孫，其名似未可置於魴前；且魴亦未曾以太傅錄尚書事。趙浚無其人，疑為趙峻之誤，峻曾以太傅與太尉李固參錄尚書事。後將軍袁隗為太傅，曾與何進參錄尚書事；馬日磾亦曾以太傅錄尚書事；而徐氏均失記。趙熹嘗以太傅錄尚書事，似未曾以太尉錄尚書事，徐氏所記，殆誤「劉」為「趙」

年九月甲申，司空淳于嘉為司徒，光祿大夫楊彪為司空，並錄尚書事。參閱頁373。

【83】見《後漢書》卷七十一，頁2313。

【84】見《後漢書》卷二十七，頁949。又，《後漢書》卷九《獻帝紀》載：興平元年冬十月，以衛尉趙溫為司徒，錄尚書事。參閱頁377。

【85】參閱《東漢會要》卷十九，1978年6月上海古籍出版社（上海）校點本，頁266-272。徐天麟，南宋人，生卒年不詳。

李學銘　論東漢之「事歸臺閣」與「權移外戚」　363

歟？劉熹、朱儁則曾以太尉錄尚書事，而徐氏均未記【86】。此外，獻帝建安元年（196），鎮東將軍曹操自領司隸校尉，錄尚書事，稍後自為司空，行車騎將軍事，百官總己以聽，則更非徐氏所記之範圍矣【87】。前人著述未可盡信，此為一例。

考東漢自光武帝至章帝，馮魴實未嘗以太傅錄尚書事【88】。章帝時，方以太傅趙熹、太尉牟融並錄尚書事，尚書有錄名，蓋自熹、融始。和帝時，太尉鄧彪為太傅，錄尚書事，位上公，在三公上，漢制遂以為常，每少帝立，則置太傅錄尚書事，猶古冢宰總己之義，薨，輒罷之【89】。惟所謂「總己」云云，殆屬虛文，究其實，錄尚書事者，僅屬優崇之位，而非使命之官；國家樞機，仍在尚書而不在錄尚書也。故《後漢書‧左雄傳》云：

　　自雄掌納言，多所匡肅，每有章表奏議，臺閣以為故事。【90】

「故事」，猶「故實」。古者賦事行刑，必問於遺訓，而咨於故實。時左雄為尚書令，其章奏為臺閣所重視。又《後漢書‧鄧彪傳》云：

　　和帝即位，以彪為太傅，錄尚書事……竇氏專權驕縱，朝廷多有諫爭，而彪在位，修身而已，不能有所匡正。【91】

鄧彪以太傅錄尚書事，而竟不能對政事有所匡正。又《後漢書‧龐參

【86】 有關各人錄尚書事資料，均曾翻閱《後漢書》各帝《紀》，並據《後漢書人名索引》（1979 年 8 月北京中華書局）逐一檢視《後漢書》各《紀》、《傳》、《志》，藉資核實。劉熹，史籍或作「劉喜」。

【87】 參閱《後漢書》卷九《獻帝紀》，頁 380。

【88】 參閱《後漢書》卷一《光武帝紀》、卷二《明帝紀》、卷三《章帝紀》、卷三十三《馮魴傳》。

【89】 參閱《晉書》卷二十四《職官志》，1974 年 11 月中華書局（北京）校點本，頁 29-730。

【90】 見《後漢書》六十一，頁 2022。

【91】 見《後漢書》卷四十四，頁 1496。

傳》云：

> （順帝）永建四年……尚書僕射虞詡薦參有宰相器能，以為太
> 尉，錄尚書事。……以所舉用忤帝旨，司隸承風案之。時當會茂
> 才孝廉，參以被奏，稱疾不得會。【92】

龐參以太尉錄尚書事，因忤帝旨被奏，乃不得參與選拔之會。又《後漢
書・胡廣傳》云：

> （順帝）延熹九年，復拜司徒。靈帝立，與太傅陳蕃參錄尚書
> 事……京師諺曰：「萬事不理問伯始，天下中庸有胡公。」【93】

胡廣字伯始，以司徒錄尚書事，竟有「萬事不理」之譏。可見錄尚書之
權任，殆不足與尚書較。惟外戚以大將軍錄尚書事，則情勢又迥殊，
此不可不察也。如《後漢書・梁冀傳》云：

> 沖帝始在繈褓，太后臨朝，詔冀與太傅趙峻、太尉李固參錄尚書
> 事……而（冀）侈暴滋甚。沖帝又崩，冀立質帝。帝少而聰慧，
> 知冀驕橫，嘗朝群臣，目冀曰：「此跋扈將軍也。」冀聞，深惡
> 之，遂令左右進鴆加煮餅，帝即日崩。復立桓帝，而枉害李固及
> 前太尉杜喬，海內嗟懼。……專擅威柄，凶恣日積，機事大小，
> 莫不諮決之。【94】

李固貴為太尉，又得參錄尚書事，然卒為梁冀所枉害，則外戚以大將軍
領錄尚書之權勢，可以得而推悉。又《後漢書・竇武傳》云：

> （靈帝）拜武為大將軍，常居禁中。……武既輔朝政，常有誅翦宦
> 官之意……武於是引同志尹勳為尚書令，劉瑜為侍中，馮述為屯
> 騎校尉；又徵天下名士廢黜者前司隸校尉李膺、宗正劉猛、太僕
> 杜密、廬江太守朱寓，列於朝廷；請前越巂太守荀翌為從事中

【92】見《後漢書》卷五十一，頁 1690-1691。

【93】見《漢書》卷四十四，頁 1509-1510。

【94】見《後漢書》卷三十四，頁 1179 及 1183。

【95】見《後漢書》卷六十九，頁 2241-2242。

李學銘　論東漢之「事歸臺閣」與「權移外戚」　365

郎，辟潁川陳寔為屬，共定計策。【95】

竇武既可引同志為尚書令，又得徵廢黜者列於朝廷，則其權任之重及聲勢之隆，不喻而可自見焉。故《續漢書・五行志一》云：

> 桓帝之初，京都童謠曰：「游平賣印自有平，不辟豪賢及大姓。」【96】

游平，竇武字，竇太后父，竇太后攝政時，為大將軍。是則桓帝之初，竇武權勢已盛，印綬所加，咸出己意。洎靈帝世，武以大將軍錄尚書事，權任更遠駕乎尚書之上，此不待深論而理可自明。又《後漢書・何進傳》云：

> 何太后臨朝，進與太傅袁隗輔政，錄尚書事。進素知中宮天下所疾，兼忿蹇碩圖己，及秉朝政，陰規誅之。……進乃使黃門令收碩，誅之，因領其屯兵。袁紹復說進曰：「前竇武誅內寵而反為所害者，以其言語漏泄，而五營百官服畏中人故也。今將軍既有元舅之重，而兄弟並領勁兵，部曲將吏皆英俊名士，樂盡力命，事在掌握，此天贊之時也。……」【97】

何進以元舅錄尚書事，其權任之隆盛，自遠出太傅、三公錄尚書事之上。再就上舉引文觀之，則又有可注意之處者，此即為何進「兄弟並領勁兵」，而部曲吏亦皆「樂盡力命」。《續漢書・五行志二》云：

> 中平元年……是歲黃巾賊始起。皇后兄何進、異父兄朱苗，皆為將軍，領兵。後苗封濟陽侯，進、苗遂秉威權，持國柄，漢遂微弱，自此始焉。【98】

由是言之，東漢外戚勢力之消長，確與操持兵柄有關，而其所以得而操持兵柄者，則又有后族勢力為其背景。此所以將軍府雖與諸府之名並列，而其權勢，則可凌駕太傅、三公之上也。

【96】見《後漢書・志第十三》，頁3282。

【97】見《後漢書》卷六十九，頁2248-2249。

【98】見《後漢書》附《志第十四》，頁3299。

六、結語

　　東漢沿承前朝舊制，公卿百官之朝廷而外，亦有宮內職官之辦公處所，所謂臺閣是也。臺閣官吏，並非人人可自由出入禁中，加官者進入時亦須通報。而黃門以外之官吏，奏事仍須經由黃門侍郎轉達。惟黃門外所謂禁外之地，亦屬宮內範圍，故無論禁中或禁外之臺閣官吏，其職任固以擬定制詔為主，實亦較朝廷公卿百官更便於獻言君主也。光武事歸臺閣，欲自攬權柄耳，初無盡奪公卿權任之意。其後尚書權任日重，公卿因以失職，然國政最終之決策大權，仍由君主所操持。及後君主沖齡踐祚者多，太后得而臨朝，其父兄乃因之而攬奪國政大權，此「事歸臺閣」與「權移外戚」之因果關係也。尤有進者，東漢之世，太傅、三公、大將軍均可錄尚書事，惟太傅、三公之錄尚書事，僅欲示以優崇，其權任蓋不足與尚書較。顧外戚以大將軍領錄尚書事，則其勢又迥殊，其權任蓋遠出乎尚書之上，所以然者，恃太后之勢與操持京師兵柄故也。至於外戚操持兵柄之史實，另篇已有詳論【99】，茲弗多所涉及焉。

【99】參閱拙文：《從東漢政權實質論其時帝室婚姻嗣續與外戚升降之關係》，《新亞學報》第 9 卷 2 期，1970 年 9 月新亞研究所（香港），頁 225-282；《東漢外戚存亡與洛陽北宮建置形勢的關係》，《中國學人》第一期，1973 年 3 月新亞研究所（香港），頁 29-40。

香蕉、茶葉與臺日貿易

陳慈玉*

提　要

　　臺灣的玉米和糖曾經是出口的重要商品，主要的消費市場是日本。其實，日本也是臺灣香蕉最重要的輸出市場，而臺灣茶葉亦曾經賺取大量外匯，行銷西方世界和日本、東南亞地區。相對於政府（臺灣總督府和中華民國政府）的積極主導香蕉之外銷，茶葉的開拓市場似乎是茶商本身的努力結果。

　　六十年來（1912-1972年）的臺灣香蕉產業之興衰，與其國際貿易息息相關，而國際貿易的對象首推日本，殖民地時期如此，戰後依然。固然日本本國的經濟乃至政治情勢影響了臺蕉貿易和整體香蕉產業的發展，但不可否認的是政府政策亦主導了其發展的方向，尤其是政府所制定的出口制度和對產銷組織的介入。並且青果合作社一直扮演著相當重要的角色。

　　相形之下，茶葉的出口市場比較多元化，也比較不受制於日本，但是日治時期臺灣紅茶的出現是殖民政府在考量「日本帝國」茶業整體發展下的產物；而戰後綠茶的發展則是中華民國政府的努力結果。一百多年來，臺灣歷經三個政權，茶葉因移民（拓墾者）、殖民（佔領者）以及現今政府當局的努力，故能「青出於藍而勝於藍」，在國際市場上一時擊敗中國茶，並與日本茶相競爭，曾經為臺灣帶來了不少外匯，成為後來臺灣急速工業化和現代化的助力。

---

*中央研究院近代史研究所研究員。

一、前言

眾所週知，臺灣的米和糖曾經是出口的重要商品，主要的消費市場是日本。其實，日本也是臺灣香蕉最重要的輸出市場，而臺灣茶葉亦曾經賺取大量外匯，行銷西方世界和日本、東南亞地區。相對於政府（臺灣總督府和中華民國政府）的積極主導香蕉之外銷，茶葉的開拓市場似乎是茶商本身的努力結果。

香蕉在臺灣栽培的歷史甚久，相傳明清之際由福建、廣東移植而入，初期種於北部，後漸移往中部平原，日治時期更擴展到中部山區和南部平地與旱地。至於香蕉的流出島外，則始於日治初期，盛於第二次世界大戰前夕，戰爭期間，大部分果園改種糧食作物；尤其是太平洋戰爭發生後（1940 年代初期），由於日本米穀增產計劃的實施，香蕉業更走上衰退的命運。戰後，政府和青果生產團體積極輔導蕉農復耕增產並開展銷路，自 1950 年恢復香蕉輸日貿易後，生產劇增，而於 1960 年代中期達到顛峰，1972 年中日斷交後輸出量明顯地減少。

另一方面，臺灣由於終年氣候溫暖潮濕，雨量均勻，又擁有富於有機質的土壤，適於茶樹之生長，故自古即有野生茶樹，稱為「山茶」。但根據《淡水廳誌》所云，臺灣的原住民卻未嘗利用為飲料，在清代，每年通事與原住民議定日期，讓漢人入山去焙製茶葉販賣。

此野生茶樹大多生長在臺中、臺南和高雄山間海拔 600-1,200 公尺的地帶。至於臺灣北部茶葉，則以現今的臺北縣瑞芳、石碇、文山地區為起點，由此傳播到各處，並且後來成為清代和日治時代的出口大宗。

本文首先探討中日斷交以前的六十年間香蕉產業的變遷，其次分析茶業的發展過程中國家權力與商人的作用，並進一步以青果合作社為例，解明香蕉產業中國家、生產者和商人的關係，俾便明瞭 1970 年代以前的臺日貿易中，此兩外銷農產品所扮演的角色。

二、香蕉業發展過程

二十世紀臺灣香蕉業的發展過程，可以說有兩個循環，而此二循環都與國際市場、政府當局者的政策息息相關。國際市場上的主角皆為日本；當局者則一為臺灣殖民地政府，一為中華民國政府。

臺蕉的輸往島外，始於20世紀初期，在此之前，僅供給島內消費，其栽培方式很簡單，隨便栽種於空地或阡陌之一隅，任其自然長育而已。[1] 拓展外銷市場後，產量漸增，從表1可見，其栽培面積在1910年僅679公頃，1920年增至3,926公頃，為1910年的5.8倍；1930年再擴展為11,851公頃，為1910年的17.5倍；1936年則達21,850公頃，為1910年的32.2倍，亦為第一循環期之顛峰。此後即逐步下坡，而於1945年跌至谷底（5,687公頃），只有顛峰時的26%而已。戰後逐漸復甦，民國39（1950）年已增為14,679公頃，雖已為1945年的2.6倍，但亦僅達1936年的67%，仍略遜於1930年代初期。此後的發展呈停滯狀態，民國54（1965）年以後才迅速擴大生產面積，而於民國56（1967）年達到第二循環期的高峰，共有52,463公頃，為1910年的77.3倍，1945年的9.2倍，亦為第一高峰（1936年）的2.4倍。但此盛況並不長，民國63（1974）年的栽培面積僅有18,407公頃，只及顛峰（1967年）時的35%，並且面積逐漸縮小，民國73（1984）年居然只有8,166公頃，遠少於光復初期，而僅為第二顛峰時的16%。

---

[1] 黃松源、黃朝陽編，《臺灣省青果運銷合作社十週年誌》（臺北：臺灣省青果運銷合作社，民國74年），頁1。再者，臺灣香蕉可能於200年前由華南傳入。日治時期之品種有北蕉、仙人蕉、粉蕉、木瓜芎蕉、紅黃種、香港種、小笠原實芭蕉、大島芭蕉等在來種，以及自印度、新加坡、菲律賓、爪哇等地傳入的外國種，共約50多種，而以北蕉（高腳種、果實大）和粉蕉（低腳種、果實小、味道極佳）為最普遍。見福田要，《臺灣の資源と其經濟的價值》（臺北：新高堂書店，1921），頁218-220。

表 1 歷年香蕉之生產與輸出量表（1907-1984）

指數：
1. 栽培面積、產量、對日輸出量：1912＝100
2. 輸出量：1916＝100

項目 年次	栽培面積 實數（公頃）	指數	產量(A) 實數（公擔）	指數	輸出量(B) 實數（公擔）	指數	對日輸出量(C) 實數（公擔）	指數	B/A%	C/B%	C/A%
1907	—	—	—	—	—		4,897	8			
1908	—	—	—	—	—		14,869	23			
1909	543	37	63,216	88	—		26,689	42			42.22%
1910	679	46	65,173	90	—		51,331	81			78.76%
1911	759	51	104,691	145	—		74,212	117			70.89%
1912	1,476	100	72,162	100	—		63,603	100			88.14%
1913	1,587	108	134,624	187	—		52,912	83			39.30%
1914	1,446	98	122,511	170	—		87,966	138			71.80%
1915	2,472	167	237,791	330	—		112,160	176			47.17%
1916	2,928	198	330,303	458	219,842	100	196,143	308	66.56%	89.22%	59.38%
1917	2,895	196	311,127	431	303,798	138	299,821	471	97.64%	98.69%	96.37%
1918	3,410	231	377,164	523	288,016	131	280,942	442	76.36%	97.54%	74.49%
1919	2,609	177	240,212	333	227,858	104	276,022	434	94.86%	121.14%	114.91%
1920	3,926	266	386,330	535	135,587	62	83,090	131	35.10%	61.28%	21.51%

1921	5,963	404	551,544	764	263,073	120	261,330	441	47.70%	99.34%	47.38%
1922	8,678	588	840,958	1,165	506,890	231	586,951	923	60.28%	115.79%	69.80%
1923	12,445	843	1,205,623	1,671	771,524	351	750,484	1,180	63.99%	97.27%	62.25%
1924	18,165	1,231	1,868,493	2,589	1,097,444	499	1,096,902	1,725	58.73%	99.95%	58.71%
1925	17,040	1,154	1,712,909	2,374	916,758	417	890,017	1,399	53.52%	97.08%	51.96%
1926	16,761	1,136	1,779,012	2,465	1,269,413	577	1,119,461	1,760	71.35%	88.19%	62.93%
1927	14,485	981	1,432,976	1,986	1,045,438	476	907,515	1,427	72.96%	86.81%	63.33%
1928	15,219	1,031	1,508,971	2,091	1,092,905	497	937,024	1,473	72.43%	85.74%	62.10%
1929	14,561	987	1,265,047	1,753	822,690	374	769,199	1,209	65.03%	93.50%	60.80%
1930	11,851	803	1,387,389	1,923	1,055,671	480	952,135	1,497	76.09%	90.19%	68.63%
1931	13,789	934	1,708,753	2,368	1,232,226	561	1,138,092	1,789	72.11%	92.36%	66.60%
1932	16,430	1,113	1,773,272	2,457	956,212	435	928,488	1,460	53.92%	97.10%	52.36%
1933	18,650	1,264	1,872,356	2,595	1,171,464	533	1,164,920	1,832	62.57%	99.44%	62.22%
1934	18,489	1,253	1,935,477	2,682	1,073,216	488	1,050,524	1,652	55.45%	97.89%	54.28%
1935	19,957	1,352	2,063,800	2,860	1,485,881	676	1,173,060	1,844	72.00%	78.95%	56.84%
1936	21,850	1,480	2,172,852	3,011	1,457,742	663	1,222,385	1,922	67.09%	83.85%	56.26%
1937	21,272	1,441	2,331,617	3,231	1,684,063	766	1,419,536	2,232	72.23%	84.29%	60.88%
1938	20,840	1,412	2,150,948	2,981	1,423,054	647	1,232,075	1,937	66.16%	86.58%	57.28%
1939	19,509	1,322	1,940,992	2,690	1,458,193	663	1,268,725	1,995	75.13%	87.01%	65.36%
1940	18,639	1,263	1,805,495	2,502	1,298,193	591	1,064,169	1,673	71.90%	81.97%	58.94%
1941	20,713	1,403	2,035,953	2,821	907,648	413	725,649	1,141	44.58%	79.95%	35.64%
1942	20,323	1,377	2,095,359	2,904	542,756	247	428,571	674	25.90%	78.96%	20.45%
1943	16,190	1,097	1,513,620	2,098	253,265	115	210,753	331	16.73%	83.21%	13.92%
1944	14,149	959	690,964	958	9,242	4	8,347	13	1.34%	90.32%	1.21%
1945	5,687	385	342,967	475	1,266	1	—	0	0.37%	0.00%	0.00%
1946	10,202	691	569,723	790	20,921	10	—	0	3.67%	0.00%	0.00%
1947	15,445	1,046	1,326,475	1,838	100,449	46	—	0	7.57%	0.00%	0.00%
1948	17,900	1,213	1,178,098	1,633	269,764	123	—	0	22.90%	0.00%	0.00%
1949	16,238	1,100	1,049,885	1,455	134,671	61	—	0	12.83%	0.00%	0.00%

5

1950	14,679	995	1,250,964	1,734	124,126	56	49,243	77	9.92%	39.67%	3.94%
1951	14,738	999	1,066,753	1,478	281,948	128	164,166	258	26.43%	58.23%	15.39%
1952	15,689	1,063	1,139,794	1,579	435,411	198	307,438	483	38.20%	70.61%	26.97%
1953	11,450	776	1,025,075	1,421	227,547	104	165,046	259	22.20%	72.53%	16.10%
1954	11,804	800	1,045,420	1,449	317,643	144	223,576	352	30.38%	70.39%	21.39%
1955	12,734	863	903,219	1,252	273,261	124	182,647	287	30.25%	66.84%	20.22%
1956	12,274	832	626,090	868	202,024	92	194,102	305	32.27%	96.08%	31.00%
1957	13,385	907	986,308	1,367	280,319	128	265,896	418	28.42%	94.85%	26.96%
1958	15,132	1,025	1,186,833	1,645	420,123	191	395,445	622	35.40%	94.13%	33.32%
1959	16,310	1,105	1,114,388	1,544	471,694	215	415,777	654	42.33%	88.15%	37.31%
1960	17,574	1,191	1,218,307	1,688	486,446	221	454,217	714	39.93%	93.37%	37.28%
1961	18,640	1,263	1,383,133	1,917	765,064	348	724,122	1,139	55.31%	94.65%	52.35%
1962	20,012	1,356	1,502,667	2,082	575,445	262	561,492	883	38.29%	97.58%	37.37%
1963	19,431	1,316	666,480	924	606,501	276	590,381	928	91.00%	97.34%	88.58%
1964	20,180	1,367	2,355,799	3,265	2,009,778	914	2,006,124	3,154	85.31%	99.82%	85.16%
1965	30,773	2,085	3,705,288	5,135	3,374,758	1,535	3,372,770	5,303	91.08%	99.94%	91.03%
1966	43,675	2,959	5,030,787	6,972	3,702,120	1,684	3,688,738	5,800	73.59%	99.64%	73.32%
1967	52,463	3,554	5,375,533	7,449	4,267,714	1,941	4,236,133	6,660	79.39%	99.26%	78.80%
1968	49,093	3,326	4,920,768	6,819	3,854,857	1,753	3,811,352	5,992	78.34%	98.87%	77.45%
1969	46,659	3,161	5,851,213	8,108	4,176,930	1,900	4,117,505	6,474	71.39%	98.58%	70.37%
1970	38,479	2,607	4,486,259	6,217	2,421,431	1,101	2,386,557	3,752	53.97%	98.56%	53.20%
1971	32,487	2,201	5,738,367	7,952	3,322,099	1,511	3,234,718	5,086	57.89%	97.37%	56.37%
1972	23,761	1,610	4,925,378	6,825	2,427,744	1,104	2,393,837	3,764	49.29%	98.60%	48.60%
1973	22,561	1,529	4,225,460	5,856	2,524,379	1,148	2,330,462	3,664	59.74%	92.32%	55.15%
1974	18,407	1,247	3,336,280	4,623	1,424,717	648	1,409,245	2,216	42.70%	98.91%	42.24%
1975	14,097	955	1,965,850	2,742	1,072,827	488	1,005,504	1,581	54.57%	93.72%	51.15%
1976	13,443	911	2,134,460	2,958	845,732	385	816,897	1,284	39.62%	96.59%	38.27%
1977	9,380	636	2,750,250	3,811	1,267,330	576	1,202,372	1,890	46.08%	94.87%	43.72%
1978	9,788	663	1,711,110	2,371	802,975	365	754,225	1,186	46.93%	93.93%	44.08%

1979	8,135	551	1,665,377	2,308	1,085,612	494	1,021,747	1,606	65.19%	94.12%	61.35%
1980	10,322	699	1,723,365	2,388	930,272	423	843,877	1,327	53.98%	90.71%	48.97%
1981	10,037	680	1,853,090	2,568	634,362	289	616,500	969	34.23%	97.18%	33.27%
1982	8,934	605	2,047,467	2,837	837,524	381	822,078	1,293	40.91%	98.16%	40.15%
1983	8,523	577	1,913,314	2,651	1,072,467	488	982,942	1,545	56.05%	91.65%	51.37%
1984	8,166	553	1,843,320	2,554	1,003,330	456	1,000,888	1,574	54.43%	99.76%	54.30%

註：1919 年的對日輸出量超過總輸出量和產量，1922 年的對日輸出量超過總輸出量，疑係統計錯誤。

資料來源：

栽培面積：產量（1）1907-1915 年，見臺灣銀行經濟研究室編，《臺灣之香蕉》（臺北：臺灣銀行經濟研究室，民國38年，1949），頁 52-62；（2）1916-1984 年，見黃松源、黃朝陽編，《臺灣省青果運銷合作社十週年誌》（臺北：臺灣省青果運銷合作社，民國 74 年，1985），頁 101-108。

輸出量：1916-1984 年，見黃松源、黃朝陽編，《臺灣省青果運銷合作社十週年誌》。

對日輸出量：（1）1907-1945 年，見周憲文，〈日治時代臺灣之農業經濟〉，《臺灣銀行季刊》8：4（臺北：臺灣銀行經濟研究室，民國 45 年 12 月），頁 114。原出處為省政府主計處編，《臺灣貿易 53 年表》；（2）1950-1984 年，見《臺灣省青果運銷合作社十週年誌》，頁 31-33、109。

其次，就產量而言，其趨勢雖與栽培面積大抵一致，亦即有兩個循環期，但第一循環期的高峰是在 1937 年，而非 1936 年，並且 1937 年的產量是 1910 年的 35.8 倍。第二高峰（1967 年）時的產量則為 1910 年的 82.5 倍，皆超過栽培面積的增加率，雖意味著單位面積產量的增加。然而，1910 年、1937 年和 1967 年，每公頃產量各為 95.98 公擔、109.82 公擔和 102.46 公擔，顯示出增加的幅度和時間並不一致；再者，谷底時（1945 和 1984 年），每公頃產量則為 60.31 公擔和 225.73 公擔。1945 年的少量或許是特殊現象（戰爭因素），1984 年的高產量則或許可以說是第二高峰（1967 年）以後，農民汲汲於香蕉栽培，以及香蕉研究所（民國 57 年創立）技術改良的具體成果，事實上，民國 60（1971）年以後，雖然總產量日減，但每公頃產量卻都在 160 公擔以上，其至有高達 293 公擔者（1977 年），固然天候的自然因素導致單位面積產量的不定，但

不可否認的是戰後每公頃的平均產量確實增加了。

香蕉產業的成長與否之主要關鍵是輸出貿易之盛衰。它的兩個發展循環期都密切關連著兩個出口週期。就出口量而言，其第一高峰和第二高峰都與產量的高峰相同，谷底亦同，顯示出其相關性非常大。香蕉的外銷市場一直以日本為主，日治時期如此，戰後依然，換言之，臺蕉在日本的競爭能力關係著臺蕉的盛衰和蕉農的生計。在第一發展循環期，除了1941-45年外，對日本的輸出量大抵佔總產量的60%以上；第二循環期的情況亦不因臺灣政權的轉移而變，即使1960年代以後，日治時期最主要出口品的糖和米逐漸在日本市場消失蹤影時，香蕉仍然為日本消費者所嗜好，而使臺灣博得「香蕉王國」的美譽。

其實，在日治時期，主要出口品有米、茶、糖、香蕉、鳳梨罐頭、樟腦、煤等農礦產品和農產加工品，其中，糖的出口值一直高佔總出口值的40%以上（甚至在1920年達到65.75%），而米的出口值則在10%以上（亦有4年在30%以上），茶的出口值則與年遞減，日治初期還保持10%以上，1916年以後就只維持在5%左右。樟腦的比重亦自21.48%（1896年）下降到2%以下，相形之下，香蕉的地位則自0.16%（1907年）上昇到5.01%（1940年），大致維持在3%左右，即使1937年（高峰）亦然。[2]而香蕉出口值的成長迅速，由於無從得知1896-1945年通貨膨脹率的資料，所以只能以它在總出口值中的地位、以及與其他商品之出口值變動的比較情況來窺知其相對比重。如前所述，香蕉的出口值在總出口值中的比例一直穩定成長，而其他重要出口商品（米、糖、茶）皆下降；再者，自1896年至1940年，如表2所示，1940年的出口總值增為1896年的49.67倍，而個別商品方面，米增為95.94倍，茶為3.59倍，糖為145.56倍，香蕉則增為1907年的644.5倍，鳳梨罐頭成長更快（1907年的785.21倍）。此數字不但意味著當時殖民地臺灣對母國日本

---

[2] 周憲文，〈日治時代臺灣之對外貿易〉，《臺灣銀行季刊》9：1（臺北：臺灣銀行經濟研究室，民國46年6月），頁42-47。

擔負著提供米、糖等重要民生必需品的義務，更意味著隨著時間的推移，日本對臺灣農業政策的改變，亦即因為日本茶的蓬勃成長，[3]如第3節將分析，日本殖民地當局並不鼓勵臺灣農民栽種茶葉，以致於與日本茶在海外競爭，而逐漸實施多元化的農產品生產政策，以供給其本國民眾的需求乃至開拓海外市場，而此市場則是日本本國商品所無法供應的。就此意義而言，香蕉業的成長更突顯了作為殖民地的臺灣的經濟發展與出口貿易（即主要流向日本本國）之一大特徵。

表 2 商品別輸出價值指數表，1896-1943 年

年份	總數	米	茶	糖	香蕉	鳳梨罐頭	樟腦	酒精	煤	其他
1896	100	100	100	100	—	—	100	—	100	100
1897	130	205	118	176	—	—	62	—	135	294
1898	149	363	106	235	—	—	53	—	296	393
1899	129	146	101	218	—	—	83	—	422	323
1900	131	259	82	144	—	—	95	—	587	489
1901	137	236	72	217	—	—	96	—	804	532
1902	185	386	115	277	—	—	152	—	809	432
1903	182	631	107	156	—	—	126	—	635	488
1904	199	667	102	263	—	—	125	—	696	545
1905	213	646	108	385	—	—	110	—	491	534
1906	246	812	88	566	—	—	115	—	600	615
1907	240	674	92	489	100	100	146	—	483	733
1908	296	1,155	98	618	241	353	90	100	422	860
1909	421	979	105	1,505	355	316	179	149	400	814
1910	526	766	110	2,306	784	200	162	248	278	1,063
1911	569	868	124	2,481	859	395	142	569	491	1,155

[3] 有關日本茶的成長及其與中國茶的競爭，請參閱陳慈玉，《近代中國茶業的發展與世界市場》（臺北：中央研究院經濟研究所，民國 71 年），頁 221-229、234-240。

1912	551	1,124	117	1,952	768	637	221	2,137	513	1,311
1913	468	1,719	112	1,012	850	837	198	2,027	422	1,374
1914	515	758	116	1,810	1,334	684	219	2,595	896	1,447
1915	664	910	140	2,372	1,557	737	205	7,179	809	1,815
1916	986	891	134	4,121	2,400	1,032	256	10,900	2,026	2,736
1917	1,279	1,419	142	5,502	3,661	1,453	230	12,431	8,970	3,413
1918	1,223	2,720	168	3,982	4,714	2,047	192	15,559	13,313	3,483
1919	1,560	3,778	145	5,670	4,659	2,958	230	17,075	39,078	2,876
1920	1,898	1,881	114	9,300	4,107	4,463	311	13,325	46,087	3,077
1921	1,338	2,118	142	5,680	9,445	4,553	73	8,496	31,153	2,798
1922	1,385	1,537	166	5,705	15,641	4,532	279	3,252	32,648	3,559
1923	1,743	2,597	175	7,459	18,855	4,874	237	5,740	32,765	3,774
1924	2,226	5,314	186	8,236	27,252	7,121	267	6,215	40,739	5,472
1925	2,310	7,899	200	7,296	20,952	10,153	185	7,789	40,648	5,878
1926	2,206	6,911	213	6,642	25,789	9,274	148	8,109	43,087	6,608
1927	2,165	7,449	201	6,474	19,975	16,674	121	7,295	33,296	6,338
1928	2,180	5,831	171	8,023	19,777	13,737	196	7,483	21,191	5,708
1929	2,386	5,403	163	9,356	19,291	23,474	174	8,028	16,070	6,846
1930	2,119	4,238	152	9,283	19,480	18,653	96	5,440	14,057	4,797
1931	1,938	4,501	130	8,034	19,384	22,111	96	4,516	12,013	4,470
1932	2,112	6,915	92	8,168	16,234	28,374	103	4,663	7,722	4,292
1933	2,180	7,084	109	7,794	18,764	27,100	169	7,688	11,852	5,109
1934	2,685	11,164	172	8,008	20,025	26,684	186	9,307	9,757	6,971
1935	3,078	11,564	160	9,911	23,280	42,516	180	9,648	5,800	8,422
1936	3,404	13,616	175	10,864	25,377	38,126	218	7,788	9,800	8,809
1937	3,863	13,822	220	12,528	28,034	48,526	183	10,169	17,096	11,445
1938	4,005	14,106	218	12,378	30,186	54,800	166	13,031	34,722	12,743
1939	5,203	14,075	366	16,993	38,650	70,216	246	22,067	39,857	19,255
1940	4,967	9,594	359	14,556	64,450	78,521	193	19,219	54,487	25,432

1941	4,334	7,877	479	12,698	51,852	57,642		172	17,624	36,530	22,291
1942	4,591	8,482	478	15,291	30,207	45,363		35	19,707	32,717	22,075
1943	3,518	7,358	541	9,120	13,027	26,695		99	21,437	23,909	20,318

資料來源：周憲文，〈日治時代台灣之對外貿易〉，《臺銀行季刊》9：1（臺北：
　　　臺灣銀行經濟研究室，民國46年6月），頁44-45。

　　而在對日本的輸出方面，如表2所示，也可以看到類似的趨勢，並
且香蕉與烏龍茶為主的茶葉是僅次於米糖的商品。

表3　1897-1945年臺灣對日出口商品統計表：主要出口商品

值：圓、比例：%

商品 年代	米合計 值	比例	砂糖合計 值	比例	香蕉 值	比例	茶類合計 值	比例	煤炭合計 值	比例	鹽 值	比例	鳳梨罐頭 值	比例	酒精類合計 值	比例
1897	74,616	3.56%	1,194,000	56.90%	--		18,020	0.86%	--		--		--		--	
1898	1,146,489	27.70%	1,602,265	38.71%	--		53,218	1.29%	--		747	0.02%	--		--	
1899	62,623	1.72%	1,748,879	48.16%	--		275,438	7.59%	--		24,739	0.68%	--		--	
1900	93,119	2.19%	1,537,838	36.20%	--		490,912	11.55%	--		--	0.00%	--		--	
1901	1,024,332	14.30%	2,292,648	32.01%	--		704,595	9.84%	--		49,958	0.70%	--		--	
1902	1,608,186	22.35%	3,172,407	44.08%	--		240,841	3.35%	--		87,448	1.22%	760	0.01%	--	
1903	4,889,859	51.59%	2,170,918	22.90%	--		303,010	3.20%	--		122,178	1.29%	--	0.00%	--	
1904	3,544,520	34.99%	3,791,347	37.43%	--		192,371	1.90%	--		63,686	0.63%	--	0.00%	--	
1905	5,365,177	39.93%	5,863,330	43.64%	--		120,513	0.90%	455	0.003%	133,533	0.99%	1,144	0.01%	--	
1906	7,133,375	39.59%	8,506,117	47.21%	--		109,272	0.61%	216	0.001%	100,714	0.56%	14	0.00%	--	
1907	5,996,405	34.54%	7,455,918	42.94%	43,146	0.25%	215,275	1.24%	58	0.000%	125,713	0.72%	18,639	0.11%	--	
1908	10,128,265	41.91%	9,440,560	39.07%	104,515	0.43%	185,802	0.77%	400	0.002%	160,335	0.66%	66,512	0.28%	74,670	0.31%
1909	8,805,818	24.36%	23,001,769	63.62%	155,879	0.43%	292,560	0.81%	--		145,924	0.40%	59,906	0.17%	111,603	0.31%
1910	6,875,036	14.37%	34,771,495	72.69%	345,030	0.72%	587,848	1.23%	3,120	0.007%	220,683	0.46%	37,779	0.08%	186,305	0.39%
1911	7,901,381	15.42%	36,872,558	71.95%	378,005	0.74%	121,705	0.24%	582	0.001%	235,175	0.46%	74,907	0.15%	421,971	0.82%
1912	10,260,694	21.63%	28,134,144	59.32%	336,617	0.71%	153,578	0.32%	1,147	0.002%	226,781	0.48%	121,151	0.26%	1,502,780	3.17%

1913	15,693,641	39.15%	15,479,098	38.61%	374,234	0.93%	134,189	0.33%	1,980	0.005%	184,149	0.46%	158,396	0.40%	1,507,366	3.76%
1914	6,905,311	15.24%	27,673,067	61.09%	587,017	1.30%	441,670	0.98%	19,348	0.043%	344,878	0.76%	130,450	0.29%	1,945,554	4.29%
1915	8,057,643	13.51%	35,921,720	60.25%	684,564	1.15%	1,099,318	1.84%	1,060	0.002%	322,317	0.54%	139,476	0.23%	5,321,355	8.92%
1916	6,960,089	8.81%	51,685,046	65.42%	1,054,056	1.33%	1,498,272	1.90%	68,152	0.086%	405,596	0.51%	195,232	0.25%	7,686,284	9.73%
1917	12,618,394	12.05%	68,344,719	65.25%	1,600,618	1.53%	3,794,266	3.62%	251,347	0.240%	457,002	0.44%	264,227	0.25%	8,482,576	8.10%
1918	24,830,529	23.73%	54,642,102	52.22%	2,014,807	1.93%	1,195,951	1.14%	113,711	0.109%	494,745	0.47%	382,609	0.37%	10,439,229	9.98%
1919	34,491,734	24.50%	79,112,371	56.19%	2,030,343	1.44%	301,544	0.21%	893,185	0.634%	182,321	0.13%	514,887	0.37%	12,239,841	8.69%
1920	17,118,664	9.55%	135,224,159	75.47%	1,805,518	1.01%	292,801	0.16%	1,439,633	0.803%	123,321	0.07%	830,138	0.46%	9,878,422	5.51%
1921	19,294,129	15.14%	84,709,280	66.47%	4,156,042	3.26%	358,342	0.28%	579,321	0.455%	366,112	0.29%	865,446	0.68%	5,801,310	4.55%
1922	13,581,618	10.77%	84,468,656	67.01%	6,875,823	5.45%	139,860	0.11%	1,791,022	1.421%	950,362	0.75%	860,410	0.68%	1,787,024	1.42%
1923	23,636,921	14.04%	111,807,763	66.41%	8,280,418	4.92%	215,914	0.13%	1,841,293	1.094%	1,006,976	0.60%	925,369	0.55%	3,005,444	1.79%
1924	48,486,256	23.07%	119,911,187	57.05%	11,816,303	5.62%	408,867	0.19%	2,068,924	0.984%	1,669,034	0.79%	1,350,968	0.64%	3,039,628	1.45%
1925	72,110,218	33.71%	105,651,158	49.38%	9,096,358	4.25%	235,345	0.11%	1,903,409	0.890%	1,239,871	0.58%	1,917,564	0.90%	3,854,578	1.80%
1926	63,092,470	31.38%	98,375,836	48.93%	10,900,377	5.42%	130,434	0.06%	1,475,054	0.734%	903,618	0.45%	1,752,057	0.87%	4,081,135	2.03%
1927	67,885,705	33.82%	96,430,734	48.04%	8,616,464	4.29%	111,993	0.06%	1,484,379	0.739%	601,782	0.30%	3,145,630	1.57%	3,616,195	1.80%
1928	53,229,101	25.02%	121,413,629	57.06%	8,614,837	4.05%	108,450	0.05%	910,323	0.428%	646,129	0.30%	2,604,326	1.22%	3,602,253	1.69%
1929	49,320,566	20.81%	142,601,812	60.16%	8,419,100	3.55%	147,162	0.06%	389,028	0.164%	708,716	0.30%	4,407,878	1.86%	3,505,152	1.48%
1930	38,695,385	17.83%	141,865,177	65.38%	8,369,850	3.86%	177,321	0.08%	363,238	0.167%	837,529	0.39%	3,481,135	1.60%	2,592,076	1.19%
1931	41,097,219	20.40%	120,475,130	59.81%	8,329,152	4.14%	232,738	0.12%	470,760	0.234%	1,118,046	0.56%	4,157,836	2.06%	3,054,427	1.52%
1932	63,074,989	28.30%	121,718,906	54.62%	6,982,753	3.13%	519,375	0.23%	460,046	0.206%	958,697	0.43%	5,151,173	2.31%	2,975,544	1.34%
1933	64,627,800	28.01%	118,614,462	51.40%	7,899,188	3.42%	942,961	0.41%	1,195,362	0.518%	1,062,972	0.46%	4,791,127	2.08%	5,455,367	2.36%
1934	101,816,421	36.44%	122,321,543	43.78%	8,137,941	2.91%	1,129,150	0.40%	857,405	0.307%	998,094	0.36%	4,537,125	1.62%	6,950,923	2.49%
1935	105,545,183	33.59%	145,977,479	46.46%	9,465,551	3.01%	1,049,086	0.33%	747,342	0.238%	978,910	0.31%	7,306,809	2.33%	6,767,165	2.15%
1936	124,568,803	34.71%	163,495,301	45.56%	10,586,507	2.95%	1,088,704	0.30%	1,036,772	0.289%	1,102,603	0.31%	5,856,855	1.63%	5,637,922	1.57%
1937	127,223,441	31.01%	188,985,935	46.07%	11,736,412	2.86%	1,443,835	0.35%	2,563,035	0.625%	1,096,152	0.27%	7,599,849	1.85%	7,429,567	1.81%
1938	126,907,426	30.21%	177,596,157	42.27%	12,855,634	3.06%	1,931,991	0.46%	5,756,529	1.370%	1,744,883	0.42%	8,457,899	2.01%	9,442,062	2.25%
1939	127,300,248	24.97%	229,254,158	44.97%	16,519,291	3.24%	2,748,014	0.54%	4,488,734	0.881%	1,080,298	0.21%	11,211,443	2.20%	16,525,970	3.24%
1940	84,243,221	18.34%	185,592,613	40.41%	25,645,105	5.58%	3,946,816	0.86%	4,519,524	0.984%	510,967	0.11%	10,411,271	2.27%	14,396,831	3.13%

1941	70,734,943	18.62%	156,510,235	41.21%	17,766,370	4.68%	4,669,464	1.23%	1,525,103	0.402%	683,463	0.18%	3,711,082	0.98%	13,212,568	3.48%
1942	76,155,232	18.15%	184,524,209	43.97%	11,028,542	2.63%	5,447,911	1.30%	2,419,696	0.577%	2,047,028	0.49%	6,175,897	1.47%	14,732,229	3.51%
1943	66,027,500	22.56%	97,450,854	33.29%	5,401,897	1.85%	3,837,334	1.31%	580,773	0.198%	3,733,785	1.28%	2,248,808	0.77%	16,015,650	5.47%
1944	30,199,842	14.00%	51,347,707	23.81%	199,855	0.09%	2,107,677	0.98%	--		2,009,508	0.93%	414,562	0.19%	10,873,145	5.04%
1945	751,967	5.25%	6,024,482	42.06%			18,640	0.13%	--		330,837	2.31%	--		27,567	0.19%

資料來源：臺灣總督府財務局稅務課，《臺灣外國貿易二十年對照表：自明治二十九年至大正四年》。臺北市：同編者，1916、臺灣總督府財務局稅務課，《臺灣貿易年表》大正四年至昭和十七年。臺北市：同編者，1916-1943、臺灣省政府主計處，《臺灣貿易五十三年表》。臺北市：同編者，1954。

備註：1. 1940 年部分出口數據欠缺。
2. 比例為在總出口值中的比重。

至於戰後香蕉的出口則與臺灣整體的經濟發展和輸出性質的轉變有關，輸出性質的重要轉變，即非傳統輸出逐漸替代傳統輸出，傳統輸出包括部分的農產品和農產加工品，如糖、米、香蕉、鳳梨罐頭、茶等；非傳統輸出為洋菇罐頭、棉布、夾板、水泥、金屬及其製品、人造合成纖維及其織品、塑膠及其製品、機器及工具、棉質衣著、棉紗等。在民國 47（1958）年以前，貨物輸出中以傳統輸出為大宗，47 年以後傳統輸出的地位日趨下降。

傳統輸出中蔗糖扮演著最重要的角色，在民國 47 年以前，每年均佔出口總值的 50% 以上；其次為米，每年約佔 10-15%，此兩宗輸出仍沿襲著日治時期的地位。此後則急劇下降，到民國 57（1968）年，貨物輸出中蔗糖僅佔 5.6%，而米只有 1.5%，與民國 42（1953）年的高佔 67%（糖）和 10.6%（米），形成明顯的對照。反之，香蕉在出口總值中的地位則呈上昇之勢，自民國 42-45 年期的 3% 增至民國 54-57 年期的 8.5%。再者，就實質增加率（用量表示）而言，香蕉亦與米、糖相異，糖輸出之成長率自民國 42-45 年期的 16.1% 降至 54-57 年期的 -5%；同時，米出口的成長率亦從 42-45 年期的 63% 降至 54-57 年期的 -1.4%，相形之

下，香蕉輸出的成長率則有可觀的增加，由 42-45 年期的 -13.23% 至 54-57 年期的 18.90%，而在 50-53 年期更高達 72.83%，[4] 固然此後亦趨向下降，但不可否認的是臺灣蕉業在 1970 年以前曾經一直是成長的出口業。

既然香蕉業的發展有兩個循環週期，那麼，此兩週期的興衰因素是否相同呢？固然臺蕉的外銷市場一直以日本為主，日本市場的變化影響甚大，尤其在 1960-70 年代，中南美和菲律賓的香蕉逐漸在日本取得一席之位、形成激烈的國際競爭局面時，臺灣香蕉貿易屢生挫折，影響蕉業的前途。但是，仔細進一步觀察此兩週期的變化，可以發現到除了外銷市場的因素外，政府政策的改弦易張也關係著香蕉業的發展，亦即政府制定不同的產銷制度，以致於影響生產者與中間商的利益分配和生產運銷意願，而運輸交通的發達與否和包裝的是否改進更與香蕉的運輸成本、品質維護有密切關連，因為自產地至臺灣港口裝船運輸、自日本港口卸貨至消費者手中，遠渡重洋，千里迢迢，如何把生鮮的香蕉的損傷程度減至最低，以增加利潤，是生產和運銷者最關切的問題，所以臺灣香蕉必須得到生產者、中間商、運輸者的層層環節的緊密配合，才能屹立於世界市場上，而這些環節的連絡者就是政府主管當局；毋寧可以說政府所制定的產銷政策主導著這些環節的結合和折衝。

三、茶業發展過程

臺灣茶葉的出口遠早於香蕉，如表 3 和圖 1 所示，1865 年，英人德克（John Dodd）前來臺灣，發見臺灣北部茶業品質優良，並且許多地方適於生產，認為如能加以改進推廣，前途有無限之希望，乃於翌年創

---

[4] 以上根據于宗先，〈臺灣對外貿易與經濟發展〉，于宗先、孫震編，《臺灣對外貿易論文集》（臺北：聯經出版公司，民國 64 年），頁 104-106。

立 Dodd & Co.（寶順洋行），試辦收買茶葉，為外人在臺經營茶業之先驅。[5] 唯當時臺灣所製茶葉，僅為粗製茶而已，必須運往福州或廈門加以精製。至 1868 年，德克在臺北艋舺建置精製茶場以後，始免運往福州或廈門精製之勞費，此為臺灣精製茶之濫觴，亦為外國資本在臺灣建立廠行，長期從事茶葉經營之始。而當時所製之茶為烏龍茶。

烏龍茶的主要市場是美國，寶順洋行曾於 1869 年以帆船兩艘載茶 284,133 磅，逕運美國紐約，大受歡迎，此為臺灣茶直接輸出國際市場之嚆矢。於是臺灣茶聲價大增，外國商人遂接踵而來此設立廠行，從事經營。在美國市場上，這些由廈門輸出的臺灣茶，因為品質佳，成為由福州輸出的福建茶之難與匹敵的競爭者，例如 1876 年由廈門輸出 46,000 半箱的臺灣烏龍茶，而從福州僅輸出了 4,500 半箱烏龍茶到美國。

再者，臺灣烏龍茶之製造方法，雖然傳自福州，但在臺灣發揚光大，其所製茶之品質，已凌駕於福州和廈門產之烏龍茶，馳騁於國外消費市場（90% 以上銷美國）而博得聲譽。這些輸出茶，皆由在淡水之洋行自行烘焙裝箱，因此能保持一定水準之品質。嗣後茶市驟興，遂有廈門茶商渡臺，在此建廠從事包裝，使英國洋行停止包裝工作，而集中於購買已包裝了的茶葉輸出。洋行之製造比較小心，中國人則承襲陋習，粗製濫造或混合茶屑以增加重量。臺灣之稍有餘資者，亦慕茶利，急為仿效。其茶或在淡水，或在廈門，均賣與洋行承受，終能盡運美國全銷，使生產者、包裝者與運輸者皆得利。

除了製造烏龍茶以外，中國茶商並且設廠製造包種茶。1881 年臺灣包種茶即首次輸出 40,666 磅[6]，但此後輸出數量仍有限。而且包種茶主要之市場為中國大陸和南洋，在南洋之地與福建茶相競爭，並不威脅

---

[5] 陳慈玉，《近代中國茶業的發展與世界市場》，頁 188。

[6] China, Imperial Maritime Custom, *Annual Trade Reports and the Trade Returns of the Various Treaty Ports, 1864-1920*, 1881, 淡水。

到福建茶的西歐市場，而洋行也不經營包種茶。

臺灣於 1895 年成為日本的殖民地，日本在臺灣實施強而有力的殖民政策，其施政原則是配合日本本國的利益，由於日治初期茶葉是賺取外匯的商品，所以「當局」頗為重視，茶產地逐漸擴張，自臺北州而新竹州。[7]

茶葉的產量亦逐年增加，自 1895 年的 1,020 萬公斤增至 1917 年的 1,716 萬多公斤（增加率為 71.6%），達到了顛峰，此後即逐步下降，到第二次世界大戰前夕只有 1,085 萬公斤左右，大約降低到日治初期的水準。產量達於顛峰乃是由於第一次世界大戰之後，包種茶擴大對東南亞的出口的緣故。在 1918 年以前，烏龍茶和包種茶的出口量皆呈上昇的趨勢，但此年以後，烏龍茶漸減，包種茶漸增，因後者增加的速度比不上前者減少的速度，所以總出口量是下降的趨勢。影響所及，茶農生產意願不高，故茶園面積與粗製茶產量逐漸減少。

1. 紅茶的登場

除了烏龍茶與包種茶之外，紅茶亦從 20 世紀初期開始出現於市場，由於印度和錫蘭紅茶早已雄霸東南亞地區，所以臺灣紅茶是供給日本本國為主要目的的，至於綠茶的生產完全是為了臺灣本島的需要。[8] 因為日本是綠茶的出口國，在美國市場上甚至超越了中國綠茶的地位，為日本帶來了龐大的外匯，故當然不會允許殖民地的綠茶與之在世界市場中競爭。

從臺灣紅茶的出現於歷史舞台可以認識到日本殖民政策之一端，我們以下略述之。

---

[7] 臺灣總督府殖產局特產課，《臺灣の茶業》（臺北：臺灣總督府，1935），頁 3-4。

[8] 臺灣總督府殖產局特產課，《茶業ニ關スル調查書》（臺北：臺灣總督府，1935），頁 2-4。

臺灣總督府於 1901 年，在文山郡之深坑庄和桃園龜山之楓樹坑，著手設立茶樹栽培試驗所。2 年後，在桃園廳竹北二堡草湳坡庄（現今之中壢平鎮），設置機械製茶試驗所，從事大規模的試驗，1909 年將之撤廢而另於該地設茶樹栽培試驗所，研究茶樹之改良、育種，烏龍茶製造方式之改進，和紅茶之試製。1922 年，該試驗所改為中央研究所的平鎮茶業試驗支所。這是官方的行動。

民間方面，三井財閥早於 1899 年即在臺北縣海山地區和桃園大溪地區開拓大規模之茶園，嗣後建設新式製茶廠，專製紅茶，這就是後來馳譽遐邇的一等紅茶「日東紅茶」。1918 年，臺灣拓殖製茶株式會社（資金 300 萬圓）成立，配合當局之政策，擴展製造紅茶。但製造技術欠佳，所製的紅茶品質較劣，不受歡迎，所以出口量一直不多。直到 1928 年，三井財閥再投資建設新式製茶廠，改進製造技術，積極提高品質，乃能逐漸擴大市場，出口到英國、香港和美國，於 1934 年，和烏龍茶、包種茶鼎足而立，此後的出口量超過前二者，補充了日本茶所不及之處。亦即日本本國大多僅生產綠茶，除供給國內消費外，還出口到美國，而臺灣烏龍茶在美國可能威脅到日本茶的優越地位，於是殖民地當局乃讓臺灣成為紅茶的製造地區，不但回流到日本，並且經由三井財閥的努力推銷，拓展市場到歐洲和美國，與錫蘭，印度和中國紅茶相競爭。至於包種茶，則以東南亞和中國大陸為主要出口區域，在此與中國茶相競爭。【9】換言之，做為殖民地的臺灣，其茶葉生產必須配合日本母國的利益，分散市場，但也因此使臺灣茶多樣化，進一步行銷世界各地而博得佳名。

2. 世界情勢與茶葉出口

紅茶的擴大出口固然是日本三井財閥的宣傳行銷之功，但也與當時

【9】臺灣總督府殖產局，《臺灣茶業調查書》（臺北：臺灣總督府，1930），頁 107-113。

的世界情勢有關。在 1930 年，印度、錫蘭、爪哇和蘇門答臘等紅茶生產國家，因感到生產量太多而使紅茶價格低落，於是互相約定限制紅茶出口。繼於 1933 年締結「國際茶葉限制生產協定」[10]，企圖以減少供給量的方式來提高茶價（因為需求如果不變的話，則供給減少勢必促使價格上昇，何況需求是增加的），所以沒有加入協定的三井公司趁機努力擴展外銷，在「限產協定」的翌年（1934）即輸出了 330 萬公斤左右，約為前一年的 4 倍。紅茶從此成為臺灣茶葉製造者的寵兒，1937 年更出口了 581 萬公斤，創日治時代紅茶輸出量之最高記錄。直到 1944 年的戰爭最激烈時期，猶有 330 萬公斤的出口，足見其外銷之興旺，這完全是主要紅茶生產國家之限制生產協定和三井財閥完備的推銷網所促成的，但也不可忽視的是在 1941 年以後，日本侵略東南亞，激烈的海戰造成印度、錫蘭、爪哇等地的茶葉無法順利運往另一個戰場——歐洲，因而臺灣紅茶得到一發展的空間。

至於烏龍茶，在老主顧的美國市場上，遭遇了日本綠茶和爪哇紅茶的競爭，當時美國所進口的各種茶中，紅茶之比例為 63.2%，綠茶為 26.9%，臺灣烏龍茶為 8.9%（其他茶占 1.0% 左右），其中印度和錫蘭茶原來就有穩定的市場（約佔 33% 的比重），而日本茶也有相當的分量（19%），所以臺灣烏龍茶為了維持其地位，必須面對新興的爪哇茶的挑戰。大抵而言，烏龍茶的出口量在日治前夕（1893 年）創下最高記錄的 984 萬公斤後，直至 1918 年間，歷年一直保持 700-900 萬公斤的大關。但自 1919 年起，烏龍茶的出口數量即逐步下坡，該年為 688 萬公斤左右，1920 年居然只有 289 萬公斤，到 1940 年竟減至 149 萬公斤，僅為 1919 年的 21.7%，顛峰時的 15% 而已。究其原因，約有下列幾點：[11]

---

[10] 臺灣區茶輸出業同業公會，《臺茶輸出百年簡史》（臺北：臺灣區茶輸出業同業公會，1965），頁 13-14。

[11] 臺灣總督府殖產局，《臺灣茶業調查書》，頁 109。

（1）1920 年的世界不景氣時，爪哇茶大量傾銷美國，杜絕了烏龍茶的銷路。

（2）此後，印度、錫蘭和爪哇等茶業工作者非常努力於改良品質，使之能喫合消費者的需求，於是臺灣烏龍茶、日本茶和中國茶都蒙受極大的壓力。

（3）在臺灣內部，包種茶的發達侵犯了烏龍茶的領域，往昔製造烏龍茶者亦改製包種茶，從而不適於製成包種茶的品種（例如黃柑種）才被製造成烏龍茶，以致於降低了品質，嚇阻了顧客。

在此內外兩方面的不利於烏龍茶生產的情況下，其命運自然難測。所以從 1925 年起，包種茶的產量開始凌駕於烏龍茶。

如前所述，包種茶的主要海外市場是東南亞、香港和中國大陸，其中東南亞地區，原本是中國茶的領域，因為二十世紀初期以來，中國內亂頻仍，中國製茶業者粗製濫造，影響到銷路，故臺灣包種茶伺機流入，供給當地華僑和原住民的飲用。但是，新加坡和泰國於 1930 年代出現排斥日貨的現象，爪哇也於 1931 年提高茶葉進口關稅，中國大陸亦於 1920 年代後期展開激烈的拒買日貨運動，都使日本殖民地的臺灣所出產的包種茶遭受池魚之殃，所以輸出趨勢較為停滯。後來，日本佔領華北地區，並控制了東北，將臺灣包種茶推銷到這些地方，故出口量又遞增，再加上東南亞地區的被納入「大東亞共榮圈」，臺灣包種茶重新在此登堂入室，因此 1938、 1944 年居然出口 735 萬公斤，締造了最高的記錄。

總而言之，在日治時期，茶葉的主要消費市場是在海外，其輸出值一直居當時臺灣總輸出值的 29% 左右，是最主要的國際貿易商品（糖因為是供給日本，不屬於國際貿易），因此當局頗重視茶葉的生產與運銷，其輔導政策是配合日本的利益，身為殖民地子民的茶農和中間商，亦僅能聽命於日商的行銷，無法直接接觸到廣大的消費者。

戰爭結束時，臺灣茶業衰退到谷底，茶園滿目瘡痍，百廢待整，幸虧茶廠能倖免於美國的轟炸之下，茶業人力亦逐漸回流，所以復興並非

艱鉅。

首先，政府的農林機關接收所有日本人公私營茶業會社，成立省營的「臺灣茶業公司」（該公司於省營的「臺灣農林公司」成立後，併入為臺灣農林公司所屬之「茶業分公司」），著手重建日本人所遺留下來的所有茶園，整修製茶工廠。而民間茶業者，亦開始致力於復興工作。

於是，臺灣茶之出口重現曙光。此後逐年增加，如表 3 所示，到 1949 年 一躍突破 1,400 多萬公斤的外銷大關。 11 年之後（1960 年），茶園面積增至 4 萬 8 千多公頃，為臺灣茶園耕作鼎盛時期，翌年的茶葉總產量首次突破 2 千萬公斤，終於超越了日治時期的最高記錄。

復興所如此迅速，有其內在和外在環境的因素。在國內方面，政府積極獎勵復興茶園，輔導改良茶園耕作和製茶技術，並於 1957-1964 年間，由中央到省政府有關臺茶產銷的單位，共同組織了「臺茶改進委員會」，輔導全省茶園之剪枝、施肥、病蟲害防治和採摘等技術，建立了面積達 1 萬 1 千多公頃的示範茶園，奠定了臺灣茶園增產的基礎。民間茶業者亦汲汲於各種新技術的學習與吸收，努力耕耘，配合政府的輔導方針，所以能引進外來的製茶方法後加以改良，使之適應於臺灣本土，在舊有的基礎上發揮技術創新的功效。外在環境方面則為競爭強敵的相對弱勢，臺茶在世界市場的競爭對手一向是印度、錫蘭、爪哇三大產茶國，此三國遭逢第二次世界大戰戰火的摧殘（尤以爪哇為甚），尚未能復原，以致能供給的茶葉不多，因此臺茶能在短短四年之內就締造出口 1 千多萬的公斤的成績。

當時因政府財源尚不豐裕、所以無法如日治時期般的在國際著名報章雜誌上刊登廣告，擴大宣傳。而且許多茶業人士的出國皆係私人考察、聯誼或接洽推銷，【12】因此可以說還是臺灣民間人士致力於拓展茶

【12】臺灣區茶輸出業同業公會，《臺茶輸出百年簡史》，頁19-21；阮逸明，〈臺茶發展史略〉（作者贈送，特此致謝）。

葉市場、企圖開創臺灣茶之另一黃金時代的表現。結果，1965 年的出口量達到 1 千 9 百萬公斤左右的空前高記錄。

再者，政府的輔導工作並未因此停歇，1964-67 年間，一面輔導茶園更新機械和採摘技術，一面研究碎型紅茶的製造技術，企求能夠拓展外銷領域，建立臺灣碎型紅茶的國際市場，並在花蓮和臺東輔導生產紅茶，使茶葉的種植和製造逐漸自臺北縣、桃園縣而向南和向東延伸，創造了不少就業機會，有助於當地經濟環境的改善。

經由政府和民間的密切配合，1973 年的全臺灣粗製茶生產總量達 2 千 8 百多萬公斤，外銷量亦高達 2 千 3 百多萬公斤，再創有史以來臺茶產銷的最高顛峰，其中戰後才積極開發的綠茶佔 78%，這是與戰前以烏龍茶，包種茶和紅茶為主的情形的最大相異處。翌年雖因世界發生能源危機導致經濟衰退和茶消費量減少，曾使臺茶外銷一度受挫，但到 1980 年的 7 年間，每年仍能維持 2 千萬公斤左右的出口數量，[13] 約為總產量的 70-80%。

從戰後綠茶的出口可以看出日本在殖民臺灣時期的政策之一端。綠茶的開始製造較紅茶為早，但其開始出口的時期卻遠遲於紅茶，而數量卻在戰後大增，起初次於紅茶，1961 年之後則居臺灣茶之首位。

綠茶的出口始於日治時期的 1919 年，如前所述，在日治時期因統治者的政策使綠茶出口始終幾乎微不足道。

第二次世界大戰之後，臺灣綠茶的出口增加依然是因為外國洋行的開拓市場。英國協和洋行於 1948 年來臺設立分行，該洋行為世界著名的茶業貿易商，以生意人的眼光，發現臺灣若仿照大陸製造綠茶之方法來生產綠茶，則必會有極佳成績。於是經過該洋行的斡旋，從上海派綠茶專家來臺試製綠茶而告成功。遂覓定 12 所製茶廠，授以大陸綠茶製造方法，並貸與資金，開始製造綠茶，過程頗為順利，翌年即有 120 萬公

【13】阮逸明，〈臺茶發展史略〉。

斤左右的綠茶出口到北非，開展了綠茶的北非市場。3年之後（1952）的出口量激增4倍到615萬公斤，而超越了其他各種臺灣茶。此後綠茶之出口頗為順利，但到1960年，由於大陸和日本綠茶的競爭，臺灣綠茶之出口遭受挫折，導致協和洋行因無法獲利而退出臺茶之貿易事宜。從此，臺灣綠茶之外銷純由業者努力自謀擴展，不再依賴外國洋行，1963年增到627萬公斤，約佔輸出茶總量的50%左右，[14]此皆臺灣茶業者的警覺市場之變化與努力調適以爭取外銷的成就，亦即茶業製造者漸漸以綠茶取代往昔的烏龍茶和包種茶，來適應海外消費者嗜好的改變。到1970年代，輸出茶中綠茶的比重增加到70-80%。

總之，在十九世紀和二十世紀前半，臺灣茶葉大抵以外銷為主要生產的目標，即使到戰後1970年代，臺茶的大部分仍然是出口到世界各國。時代逐漸轉變，到1980年代，臺茶的消費市場終於發生空前的大變局，亦即由往昔以外銷為主的狀態，逐漸轉為內銷為重的情況。主因是臺灣經濟「奇蹟」，使臺幣升值、茶業生產和製造的勞力缺乏（工業工廠吸收了大部分的勞力）、工資高漲，臺茶逐漸喪失外銷競爭力。並且臺灣一般民眾的所得上升，生活品質提高，開始懂得欣賞飲茶的樂趣，不再只喝白開水了，所以聰明的茶商亦「腦筋急轉彎」，汲汲於製造和推銷各種適合國人品味的茶葉。

相對於日本的專門製造綠茶，由於生活、文化和經濟因素的交互作用，使臺灣成為世界上唯一兼具不發酵茶類（綠茶）、部分醱酵茶類（包種茶、烏龍茶）和全醱酵茶類（紅茶）產製技術的地方。在茶農的精心經營之下，各茶區亦依其產製環境之特性而發展出各種特色茶，各有其特殊風味，[15]吸引了各類型的品茶人士。

---

[14] 臺灣區茶輸出業同業公會，《臺茶輸出百年簡史》，頁21-22。

[15] 阮逸明，〈臺茶發展史略〉。

陳慈玉　香蕉、茶葉與臺日貿易

表 4　臺灣茶葉輸出量統計表（1865-1965）

年期 （公曆）	數量總計 （公斤）	價值總計 （見下之 說明）	各種茶輸出數量（公斤）				
			烏龍茶	包種茶	紅茶	綠茶	其他茶
1865	82,022	13,673	82,022	―	―	―	―
1866	81,371	13,565	81,371	―	―	―	―
1867	121,856	30,464	121,856	―	―	―	―
1868	203,494	67,845	203,494	―	―	―	―
1869	200,453	60,136	200,453	―	―	―	―
1870	632,407	358,448	632,407	―	―	―	―
1871	892,084	446,042	892,084	―	―	―	―
1872	1,170,811	800,249	1,170,811	―	―	―	―
1873	936,596	390,373	936,596	―	―	―	―
1874	1,476,627	836,952	1,476,627	―	―	―	―
1875	2,494,413	1,164,392	2,494,413	―	―	―	―
1876	3,534,312	1,899,693	3,534,312	―	―	―	―
1877	4,153,800	1,938,994	4,153,800	―	―	―	―
1878	4,815,660	2,836,424	4,815,660	―	―	―	―
1879	5,101,970	5,003,502	5,101,970	―	―	―	―
1880	5,428,553	3,574,159	5,428,553	―	―	―	―
1881	5,786,764	3,439,074	5,768,318	18,446	―	―	―
1882	5,421,536	3,076,722	5,421,536	―	―	―	―
1883	5,941,827	3,578,762	5,873,680	68,147	―	―	―
1884	5,620,440	3,265,476	5,620,440	―	―	―	―
1885	7,363,800	4,312,748	7,014,832	348,968	―	―	―
1886	7,283,283	4,579,728	7,283,283	―	―	―	―
1887	7,588,492	4,359,589	7,588,492	―	―	―	―
1888	8,144,460	5,021,787	8,144,460	―	―	―	―

23

1889	7,842,480	4,574,519	7,222,144	620,336		—	—	—
1890	7,717,200	4,803,957	7,717,200	—		—	—	—
1891	8,148,207	4,320,994	8,148,207	—		—	—	—
1892	8,204,138	5,011,087	8,204,138	—		—	—	—
1893	9,836,912	6,316,181	9,836,912	—		—	—	—
1894	8,229,602	6,237,637	8,229,602	—		—	—	—
1895	8,039,580	5,513,544	8,039,580	—		—	—	—
1896	9,643,373	5,861,174	9,643,373	—		—	—	—
1897	9,137,100	6,838,652	8,035,800	1,101,300		—	—	—
1898	9,052,100	6,299,316	7,840,200	1,216,900		—	—	—
1899	8,364,400	5,583,305	7,051,200	1,313,200		—	—	—
1900	8,849,684	5,322,725	7,255,700	1,503,500		—	—	90,484
1901	9,011,717	4,221,895	7,406,100	1,317,400		—	—	228,217
1902	9,930,307	6,959,766	8,555,800	1,200,400		—	—	174,107
1903	10,863,232	6,279,826	9,142,000	1,473,500		—	—	247,732
1904	9,858,790	5,982,612	8,152,900	1,457,100		—	—	248,790
1905	10,785,936	6,377,207	8,668,400	1,776,100		—	—	341,436
1906	10,441,046	5,176,727	7,965,100	1,933,900		400	—	541,646
1907	10,421,346	5,397,058	7,855,700	2,164,700		13,300	—	387,646
1908	10,594,655	5,152,864	7,740,400	2,483,000		15,500	—	385,755
1909	10,899,203	6,135,110	8,128,000	2,525,300		86,900	—	159,003
1910	11,327,263	6,425,418	8,104,400	2,805,800		68,900	—	348,160
1911	12,264,650	7,236,022	9,205,100	2,515,200		83,400	—	460,950
1912	11,369,830	6,827,511	7,325,699	3,594,717		32,700	—	416,714
1913	11,189,352	6,568,869	7,221,079	3,305,743		200,300	—	462,225
1914	11,308,896	6,800,416	7,488,347	3,448,824		91,500	—	380,225
1915	12,461,744	8,209,596	8,888,846	3,235,844		103,800	—	333,254
1916	12,456,740	7,823,919	8,486,592	3,404,991		135,900	—	429,257
1917	12,896,839	8,341,110	8,112,643	3,939,356		376,900	—	467,940

1918	13,166,351	9,808,966	8,806,681	3,810,404	149,800	—	399,466
1919	10,919,411	8,510,208	6,879,690	3,798,242	30,133	13,271	198,075
1920	6,879,599	6,693,059	2,893,305	3,851,603	37,004	3,146	94,541
1921	9,386,861	8,303,616	4,512,702	3,736,331	15,090	5,866	1,116,872
1922	9,231,704	9,691,871	5,378,583	3,648,922	27,935	4,502	171,762
1923	10,048,260	10,233,589	5,870,348	3,725,398	163,759	47,415	241,344
1924	9,976,750	10,912,964	5,144,177	4,361,092	179,171	26,531	265,779
1925	9,855,063	11,711,547	4,828,231	4,740,505	126,494	724	158,899
1926	10,399,335	12,475,467	4,789,887	5,388,515	86,246	49	134,638
1927	10,349,885	10,757,155	4,809,447	5,253,237	32,315	60	254,824
1928	8,889,352	10,029,440	4,135,487	4,455,762	38,464	163	259,476
1929	8,385,821	9,518,359	3,335,628	4,653,090	82,465	71	314,567
1930	8,408,560	3,869,779	3,178,673	4,626,058	237,714	72,383	293,732
1931	8,350,890	7,666,674	3,480,142	3,889,900	613,391	83,640	283,817
1932	6,932,606	5,387,037	3,932,622	2,195,666	262,957	138,749	402,612
1933	8,319,757	6,389,459	4,003,902	2,428,768	823,078	282,878	781,131
1934	9,984,447	10,047,098	3,048,284	3,093,020	3,296,532	5,203	541,408
1935	9,518,147	9,367,138	3,980,300	3,096,333	1,958,817	2,284	481,413
1936	10,153,072	10,264,590	2,804,308	2,647,106	3,469,769	—	1,231,889
1937	11,162,297	13,451,624	1,926,364	2,547,378	5,809,393	2	879,160
1938	11,434,484	14,237,201	2,462,335	3,411,536	4,849,419	81	711,114
1939	12,813,315	22,402,031	2,466,206	4,286,302	5,169,081	815	890,911
1940	9,372,051	—	1,487,200	2,336,474	5,224,346	451	323,580
1941	8,881,305	21,214,480	2,756	4,976,100	3,538,520	19	363,910
1942	8,570,334	23,589,287	16,372	4,608,961	3,707,293	6	237,702
1943	7,927,704	—	17,523	5,053,536	2,513,084	12	343,549
1944	10,653,767	—	5,700	7,346,281	3,301,786	—	—
1945	28,208	—	—	23,762	4,446	—	—
1946	3,497,985	—	382,167	1,114,720	1,928,697	—	72,401

25

1947	5,616,632	—	671,544	2,207,839	2,325,411	—	411,838
1948	8,595,930		—	220,354	2,965,114	4,002,976	—	1,407,486
1949	14,594,658	2,448,459	1,070,446	2,721,181	7,485,210	1,196,709	2,121,112
1950	6,856,491	2,962,664	241,350	772,132	4,206,922	640,112	995,975
1951	11,134,115	6,607,419	224,634	1,432,113	4,796,164	2,882,017	1,799,187
1952	9,479,329	5,745,270	72,916	1,442,582	406,027	6,149,759	1,408,045
1953	10,430,530	6,840,132	161,831	1,577,305	1,290,017	4,792,908	2,608,469
1954	14,868,184	9,469,012	245,108	1,316,671	5,021,673	2,318,025	5,966,707
1955	7,883,951	5,593,887	147,641	1,538,332	2,742,320	822,313	2,633,345
1956	10,633,640	5,050,905	247,424	1,535,348	2,743,975	2,291,790	3,815,103
1957	12,199,161	5,762,210	134,129	1,586,214	3,371,318	3,082,305	4,025,195
1958	12,031,390	6,769,334	213,678	1,744,335	3,346,524	3,169,815	3,557,038
1959	13,736,094	7,071,010	202,401	1,869,097	3,207,546	3,456,169	5,000,881
1960	11,437,273	6,347,000	202,162	1,738,974	3,296,363	2,510,153	3,689,621
1961	14,231,685	8,889,000	257,240	1,767,040	3,561,124	5,674,581	2,971,700
1962	12,627,148	7,889,000	250,055	2,096,148	2,870,186	5,044,654	2,366,105
1963	13,655,560	8,103,000	223,693	1,970,720	2,004,948	6,270,558	3,185,641
1964	14,937,076	8,424,000	264,087	2,079,118	2,392,823	6,002,391	4,198,657
1965	18,705,838		—	274,331	2,191,883	11,873,285	4,366,339		—

本表價值總計輸出金額之說明：

1. 1895 年以前為銀元（1 銀元之重量為七錢二厘）。

2. 1896 年至 1944 年為當時之日圓。

3. 1945 年以後為美金（元）。

資料來源：臺灣區茶葉輸出業同業公會提供。

圖 1 臺灣茶葉輸出量統計圖（1865-1965）

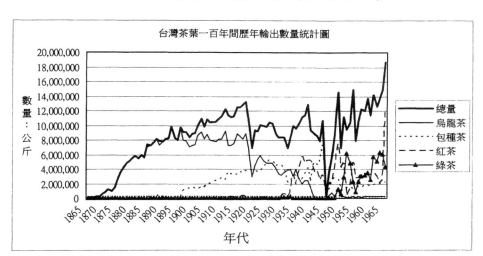

資料來源：表 4。

四、青果合作社與香蕉輸出

　　臺蕉的 60% 以上供給國外市場，其中日本市場高佔 90% 以上的比重，而臺灣蕉業的興衰又導因於外銷，所以臺蕉的輸出與臺日貿易息息相關。

　　二十世紀初期，臺蕉開始登場於日本，首先，1902 年航行於台灣日本之間的西京輪、臺中輪上的船員，常常攜帶少量香蕉（12-20 斤），交給日本神戶港的濱藤商店販賣，為臺蕉首次出現於日本店面。1903 年，基隆商人賴成發與日本郵船會社之都島金次郎合夥，將少量臺北縣所產的香蕉裝在竹籠中，經由基隆港出航的恒春輪載運至神戶；同時，日本陸軍買辦梅谷直吉以軍用船福井輪試運他在員林空地所種的香蕉，數量亦不多。到 1908 年以後交易才逐漸繁盛，民國元（1912）年時，從業香蕉商人已有 400 人左右，包括果販與出口業者，主要產地則自臺北向南

27

移，遍及臺中、霧峰、東勢、員林、二水一帶。【16】

隨著時間的流轉，輸出的臺蕉日增，其輸出結構亦變更多次，但是青果合作社一直扮演著相當重要的角色。

1. 日治時期

原本沒有固定的交易方式，生產者自行運送香蕉至商店，亦有的果販到香蕉園去購買，再運至批發商人處。商人將所購得的香蕉加以分類、包裝並刷上各自商標後，輸送到港口裝船或銷售島內各地。【17】換言之，在此階段，供給臺灣境內和流出海外的香蕉的流程一樣，沒有特別的輸出業團體來統一運作。

後來各州成立青果同業組合，各州的青果同業組合依法可以辦理集貨、檢驗、包裝等產地業務和共同運銷，但不及於出口業務和日本市場——這才是影響臺蕉發展的最重要因素。

因此臺灣總督府向日本農商務省交涉，由日本進口商、臺灣出口商、生產者和青果同業組合共同出資於 1924 年 12 月創設臺灣青果株式會社，本社設於臺中市，社長高田元治郎，資金 150 萬日圓，分 3 萬股，其中日本進口業者擁有 6,000 股，臺中方面為 17,000 股，臺南和高雄方面各分配 3,500 股。此會社成立的主要目標是改善交易方式，獨占各同業組合的香蕉之輸出權，其性質與一般營利公司不同，成立時即由官方規定如下：（1）紅利分配限制在 15% 以下；（2）凡董監事之選任、會社章程之變更和剩餘金之處分，均必須得到臺灣總督府的認可；(3)未

【16】劉天賜，《臺灣最近の經濟界》（臺北：臺灣經濟界社，1933），頁 102-103；高木一也，《ベナナ輸入沿革史》（東京：日本ベナナ輸入組合，1967），頁 17；黃松源、黃朝陽編，《臺灣省青果運銷合作社十週年誌》，頁 1-2。

【17】高木一也，《ベナナ輸入沿革史》，頁 52；黃松源、黃朝陽編，《臺灣省青果運銷合作社十週年誌》，頁 2。

陳慈玉　香蕉、茶葉與臺日貿易　　395

經會社之同意，不得買賣轉讓股份。【18】所以，在此前提之下，青果會社雖是民間投資的公司，但一直接受官方的監督，進而言之，它被官方賦與獨佔香蕉貿易之特權。凡是外銷的香蕉，均必須委託此會社辦理。

青果會社的股東既然包括日本進口商，這些商人於是壟斷了日本市場。他們在日本設置「荷受組合」，組織了日本各地的批發商，來擴大臺蕉在日本的銷售網。而青果會社更在「荷受組合」的所在地設立事務所，當香蕉糶市開始時，派人和「荷受組合」的幹部一起販賣，販賣所得的 10% 為青果會社的手續費，但「荷受組合」收取其中的七成，又有一成作為獎勵金退回給出貨人，故青果會社實際上只拿到 2% 以充當經常費。【19】

1925 年剛開始組織「荷受組合」時，消費市場僅有東京、橫濱、名古屋、大阪、京都和神戶等 6 大都市，後來逐漸擴大銷售網絡至北海道、九州、四國等島的大都市；並且到 1930 年代，除了日本本國以外，當時的殖民地朝鮮的主要都市、中國東北各地、天津、青島、上海、福州、廈門、香港等地，都留下臺蕉交易的痕跡，締造了臺蕉的黃金時代。

在這期間，日本國內各大都市的「荷受組合」陸續改組為會社組織，成為青果批發公司的型態，其中，下關荷受組合為台灣青果會社所收買，二次大戰期間（1940 年），該會社再收買了東京的昭和青果株式會社，【20】把營業的觸角直接伸展到日本國內的銷售。

再者，此會社的出現導致臺灣各州青果同業組合的改組。因為在此會社成立之前，臺蕉均經出口商之手輸銷日本，青果會社設置以後，生產者透過同業組合委託青果會社銷往日本，經「荷受組合」糶賣後，以

【18】高木一也，《ベナナ輸入沿革史》，頁 53-54。

【19】高木一也，《ベナナ輸入沿革史》，頁 54。

【20】高木一也，《ベナナ輸入沿革史》，頁 54-55、57-58。

29

頁 39 － 403

糶賣收入精算各項費用（「荷受組合」手續費、海運費、裝卸費、青果會社手續費、陸運費、同業組合手續費和包裝費等）後之剩餘，都交還出貨生產者，所以原來的青果出口商人無利可圖，而紛紛向臺灣總督府要求失業補償金（因為青果會社接受總督府的監督）。到 1926 年 5 月，總督府允許臺中州青果同業組合進行改組，由生產者支付 70 萬日圓作為輸出業者之失業補償金，出口商人全部退出該組合，並撤消加入者要有一定栽培面積的資格限制，規定凡生產者皆可為組合員，以期消除中間果商的剝削，而發展香蕉產業，增進蕉農之福利。後來，臺南、高雄的組合，相繼仿之（各補償 12 萬日圓和 17 萬日圓），而臺東與花蓮則自始即組織生產者的組合，並且皆加入前述的「臺灣青果同業組合聯合會」，這可以說是臺灣最早的農民團體。其主要任務有：（1）聯繫各同業組合；（2）運輸事宜的交涉和訂約；（3）監督青果株式會社的運輸與販賣；（4）市場調查和新市場的開闢；（5）生產、航運、貨運的各種調查和試驗等。其主要經費來源是辦理鐵路運輸時的佣金（1928 年 11 月開始負責辦理）。【21】再者，如前所述，青果會社成立時的股東中本來有出口商，到 1926 年，出口商相繼停業退出，股權於是自然集中於各同業組合，而各同業組合又係生產者的組織，因此可以說香蕉生產者直接參與了運銷結構，使產銷系統趨向一元化，奠定了臺灣農產品產銷合作社的堅實基礎。

在合作社的運作理念之下，自青果會社獨佔對日輸出貿易後，同業組合乃設置檢查所，實施組合員所生產的香蕉的共同出貨，臺中州青果同業組合為進一步安定組合員的生產及保障其利益，於 1926 年 5 月設置「最低價格補償制度」，分品級補償，由販賣所得抽取3%充作基金。

【21】高木一也，《ベナナ輸入沿革史》，頁 55-56；黃松源、黃朝陽編，《臺灣青果運銷合作社十週年誌》，頁 3-6。再者，運輸業務於1941年8月，為配合戰爭環境再退還給青果會社經營。

此制度實施後，生產者競相出貨，出貨量竟達生產數量之94%，生產者並一再要求提高補償條件，而失去檢驗品管（此為同業組合的重要功能之一）的嚴正性，以致發生不良品、過熟品輕易出口的現象，招致在日本市場售價慘跌，結果同業組合虧損不少，只得於同年12月停辦「最低價格補償制」。[22] 此現象顯示出產銷合作事業運動剛起步時，雖然去除了中間商的剝削，生產者可以主導自己的命運，但如果不顧慮到需求市場的狀況，亦不主動管制品質，則終究得不償失。

總之，日治時期臺灣香蕉的產銷結構，從自由競爭狀態，演變到同業公會的成立，再進一步發展到產、運、銷的統制販賣機構的出現，實行共同運銷，採行委託販賣制。由各州青果同業組合負責處理香蕉收購、檢驗、包裝事宜，青果會社則獨占銷售權，而青果同業組合聯合會掌管運輸、聯絡和監督工作，此三機構的成員或有重疊，他們在政府當局的許可下，獨占了生產和運銷大權，即使是第二次大戰期間，殖民地政府頒佈國家總動員法（1941年），將臺灣青果會社改為「臺灣青果統制株式會社」，把各州青果同業組合和同業組合聯合會合併於各州農業會（1944年）內，[23] 臺蕉貿易依然是一家獨占狀態，且因戰爭的激烈而逐漸蕭條。

商業組合等機構統制產銷的意義尚不止於此，更重要的是青果產銷經營的實權掌握於統治者手中。

第一，臺灣青果株式會社的經營者皆為臺灣總督府所掌握，自取締役社長（董事長）、專務取締役（常務董事）、部長（各部門經理）至課長、係長（股長）等重要幹部皆由日本退休官員擔任，臺灣人只能在係長中佔一、二席之位而已，例如當時任期最長的社長本山文平是臺中州知事退休者。

【22】黃松源、黃朝陽編，《臺灣省青果運銷合作社十週年誌》，頁7。

【23】黃松源、黃朝陽編，《臺灣省青果運銷合作社十週年誌》，頁10-11。

第二，各州同業組合之組織中，組長（理事主席）為代表人，由州知事任命州廳內的內務部長（後來為產業部長）兼任。副組長二人，一人為常駐性質，是實權掌握者（現在的總經理），由郡守退休者或官派市長擔任，另一人則由官派最有力的生產者擔任。評議員（現在的理事）皆悉官方甄選；代議員（社員代表）初期亦由官方甄選，1934年改為一半普選。至於常任副組長之下的各級主管和產地檢查所主任，亦大多由日人退休官員擔任。【24】故雖名為臺灣最早的民間生產者所組成的農業團體之一，但實際上則為當時殖民地官僚體系的一環節。透過此環節，日本人乃能享受臺灣蕉農心血所凝聚而成的結晶；透過此環節，日本的政治、經濟力量得以深深影響到臺灣的農村。

2. 戰後時期

基本上而言，戰後臺灣香蕉的產銷結構是沿襲日治時期業已形成的由官方主導、民間有力人士配合的型態，所以，由於政府當局多次變更政策、日本政府當局也曾經改變貿易政策，因此臺蕉的發展在民國52（1963）年以前頗為沈寂。政府和青果合作社雖曾力求改進此狀況，但成果不佳，由此可見臺蕉發展的主要因素仍然是外銷市場，仍然是日本政府當局的舉止。

1963年的轉機是因為臺灣青果株式會社的成立，其前身是臺灣青果運銷合作社的東京辦事處。臺灣青果株式會社的營運於1963年4月以後邁進嶄新的局面，原因為中日雙方政府相關政策的改變。首先，日本政府在貿易自由化的大原則下，於1963年初宣佈將於4月實施香蕉輸入自由化，取代實績配額制度，於是合作社乃把握此良機，主動向政府提出「臺蕉產銷一元化」的主張，以圖擺脫商人操縱，並由當時聯合社理事主席張明色、總經理謝敏初，和高雄社、臺中社理事主席等，親赴日本爭取日商簽訂長期香蕉輸入合約，再度與青果公會展開爭奪香蕉出

【24】黃松源、黃朝陽編，《臺灣省青果運銷合作社十週年誌》，頁12。

口權利之戰，雙方都傾全力以赴，運用民意機關、相關學者專家和傳播媒體，使政府認識到改善蕉農生活與增加外匯收入有密切關係，終於在4月公佈「改善外銷香蕉計價暨有關事項臨時辦法」，與「香蕉聯合配運辦法」，規定外銷香蕉由生產者團體和出口商各佔二分之一，其目的在扶植生產者團體直接出口，保障蕉農權益。並且制定每期出口香蕉的出口底價和產地平均蕉價，以限制出口商之利潤。而生產者團體中青果合作社佔45%，省農會佔5%的出口權，此為在香蕉產銷史上具劃時代意義的「五五」出口制。【25】

此制度的實施和日本市場購買力的上昇為臺灣香蕉業締造了空前的黃金時代：【26】

（1）在實施以前，外銷量不到400萬箱（1箱重16公斤），實施後，民國53年即增為1,250萬箱，翌年再倍增，民國56（1967）年達到2,610萬箱，外匯收入達6,000多萬美元，不但在外銷農產品中居第一位，同時在全部出口貿易總額中亦高居第一、二位。陸運卡車在高雄港口大排長龍。

（2）「外銷香蕉計價辦法」大幅度提高蕉農產地價格，自每公斤2.18元增加至3.4元；種蕉面積也自1萬多公頃增加至5萬多公頃，提高了蕉農的收益和生活水準，也使中南部地區農村經濟出現一片繁榮富足景象。

（3）合作社組織因此擴大，僅高雄一社即有1,500多人（包括臨時人員），產地辦公大樓陸續興建，全省360多處集貨場也陸續擴建，合作社年度預算甚至超過當地縣市政府。而產業向後連關效果之下，民間陸運卡車、包裝業者、肥料商、農藥製造業者都因而大發利市。

【25】黃松源、黃朝陽編，《臺灣省青果運銷合作社十週年誌》，頁34-35。

【26】黃松源、黃朝陽編，《臺灣省青果運銷合作社十週年誌》，頁35；李鏡清，《臺灣青果產銷合作事業發展與演進》，頁29-30。

合作社領導者因此獲得中南部蕉農的一致擁戴，塑造了「青果合作社王朝」，【27】與少數「香蕉大王」遙相呼應。在民國 56（1967）年 12 月，高雄青果社利用慶祝成立 20 週年紀念，不惜以巨額經費大事舖張，並為酬謝各有關機關的支援，及進一步爭取香蕉由合作社自產自銷，竟以「金杯」、「金碗」等貴重財物分送有關人員，引起各方注目。繼而拒絕以政府當局所介紹的美國「律頓」公司在臺製造的紙箱，來取代傳統的竹籠包裝，於是引發了震憾臺灣朝野的「香蕉弊案」。【28】

弊案發生後，在省政府的主導之下，各級青果運銷合作社進行改選工作，經過多年的協商和政府的改進，終於在民國 64（1975）年成立新制的青果運銷合作社，總社之下，設臺北、新竹、臺中、嘉南、高雄、屏東、東臺七分社，全社社員代表 51 人，理事 15 人，任期三年，由社員分區直接選舉。總社負責人為總經理，由政府介派，經理事會通過後聘任，對理事會負責。【29】故可以說此合作社仍然沿襲以往接受政府監督的傳統，因為此時，行政院首長會議業已於 62 年 1 月通過廢除香蕉出口五五制，改採產銷一元化政策，【30】合作社已成為唯一的負責香蕉外銷日本的機構，在面臨中南美和菲律賓香蕉的競爭之下，【31】政府欲以國家的力量來維護臺蕉的海外市場。

【27】李鏡清，《臺灣青果產銷合作事業發展與演進》，頁 30。

【28】李鏡清，《臺灣青果產銷合作事業發展與演進》，頁 31-32；黃松源、黃朝陽編，《臺灣省青果運銷合作社十週年誌》，頁 35-36。

【29】李鏡清，《臺灣青果產銷合作事業發展與演進》，頁 54-59、84-93。

【30】黃松源、黃朝陽編，《臺灣省青果運銷合作社十週年誌》，頁 160。

【31】有關臺蕉的國際競爭，擬另稿專討。就日本市場佔有率而言，臺蕉自 1965 年的 88% 降至 1969 年的 51%（雖然輸日量增加），再降至 1974 年的 16%；菲律賓蕉則自 1965 年的 0 上昇至 1969 年的 3%，再提高到 1974 年的 13%；厄瓜多爾蕉則分別為 10%（1965 年）、36%（1969 年）和 9%（1974 年）。見黃松源、黃朝陽編，《臺灣省青果運銷合作社十週年誌》，頁 40-43。

陳慈玉　香蕉、茶葉與臺日貿易　401

四、茶葉流通結構

相形之下，茶葉的流通過程則未見國家權力的介入。大部份的茶農把茶菁交給粗製廠或自己製造毛茶，粗製廠再將毛茶賣給精製廠，然後或出口或內銷，由商人集團去負責，形成一自生產至銷售的流通結構。

當時出口商只出口精製烏龍茶，精製包種茶都由包種茶館自行運到東南亞和中國廈門、福州和汕頭等地銷售。

由於烏龍茶的主要市場是美國，臺灣烏龍茶的出口又是外國洋行一手造成的，所以英美洋行在臺茶貿易上居舉足輕重之地位，他們自再製茶館收買精製茶而出口，有的並且直接再製出口，但都在臺北大稻埕內設置店舖。在 1915 年時，外國洋行共有 6 家：德記（英籍）、和記（英籍）、美時（美籍）、義和（怡和、英籍）、華利（美籍）、惠利（美籍），和日本的三井物產株式會社及野澤組兩店。到1930年代，洋行只剩4家：德記、義和、新華利（美籍）和美時；日商仍為兩家。早年（十九世紀末）對臺茶出口貿易貢獻極大的寶順和水陸洋行皆已消失。以東南亞為銷售市場的包種茶的出口商主要有：錦記製茶株式會社、新芳春茶行、護記泰昌、文裕茶行、三井物產株式會社和株式會社錦茂茶行等，在二次大戰前夕共有 27 家。烏龍茶的出口商皆在其本國設置本行，而在臺北設立分行；包種茶的出口商中除了三井物產之外，全部由中國人和本地人經營，在臺北設有本行，[32] 以臺北為主要據點，將茶流通到世界各地。

1. 交易過程

出口商的精製烏龍茶來自蕃莊，蕃莊則自茶販購買茶葉，茶販在茶產區收購生茶（粗茶）。換言之，茶自生產者至消費者，經過不少大小

---

[32] 臺灣總督府民政部殖產局，《臺灣茶業一班》（臺北：臺灣總督府，1915），頁82-83；臺灣總督府殖產局特產課，《臺灣の茶業》，頁 29-30。

茶商的斡旋，乃出現層層剝削的狀態。亦即經營蕃莊的臺灣商人不得不仰仗於洋行和日本商社而接受不合理的代價，他們不甘受損，因此轉嫁給茶販，在與茶販從事粗茶的交易時，百般刁難，期望以最少的代價得到一定量的茶。例如：當茶販帶來 53 斤 12 兩的粗茶時，他們往往剔除 12 兩，而以 53 斤的 90%（即 47 斤，尾數 0.7 去掉）為標準重量來計算交易價格，計算時不滿 10 錢者捨去， 10-90 錢時以 30% 來支付，即：假設單價為百斤 55 圓時：

則：55 圓 × 0.47 = 25 圓 85 錢。（代價）

但：85 錢 － 5 錢 = 80 錢， 80 錢 × 0.3 = 24 錢

所以實際的支付金額為 25 圓 24 錢。[33]

如果以 53 斤 12 兩的本來重量來計算，則應付出 29.56 圓，所以精製茶館（蕃莊）實際付出的代價僅為原來必須支付額的 85% 而已。其在交易時用「手段」所產生的利潤比例遠高於和出口商人交易時，後者用各種名義所得的利益比重（出口商支付款為應付款的 87.72%）。當然，商人在商言商的情況下，必定「道高一尺，魔高一丈」，各自施展本領來保護自己的利益。

於粗製包種茶的交易情形，更獨具一格，因為「舖家」負責直接出口到國外，所以沒有出口商的存在，茶販必須依賴舖家的行銷，故舖家所索取的利益更大，因此產生種種不當的方式，例如在計算粗茶重量時，通常把 100 斤視為 70 斤，剔除不滿 1 斤的尾數外，又減去 1 斤以為秤量誤差，而支付的茶價款則為所計算金額的 8 成，對零頭的支付方法一如烏龍茶，詳細如下：

1 袋 = 53 斤 12 兩

53 斤 12 兩 － 12 兩 － 1 斤 = 52 斤

52 斤 × 0.7 = 36 斤……標準重量（不滿 1 斤者不計）

假設百斤之價格為 55 圓時，

---

[33] 臺灣總督府殖產局特產課，《茶業ニ關スル調查書》，頁 20-21。

55 圓 × 0.36 × 0.8 = 15 圓 84 錢

（84 錢 − 4 錢）× 0.3 = 24 錢

所以，正式付出金額為 15 圓 24 錢。[34]

再者，如以 53 斤 12 兩的原重量來計算代價，並不加以折扣的話，則舖家本應付出 29.56 圓，因此實際上舖家只付出了原來的 51.6% 而已，亦即百斤包種茶之價格僅為 28.35 圓而已。換言之，舖家以「手段」所賺取的利益遠超過蕃莊和經營出口的洋行或日本商社，因為畢竟他們自己掌握了出口權和海外行銷網絡。

那麼茶農所遭到的「不平等待遇」又如何呢？根據現存資料，當茶農把毛茶賣給茶販時，通常並不打折扣，即以原本重量和價格來成交，茶販支以現金支付代價的一半，待販賣完茶給茶館後再付出剩餘的款項。此外，茶農可自茶販預先借款，但必須支付利息，口頭約定當債權者（貸款的茶販）的茶價與其他茶販之價格相同時，茶農得將茶賣給該債權者，並不用文字契約。有時茶販並不借現金給茶農，而是借米糧，此時茶農以借款時的米價換算成金錢，月息 2 厘，俟翌年茶期到來時再以當時的茶價，換算成茶葉來償還。再者，茶販借現金給茶農時，亦有的先約定翌年該茶農所必須繳納的茶葉的代價，並扣除利息後再借出餘款。

因此，前面提到的茶販與蕃莊或舖家交易時所遭到的不平等待遇中，有些被扣除的款項，大概是預先貸款（蕃莊或舖家貸與茶販）的利息吧！否則，茶販的大筆資金來自何處？就是來自再製茶館，豈能不支付利息？

2. 臺灣茶共同販賣所的出現

到 1920 年代，經殖民政府的獎勵，由各地不少茶業合作社和茶業公司，聯合組織「臺灣茶共同販賣所」於大稻埕，凡社員的粗製茶都運送到該所，請其競售，目的在阻止茶販的仲介，因此茶販逐漸減少。烏龍

---

[34] 臺灣總督府殖產局特產課，《茶業二關スル調查書》，頁 21。

茶與包種茶的交易方式圖示如下：

圖 2 烏龍茶交易方式流程圖

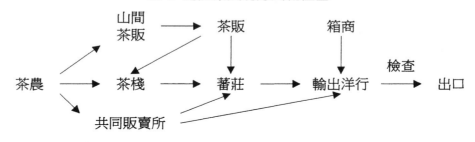

圖 3 包種茶交易方式流程圖

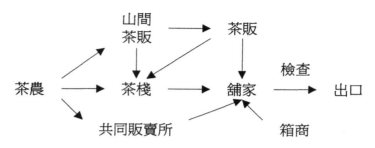

　　此時烏龍茶的外銷一落千丈，當時，如前所述，印度、錫蘭和爪哇等產茶國大大改善製茶技術，所生產的紅茶備受英美消費者歡迎，臺灣烏龍茶的市場因此縮小，日本統治者面臨此臺灣茶業的危機，決定在臺灣強化紅茶的產製，以取代聲勢日漸衰弱的烏龍茶，並企求因此拓廣出口市場。於是便投下巨資，援助茶業者改良茶樹品種，關設大規模茶園，創辦新型機械製茶廠。不但臺灣人的小規模茶業者獲得大批製茶機械的免費借用，而且日本的大企業得到支援，得以開闢大規模茶園，創辦大規模機械製茶廠，大量生產紅茶。1928年以後，日東拓殖農林株式會社（為三井財閥所經營的）的製品（即「日東紅茶」），漸能在英美市場和印度、錫蘭紅茶分庭抗禮，臺灣茶葉中才出現紅茶的一支生力軍，繼續賺取外匯，而臺茶的產銷組織也為之一變。

　　首先，由於機械製茶的發達，大量生產，成本減低，茶農售賣茶菁

反倒比自製毛茶有利，於是茶農相繼放棄粗製作坊，成了專門種茶（或以種茶為副業）的純粹農民，同時新興了一個機械化粗製茶工廠的階層，新興的這些茶廠的規模都相當大，會直接將毛茶賣給精製茶廠，於是已因「共同販賣所」的成立而減少作用的茶販，更因無用武餘地而沒落了。【35】

以機械來製茶，由於大量生產，故成本低降，其利潤每百斤約為手製茶的 2.36 倍，而因每日的產量為手製茶的 5 倍，所以每日之利潤為手製茶廠的 11.8 倍左右。【36】但因為機械茶廠所必須投入的固定資本（如機械設備、土地）和流動資本（如原料、工資、燃料）都非常龐大，一般臺灣小商人並無能力經營，所以大多由日本大財閥掌握。例如三井系統開拓橫跨臺北縣和新竹縣的三千甲大茶園，同時擁有機械製茶廠，所產出的茶則由三井物產株式會社負責輸出，亦即三井系統兼營產、製、銷三大事業，當然不會出現上述茶葉交易時的種種「手段」與惡習。

至於其他茶農、粗製廠、精製廠和出口商之間的關係，雖然仍舊是對立的，但已比較難層層剝削了。因為有些產地，粗製廠比較多，彼此之間為爭取原料而競爭，故相形之下，茶農售賣茶菁時，不會被無理殺價；並且，粗製廠資本都比較大，消息比較靈通，知道外銷的行情，故精製廠不能再以各種名義來折價收買毛茶。而精製廠漸漸有的也自行外銷，洋行再也不容易壟斷了。

但另出現一企圖掌握全臺灣茶業者，就是前述的三井財閥。由於製茶機械化，小資本無法經營，於是或小業者自行合併，或被大資本者兼併，茶廠的規模變大了。尤其是三井農林株式會社（就是前面提到的日東拓殖農林株式會社）的規模，足以稱霸遠東。另一為資金三百萬圓的臺灣拓殖製茶株式會社，都是接受日本政府援助的日本企業家，在臺灣創設的大規模茶廠。他們實行產銷一貫作業，以相對的低成本低工資來

【35】臺灣銀行金融研究室，《臺灣之茶》，頁 6。

【36】臺灣總督府殖產局特產課，《臺灣茶業調查書》，頁 92。

博取巨利，企求兼併臺灣的茶業，成立「大東亞茶業圈」，以臺灣紅茶來補充日本綠茶所無法行銷到的市場空白處。

五、結論

六十年來（1912-1972年）的臺灣香蕉產業之興衰，與其國際貿易息息相關，而國際貿易的對象首推日本，殖民地時期如此，戰後依然。固然日本本國的經濟乃至政治情勢影響了臺蕉貿易和整體香蕉產業的發展，但不可否認的是政府政策亦主導了其發展的方向，尤其是政府所制定的出口制度和對產銷組織的介入。

相形之下，茶葉的出口市場比較多元化，也比較不受制於日本，但是日治時期臺灣紅茶的出現是殖民政府在考量「日本帝國」茶業整體發展下的產物；而戰後綠茶的發展則是中華民國政府的努力結果。一百多年來，臺灣歷經三個政權，茶葉因移民（拓墾者）、殖民（佔領者）以及現今政府當局的努力，故能「青出於藍而勝於藍」，在國際市場上一時擊敗中國茶，曾經為臺灣帶來了不少外匯，成為後來臺灣急速工業化和現代化的助力。如今，外銷市場已不復存在，維持內銷市場之現狀甚至擴大，乃成為當務之急。再者，因生活、文化和經濟因素的交錯作用，在臺灣形成一獨特的庶民性的飲茶文化，此文化相異於以英國為典型的西方紅茶文化，亦有別於日本的茶道和中國傳統的「文人茶」所顯現的綠茶文化，讓我們共同珍惜這飲茶文化吧！

再者，無論是茶葉或香蕉出口的盛衰，都意味著臺灣經濟在這一百多年來對國際貿易的依賴，而此國際市場則操之於世界強權，並非臺灣農民或商人乃至政府所能掌控，亦無法預料。換言之，在面臨多變的政治環境和世界經濟情勢時，商人和農民往往減弱了調適的能力，而政府當局所考慮的是整體政治經濟問題，往往忽略弱勢者的立場，茶業和香蕉產業的盛衰即為顯著的事例。

張君勱之非理性主義、反理性主義與浪漫主義及其自我反省

葉其忠*

一、前言

二、「科玄論戰」前後張氏之非理性主義、反理性主義和浪漫主義

　　（一）〈人生觀〉之五大要點

　　（二）皈依新菲希德、倭伊鏗的精神生活哲學

　　（三）張氏談杜里舒的生機主義歸本於隱德來希

　　（四）張氏談柏格森之生命奮進

三、張氏多次反省反理性主義和浪漫主義並為之辯護

　　（一）從未改變〈人生觀〉一文初衷的反理智主義

　　（二）深受德國菲希德式浪漫哲學思潮影響

　　（三）深刻的反省

　　（四）再反省

　　（五）再三反省

四、結論

---

*中央研究院近代史研究所副研究員。

提　要

　　非理性主義和反理性主義所針對的是理性和理性主義，而浪漫主義所針對的主要是啟蒙運動的理性主義。當然，理性和理性主義可以涵蓋很廣，而反對它們的非理性、非理性主義和反理性主義也可以同樣的廣闊。

　　在「科玄論戰」前後，及其後四十餘年，張君勱曾多次以反科學主義的名義，大力鼓吹具有強烈反理性主義和浪漫主義的倭伊鏗的精神生活哲學、柏格森的生命哲學和杜里舒的生機主義。尤有甚者，他也帶有極強烈的菲希特的唯我主義色彩。但是，很少人注意到或不願意談張君勱確有一個時期是個反理性主義者。其實，張君勱一生有相當極端的浪漫主義、國家族主義和文化民族主義色彩。

　　本文要論證的重點是：理性、理性主義是思想主流的正身，反理性、反理性主義是其影子，如影隨形。「科玄論戰」前後以及其後長時期，張君勱思想中確有很強的「非主智主義」，或「反理性成份」，以及「非理性主義」和浪漫主義的色彩。他基本上是信服十九、二十世紀初的非理性主義和反理性主義思想，但對十八世紀的理性主義思想也絕不陌生——若十八世紀的樂觀的理性主義是有問題的，其相反則更糟，我們有理由不要更糟的。回顧起來，張君勱是高估了非理性主義和反理性主義，一時認為它勢不可擋，可以用它來開創新局面。但非理性主義、反理性主義皆失敗了，雖然非理性主義、反理性主義和浪漫主義並沒有，也不會因此而消失，而是以千百種方式再出現，並與理性、理性主義繼續纏鬥。本文一開始的三個引言，可以當做再三省思的座右銘。

　　吾之所以學哲學者，非學問之興趣，非理性之決定，乃吾內部之衝動，乃倭氏人格之感召。嗚呼！豈惟一生，即人類一部歷史之變遷，起於衝動起於直覺者十之八九，若其本於理性本於智識者不過十之一二，即此可以知主智主義之失敗而生活哲學之所以成立者，非偶

然矣。【1】

—— 張君勱

我強調理性之必要性和理性充足性此兩觀念之分別以做為我反對那瘋狂且自毀型的反理性主義之辯護。此反理性主義看來是主張說，因為理性是不充足的，所以它是不必要的。【2】

—— Peter Medawar

理性有它所及的範圍——既不會因為本能心理學的重要性而讓步，也不會由於世界上文化差異性的出現而妥協。它在培育道德想像的過程中有一種特殊重要的作用。為了面對蝙蝠、貓頭鷹和想像中的月亮，我們特別需要理性。【3】

—— Amartya Sen

一、前言

本文作者曾在四篇討論「科玄論戰」的文章中詳論張君勱的反科學主義並論及他的非理性主義和反理性主義。【4】在本文，作者打算比較

【1】 張君勱著，程文熙編，〈學術方法上之管見〉，《中西印哲學論文集》（台北：學生書局，1981），上冊，頁 143。本文所提到 R. Eucken，因不同來源，有時中譯為倭伊鏗，有時譯為倭鏗或奧伊肯，除了慣例和特別註明者外，本文所有黑體字、斜體字和黑斜體字，皆是作者為了強調論點而加的。

【2】 Peter Medawar, *Pluto's Republic* (Oxford: Oxford University Press, 1984), p. 327. Peter Medawar (1915-1987) 是 1960 年諾貝爾生醫獎得主。

【3】 阿瑪迪亞·森（Amartya Sen）著，石一日譯，〈東方和西方：理性所及的範圍〉，哈佛燕京學社、三聯書店主編，《理性主義及其限制》（北京：三聯書店，2003），頁 23。阿瑪迪亞·森是 1998 年諾貝爾經濟學獎得主。

【4】 葉其忠，〈從張君勱和丁文江兩人和〈人生觀〉一文看 1923 年「科玄論戰」的爆發與擴展〉（以下簡稱〈「科玄論戰」的爆發與擴展〉），《中央研究院近代史

詳細討論後者。這不僅是因為理性主義與反理性主義本身的重要性，而且也與了解張君勱一生相當極端的浪漫主義、國族主義和文化民族主義色彩很有關連。有鑑於張君勱在現代中國文化、思想和政治史上具有相當的地位，本文因而在某一程度上，可看成是以張君勱為個案來連結理性主義與非理性主義和反理性主義在中國的命運之試作。

非理性主義和反理性主義所針對的是理性和理性主義，而浪漫主義所針對的主要是啟蒙運動的理性主義。當然理性和理性主義可以涵蓋很廣，而反對它們的非理性、非理性主義和反理性主義也可以同樣的廣闊。【5】

基於這樣的認識，除了第一節前言外，本文的第二節是圍繞著「科玄論戰」期間張君勱之非理性主義和反理性主義文字所提出的問題的分析與解釋。第三節則是探討張君勱自己後來對他在「科玄論戰」前後非理性主義和反理性主義言論所蘊涵內容的反省。這個反省有時是「合理化」其立場【6】，有時則以矛盾的方式出現。

研究所集刊》，期 25（1996 年 6 月），頁 230 － 234；葉其忠，〈1923 年「科玄論戰」：評價之評價〉，《中央研究院近代史研究所集刊》，期 26（1996 年 12 月）；葉其忠，〈1923 年「科玄論戰」前張君勱對歐戰四個看法之嬗變及其批評〉，《中央研究院近代史研究所集刊》，期 33（2000 年 6 月），頁 255 之註 19；葉其忠，〈「知識即生活」：從張東蓀與張君勱間的一場辯論看張東蓀早期認識論的核心〉（以下簡稱〈知識與生活〉），《中央研究院近代史研究所集刊》，期 37（2002 年 6 月），頁 97。以上四文皆可說是從他所謂反科學主義的角度著眼，而〈知識與生活〉則是更貼近本文從反理性的觀點看張君勱在「科玄論戰」期間相關的看法。無可避免，本文將得徵引上述四文的某些部分。

【5】按本文原有一大節近萬言通論此大議題，但因篇幅不允許，只好刪除了。

【6】羅素云：「……邏輯學中所說的歸納正是佛羅德派（Freudian）所謂的理性化作用（Rationalisation）；這就是說，它是事後所發明的理由，去證明我們所做過的事情是有意義的。這並不一定是壞的理由，我們和我們的祖先，從有生命以

此外，第二、三節也是要指出，無論用第三者、客觀的標準，還是用論證本身得一致、言之成理的標準，還是用張君勱自己得一再反省和修正，甚至放棄先前有的看法的標準，都顯示張君勱在「科玄論戰」期間的非理性主義和反理性主義言論是不能被接受的，連對他自己而言，也是如此！這與他在「科玄論戰」期間的反科學主義論證（而不是動機和目的）是無法被接受如出一轍。

第四節結論部分，則是重申張君勱的雖充滿熱力但卻缺乏說服力的反理性主張，無助於他實現其理想。

二、「科玄論戰」前後張氏之非理性主義、反理性主義和浪漫主義

（一）〈人生觀〉的五大要點

本文作者曾總結指出，張氏在引爆「科玄論戰」的〈人生觀〉一文中，以他後來自稱「雖不致於無論理與秩序，然對於『人生自由』之擁護，不免過於充滿了熱與力」的方式，評論了當時所謂的「科學萬能」或現在所謂的「科學主義」的人生觀之「無能」、不足恃，以為他的「絕無是非真偽標準」的人生和「以我為中心」、具有「主觀的」、「直覺的」、「綜合的」、「自由意志的」和「單一性的」人生觀辯護。那時，他「方自歐洲返國」，自稱「受柏格森與倭伊鏗之影響」，鼓吹「人類有思想有自由意志」之學說。【7】他在〈人生觀〉一文中最重要、且最

來，就想冀求生存，從這一點看來，我們和他們的行為一定是很有意義的，縱使我們和他們都不能夠夠證明它是有意義的。不過，這不是我們現在所要討論的問題。……」羅素著，正中書局編審委員會譯，《哲學大綱》（臺北：正中書局，1971），頁 88。原文見 B. Russell, *An Outline of Philosophy* (London: George Allen & Unwin, 1961, 8th Impression of the 1927 Edition), p.84.

【7】葉其忠，〈「科玄論戰」的爆發與擴展〉，頁 241。

爭議性的論斷是這樣的：

> 人生觀之中心點，是曰我。與我對待者，則非我也。而此非
> 我之中，有種種區別。就其生育我者言之，則為父母；就其與我
> 為配偶者言之，則為夫婦；就其所屬之團體言之，則為社會為國
> 家；就其生產之支配方法言之，則有私有財產制公有制；就重物
> 質或輕物質言之，則有精神文明與物質文明。凡此問題，東西古
> 今，意見極不一致，決不如數學或物理化學問題之有一定公式。
>
> 就以上所言觀之，則人生觀之特點所在，曰主觀的，曰直覺
> 的，曰綜合的，曰自由意志的，曰單一性的。惟其有此五點，故科
> 學無論如何發達，而人生觀問題之解決，決非科學所能為力，惟賴諸人
> 類之自身而已。而所謂古今大思想家，即對此人生觀問題，有所貢
> 獻者也。自孔孟以至宋元明之理學家，側重內心生活之修養，其
> 結果為精神文明。三百年來之歐洲，側重以人為支配自然界，故
> 其結果為物質文明。亞當斯密〔1723-90〕，個人主義者也；馬克
> 斯〔1818-83〕，社會主義者也；叔本華〔1788-1860〕哈德門
> 〔1842-1906〕，悲觀主義者也；柏拉圖〔c.429-347,B.C.〕，黑智
> 爾〔Hegel〕〔1770-1831〕，樂觀主義者也。彼各執一詞，而決無
> 絕對之是與非。然一部長夜漫漫之歷史中其秉燭以導吾人之先路
> 者，獨此數人而已。【8】

僅就柏拉圖、叔本華和哈德門這三人為何列在馬克斯之後而論，歷
史地而言是錯誤的，而在邏輯上是不通的，難道他們三人反受馬克斯的
影響？而柏拉圖也不是三百年來的歷史人物。此外，張君勱此文到了最
後一段殊有忘了宋元明之理學家，而只強調西方思想人物之嫌。這種種
論證缺憾在張文中所在多有。

【8】見張君勱著，程文熙編，《中西印哲學論文集》（台北：台灣學生書局，1981）下
　　冊，頁 907、913。

要批判科學、科學主義的人文主義者得自己照照鏡子，看看且想想人文學科今天的處境並非一定是由科學造成的；若是，也是自作孽在先，讓科學有機可乘；而科學若想要吞併人文也要深刻反省：它是如何辛苦地擺脫人文、宗教之糾纏才有今天！有鑑於讀科學的人仍遠遠少於不讀科學的人，而且讀科學的人也不一定很科學[9]；我們可以大膽地說，科學若想要吞併人文少說恐怕還得再等一萬年，更何況若真企圖要吞併它，則豈不是又會回到分家前的情況，大家再糾纏在一起？其實，科學是根本吞併不了人文的，儘管人文在今天是處在困境之中。Herbert A. Simon 說：「如果人文學科以它們在人類的情況具有特別的洞察做基礎，而聲稱要在自由（教育）的課程裡處於中心地位，它們一定要能夠顯示它們所勾畫的人類情況從生物學，社會學，和心理學上是站得住腳的。只因為人文著作能打動學生是不足夠的。這些著作必須使學生能對實在世界裡的道理與事實具有適當的關懷方式而生活。」[10]

朱利安·赫胥黎說得極好：

> 科學在文明中有兩作主要的作用。其一是供〔貢〕獻人一幅一切現象世界底圖形，可能地最正確、最完備的圖形。其他是供獻人以支配他的環境和他的前途的手段。沒有前者，人不能替他的思想找著正確的動向，對於他自己在事物底結構中的地位不能有正確的見解，從而不能為

---

[9] Vicent Ryan Ruggiero 指出：「如果我們敢用科學的方法反身研究科學時，無論是自然科學或人文科學，常常會發現科學本身並不太科學。同理，如果我們試著用大腦思考人類大腦的思考活動時，必會碰到許多平常想都想不到的問題，而須深入瞭解人們如何感情用事的思考及解答問題。」 See Vicent Ryan Ruggiero, *The Art of Thinking: A Guide to Critical and Creative Thought*, (New York: Happer [Harper] & Row,) 中文譯文引自游恆山譯，《實用思考指南》（台北：遠流，1989 年初版 1 刷），頁 1。

[10] Herbert A. Simon, *Reason in Human Affairs*, (Stanford: Stanford University Press, 1983), p.33。 Herbert A. Simon 是 1978 年諾貝爾經濟獎得主。

自己的目標定適當的綱領。沒有後者，人不能維持物質的進展，不能作成持久的組織，從而不能擇定實現他所希冀的任何目標的方針。【11】

布羅諾斯基（J. Bronowski）也說得一樣好：

在本世紀沒有信仰能不根據科學而建立，不把科學作為對人類的超特性的承認，對他的稟賦與貢獻的一種驕傲。承繼這地球並不是科學的事業，承認道德的想像力則為科學的事業，因為沒有道德的想像力，人類、信仰、科學要一齊趨於瓦解。【12】

張東蓀一向被研究者認定是在「科玄論戰」中站在張君勱一邊，且持有與張君勱一樣的反科學主義、反理智主義的主張。其實，他之參戰，一方面固是個人興趣【13】，同時也是因為張君勱的論證太沒有條理，且內容也可疑，加以援軍較少，因而需要為他打氣或打抱不平；但更重要的另一方面，只是為了彰顯哲學辯論最終只是各抒己見，各成一家之言而已。【14】他的看法倒與此處 Herbert A. Simon 和布羅諾斯基

【11】〔朱利安・赫胥黎〕著，楊丹聲譯，《科學與行動及信仰》（台北：台灣商務印書館，1978），頁 96。

【12】布羅諾斯基（J. Bronowski）著，漢寶德譯，《文明的躍昇——人類文明發展史》（*The Ascent of Civilization*）（台北：景象出版社，1977 年 5 版），頁 458。

【13】張東蓀說：「論到我個人我對於這種討論本來特別感有興味，因為他們所討論的問題都是我向來想解決而未能解決的，並且是我現在正在努力從事的。……」見張東蓀，《科學與哲學》（上海：商務印書館，1924 及 1928），頁 1－2。

【14】哲學論爭沒有最終的贏家。在張東蓀眼裡：「……並且我以為譚哲學和譚政治上的主義不同：譚政治的主義往往總分為兩黨；而譚哲學則不妨十個人十個樣子。因為凡譚哲學總是說出自己的哲學意見，斷無沒有自己立腳地而能譚的。既然各人各有立腳點，則縱使大同亦必小異；在政治主義上因為必須發為運動，所以能略去小異；而在哲學意見上卻不然，小異反為重大的要素。」；「因為這個緣故，哲學是絕對不能組黨的。好像大家聚在一起，各言其志的樣子罷了。根據這個理由，據我的觀察，這次論戰在總體上並無陣線分明的兩造。若分析為許多

（J. Bronowski）的看法可以互補。1906 年 10 月，只到日本的第二年，年僅二十，張東蓀即與藍公武、馮世德以「愛智會」名義，在日本東京創辦了《教育》雜誌。[15] 在只出版兩期的《教育》的第一期，張東蓀與藍公武就確定「愛智會」的宗旨是，「涅磐〔槃〕為心，道德為用，學問為器，利他為宗。」[16] 這可能是張東蓀第一次為哲學下定義。張東蓀此處的十二字宗旨，尤其是「學問為器」在他的《現代倫理學》（1932）有與張君勱〈人生觀〉一文極相關但幾乎相反的說明云：

> 若有人問：科學能解決人生麼？我則答曰：亦能亦不能。須知「科學解決人生」必須改為「我們以科學解決人生」。可見科學是工具，而我們是主體。好像我以刀而殺我自己一樣。第一個我是主體，第二個我（自己）是客體，而刀只是工具而已。科學亦然。科學所解決的只是，在科學中的人生而不是使用科學的人生。所以說是能解決就是科學與所解決的人生而言。至於說不能則是就使用科學的人生與科學的關係而言〔，〕以理智指導生活即是以科學解決人生。其實就是改造自己。老實說，理智如一把刀，無物不可以斫。並且刀的造成就是用刀來造的。可謂以刀造刀。就是說理智就可以改善理智。則我們的生活只是純然一個改造的歷程而已。生活上沒有一處不在改造中。
>
> 以上述而觀，當知這種改造進行是有兩種；〔:〕（一）改造外界的自然事物，使其合乎吾人的要求；（二）改造我們自己以提升至所懸的理想標準。改造自然界便須研究自然界的理法；改

小問題，每一問題自然都有正負的解答，但卻不能綜合起來以形成對壘的兩軍。其實自是各人說各人的話而已。在這點上固然亦可以說是中國人論辯的常態，一切辯論往往無結果即由於此；然而我以為哲學上的辯論，其本質就是如此，原不必則責備。……」（前揭書，頁 2－3）。

[15] 左玉河，《張東蓀傳》（濟南：山東人民出版社，1998），頁 15。

[16] 同上，頁 14。

造自己就把自己亦認為自然物之一而加以研究。但所研究的結果卻不是依照自然而在變更自然；卻不是依照自己而乃是變化自己。所以科學無不是以自然主義為入手，而以理想主義為出口。這種以自然為始，由理想而終的態度便是理智的根本性質。看明白了這一點便知道人生在世是不能放縱的，不能墮落的。放縱就是向趨死路，墮落即是自甘滅亡。這樣是與生命的本性相反的。所以我們除了努力以外別無他途。而我們的努力只須在文化線上有所堆知，則這種努力決不是白費的。

我這個人生觀其實十分淺薄。但自信即此淺薄的人生觀苟為中國現代青年所採用，亦決會產生很大的良好影響。【17】

Bronowski 寫道：

人類行為的特色是在準備延緩行動中，有高度的內在的延擱。這種不行動在生物學上的基礎，包括漫長的童年與遲緩的成熟。但人類行動的延擱上其意義尚不止此。我們做為一個成人、決策者、甚至只是人類，行動是要與價值相協調。我對價值的解釋是一般性的策略，以平衡相敵對的衝動。我們靠電腦解決問題的方案來過活是不可能的。在這個意義上，生命是一個解決不了的問題。我們對自己的行為，要自找原則來加以引導。我們製造了倫理的策略或價值的系統，以保證把吸引人的近程滿足用終極的長程滿足加以稱量，加以平衡。

知識不是事實的散頁筆記本。不論怎麼說，知識是一種責任，以顯出我們的本然的完整性，原本上，我們是倫理的動物。如果你讓別人支配，而你自己則繼續生活在自陳舊的信念導出來的道德的爛口袋裡，你不可能保持那種靈通的道德完整感。這是今天一大重要問題。很明白，勸人去學微分方程，或念一門電子學或電

【17】 張東蓀，《現代倫理學》（上海：新月書店，1932），頁 193－5。

腦程式都是沒有意義的。然而五十年以後，如果對人類起源、演化、歷史、進步等的了解若不能廣泛的在學校裡講授，則我們就難以存在。未來學校教科書上平凡的東西就是今天我們所竭力從事的探險活動。【18】

可以說，在「科玄論戰」期間或「人生觀論戰」前後，張君勱是與上述 Herbert Simon、布羅諾斯基（J. Bronowski）及和張東蓀之道背道而行。他曾以反科學主義的名義，大力鼓吹具有強烈反理性主義和浪漫主義的倭伊鏗（1846-1926）的精神生活哲學、柏格森（1859-1941）的生命哲學和杜里舒（1867-1941）的生機主義。【19】尤有甚者於此，他還帶有極強烈的唯我主義的菲希特色彩。在張君勱所理解的德國人眼裡，倭伊鏗有新菲希特的豔稱。

（二）皈依新菲希德倭伊鏗的精神生活哲學

張君勱在「科玄論戰」前後是從對哲學不太關心到迷上反論理主義、非理性主義的倭伊鏗的精神生活哲學、柏格森的生命哲學和杜里舒的生機主義。這點可從他「致林宰平學長函告倭氏晤談及德國哲學思想要略」和〈學術方法上之管見——與留法北京大學同學諸君話別之詞〉上看出。他在 1920 年 6 月 27 日寫的「致林宰平學長函告倭氏晤談及德國哲學思想要略」上說：

> 渡歐以還，將自己生世細細一想，覺十年來為經世一念所誤，躑躅政治，至今不得一當。其鍥而不舍乎；其棄之而別圖安心立命之所乎；此兩念往來胸中，不能自決。近月以來痛下工夫，斷念吾第二生命之政治已略決定，此在 公之知吾生平者必聞而深駭。然要知此兩者不決，吾精神上受一種支解之刑，非惟一生終

【18】布羅諾斯基（J. Bronowski）著，漢寶德譯，《文明的躍昇——人類文明發展史》，頁 478、479。

【19】詳見葉其忠，〈「科玄論戰」的爆發與擴展〉，頁 236 - 240。

於無成已焉。此念既定，胸境頓然開朗，去了一政治國，又來了一學問國；每日為此學問國之建設作種種打算……總之十九世紀初，德國文化運動國民運動之中心，實耶納也。弟之來，不為山水，不為人文，蓋百年來全世界唯物主義之說，風行一世，而此山谷間白髮垂垂之老哲學家，預言物質文明之破產，提倡新唯心主義，以與世界奮鬥，其人為誰，奧伊鏗是也。去冬來遊，立談之頃，大為所感，乃定計就而學焉。來此後館於奧氏之徒之家，距奧氏居不過五步，彼年已七十餘，已辭大學教職，弟日造其居，質疑問難，真摯誠懇，誠有道之士也。德唯心派之哲學自黑格爾氏後而中衰，時則法孔德〔1798-1857〕之實證主義，英達爾文〔1809-1882〕之進化論出色當行，而奧氏反對之，曰：「似此學說，人為自然界所驅遣，喪其內部所固有，非惟不合於求真，且必為世道人心之憂。」時人目為迂闊，自今視之，不啻預言矣，其學說大概：第一，世間實相（非絕對不認物界）不外心物二者，貫澈此二者厥在精神生活：第二，昔日哲學（德黑格爾以來之學說）家以「思」為真理之源，奧氏曰「思」不過精神生活之一部，徒思不足以盡真理，盡真理厥在精神生活上之體驗：第三，人心易為外物所束縛，故當以精神生活克制之，（然後人生乃能精瑩透澈），精神生活與為外物所束縛之心相爭競，故應有一種奮鬥工夫；一言以蔽之，以人生為中心。故與紙上空譚之哲理，迥不相同，識以孔子之言「惟天下至誠為能盡其性；能盡其性，則能盡人之性，能盡人之性，則能盡物之性，能盡物之性，則可以贊天地之化育。」孔子之所謂誠，即奧氏所謂精神生活也；孔子之所謂以誠盡人性物性者，即奧氏所謂以精神生活貫澈心物二者也。奧氏之所謂克制奮鬥，則又孔子克己復禮之說也。其言與吾國先哲極相類，所不同者，在吾為抽象之論，在彼則有科學根據耳。歐洲經大戰之後，鑒於物力之有盡而人欲之無窮，唯物主義已在衰落，吾東方學子，方迷信物質

萬能。此弟之所以來此，且欲以奧氏之言藥吾國人也。有志於此，不過半載，……目前所讀諸書中，其一為奧氏之當代思潮論，——奧氏不朽之作之一也。凡十九世紀之唯心唯物，一元多元，進化論，有機論，社會主義，個人主義，道德論，美術論，宗教論，咸具於此一書，不獨現代思潮之大觀，而奧氏主張一一附見焉。……吾且暫別加富洱〔1810-61〕、卑士麥〔1815-1898〕、格蘭斯頓〔1809-1898〕〔此三者代表他的政治國？為何不按三者之生卒年先後秩序？〕，而與康德〔1724-1804〕、黑格爾〔此兩者代表哲學國？〕為儔侶矣。【20】

對照稍晚近五個月，即 1920 年 11 月 5 日，張東蓀在引起 1920 － 1 年「關於社會主義的討論」的〈由內地旅行而得之又一教訓〉一文中已清楚表明的如下看法：

有一部分人住通商口岸，眼所見都是西洋物質文明的工業狀態，於是覺得西方人所攻擊西方物質文明的話，都可移到東方來，而忘了內地的狀態和歐洲人不相同。【21】

【20】 張君勱，〈致林宰平學長函告倭氏晤談及德國哲學思想要略〉，原見《改造》，卷 3:4（1920 年 12 月 15 日）。收入張君勱，《中西印哲學文集》，冊上，頁 1116 － 8。

【21】 張東蓀，〈由內地旅行而得之又一教訓〉，原刊《時事新報》（1920 年 11 月 5 日），收入朱維錚編，《中國現代思想史資料簡編》（杭州：浙江人民版社，1986 年第 2 次印刷），卷 1，頁 616。於此點，張東蓀與胡適並無不同。他曾特別認可胡適的〈我們對於近代西洋文明的態度〉一文。胡適後來更引此文云：「人們常說東方文明是精神的文明，西方文明是物質的文明，或唯物的文明。這是有誇大狂的妄人捏造出來的謠言，用來遮掩我們的羞臉的。其實，一切文明都有物質和精神的兩部分：材料都是物質的，而運用材料的心思才智都是精神的。木頭是物質；而剜木為舟，構木為屋，都靠人的智力，那便是精神的部分。器物越完備複雜，精神的因子越多。一隻蒸汽鍋爐，一輛摩托車，一部有聲電影機器，其

可見，二張對所謂物質文明即有不同的評價，而要說張東蓀與張君勱在思想上沒有歧見是有問題的。說到張君勱如此從政治國全然的翻轉到哲學國的原因，正如他所說的，是由於偶然訪問了倭伊鏗而來的非理性憾動。此第二次留歐時追隨倭伊鏗的張君勱至少一時解決了他十年來的困惑，同時使他正式回歸到儒家上來，也就印證了他幼年時的信仰。

所謂物質文明與所謂精神文明可能只是分析方便之別。若要強調人的共同性，則我們只要往動物性、植物性、生物、化學、物理的道路上走；而若要強調人的差異性，則只要往文化的路走。求同是簡化、化約、抽象的過程；求異則是增加、求個案，反求同的方向而行。談人生可以有物理、生物、化學、社會、文化等等層次。有人願停在低層次，是因為認為連低層次都不知，更不必奢談更高層次了。

以上所引張君勱的每段文字，若要細論，幾乎都得有數百字以上，但殊為篇幅所不許。只好著重談一些。首先要提的是，張君勱即是人文學者，在文中反說「不為人文」，不知是為什麼？而在此引文中他不是津津樂道且細數所就讀耶拿大學「人文之盛，冠德全國」嗎？！

至於說到倭氏哲學，我們要問，張君勱所說的，「世間實相（非絕對不認物界）不外心物二者，貫澈此二者厥在精神生活」若成立，為何仍有「精神生活與為外物所束縛之心相爭競」，且須要、應有「以人生為中心」的一種奮鬥工夫？如此一來，「精神生活」之貫澈，仍然是不澈底的，因為仍然需要「以人生為中心」。總之，到底「以人生為中心」與「精神生活」的關係如何？「生之哲學」是「精神哲學」嗎？是「精神生活哲學」嗎？

中所含的精神因子比我們老祖宗的瓦罐，大車，毛筆多的多了。我們不能坐在舢板船上自誇精神文明。而嘲笑五萬噸大汽船是物質文明。」引自胡適，〈介紹我自己的思想——《胡適文選》自序〉，季羨林主編，鄭大華整理，《胡適全集4：胡適文存四集》（合肥：安徽教育出版社，2003），頁666－7。其實，人們是通過對物質之感動而崇尚精神；精神是藉物質而發煌的。

文中「心」、「思」、「精神」各指何物？三者的關係如何？所提三點的第一點，若「世間實相（非絕對不認物界）不外心物二者」理解成是心物二元對立，而後有「貫澈此二者厥在精神生活」，則「精神生活」是否指一種橋樑作用？若是如此，則其角色當不致高過心物兩者太多？而若是一種辯證關係，則就不能只說「世間實相（非絕對不認物界）不外心物二者」，而應像黑格爾所主張的辯證法那樣，說「精神生活」是個心物的綜合體；但張氏的第二點，並沒有再提到第一點裡供「精神生活」所貫澈的「心」與「物」，但卻反提出「思」，似乎是暗示「思」即是「心」【22】，而忘了「物」。如此一來，在似有「心」而無「物」的情況下，他所說的，奧氏的「思」不過「精神生活」之一部，是否變成「思」與「精神生活」之關係，且似乎是部份（「思」）與整體（「精神生活」）的關係；至於第三點，前一部分，即「人心……工夫」一段，似乎可以回答上述關係第一點的質疑，即「精神生活」是用來克服易為外物所束縛的人心，但並沒有完全解決「思」與「心」的關係，因為第二點只確定「思」是不足而已，並非是受外物束縛的人心，因「思」不過「精神生活」之一部。接下來的「以人生為中心」的哲學似乎是指杜里舒的生機主義、柏格森的生活哲學，但這與以倭伊鏗的精神生活為至上哲學有何不同？總之，文中所提的「心」、「物」、「思」、「精神生活」、「人生」本身何指？「心」與「思」是指心理？思想？理性？推理？腦力？「主觀性」？「物」是指「自然」？「客體」？「他我」？「人生」？它們之間的關係該如何理解？是否可以把「精神生活」當做是「心」與「物」或「思」與「物」之指揮官？若「人生」含有「心」、「思」和「物」，則「精神生活」不能沒有「心」和「思」，甚至有「物」，則「以人生為中心」的哲學，與以「精神生活」為至上的哲學，就只不

【22】張君勱在〈我之哲學思想〉（1953 年 6 月）即是如此認定：「……人類處於兩界之中，一方為物質，一方為心靈，或曰思想。……」見劉夢溪主編，《中國現代學術經典》（張君勱卷），（石家庄：河北教育出版社，1996），頁 711。

15

過是程度的不同而已。

文中的「弟之來，不為山水，不為人文」與認同倭伊鏗「預言物質之破產，提供新唯心主義」，有相當的不一致——難道此「人文」不是「新唯心主義」的一部分，即使是很小的一部分？若「人文」是「新唯心主義」的一部分，而「新唯心主義」是「以人生為中心」、是倭伊鏗的「精神生活上之體驗」，則又如何「與康德、黑格爾為儔侶」呢？因為康德是要調和「心」「物」的「新唯心主義」，而黑格爾，正如張氏已說的，是以「思」為真理之源的「新唯心主義」，他們倆顯然不符「以人生為中心」的哲學。到底「新唯心論」是舊唯心論（思想哲學）加上「精神生活哲學」或「生活哲學」嗎？

此外，張君勱在上述〈致林宰平學長函告倭氏晤談及德國哲學思想要略〉的文字「……與康德、黑格爾為儔侶矣」與下述 1932 年他在〈菲希德小傳及其學說〉裡認為黑格爾的大論理學「與國難若風馬牛不相及」和 1959 年他在擬議中〈當代西方哲學思潮引言〉目錄（見於《民主中國》）所要討論「反理智主義之生活哲學，對於黑格爾之反動」，少說也是不一致的。【23】

其實，若不是為了強烈對照，我們可不必一下子跨了如此多年，只就〈致林宰平學長函告倭氏晤談及德國哲學思想要略〉和一年多後的〈學術方法上之管見〉一文對照，即已可看出不一致：張君勱不能既要倭伊鏗的精神生活哲學，又要黑格爾的思的哲學，因為兩者是互相排斥的。倭氏的精神生活實乃反智的，而黑格爾則是主智的，甚至是唯智的。這就是說張君勱不能同時既要康德、黑格爾，又要倭伊鏗、杜里舒，而不經過綜合或有效的批判。

此外，張君勱沒譯他說要譯的，沒寫他說要寫的倭伊鏗傳，雖他寫了多篇介紹文字。更令人費解的是，張自稱學倭氏只半年，但卻要用之藥中國。

【23】張君勱，《中西印哲學文集》下冊，頁 1407。

總之，張君勱所要的哲學，似乎是某種結合了康德、黑格爾、新康德主義（右派）、反孔德實證主義、反達爾文主義，並以倭伊鏗的精神生活哲學、柏格森的生活哲學和杜里舒生機主義的生命哲學為代表，強調生命不可化約的新唯心主義的形而上學。這種新唯心主義的形而上學，在張君勱的眼裡，即是有科學根據的孔子所謂的「誠」和「克己復禮」！【24】其實，他可以（而他後來卻是如此）引更恰當、充斥著宋明理學裡的形而上洞識，如陸九淵的名言：「宇宙即是吾心，吾心即是宇宙。」如張載的名言：「為天地立心，為生民立命，，為往聖繼絕學，為萬世開太平。」等等。但值得強調的是，張君勱上述似乎迂闊的東西方比附在他的著作中真是屢見不鮮（下面還會提到些），卻是使他之所以成為第一代新儒家的理論基礎！錯誤的理解，冒險的做法有時會開出令人意外的結果。這也是為何非理性主義、反理性主義或浪漫主義永遠有吸引力的理由之一。

回到「科玄論戰」前後，只比〈致林宰平學長函告倭氏晤談及德國哲學思想要略〉稍晚近五個月，張君勱於 1920 年 11 月 12 日寫的〈致講學社書謂倭氏不克東來講學〉仍繼續其宣揚倭伊鏗新唯心主義的精神生活哲學並兼及菲希德和柏格森之推翻康德之體系云：

> 自德革命後，學者推求致敗之因，咸以為五十年來物質發達太驟，國民精神不團結，故有此分崩離析之日，補救之法，舍提倡唯心哲學精神哲學以外無他法〔這一方面就唯心哲學而言，意味是思的哲學，但另一方面又意味兩者（唯心哲學精神哲學）有分別〕。蓋一八一三年普之敗拿翁也，其物質之設備，遠不如今日，而能轉敗為

【24】此處 1920 年 6 月 27 日的看法幾乎與如下 1922 年 2 月 15 日看法矛盾：「此西方之科學方法，所以異乎東方之考據與夫心性之談，吾深望以實驗科學而兼哲學之杜里舒氏為我學術界闢一天地也。」見張君勱，〈德國哲學家杜里舒氏東來之報告及其學說大略〉，原發表在《改造》卷 4 號 6（1922 年 2 月 15 日），收入氏著，《中西印哲學論文集》，頁 1149。

勝者，則精神團結故也，唯心之說盛行故也。時之代表唯心哲學者。曰菲希德氏，拿翁占普，臬巡邏之卒分布全城，而菲氏執教鞭大學中，侃侃而譚，鼓勵其青年。卒有一八一三年之勝，德人常豔稱之謂驅逐拿翁者乃菲氏學說也。倭氏倡新唯心主義於十九世紀之末，聲名揚溢乎英美日本，而國中附和之者甚鮮。自戰敗以來，始有與之作桴鼓應者。於是有所謂倭伊鏗氏同盟會發起於耶納，今支部已遍國中：一年之間，倭氏巡迴演講，以注重精神生活，再造國家之說提倡於國中，是儼然以菲希德自待，而德人心目中，亦日夜祝此新菲希德之誕生，以挽此敗亡之局也。此倭氏一腔愛國之心，不忍輕去其國以應吾聘之實情也。……其來書提及為中國著倫理學一節，此係吾去書中曾提赴東講演題目有倫理一項，彼覆書稱今既不能成行，但願稍分心力，參酌東西洋文化，為中國對症發藥，著倫理學一書。此乃倭氏好意，似不應拒絕，已覆書允之。……再旅歐以來，默察思潮變遷之大勢，常以學術界之大革命，已如晨曦之將達地平線上矣。百餘年來歐洲所謂學問之基礎者，其在科學則奈端之物理學也，其在哲學則康德之批判主義也，今奈端〔1642-1727〕之說則愛因斯登（Einstein）〔1879-1955〕起而顛覆之矣，康德之哲學系統，則柏格生從而推翻之矣，此學問之二大基礎已大變，而謂一切學術不受其影響者，未之有焉。此吾所以謂學術界大革命之將起也，方今吾國新文化運動正在發端，應如何應此大勢而急起直追，則吾以為凡哲學，社會科學、自然科學，應訪求其主持新說之鉅子，而羅致之於東方，則一切陳言可以摧陷廓清，而學問之進步，將遠在各國上矣。此則所望於貴社諸公力圖之也。【25】

【25】張君勱，〈致講學社書謂倭氏不克東來講學〉，《中西印哲學論文集》，頁1120－1。

葉其忠　張君勱之非理性主義、反理性主義與浪漫主義及其自我反省　425

同文附倭伊鏗氏覆張君勱書云：

……予認為近世文明力之文明也（Kultur der Kraft）。惟力是尊，
至於無所不用其極者也。惟其尚力，故於身心少受用，歷時既
久，難壓人心。為中國計，應知西方文明之前因後果，而後合二
者而折中之，此亦非易事也，使予之躬行主義（Aktivismus）而
有裨於中國之大民族於萬一，予之榮幸何如哉！【26】

以上所謂「學問之二大基礎已大變」，與他在 1922 年 2 月 15 日
發表的〈德國哲學家杜里舒氏東來之報告及其學說大略〉一文所言：
P. Natorp（那托伯）（1854-1924）「於康德之認識論，闡發最為透闢，且
為德國大學最盛之一派，故足以代表德國思潮」，【27】而杜里舒「語森
曰今代哲學，不脫康德範圍，……」【28】少說也是不一致的。至於訪中
國未成的倭伊鏗，自栩他的「躬行主義」或《大思想家生活觀》，可能
對中國有益，便似乎缺乏了羅素（1872-1970）所表現的謙遜——羅氏不
僅訪問過中國十個月，並在 1922 年就寫有《中國問題》。羅素認為：
「我們西方文化最顯著的長處是講求科學的方法；而中國文化最突出的優
點對人生目的具有正直洞見。我們希望看到的，正是二者的結合。」【29】

張君勱在 1921 年 11 月 21 日在巴黎給留法同學講〈倭伊鏗精神生
活哲學大概〉既可看到可能是他（對本文頁 10 － 2 疑問）最清楚的幾段
解釋。文云：

哲學派別之分類法種種，有分之為唯心唯物者，有分之為主

【26】同上，頁 1122。

【27】張君勱，〈德國哲學家杜里舒氏東來之報告及其學說大略〉，《中西印哲學論
文集》，頁 1125。

【28】前揭書，頁 1127。

【29】伯特蘭・羅素（Bertrand Russell）著，戴玉慶譯，〈中西文化的比較〉，《羅
素自選文集》（*Selected Papers of Bertrand Russell*）（北京：商務印書館，
2006），頁 176。

智主意者，以吾觀之，就最近時之哲學潮流論，莫若生活哲學思想哲學之區分為最明顯，生活哲學以生活（Leben，life）為哲學之出發點者也：思想哲學以思想（Denken，thinking）為哲學之出發點者也。【30】

昔笛卡兒〔1596-1650〕有言：吾思故吾存，其意謂天下萬物皆可疑，而獨有一不可疑者，則思是已。然而近時哲學家又有言；天下外物皆可疑，然有一不可疑者，是為自身生活。換言之，實在者，生活也。此即生活哲學與思想哲學兩大派之立腳點也。

所謂思想哲學，自笛卡兒，康德，黑格兒，以及近時守康德衣缽之哲學家，與夫其他唯心派皆屬之。所謂生活哲學，尼采〔1844-1900〕發其端，尼氏有言：「生活支配學問耶？抑認識支配生活耶？」（" Soll nun das Leben uber? die Wissenschaft herrschen oder das Erkennen uber? das Leben?"）。嘗以思與生兩相比較，卒歸宿於思想由生活狀態而定之一原則，自是以來，生物學心理學之研究，日益發達，本生理心理原素之分析，而有智識皆由生活起之說，如美之實用主義之詹姆士〔1842-1910〕，法之直覺派哲學之柏格森皆是也。

以思為出發點者，以思為唯一根據，故重理性（reason）、重概念（idea）。以論理學上之思想規則、與夫認識論為其獨一無二之研究方法。蓋此派以為欲求真理，舍思想末由焉。以生活為出發點者，以為思想不過生活之一部，欲求真理，舍自去生活

【30】張君勱，〈倭伊鏗精神生活哲學大概〉，《中西印哲學論文集》，頁 1095。針對張君勱的「主智主義」與「主意主義」以及「生活哲學」與「思想哲學」之對立，本文作者在〈「知識即生活」一文〉（尤其頁 106、頁 107）曾提出極相關的批評。此外，參見拙作〈「科玄論戰」的爆發與擴展〉，頁 236 － 240、232；〈1923 年「科玄論戰」：評價之評價〉，頁 187 － 8。

（Erleben）而外無他法，故重本能（instinct）、重直覺（Intuition）、重衝動（Impulse）、重行為（action）。換言之，真理不在區區正名定義，而在實生活之中是矣。

　　思想哲學，以物理學，數學之觀念，為基礎觀念者也。生活哲學，以心理學生物學之觀念為基礎觀念者也。物理學數學之觀念，則概念也、原則也，由此概念與原則而分析而綜合是也。若夫生物學上動物遞變之跡，與夫心理學上之自覺，殆所謂逝者如斯，不舍晝夜，有非以概念原則所得而分析畫定之者，此詹姆士所以有思流（stream of thought）、 生活流（flux of life），而柏格森所以有恆變之說也。【31】

　　若夫倭伊鏗乎！世界學者目之為唯心派之哲學家也，彼亦自認為唯心派之哲學家也，其守康德、菲希德、黑格爾之成規，以思想為出發點乎？抑受二十世紀潮流之鼓盪，而以生活為出發乎？欲求倭氏立腳點，請證之倭氏書。【32】

誠然「欲求倭氏立腳點，請證之倭氏書。」有鑑於張君勱此領域有許多文章聱牙佶屈，不忍卒讀，可能比讀原文還辛苦，但仍得再三讀之，以求有所了解或無誤其意，因而本文作者不建議讀者讀張君勱介紹倭氏的文字。若讀者不信，且自己去讀〈倭伊鏗精神生活哲學大概〉一

【31】張君勱，〈倭伊鏗精神生活哲學大概〉，頁 1095－6。對照詹姆士著，唐鉞譯，《論思想流》（臺北：台灣商務印書館，1974 台一版），頁 2：「**思想的五個特性** 思想照什麼樣子進行呢？我們立即看到思想過程有五個重要特性。……（一）每個思想都具有成為一個私人意識的一部份這種趨勢。（二）在每個人的意識之內，思想永遠是變化的。（三）在每個人的意識之內，思想覺得是連續的。（四）**思想永遠顯示是應付獨立於思想之外的對象的。**（五）思想對這些對象之中的有些部份具有興趣，對其餘部份不理會，並且時時刻刻加以歡迎或是加以排棄——簡言之，就這些對象之中加以選擇。」

【32】張君勱，〈倭伊鏗精神生活哲學大概〉，頁 1096－7。

文上引文字以外的其他內容，看看自己是否領會其論點，再看其他罷。
倭著《生活的意義與價值》譯者萬以在 2005 年寫道：

> 奧伊肯一生寫了大量著作，⋯⋯在這些著作中，奧伊肯論證
> 和闡發了一種唯心主義的生命哲學。

> 生命哲學在 19 世紀末至 20 世紀初的德、法等國非常流行，
> 它以當時最時髦的研究論題即人的生命、人的生活、人的價值、
> 人的歷史文化作為理論物件，強調生命的精神創造和心靈世界的
> 獨特性，強調人文科學方法的獨特性，形成了一股與理性主義思
> 維模式相抗衡的普遍思潮。這一思潮包括不少理論派別，最重要
> 的有以法國哲學家柏格森為代表、帶有生物學傾向的生命哲學學
> 派和以德國哲學家狄爾泰等人為代表、更加注重社會歷史領域的
> 生命哲學學派。在 20 世紀頭 20 年裏與狄爾泰齊名的奧伊肯，作
> 為當時一位頗有影響的生命哲學家，所宣導的是一種歷史—— 文
> 化傾向的生命哲學，用他自己的說法，可稱之為精神生活的哲
> 學。

> 奧伊肯圍繞著生命、心靈的精神生活、超越的基督教、宗教
> 民主、自由這些基本觀念構造的哲學，雖然充滿熱情，不乏雄
> 辯，卻很難克服舊唯心主義和舊宗教的致命弱點；它的倫理學能
> 動主義，也未能解決繽紛繁雜的思潮面前現代人的思想危機。作
> 為在 19 世紀轉折時期曾經極為走紅的生命哲學中的一支，奧伊肯
> 的精神生活哲學在 20 世紀 20 年代以後便同其他生命哲學流派一
> 樣，隨著歐洲新哲學思潮現象學運動和存在主義的興起而衰
> 微。⋯⋯【33】

針對張君勱半年內既已確定信從難懂的倭依鏗精神生活哲學，我們

【33】 萬以，「譯者序」，魯道夫・奧伊肯（Rudolf Eucken）原著，Adam and Charles
Black 英譯，《生活的意義與價值》（*The Meaning and Value of Life*）（上海：
譯文出版社，2005），頁 1 － 2、4。

實在不能說是有很多深思熟慮，而不是衝動的決定。如此短的時間即做決定，似乎顯示心急如焚，病篤亂投醫之嫌，即使我們考慮到他後來的修正看法。若不是張君勱後來三翻五次企圖解說，一般讀者如本文作者是不會太介意他偶然有的激烈言詞或不一致言詞的。困惑的是，張君勱做了三番五次的解說後，仍然是不清不楚。同樣情形而出現在他對杜里舒和柏格森的哲學上。

（三）：張氏談杜里舒的生機主義歸本於隱德來希及其批評

談到杜里舒的生機主義，張君勱在〈德國哲學家杜里舒氏東來之報告及其學說大略〉云：

> 杜氏所謂生機主義者，生活之自主之謂也（Autonomy of life），意謂生活自身，自生變化，其所以然者，必另有原因，初非可以化學物理作用，所得而解釋焉。……【34】

> 杜氏持生機主義，而歸本於隱德來希。其消極方面之駁機械論者之言，證據確鑿;不可復搖;以云積極方面，雖有所謂隱德來希之說，然其為物，渺渺難明，故有駁之者;謂杜氏雖有說明，而等於無說明，然吾以為隱德來希之性質暫不問，若生命現象，非物質之所得而解釋，則杜氏已明白道破之矣。且其所謂非總和而個性也，要皆以生物為巍然獨立之一體，初非以元素積疊而成，自此點言之，雖與柏格森之生命奮進，倭伊鏗之精神生活，原不相同，然三家之不以物理因果律適於生活則一焉。【35】

【34】 張君勱，〈德國哲學家杜里舒氏東來之報告及其學說大略〉，頁 1131。

【35】 同上，頁 1135。丹尼特（Daniel C. Dennett）說：「二元論認為心靈是由一些無形且完全神祕的物質所組成，活力論則認為生命體含有某些神祕但有形的物質，稱為「生命力」（élan vital），不過這兩種理論與煉金術及占星術一樣，都已被貶入歷史的垃圾堆裡。除非你有充分的理論證實世界是平的，或證明太陽是一部由有翅膀的馬拖著跑的火戰車，換句話說，除非你完全藐視現代科學，否則

杜氏之說，澈始澈終，本生物現象，以適用於哲學。且轉而以哲學證明其生機主義。若森之淺學，於哲學方問津焉耳，生物學絕未窺門徑，乃敢以介紹杜氏之說自任者，非自謂能知杜氏焉，徒以與杜氏有一面之交，得先聞其學說於百一耳。……【36】

「然三家之不以物理因果律適於生活則一焉。」語意是極含混的。若物理因果律不適於生活，則建立在物理和化學之上的生物學照樣無法說明所謂隱德來希！張君勱該說的是，物理和化學，甚至生物學等等科學，都不足以說明哲學或甚至經驗上所體會的生命現象，更不要說精神現象，及其最終性質，因此會有所謂隱德來希等等形而上學企圖說明之，但不一定成功，且有摧毀生命科學的預設之虞：因為若生命不可捉摸、不可理解，則無法研究了。

在張眼裡，杜氏自述的哲學是這樣的：

> 我哲學之出發語「我自覺的有某物」。導自笛卡兒之我思故我存一語。「我有」二字，得之勒姆克氏（Rehmke）（亦德重要哲學家之一），然我揭出此二字之先，已有哈德門氏（Hartmann），浮爾格氏（Volkelt）（簡伯齊大學哲學教授，杜氏之前任也）處認定自覺的我之不活動，自覺我之不活動，得思想心理學之助，而將我之固有思想，切實證明，「觀」（Schauen）及「精粹」（essentiae）二字，自虎塞爾氏〔1859-1938〕得來；「對象」（Gegentand）之義與麥以農氏（Meinong）〔1853-1920〕（奧哲學家）同。

絕對無法找到穩固的立場，來為這些老掉牙的觀念爭辯。所以我們不妨來看看，保守的科學資源可以訴說哪些故事。或許「人類心靈是由較簡單的心靈演化而來」的說法，並不會差到哪裡去。」引自丹尼特著，陳瑞清譯，《萬種心靈》（*Kinds of Minds: Toward an Understanding of Consciousness*）（臺北：天下文化，1997），頁 29。

【36】張君勱，〈德國哲學家杜里舒氏東來之報告及其學說大略〉，頁 1147。

葉其忠　張君勱之非理性主義、反理性主義與浪漫主義及其自我反省　431

　　　至於我之生機主義，絕不受亞歷斯大德氏〔384-322, B.C〕或
　　哈德門氏之影響。以我之持此主義，尚在讀亞氏哈氏者之先也，
　　且我之生機論，本於科學之研究而出者也。【37】

　　文中「我之生機論，本於科學之研究而出者也」，若真是如此，則
不會超出科學，而科學的前提，科學可以不理，要理也是哲學——科學
哲學或形而上學的事——因此會有牛頓「我不言假設」（“Hypotheses
non fingo”）的名言．此處的“hypotheses”是指形而上學，即不是基於
實驗、經驗而來的預設。這點張君勱並沒有留意。他引杜氏自剖云：

　　　我之哲學精神，所得於康德及其門人者甚多，此事實也；若
　　對於菲希德，黑智爾，雪林〔1775-1854〕之關係則甚淺薄。或者
　　以為我之學說與菲希德有相似處，然我之得力菲氏黑氏，雪林氏
　　者甚少，此三氏之影響於吾思想者，尚不如亞歷斯大德，蘭勃尼
　　孳〔1646-1716〕，叔本華〔1788-1860〕，佛里斯（Fries）〔1773-
　　1843〕哈拔脫（Herbart）勞子（Lotze）〔1817-1881〕之多。 以菲
　　氏等號為德惟心主義之代表，然智識上之自克工夫太少，故立言有溢
　　出範團外。【38】

　　注意上引文杜里舒說，「至於我之生機主義，絕不受亞歷斯大德氏
或哈德門氏之影響」與此處「……尚不如亞歷斯大德」是不一致的。張
君勱又說在杜氏眼裡，「菲氏等號為德惟心主義之代表，然智識上之自
克工夫太少，故立言有溢出範團外」，與杜氏本身既要「我之生機論，
本於科學之研究而出者也」，也要提倡所謂隱德來希，何嘗有何大差
別？接著張又引杜氏云：

　　　總之，我之學說，自我原來之宗旨言之，則理性主義也，所謂理
　　性者，非總和的機械的之謂也，然秩序一元論既不能盡情實現，
　　於是我書中有傾向二元論之說。此非我之咎也，而宇宙當前境界

――――――――――――――――――――
【37】同上，頁1148。

【38】同上，頁1148－9。

（Gegeben）之咎也。我為良心所驅進，故不能不明白承認，既已認此當前之境，故我書中說明處，不能免非理性的元素矣。【39】

看來杜氏要的是某種唯心的理想主義者，或理性的唯心主義。而對此張君勱並無分辨。他總結云：

以上所云云。有為前文所已見者。亦有至今尚未提出者，質疑問難，請俟之杜氏東來。嗚呼！學始乎細胞，可謂微矣精矣。擴而至於全宇宙，可謂廣矣大矣。本至微至精之工夫，以建立其至廣至大之宇宙觀，此西方之科學方法，所以異乎東方之考據與夫心性之談，吾深望以實驗科學而兼哲學之杜里舒氏為我學術界闢一天地也。【40】

張君勱是如此欣賞被杜氏許為以科學為根據的生機主義者隱德來希，這難道不是科學主義之一例嗎？而張君勱此處蘊涵了他對在「科玄論戰」期間與丁文江爭議的中心議題「東方之考據與夫心性之談」之負面評價，簡直可以說是丁文江的同道，而不是最大的論敵了。

張君勱的「吾深望以實驗科學而兼哲學之杜里舒氏為我學術界闢一天地也。」其實是以杜氏的科學哲學反對羅素等人的科學哲學而已。有關這一點，1923 年 2 月 28 日他寫的〈關於杜里舒與羅素兩家心理學之感想〉，以及 1923 年 4 月 25 日他的所譯杜著〈近代心理學之非自覺及下自覺〉可以為證。

（四）：張氏談柏格森之生命奮進

「科玄論戰」前後，張君勱不但傾倒在倭伊鏗之精神生活、杜氏所持生機主義之下，也傾倒在柏格森之生命奮進中。他在 1921 年 5 月發表的〈法國哲學家柏格森談話記〉時，似乎忘了英國的新實在論、美國的實用主義等哲學大流派而過分興奮地說：

嗚呼！康德以來之哲學家，其推倒眾說，獨闢徑蹊者，柏格森殆一

【39】同上，頁 1149。

【40】同上，頁 1149。

人而已。昔之哲學家之根本義，曰常、曰不變。而柏氏之根本義則曰變曰動。昔之哲學家曰：「先有物而後有變有動。」而柏氏則曰：「先有變有動而後有物。」惟先物而後變動焉，故以物為元始的，而變動為後起的。惟先變動而後物焉。故以動為元始的，而物為後起的。昔之學者曰：「時間者。年月日時分秒而已。」柏氏曰：「此年月日時分秒，乃數學的時間也，空間化之時間也。吾之所謂真時間（La Durée），則過去現在未來三者相繼續，屬之自覺性（Consciousness）與實生活中，故非數字所得而表現」。昔之哲學家但知有物，而不知物之原起。柏氏曰：「天下無所謂物，但有行為而已。物者即一時的行為也」There are no things, but only actions; things are only our eventual actions）」，由人類行為施其力於空間，而此行為之線路，反映於吾人眼中，則為物之面之邊。昔之哲學家曰：「求真理之具曰官覺、曰概念、曰判斷。」柏氏曰：「世界之元始的實在曰變動。故官覺概念判斷三者，不過此變動之片段的照相。是由知識之選擇而來，其本體不若是焉。」此所舉者，僅其寥寥數點。其他燦爛繽紛，使吾忽而驚疑，忽而神往者，尚不可以數計。嗚呼！康德以來一人而已！宰平之來歐，其見面第一語曰：「此來大事，則見柏格森、倭伊鏗兩人而已。……」……。【41】

張君勱雖可能是柏氏在中國最出名的學生，但柏氏的主要著作，如《創化論》（1919）和《物質與記憶》（1922）則是由張東蓀譯出的。據張君勱的評價，張氏所譯「柏格森《創化論》之為時傳誦，且寖寖為侯官嚴氏後之首選名筆焉。」【42】然而，對張氏譯作熱烈歡迎的最重要原因

【41】 張君勱，〈法國哲學家柏格森談話記〉，《中西印哲學論文集》，下冊，頁1235－6。

【42】 張君勱，〈張東蓀八十壽序〉，《再生》（重刊本），卷1，期9（1970年9月15日），頁29。此文收在《中西印哲學論文集》。

新亞學報第二十八卷　下編

可能比張君勱所說的來得簡單，即那時的中國青年知識分子熱衷於知識與思想，特別是外國思想，因而許多外文的劣譯仍照樣受讀者們狼吞虎嚥式地讀著，熱烈地討論著，並無休止地爭論著，而無充分了解。正如陳榮捷所注意及者：

> 自公元三世紀以後，中國即未再有過百家爭鳴如二十世紀者。西方思想和　對傳統文化遺產的厭惡相結合，造成許許多多思想潮流如脫韁之馬四處奔馳。近代西方哲學思想之介紹先由嚴復（1853-1921）〔1854.1.8-1921.10.27〕於 1898 年之翻譯赫胥黎〔1825-1895〕的《天演論與倫理學》〔簡稱《天演論》〕開始。接著他又翻了密爾〔1806-1873〕、史賓塞〔1820-1902〕、蒙德斯鳩〔1689-1755〕的著作。在二十世紀之交，叔本華、康德、尼采〔1844-1900〕、盧騷〔1712-78〕、托爾斯泰〔1828-1910〕以及克魯泡特金〔1842-1920〕的觀點也被輸入。在 1917 年的思想復興之後，整個介紹活動乃加速進展。接下來的十年裡，笛卡兒、斯賓諾沙〔1632-1677〕、休謨〔1711-1776〕、詹姆士、柏格森、馬克思以及其他思想家的主要著作都有中文本。杜威〔1859-1952〕、羅素〔1872-1970〕以及杜里舒也來到中國講學。而期刊也出專號特別介紹尼采和柏格森。會社甚至學校也獲成立以促進某一學派的哲學，幾乎每一西方思想的潮流皆有其解釋者。詹姆士、柏格森、伊倭堅、懷海德〔1861-1947〕、霍金（〔W.E.〕Hocking）〔1873-1966〕、史利樂（Schiller）〔1759-1085〕、格林（T.H.Green）〔1836-1882〕、卡那普（Carnap）〔1891-1970〕及路易士（C.I. Lewis）〔1883-1964〕都各有其信徒。有一時期，看起來中國思想就像要全盤西化似的。【43】

【43】陳榮捷（Chan Wing-tsit）編著，楊儒賓、吳有能、朱榮貴、萬法先譯，《中國哲學文獻選編》（*A Source Book in Chinese Philosophy*）（二冊）（台北：巨流圖書公司，1993 年），頁 863－4。原文見 Chan Wing-tsit（陳榮捷）trans. and

葉其忠　張君勱之非理性主義、反理性主義與浪漫主義及其自我反省　435

較之張君勱崇拜柏格森而無批評，也對羅素對柏格森的諷刺沒有辯護。【44】張東蓀則有這方面的文字。他與〈法國哲學家柏格森談話記〉幾乎同時的〈柏格森與現代哲學〉有最精簡分析：

> 現代哲學有一個共同的特色，就是「非理性主張，」Irrationalism〔。〕甚麼是非主智主義呢？其中也有幾種說：一種是「主意說，」Voluntarism 從心理學上研究出來的，以為心理分知情意三種，精神和生命的活動，都是從意志出發的，知和情都受意志的影響，所以意志是主，而知情都是從；此卻是開源于康德，因為知性的範圍和感性的材質沒有關係，這個道理是康德發明的；康德發明這個道理，就對於哲學上有了在大的貢獻，所以叔本華（Schopenhauer）與馮德（Wundt）〔1832-1920〕等主意論者未嘗不是間接受康德的影響，一種是「唯用主義」（Pragmatism）他的立腳地全在認識論，他對於從前認識論上各種說都不滿足，以為知情意三方面不能分離的。……一種是「直接論」Immediatism 或名為「直覺論 」Intuitionism 這就是柏格森的說；現在我先把柏格森哲學的大意說一說，……柏格森的思想雖

comp., *A Source Book in Chinese Philosophy* (Princeton: Princeton University Press, 4th Printing, 1973), p.744. 此處譯文有相當多的改動。

【44】羅素評論云：「……然而，柏格森卻蓄意把神秘主義適用於那些深信行動與『生命』的人，也適用於那些相信有演進的實質的人，且認定除了我們的生存之外別無幻想。**神秘主義者常是性情上活躍的人卻被迫不活動，而活力論者卻是在性情上不活躍但對行動帶著浪漫式崇拜的人。**一九一四年之前的世界充滿了這樣的人，亦即所謂『傷心之家』的人。他們在性情上的起點就是厭煩與懷疑，導致喜歡刺激，嚮往非理性的信仰—— 基於這種信仰，他們終於發現使別人互相殘害成了他們的責任。但是在一九〇七年，他們尚找不到這樣的發洩法，是柏格森提供了一種好的代替的想法。」（見羅素（B. Russell）著，楊耐冬譯，《懷疑論集》（Sceptical Essays）（台北：志文出版社，1995 年再版），頁 59 。）

29

然是渾融一體，我們卻不能不分端解說，先從認識論上說起：柏氏以為認識論與生命論當合而為一，他說所有生物的精神現象有三個傾向：一種是無意識，一種是本能，一種是智慧；（或譯理知）無意識就是睡眠與麻木，本能就是感召與神通，智慧就是辨別與思維，植物趨於無意識的傾向，昆蟲類趨於本能的傾向，人類趨於智慧的傾向，後來學者都認這三個是次第的，柏氏偏說他是並列的，但是智慧的技能是專在辨別固體的物象，把物象來分析以便應用，所以拿智慧來窺測自己的生命是不適宜的，能夠窺測自我本體的生命必定是直覺，這個直覺就是本能之一種；所以柏格森的直覺主義也可以名為本能主義，次從本體論上說：他說本體就是「綿延」（Duration），綿延有二個意義：一個是未來的前進不可預測，一個是過去的堆積永無窮期，所以這綿延與變化大大的不同，就是變化是 A 變為 B 的時候，止有 B 存在，那 A 早已過去了，綿延則不然，凡是過去都積存在現在中，凡是現在都是向未來而前進，所以柏氏名這個綿延為「創造的進化」（Creative Evolution）所以柏氏哲學是流動哲學和轉化哲學，他又說這綿延的停斷就是物質的構成；因為物質的特性是空間性，這綿延的特性是時間性，時間性是因創造的進化而見，空間性是因創造進化的逆轉而見；所以他說宇宙間有二種運動：一個是順轉，一個是逆轉；順轉是自己構造的，逆轉是自行渙散的；因為自行渙散所以才見有空間，要之，柏氏以為時間就是創造，（Invention）空間是時間停斷的副現象。他的哲學的精微奧妙就是這個地方……【45】

這是「非理性主義」的大概，但是「物極必反」，現在有新

【45】 張東蓀，〈柏格森與現代哲學〉，原文見《民鐸雜誌》，卷 3：1（1922 年 12 月），收入王義田編選，《中國名人演講集》（台北縣新莊：名家出版社，1980 年 5 版），頁 285 − 6；287 − 8。

實在論（New realism）一派，他第一個主義是本體論離認識論而獨立，與前數說都是相反，他第二個主義是分析可以成立，與前數說也相反；代表此說的英國是羅賽爾（B Russell）美國是披萊（〔Ralph Barton〕Perry）〔1867-1957〕等一小團體。【46】

於此可見，當張君勱鼓吹屬於張東蓀所謂「非理性主義」的倭伊鏗的精神生活哲學、杜里舒的生機主義、柏格森的生命哲學時，他是做了抉擇，因為當時的思潮也有屬於理性主義的其他派別，且不弱於生命哲學，甚至強過它。

1922 年 1 月 15 日，張君勱在《改造》上發表了〈學術方法上之管見——與留法北京大學同學諸君話別之詞〉一文，回顧他結束第二次前後近三年（1919 年 1 月至 1921 年 12 月）的歐遊（旅法旅德時間各半）的情況時說：

> 我記得梁任公先生於千九百十八年〔實為 1919〕七月間嘗訪法國哲學家柏格森，是日同去諸君中，有學陸軍者〔蔣百里〕，有學物理者，有學銀行者〔徐新六〕，任公先生亦強我同往，我竟謝絕之，此時我心中尚以為哲學乃一種空論，顛倒上下，可以主觀為之，雖立言微妙，無裨實事，與馬克思少年時批評黑智爾〔黑格爾〕哲學為海巖上之音樂，正相類也，任公先生與柏氏譚而歸，告我以所譚內容，及今回想，竟一字不記，我之淡焉漠焉之態度，可以想見，使在今日而有語我以柏氏口授之言，我且立刻記下，而當日乃見亦不願去見，則吾此時束縛於現實生活，而忽視人類思潮之大動力，可想見矣。
>
> 吾之所以學哲學者，非學問之興趣，非理性之決定，乃吾內部之衝動，乃倭氏人格之感召。嗚呼！豈惟一生，即人類一部歷史之變遷，起

【46】張東蓀，〈柏格森與現代哲學〉，頁 289。羅素也有極類似看法：「整個二十世紀，德國的唯心論已處於守勢。……」「……到了一九〇〇年，反德國唯心論就開始了。……」羅素，《懷疑論集》頁 59、61。

於衝動起於直覺者十之八九，若其本於理性本於智識者不過十之一二，
即此可以知主智主義之失敗而生活哲學之所以成立者，非偶然矣。【47】

F. Bradley 曾把形而上學定義為：「替那些我們基於本能而加以相
信的事物找出拙劣的理由。」【48】即使如此，雖人人的本能不變，或變
化不大，但一個人的形而上學系統則可以很不同，甚至翻轉呢。一個人
的言行不一致或不能完全一致就成了分析此人最重要的問題了。但除了
「聽其言而觀其行，如此而已矣。」（《孟子・盡心上》）、「視其所以，
觀其所由，察其所安。人焉廋哉？人焉廋哉？」（《論語・為政》），似乎
沒有更好的辦法了。十二年後（即 1935 年 10 月 15 日），張君勱在回
顧性的文章〈我從社會科學跳到哲學之經過〉又清楚提到：

> 第一次同倭氏見面，這位哲學家誠懇的態度，大大使我發生
> 研究他的哲學興趣。倭氏替任公做了一篇文章，名曰〈新唯心主
> 義與舊唯心主義之異同〉。一見之下，慨然對於萬里陌生之人，
> 允許這種工作，其殷勤之意，尤為難得。一九二〇年任公返國，
> 我遂移居耶納，從倭攻哲學，並讀哲學史與其他有關哲學之書。
> 這次見面可以說是我從社會科學轉到哲學的一個大關鍵。【49】

可見張君勱在「科玄論戰」期間真要宣傳的是倭氏等人的新唯心主
義。它與舊唯心主義最大的不同在於其增加了非理性、浪漫主義的色

【47】張君勱，《中西印哲學論文集》，頁 142 – 3。

【48】轉引自 John Passmore 著，陳蒼多譯，《百年哲學》（*A Hundred Years of
Philosophy*）（臺北：國立編譯館，1992），頁 88 註 22。參見 Martin Gardner,
The Whys of a Philosophical Scrivener (New York: W. Morrow, 1983), p.29:
"…… I agree with William James that emotional meanings play fundamental roles
in decisions about philosophical questions. I agree with James that in the absence of
compelling counterarguments, emotions can be legitimate grounds for metaphysical
jumps."

【49】張君勱，《中西印哲學論文集》，頁 66 – 7。

彩，強調人生的不可理喻的程度。

張君勱在〈學術方法上之管見〉中說人類之歷史，一個人的改變「起於衝動起於直覺者十之八九，若其本於理性本於智識者不過十之一二」是有洞見的看法。我們幾乎可以說甚至連決定使用理性理智都是「起於衝動起於直覺」。【50】因此衝動和直覺的作用無論如何誇大都不過分，但兩者（理性理智一方和衝動和直覺另一方）仍得加以嚴格的劃分。衝動和直覺一發動之後，要怎樣使衝動和直覺能有所成就，就非靠理性理智不可，即非使理性和理智來支持衝動和直覺不可。亂闖亂幹是成就不了大事業的；要成就任何事業，不管大小，最終仍得訴諸於理性、合法和接受度。可以馬上得天下，但不能馬上治天下。「事業的成功，不但要有精力，還得有耐性。」（*Not only* energy, *but* patience is necessary to success in life.）」【51】

我們可以說，沒有衝動和直覺的理性是空洞的，沒有理性的衝動和直覺是盲目的。張君勱只強調衝動和直覺，結果常無法達到目的。他在〈學術方法上之管見〉上宣布「知主智主義之失敗而生活哲學之所以成立者，非偶然矣。」後來反得多所辯護。例如，1943 年，張君勱為張東蓀的《思想與社會》寫的序可看出他又回到理智主義上來。不過這已是「人生觀論戰」二十年後的事了。到了 1963 年，論戰四十年後，從他的〈思想與哲學〉一文看來，簡直一向就是個理性主義者，根本與他論戰時所攻擊的丁文江是同一路人。但事實卻遠非如此，雖然後來張君勱確是回到理性主義的路上，但他在這一點上的確與丁文江不同。丁文江雖然也深受反理性主義思潮之洗禮，但他始終未曾走上反理性主義之

【50】卡爾・波普（Karl Popper）原著, 葉頌壽譯，〈批判的理性主義〉，羅素等著，葉頌壽譯，《危機時代的哲學》（*Philosophy for a Time of Crisis*），（台北：志文出版社，1989 年再版），頁 85。下詳，頁 44。

【51】錢歌川編著，《翻譯的技巧》（*The Techniques of Translation*），（台北：台灣開明書店，1978 年十版），頁 65。

路。這跟他終身以十八世紀思想為中心信仰有密切關係，而張君勱則認為二十世紀初反理性主義的浪漫思潮比十八、十九世紀啟蒙理性思想更進步。下詳。

毫無疑義的，張君勱的思想成份是比丁文江要複雜，在「人生觀論戰」期間其主線則是反理性主義，[52] 和盧騷式的、以道德上強烈反對所謂科學物質文明為主調的浪漫主義。Dennis Lloyd 寫道：

> 由於理性主義在十八世紀啟蒙運動中過度泛濫的結果，反而釀成了一般通稱的浪漫運動（Romantic Movement）。起初它不過是文學和藝術領域中一種偏好感情與想像的風尚〔，〕可是迅速地就發展成一種對人類組織的有機成長，以及對推動人類社會的無形力量產生的神秘意念。早在柏克〔E. Burke〕（1729-97）的時代，我們就發現關於這種思想的優美闡述，他認為國家不只是一個由自行同意的多數公民結合而成的理性組織，而是由淵遠流長的傳統中生長出來的歷史實體，具有組織上的統一性和價值，超過它在發展過程中每一階段的構成份子所作的瑣屑努力。[53]

很有趣的是，張君勱的反理性主義、浪漫主義裡沒有藝術和文學的氣息[54]，而浪漫主義卻從後二者開始。徐圻分析說：

> 浪漫主義可以看作是對思辨唯心主義的反叛，因為它要求把人從抽象的哲學邏輯中拯救出來，揭示人的最原初的生存狀態；

---

[52] 參見葉其忠，〈「科玄論戰」的爆發與擴展〉，頁 232－3。

[53] 原文見 Dennis Lloyd, *The Idea of Law*, (Harmondsworth: Penguin Books, 1973), p.251；譯文引自羅伊德（Dennis Lloyd）撰，張茂柏譯，《法律的理念》（*The Idea of Law*），（臺北：聯經，1984 年），頁 241。

[54] 左舜生回憶云：「……。我和他三十餘年的交往，就只知道他看過這一次電影〔片名似乎是『一場錯誤的戰爭』〕。我才曉得，君勱先生真的沒有什麼娛樂。」（「張君勱追悼致詞」）（陳正茂主編，《左舜生先生晚期言論集》（全三冊），（臺北：中央研究院近代史研究所，1996），頁 1613。）

葉其忠　張君勱之非理性主義、反理性主義與浪漫主義及其自我反省　441

它還可以看作是兩千多年的唯心主義內部之爭的一個結果，因為人們再也不願意接受由思辨理性強加給他們的高高在上的精神主宰，而寧肯相信自己。這一點正是主觀唯心主義所希望的；所不同的是，浪漫的唯心主義并不相信休謨及其信徒所迷戀的感性知覺，它想實現的是與人的情感、意志、本能等相聯繫的那種自我意義。目前，一場新的唯心主義之爭正方興未艾，它在很大程度上為了解20世紀西方哲學的發展提供了線索。【55】

於此，我們早已有1927年A. N. 懷特海（A.N. Whitehead）對浪漫與理性極公允的評價云：

傳奇〔浪漫〕並不能產生永久的幸福，沃爾特・雷利爵士〔Sir Walter Raleigh〕就因傳奇〔浪漫〕而罹禍。傳奇〔浪漫〕並不葡行于地，而應像華盛頓紀念塔那樣昂首直立——猶如聯結大地和藍天的一條銀色的紐帶。【56】

……。人類錯過了它的眾多機會，它的種種失敗成了冷言批判的合理靶子。但是，儘管理性失敗的次數太多，人們卻並無根據作出這一歇斯底里的結論:它從不成功。理性可比之為萬有引力，自然力量中最微弱的，但最終卻是太陽和星系那些宇宙中的巨大群集的創造者。……【57】

本文一開始第二、第三個引言也可看成是呼應此評價。

【55】徐圻，《理性的歷史沈思》，（貴陽：貴州人民出版社，1994年），頁39。

【56】A.N. 懷特海（A.N. Whitehead）著，周邦憲譯，《宗教的形成》／《符號的意義及效果》（*Religion in the Making/Symbolism, Its Meaning and Effect*）（貴州：貴州人名出版社，2007），獻辭，頁61。

【57】A.N. 懷特海（A.N. Whitehead）著，周邦憲譯，《宗教的形成》／《符號的意義及效果》（*Religion in the Making/Symbolism, Its Meaning and Effect*）（貴州：貴州人名出版社，2007），獻辭，頁61；95。

三、張氏多次反省反理性主義和浪漫主義並為之辯護

（一）：從未改變〈人生觀〉一文初衷的反理智主義

張君勱在「科玄論戰」後顯然並沒有改變初衷，因為他在〈人生觀論戰之回顧——四十年來西方哲學界之思想家〉也有類似的文字：

> ……我所以講「人生觀」之故，由於我在歐時讀柏格生、倭伊鏗、黎卡德（Rickert）〔1863-1939〕諸氏書之影響，深信人類意志之自由，非科學公例所能規定。其立言之要點在此。……【58】

在這之前二十年，1943年7月20日，即在1923年「科玄論戰」二十年後，張君勱在為張東蓀的《思想與社會》寫序時，除剖析他自己和朋友受反理性主義洗禮，以及他回歸理性主義的過程，並為之辯解外，也曾論及「科玄論戰」，強調他的「反理智主義之論調」中的「所謂生」之重點是「為自由，為行動，為變化」。他說：

> 吾與東蓀及胡適，皆受歐美反理智主義哲學之洗禮之人也。東蓀民七譯柏格森氏《創化論》，我以和會後留歐，專攻柏氏及倭鏗哲學，及返國作「人生觀」演講，引起思想界之辯論。**其實我所持者，即反理智主義之論調，惜乎當日與我論難之人，側重科學玄學一邊，絕未見及吾所謂生者，乃柏氏之所謂生，非科學之所謂生也。**適之自美歸來，提倡實用主義，其駁諸子出於王官之論，謂各派學說之生，所以應於人生需要，所以解決其困難，此即實用主義之立場也。所謂反理智主義，其大潮流雖一，而立言各異，如詹氏之工具論，為倭鏗所批評，如柏氏之生力超乎理智，為黎卡德氏所反駁；而就大體相同者言之，不外乎理智之範疇，不能舉所謂生者而盡之。理智為生之一部，故生之範圍大於理智，惟有力返諸生，方足以去理智矯揉造作之弊。此其所言，不論為柏氏，為倭氏，為杜氏，固無一不同意者也。彼等反對之目標，為黑格爾之

【58】〈人生觀論戰之回顧——四十年來西方哲學界之思想家〉，頁1041。

葉其忠　張君勱之非理性主義、反理性主義與浪漫主義及其自我反省　443

邏輯統系，下自第一概念之無，上達於絕對之上帝之所以演進
者，無一不在於所列舉範疇之中，在黑氏以為哲學之大成，莫過
於是，而在柏氏、倭氏、詹氏，則以為生之複雜，決非理智所得而
說明，或即有說明，而與生之真面目正相反也。吾輩當日所以提倡此派
學說，初非如柏氏、倭氏、詹氏之反對黑氏，乃由此派學說側重人
生，尤好言人生之特點，為自由，為行動，為變化，正合當時坐
言不如起行，**唯有努力奮鬥自能開出新局面之心理中來也。**【59】

　　請十分注意在文中張君勱有意或無意地把無問題的「理智為生之一
部」，變成了有問題的「**生之複雜，決非理智所得而說明，或即有說
明，而與生之真面目正相反也。**」——此無法辯護的論證缺點。這是從
談必要條件變成談充足條件的轉換話題的手法。對照而言，張君勱認為
是他同道的杜威顯然並不會以張上述的意見為然：「……。價值是與人
類的感情、選擇和企圖緊密聯繫著的。……」「……。如果知識沒有調
節作用，唯一的選擇就只有依賴于習俗、外來的壓力和自由的衝
動。……」「……撇開觀念以及觀念的效果，人便無異于野獸了。」【60】

　　若沒有做為工具性的理性之助，「唯有努力奮鬥自能開出新局面之
心理。」是何等無根的浪漫情調！第一點，人是無法為所欲為的。
Herbert A. Simon寫道：「我們所有的行為發生在機構的複雜環境裡，而
且對其他人有無數的效果。……」【61】「我們全部人都很受限於我們如
何充分估算我們的行動，以及在一個複雜的世界中如何有理性。但是各
種機構為我們提供了一個穩定的環境，至少使某一小程度的合理性有可
能。我們能可靠地期待，舉例來說，如果我們往某一個特定的方向走二

【59】〈張東蓀著《思想與社會》序〉，頁1。

【60】約翰・杜威著（John Dewey），傅統先譯，《確定性的尋求：關于知行關係的
　　研究》（*The Quest for Certainty: A Study of the Relation of Knowledge and Action*）
　　（上海：上海人民出版社，2004），分見頁63、64、106。

【61】*Reason in Human Affairs*, p. 78。

個房屋的區段，我們將發現一間食物商店，而明天那商店將仍然在那裡。我們仰賴我們的制度環境裡的那些安定性，和許多其他更深刻的事物，能夠作出關於我們行為的結果的合理的和穩定的計算。」【62】「因此，我們的制度環境，像我們的自然環境，以種種可靠的和可知覺的事件典型包圍著我們。我們不一定得了解潛伏在產生這些事件因果的機制，或這些事件本身所有的細節，但我們只需了解這些事件衝擊到我們生活、我們的需要和慾望的典型。我們環境裡，社會的和自然的安定性和可預測性，允許我們在我們的知識和我們的計算的能力限制內應付環境。」【63】「人類見不到整個世界；他們只見到他們住在其中的一小部份，而他們卻能夠炮製關於那一個部分世界的種種說詞，其大部分朝誇大其重要性的方向做。」【64】

第二點，把思辨哲學歷史化的黑格爾的精神哲學不談「人生之特點，為自由，為行動，為變化」嗎？！著名的黑格爾專家張世英說：

> 黑格爾的精神哲學是他的全部哲學體系的頂峰，用他自己的話來就，是「最高的學問」。而精神哲學就是關於人的哲學。人的本質在黑格爾看來是精神，是自由。……《精神哲學》從「主觀精神」到「客觀精神」以至於「絕對精神」，藉的就是人如何從一般動物的意識區分開來，達到人所持有的自我意識，達到精神、自由，以及精神、自由的發展史。人的精神本質或自由本質是在《精神哲學》所描述的諸如自我意識、理論、實踐、法權、道德、家庭、社會、需要、勞動、國家、藝術、宗教、哲學等等一系列的環節或階段中來逐步實現的，精神、自由和上述這些環節所構成的整個體系是一而二、二而一的統一體。離開這些環節而談精神、自由，則精神、自由必然是空洞抽象的，人生的意義

【62】 *Ibid.*, p. 78。

【63】 *Ibid.*

【64】 *Ibid.*, p. 96。

也必然是虛無飄渺的。反之，離開人的精神本質或自由本質而談其中任何一個環節，則這些環節必然成為僵死的、無靈魂的軀體。黑格爾的這些思想是建立在唯心主義基礎之上的，但又確實是很深刻的，比起一切舊唯物主義者在這方面的論敵要高明得多。黑格爾強調，西方近代哲學的一個重要特徵是重視人的精神本真或自由本真，重視人的「主體性」（subjektivitaaet）。我們極需批判地吸取西方近代哲學的這個優點。【65】

這樣的人生，不就是張君勱要的嗎？黑氏這個精神哲學不就幾乎是張君勱所理解的生命哲學或精神生活哲學的核心嗎？若是，這個黑格爾精神哲學與他認為與倭氏、柏氏、杜氏的生命哲學的關係如何呢？它們還是衝突的嗎？

第三點，即使我們承認非理性（不是反理性），並接受「沒有一件偉大的事不是由熱忱做成的。」【66】「精神一到，何事不成。（有志竟成。）Where there is a will, there is a way」【67】；但以行動一元論來統貫理論與人生或物質與精神之二元論仍是何等的浪漫主義！重生活最終幾乎必導致歌頌非理性，重知識最終幾乎必導致歌頌理性。從上述引文（頁25註59）以及下述文字，可以清楚看出張君勱取反理性主義態度的由來、目的、孤詣，而深受反理性主義影響並不一定導致倭伊鏗或柏格森式的生命哲學，也可以有胡適式的實用主義；張東蓀式的主智的多元主義。在《思想與社會》序裡張君勱以為胡適和張東蓀都是他反理性主義的同道，這點從他們都受反理性主義極大影響看來是對的，因為文中所提到的柏氏、倭氏、詹氏之反對黑氏，確是反理性主義的大將，但胡適、張東蓀卻不因此而反對理性，或貶低理性的作用，而張君勱則有時過分貶低理性，有時則過分膨脹之。

【65】張世英，《論黑格爾的精神哲學》（臺北：唐山出版社，1985），頁viii.

【66】《翻譯的技巧》，頁50。

【67】同上，頁72。

（二）：深受德國菲希德式浪漫哲學思潮影響

上述已談到，「科玄論戰」前後，張君勱在介紹他深受倭伊鏗其人其思想所感動時，提到倭氏在德國人眼裡有新菲希德之艷稱。因而，至少在愛屋及烏或「愛鳥及屋」的情況下，張君勱也深受德國菲希德式浪漫哲學思潮影響。這至遲在他民國十五年五月廿五日發表的短文〈愛國的哲學家──菲希德〉已極顯明：

> 我們知道現在的中國，是在很嚴重的時期：國內四分五裂，軍閥橫行。國外受列強政治的壓迫，和不平等條約的牽制。在這時侯，稍有良心的人都想替國家闢一條新路，同時也想自己以後應採什麼方針，怎樣做人。我現在講一個人，也是生在國家危急時代的一個人，他的學說，和做人方法可做現在我們的參考和榜樣，所以我特來說說。

> 我們於菲氏言論中，所得結論如是，看菲氏在思想上建築德意志統一的基礎，直到六十年後，俾氏統一德意志的事業才成功。那麼我們今後應遵行的途徑如何，菲氏不是一個極好的指導者嗎？所以我希望諸君對於菲氏的言行加以深思！【68】

有此背景，1931 年九一八事變後，當中國的生存危機更加險峻時，張君勱終於會一舉兩得而且能很快地譯了倭伊鏗摘錄菲氏的「對德意志國民演講」（Address to the German Nation）（1808）以向國人散佈愛國情操。其《再生》廣告曰：

國難中人人應讀

菲希德對德意志國民演講摘要

倭伊鏗節本　張君勱翻譯

菲希德之「對德意志國民演講」，成於一八零七年法軍侵入德國

【68】張君勱，〈愛國的哲學家──菲希德〉，《中西印哲學論文集》，下冊。頁 1088、1094。此文原載民國十五年五月廿五日的《東方雜誌》第廿三卷十號。

之際。其目的在提高德國民族之自信心，臚舉國民之受病處，而告以今後自救之法，刊行以後，為世界各國所傳誦。惟原文過長，經德國哲學大家倭伊鏗氏摘要。雖刪去繁重，然絕不影響原講之真面目。此書已經張君勱先生譯成，分登「再生」，深為讀者所歡迎。現單行本已出版，每冊祇售大洋四角五分。今我國外患憑陵，敵兵壓境，凡我國民，應速謀自救之道，菲氏之言，既已藥國亡家破之德意志，吾國人誠有意於求自救之策，實應人手一篇。【69】

把握住張氏此浪漫愛國主義思想的核心，我們就不會驚訝後來呂希晨、陳瑩選編張君勱文集而題其名曰：《精神自由與民族文化 —— 張君勱新儒學論著輯要》（北京：中國廣播電視出版社，1995）。其實，張君勱是民族魂、國家主義鼓吹者。這可清楚從他在 1932 年於所譯菲希德之《對德意志國民演講》裡所附的「菲希德小傳及其學說」中，居然矛盾地排斥他早年在「致林宰平學長函告倭氏晤談及德國哲學思想要略」要「與康德、黑格爾為儔侶」，而認同所介紹的費希德思想看出：

> 有人於「國難期中應誦何書」之標題下，首列黑格爾氏之大論理學兩冊，黑氏書名曰論理學，與國難若風馬牛之不相及。數千〔十〕年之歷史中，大聲疾呼於敵兵壓境之際，臚舉國民之受病處，而告以今後自救之法，如菲希德氏之「對德意志國民之演講」，可謂人間正氣之文字也。菲氏目的在提高德民族之自信心，文中多誇獎德人之語，吾儕外國人讀之者，原不必求之一字一句之中，故取倭伊鏗氏關於菲氏演講之摘要本譯之，繁重處雖刪，而絕不影響於菲氏真面目。惟其演講隱約以自身之哲學為背景，故譯文之外，贏以菲氏小傳與其學說大概，嗚呼！菲氏之言，既已繼亡國破家之德而大收其效矣，吾國人誠有意於求苦口之良

【69】錄自《再生》卷 1 期 8（1932 年 12 月）。

藥，其在斯乎。【70】

我們不要忘了在第一世界大戰後、「科玄論戰」前後，張君勱「欲以奧氏之言藥吾國人也」。而今又要以菲希德之「對德意志國民演講」來救中國。此中大有趣的問題是，張君勱在說國難期中讀黑氏的論理學，「與國難若風馬牛之不相及」時，似乎是忘了黑格爾並不是談一般的邏輯學。而黑氏本人，甚至康德【71】，和菲希德一樣，都是近代德國民族主義之創始者！其實，張君勱要國人學習的費希德不是堅稱他自己是康德繼承者嗎？而張君勱也有如此觀察的文字！

文中指黑格爾之論理學「與國難若風馬牛之不相及」似乎是針對張東蓀的〈全國動員與學哲學的人們〉（見《大公報》第三張第十一版中華民國二十年十月十六日　星期五）一文。該文有云：

> ……就是須把全國的人都直接間接用其最有效的力量以對付侵略者。……於是我們的問題就是：像我們這樣研究抽象的最高理論的人如何動員。須知學者不是不能參加戰爭。如希臘大哲蘇格拉地就身歷三次戰役。……
>
> ……我們的動員還是應該在思想方面努力。曾記得相傳黑格爾（Hegel）於法國那破崙征服德國的時候拿了他的歷史哲學講稿就逃。費希旦（Fichte）曾報名于義勇兵，以大學教授而效命疆場。好像是費希旦勇而黑格兒〔爾〕〔Hegel〕怯。但是黑格兒卻對人說：「只要我這一部歷史哲學稿不遺失，德國必有復興之望。」我想這決不是哲學家的妄自尊大。注重於抽象理論的人們至少須有這樣的抱負。那一個敢說今天的中國不需要一種最高的理論統貫人生宇宙政治經濟社會麼？

馮友蘭也有類似的抱負。1933 年 6 月，他在《中國哲學史》第二篇出版時所作的自序中說：

【70】張君勱，「菲希德小傳及其學說」，收在倭伊鏗（R. Eucken）著，張君勱譯，《菲希德對德意志國民演講》（臺北：臺灣商務印書館，1978 年四版），頁 1。

葉其忠　張君勱之非理性主義、反理性主義與浪漫主義及其自我反省　449

　　此第二篇最後校改時，故都正在危急之中，身處其境，乃真
知古人銅駝荊棘之語之悲也。值此存亡絕續之交，吾人重思吾先
哲之思想，其感覺當如人疾痛之見父母也。吾先哲之思想，有不
必無錯誤者，然「為天地立心，為生民立命，為往聖繼絕學，為
萬世開太平，」乃吾一切先哲著書立說之宗旨，無論其派別為
何，而其言之字裏行間，皆有此精神之瀰漫，則善讀者可覺而知
也，「魂兮歸來哀江南」，此書能為巫陽之下招歟？是所望也。[72]

　基於羅素的苛評，基於本文的論旨，以及基於張君勱深受菲希德之
影響，但常為研究者有意無意忽略。以下將不惜篇幅先引介張君勱自己
所理解菲氏的哲學，然後殿以相關行家之批評。其實，明白的講，張君
勱〈人生觀〉一文中引起論戰的「我」即是菲希特的「我」的某種變相！
凡是談論（包括本文作者）〈人生觀〉一文沒有觸及此點，都是有些不足
的。關於費氏哲學及其為人，張君勱寫道：

　　……菲氏哲學，以「思」以「我」為第一義，凡自覺性中之所有
者，無一非「我」之所產，而自覺性中之所有者，同時又不盡為
「我」之所產（即非我），於是自覺中之「我」與自覺中之「非我」
常相對立。「非我」者，物也，外之質料也。「非我」之立於「我」
前，所以與「我」相抵抗，使之有所憑藉而運用之。而人類立於
天地間之義務，厥在於努力與勞動，所以克此抵抗者也。惟抵抗
無盡期，故努力無止境，而吾人之義務亦終無已時，要在本其良
心之所見及者而改進之，此即所謂道德的世界秩序（Moralische
Weltordnung）也。為人類者惟有對此道德的世界秩序，各有所貢
獻，以期其進於盡善盡美之境。此境也，既由人之努力而實現，

---

[71]　" Kant as an Unfamiliar Source of Nationalism" in Berlin Isaiah, *The Sense of Reality: Studies in Ideas and Their History*, ed. By Henry Hardy, London: Chatto & Windus, 1996；此書有譯本：以賽亞‧伯林（Isaiah Berlin）著，潘榮榮、林茂譯，《現實感》（南京：譯林出版社，2004）。

其非一成不變也可知，其非在人類外而另有為之主者也可知。此種世界秩序，若徒以其便於吾人之觀感而視其主之者若為一人，固不足為病，若視上帝為專制君主，生殺予奪之權，皆彼一人操之，是大不可也。簡言之，菲氏之意，欲以世界秩序歸納於道德之中，而不認有所謂有儼若生人之上帝。……菲希德氏，豪傑也，烈士也，彼一生無一日不在艱難刻苦勇猛精進之中，嘗自言曰，「我有惟一大欲惟一情感，即以我之心力向外發動，我之行動尤多，即吾心尤感愉快」。故行為也動作也，乃其性格之表現，亦即其學說之出發點。

康德之哲學，自一「當前之世界」出發，由外而推及於內，名人類之所認識者曰現象，其在產生吾人官覺之現象後者，名曰物自體。（Ding-an-sich）（亦即本體），現象之所以為人所認識，始為感覺，繼為範疇，最後則為統覺，皆人類智力之所致；至於本體則異乎是，故不在認識範圍之內。康氏之「純粹理性批導」中，有一大障礙橫於其前，即此人類智力所不能穿透之「物自體」是也；其排而去之，使康氏哲學另立於新基礎之上者，是為菲希德。【73】

可見張君勱並非不知菲希德推翻康德，只是他有時有意無意地忘了。

菲希德自分析各人之自覺性下手，蓋謂實在（Wirklichkeit）之認識，須出於純理性，惟出於純理性，然後所知者乃確切而不可疑，是惟有自我而已，自我之思而已，自我之理性而已，其立於理性之外而為人類智力所不及之物自體，則非吾人所能以之為出發點者也。【74】

這是以「自我」取代笛卡爾的「我思」。

【72】中國民國國防部情報局編印，《大陸知識份子問題》第二輯（1958），頁 51。

【73】「菲希德小傳及其學說」，頁 3－4；6－7。

【74】「菲希德小傳及其學說」，頁 7。

葉其忠　張君勱之非理性主義、反理性主義與浪漫主義及其自我反省　451

　　菲氏之所謂自我（Ego），非有形之自我也，乃能思之自我也。此自我之思，即為自我之動作或曰行為。萬事萬物無一能逃於「我」「思」之外，即萬事萬物，無一能逃於自我動作之外。宇宙之實在，由自我產生，而所以產生此實在之自我，非實在（Wirklichkiet）也，非有（Sein）也，乃行為也，動作也，或以菲氏之術語表之，行為的動作（Tathandlung）也。菲氏之為此言，固亦有所依傍，即康德所謂綜合的統覺，或笛卡脫成語「我思故我在」中之「思」是也。菲氏重視內界之「思」與「我」，至於惟實主義者所奉為惟一實在之外界或曰自然界，菲氏以為此不過與行動相抵抗之具，意謂必先有抵抗，而後行動乃得而發抒，反而言之，苟無抵抗，斯無所謂動作，故菲氏曰實在的世界，乃吾人義務所以由以展布之質料，或曰自然界者，人類義務之材料也。菲氏既不承認有寂然不動之自我，同時不承認有起於自我之外之自存的自然界，故菲氏哲學，謂為行動的惟心主義可也。【75】
這是把內界的自我化為行動的自我了。

　　菲氏之哲學方法，已啟黑格爾所謂正反合之「地壓勒克的克」（Dialectic）之端，惟其「地壓勒克的克」之用，限於其哲學之發端，而不及於哲學之全部，……【76】
這是把菲氏與黑格爾連接上。

　　自我立定「非自我」云者，所以有我，須有「非我」以與之對侍，但有我而無「非我」，則我之作用無自而生，故「非自我」云者，即外界也，自然界也；然「非自我」非自己存在之物，亦由自我為之立定者也，我之本質，既不離乎行動，而行動不能無質料，此「非自我」之所以由「我」而立也。【77】

【75】同上，頁7－8。

【76】同上，頁8。

【77】同上，頁9－10。

這是進一步強調行動的自我。

……。菲氏學說之要點曰行動，即以哲學家之思想之發動處言之，其第一步要不能離乎意志之決定，或曰意志之行為，故哲學之開始，行為也。更求之哲學家所認為研究對象之知識，是亦非徒為外界之返照也，乃內部自決之活的行歷也，蓋惟其為吾人之思所創造，因而能為吾人所瞭解，苟其不出於吾人之創造，則吾人不得而瞭解矣。故知識之前提，動作也，自決的動作也，動作與自由，二而一，一而二者也。菲氏之認識論或曰科學理論之大要如是而已。

菲氏之認識論，已隱約以康德之「行為理性」為前提，其道德論之不離乎「行為理性」，更不俟言矣。……【78】

在這個哲學基礎上的國家主義：

菲氏演講之開宗明義，曰惟認識國家之所以敗，乃知國家之所以興，換詞言之，洞見今日弊害之根源，即以後向善之開始。菲氏為當日德人痛下針砭之語曰，一八〇六年普魯之所以潰敗，於自私自利心之發達，人人知有我而不知有全體，故對內則偷竊，對外則怯懦。然自私自利心之伸張至於極步，則并一己之小利而不能保，故曰因自私自利而滅亡，乃必然之結果，非偶然之遭值也。菲氏提出德國自救之法，曰民族之道德的改造，謂民族之因道德的墮落而亡者，惟有道德的改造足以振之，此菲氏立言之根本精神也。

菲氏為證明德民族具有自己改造之能力，於是有原初民族（Urvolk）之說，蓋依菲氏哲學言之，宇宙之實在，由自我造成之，以自我具有其原初的（Ursprungliche）自動力也，此自動力表現於意志，表現於思想，自此而推演之，則「非我」亦「我」之所立定者也。菲氏既以「自我」為哲學之出發點，其救國方案中自不

【78】 同上，頁 10－1。

能不提出一大自我，此即德意志民族也，既以意以思為自我動作之證，則不能不以歷史事實證明德意志族之為原初民族，意謂德意志民族之自動力能進而改造自己也。其所以闡證德意志人之謂原初民族者，曰惟德意志人能使用活的語言，而日耳曼族中之他族如盎格羅撒遜者則否，惟德人使用活的語言，或曰純粹德語，而不參以外族之語言原素，故能本自己語言，體會其語言所指示之對象，而其民族思想民族文化具有原初性；反是者，民族語言中參以外族的成分，則其思想因之而受外國語言之支配，換詞言之，其言語與民族文化之間有一種扞格不相入之病，蓋既採其語言，同時不能採其語言所指之對象，然此對象則外族之所固有，我不過從而模仿之，豈非因採取外族語言之故，而思想上因而喪失其獨垃性原初性乎。……

菲氏處國家敗亡之日，其國人方低首下心於外族之統治，故立意提高民族之自信心，所以處處表彰德意民族者在此，若因此謂英法意諸族之文化，全無獨立性與原初性，非菲氏意也。是在吾人略其文字之跡，而會其立言之意。【79】

上述引言最後一段是張君勱為菲希德辯護之詞。恐怕極狂傲、要扮演上帝的菲希德不會領情。以下則是張氏做為一個愛國者對國人平實之呼籲：

吾人今日讀菲氏言者，當注重下列三點：

1 · 民族大受懲創之日，惟有痛自檢點過失。

2 · 民族復興，以內心的改造為惟一途徑。

3 · 就民族在歷史上之成績，發揮光大之，以提高民族之自信力。

此三原則者，亦即吾國家今後自救之方策也。世有愛國之同志乎！推廣其意而移用之於吾國，此則菲氏書之所以譯也。【80】

【79】同上，頁 14 － 5；16 － 7。

【80】同上。頁 17。

在中國國難期間，張君勱所譯文言版《菲希德對德意志國民演講》[81]曾是暢銷書，至 1937 年已出四版，但其影響若與傳統的民族英雄或反外族入侵的忠臣，如岳飛（1103－1141）、文天祥（1236－1282）、史可法（1602－1645）、顧炎武（1613－1682）、鄭成功（1624－1662），甚至抗戰時期出現的當代英雄人物相比，大概是小巫見大巫了，且只限於某類型的知識分子而已。今天，在中國，談民族主義、國家主義，有幾人提及菲希德？

可能是對浪漫主義研究最有影響力的柏林（Isaiah Berlin）[82] 說：「費希特總是在說，自由是他傾心關注的惟一主題。『我的體系，從頭到尾，只是對自由這個概念的分析……中間沒有摻進任何其他成分。』

---

[81] 此書也有白話版：無譯者，《費希德告德國國民書摘譯》（中華民國四十九年七月中國青年反攻救國團總團部印。）

[82] 他寫有 " The Essence of European Romanticism" 收入 *The Power of Ideas*, ed., by Henry Hardy, (New Jersey, Princeton: Princeton University Press, 2000); *The Magus of the North: J. G. Harmann and the Origins of Modern Irrationalism*, ed., by Henry Hardy, (New York: Farrar, straus and Giroux, 1993)；*The Sense of Reality: Studies in Ideas and Their History*, ed. By Henry Hardy, (London: Chatto & Windus, 1996)；此書有譯本：以賽亞‧伯林（Isaiah Berlin) 著，潘榮榮、林茂譯，《現實感》（南京：譯林出版社，2004）。內含 " The Romantic Revolution: A Crisis in the History of Modern Thought" ; " Kant as an Unfamiliar Source of Nationalism" （〈康德：一個鮮為人知的民族主義源頭〉）等。他在 *The Roots of Romanticism*, ed. By Henry Hardy, (Princeton, New Jersey: Princeton University Press, 1999), 一書裡有如下六章： (1)" In Search of A Definition" ; (2) " The First Attack on Enlightenment"; (3) " The True Fathers of Romanticism"; (4) " The Restrained Romantics"; (5) " Unbridled Romanticism" 和 (6) " The Last Effects" 。其中 " The True Fathers of Romanticism" 一章談 Herder, Kant，在 " Unbridled Romanticism" 一文裡提出包括 Fichte 在內人物。

接著，他堅持說，他的學說非常晦澀，他所使用的語言普通人理解不了，他借此警告讀者（非常明確地警告），理解他在靈感迸發之際發表的言論，需要經過一種特殊的轉換、變形或闡釋。」[83] 果不其然。

三十一年後，張君勱在〈人生觀論戰之回顧──四十年來西方哲學界之思想家〉仍不忘費希特的中心思想的「我」，但加入一樣不好懂的胡賽爾看法：

> ⋯⋯姑舉〔胡賽爾〕〔1859-1938〕所謂我（Ich）之三種存在為例以說明之，以我為客體，則我乃動物之一，可為生物學之對象。以我為主體，則我為能思索且能與人通達意思，是為我之自己存在。然此兩者不能盡我之所以為我，而另有其本體之我，此必待人之見危授命，或對越上帝之際方能見之。此第三種本體之存在，非科學中之求自然公例與一般性者所能見及，而有待於自我之體驗省察，是為個性的，一度的。是屬於生存照明（Existenz-erhellung），非科學中之概念與公例所能為力者也。
>
> ⋯⋯此第三期將世界置於括弧中，而此自覺性此自我之存在自若焉。此乃胡氏之起程點，與康德氏心為立法者，菲希德氏因自我建非自我者之唯心主義，始也出於殊途，而其結宿歸於一轍矣。[84]

雖然張君勱此處所了解的唯心論者，顯示他是此意義的理性主義者（即主觀唯心主義者），但他把康德、菲希德、胡賽爾看成同一脈而無進一步分別，恐怕連當事人都會不以為然的，因為菲希德、胡賽爾都自認是要超越康德的。而張君勱這種菲希特式的唯心主義，無論如何是與他也要認同的倭氏、柏氏和杜氏的反理性主義哲學是不能如此輕易調和的。

---

[83] 以賽亞・柏林（Isaiah Berlin）著，趙國新譯，〈費希特〉，《自由及其背叛：人類自由的六個敵人》（*Freedom and Its Betrayal: Six Enemies of Human Liberty*）（南京：譯林出版社，2005），頁 52。

[84]〈人生觀論戰之回顧──四十年來西方哲學界之思想家〉，頁 1058、1072。

Roger Scruton 寫道：

　　不管他做為形而上學家之成就，或是更好或是更壞，菲希德
將永遠被人們銘記為德國國家主義之父之一。【85】

菲希德寫道，「一個人所採行的哲學種類是依存於他是那種類型
的人；因為一個哲學體系不是一件沒有生命的傢具……而是由擁
有該類靈魂的人所驅動的。」這對菲氏本人的哲學確確實實是實
情，經由此哲學，一個扭曲的迷惑於自我獲得了深邃的形而上學
的認可，其用意在於取得陶醉於康德的讀者之同情。在他的《知
識論》序言，菲希德高傲地宣稱「我的體系道道地地是康德派
的。」雖然康德自己並不苟同，他已老且厭惡論戰，而他的文縐
縐的徒弟 Rheinhold〔1758-1823〕又無法抗拒這個魔鬼般的闖起
者，他以闡明康德體系為晃子，引致此體系之顛覆。【86】

　　康德對啟蒙最了解，是啟蒙的辯護人，但他也是盧騷的仰慕者，他
的桌前有盧騷的小塑像。是康德埋下了攻擊啟蒙運動最有力的武器——
證明意志自由、靈魂不死和上帝是超理性之外的，因而為反理性主義、
非理性主義開了大門。

　　張君勱在反駁羅素〈法西斯主義之祖宗〉時，認為康德不可能影響
反理性之興起，顯示他對康德哲學的承先啟後作用了解不夠。1921 年 12
月 1 日月張東蓀在〈柏格森與現代哲學〉已指出康德是非主智主義「主
意說」之發明人。這只要想一想康德如下的話即可知道他的啟蒙和浪漫
雙重角色——即他把理性主義和反理性主義和非理性主義的基礎極清楚
地呈現出來了。弗朗索瓦‧夏特萊（François Châtelet）生動地解釋康德
的《實踐理性批判》內容云：

【85】 Roger Scruton, " Continental Philosophy from Fichte to Sartre" , 收在 Anthony
　　　 Kenny ed., *The Oxford History of Western Philosophy,* (Oxford: Oxford Univer-
　　　 sity Press, 1994), p. 195.

【86】 " Continental Philosophy from Fichte to Sartre", pp. 195-6.

葉其忠　張君勱之非理性主義、反理性主義與浪漫主義及其自我反省　**457**

有兩種偉大的事物，只要我們的思考貼近、附著在它們身上，它們就會使我們心中產生永遠常新和有增無已的讚嘆和敬畏：我頭頂上的燦爛星空和我心中的道德法則……前一種景象，以世界的不可計數取消了我作為一個動物的重要性，它（不知怎樣）在短期內被賦予生命力，然後又必然把構成它的物質歸還給它的那個行星（宇宙中的普通的一粒塵埃）。後一種景象恰好相反，以我的人格把我作為一個精神所具有的價值無限向上提升。在我的人格中，道德法則向我展示了一個獨立於動物性甚至獨立於整個感性世界的生命。【87】

Robert C. Solomon 在其《1750 年後的歐陸哲學：自我的興亡》寫道：此中的自我不是凡常的自我，不是個別的人性，甚至不是十九世紀初期英雄式的或模擬英雄式人格之一種。那個成為現代歐洲哲學的明星表演者的自我，或超驗的自我，或超驗的本我，它的本質和願望是空前地傲慢的，放肆地宇宙的，而結果則是神秘的。那個超驗的自我就是我自己——永久的，普遍的，且在全球的我們每個人之中並貫通整個歷史。與我們的個別的特質相區別，我們分享這個自我。在謙遜且平常的口吻裡它叫做「人性」，在較不謙遜且又非凡的用辭中，那個超驗的自我絕不遜於上帝，它是絕對自我，世界靈魂。至遲到了大約 1805 自我不再是僅僅個別的人類，與其他人站在一起，面對一個懷敵意的世界，但已經變成無所不包了。世界的地位，甚且上帝的地位變成了，若不是有問題，至多也只是人類生存的面向而已。

名列盧騷追隨者前茅之一的康德，他通常是被看成啟蒙運動在德國最重要的防衛者，但是事實上他是鋪建最戲劇性浪漫的主題場面的人，這包括把自我從僅僅是個人身份提升到超驗比例的

【87】引自弗朗索瓦・夏特萊（François Châtelet）著，冀可平、錢翰譯，《理性史》（ *Une histoire de la raison* ）（北京：北京大學出版社，2000），頁 118。

51

絕對自我。【88】

朱光潛極清楚地總結云：

浪漫運動不是一個孤立的現象。上文已提到它與法國革命前後歐洲政局的聯繫，現在還要提到它與處在鼎盛時期的德國古典哲學（包括美學）的聯繫。德國古典哲學本身就是哲學領域裏的浪漫運動，它成為文藝領域裏的浪漫運動的理論基礎。德國古典哲學的基調是唯心主義，其中主觀唯心主義（康德和席勒〔1759-1815〕都是這一方面，裴〔斐〕希特是典型的代表），把人的心靈提到客觀世界的創造主地位，強調天才、靈感和主觀能動性；客觀唯心主義（謝林〔1775-1854〕、黑格爾）則把客觀精神提到創生物質世界的地位，並且把人提到精神發展的頂峰，闡明人不僅是自在的，而且是自為的（自覺的），在自為自覺這個意義上，人才是絕對的、自由的、無限的。這些哲學觀點反映出近代社會中日益發展的個人主義。它的積極面在於它提高了人的尊嚴感，喚起了民族覺醒，促進了對自由獨立的要求。在美學方面，康德和席勒等人對美、崇高、悲劇性、自由、天才等範疇的研究，歌德〔1749-1832〕對個性特徵的強調。以及赫爾德〔1744-1803〕和黑格爾等人把文藝放在歷史即發展的大輪廓裏去看的初步嘗試，都起了解放思想的作用，深化了人們對於文藝的敏感和理解，使人們對文藝要求深刻的情感思想和偉大的精神氣魄。這些都是對於浪漫運動的積極影響。德國古典哲學的消極面在於它是唯心的，把主觀能動性擺在不恰當的高度，馳騁幻想，放縱情感，到了漫無約束的程度。特別是裴〔斐〕希特把「自我」提到創造一切和高於一切的地位。這種主觀唯心主義的哲學第一步產生了許萊格爾〔兄弟，1768-1834;1772-1829〕的「浪漫式的滑稽態度」說，把世

【88】*Robert C. Solomon, Continental Philosophy since 1750: The Rise and Fall of the Self*, (Oxford: Oxford University Press, 1988), pp. 4, 14-5.

間一切看作詩人手中的玩具，任他的幻想撒弄；第二步就產生了尼采的「超人」哲學，把人類一切善真的品質都鄙視為「奴隸的道德」，只有憑暴力去擴張個人權力才是「主子的道德」或「超人的道德」；而文藝則是酒神式的原始生命力的發解，或是日神式的對人生世相的賞玩。這樣就產生了一種雙胞胎：政治上的法西斯主義，文藝上的頹廢主義。這是消極的浪漫主義的最後下場。【89】

現實令人不滿意，以理想或幻想取代之，是浪漫主義的來源之一。羅素寫道：「……當人們對現世的命運不滿意，對自身的能力缺乏自信的時候，荒唐、非理性的勢力便乘虛而入了。……」【90】於此溫習一下何謂理性（reason, rationality）以及其理論與實際的區別是有必要的。Nigel Ashford and Stephen Davies 談哲學上的理性主義者與經驗主義者云：

> 在哲學上，做為我們的外界世界知識之根源而言，理性的概念通常是與經驗相對照的。理性主義者主張存在的理解是藉由先於所有經驗的心思範疇，所以知識是一種完全的演繹體系。經驗主義者則說理性只限於操控分析性的真理（如見於形式邏輯和數學裡的）和經驗資料的分類：知識是經由觀察和經驗而獲得，因而永不會確定。此中即有道德與政治的涵義。理性主義者辯稱說合適的道德與政治體系可以客觀地展示，而反理性主義者則主張說不在某方式建基於特定政治傳統的規範性判斷是烏托邦；它之實施將導致獨裁，甚至可能是專制。保守主義者常是反理性主義者：許多古典的自由主義者對毫無憑藉的理性之聲張也常是置疑的，但有一支理性主義色彩的個人主義（放任的自由主義），和

【89】 朱光潛，《啟蒙運動的美學》（臺北：金楓出版，1987），頁 64－6。

【90】 伯特蘭・羅素（Bertrand Russell）著，亞北譯，《西方的智慧》（*Wisdom of the West*）（北京：中國婦女出版社，2004 年第 2 次印刷），頁 146。

社會主義烏托邦者一樣，對傳統也是批判的。【91】

讓我們以卡爾‧波普（1902-1994）極相關的話來對非理性主義的後果做個暫時的結論：

且讓我們檢視一下非理性主義的後果……非理性主義者堅持人類行動的主流不是理性，而是情緒及情感。針對理性主義的答覆，這也許不錯，但我們仍應該儘可能來調整這種情形，並且應該設法使理性，儘可能發揮最大的力量。這樣，非理性主義者將會反駁說（假如他願意接受這個討論），這個心態是不可救藥地完全不合實際的空幻觀念。因為這觀念沒有考慮到人性本質的弱點，即大部分人的愚昧心智，以及他們那很明顯的依賴情緒與感情。

我深信，這種非理性的強調情緒與感情，最後將導致我只能稱之為罪惡的情景。理由之一，乃是這心態充其量只是承認人類的非理性本質，排斥人類的理性的最壞情形是，一定會以暴力作為論爭的終極解決。如果引起了論爭，就表示那些比較建設性的情緒與感情——例如對共同信仰的奉獻、尊重、愛心等——在原則上本來可以克服這種論爭，但卻顯示出自身無法解決這問題。一旦情形如此，那麼非理性主義者所能採取的方法，除了訴諸比較無建設性的情緒與感情，如恐懼、嫉妒，最後訴諸暴力之外，還有什麼？這個令人擔憂的傾向，更受到另一個也許是最重要的心態所加強——這個心態依我看來，也是包含在非理性主義中，那就是強調人的不平等。【92】

【91】 Nigel Ashford and Stephen Davies, eds., *A Dictionary of Conservative and Libertarian Thought*, (London: Routledge, 1991), p. 222. 詳見徐瑞康，《歐洲近代經驗論和唯理論哲學發展史》（武昌：武漢大學出版社，2007）。

【92】〈批判的理性主義〉，頁85。

葉其忠　張君勱之非理性主義、反理性主義與浪漫主義及其自我反省　461

（三）：深刻的反省

　　極簡要突顯了反理性主義和浪漫主義在西方所產生的巨大衝擊後，讓我們以此為背景，回頭看看張君勱的相關看法。無論我們如何同情地了解張君勱，毫無疑義的是，他確曾有個時期是反理性主義和浪漫主義者。1943 年，他在為張東蓀的《思想與社會》寫序時就已清楚看出反理性主義其影響、流弊：

　　　　既名反理智主義矣，則人智之為用，與人智所用方法所得之真理，皆在不足憑信之列，所謂邏輯，所謂歸納與演繹，所謂公例云云，皆可視同土苴，而客觀的真理，則為無此物矣。聞之近來納粹黨人之主張曰：客觀性云云，事實研究云云，乃過去時代之物，為西歐之錯誤思想。其說雖不必導源於柏氏、倭氏、詹氏哲學，然其視理智之不足為證據則一。此反理智主義之影響於學術者一。理智為理性之一部分，既反理智矣，更進一步則為反理性，并其具有理智理性之人亦蹂躪之。學術上自由研究之風氣消滅，視一道同風為至善之歸，甚至所以治其民者，一出於暴厲恣睢，有所謂集中營，有所謂格司塔堡，有猶太人驅除，視〔非〕阿里安人種為賤種，一言以蔽之，棄理性尊暴力而已。此影響於國內政治者二。既同為人類之中，分之為貴種賤種，貴種為主人，賤種為奴隸，其視鄰國之弱小者，為吾人之俎上肉，而侵略而人類相殘，視為當然而無足怪者。此影響於國際政治者三。夫歐洲文藝復興以降之開明時代與理性主義時代〔理性主義當在開明時代之前〕，其學術之所以昌盛，政治之所以赴於民主，皆以尊重理性與理智之故，今則學術自由受壓迫，人民基本權利受蹂躪，是理智與理性之衰落也。【93】

　　此時，張君勱終於得承認要理性，也必須訴諸理性。不然他在同一

【93】張君勱，〈張東蓀著《思想與社會》序〉，頁 1－2。

篇序裡如下抗戰以來的反省就是無的放矢了：

> 抗戰以來，身處後方，腦中盤旋往復者，為理性反理性手問
> 題。理性中之最可恃者為理智，邏輯之範疇，真理之是非，皆不離
> 乎理智。故理性反理性問題，縮小言之，為理智反理智問題。對此
> 問題，吾人之態度應如何。昔日嘗師承反理智主義矣，其所以出此，
> 以此派好講人生，講行動，令人有前進之勇氣，有不斷之努力。……
> ……。柏氏引游泳為例，所以明理智封於故步，惟有行動，惟有
> 冒險，乃能衝破舊範圍而別有新境界之開闢，此生物界中生命大
> 流所以新陳代謝也。既在行動與冒險中有自由與進步，而見之於
> 生物界中器官之演進，*此反理智哲學所以又名為「生之哲學」*（德西
> 南學派黎卡德曾用此名），在主張奮鬥者之聞此言，有不為之懽
> 欣歌舞不止者乎。【94】

張君勱以上是講理智不如「生之哲學」，以下則講「生之哲學」之
弊及遏止之法實為理智！這是何等（不自覺或自覺）的矛盾辯護法！：

> 自帕氏生力之說出，法國工黨人士採用其說，謂生力即等於總
> 同盟罷工，惟以冒險與衝破，乃能解決社會問題，此索勒爾氏
> （Sorel）〔1847-1922〕《關於暴力之感想》一書之所由作，意在
> 以生力附和暴力之說也。吾人以為尊理智主義與理性主義以行，
> 對於物之性質，對於人之相處，皆應研究其所以如此如彼之理。
> 其行事也，自有物理，自有人情，為之依據；今也不然，但知有
> 行動，但知有衝破，以棄舊而謀新，則社會知亂終無窮期，而平
> 和秩序安賴以建立乎。歐戰後之國家，若德若匈若德若西，無不
> 經一次或二、三次之革命，視法國革命之歷數百年而後一見者，
> 其相去不可以道里計。其極也更如上舉納粹黨人之依附其說〔柏氏之
> 生力說〕，不可謂非此派學說之流弊矣。然吾人之意，非反對行動
> 也，其所以行動所以冒險者，當有其所以然之故，當有其正當之

【94】同上，頁3。

理由，必如此而後其行動與冒險，不流於孟浪，不擲於虛牝，而有益於國家與人類之幸福，此吾人所以認為行動與冒險應納諸理性之中而後可也。【95】

看了張君勱上述已是「科玄論戰」二十年後的文字，真有早知今日，何必當初之嘆。但基於鑑往知來，亡羊補牢仍未晚之情，張君勱之回復到理性主義也是值得大書特書的。這是因為他既是反理性主義的佼佼者，所以當他回到理性主義後，他也同樣極力鼓吹它。他曾提及並對羅素所指稱的柏格森是法西斯始祖之一深不以為然，但則有如羅素一樣的追溯其源於柏格森等人之論！先試想想羅素如下的話：

> 這就引導我至產生廣泛接受我們正在討論的非理（irrational）甚至反理性（anti-rational）教條之理由。在大多數時代皆有各種各樣的先知鼓吹各種各樣的教條，但那些廣為流行的教條必得做到某些特別訴諸於當時情況所產生的情調（moods）。而今現代非理性主義者的教條之特點，正如我們所見到的，是：強調意志以與思想和感覺對壘；歌頌權力；相信命題之直覺的「安置」以與觀察的歸納的檢證相對壘。這種心態是那些具有控制現代器械，如飛機等，習慣的人自然的反應，也是那些握有比以前少權力，但也無法找到任何合理根據以回復他們先前所佔有優勢地位的人的自然的反應。工業主義和戰爭，雖提供了機械力量的習慣，但也導致政治和經濟力量之轉移，因而留下了大群人具有務實的自我決斷的情調（moods）。因此法西斯主義就可成長了。

【95】同上，頁 3。他類似的話又見（1）張君勱，〈哲學家之任務〉，《中西印哲學論文集》，頁 84。原發表在《再生》（上海版）期 248（1949 年 1 月 24 日）；和（2）張君勱，〈我的哲學思想〉，原載《再生》，卷 4 期 17（總號 340）（1953 年 6 月）；收在《中西印哲學文集》，上冊，37 – 62；楊永乾，《中華民國憲法之父——張君勱》，（台北：唐山出版社，1993），頁 271 – 294。三次重覆類似的內容，可見其關心的程度。

產生反叛理性的一個重要因素是許多能幹且活力充沛的人無處發洩他們的權力慾，因而變得具顛覆性……對此類人，若他具有不滿的精神，法西斯運動很可能看來是個解脫。

政治上理性的衰敗是兩個因素的產物：在一方面，即存的現世對有些階級或有些類型的個人不提供遠景，而他們又對社會主義不抱希望，因為他們不是工人；另一方面，有些能幹且有識的人，他們的利益是與社群的一般利益相反，因而他們藉促進各種樣式的歇斯底里以便最好地保存其影響。反共、對外國軍備之恐懼和仇視外國競爭是最重要的假想敵。我不是說沒有有理性的人可能感到這些情緒；我的意思是指，這些情緒是被專用來排除有理有節的思考實際的議題。……

自 1848 年以來即增長的國族主義之狂熱是不理性主義崇拜的一種樣式。一個普遍的真理觀已被拋棄：我們有英國人的真理，法國人的真理，德國人的真理，蒙特哥尼羅人的真理（Montenegran truth），和為摩那哥侯國而設的真理。類似的，我們有為工人而設的真理，和為資本家而設的真理。在這些「真理」之間，若理性說服是被認為無濟於事了，則唯一可能的決策是經由戰爭和宣傳家失智的對壘。直到瘟染我們這個世界的國家和階級間深刻之衝突解決了，我們幾乎無法期待人類會回歸到一種合理性的心態。個中的困難在於，只要不理性佔上風，解決我們麻煩的方案只能靠機緣而得；因為理性，是非個人的，使到普遍的合作有可能，但不理性，卻是代表個人情感，使衝突無可避免。就是因為這個原因，理性主義，就其訴諸於一個普遍且非個人的真理之標準而言，對人類的福祉是無比重要的，這不只是在此標準很輕易佔上風的時代是如此，而且這個比較不幸的年代，更該如此……【96】

──────────────────────────────

【96】 Bertrand Russell, " The Ancestry of Fascism", in *Let the People Think, A Selection*

對照此背景，可見張君勱確是很不一致。他如下對哲學態度裡的邏輯性和真實性之要求——即所謂「通」、所謂「知識之構成」——更非曾是反理性主義者、浪漫主義者的張氏本人所當有：

> 吾人之於哲學，豈有成見可言哉，亦視其說之可通與否耳。有人焉以為事物之成，皆本於機械主義，換言之，循物理學之公例而成而壞，然取椅棹剖之為二，則椅棹毀矣〔言過其實〕，而動物細胞以針裂之為二，其細胞之一半長成以後，猶為一官骸完整之動物〔言過其實〕，可見物理上機械主義不能解釋生物，即物質有物質之原理，生物有生物之原理可知矣。若夫理之正反與夫善惡是非之別，在物質之木石與生物之具有官感與本能者同不足以語此，此則生之上，更有所謂心，而理智與理性由之以出矣。乃惑者不察，必舉生與心，一切以歸之於物質，不認生之為生，心之為心，吾儕將奈之何哉。以云新惟實主義之主張，其不足以滿我意自若焉。彼等所主張者，曰外界事物之存在，不關於人之知與不知，如懷悌黑〔A.N.Whitehead〕分析自然界之物為事件，或事物與事物之關係，如亞歷山大〔S. Alexandra〕名之曰空時合體，其不認心為智識構成之主要因素一也。吾人姑讓一步，謂勃克蘭氏〔Berkeley〕存在起於知之說，不免過甚其辭，然謂吾人所得之外界事物之知識，乃事物自身，或事物間之關係本來如此，而非由心之作用存乎其間，則為吾所不敢苟同。知識之構成，不離乎範疇：同異也，因果也，關係也，共相殊相也，一與多也，此數者無一能離心而化之為事件，或時空合體者，同異也，心之識別為之；共相也，即同類中之各個體均具有之性質，心之識別為之；關係也，其類甚多，有為數目關係，有為地位關係，有為主辭謂辭關係，有為範疇與概念關係，乃至左右關係，

of Essays, (London: Watts & Co., First published in The Thinker's Library, 1941; Second Impression, 1943) , pp. 73-4, 77-8, 78, 79.

夫婦關係，在羅素氏謂之為離思想而獨立自存，然使無心知之作用，安從辨其為左為右，為多為少，至於範疇與概念之關係，更無論矣。新惟實論者，否定心之作用，認其說為難於自圓，姑我之所以反對之者，正與反對唯物主義同也。【97】

在相對論發表三十年後，張君勱仍在文中攻擊「機械主義」【98】，似乎有把「機械主義」等同「物理學的公例」之嫌，顯示了他在預設科學裡已不存在的敵人。而從他把 A.N.Whitehead、S. Alexandra 二人皆看成是新惟〔唯〕實主義者而不分辨，也顯示他對「新唯實主義」之了解也不大了了。更何況他二十年後（1963）又推翻上述評論懷悌黑的看法：

當代哲學中能令我低徊留之不忍去者，懷悌黑氏其首屈一指矣。懷氏早年專攻數學，繼與羅素氏合著《數學原理》一書，為數理邏輯開一新天地。又因相對論與量子論之發見，感覺一種新哲學之必要，乃作《自然界之概念》等書，所以批評牛頓時代之科學概念，而代之以「事件」「流變」等等之新說。晚年潛心於形上學，乃成《實體與行歷》，《宗教在形成中》《觀念之冒險》等書，所以昭示世人以一種綜合的宇宙觀。【99】

這與上述他在〈張東蓀著《思想與社會》序〉，頁 3 批評懷氏是惟

【97】〈張東蓀著《思想與社會》序〉，頁 3-4。

【98】林定夷寫道：「……科學發展到 19 世紀下半葉，特別是到 1 9 世紀末，20 世紀初以後，由于物理學中產生的深刻危機和隨之而來的科學革命，在以往科學中具有牢固傳統的機械論和歸納主義的方法論，可以說幾乎同時遇到了深刻的危機。迄今，機械論自然觀可以說已經破產，它在科學中幾乎以成了歷史陳跡。而自愛因斯坦以後，歸納主義的方法論也已被愈來愈多的深思熟慮的科學家所擯棄。」（氏著，《近代科學中機械論自然觀的興衰》（廣州：中山大學出版社，1995），「自序」，頁 2）。

【99】〈人生觀論戰之回顧——四十年來西方哲學界之思想家〉，頁 1047。

實在論者，何止天壤之別！至於羅素，他的主張確是某種新實在論，或更確切地說，是邏輯原子論者。【100】新惟實主義者、邏輯原子論皆是對唯物主義最中肯的批判，至少得與唯物主義有相當的差別。如今張君勱卻把它們一體對待！

更令人瞠目咋舌的是，張君勱此處的看法顯然是某種反智的生命哲學，但張君勱卻以為他的主張即是理性主義，且一向如此，則就無論如何是對他曾有過的反理性主義有飾過（非）之嫌了。我們如何理解他如下所謂的反理性主義即是他所謂的理性主義？──這顯然是賦予通常所理解的字或詞非常不同的意義了。他說：

> 由以上所反對者言之，我之立場，謂之為理性主義可也。我所謂理性，雖沿〔對照下引文字『傳至』〕歐洲十八世紀之舊名，然其中有道德成分，因此亦可逕稱之為德智主義，即德性的理智主義，或曰德性的惟心主義也（柏氏亦重心，然謂心之作用為行動自由，故為反理智的，反理性的）。吾所以推尊理性，以為應駕理智於行動而上之者，蓋以為理智如刀，用之不得其當，鮮有不傷人者；行動如馬，苟不繫之以韁緤，則騎者未有不顛且躓者。重理性者，所以納二者於規矩之中也。歐洲之開明時代，正為哲學上之理性時代〔應是先有理性時代，才接著是開明時代〕，有笛卡兒導之先，蘭勃尼孳繼之於後，同時在政治學方面，有霍布斯氏〔1588-1679〕，洛克氏〔1632-1704〕，盧梭氏等之民約論，發為人類生而平等與天賦人權之說，是哲學上之理性主義與政治上之天賦人權，同出一源也。十九世紀之社會主義，推廣自由平等博愛之精神於一般勞動者之身，不論為科學派烏托邦派，其所要求之目的則一，即今日羅斯福所創免於匱乏之自由云云，亦沿人權論之餘緒而擴充之耳。東蓀於書中列舉歐洲道統，一曰耶教，二曰

【100】Bertrand Russell, *The Philosophy of Logical Atomism*, David Pears ed., (La Salle, Ill.:Open Court, 1985)。

民主政治，三曰社會主義。余以為後二者有理性主義為背景，已如上述。即以耶教論，自猶太傳入歐洲，亦早經亞理斯大德之論理學範疇之鎔鑄，與其謂為如東方宗教之出於證悟，不若謂為思想系統之結晶。然則此三者中有一一貫之者，為理性，此點在東蓀雖未明言，吾特舉而出之，當不至與原旨相謬剌也。【101】

「德性的理智主義，或曰德性的惟心主義」與他二十年代主張的精神生活一樣嗎？後者在他眼裡不是反對「思」的哲學嗎？霍布斯在他眼裡不是唯物主義之始祖嗎？洛克在他眼裡不是經驗主義之父嗎？在他眼裡他們屬於「德性的理智主義」嗎？

張君勱上述此段話，做為說明張東蓀一向之看法雖嫌過於精簡，但所言是真切的。但若作為張君勱思想的自述，則不免是飾詞。首先是我們如何理解張君勱的理性主義＝德智主義＝德性的理智主義＝德性的惟心主義？次之則是，張君勱此處對理性主義之頌揚與他同一序言裡對反理性主義生活哲學之讚嘆不能兩存，即是說，是矛盾的。

其實張君勱的混淆在於沒有分清或不願意（並非不能）工具理性與道德理性，為的是要顧全更重要的儒家主體思想、全面道德地看所有問題，因為修身養性需要如此主張。張君勱確認為有先天的知識（良知、良能），因此他是某種狹義的理性主義者，但又與西方不同：

吾惟尊重理性之故，對於本書〔《思想與社會》〕所舉之中國道統，一曰儒家，二曰理學，自認為吾國歷史上之精神遺產。昔日人生觀論戰之中，曾有新宋學之主張，不圖今日為理學下新解者，已大有人在矣。吾國所謂理，所謂道，在關閉時代，不外乎仁義禮智孝悌忠信而已。孰知此理此道，傳至〔對照上引文字「雖沿」〕歐洲以後，乃變為理性主義，在知識方面為範疇為論理方法，在行為方面為道德為意志自由。夫吾國為理為道之發見者，特不知推廣而用之於理智方面，以自陷於不識邏輯不識科學之大病，今後

【101】〈張東蓀著《思想與社會》序〉，頁 4-5。

葉其忠　張君勱之非理性主義、反理性主義與浪漫主義及其自我反省　469

惟有力矯前非，在舊萌芽之上，培植而滋長之，不墨守陳腐之道
德說，乃由新理智以達於新道德，庶理性與理智有以見其全體大
用矣。抑理道之論，發之於孔孟，實大盛於宋明儒者。彼等不特
於理學方面有精確之定義，極廣大之宇宙論，即於實際行政方
面，有所謂鄉約，有所謂庠序之教，有所謂兵農不分，有所謂常
平倉，有對於井田之追憶，何一不本於民貴君輕，不患貧而患不
均之公平至正之大道而後有此主張乎。然則謂儒家之精神，同於
民主政治，同於社會主義可也。此非吾人之故意附會，去儒家學
說之塵垢，見其精義之蘊藏，則知二者，自出於人心之同然，而
非偶然。何也，二者同以理性為出發點也。【102】

六年後，1949 年 9 月 20 日，張君勱作「新會白沙先生紀念集序文」
呼應曰：

人之所以為人，曰思而已，惟思乃有人禽之辨，乃有知識，乃
有道義，乃有千百年來之文化，孟子曰，耳目之官不思，而蔽於
物，物交物，則引之而已矣，心之官則思，思則得之，不思則不
得也。此非牽於物欲者之成其為禽獸，而從事乎思者之成其為人
之先哲所明白昭示者乎。思之功用，邏輯由之而生，知識賴之以
成，乃至人生之價值，無不視此而定其所造所向，宋儒有言，為
天地立心，為生民立命，為萬世開太平，此非建功立業之言，乃
謂心思之立決定千百年人類所行之方向如何耳。希臘之為希臘，
非蘇格臘底，柏拉圖等心思之所致乎，中國之所以有今日，非孔
孟之心思所造成者乎。……【103】

前一引言中（〈張東蓀著《思想與社會》序〉，頁 5）如下先貶後揚
以至於完美狀態，又從完美到不完美，如何可能？：「吾國所謂理，所

【102】同上，頁 5。對照本文註【24】。

【103】張君勱，〈陳應耀編《白沙先生紀念集》序〉（1949 年 9 月 20 日），節錄見《張
　　　君勱先生七十壽慶紀念論文集》，言行錄部份，頁 45。

謂道，在關閉時代，不外乎仁義禮智孝悌忠信而已。孰知此理此道，*傳至*歐洲以後，乃變為理性主義，在知識方面為範疇為論理方法，在行為方面為道德為意志自由」、「抑理道之論，發之於孔孟，實大盛於宋明儒者。彼等不特於理學方面有精確之定義，極廣大之宇宙論，即於實際行政方面，有所謂鄉約，有所謂庠序之教，有所謂兵農不分，有所謂常平倉，有對於井田之追憶，何不一本於民貴君輕，不患貧而患不均之公平至正之大道而後有此主張乎。然則謂儒家之精神，同於民主政治，同於社會主義可也。」與「夫吾國為理為道之發見者，特不知推廣而用之於理智方面，以自陷於不識邏輯不識科學之大病，今後惟有力矯前非，在舊萌芽之上，培植而滋長之，不墨守陳腐之道德說，乃由新理智以達於新道德，庶理性與理智有以見其全體大用矣。」真的「此非吾人之故意附會」？

西方理性主義比較盛是因為那裡的理性面對更強大的蒙昧主義，因此得更強更深入才能成功。西方啟蒙時代的理性主義從中國汲取了些養份是沒有問題的。但它大部分是從希臘而來。語言、文字和思想是個大障礙，而本身的傳統更根本。當張君勱蘊涵說西方理性主義受到儒家理學的深刻影響，甚至是抄襲理學時，這與他強調傳統是無法取代的說法是矛盾的。其實人種都可以變，那有文化傳統不變呢？自變和他變都是變，而從外面看，幾乎分不出差別呢？問題只是要多久，多大而已。上引「希臘之為希臘，非蘇格臘底，柏拉圖等心思之所致乎，中國之所以有今日，非孔孟之心思所造成者乎。」可覆按。但中西三百年的接觸，還不致於動撼各自固有的二千年以上的傳統。

（四）：再反省

張君勱寫〈張東蓀著《思想與社會》序〉二十二年後，於 1965 年 3 月寫的〈新儒家政治哲學〉一文裡更進一步附會說：

國人亦知此學說〔人權說〕之何自而來乎？西方近年經專家

研究後，乃知其來自儒家。自天主教之十字會中人來華傳教，讀孔孟之書，以臘丁文之譯本寄歐洲，其在吾國，但發見天理說，人性說，而不聞有神示說，於是理性說大行於歐洲，乃有華爾甫氏〔C.Wolff〕〔1679-1754〕康德氏憑理性以批評宗教者，亦有以理性立倫理學說之基礎者，繼而以理性說推廣於政治組織者，乃有天賦人權說。曰人群所以為治安計，乃組織政府，此政府所以為人民服務者，應守自定界限，不可使用暴力，不許人民使用暴力，而人民自身為此團體之主人翁，應以平等自由之地位，制成法律，為政府為人民所共守，如是乃有治，乃有安全，乃有平等，乃有自由之可言。其說之由來，得之於孟子告子上篇之語：「詩曰天生蒸民，有物有則，民之秉彝，好是懿德。孔子曰，為此詩者其知道乎。故有物必有則，民之秉彝也，故好是懿德。」西方人讀此文者解之為世間萬事萬物，既有定則，而此定則出於人之秉賦，此為道德，此為理性。由是而推廣之，乃有理性宗教論。乃有理性政治論，即天賦人權。乃有學術中之自然定律論。而傑弗遜留法時，知有此文，及其歸也，乃著之於獨立宣言之中。可知天賦人權，自為吾家舊物，遺留於海外二三百年之久，今可如遊子之還鄉矣。彼西方既採儒家言以建立其民主，吾何為不可以西方民主還之於儒家乎？【104】

首先，值得強調的是，上述張君勱的「吾國所謂理，所謂道，傳到歐洲以後，乃變為理性主義」與第二代新儒家唐君毅、牟宗三對張君勱*輸*入或*保持*東西方理想主義的正面評價有出入——其實是完全相反。唐君毅說：「中國現代思想界中，首將西方理想主義哲學，*介紹*至中國，而立身則志在儒行，論政則期于民主，數十年來，未嘗一日失所信者，當推張君勱先生。」【105】牟宗三說：「他能*保持*西方理想主義之

【104】〈新儒家政治哲學〉，《中西印哲學文集》上冊，頁 386。

【105】唐君毅，〈經濟意識與道德理性〉，見《張君勱先生七十壽慶紀念論文集》，頁 52。

正音，他能毅然肯定宋明理學之價值。」【106】如此的評價至少意味著「西方理想主義」與中國的所謂理所謂道有所不同，且需要輸入或保持。但張君勱則認為「西方理想主義」是中國的所謂理所謂道已經輸出後的結果。其實，關於理想主義，張君勱在他處也有與唐、牟類似的看法。

第二，此處張君勱的比附也是很有問題的。少說也是誇大中國對西方之影響，把觸媒作用當做造因了。但此看法朱謙之亦持之。【107】更嚴重的說，把西方的理性主義認為是*傳自*中國更不知從而說起，因為他（在前一頁！）已說過（「**我所謂理性，雖沿用歐洲十八世紀之舊名**」（《思想與社會》，頁4）——已蘊涵西方有其理性；而他引用此詞，至少也蘊涵它可能比較流行？不然為何要「雖沿用」？如今又說西方理性主義是源自中國。事實是，東西方都各有理性主義和反理性主義以及非理性主義。它們之間當然有同異，其來源也不同。而在整個文化中所扮演的角色有輕重之不同。張君勱於此沒有分辨出西方十八世紀及之前對中國的讚嘆很快就被十九世紀及其後對中國的侮蔑所取代。他也忘了比較文化裡的讚頌大多是藉酒消愁，是種借題發揮者多，真實比較、了解的少。【108】更甚於此者，張君勱是自製迷惘：若中國的理已是如此高

【106】牟宗三，〈中國數十年來的政治意識——壽張君勱先生七十大慶——〉，見《張君勱先生七十壽慶紀念論文集》，頁30。

【107】見其〈宋儒理學傳入歐洲之影響〉（附錄二），《中國思想對於歐洲文化之影響》（臺北：臺灣時代書局，1977）。

【108】思考：「……。中國從18世紀就開始成為歐洲人認識和反思自己的鑑照，同時歐洲總是基於自己的需要決定對中國（以及其他外國）的肯定或否定的態度。……」；「……。當他們對自身感到樂觀時，便理直氣壯地說自己多麼優秀與合理，而指摘中國國如何不合時宜。當他們對自身感到悲觀時，便又探詢著是否能從他們的對立面中找到微光燭照。……」；「……中國在歐洲人眼裡的形象正如雷蒙·道森恰如其分地命名的，是一條『變色龍』。」（張國剛、吳莉葦，《啟蒙時代歐洲的中國觀——一個歷史的巡禮與反思》（上海：上海古籍

超，則沒有理由輸入比較低俗的西方的理。其實，我們該強調的是，中西方的理，各有勝場。懷海德不是西方文化的沙文主義者，但他卻認為西方的理是最發達的。張東蓀在《理性與民主》（頁 101 − 2）即曾長篇原文引用了懷海德在著名演講 *The Function of Reason* 中所指出的西方理性中最顯著的特色──邏輯之豐富內涵。

以張君勱無書不讀，且曾枚舉懷氏《數學原理》（與羅素合著）、《自然界之概念》、《實體與行歷》、《宗教在形成中》《觀念之冒險》等書，要說他不知道懷氏的 *The Function of Reason* 很難說得過去。其實，張君勱曾親自拜訪過懷氏本人的也*提過此書*！【109】不過張君勱與此處張東蓀所引上書（*The Function of Reason*）對西方理性的了解有很大的差距則是顯然的。至於該書中如下的話更不是張君勱在「科玄論戰」前後時的反理性主義所能接受的："Reason is the special embodiment in us of the disciplined counter-agency which saves the world."「理性是特別附屬於我們機體裡，有紀律的逆向行動主體，用以拯救世界。」【110】換言之，我們是依靠我們天賦的理性來拯救無理性、非理性、反理性的世界。

對照而言，即清楚可見，張君勱對理性主義的看法不但與張東蓀不同，而且前後也不一致。在「科玄論戰」前，他給林宰平的信中的對哲學沒大興趣就和他的〈學術方法上之管見〉中對非理性主義的著迷就很不一致，而在「科玄論戰」後，他在《思想與社會》序中翻然對理性主義或他所理解的德行的理性主義之歌頌，雖不容易理解，但確明白顯示出（或看出）他終於到理智主義上來。不過這已是二十多年後的事了。

出版社，2006），頁 406，411，418）。

【109】張君勱，〈人生觀論戰之回顧──四十年來西方哲學界之思想家〉，收在張君勱著，程文熙編，《中西印哲學論文集》（台北：學生書局，1981），下冊，頁1048。

【110】Alfred North Whitehead, *The Function of Reason*, (Boston: Beacon Press, First Paperback Edn., 1958), p. 34.

474　　　　　新亞學報第二十八卷　下編

　　正如張君勱在同一篇序中所指出的，在看到了他參與鼓吹的反理智主義、反理性的種種惡果後，他是放棄了反理智主義，並轉而提倡理智主義作為他所謂的德性的理性主義的一部分，同時藉「有理智之用，害亦隨之」為他以前的反理智主義加以辯解：

　　　　或曰理性與理智為緣，有理智之用矣，而害亦隨之，如科學為理智之產物，既有生人之醫藥，與便人之交通，然殺人之武器亦由之而來，故一日有理智，即人類相爭一日不止矣。吾則以為歐洲近代文化，起於開明時代與理性主義〔理性主義當是在開明時代之前〕，此時代所主重者為思為知識，以知識之可靠與否為中心問題，其名曰理性，實即理智而已。如康德之著作，一曰純理批導，為綜合經驗與理性二派之大著，然他一書明曰實踐理性之論道德者，至今猶為當代大者學家羅素氏者所非笑，則歐人之理智，未嘗涵育於道德之空氣之中，顯然矣。儒家之不必藏己，不必為己，老氏之為而不有，宰而不制，正東方之所長，而西方之所短。西方之論理與科學方法，上窮宇宙之大，下及電子之微，歷史所未載，人事所未經，皆窮源竟委以說明之，豈我東方之惡智者（孟子所惡於智者為其鑿也），所能望其項背哉。東方所謂道德，應置於西方理智光鏡之下而檢驗之，西方所謂理智，應浴於東方道德之中而和潤之。

　　　　然則合東西之長，鎔於一爐，乃今後新文化必由之塗轍，而此新文化之哲學原理，當不外吾所謂德智主義，或曰德性的理智主義。噫！東蓀先生相距數千里外，無由會晤定其同異，然吾知其必有不謀而合者在矣。【111】

　　若張君勱上述最後一段是極肯切之評價，則與上述〈張東蓀著《思想與社會》序〉（頁5）和〈新儒家政治哲學〉（頁386）比較，既可見張

【111】〈張東蓀著《思想與社會》序〉，頁5-6。

君勘在該處所說，西方理性主義源自東方是不可靠的，不然此段（最後一段）就無法成立了。東西方的理有互補是的論，但如何進行則非三言兩語或只是願望可以完成的。蔣夢麟（1886-1964）於此有平實，比較接近張東孫的看法云：

> 以西洋而論，希臘人有「羅格斯」一語，意即自然之理則。此理則彌漫於宇宙，與中國儒家之道頗相近。但另一部份有言或名的意思，則側重知識。西洋哲學之邏輯，即從「羅格斯」一語演變而來。邏輯即言之條理，或理之法則。現在之地質學，動物學，昆蟲學等西文名詞均殿以「羅其」一語，其意為地質的邏輯，動物的邏輯等。

> 希臘人之講理則，偏重於知，邏輯即求知之方。中國人之講理則。偏重在行，人倫為行之常軌。故柏拉圖之學，為修其理智，教以辯證。孟子之學，為修其天爵（仁義），教以人倫。老子之學，為任其自然。教以無為。【112】

張君勘想要相與討論的張東蓀的看法其大致是這樣的：

> ……故十八世紀之特點在於以個人主義與理性主義結合為一，而不是單純的個人主義。到了十九世紀首先樹立反抗的即是所謂「反理性主義」，主張人性以衝動或情欲或本能或意志為主。於是以情欲主義與個人主義相結合。至此則個人主義乃只見其弊不見其利了。所以我敢說個人主義之顛覆乃是由於反理性主義的出現。反之，從歷史上說個人的重要性與其人格的價值卻都是從注重理性，或換言之，即中國人所謂講理而始脫穎出來。可見反理性主義之推翻個人主義，乃是從其根本下手。倘使用中國來作比喻，則可說十八世紀思想有些相類於中國的性善論一流，而十九世紀便與性惡論相彷彿了。這個比喻固然十分不切，然而從性善

【112】蔣夢麟，《中西文化的比較——中西文化之演進與現代思想之形成》（台北：國防研究院，民國四十八年），頁4。

說忽而變為性惡說，其中必大有緣故。這個緣故在我看來，恐怕就是我在上章所說的那個自身有病的社會。不過對於病社會不去從理性上設法療治，反而撥除理性，任其橫決。卻好像不給病人以藥，而反使其任意胡為一樣。因此我認定西方的文化在十九世紀末二十世紀初完全是個變態，是一個回光返照。恐怕這次大戰以後這樣的變態要會得個結束。……【113】

二張對中西思想的觀點和取捨之差異莫此為甚。張東蓀解決中西方衝突的方案是：

現在我們根據上述的道理再回頭來討論中國與西方文化接觸上所發生之困難。西方文化在十九世紀與二十世紀很大不同。十九世紀之思潮有（甲）自然主義；（乙）個人主義；（丙）民族主義；（丁）理性主義；（戊）自由主義；（己）經驗主義等。二十世紀則有（甲）社會主義；（乙）人本主義；（丙）國際主義；（丁）情感主義；（戊）全體主義；（己）統制主義等。中國處於二十世紀似乎該只接收二十世紀的西方文化與思潮，其實卻不能如此。中國因為科學未發達，尚須大量極力提倡，故自然主義與自然科學大有關係，不可忽視。中國固有文化上個人獨立的人格除在道德一方面為儒家所重以外，其他在法律方面、政治方面、社會方面都沒有真正實現。所以個人主義在今天的中國尚是須要。至於把民族搏作一體以成一個近世式國家當然仍是中國之急務。……而理性主義更是中國今天所竭力提倡的，因為中國以前雖已注重於講理，然而與現在所說的理其內容不同，故必須另外設法來講。此外以自由來發展人格，完成公民；以經驗來糾正迷信，輔助科學；這都是中國今後所不可缺的。可見中國目下所需仍是十九世紀的西方文化。然而中國若純粹模仿十九世紀西方文化則必不〔能〕與西方各國並立於二十世化中。中國又勢必

【113】《理性與民主》，頁73。

採用二十世紀西方文化。不過二十世紀西方文化與十九世在〔紀〕本身上就有衝突。所以我在上文說，中國之困難是一方面由於中西文化有衝突，而他方面由於西方文化本身上又自有衝突。中國在這個兩重矛盾中生活著，又安得不糟呢？……【114】

張君勱不是不知道這些。1948 年 6 月，上引「希臘之為希臘，非蘇格臘底，柏拉圖等心思之所致乎，中國之所以有今日，非孔孟之心思所造成者乎。」可覆按。他向上海市民社黨員講述「民主社會主義之哲學背景」，其要點第一、第六點也說：

一、哲學是支配世界的樞紐，**理性是現代文化的發源**。

六、時代特徵是反理性主義。十八九與廿世紀可用四個對句八個名詞對比：認識——行動。多數——少數。理性——暴力。民主——專政。際此極端矛盾時代，應自尋出路。【115】

針對這樣的綱領，又不禁使我們驚奇，張君勱還是與張東蓀有許多相似處呢。不過這已是眾多反覆後的回歸了。

（五）：再三的反省

1949 年，張君勱在〈哲學家的任務〉說：

……但哲學家意見之不統一儘管如此，我們就能因此說哲學思想沒有力量嗎？我想略為把近代的思想史、學術運動、政治運動回顧一下，便可知道哲學對於學術、政治、社會運動之影響之大了。

譬如在〔近代〕哲學初期，理性主義發展的時候，重視人的理性，由理性出發，研求思想的規則，人格之尊嚴，所謂人權運

【114】《思想與社會》，頁 191。陳大齊，〈文化復興所應發揚的道德〉，秦保民・吳熙祖校訂，教育部文化局編，《中華文化之特質》（臺北：世界書局，1969）提出合於科學與民主的道德。

【115】節錄見《張君勱先生七十壽慶紀念論文集》，言行錄部份，頁 44。

動，如民約論、如人權論、如議會政治，簡言之，從盧騷、洛克〔他應在盧騷前〕、孟德斯鳩〔1689-1755〕、穆勒，各人的政治思想，那一個不是走的理性主義的途徑呢？至第一次大戰前後，柏格生、倭伊鏗、詹姆生〔士〕等以生活行動為出發點，於是否定理性，認為一切智識，一切理論，無一不從人生需要上出發，換言之，理性或自然法是在抽象中，或者說是離開人生而表現的，真正的人是活的、動的、所以不受理性或法則的支配的，到了第一次大戰中，共黨主張大罷工，主張直接行動，如法國的 Sorel 所說：主張大罷工便是生命之衝動。故共產主義，法西斯主義都是反理性主義的結果。我們看了以往一、兩百年之歷史，我們不能不承認哲學對於政治、社會、人類是有莫大的影響的，假定我們認清其影響，我們便知道哲學家任務之重要。【116】

張君勱在寫了〈哲學家的任務〉4 年 5 個多月後，即於 1953 年 6 月，再次為了辯護自己曾有的反理智主義時，居然在〈我的哲學思想〉進一步透露他從一開始即非全然同意生命哲學，只是大致同意而已，又再次以為他以前的反理智主義辯解：

> 我初窺哲學門徑，從倭伊鏗柏格森入手。梁任公先生遊歐，途經耶納，與倭氏匆匆一晤，引起我研究倭氏哲學之興趣。同時每年一度去巴黎，兼讀柏氏著書。然倭氏柏氏書中，側重於所謂生活之流，歸宿於反理智主義，將一二百年來歐洲哲學系統中之知識論棄之不顧。故我初期治兩家學說後，心中即有所不慊，乃同時讀康氏著作與新康德派之所以發揮康氏者。此為我心理中潛伏之態度。倭氏柏氏提倡自由意志，行動，與變之哲學，為我之所喜，然知有變而不知有常，知有流而不知潛藏，知行動而不知辨別是非之智慧，不免為一幅奇峰突起之山水，而平坦之康莊大道，擯之於視野之外矣。倭氏雖念念不忘精神生活，柏氏晚年亦有道德來源之著作，

【116】〈哲學家之任務〉，頁 84。原載《再生》期 248（1949 年 1 月 24 日）。

然其不視知識與道德為文化中之靜定要素則一也。【117】

這當然是事後聰明。我們要問，他為什麼不早講清楚呢？文中所提的「我心理中潛伏之態度」若即是「同時讀康氏著作與新康德派之所以發揮康氏者。」與「倭氏柏氏提倡自由意志，行動，與變之哲學，為我之所喜」，顯然與他 1959 年在擬議中〈當代西方哲學思潮引言〉目錄（見於《民主中國》）所要討論「反理智主義之生活哲學，對於黑格爾之反動」所蘊涵的內容矛盾。【118】因此，即使我們接受他此處的事後聰明，但六年後他又推翻之，就不能再忽視了。

張君勱，於發表上述〈我之哲學思想〉兩年後，在〈我從社會科學跳到哲學之經過〉（1955），又提到十九、二十世紀初的非理性主義：

> ……到了十九世紀末年，哲學方面如柏格森主張「衝動」說，倭伊鏗主行動主義，在這時侯，不但二氏之哲學如此，在政治、經濟上亦有同樣現象。政治學家如華拉斯〔1858-1932〕著政治中之人性論，以為政治現象不是從理性出來，是從非理性出來的。政治現象中如群眾心理，如群眾催眠，在情感熱烈的時候提出若干主張，往往很易得到人的同情，這種情形，絕不是從理性所能加以說明的。法國工團主義者蘇拉爾（Sorel）又以柏格森學說應用到大罷工問題。他說不必計算利害如何，只要大家肯大罷工，自然工人能得到一種大結果。同時馬克斯等主張奪取政權；既說「奪」字，那就離不了強力，便無理性可說了。所以說十九世紀末，二十世紀初，哲學上、政治上、經濟上為非理性主義所支配。【119】

再過八年，張君勱又在 1963 年發表的〈人生觀論戰之回顧——四十年來西方哲學界之思想家〉上說：

【117】《張君勱傳》，頁 278。

【118】《中西印哲學論文集》下冊，頁 1407。

【119】《中西印哲學論文集》，頁 71 − 72。

民國十二年二月十四日因吳君文藻之約為清華大學〔清華學校——它是在 1929 年才正式稱為大學〕同學演講，題曰「人生觀」。時我自歐洲返國，偕德哲杜里舒氏在東南大學、北京大學、南開大學講歐洲哲學史與杜氏生機哲學。我所以講「人生觀」之故，由於我在歐時讀柏格生、倭伊鏗、黎卡德（Rickert）諸氏書之影響，深信人類意志之自由，非科學公例所能規定。其立言之要點在此。不料演講發表，友人中如胡適之、丁在君群起而非之，乃有所謂人生觀之論戰，參加者數十人，歷時一年以上。屈指計之，歲月相隔已歷四十年，友人之墓木已高拱矣。今日回憶此項論戰，非欲重燃地下之死灰，乃欲與國人商榷吾國學術思想而奠定其博大精微，高明中庸之基礎而已。

……及西歐近代哲學興，始為理性主義經驗主義之對立，繼有康德為兩派調和折衷。然其繼起之**黑格爾氏**不滿於康氏學說之謹嚴與界畫分明，乃創為**絕對唯心主義**。黑氏學派旋分為左右兩派，右派袒護宗教，左派走向唯物主義。……

我自青年讀書，對中外政治學術與各國間之政治學術好為比較研究，常躊躇審顧不敢立決，尤好權衡其短長得失，不信一偏之見以自標新異。及已抉擇以後，則擇善而守，不輕放棄。當留學日本之日，嘗注意英美政治學說，及第一次大戰後從倭伊鏗氏問學，讀倭氏書，同時在巴黎研究柏格生學說，時身居歐陸，然英倫經驗主義我未嘗忽視。因是西方政治及各派學說，其對於吾國之利害得失如何，先內斷於心，然後定其取捨而有所主張，此乃我之習性使然也。人生觀演講之日科學功績之煊赫，我豈不有所覺察，然所以舍科學之必然性而提倡意志自由者，亦曰人生之自由人格之獨立，為現代人所嘗爭取，乃吾治倭氏柏氏學說有得於心而不敢或忘者也。當時倭氏柏氏極力反對人生受科學支配之說，而昌明人生自由之大義，世人因其反理智傾向形上學而輕

之，然自今日思之，倭氏柏氏之高瞻遠矚為何如哉。【120】

　　此引言最後一句又是誤判時局。【121】四十年前，「科玄論戰」期間，倭氏、柏氏是火紅、熱門的哲學家，到了六十年代，張君勱仍說他們「高瞻遠矚」幾乎忘了他曾寫了含有自我批評的《思想與社會》序。更何況此文（〈人生觀論戰之回顧〉）是用來讚嘆他在該序裡曾不以為然的懷悌黑，以及新獲他欣賞兩人物——新康德派哈德猛之「轉向於唯實派之形上學」和存在主義者耶氏！：

> 以上三人為二十世紀哲學界之三傑，懷氏以數學家物理學家而轉入形上學，哈氏由新康德派之唯心主義，轉向於唯實派之形上學，耶氏以為科學之工限於局部，非超出科學，不足以見宇宙之大全。如是思想路線不受科學之支配，不為科學所範圍，而宇宙觀而人生觀之超於科學之上之彰明較著，無有過於此者矣。【122】

接著張君勱又自白其心志：

> ……我之治哲學與其治政制同，先比較其得失，然後定吾之所擇取，從不敢孟浪一擲，拾人牙慧，以圖一時之快意。政制方面之民主獨裁也，共產主義資本主義也，雖國際間顯分兩大壁壘，然我不輕易左袒右袒，而以民主法治為下手之法。其於思想方面之科學也哲學也形上學也，雖科技二者有長足之進步，為立國所不可缺，然形下之外，自有倫理學的準值與夫宗教信仰為人群精神生活之基礎。尤其人是否有自由意志抑或受科學自然定律之支配，此為西方學術史上之大爭執，我以為人生自由與科學發展初不

【120】張君勱，〈人生觀論戰之回顧——四十年來西方哲學界之思想家〉，收在張君勱著，程文熙編，《中西印哲學論文集》（台北：學生書局，1981），下冊，頁1041、1042、1046。

【121】萬以，「譯者序」，頁4。

【122】〈人生觀論戰之回顧——四十年來西方哲學界之思想家〉，頁1061。

必互相排斥。此為當年論戰時之態度。不料茲事過去歷四十年，而歐洲思想界之發展相與暗合，如懷悌黑氏之形上學，哈德猛氏之自由與因果律之並行不背，存在主義以自由為人生之至寶，此為西方經過如是。我因此益信思想方面之知彼知己，為東西交流時代不可或缺之工作，而其尤關重要之點：第一、從事西方思想史者不可但求之於一時代一學派一個人，即以之代表西方，而應將古代中代近代與當代，一切融會而貫通之。第二、學派之對立者，如古代之柏拉圖與亞歷斯大德，近代之理性主義與經驗主義，乃至唯實主義，其所以此一是非彼一是非之故何在，應考求其所以然之故。第三、西方對壘之各派如一以心為主，一以外物為主，是否可以另求方案為折衷之計，……【123】

但在同文裡，他又以黑格爾修正存在主義者契爾契伽氏（1813-55）並欣賞哈氏之理由。【124】

同年（1963年）稍後，他在〈思想與哲學〉不但否認了〈人生觀論戰之回顧——四十年來西方哲學界之思想家〉一文所稱「倭氏柏氏之高瞻遠矚為何如哉」的反理性傾向！且完全不提曾有過非理性主義，簡直一向就是個理性主義者似的——因此根本上與他在「科玄論戰」時所攻擊的丁文江是同一路人，更是張東蓀的代言人了。他說：

一切學問都離不開邏輯，邏輯就是思想的法則，不論其為自然科學或人文科學，都是如此。邏輯可以說是思想的鑰匙，我們人類就掌握了這個鑰匙。人在世間之生活，表面不外乎飲食男女，但此生活中時常發生苦樂，久暫，是非善惡等等價值判斷。這類問題在人生中成為倫理問題，哲學問題或宗教問題。此為人自有生以來所同時並起之事，有時人習以為常，不加思辨，然自歐洲近代以

【123】同上，頁 1085 － 6。

【124】詳見同上，頁 1074 － 5；1052 － 4。

葉其忠　張君勱之非理性主義、反理性主義與浪漫主義及其自我反省　483

來，一切應加以批判，於是智識、道德、宗教之準確標準何在，更成為哲學之中心問題。

　　人類生活中所接觸的和體驗的，如其要求一規律或結論，便不能離開思想。我們為了方便起見，加以分類，名之曰這是科學，這是倫理，這是形而上學。簡單來說，科學研究事物現象，倫理研究是非善惡，形上學研究實在。但其所以成為科學或哲學，總離不了思想，離不了一心，離不了共相，或曰類名，由此心思，類名之中，乃生概念、定義，與學問體系。【125】

此處，張君勱居然完全推翻四十年前使他皈依倭氏精神生活哲學的前提：即「奧氏曰「思」不過精神生活之一部，徒思不足以盡真理，盡真理厥在精神生活上之體驗」！此外，他在此處，反而走到另一極端，過分強調邏輯之能力，竟把思想的法則等同邏輯。我們至多只能說，邏輯是符號推論必守的規則，或如張東蓀所指出的，邏輯是處理表出思想的規則的，是規範寫在紙上或說出的思想的法則的，而不是實際思想所應遵守的法則。

　　其實，正如葉保強、余錦波所說的，「我們固然相信理性思考在追尋真理的過程中極其重要，但如果認為甚麼問題都可以用理性思考解決，就正中了法國數學家兼思想家巴斯卡（Blaise Pascal, 1623-1662）一語：『有兩個同樣危險的極端——不容得理性與只容得理性。』……在認識了理性思考的大用後，我們亦要認識其局限。」【126】

【125】〈思想與哲學〉，《中西印哲學論文集》，頁 396 － 7。

【126】葉保強、余錦波，《思考與理性思考》，（台北：台灣商務印書館，1995 年初版第二次印刷），頁 257。

四、結論

幾乎每個社會的大眾都具嚴格意義上的反智性格。【127】老莊式的反智主義是犯了完美主義之謬論，是因噎廢食的做法。其實，理性和非理性的根源深植於生命、世界本身；但在文化裏，任何人為的作為皆可看成是想征服非理性或了解它，而皆為理性的，即是為了有可遵循的線索、意義和秩序。任何創造也是源於此。

理性主義與非理性主義對壘是思想傾向上恆常的狀態，很少人能完全做到只居其一而不涉及另一部分，雖傾向上容或有所偏依。在西方思想二元色彩比較強烈，至少在近現代是如此。東方則比較傾向中和，但近現代的中國則遠非如此，而西方則企圖克服之。於此東西方或許有互相借鏡之處。

說理性是有限度或無限度皆有人加以辯護。問題全在如何理解它。若理性＝上帝＝自然，則無所不能，無事不通。若理性是人的特性之一，則得有許多轉化才能等同上帝、全能。若理性只限與情感、直覺相對比，則是有限度的。

除了法西斯主義者和瘋子以外，所有反理性者都不敢公然說沒有理性，不要理性，而至少也得說單單理性是不夠的。說只有理性就夠了只有極端的理性主義者曾在理論上如此聲稱，但在實際上從未認真實踐過，且不可能一致，因為任何反理性的主張，若一訴諸文字，就無法不受語言的限制，邏輯上非矛盾律之限制。這是要講話，要寫文章，就得遵守的最起碼的條件，但在行動上則就不同了。人可以有各種各樣的行動，相反的行動，否定的行動，無厘頭的行動。人們很難，甚至無法判

【127】如 Richard Hofstadter, *Anti-Intellectualism in American Life*, (New York : Vintage Books, c 1963)；余英時，《歷史與思想》，臺北：聯經出版事業，1976 年，頁 1 － 119；余英時，《史學與傳統》，臺北：時報文化出版事業，1985 年 4 版。頁 108 － 124。

斷其是否為非理性的，除非他自己有所說明。這就是為何反理性主義常鼓吹行動，因為行動的解釋比語言、邏輯困難得多，且不必先有語言的限制。至於一幅畫，有時可以勝過千萬言，但一句話也可以等於千萬幅畫。

張君勱的思想在論證上確是犯了相當嚴重的邏輯謬誤。當我們說某人的思想是混淆的，這並不在任何意義上有蔑視或看不起之意味，因為要清楚明晰地思考是很困難的，用文字表達出來也同樣有困難。就歷史記錄而言，所有大思想家的思想都有混淆的地方，只是程度不同。對一個思想家最大的侮辱不是混淆，而是不知所云或是廢話連篇。當然有些人是故意混淆問題，以暗示深度。這是把淺水弄濁，讓人看起來好像比較深些。不知所云的文字很少是智慧之言，而更可能是癡人說夢。

張君勱既認為精神是絕對自由的，為何仍然要認為這種精神的結果自然會開創出新局面？這不是蘊涵有因果關係嗎？若過去的，物質的，受因果律限制，可以用因果律來解釋，為何現在的，未來的事不能由因果律來解釋，而只能由精神自由來決定？這種絕對自由的決定是何種決定？絕對精神自由不可能是造成一個魔鬼的世界？而不是璀燦的光明的世界？

張君勱一輩子為精神自由、生命之拓展而奮鬥，但他有時卻選擇一些與此目標背道而馳的人物，如盧騷、菲希特、黑格爾這些在柏林的研究裡對自由實際上並不一定是有正面多於負面的人物。【128】

針對張君勱常是矛盾的思想，不一致的行動，而又要不斷的辯護而不成功而言，不禁要問他何不乾脆承認，他是像梁啟超出名的自評語「以今日的我攻昨日的我」那樣？何況「過則勿憚改」（《論語・學而》）

【128】 Isaiah Berlin, *Freedom and Its Betrayal: Six Enemies of Human Liberty*, (Princeton, N.J.: Princeton University Press, 2002)；以賽亞・柏林（Isaiah Berlin）著，趙國新譯，《自由及其背叛：人類自由的六個敵人》（南京：譯林出版社，2005）。

遠勝過「過而不改，是謂過矣！」(《孟子‧盡心上》)。更何況就哲學上而言，正如羅素所說的：「……我或得把一成不變的哲學教條體系看成是智力停滯之證明……。哲學之進步對我而言類似在霧裡觀山，它的輪廓起先是朦朧的，後來漸漸清晰，但甚至到了最後，仍然是某種程度的無法分辨。」[129]

　　總之，「科玄論戰」前後張君勱思想中確有很強的「非主智主義」，或（擴大而言）「反理性成份」和「非理性主義」，且前後也不一致。如1920年他給林宰平的信中表露的對哲學沒大興趣就和他1921年在的〈學術方法上之管見〉中對非理性主義的著迷就很不一致。但在1946年，他為張東蓀的《思想與社會》寫序時已可看出他又回到某種理智主義上來了。他的序第一句話即說：「吾與東蓀及適之，皆受歐美反理智主義哲學之洗禮之人也。」接著他在序文的第二段中間認為：「理智為理性之一部分，即反理智矣，更進一步則為反理性，並其具有理智理性之人類亦蹂躪之。」在序文的第四段末他承認：「昔日嘗師承反理智主義矣，……」但他在反省反理智主義的種種弊端後，決定回歸到理性時告訴我們：「……我的立場，謂之為理性主義可也。我所謂的理性，雖沿歐洲十八世紀之舊名，然其中含有道德成分，因此亦可逕稱為德智主義，即德性的理智主義，或曰德性的惟心主義也……吾所以推尊理性，以為應駕理智與行動而上之者……」其實，他在此序中翻然地對理性主義或他所理解的德性的理性主義之歌頌，雖不容易理解，但確明白顯示出他終於回到理智主義上來。不過這已是「人生觀論戰」二十多年後的事了。到了1963年，論戰四十年後，從他的〈思想與哲學〉一文看來，簡直一向就是個理性主義者，根本與他論戰時所攻擊的丁文江是同一路人。但事實卻遠非如此。

---

[129]Bertrand Russell, Preface, 收 在 Robert E. Egner and Lester E. Dennon, ed., *The Basic Writings of Bertrand Russell, 1903-1959*, (London: George Allen & Unwin, 1962 2nd Impression) , p. 7. indistinct."

葉其忠 張君勱之非理性主義、反理性主義與浪漫主義及其自我反省 487

其實，很少人注意到或不願意談張君勱有一個時期是個反理性主義者。這連與他一起共同發表「為中國文化敬告世界人士宣言」[130]的牟宗三和唐君毅也不能免。他們只提或集中在張君勱「科玄論戰」後的理智主義和理想主義。[131]唐、牟兩人皆把理想主義和理性主義做了正面的聯繫，但張君勱本人已承認自己是師承倭伊鏗、柏格森、杜里舒，而他們都是反理性主義的新唯心主義者；因此，我們不能只注意他也有康德、黑格爾等哲學理性主義色彩而已。

此外，現在有相當一致的看法認為張君勱是新儒家的第一代人物，認為儒家得經西方哲學、科學和文化的充分洗禮才能復興，也認為新儒家或某種形式的儒家的復興是中國文化所寄。但那是屬於張君勱所謂的「理想主義與理性主義」部分了。[132]

然而，「科玄論戰」前後張君勱思想中確有很強的「非主智主義」，或（擴大而言）「反理性成份」和「非理性主義」，浪漫主義色彩，則不容忽視。

浪漫主義使張君勱有勇氣有毅力有信心在大家都討伐儒家時挺身而

---

[130] 此宣言共有四人具名。除此處所提三人外，另一人是徐復觀。

[131] 牟宗三，〈中國數十年來的政治意識──壽張君勱先生七十大慶──〉，見《張君勱先生七十壽慶紀念論文集》，頁 29－30；唐君毅，〈經濟意識與道德理性〉，見《張君勱先生七十壽慶紀念論文集》，頁 52。

[132] 參見勞思光，〈西方現代思潮與中國文化運動〉（第六講），《中國文化路向問題的新檢討》（臺北：東大圖書，1993），頁 148。勞思光也曾總結張君勱一輩子的成就。其中與本文最相關者見勞思光，〈論張君勱先生〉，吳美儀主編，《思光人物論集》（香港：中文大學出版社，2001），頁 73；74。勞思光也曾總結張君勱一輩子的成就。對照：（1）程文熙，〈君勱先生之言行〉，頁 6，收在王雲五等著，《張君勱先生七十壽慶紀念論文集》（臺北：張君勱先生七十壽慶紀念論文集編輯委員會，1956）；（2）鄭大華，《張君勱學術思想評傳》（北京：北京圖書出版社，1999），頁 28。

出捍衛之，功不可沒。張君勱此千萬人吾往矣之精神，多少有助於儒學的復興。他這種浪漫氣魄在道德領域特別明顯。按道德的定義都是要超越現實的[133]，因而其浪漫色彩是絕對無法避免的。若無抉擇即無道德而言，而是科學。於此可見張君勱為何如此強調自由，以致到了毫無條理，蔑視客觀存在的地步。之所以如此，是因為他是有十分道德感的人，是個很有價值觀，責任感很重的人。一句話，他是個兼具濃厚盧騷、康德、菲希特、黑格爾、倭伊鏗、柏格森、杜里舒思想特色的理學家式（尤其是所謂「唯心」一系）的人物。

張君勱為了鼓吹、辯護新儒家，寫有大量相關文字。其中比附的論證當不少。當然這是很難避免的，因為比附是了解生疏事物時幾乎無法少的途徑之一。扭曲是另一途徑。在獲得正確理解，甚至滿意理解前，會有許多試誤過程，因此我們不必苛責，除非當事人自己已有此要求。我們順其勢而為之，為了學術之進步、事業之成功。當然仁慈或善意是必要的。人總是人，都會犯錯，極明顯的，事後聰明人人會，至少局外人都會。

張君勱也時常誤讀時局，但卻常自以為是捉住時局，如 1916 年對德宣戰之鼓吹，如 1923 年堅持發表〈人生觀〉一文，如「科玄論戰」期間的反理性主義，如鼓吹菲希特式民族主義之復興，如一輩子充滿活力但沒有充分論證的新儒家之興起說，之所以如此可能是因為他太投入，感情太投入，以致把願望（熱望）當事實。

當張君勱鼓吹行動即能解決問題時，他是混淆行動的必要和動機與手段的有效性的關係。有了目的，目標，方向，接下來就得很小心，謹慎地研究行動的方案和步驟，不然如何能完成它呢？亂闖亂動亂搞能成就大事業，甚至完成最起碼的工作嗎？

---

[133]Rescher Nicholas, *Ethical Idealism: An Inquiry into the Nature and Functions of Ideals*, (Berkeley, Calif.: University of California Press, 1992 Paperback).

我們得面對這樣的事實：求真、求善、求美是人性，犯錯也是人性，殘忍也是人性，愛也是人性。所有人為的行為也是人性。理性與非理性也是人性。所有人為的東西也都是人的一部分，因此所有人都是理性與非理性、反理性、不理性的混合體。問題最終在道德和價值的抉擇上。

本文要論證的重點是：理性、理性主義是思想主流的正身，反理性、反理性主義是其影子，如影隨形。「科玄論戰」前後以及其後長時期，張君勱思想中確有很強的「非主智主義」，或「反理性成份」，以及「非理性主義」和浪漫主義的色彩。他基本上是信服十九、二十世紀初的非理性主義和反理性主義思想，但對十八世紀的理性主義思想也絕不陌生──若十八世紀的樂觀的理性主義是有問題的，其相反則更糟，我們有理由不要更糟的。回顧起來，張君勱是高估了非理性主義和反理性主義，一時認為它勢不可擋，可以用它來開創新局面，但非理性主義、反理性主義皆失敗了，雖然非理性主義、反理性主義和浪漫主義並沒有，也不會因此而消失，而是以千百種方式再出現，並與理性、理性主義繼續纏鬥。本文一開始的三個引言，可以當做再三省思的座右銘。

景印香港新亞研究所 《新亞學報》 （第一至三十卷）

陳柱《公羊》學中的反戰論

盧鳴東*

提　要

　　「援老入儒」反映陳柱在治學過程中由子學到經學的研究轉向，是本文探討其公羊學說的切入點。陳柱直斥常州公羊學家不明經義，乃借鑒歷代公羊家於《春秋》事例的解說，整理出適應民國時局的《公羊》學，反戰論是其中的主要內容。本文發現陳柱把反戰論說從《老子》的注釋納入《公羊》學的建構中，呈現出由子到經的一種治學歷程。本文的內容包括：一、分析陳柱駁斥嚴復的「天演說」，指出以「天擇物競」注釋《老子》的不當；二、勾勒陳柱在《老子》注中「援老入儒」，以儒家仁義糾正「天演說」的流弊，積極宣揚反戰思想；三、說明陳柱把反戰思想納入公羊學說中，藉以《春秋》事例提出戰亂中國家自存的方法。

一、前言

　　陳柱（1891-1944），字柱尊，廣西北流人，曾到日本留學，就讀成誠中學，於民國初年參與革命活動，先後加入共和黨和國民黨，「既而黨爭劇烈，內戰以起，遂不復問聞」[1]，之後專注教學寫書，當中學校長並擔任大學行政工作。其學問涉獵甚廣，於經、史、子、集皆有著述，議論遍及《說文》、方言、訓詁，擅長詩、詞、古文寫作，撰有

---

*香港浸會大學中文系副教授。

[1] 陳柱：《待焚文稿自序》，載張京華、王玉清：《陳柱學術年譜》，《廣西社會科學》，2007 年第 2 期，頁 100。

《守玄閣文集》、《守玄閣詩集》、《守玄閣詞集》等創作集。【2】陳衍（1856-1937）在《石遺室詩話續編》中指出陳柱好作詩歌，「有《待焚詩稿》數千首，絕不規仿古人。近作多感憤時事，⋯⋯《新中華戰士歌》、《英國蕭德義士歌》、《兩飛將歌》、《京閘北》、《我豈不能醒》各篇，皆譎詞諷諭，語言妙天下。」【3】陳柱每以詩辭議論時事，對於一戰後中外時局動盪，日軍侵略迫近眉睫，戰火一觸即發，十分關注。例如他在《隕星》中有「秦皇漢帝隨所安，世界永無戰爭端」；《距熱論》有「烈日烈火豈足熱，烈士自有熱心腸。以之戀愛成立雙，以之救國國立強，以之殺敵敵立亡」【4】等句，反映出他對戰爭的一些看法。

陳柱治學初期主攻子學，自言在民國子學大盛以後，便轉向經學研究。陳柱曰：「予自治學之年，好治子部⋯⋯鼎革以後，子學朋興，六藝之言，漸如土苴，余性好矯俗，乃轉而治經。」【5】一九一四年，他在南洋大學就讀期間，早以學生身份講授《老》、《莊》，次年未及畢業，已聘為國文教師，主講《莊子》，而《莊子內篇學》是其生平第一部著作。【6】根據其族姪陳起予指出：「先生以讀書、著書、教書為終身事業，故年未四十，成書四十餘種。現次第刊布者已十餘種。」【7】經學著述有《公羊家哲學》、《尚書論略》、《孝經要義》、《中庸注參》、《周易論略》、《詩經正葩》、《周禮要義通論》等；子學有《老子》、《老子與莊子》、《老子八篇》、《老子集訓》、《老子韓氏說》、《聞老》、《墨學十論》、《墨子間詁補正》、《公孫龍子集解》、《諸

【2】 陳柱生平資料參考張京華、王玉清：《陳柱學術年譜》，頁 100-105。

【3】 錢仲聯編校：《陳衍詩論合集》（福州：福建人民出版社，1999 年），頁 478。

【4】 錢仲聯編校《陳衍詩論合集》，頁 478-479。

【5】 張京華、王玉清：《陳柱學術年譜》，頁 100。

【6】 張京華、王玉清：《陳柱學術年譜》，頁 101、104。

【7】 陳予起：《三書堂叢書提要》，《中國學術討論集》第二集，載《民國叢書》（上海：上海書店，1991 年），頁 323。

子概論》等。陳柱遺著多達九十餘種，在民國學者中可說是數量極高，但學界至今對他研究不多。

陳柱治學以經、子之學為主，其中以《老子》著述最突出，數量也最多。民國初年，諸子研究呈現嶄新局面，時在中西文化交融下，學者銳意在傳統學問中發掘出帶有時代氣息的思想內容，篩選可與西方哲學互釋比較者。陳柱論述《老子》經常與西方「天演物競」說相提並論。他在《老子・編餘語》中曰：

> 今細審本文，知《老子》之言就哲學而論，則為主張「天演物競」之說；就政治而論，則為打倒專制政府，反對復古之學說；其對於社會生活，則主張損有餘，補不足，抑奢侈，尚儉樸，使貧富階級不甚相縣，人之欲望不致太奢，以求社會秩序之安寧，此其大旨也。[8]

陳柱從《老子》中釋讀出三種帶有時代特色的內涵：一、道家天道自然觀與西方進化論的關係；二、倡議西方民主政體，主張由人民管治的共和政府；三、揭示人們對物欲過於追求將會觸發起社會階級矛盾。

就治學歷程而言，陳柱治學從子到經，《老》、《莊》思想是陳柱啟蒙之學，而於子學中曾經討論的議題可能延伸到經學研究，使經、子之間產生緊密聯繫。《公羊家哲學》是陳柱研究《公羊》學的代表作，此書最初名為《春秋公羊微言大義》，並於一九二六年草擬出篇名，後來改稱《公羊家哲學》，於一九二九年出版。在撰寫《公羊家哲學》期間，陳柱在上海大夏大學講授《老子》，先後寫成三部《老子》著作，一九二六年《老子集訓》上下篇；一九二七年《老學八篇》和《老子》注本。由於《老子》諸書和《公羊家哲學》的寫成時間重疊，因此，這數年間陳柱所關注的時事課題亦同時出現在這些著作中。

---

[8] 陳柱：《老子》（出版地缺：商務印書館，1929年），載《萬有文庫》，第1種，第49種，頁26。

《公羊家哲學》共十五篇，除了末篇《傳述考》追溯歷代《公羊》學說源流，載錄《春秋公羊微言大義‧序》和陳柱評語外，其他各篇都有明確的討論專題。陳柱曰：

> 當清末造，學術界人物多趨於今文學，以《公羊》為義法，顧其言實空泛疏遠，不察情事，而當時國勢阽危，外患侵陵，士大夫無不各抒所見，為救時之策，而情異勢遷，不同往昔，尚有以千百年前之學術政治，應千百年後之世變，不亦謬哉？【9】

陳柱嘗謂「而近世之為公羊者，其說尤為怪誕不經，多可憫笑。」【10】對於莊存與（1719-1788）、莊述祖（1750-1816）、劉逢祿（1776-1829）、宋翔鳳（1776-1860）、陳立（1809-1869）、皮錫瑞（1859-1926）、廖平（1852-1927）、康有為（1858-1927）等清代《公羊》學說都不予收錄。他認為古今時局有別，治法不一，《公羊》學說必須切合當時中國局勢重新整理。事實上，從書中篇名來看，陳柱《公羊》學明顯與歷代《公羊》學說有些區別。其師唐蔚芝評論此書曰：「命題立論，皆深合經旨，痛切時病，序次井然，自成一子，信乎通經篋世之作也。」【11】此言確是。歸納起來，書中《革命說》、《尊王說》、《正名說》、《經權說》和《災異說》等篇涉及國家民主政體，提倡自由平等；《弭兵說》、《崇讓說》、《攘夷說》、《疾亡說》、《尚恥說》、《倫理說》、《仁義說》、《善惡說》駁斥西方進化論，提出儒家仁義忠恕之道，申明反戰思想；《進化說》倡言道德文明進化是奠立大同社會的基調。本文探討陳柱《公羊》學的反戰思想，先從子學入手，揭示陳柱在《老子》注中駁斥嚴復的見解，兼以儒家仁義糾正「天演說」的流弊，申明和平共

【9】陳柱：《孫仲容先生學術概論》，載《清儒學術討論集》（上海：商務印書館，1930年），頁98。

【10】陳柱：《公羊家哲學》（臺北：臺灣力行書局，1970年），頁268、237。

【11】唐蔚芝：《春秋公羊微言大義‧敍》，載陳予起：《三書堂叢書提要》，頁327。

存的道理，然後勾勒《公羊家哲學》中的反戰思想，說明《公羊》學說在其重新建構後的時代意義。

二、老學天演論

晚清時期，嚴復（1853-1921）在達爾文（Darwin, Charles, 1809-1882）生物進化論的基礎上，吸收斯賓塞（Spencer, Herbert, 1820-1903）和赫胥黎（Huxley, Thomas, 1825-1895）社會進化學說，利用西方「進化論」疏解《老》、《莊》思想，倡議「物競天擇，適者生存」，此說在其《天演論》、《老子評點》和《莊子評點》最能反映。嚴復指出「進化」（evolution）一詞由斯賓塞確定，其謂：「天演西名『義和祿尚』，最先用於斯賓塞，而為之界說。」[12]他把「進化」翻譯成「天演」，指出「天演」的「天」有「形氣」、「物化」和「自然」的內涵，後來西方進化論在中國便廣泛稱為「天演」、「天演進化」、「天演自然」或「天演競爭」。陳柱在《老子》著述中滲入了嚴復「天演」的思想，其中有因襲相從者，亦有修正的地方。

嚴復的《天演論》在一八九八年出版，時值中國於甲午戰爭戰敗後四年，在嚴復看來，「日本以寥寥數艦之舟師，區區扶萬人之眾」擊敗中國，實為「深恥大辱」，嘆曰：「嗚呼！中國至於今日，其積弱不振之勢，不待智者而後明矣。」[13]他認為中國若不奮發圖強，結果只會步向國滅種亡的危局，他的《天演論》旨在把西方「物爭自存」的進化規律向當時中國社會推廣宣揚，鼓吹國民自強救國，共禦外侮。吳汝綸在《天演論・序》中申明此意：「抑嚴子之譯是書，不惟自傳其文而

【12】嚴復：《天演進化論》，載王栻主編《嚴復集》（北京：中華書局，1986 年），第二冊，頁 309。

【13】嚴復：《原強》，《嚴復集》，第一冊，頁 7。

已，蓋謂赫胥黎氏以人持天，以人治之日新，衛其種族之說，其義富，其辭危，使讀焉者怵焉知變，於國論殆有助乎？」【14】嚴復把西方進化論納入中國本土傳統道家思想的訓釋中，標誌著民國初年子學研究的新路向。

　　老子「物固自生」的天道自然觀，為《天演論》中的物種變化提供了經驗事實，給予中西文化相互注釋的平台。【15】「天演」主張萬物自我演進發生，否定神的創造，其進化過程含有自然生成規律，符合道家道法自然的法則。《老子·五章》曰：「天地不仁，以萬物為芻狗」王弼釋曰：「天地任自然，無為無造，萬物自相治理，故不仁也。」嚴復在一九零五年出版的《老子評點》中稱此為「天演開宗語」，以「此四語括盡達爾文新理」，【16】說明老子「天地不仁」、「物生自化」的自然觀涵括了西方進化論。這種理解在陳柱《老子》注中也有詳細記載。《老子·三十九章》曰：「昔之得一者，天得一以清，地得一以寧，神

【14】吳汝綸：《天演論·序》，載王栻主編《嚴復集》，第五冊，頁1318。

【15】《天演論·自序》曰：「大宇之內，質力相推，非質無以見力，非力無以呈質。凡力皆乾也，凡質皆坤也。」嚴復指出宇宙萬物變化，來自「質力相推」發動，二者缺一不可。嚴復曰：「有斯賓塞爾者，以天演自然言化，……其為天演界說曰：『翕以合質，辟以出力，始簡易而終雜糅。』而《易》則曰『坤其靜也翕，其動也辟。』」以乾、坤比之，翕為靜止，有把力凝聚為質的意思；辟為運動，則把質散發為力，質力相濟，萬物便出現了由純到雜的演變結果。《天演論·察變·復案》曰：「物競、天擇二義，發于英人達爾文。達著《物種由來》一書，以考論世間動植種類所以繁殊之故，……知有生之物，始于同，終于異。造物立其一本，以大力運之，而萬類之所以底于如是者，咸其自己而已，無所謂創造者也。」萬物的造成是天演的結果，不必假以人為，亦不存在創造者，萬物所以有「始于同、終于異」，是由生存競爭和自然選擇來決定。《嚴復集》，第五冊，頁1320、1325。

【16】嚴復：《老子評語》，載王栻主編《嚴復集》，頁1077。

得一以靈，谷得一以盈，萬物得一以生，侯王得一以為天下貞。」陳柱注曰：

> 嚴復云：「是各得之一，即道之散見者也，即德也。」柱謂言昔
> 之得一者，推原其始也。一者，惟初太極，道立於一，即無為而
> 無不為之道，謂天演自然之力也；⋯⋯由天地開闢，演進而為生
> 命之源，再演進而為動植之物，由動植之物，再演進而為人類之
> 靈，而人類又由部落而有政府成國家也。【17】

萬物出自同一生命根源，據此自然演進，動物、植物和人類沒有不是天
演的結果，而社會制度也遵循自然力量進化建成。《老子·三十七章》
曰：「道常無為而無不為，侯王若能守之，萬物將自化。」陳柱注曰：
「此言天演之自然演進也。夫由無形而有形，由有形而萬物，由萬物而有
生動，由生動而有人類之靈，何一而非天演物競交互而來？」【18】老子
的道被陳柱指為天演本體，而有形生於無形，以有形的天地生出萬物，
一切都是天演的結果。

　　嚴復翻譯《天演論》，最強調的是赫胥黎「物爭自存」的觀點，其
期望以物種相爭的天演公例，喚醒國人救己救國。《天演論·察變》
曰：「以天演為體，而其用有二：曰物競，曰天擇。此萬物莫不然，而
于有生之類為尤著。物競者，物爭自存也。以一物以與物物爭，或存或
亡，而其效則歸于天擇。天擇者，物爭焉獨存。⋯⋯天擇者，擇于自
然，雖擇而莫之擇，猶物競之無所爭，而實天下之至爭也。」【19】「天
擇者」表面上雖讓生物生死存亡，自然偶合，但「物競者」實際上是依
靠自身努力相爭求存，所以，生物不是「任天而行」，而是「與天爭
勝」，「以人持天」，通過競爭與自然相適。嚴復承襲胥黎的看法：

【17】陳柱：《老子》，頁43。

【18】陳柱：《老子》，頁39。

【19】《嚴復集》，第五冊，頁1324。

所謂爭自存者，謂民物之於世也，樊然並生，同享天地自然之利。與接為構，民民物物，各爭有以自存。其始也，種與種爭，及其成群成國，則群與群爭，國與國爭，而弱者當為強肉，愚者當為智役焉。【20】

「弱肉強食，適者生存」，由個人到群體，由種族到國家，嚴復認為皆存在相爭求存的客觀規律。換言之，生物在進化過程中可以決定自己的命運，一以競爭生存為目的，不必等候天道自然安排。

比較來說，陳柱雖採納西方進化論解讀《老子》，但對於天演論中「物爭自存」之說卻不以為然。《老子・七十三章》曰：「天之道，不爭而善勝。」陳柱曰：「此言天演之能事，……若就廣義而言之，謂天勝人則可，謂人勝天則不可。」【21】道家出發點是以自然為美，一切順其自然，無為無適，對於「物競生存」、「與天爭勝」等人為相爭競逐之道，老子絕對不贊成。陳柱在《老子・八章》中曰：

上章「天地不仁，以萬物為芻狗，聖人不仁，以百姓為芻狗。」嚴復謂為「天演開宗語」，然則老子固非不知物競天擇之說者，而常以不爭教人，蓋深知人類之安寧，在於人類之互助。互助之道必基於謙讓之德，凡異種異國之人，固不得視如毒蛇猛獸之必出於爭也。此吾國孔子之道，所長者在此，而中國今日所以不振者亦在此。要之，公理所在，固必有伸之一日也。【22】

陳柱指出老子常以不爭教人，認為互助才是人類福祉所在，若競爭過份激烈，便容易在國家、種族的問題上產生紛爭，釀成戰禍。事實上，當時不少中西學者皆指出第一次世界大戰爆發導源於此。陳柱指出「天演物競之說，盛倡於近世，造成歐洲極盛的局面；然自歐戰之後，學者已

【20】嚴復：《原強》，載王栻主編《嚴復集》，第一冊，頁 5。

【21】陳柱：《老子》，頁 68。

【22】陳柱：《老子》，頁 9。

頗多非議之。」【23】儒家倡議「崇讓」，旨意與「物競相爭」論相反，這正好杜絕由競爭引發起的禍患，平息各方在利益上的紛爭衝突。可見，陳柱擱下孔、老之間二千年來的思想分歧，「援老入儒」，靠攏孔學仁義之道補充老子「不爭」之義，於注釋《老子》中倡言互助崇讓精神，改變人們以往對競爭進化論的堅執和迷思，反映出他能夠因應時局變化，對西學的吸收、取捨作出了針對性的調整，發掘出本土傳統思想的特有價值。

三、反戰思想的仁義根據

審觀陳柱當前局勢，國際環境嚴峻，危機四伏，一戰爆發帶來各國人民傷亡無數，造成極大破壞，潛伏的種族仇恨有觸發起另一次大戰的可能；世界各地鼓吹階級鬥爭，無產階級和資產階級雙方深存矛盾，積怨日深，促使社會動盪不安，也為日後種下戰亂禍根。由於儒家倡導崇讓之風，而孔、孟「與人為善」、「崇尚仁義」等思想可以作為國際間建立和諧安定的基礎，因此，在《公羊家哲學》的《崇讓說》、《仁義說》和《善惡說》三篇中，陳柱通過儒家仁義駁斥「天演競爭」說，把西方進化論從老學的論述範圍納入《公羊》學說的討論中，對如何維持社會穩定，致力推動各國友好和平關係上作出了深入思考。

陳柱把「崇讓」視為公羊思想之一，而在《崇讓說》中羅列了《春秋》讓國諸例，包括魯隱公讓位給桓公；衛叔武讓國；吳季子讓國；曹公子喜讓位負芻；邾婁叔術讓國等，藉此申明《公羊》之旨：「其崇讓之意，可謂無所不至；而其勸讓之心，亦可謂深切著明矣。」【24】他認為孔子在《春秋》中所寄寓的治道莫過於「崇讓」。《公羊傳‧哀公十

【23】陳柱：《趙甌北詩之哲學》，載《清儒學術討論第一集下》，頁76。

【24】《公羊家哲學》，頁85。

四年》曰：「君子曷為為《春秋》？撥亂世，反諸正，莫近于《春秋》。則未知其為是與？其諸君子樂道堯舜之道與？」陳柱曰：「夫堯舜之道奈何？曰其為道雖多而最重者殆莫如讓。孔子之所以常稱美堯舜者，亦以此。」【25】《崇讓說》曰：

> 今世盛稱「天演競爭」之說，學者一聞及「讓」字，幾何其不笑為迂闊乎？然一爭一讓誠當別論。今試就一國之人而論之，倘人人崇讓，則其極也，可以路不拾遺；人人好爭，則其極也，父子兄弟亦不能相容，而出於相殺，則其得有不足以償其失者矣。此其理豈不至易明乎？【26】

陳柱把崇讓的範圍從《春秋》「讓國」事例擴展至人們的行為，由專指讓國一事廣言至凡事都要崇讓，藉此強調崇讓的可貴，呼籲世人不當以相爭為主，否則，情如至親亦難免爭相攻殺。此說雖與《春秋》原義已有出入，但其旨在宣揚儒家「崇讓」思想，針對天演競爭說，寄望各國於戰後重新恢復和平秩序，立場相當鮮明。

崇讓基於人們親愛，相互尊重和信任，而其行必須先從個人出發。孔子「忠恕」要求克己省思，自善其身，推己及人，兼善天下。《論語・里仁》曰：「曾子曰：夫子之道，忠恕而已矣」；《論語・衛靈公》曰：「其恕乎！己所不欲，勿施于人。」【27】忠恕是個人道德修養所在，若能衷心為他人設想，與人為善，竭盡所能對待別人，自能和諧相處，避免猜疑，消弭紛爭。因此，忠恕是崇讓的基本內涵，它是杜絕戰爭發生的根本。在《老子》注中，陳柱通過儒家的忠恕鼓吹反戰思想。《老子・五十四章》曰：「故以身觀身，以家觀家，以鄉觀鄉，以國觀

【25】《公羊家哲學》，頁 68

【26】同上，頁 72。

【27】（魏）何晏注：《論語注疏》，載國立編譯館主編《十三經注疏》（臺北：新文豐出版社，2001 年），第 19 冊，頁 96、356。

國，以天下觀天下。」陳柱曰：

> 此即孔子之忠恕，孟子善推所為之義。以我身觀人身，而他人之
> 情得，以我家觀他家，而他家之情亦得，由是鄉、國、天下，莫
> 不可通，墨子兼愛、非攻之義，最與此同。【28】

陳柱把《老子》所言的「身」、「家」、「鄉」、「國」和「天下」概
括為儒家己與人的一種對等關係，由自身出發推及別人，至於「己欲立
而立人，己欲達而達人」，這種待人如己的態度，最能夠體諒別人，理
解別人，苟能發自忠恕，才能相互禮讓，而矛盾自可迎刃而解，紛爭戰
禍不會輕易發生。可見，陳柱援用孔、孟儒家思想注釋《老子》，而於
治學上已呈現出由子到經的端倪。

　「忠恕」是嚴己寬人的處事方法，於己無時不省，對人無事不誠，
陳柱認為這是儒家仁義的具體表現。他在〈仁義說〉中引用宋儒范純仁
曰：「夫以責人之心責己，則自治之義也；以恕己之心恕人，則愛人之
仁也。」【29】《公羊傳》隱公十年曰：「《春秋》錄內而略外，於外大惡
書，小惡不書；於內大惡諱，小惡書。」何休注曰：「明當先自正，而
後正人也。」【30】《春秋》「錄內而略外」的書例被漢代公羊家何休視
為先己後人的治道，陳柱持之兼以儒家仁義論及忠恕之道：

> 是故仁者由己以及人，反而言之，不愛人者即不能愛己，故寧損
> 己以利物。義者由人以及己，反而言之，不治己者不能治人，故
> 恆恕人而嚴己，此公羊家說《春秋》之大義也。反之，以仁愛
> 己，以義治人，《春秋》疾之。【31】

相對來說，仁者由內推諸外，愛己及於人，故不愛人則無法愛己；義者

【28】陳柱：《老子》，頁 55。

【29】同上，頁 177。

【30】同上，頁 172。

【31】同上，頁 175。

由外引諸內，治人及於己，故不治己則難以治人。陳柱認為《春秋》大義載有「寧損己以利物」、「恆恕人而嚴己」的忠恕之道。他網羅《春秋》褒貶事例，以僖公四年「齊人執陳袁濤塗」，《春秋》斥之徒以義治人；僖公十九年梁國「魚爛而亡」，《春秋》深責梁君不能愛人；隱公五年魯隱公「觀魚于棠」，隱公三年「武氏子來求賻」，文公九年「毛伯來求金」，《春秋》譏諷諸人利己不利人的惡行，藉此抨擊春秋當時為國者不存仁義，不能遵行忠恕之道，導致戰禍連年。

戰禍益爭，則仇恨彌深，仁愛日淺，在此消彼長下，寄望人們奉行儒家忠恕之道，談何容易。在《善惡說》中，陳柱曰：「嘗試而論之：世之所以亂，其故雖多，而愛憎之心亦階之厲也。」[32]他認為避免戰爭爆發，階級鬥爭，首先要消弭仇恨，忘記積怨，共同創建和諧局面。在《善惡說》中，陳柱借事明義，通過《春秋》「善長惡短」的事例申明這個道理。昭公二十年，《春秋》載「夏曹公孫會自鄸出奔宋。」《公羊傳》認為公孫會叛宋，《春秋》所以不加譏諷，是由於公孫會是公子喜時的後代，因喜時讓國有功，故《春秋》為「賢者諱」，不貶公孫會。《公羊傳》載：「君子之善善也長，惡惡也短。惡惡止其身，善善及其子孫。」喜時讓國為善，應該長久牢記，惠及子孫；公孫會叛曹不善，罪名亦當止於其身，憎恨之心不宜過久。陳柱曰：

> 蓋公羊家之意，以謂《春秋》者勸善止惡之書也。止惡故疾始之意重，而惡惡之念短；勸善故樂終之心切，而善善之情長。疾始則人懼於有過，惡惡也短，故人樂於改過；樂終則人樂於為善，善善也長，故人易於為善也。此公羊家善善惡惡之大旨也。[33]

據此而言，對方犯錯，應該當頭棒喝，長加勸善，事後不必計較前嫌，

---

[32] 同上，頁189。

[33] 同上，頁195。

[34] 同上，頁189。

避免因仇恨趨深，羞怯改過，否則，【34】仇恨太過則「怨毒之心生，而報復之念起，勢必至於怨怨相報，互相仇殺而後已。」陳柱導出仇恨容易惹來事端，釀成戰爭，因此，他把《春秋》「揚善抑惡」的書例視為公羊思想，主張人們褒揚善事當為長久，貶斥惡事應為短暫，揭示此為人們締造和諧共存局面的必要原素。

四、反戰自存的方法

（一）弭兵息戰

嚴復的《天演論》於一戰前出版，遠比陳柱《老子》注早近三十年通行，而一戰前後，國際形勢發生了重大變化，使二人於著述中對西方進化論的取捨有明顯分野。雖然，他們都把《老子》的天道思想視為天演說的東方源頭，但對於競爭求存的生存方式，陳柱便不贊同。事實上，進化論於戰後飽受中外質疑，物競說被斥責為戰爭的導源，而陳柱順應時代潮流的趨勢，在《老子》注和《公羊家哲學》的《弭兵說》、《疾亡說》、《尚恥說》和《攘夷說》中，提出反戰的溯求，並思考取締競爭求存的自存方法。

陳柱反戰的原因在於不論戰爭的規模大小，也必然導致生靈塗炭，人命傷亡，他傾向於孔、孟的仁戰思想。先秦儒家尚仁反戰，在「食、兵、信」三者中【35】，孔子直言可以先除去兵；而孟子斥責「春秋無義戰」【36】，認為春秋以來諸侯不應王命，擅自爭地割據，濫殺無辜，給人民帶來無盡傷害。因此，在《老子》注中，陳柱的反戰論多寄託孔、孟思想申述。《老子·三十一章》曰：「夫佳兵者不祥之器，物或惡

【35】（魏）何晏注：《論語注疏》，載國立編譯館主編《十三經注疏》，第 19 冊，頁 269-270。

【36】（漢）趙岐注：《孟子注疏》，載國立編譯館主編《十三經注疏》，第 20 冊，頁 604。

之，故有道者不處。君子居則貴左，用兵則貴右，兵者不祥之器，非君子之器，不得而用之，恬淡為上。勝而不美，而美之者，是樂殺人，夫樂殺人者，則不可以得志於天下矣。」陳柱曰：

> 此亦暢發非戰主義。美之者是樂殺人，孟子所謂善戰服上刑也。《孟子》曰：「不嗜殺人者能一之。」夫樂殺人者，是嗜殺人也，烏能一之？【37】

陳柱援用《孟子》之辭注釋《老子》之義，藉此貫通儒、道兩家思想，他以《孟子》「不嗜殺人」作為反戰理由，指出殺人者濫發戰爭最終是不能夠取得天下。在《公羊家哲學》中，此說得到進一步論述。《弭兵說》中引用了《春秋》譏諷隱公二年「無駭率師入極」、「莒人入向」；隱公六年「宋人取長葛」等事例，申明「行一不義，殺一不辜，而得天下不為也」，並稱「公羊家以謂孔子作《春秋》，蓋欲撥亂世反之正，以致太平者也。故其悟必推本於仁義。滅國者至不仁之事也，故《春秋》深貶之。」【38】這正好與陳柱《老子》注中的反戰思想互為呼應。

孔、孟雖然反戰，但他們沒有諱言戰爭，要求罷免一切軍事行動，並認為在閒時當授予人民軍事武功。陳柱曰：

> 或謂荀卿有言：「人生有欲，欲而不得則不能無忿，忿而無度量則爭。」然則爭戰也者，人與禽獸皆不能無者也。……孔子曰：「以不教民戰，是謂棄之。」然則戰非孔子之所諱言者也。而公羊家之說《春秋》，以為孔子有弭兵之悟，何哉？應之曰：「天地之大德曰生」，君子以不忍人之心，行不忍之政。戰也者，所以驅民於死者也，君子豈忍為之哉？【39】

陳柱認為上天有好生之德，若不是仁義之師，濟弱扶危，便不能隨意發

【37】陳柱：《老子》，頁 33。

【38】《公羊家哲學》，頁 51-54。

【39】同上，頁 51-52。

動戰爭。《周易·繫辭下》曰:「天地之大德曰生。」【40】陳柱強調天地大德是養生萬物,而求生也是人們的本性。《中庸》曰:「天命之謂性,率性之謂道,修道之謂教。」陳柱曰:

> 命猶生也,故生命連言。……引申之為人生之道。好生而惡死,此生物之性也。有此好生之性,則循此好生之性而行,去死避難,以求遂其生生之性,是之謂道。然生物雖好生而惡死,然好之不得其道,或縱欲之過而自戕其生,或專欲之過而彼此相殺,則亦自取死亡之道也,又必脩而明之而後可。【41】

天道好生惡死,萬物沒有不是奉此而行。因為去死避難是人類的本性所在,所以,人們若只求滿足欲望,發動戰爭,爭奪相殺,便等同於自尋死路,違背天道意旨。與西方進化論比較,陳柱沒有否定求生是人們的本性,只是對於競爭求存,殺生以求生的自存方式,便毫無保留地加以反對。

人性雖是好生惡死,而用兵難免造成死亡傷害,但在不得已的情況下,陳柱認為視乎出兵意圖,戰爭是不能避免。《老子·三十章》曰:「大軍之後,必有凶年。善有果而已,不敢以取強,果而勿矜,果而勿伐,果而勿驕,果而不得已,果而勿強。物壯則老,是謂不道,不道早已。」陳柱曰:

> 此反對侵略主義之說也。……觀於近日德國之敗,其好還者驗矣。故治兵者,以止戈濟難為武,王弼云:「果猶濟也。」不以兵力侵略天下也;夫止戈濟難,不得已之兵也,故曰:「果而不得已,果而勿強。」夫物壯必老,兵驕必敗,故軍閥盛大之日,即其崩潰之時,故曰:「是謂不道,不道早已。」【42】

【40】(魏)王弼、韓康伯注:《周易正義》,載國立編譯館主編《十三經注疏》,第1冊,頁609。

【41】陳柱:《中庸注參》(上海:商務印書館,1931年),頁1。

【42】陳柱:《老子》,頁32。

陳柱認為老子之說是反對侵略主義的佼佼者,其預示大國對別國用兵,必然為本土帶來災禍,如今戰敗後的德國便驗証了這種惡果。同時,老子以為萬物生死存亡,順於自然秩序,盛與衰,強與弱,勝與負的發生只是先後問題,戰場上沒有不敗雄獅,發動戰爭最終只招致失敗。

雖然,陳柱反戰意識甚明,但弭兵不是要禁止必要的軍事行動,他認為出兵是有條件的,若純粹攻略別國,滿足私欲,這是絕對不容許,只有在救人於禍難的情況下,才迫不得已出兵襄助。在《弭兵說》中,陳柱套用老子之說,指出「《老子》曰:『兵凶器也,戰危事也,聖人不得已而用之。』夫曰:『不得已』,則可已者無不已矣。」這說明老子沒有完全扼殺用兵的可能性。在此,陳柱引用《周禮·夏官·大司馬》解釋何謂「不得已」:這包括大國持強凌弱、國君施行暴政、殺害賢士、欺凌百姓、不服王命、殺害親族、臣民篡逐國君、藐視國法、宮室內外淫亂等「九伐」情況。陳柱曰:「故君子不得已而用兵,將以少數之死,易多數之生,而戰伐之事遂不能免耳。豈有一毫爭奪之意於其間哉?」[43]敵我交戰,難免死傷,但犧牲少數能夠拯救更多生命,則用兵雖是主殺,但其出發點便是為了求生,陳柱認為《周禮》「九伐」中沒有一項是為了爭奪利益,它們都是「不得已」的用兵,故可以接受。相比之下,天演說主張人們追逐競爭,爭利已成為發兵動武的目的,這是不合於《老子》「不得已」的用兵原則。

(二)自強崇化

陳柱以儒家仁義為本位,反對戰爭殺戮,宣揚和平共存之道,而當前的情況並不樂觀,西方列強以及鄰國日本早已對中國虎視眈眈,危機逐步浮現。陳柱曰:「中國自甲午而後,弱點益暴,外患之侵陵,已咄咄逼人。」[44]在戰爭一觸即發的威脅下,還要堅持反戰論調,看來不

---

[43]《公羊家哲學》,頁53。

[44] 陳柱:《孫仲容先生學術概論》,載《清儒學術討論集》,頁72

切實際。陳柱認為不主張爭殺，不侵犯別國，不等同放棄武備，在關乎國家存亡的前提下，國民當自強不息，為抵禦敵國侵略作好準備。可見，陳柱能夠切合國情，在鼓吹反戰思想的同時，亦能夠清晰瞭解中國當時的實際實況，表明為了自存救亡，縱然是發動戰爭，也是在所不計。

事實上，嚴復傳入西方進化論，期望激發起愛國志士的救國熱情，喚醒國民明白變法圖強的重要性，藉此促使中國走出衰弱的困局。在《老子》「強行者有志」的解說中，嚴復疾呼當時的中國如果依然保持原狀，不立定志向，奮發圖強，則亡國之日朝夕可待；時隔二十多年，陳柱流露同樣的憂患意識，他隻字不漏引用嚴復的說法。《老子・三十三章》載「強行者有志。」陳柱引嚴復曰：

> 惟強行者為有志，亦惟有志者能強行。孔曰：「知其不可而為之。」孟曰：「強恕而行。」又曰：「強為善而已矣。」德哲噶爾第曰：「所謂豪傑者，其心目中常有一他人所謂斷做不到者。」凡此，皆有志者也。中國之將亡，坐無強行者耳。【45】

有志者縱然遇上困難亦不會退縮逃避，這種不可為而為的精神，正是嚴復和陳柱二人在當時寄予國民的一份厚望。他們通過對老子思想的改造說明，有意警醒、鞭策國人，宣揚「自強保種」的民族意識，可謂深具時代意義。

國家需要自強，除為了抵抗敵國入侵外，在維持各國均衡勢力上，也殊為重要。在《公羊家哲學》中，陳柱例舉《春秋》事例闡釋此義。〈疾亡說〉載「《春秋》疾滅人之國，然亦最疾人之自亡其國。」【46】他舉《春秋》僖公十九年「梁亡」為例，《公羊傳》曰：「此未有伐者，其言梁亡何？自亡也。其自亡奈何？魚爛而亡也。」梁君役使其民，貪財好

【45】引文分別見於陳柱：《老子》，頁32；嚴復：《老子評語》，載《嚴復集》，第四冊，頁1089。

【46】《公羊家哲學》，頁99。

利，致使國庫空虛，自招敗亡，故被《春秋》譏諷。此外，陳柱指出為國者因疏於防範，被敵國所乘，《春秋》亦加以貶責。僖公二年，虞公貪婪晉國寶物，給晉軍取道攻打郭國，而唇亡齒寒，郭國亡後四年，虞國也被晉國吞併。《公羊傳》曰：「曷為使虞首惡？虞受賂，假滅國者道，以取亡焉。」陳柱解釋所以痛責自亡者的原因：

> 蓋疾其不能自立也。疾滅人之國者，疾不愛人也。疾自亡者，疾不自愛也。不愛人者侵人，不自愛者使人侵己，皆引起戰爭之導線，而破壞和平之罪人也。【47】

有些情況，觸發戰爭不一定是單方面的責任，不能完全歸咎於侵略的一方。梁國國力早已潰散，一旦被敵方洞悉，必定起兵侵略；虞國讓敵國深入境內，虛實已被摸清，又自毀邊防屏障，據點盡失，最終輕易被攻破。陳柱認為國富兵強，對方必定多加思量，計算勝負，不敢貿然出兵；相反，當各國勢力日漸失去均衡，則強國吞併弱國日多，戰爭也沒法停止。中國當時四面受敵，原因也是積弱不振之故，因此，他強調國家自強是推行反戰的一種積極方法。

人們的一份愛國情操，使對民族國家有所承擔，當國家遭受外敵侵犯時，往往能夠自強不息，堅定不移，奮力求存。在《公羊家哲學》中，陳柱通過《公羊》「九世復讎」之義，鼓動國人忠於愛國，不忘國恥。〈尚恥說〉載：「故國與身，一體也；親與身，一體也。不以國之恥者為恥，不以親之恥為恥，是身無恥也。無恥者日多，是率天下而為非人也。公羊家有見於此，故發明《春秋》大復讎之義，最為深切。」【48】莊公四年，《春秋》記載「紀侯大去其國。」紀國先人向周天子進讒，使齊襄公的九世遠祖齊哀公被烹殺，齊襄公為雪前恥，便把紀國滅掉。齊襄公報復九世前的仇恨，無疑與《公羊》「善長惡短」之說存

【47】 同上，頁 103。

【48】 同上，頁 105。

盧鳴東　陳柱《公羊》學中的反戰論　509

在矛盾，但陳柱指出「《春秋》假齊紀之事以見義，以教後世之人，無忘國恥者也」【49】，二說顯然各有側重，故不必深責。陳柱這份愛國心情於抗日戰爭前夕顯得更激烈。他在《孝經要義》中曰：

> 夫民德厚，則何患不仁愛？何患不愛國？反是，而教民薄於其親，則民德焉得不薄？民德既薄，又何能仁愛？何能愛國？故今之提倡非孝者，其意殆欲使國亡種滅，而後快於心者焉。【50】

陳柱抨擊世人巧取儒家孝義，藉詞身體髮膚受之父母，以不敢毀傷為理由，不敢赴國家之難，於戰陣無勇，以至亡國辱親；又或主張不親不孝，使國民不懂愛國，最終蒙受國難。《孝經要義》於一九三六年成書，時年軍情告急，與日本交戰已在所難免，故他在書中不時用上激昂辭語，還經常流露出一份強烈的愛國心情。

陳柱生活在清末民國期間，其一生所見的是一幕幕積弱已久，備受西方列強和日本侵凌欺壓，國土淪陷，又乏力抵抗外敵的中國圖像。在《公羊家哲學》中，他不禁指出先秦以來，中國儘管經常受到夷狄侵犯，但每次都能以武力克敵，收復失地，或以教化舒緩民族間矛盾，保持友好的睦鄰關係。《攘夷說》曰：「吾國自古聖人，其對於未開化之民族，所謂夷狄者，大氐不出乎二涂：一曰化之，二曰攘之，是也。」【51】武力攻伐固然是國家有效的自保方法，但文德教化所起的作用可以不費兵卒，便能夠促使各國和平共存，這是陳柱所嚮往的。

在〈攘夷說〉中，陳柱徵引《春秋·僖公四年》「楚屈原來盟于師，盟于召陵。」《公羊傳》云：「桓公中國，而攘夷狄，卒怗荊。以此為王者之事也」。齊桓公攘夷有功，得到《春秋》褒揚，說明《春秋》贊成中國對入侵的夷狄採用軍事行動。陳柱曰：「人人皆知夷狄之當攘，

【49】同上，頁 109。

【50】陳柱：《孝經要義》（臺北：臺灣商務印書館，1977 年），頁 64。

【51】《公羊家哲學》，頁 88

則夷狄之侵略中國者，終不得逞矣。」【52】與此同時，《春秋》亦鼓勵鄰國接受中國禮義教化，奉行禮儀與中國交相往來。《春秋·僖公二十九年》載：「介葛盧來。」何休曰：「介者國也。葛盧，名也。進稱名者，能慕中國，朝賢君，明當扶勉以禮義。」【53】介是東夷國，「葛盧」是介國的國君名稱，他到魯國行朝聘之禮，故《春秋》按照「州」、「國」、「氏」、「人」、「名」、「字」、「子」七等之法褒進之，把他由「國」進昇至「名」，稱之為「介葛盧」。「攘夷」和「化夷」都是國家自存的方法，站在反戰的立場上而言，固然是以後者佔優。陳柱曰：

> 嗚呼！前乎《春秋》者，夷狄之禍烈矣；而卒不得逞，則古聖賢攘夷之義行也；後乎《春秋》者，夷狄之禍亦烈矣，而中國卒能光復舊物者，《春秋》攘夷之義行也，而其間每一異族入主中國，浸假而為中夏所化，至今而能成為五大族之共和國者，則又中夏先聖文德之宏，所謂化之之道甚普也。蓋中國之於異族，豈固為夷狄之哉？亦以其無禮義而已。【54】

陳柱從《春秋》事例中獲得啟示，深信華夷之間沒有絕對界線，彼此間只存在文化上的差異，而通過禮儀教化能夠使種族融和，民族間不必競爭廝殺，自能共存。【55】這反映出戰爭不是唯一求存的途徑，在維持和平的原則之下，各國都能夠自存。

【52】同上，頁 89。

【53】同上，頁 88。

【54】同上，頁 98。

【55】「五族共和」所指的五族是漢、滿、蒙、回、藏。1912 年 1 月 1 日，孫中山先生在南京就任臨時大總統，在《臨時大總統宣言書》中稱「國家之本，在于人民。合漢、滿、蒙、回、藏諸地為一國，即合漢、滿、蒙、回、藏為一人，是曰：民族之統一。」載《孫中山全集》（北京：中華書局，1982 年），第二卷，頁 2。

五、結語

民國時期，學者熱衷國故整理，重返原典印證西方的科學精神和思維理論，為舊有的傳統文化注入新原素，發掘當中的時代價值。當時，有關中西文化的討論議題甚多，交流熱烈。陳柱對舊有典籍的整理以《老子》最突出，著作數量也最多。他的《老子》注兼容中西文化，一方面引進嚴復《天演說》內容，闡釋老子的天道自然觀；另一方面，採取孔、孟仁義忠恕之道，駁斥天演論以競爭求存的謬誤，表明互助共存才是最有效的生存方法。因此，陳柱的《老子》注不單純是字句闡釋，實際上，他通過《老子》思想的重新鑄造，為當時中西文化交流打造出一個對話平台。

「援老入儒」是指陳柱在治學歷程上，由子學到經學的一種轉向，也是本文探討陳柱建構公羊學說的一個切入點。陳柱重整公羊思想，重點不在傳統經義本身，他直斥常州公羊學家不明經理，卻沒有加以修正，其旨是通過歷代公羊家解說《春秋》的事例中，建構一套能夠適應民國時局變化的思想內容，包括民主政體、反戰思想和道德文明。陳柱在《老子》注中經常論到這些課題，更不理會先秦諸子思想的分野，利用孔、孟忠恕之道注釋《老子》天道自然觀，這種「援老入儒」的注釋方法，反映出在民國時代中經、子研究的一種變動特色。

景印香港新亞研究所 《新亞學報》 （第一至三十卷）

〈賀萬壽詩〉之異文、用韻與修辭
—— 以越南文獻為考察焦點

朱少璋*

提　要

本文試利用越南筆記類作品《人物志》〈太宰梅郡公錄〉一則記錄中關於〈賀萬壽詩〉及其相關的材料,略論越使馮克寬的三十一首賀明神宗壽的詩作,並就材料中附引的一篇李睟光〈題梅南毅齋詩序〉,對比《芝峰先生集》中的〈安南使臣萬壽聖節慶賀詩集序〉;論析兩個版本之異同。論文另就馮氏賀壽詩的用韻與修辭作探析,在論證過程中嘗試採用越南文獻《南翁夢錄》中有關詩歌創作的審美標準;以求展示越南文獻在東方詩學研究上的作用與值價。

●引言

東方詩話的研究核心,誠然是以中、日、韓三地的詩話及詩歌理論為中心,但也同時可兼採越南方面的漢文材料,互相參補,兼收並蓄,研究成果將更為豐碩。可以說,充份利用越南的漢文材料,在進一步拓闊東方詩話研究嶺域的工作上,必有幫助。

今人蔡鎮楚在〈詩話之學與古代文論研究〉中提出:

> 東方詩話圈,這是一個偉大的存在。它像東方升起的一道絢麗的彩虹,架起了古老的中國大陸通向周邊國家和地區的橋梁,為中國人民與日本、朝鮮、東南亞的文化交流的悠久歷史寫下了光輝

*香港浸會大學語文中心高級講師。

的篇章……【1】

在這片立體而多元的詩話研究國度中，以漢文書寫而與漢詩創作有關的材料非常繁富，學者多年來做的對比、校勘、增補、輯佚、訂定或勾沉的工作，成績有目共睹；而以中國為發源地為中心，相對而言的域外詩話材料中，較少學者利用的，是越南方面的材料。

本文試利用越南筆記類作品《人物志》〈太宰梅郡公錄〉一則記錄中關於〈賀萬壽詩〉及其相關的材料，略論越使馮克寬（1528-1613）的三十一首賀明神宗大壽的詩作，並就材料中附引的一篇李睟光（1563-1628）〈題梅南毅齋詩序〉，對比《芝峰先生集》中的〈的安南使臣萬壽聖節慶賀詩集序〉；論析兩個版本之異同。論文會利用《人物志》附引的三十一首賀詩去理解李睟光在序文中的評語，以求對馮氏的詩藝和李氏的評詩標準有更進一步的了解。

● 緣起

朝鮮學者李睟光在其《芝峰先生集》中收錄了〈安南國使臣唱和問答錄〉，【2】把他在 1597 年出使北京時與越使馮克寬的唱和詩歌和相關的題序活動作了記錄。清朝時的另一位朝鮮學者李德懋（1741-1793）在他的《清脾錄》中也迻錄了部分李睟光和馮克寬在北京的唱和片段。【3】

【1】蔡鎮楚：〈詩話之學古代文論研究〉，載《內蒙古師大學報》第 1 期（1994）。

【2】韓國文集編纂委員會：《芝峰先生集》（서울市：景仁文化社，供給處韓國學專門書店，1999）卷八，頁 296-327。《芝峰先生集》卷八的材料曾全數輯入權近主編的《朝天錄》中，作為中韓關係史料輯要之一部分；詳參《朝天錄》（台北：珪庭出版社，1978）第二冊，頁 657-720。

【3】《清脾錄》〈芝峰詩播遠國〉見《青莊館全書》。《青莊館全書》（據韓國「民族文化推進會」所編《國譯青莊館全書》版）卷三十二至三十五收《清脾錄》；〈芝峰詩播遠國〉一條材料在卷三十五。拙文引用《清脾錄》材料係由鄭健行教授指點並提供，謹此致謝。此外，今人朴現圭在〈《皇越詩選》所載越南與朝鮮使臣

足見李德懋也對這條材料十分重視。

今人張伯偉（1959- ）也十分重視《芝峰先生集》卷八中所收的〈安南國使臣唱和問答錄〉，他在〈域外漢籍與中國文學研究〉，文中就曾指出：

> 我們還應關注朝鮮、越南、日本、琉球各國、各地區文人的交往。因為漢字是當時各國的通用文字。如明萬曆二十五年朝鮮李睟光出使中國，就有〈安南國使臣唱和問答錄〉……【4】

朴蓮順和楊昕撰的〈從《朝天錄》看朝鮮使節與域外文人的文化交流〉採用了轉載於《朝天錄》的材料，並討論到李睟光與馮克寬的文學交流史實。【5】台灣學者鄭永常也注意並研究馮克寬和李睟光交誼，他在〈一次奇異的詩之外交：馮克寬與李睟光在北京的交會〉一文中，【6】主要利用《芝峰先生集》的材料，整理並縷述馮李二使在京的詩歌活動，清楚地交代了這段越韓的詩歌外交史實，而在是次越韓的詩歌外交活動中，重點材料是馮氏上獻給明神宗（朱翊鈞，1563-1620；明朝第十三代皇帝）的賀壽詩和李氏的題序，而利用《人物志》中的材料，正可對這

酬唱〉一文中，則採用了越南方面的文獻《皇越詩選》中的越韓唱和材料；朴文見張伯偉編：《域外漢籍研究集刊》第一輯（北京：中華，2005）。

【4】〈域外漢籍與中國文學研究〉載張伯偉：《東亞漢籍研究論集》（台北：國立台灣大學出版中心，2007）。

【5】朴蓮順、楊昕：〈從《朝天錄》看朝鮮使節與域外文人的文化交流〉，載《延邊大學學報》第 6 期（2008）。文中利用了《朝天錄》的材料，論及李安訥與孔聞謤、金尚與吳大斌、李睟光與安南及琉球使臣的文學交流。

【6】鄭永常：〈一次奇異的詩之外交：馮克寬與李睟光在北京的交會〉，2008 年成功大學中文系、台文系主辦「異時空下同文詩寫──臺灣古典詩與東亞各國的交錯」國際學術研討會上的論文，待刊。拙文所引用之論文文本係由鄭教授提供，謹此致謝。鄭氏另有《漢文文學在安南的興替》（台北：商務印書館，1987），書中早已提及馮克寬在萬曆二十五年賀萬壽詩的文學活動。

兩個重點材料有所補充，值得研究者重視。

● 《人物志》簡介：

《人物誌》（Nhân Vật Chí），越南典籍，以漢語文言文寫成，撰述者及編寫年代不詳。一般的說法是按照本書在〈陳司業朱文貞先生行狀〉裏收錄了紹治五年（1845）葉春暄（？-？）寫的序文，因此本書編成的上限應為 1845 年；有可能是 19 世紀末期的越南人士所撰。

《人物誌》編錄了越南歷代人物二十六人，大多數是歷史人物，如陳朝朱安（？-？）、後黎朝黎貴惇（1726-1784）等，亦有傳說人物如李翁仲。書中除了記述他們的事跡，又兼錄其詩文作品，取材繁富，引用範疇包括史籍、家譜、文集、傳說等等。此外，內容中又加插了註釋，用以補充或訂正史料，具有一定的參考價值。本文所據之《人物誌》是收錄於《越南漢文小說叢刊》第一輯第六冊的版本，《人物志》在叢刊中歸類入「筆記小說類」。【7】

● 《人物志》中附引的馮克寬賀萬壽詩：

馮克寬，字宏夫，號毅齋。石室馮舍人。黎世宗光興三年（1580）進士，累官至工部侍郎。曾於明萬曆二十五年（1597）出使中國。【8】據《大越史記全書》所載，馮氏在 1597 年到奉使到北京：

> ……拜謁明帝，十二月初六日，辭明帝回國，前後凡一年餘四個月……馮克寬上拜賀詩三十首，明武英殿大學士少保監太子太保

【7】有關《人物志》的內容及介紹，參考陳慶浩、王三慶主編：《越南漢文小說叢刊》第一輯第六冊（台北：學生書局，1987）頁 141-187。《人物誌》在越南河內漢喃研究所藏有一份抄本，法國遠東學院藏有微型膠卷。到 1987 年，由臺灣學生書局發行，法國遠東學院出版，《越南漢文小說叢刊》收錄的是康世昌的校點本，即為本文所據之文本。

【8】馮氏生平簡介參考黃軼球：《越南漢詩略》卷三第 49 頁（油印本，1959）。

吏部尚書張位以萬壽詩集上進。明帝御筆批曰：賢才何地無之，朕覽詩集，俱見馮克寬忠悃，殊可深嘉篤美。【9】

這個說法，在《人物志》的〈太宰梅郡公錄〉中，有相類似的記載，可與《大越史記全書》並讀，事件的輪廓就更清晰了：

丁酉年四月日，奉命北使，時公年七十。適逢天朝萬壽慶節，諸國使臣各獻詩一，公獨獻詩三十一首。天朝吏部尚書兼管禮部張位以公詩上進，大皇帝御筆批云：「何地不生才，朕覽詩集，具見馮克寬忠悃，殊可嘉美。」即命印板頒行天下，因賜「南國狀元」等字以榮之……【10】

我們把以上兩段文字材料對讀，可以知道馮克寬出使時已登七十高齡，而按《人物志》的記載，馮氏出使目的並非為了賀明神宗大壽，乃是「適逢」明神宗萬壽慶節而已，但他到北京臨時所作的賀詩，不單在獻詩的數量上為眾使之冠，而詩作的素質也令神宗大為讚賞。這輯賀詩，《大越史記全書》說是三十首，而《人物志》則說是三十一首；數量上相差了一首。這輯賀詩在《皇越詩選》中只選錄了其中的三首，題為〈慶賀萬曆皇帝萬壽聖節〉：

其一

秋昊平分節正中，萬祥畢集大明宮。堯眉舜目天姿異，湯敬文徽聖德同。御座晃疏籠瑞日，貢庭玉帛引香風。鵷行舞蹈同歡祝，帝壽增高天比崇。

其二

聖賢大道正修齊，學造高明敬日躋。化雨霑濡蘇九有，德風動盪溥群黎。周原禹甸山河潤，軒閣堯階日月低。何幸繁微陪藻宴，願賡既醉詠鳧鷖。

【9】陳荊和編校：《大越史記全書》（東京：東京大學東洋文化研究所附屬東洋學文獻中心，1986）下冊，頁 909-910。

【10】《越南漢文小說叢刊》第一輯第六冊，頁 178。

新亞學報第二十八卷　下編

其三

天庭一自降黃麻，萬姓欣濡慶澤加。河潤海涵天地德，水環山護帝王家。中秋節節新天氣，上苑年年好物華。岳寶川珍皆踵至，紅雲高擁六龍車。【11】

黃軼球（1906-？）的《越南漢詩略》選錄了第一首，文字內容一樣。再看《人物志》所附引的〈賀萬壽詩〉三十一首，材料就非常完整，而且部分用字與《皇越詩選》所載略有出入，茲先把《人物志》附引的馮克寬的三十一首〈賀萬壽詩〉整理抄錄如下：

其一

秋昊平分節正中，萬邦悉集大明宮。堯眉舜目天姿異，湯敬文徽聖德同。御座晃旒籠瑞日，貢庭玉帛引香風。鵷行舞蹈同歡祝，帝壽增高天比崇。

其二

幾年波帖渤溟東，上國欣觀有聖聰。黃道光開中正日，彤闈香裊太平風。天涵地育鴻恩溥，海至山來雉貢通。敬祝萬年天子壽，綿綿國祚過周洪。

其三

九春九夏九秋冬，滋至天休日日重。簾捲扇開金翡翠，花明柳媚玉芙蓉。蕭韶九奏來儀鳳，圭晃千行拜袞龍。黃髮老臣陪盛宴，年年壽酒進黃封。

其四

度關越嶺達江河，賀節欣逢萬福降。氣見黃旗深帝座，雲開花蓋聳天杠。潤蘇穀仰恩洋洽，省稼繁徵事駿厖，受賜小臣齊祝聖，萬春喜上壽眉缸。【12】

────────────────

【11】裴璧：《皇越詩選》（希文堂版，1825）卷五。

【12】首句原作「度開」諒誤；按「越嶺」一詞推測為「度關」。第六句原作「駿龐」

其五

百世宗親百世支，【13】以仁一脈福生基。舜無荒怠存中處，湯克寬仁臨下時。周藻肆開魚鹿宴，羲桐迭奏鳳凰池。下臣忝奉南來使，願上南山萬壽詩。

其六

一朵神光照紫薇，歡聲喜氣溢堯畿。金鐘雅奏韶英樂，寶鼎香凝黼袞衣。太極殿前長日燠，蓬萊宮裏壽星輝。願將敬德為基本，天地神人永有依。

其七

九重閶闔曉開魚，雞障龍樓宴賀初。綱紀一家雍衽席，範圍六合會庭除。天冠地履臣欽若，谷日崖春民暵如。冀北山河堯舊蹟，萬年增壯帝王居。

其八

朝會曾聞古有虞，以今視昔兩相符。五樓鐘鼓仙班杖，萬國衣冠王會圖。化日光天明帝德，祥雲甘雨滿皇都。之功之德乾坤大，千載爭輝照典謨。

其九

聖賢大道樂修齊，學造光明敬日躋。化雨霈濡蘇九有，德風動盪鼓群黎。周黎禹甸山河潤，軒閣堯階日月低。何幸繁微陪藻宴，願賡既醉詠鳧鷖。

其十

貢歲欣逢聖節佳，鬱葱瑞氣滿衢街。海隅日出瞻依共，極北辰居

諒誤，查詩韻有「厖」字，韓愈〈元和聖德詩〉有「厖臣錫輔」句，今改訂為「駿厖」。第八句原作「壽眉登」，「登」字出韻，諒誤，查詩韻「三江」韻下有「釭」字，鐙也，今改訂為「壽眉釭」。

【13】首句原作「百世交」，「交」字出韻，諒誤，查詩韻「四支」韻下有「支」字，應是字形接近而誤抄，今改作「百世支」。

拱向皆。被澤生民胥鼓舞,聞風侯國舉柔懷。小臣忝預斂香使,
幸接清光覲舜階。

其十一

火煉靈丹竈未灰,長生仙子捧將來。旂壇煙裊朝衣滿,禁苑雲低
御座開。以雅以南沾盛宴,若民若物圍春臺。金漿玉液飛騰藥,
願上丹霞五色杯。

其十二

澄徹光明瑩一真,出寧天德極乎純。欽存恭見堯修己,【14】簡御
寬臨舜養民。仁廣心聲和有夏,樂皆胞與圍同春。北南但願弘兼
愛,薄海蒼生共帝臣。

其十三

赤爵銜書兆應文,今朝疏慶聖明君。蔥蔥佳氣樓臺湧,盎盎和風
草木欣。天道光回新日月,帝垣快覿瑞星雲。皇明基緒今其永,
山曆年兼周夏殷。

其十四

受命於天位德元,日逢慶誕福榮尊。御袍雲繞登龍袞,庭尹星趨
五鳳門。雲殿月階凝瑞氣,冰天桂海沐深恩。仰惟帝量同天地,
天地長存帝福存。

其十五

天行東北未寒霜,和氣氤氳滿際蟠。大典星明周禮樂,昕逢雲集
漢衣冠。如今如玉昭王度,于鼎于甌奠國盤。有道之長今亦古,
億千萬世保常安。

其十六

濬發其祥詩有刊,喜今聖上挺龍顏。精英秀異人群表,正大光明
方寸間。皇極建時三極立,帝星照處眾星環。臣民懽慶同懽祝,

【14】 第三句原作「堯修已」,諒誤,因與下句「舜養民」對偶,推測上句為「堯修
己」,今改。

朱少璋 〈賀萬壽詩〉之異文、用韻與修辭——以越南文獻為考察焦點 521

聖壽南山國泰山。

其十七

欣逢誕日兆開先，【15】百辟齊趨聖節筵。天陛雲紅羅虎拜，御爐煙碧裊龍涎。朝多賢佐為珍寶，樂在年豐是管絃。此盛歷將前代舉，德義軒壽亦義軒。

其十八

聖皇收拾世英豪，進入蓬萊宮殿高。日上丹墀鳴玉佩。煙飛寶鼎惹香袍。趨陪幸接層雲遍，饗宴欣瞻惠雨膏。【16】西母虔將仙物獻，堆盤碧藕間冰桃。

其十九

聖節欣逢賦蓼蕭，澤加四海仰天朝。撫華便是深恩布，致遠尤宏令德昭。合九州歸同一轍，卓千古冠百王超。遠臣喜近階三尺，願效封人壽祝堯。

其二十

亨天子見有三爻，今慶緣諧上下交。廣扇仁風行薄海，普施恩雨灑炎郊。天開帝宅瑤池宴，日進仙廚瓊蕊肴。卜世卜年周過曆，當初早已驗枚玦。

其廿一

明良喜起載賡歌，共慶皇家福集多。相有夔龍擎宇宙，將如叔虎鎮山河。一堂喜會諧孚契，千載真元朏泰和，遭際太平知有幸，三呼三祝壽魁科。

其廿二

天庭一自降黃麻，萬姓欣濡聖澤加。河潤海涵天地德，水環山護帝王家。中秋節節新天氣，上苑年年好物華。岳貢川珍皆踵至，

【15】第一句原作「兆開光」，「光」字出韻，諒誤。查詩韻「一先」韻下有「先」字，應是字形接近而誤抄，今改作「兆開先」。

【16】第六句原作「惠兩膏」，費解，諒誤。應為「雨」字之誤抄，今改作「惠雨膏」。

9

紅雲高擁六龍車。

其廿三

天子辰丁長盛陽，重輝重潤又重光。瞻依帝所雲霄近，拜賜君恩雨露香。近閱飽仁陶在在，遠來飲化翕方方。國家長遠終攸賴，子子孫孫享世王。

其廿四

斗指於庚德在庚，應期天啟聖人生。並三才立位成位，照四方行明繼明。定志修身倫理厚，垂衣拱手治功成。斯民斯世何多幸，興太平風頌太平。

其廿五

冀江水碧冀山青，拱抱堯畿地氣靈。長日昭回皇極殿，眾星環繞紫微庭。南方茅貢供常職，西母桃盤獻壽齡。惟聖即天天即聖，願天永卑聖康寧。

其廿六

天純祐聖底民蒸，受命增光曆數膺。位儼九重容穆穆，圖回庶政念兢兢。仰規祖訓前無間，貽燕孫謀後有憑。萬國一心齊祝聖，世千世億永繩繩。

其廿七

聖帝明王盛化尤，望今取法上為優。敬天法祖學開講，閱武崇文賢廣求。道既同符心既合，民常歸向命常留。小臣愧乏千秋鑑，祝聖長年萬萬秋。

其廿八

龍樓鳳閣倚雲侵，寶扇初開御駕臨。德合兩儀皇昊德，心存百姓帝王心。粹精王道純如玉，翕集侯邦底貢金。葉茂只緣根本固，祖尊遺澤入人深。

其廿九

聖御中區澤普潭，騰騰瑞氣滿輿堪。帝星台月輝辰北，教雨仁風

朱少璋 〈賀萬壽詩〉之異文、用韻與修辭——以越南文獻為考察焦點 523

暨日南。庭入九州歸轍一,殿呼萬歲祝嵩三。栽成天地人之道,
所望皇王心與參。

其三十

饗昌歌有虎形鹽,幸沐皇仁優渥沾。旅獻禮行同醉飽,韶成樂奏
副觀瞻。天高地厚恩圖報,主聖臣賢福享兼。千載靈椿千載鶴,
登登白髮對蒼髯。

其卅一

聖有臣賢一德咸,政行平易近民嵒。正從繩木師殷后,和濟鹽梅
效傅巖。天上衢亨清閣道,海隅航至快檣帆。詩中祝頌含規諷,
命永民親本敬諴。【17】

以《人物志》附引的馮氏詩而言,可以知道《大越史記全書》記「馮克
寬上拜賀詩三十首」應修訂為「三十一首」,而《皇越詩選》中選錄的
三首馮詩,就是組詩中的第一、第九和第廿二首,兩個版本字詞上略有
出入,茲錄校記如下:

◆ 其一:「萬邦悉集大明宮」《皇越詩選》作「萬祥畢集大明宮」。

◆ 其九:「聖賢大道樂修齊」、「學造光明敬日躋」、「德風動
盪鼓群黎」、「周黎禹甸山河潤」四句《皇越詩選》分別作「聖
賢大道正修齊」、「學造高明敬日躋」、「德風動盪溥群黎」、
「周原禹甸山河潤」。

◆ 其廿二:「萬姓欣濡聖澤加」、「岳貢川珍皆踵至」兩句《皇
越詩選》分別作「萬姓欣濡慶澤加」、「岳寶川珍皆踵至」。

以上幾處的不同,於字聲和詞義都沒有太大的影響;但稍作對比對讀,

【17】 第二句原作「民岩」,「岩」字與第四句重韻,查詩韻「十五咸」韻下有「嵒」
字,亦作山巖解,今改為「民嵒」;第四句「傅巖」為商傅說版築之地,不改。
第六句原作「檣杭」,「杭」字出韻,查詩韻「十五咸」韻下有「帆」字,應是
字形接近而誤抄,今改作「檣帆」。末句原作「敬誠」,「誠」字出韻,查詩韻
「十五咸」韻下有「諴」字,應是字形接近而誤抄,今改作「敬諴」。

《皇越詩選》版本實在是較為雅馴，有明顯的優化和修訂的痕跡，如「德風動盪溥群黎」的「溥」有廣覆沾蓋之意，較「鼓」字為穩妥貼切，而「岳寶川珍皆踵至」一句「岳寶」與「川珍」為句中對偶，《人物志》作「「岳貢川珍」則用字未夠工穩。因此，把《人物志》的附引文字視為初版本，也頗為合理。

● 《人物志》中附引的李睟光〈題梅南毅齋詩序〉：

有關李睟光為馮克寬集題序一事，已有學者注意，鄭永常指出「李睟光為馮克寬詩集作序，留下了兩國使者交往的歷史見證」。[18]《芝峰先生集》的〈安南國使臣唱和問答錄〉附引了李睟光的〈安南使臣萬壽聖節慶賀詩集序〉一文，[19] 可說是越韓外交文學因緣的重要文獻，這篇重要的文獻，在《人物志》〈太宰梅郡公錄〉條後也附引了，但題為〈題梅南毅齋詩集序〉，而且文的內容跟《芝峰先生集》所錄的有些出入，茲抄錄《人物志》附引的〈題梅南毅齋詩集序〉，並在夾注中作校記：[20]

夫天地有精英清淑之氣，浩而為山岳融而為川澤（校記：「芝峰本」無此句），或鍾于物；或鍾于人。故氣之所鍾，扶輿磅礡，必生瓌奇秀異之材。不專于（校記：「于」字「芝峰本」作「乎」）近，而在乎遠，不稟于物而（校記：「而」字「芝峰本」作「則」）在于人焉。吾聞交州南極也，多珠璣、金玉、琳琅、象犀之奇貨（校記：「貨」字「芝峰本」作「寶」），是故（校記：「故」字「芝峰本」作「固」）精英清淑之氣，特鍾于彼，而宜有異人（校記：「人」字下「芝峰本」有「者」字）出於其間，豈特（校記：「特」字「芝峰本」作「獨」）奇貨（校記：「貨」字「芝峰本」作「寶」）哉（校記：「哉」字上「芝峰本」有「乎」字）？今使臣馮公，皤然其髮，

---

[18] 鄭永常：〈一次奇異的詩之外交：馮克寬與李睟光在北京的交會〉。

[19] 《芝峰先生集》卷八，頁 303-305。

[20] 校記中《芝峰先生集》簡稱為「芝峰本」，下同，不另注。

曜[校記:「曜」字「芝峰本」作「矔」]然其形。年七十而顏尚韶,譯重三而足不繭[校記:「繭」字「芝峰本」作「璽」]。觀禮明庭,利賓王國。其所著《萬壽慶賀詩》若干[校記:「若干」二字「芝峰本」作「三十一」]篇,揄揚鋪敍[校記:「鋪敍」「芝峰本」作「敍述」],詞意渾厚,足以唾珠璣而聲金玉,豈亦[校記:「豈亦」字「芝峰本」作「亦豈」]所謂異人者哉?噫!大明中天,聖人御極,德[校記:「德」字「芝峰本」作「惠」]懷四溟,威恒[校記:「恒」字「芝峰本」作「恆」]九裔。巍巍蕩蕩,秩[校記:「秩」字「芝峰本」作「軼」]周文[校記:「文」字「芝峰本」作「家」]之盛。宜乎白雉呈祥,黃耇嚮德。今[校記:「今」字下「芝峰本」有「吾」字]子之來,抑未知天之風果不烈[校記:此句「芝峰本」作「抑未知天果無烈風」],海果[校記:「果」字下「芝峰本」有「揚」字]波,如曩日成周[校記:「周」字下「芝峰本」有「之」字]時否耶?若然,則吾子即古之黃耇,而賀[校記:「賀」字「芝峰本」作「斯」]詩之作,祥於獻雉遠矣!古有太史[校記:「史」下字「芝峰本」有「氏」字]採風謠以絃歌之,又安知吾子之詞,不編于[校記:「于」字「芝峰本」作「於」]樂官,而彰中國[校記:「中國」下「芝峰本」有「萬世」二字]之盛也歟!不穀[校記:「穀」字「芝峰本」作「佞」]生在東方,得接子之語[校記:「語」字「芝峰本」作「語」],覩[校記:「覩」字「芝峰本」作「觀」]子之詞,恍[校記:「恍」字「芝峰本」作「怳」]然飆車雲馭,神遊火海之鄉,足涉銅柱之境,幸亦大矣!其敢以不能[校記:「芝峰本」無「能」字]文辭?遂[校記:「遂」字「芝峰本」作「是」]為序。時萬曆龍輯丁酉下浣朝鮮國使刑曹參判兼翰職李睟光芝峰道人序[校記:「芝峰本」無此句]。

參考《人物志》附引的〈題梅南毅齋詩集序〉,同時參考筆者做的校記,就不難發現〈題梅南毅齋詩集序〉與〈安南使臣萬壽聖節慶賀詩集序〉是同文異題,而〈安南使臣萬壽聖節慶賀詩集序〉的題目尤能道出序文的主題,因為序文的評論焦點主要是環繞著那一組賀壽詩。加上「其所著《萬壽慶賀詩》若干篇」一句在「芝峰本」中清楚作改訂為「其所著《萬壽慶賀詩》三十一篇」;由此大致可以推想〈題梅南毅齋詩集序〉的文字應較接近初版本,而〈安南使臣萬壽聖節慶賀詩集序〉則是修訂版

本。【21】「而彰中國之盛」一句「芝峰本」改訂為「而彰中國萬世之盛」，也是改訂得句意完足的，十分可取。至如少量改動較大的部分如「芝峰本」把「浩而為山岳融而為川澤」一句刪掉，關於這個改動，平情而論，是不太理想的；刪去了第二句，是把序文的第一句「夫天地有精英清淑之氣」孤立了，讀起來文氣未足連貫，而從句構安排上講，也有點失衡。又「芝峰本」作「惠懷四海」一句，似乎應以「德懷四海」為是；【22】筆者推測，「德」字古字寫作「悳」，字形與「惠」字相近而傳抄致誤。

● 馮氏賀詩與李氏序文的關係

　　《人物志》所附引的賀壽詩，可為解讀李氏序文提供進一步的線索。

【21】《毅齋詩集》，筆者未見，《越南漢喃文獻目錄提要》中有著錄。《毅齋詩集》今存抄本七種：一本題《馮寬詩集》，146頁，高30公分，寬25公分；一本題《馮太傅詩》，64頁，高25公分，寬15公分，有朝鮮駐中國使臣李睟光的序文（此序文應為〈題梅南毅齋詩集序〉──筆者）；一本題《馮舍社馮公言志詩集貨》（「貨」字疑作「寶」──筆者），150頁，高21公分，寬13公分，有序文；一本題《毅齋詩集》，94頁，高32公分，寬13公分，有李睟光的序文（此序文應為〈題梅南毅齋詩集序〉──筆者），有目錄；二本題《言志詩集》，篇幅規格不同，106至140頁，高27至31公分，寬15至20公分，有序文，又名《馮寬詩集》、《馮太傅詩》、《馮舍社馮公言志詩集》、《毅齋詩集》、《言志詩集》。按：此書分兩部分，其一為作於越南的詩篇，涉及自敘志向、感懷、即景以及唱和、祝壽等；其二為出使中國時作的詩，內容包括向明帝祝壽、與朝鮮使節唱和、詠出使途中風景。劉春銀主編：《越南漢喃文獻目錄提要》（台北：中央研究院中央文哲研究所，2002）。

【22】查《三國志》卷四十〈蜀書・劉封傳〉有「加陛下新受禪命，虛心側席，以德懷遠」之句可證。

若孤立地看李氏的序文，大致可以看得出李氏對馮氏稱許有加。鄭永常也留意到這不尋常的情況，他指出在明朝人的眼中，朝鮮人的文化水平高於安南人的事實；因此李睟光在序文中稱馮氏為「異人」，是有一定原因的。鄭永常認為：

> 李睟光是朝鮮有學問之人，不易溢美於人，但對馮克寬這位老頭子的讚賞，似非都是逢迎之言⋯⋯馮氏以七十高齡出使北京，自有過人之處。李睟光稱馮氏為「異人者」，應視為客觀之論。【23】

平心而論，為皇帝生辰而寫的賀壽詩，都是略帶誇張的歌功頌德之作。這類詩語貴吉祥而又要能表達出臣下的謙卑，詩作一般要求措詞華麗、用語謙恭。主題不外乎是萬壽無疆、治權無極；再加上一些感恩之語，以表達作者的忠心。中國古代不少「應制」詩都有類似的特點，【24】這可以說是詩歌的一種應用體式，這類詩不太重視個人風格和創意，反而較重視應用上的效果。若單就應制與賀壽的寫作標準而言，馮氏這輯賀壽可說是達到了基本的要求。而李睟光由衷地對馮氏作品作出「揄揚敘述，詞意渾厚，足以唾珠璣而聲金玉」的高度評價，又是否只是說馮詩達到了賀壽詩的最基本要求呢？

李睟光在序文中對馮氏的高度評價，可以直接透過馮氏那三十一首賀詩去展開了解的。筆者認為，馮氏這輯賀詩最少有三點值得注意，茲分析如下：

（1）詩的數量：

《人物志》的〈太宰梅郡公錄〉中，有「丁酉年四月日，奉命北使，時公年七十。適逢天朝萬壽慶節，諸國使臣各獻詩一，公獨獻詩三十一

【23】鄭永常：〈一次奇異的詩之外交：馮克寬與李睟光在北京的交會〉。

【24】「應制詩」是奉天子或上司之命而作的詩，其格式莊重典雅，措辭恭順謙卑，公式化特徵十分顯著。應制詩興起於齊梁時期，在唐前期盛行於高宗、武後至玄宗的開元之時。進入天寶之後，應制詩逐漸衰落。

首」的記載，單就組詩的數量而言，已是十分突出。三十一首賀詩極為矚目，以七十高齡而又非「有備而來」的馮氏，文思之捷與文采之富，實在是在眾使節中佼佼者。馮氏的詩才還表現在馮李二人的和詩活動中，在《芝峰先生集》的卷八就收錄了二人的唱和詩，【25】馮氏步李詩原韻和了八首七律、一首五言排律（十韻）；可見馮氏的詩才是非常出眾的。

（2）創作心思

賀壽詩中不免陳濫腔調，而馮氏的賀詩也不例外；這倒是事實。但這組賀詩在整體結構的安排上，卻又具見馮氏的心思，而且心思特巧，也值得我們注意。

讀者若只看選錄本，就不可能看到馮氏這輯組詩的整體結構。這三十一首詩都是近體七律格式，押的當然是平聲韻，而馮氏在用韻上則有刻意的經營，茲把三十一首詩所用的韻部表列如下，以清眉目：

原序	所押韻字	所屬韻部
1	中、宮、同、風、崇	上平一東
2	東、聰、風、通、洪	上平一東
3	冬、重、蓉、龍、封	上平二冬
4	江、降、杠、厖、釭	上平三江
5	支、基、時、池、詩	上平四支
6	薇、畿、衣、輝、依	上平五微
7	魚、初、除、如、居	上平六魚
8	虞、符、圖、都、謨	上平七虞
9	齊、躋、黎、低、鷖	上平八齊
10	佳、街、皆、懷、階	上平九佳

【25】唱和詩詳見《芝峰先生集》卷八，頁 296-303。

朱少璋 〈賀萬壽詩〉之異文、用韻與修辭——以越南文獻為考察焦點　529

11	灰、來、開、臺、杯	上平十灰
12	真、純、民、春、臣	上平十一真
13	文、君、欣、雲、殷	上平十二文
14	元、尊、門、恩、存	上平十三元
15	寒、蟠、冠、盤、安	上平十四寒
16	刊、顏、間、環、山	上平十五刪
17	先、筵、涎、絃、軒	下平一先
18	豪、高、袍、膏、桃	下平四豪
19	蕭、朝、昭、超、堯	下平二蕭
20	爻、交、郊、肴、珓	下平三肴
21	歌、多、河、和、科	下平五歌
22	麻、加、家、華、車	下平六麻
23	陽、光、香、方、王	下平七陽
24	庚、生、明、成、平	下平八庚
25	青、靈、庭、齡、寧	下平九青
26	蒸、膺、兢、憑、繩	下平十蒸
27	尤、優、求、留、秋	下平十一尤
28	侵、臨、心、金、深	下平十二侵
29	潭、堪、南、三、參	下平十三覃
30	鹽、沾、瞻、兼、髯	下平十四鹽
31	咸、嵒、岩、帆、緘	下平十五咸

「平水韻」把平聲韻部分為上平十五下平十五共三十部，【26】馮氏的賀詩

【26】「平水韻」有兩說：（1）指宋淳祐十二年（1252）劉淵刻印的《壬子新刊禮部韻略》。因刻書地點在平水（今山西臨汾）而得名。此書把《廣韻》韻目下所註押韻時可以同用的韻都合併起來，並把去聲證嶝兩韻並入徑韻，共得107韻。元代黃公紹、熊忠《古今韻會舉要》根據的就是此書。（2）指把107韻改並為106

用韻別具心思，平聲韻三十部全都用上了，除了「一東」韻做了兩首，其他的都是一部韻做一首，而且大致上是按韻部的次序順次而下。這種安排可以見出馮氏這組詩的整體結構，只看選錄本的話就只能看到馮氏個別作品的文辭而已，若整組詩來看，則可以看出馮氏在選韻上的心思和押韻上的功力，特別是「三江」、「三肴」、「十四鹽」和「十五咸」等較險窄逼仄的韻部，當中本來可用或合用的韻字就不多，選押這些韻部實在是頗有難度的。【27】馮氏能兼顧各韻部，平聲韻所有韻部都用上了，一氣呵成三十一首詩，氣派實在不小！我們還須注意，三十一首詩不論押的是寬韻還是險韻，馮氏都採用近體七律中的起句入韻格式，詩中要多押一個韻字，難度就更大了。【28】因此，李晬光在序文中

韻一派的韻書，這是把上聲拯等兩韻並入迴韻的結果。據錢大昕《十駕齋養新錄》之說，這類韻書最早始於王文郁的《平水韻略》（1223），後來的詩韻，例如《佩文詩韻》等都是這一派的。平水韻的影響很大。一方面它是文人作詩用韻的標準，今天作舊體詩詞的，仍舊遵用。另一方面清代編纂的許多工具書，如《佩文韻府》、《經籍纂詁》等等，都是按平水韻順序排列的。

【27】平水韻中以平聲韻字數最多，分為三十個韻部，每一韻部包含的字數有多有少，包含字數較多、或字數雖不多但其中常用字較多的韻部成為寬韻。據王力《漢語詩律學》的畫分為：（1）寬韻：支、先、陽、庚、尤、東、真、虞；（2）中韻：元、寒、魚、蕭、侵、冬、灰、齊、歌、麻、豪；（3）窄韻：青、蒸、覃、鹽；（4）險韻：江、佳、肴、咸。其中微、文、刪三個韻部較為特殊，韻字雖不多，但常用字倒是不少，因此也可以歸入寬韻。窄韻字數少而生僻，死字多，作詩選用窄韻，較為費力。儘管如此，歷代詩人多有以此炫耀才能者，韓愈就是其中的代表。歐陽修《六一詩話》稱韓愈「得窄韻，則不復旁出，而因難見巧，愈險愈奇，如〈病中贈張十八〉之類是也」；韓愈的〈病中贈張十八〉是押「三江」韻的。

【28】近體七律有四個格式，即：（1）平起入韻法。又叫「平起平收」法；（2）平起不入韻法。又叫「平起仄收」法；（3）仄起入韻法。又叫「仄起平收」法；（4）

下的「揄揚敘述，詞意渾厚」評語，實在是有道理的。

（3）修辭老練

評一首詩的好與壞，宜有標準；中國有關評詩的準標非常細密，以此作為評詩的準則，當無問題。但尚要考慮的是，馮克寬身為越南人，他寫漢詩雖大體上依中國的審美標準，而越南漢詩的創作或評論標準中，又似乎會有一些因地而異的審美要求，簡而言之是一些「越南漢詩的審美標準」，下面就以馮氏的三十一首賀詩為例，看馮詩在修辭上如何達到某些「越南漢詩的審美標準」。

越南有一部史籍筆記《南翁夢錄》（Nam ông mông lục），【29】書中第「十八」則有「疊字詩格」的記錄，這條材料真實而直接地反映了一些越南漢詩創作上的審美標準：

> 陳家第二代王曰聖王，既傳位世子，晚年頗間適，嘗游天長故鄉，有詩云：「景清幽物亦清幽，一十仙洲此一洲。百部笙歌禽百舌，千行奴僕橘千頭。月無事照人無事，水有秋涵天有秋。四海已清塵已淨，今年游勝舊年游。」此詩作時，蓋經元軍兩度征伐之後，國中安樂，故結意如此。其命意清高，疊字振響，非老

仄起不入韻法。又叫「仄起仄收」法。詳參劉坡公：《學詩百法》（上海：上海古籍出版社，1981）頁 13-14。

【29】《南翁夢錄》（Nam ông mông lục），越南古代史籍，作者是胡朝皇帝胡季犛長子黎澄（又稱胡元澄、胡澄，別號南翁）。明朝滅胡朝後，黎澄到明入仕，在工部任職，並大約於 1438 年（明正統三年）寫成《南翁夢錄》。《南翁夢錄》記敘越南李朝、陳朝的歷史人物及事件，以及佛道宗教派別事跡，共三十一篇，可補越南正史之不足。近代中國學者孫毓修認為，古代越南史籍流傳於中國的並不多，幸得本書「記彼國（彼國指越南——筆者）賢王良佐之行事，騷人墨客之出處，貞妃烈婦之節操，緇流羽客之奇術」。此書今已輯入陳慶浩、王三慶主編：《越南漢文小說叢刊》第一輯第六冊，頁 3-31。

于詩者，焉能道此？況自性清高天然，富貴國君，風味與人自別矣。【30】

材料中提到「其命意清高，疊字振響，非老于詩者，焉能道此」的漢詩審美準則，值得重視。以其自訂條目為「疊字詩格」，可知準則是傾向講「疊字振響」的修辭效果而不是講「命意清高」。

《南翁夢錄》講及「非老于詩者，焉能道此」的「疊字詩格」是怎樣的一種詩格呢？從《南翁夢錄》中所舉的例子就可明白；該詩用字的修辭特色是刻意在同一句中重用一兩個字或詞，如：第一句重用「清幽」，第二句重用「一」和「洲」，第三句重用「百」，第四句重用「千」，第五句重用「無事」，第六句重用「有秋」，第七句重用「已」，第八句重要「年」和「游」。

這種「疊字詩格」中「疊字」的修辭概念，用今天的修辭學概念去講，就是「類疊」。【31】黃慶萱（1932- ）在《修辭學》中也談到這類修辭手法，黃氏分析「類疊」為：

同一個字、詞、語、句、或連接、或隔離，重複地使用著，以加強語氣，使講話行文更有節奏感的修辭法。【32】

───────────────

【30】《越南漢文小說叢刊》第一輯第六冊，頁 22。

【31】《南翁夢錄》中提及的「疊字詩格」與中國詩法中所講的「疊字詩」的定義有所不同。劉坡公：《學詩百法》之八十八〈作疊字詩法〉云：「疊字詩要運用自然，不可顛倒，不可紊亂。如第一句在首二字，剛第五句亦當在首二字；第三句在中二字，則第七句亦當在中二字。通篇又均須對偶，方能工穩。茲示其作法於後：〈貢院垂成雙蓮呈瑞勉語士子〉王十朋：『大廈垂垂就，佳蓮得得開。雙雙戴千佛，兩兩應三台。歡意重重合，香風比比來。人人宜自勉，濟濟有廷魁。』……」。

【32】黃慶萱：《修辭學》（台北：三民，2002）頁 531。又：「類疊」又稱為「反複」，指「為表現強烈深厚纏綿的情感，或者強調某一意思，或者標誌內容的段落、韻律節奏，有意識地重複使用某些詞語、句子，形成反複美，這種修辭方式叫做反

成偉鈞等主編的《修辭通鑒》中就詳述過「類疊」在修辭上的優勢，指出利用「類疊」可以突出和強調某一事物，加重某一感情，也可以使層次結構變得更為繁複。【33】這種句中複疊的修辭手法，確能令詩句的節奏更為動聽，「疊字振響」是有道理的。姑不論這種修辭手法是否真的「非老于詩者，焉能道此」，最起碼這是越南漢詩創作的一項重要審美標準，我們不妨看看馮克寬的賀詩，當中符合「疊字振響」這審美標準的句子，即有二十八例：

其三：九春九夏九秋冬

其五：百世宗親百世支

其八：之功之德乾坤大

其十五：如今如玉昭王度，于鼎于甌奠國盤。

其十六：皇極建時三極立，帝星照處眾星環。臣民懽慶同懽祝，
聖壽南山國泰山。

其十七：德義軒壽亦義軒……卜世卜年周過曆

其廿一：三呼三祝壽魁科

其廿四：斗指於庚德在庚……斯民斯世何多幸，興太平風頌太
平。

其廿五：冀江水碧冀山青……惟聖即天天即聖

其廿六：世千世億永繩繩

其廿七：道既同符心既合，民常歸向命常留。

其三十：千載靈椿千載鶴

當然，《南翁夢錄》所引的七律是每一句都用上了類疊的修辭手法，而馮氏則是偶爾使用類疊複字，讀起來，馮詩的匠氣反而沒有那麼深。最

複。」上述見解詳參王宜早等合編：《文學和語文裏的修辭》（香港：麥克米倫，1987）頁 93。

【33】成偉鈞等主編：《修辭通鑒》（台北：建宏，1991）頁 841。

起碼，以越南漢詩在修辭上的審美標準而言，馮氏確是能靈活運用「疊字詩格」的修辭技巧，加強了詩的音樂感和節奏感，句子讀起來錯落有致；李睟光在題序中「足以唾珠璣而聲金玉」的評語，也實在是有根據的。

● 結語

本文在論證過程中，利用越南筆記類作品《人物志》〈太宰梅郡公錄〉一則記錄中關於〈賀萬壽詩〉及其相關的材料，並兼用了越南《南翁夢錄》中記載的詩歌在修辭上的審美標準；大致得出以下三項成果：（1）較全面地了解馮克寬的賀壽詩；（2）為李睟光在《芝峰先生集》中的〈安南使臣萬壽聖節慶賀詩集序〉提供了一個鮮有人提及的校勘文本；（3）從詩作的用韻安排與特殊修辭手法運用的角度切入，從文學的角度去理解李睟光在〈安南使臣萬壽聖節慶賀詩集序〉中對馮氏的肯定和讚賞。

萬曆二十五年（1597）賀聖壽的文學活動，主要涉及越韓兩地。以往，探討這問題的學者都傾向利用韓國方面的材料。本文則在前人的研究基礎上，嘗試就同一課題採用越南方面的文獻材料，為萬曆年間這一次重要的越韓使臣的外交文學活動，在多元的前提下提供另一個考察角度；以期展示跨國族的文學研究所應有的立體視野與多元的視野。

● 餘論

根據《越南漢喃文獻目錄提要》，當中著錄越南北部的漢籍作品即有約五千多種；[34] 這批材料，值得學者重視和利用。可惜這批材料大

---

[34]《越南漢喃文獻目錄提要》係參考《越南漢喃遺產目錄》、漢喃書目及漢喃研究

朱少璋　〈賀萬壽詩〉之異文、用韻與修辭——以越南文獻為考察焦點　535

部分只有書目和提要可供參考，研究者要親自閱覽翻查這批珍貴的孤本或手抄本，機會殊不易得。基於此一局限，拙文只能初步利用越南方面一些已出版成書的現成流通材料，試圖把一些與東方詩話或詩學的相關問題分析得更透徹些；但畢竟在材料運用上，掣肘仍多。

　　可以想見，如果這批越南材料可以有計劃地陸續點校並安排出版成書，廣泛流通的話；這對東方詩話或東方詩學研究的幫助和貢獻，一定是非常大而深遠的。

　　院圖書館古籍書目，再依經、史、子、集四部分類而成書，共計有 5023 條記錄。著錄包括書目記錄及提要兩大部份，書目記錄主要著錄書目序號、漢譯書名、又名、越南文書名、編撰者等；提要則著錄書籍的編纂情形、卷數、性質、內容、版本抄印、成書年代及存藏情形。上冊為目錄正文，下冊為索引。

景印香港新亞研究所《新亞學報》（第一至三十卷）

讀阮刻本《尚書注疏》
——兼論相關問題

宗靜航*

提 要

清‧阮元所刻的《十三經注疏》為學者所重，是因為其書附有《校勘記》。惟智者千慮，阮氏書亦偶有可商之處。本文指出阮元所刻的《尚書注疏》有以下值得注意的情況：阮氏之《校勘記》間有只列出各本異文而沒有判斷當作何字；個別判斷並不可從；個別異文沒有校記；「南昌學府本」與「文選樓及皇清經解本」之《校勘記》並不相同。另外，阮刻《尚書注疏》所附之陸德明《經典釋文》亦偶有脫漏，如有敦煌舊本，應多加參考。因為要比勘異文，本文從語言角度旁及今本《孔傳》的成書時代問題，發現今本《孔傳》有晚出的語言材料，其書恐不能認為成於西漢孔安國之手。

清‧阮元所刻的《十三經注疏》是研讀十三經的重要籍典。學者之重視阮氏刻本，是因為其書附有《校勘記》。錢宗武先生說：

> 漢至宋代經學家對經的注疏合稱為十三經注疏。南宋以前，經與注、疏各單行刊印；南渡之後，始有合刻本。其中南宋岳珂《九經三傳沿革例》所載建本附釋音注疏本，世稱「宋十行本」，為經文注疏合刻較早、後世流傳最廣之冊。其版由元入明，遞有修補。明嘉靖中據十行本重刻，稱閩本；萬曆中又據閩本重刻，稱明監本；崇禎中毛晉汲古閣又據明監本重刻，稱毛本。輾轉翻

---

*香港浸會大學中文系助理教授。

刻，訛謬百出。清代乾隆四年（1739）武英殿曾刻《十三經注疏》附《考證》，但影響最大的卻是清代嘉慶二十一年（1816）由阮元主持的南昌學堂重刊宋本《十三經注疏》附《校勘記》。

阮刻《十三經注疏》何以優於諸本？清光緒十三年（1887）上海點石齋重校縮印阮本前列國學大師俞樾《序》：「問所據何本，曰：『江西阮刻本也』，余聞之益喜。或曰：『刻十三經何不遵武英殿本而用阮本為？』余曰：『是無它，取其有《校勘記》。有阮文達之為《校勘記》，羅列諸家異同，使人讀一本如讀諸本。』」從中可知阮刻本優於《十三經注疏》其他版本之處在於其有價值的《校勘記》。阮元《十三經注疏校勘記》詳列諸本異同，定其是非，附於各經各卷之下，以正明刻諸本之訛，為十三經注疏作了一次較為全面系統的正本清源工作。阮元用此《校勘記》整理的《十三經注疏》也因此成為諸本中較善之冊，流傳後世，影響頗遠。[1]

阮元的《校勘記》除了嘉慶二十一年南昌府學本外，還另有文選樓刊本。[2]

錢宗武先生把兩個版本詳加對校，「發現兩者存在很大出入」，[3] 阮元在嘉慶二十五年（1820）編纂《皇清經解》，收錄了《校勘記》的文選樓本，而沒有採用南昌學府本。[4]

---

[1] 錢宗武、陳樹：〈論阮元《十三經注疏校勘記》兩個版本系統〉，《揚州大學學報》（人文社科版）第 11 卷 1 期（2007 年 1 月）頁 24。

[2] 錢宗武、陳樹：〈論阮元《十三經注疏校勘記》兩個版本系統〉，《揚州大學學報》（人文社科版）第 11 卷 1 期（2007 年 1 月）頁 25。

[3] 錢宗武、陳樹：〈論阮元《十三經注疏校勘記》兩個版本系統〉，《揚州大學學報》（人文社科版）第 11 卷 1 期（2007 年 1 月）頁 25。

[4] 錢宗武、陳樹：〈論阮元《十三經注疏校勘記》兩個版本系統〉，《揚州大學學報》（人文社科版）第 11 卷 1 期（2007 年 1 月）頁 26。

宗靜航　讀阮刻本《尚書注疏》——兼論相關問題　　539

筆者在閱讀阮刻《尚書注疏》及《校勘記》時，【5】發現阮氏書雖為「諸本中較善之冊」，但智者千慮，某些地方仍有可商之處。例如《校勘記》間有只列出各本異文而沒有判斷當作何字；某些判斷並不可從；書中所附之陸德明《經典釋文》亦有脫漏。在探討各本異文問題時，筆者認為可從語言角度以作輔助。本文亦因此而旁涉今本《孔傳》之成書年代問題。現在把有關資料抄錄如下，祈望前輩學者賜正。

一、凶害

今本偽古文《尚書·湯誥》有「*凶害*」一詞：

　　爾萬方百姓罹其凶害。【6】

南昌學府本《校勘記》云：「古本『害』作『虐』。」【7】

文選樓及皇清經解本《校勘記》則作：「『害』古本作『虐』。」【8】

據筆者所見，今傳各本《尚書》作「*凶虐*」者有日本《內野本》、【9】

【5】《皇清經解》所收錄的《校勘記》雖為文選樓本，惟既然是重新刊刻，版面也有不同，為求全面考核阮氏所刻之《校勘記》，所以本文除列出南昌學府本《校勘記》外，也一併列出文選樓本和《皇清經解》本《校勘記》。本文所據阮刻《尚書注疏》為台灣藝文印書館景印清嘉慶 20 年〔1815〕南昌府學重刊本，以下簡稱《尚書注疏》。

【6】《尚書注疏》頁 112。

【7】《尚書注疏》頁 123。

【8】本文所用文選樓刊本見於《續修四庫全書》第 180 冊〔上海：上海古籍出版社，1995 年〕（以下簡稱《續四庫》），《續四庫》頁 395；本文所用《皇清經解》刊本見於《皇清經解尚書類彙編》第 1 冊〔台灣：藝文印書館，1986 年〕（以下簡稱《皇清經解》），《皇清經解》頁 1150。

【9】顧頡剛、顧廷龍：《尚書文字合編》〔上海：上海古籍出版社，1996 年〕第 1 冊，頁 670。

日本《足利本》、【10】日本《上圖本（八行本）》；【11】作「**凶害**」者有日本《上圖本》〔影天正本〕、【12】《書古文訓》、【13】《四部叢刊本》、【14】日本東方文化研究所經學研究室編《尚書正義定本》、【15】南宋高宗年間刊本【16】《尚書正義》、【17】南宋孝宗年間十三卷刊本【18】《尚書》、【19】南宋寧宗慶元間【20】《附釋文尚書註疏》；【21】《唐石經》此句則殘脫。【22】

　　從上引版本異文的數量上看，今本偽古文《尚書‧湯誥》原文似應作「凶害」。然而，不能以數量作為判斷的唯一根據。為了方便說明，現把有關資料引錄如下：

【10】顧頡剛、顧廷龍：《尚書文字合編》第 1 冊，頁 675。惟在「虐」字旁寫有「害」字。

【11】顧頡剛、顧廷龍：《尚書文字合編》第 1 冊，頁 683。惟在「虐」字旁亦寫有「害」字。

【12】顧頡剛、顧廷龍：《尚書文字合編》第 1 冊，頁 679。

【13】顧頡剛、顧廷龍：《尚書文字合編》第 1 冊，頁 686。

【14】《尚書》，《四部要籍注疏叢刊》〔北京：中華書局，1998 年〕第 1 冊，頁 32 下。

【15】《尚書》《四部要籍注疏叢刊》第 1 冊，頁 237 上。

【16】參李致忠：〈影印宋本《尚書正義》說明〉《尚書正義》，《古逸叢書三編》之二十七，北京：中華書局，1987 年〕第 1 函。

【17】《尚書正義》〔《古逸叢書三編》之二十七〕第 1 函第 3 冊卷 8 頁 14A。

【18】參昌彼得：〈國立中央圖書館善本叢刊敍錄〉〔《尚書》，《國立中央圖書館善本叢刊》第 2-3 種，臺灣：中央圖書館，1991 年〕頁 3。

【19】《尚書》〔《國立中央圖書館善本叢刊》第 2-3 種〕頁 100。

【20】參秦孝儀：〈景印宋刊本附釋文尚書注疏序〉〔《景印宋本附釋文尚書註疏》，臺灣：國立故宮博物院，1989 年〕第 1 冊。

【21】《景印宋本附釋文尚書註疏》第 3 冊卷 8，頁 11b。

【22】顧頡剛、顧廷龍：《尚書文字合編》第 1 冊，頁 486。

第一、「凶虐」一詞，不見於今本《尚書》；【23】

第二、「凶害」一詞，《漢語大詞典》所舉書證除今本偽古文《尚書·湯誥》外，尚有《後漢書·皇甫嵩傳》。【24】惟據筆者所見，該詞比較早的用例當為東漢·王充《論衡》，並四見於今本《尚書》偽《孔傳》，茲引錄如下：

（1）《西伯戡黎》：今王其如台。《孔傳》：王之*凶害*，其如我所言。【25】

（2）《泰誓》（中）：有夏桀弗克若天，流毒下國。《孔傳》：桀不能順天，流毒虐於下國，萬民言*凶害*。【26】

（3）《大誥》：弗弔！天降割于我家。《孔傳》：言周道不至，故天下*凶害*於我家。【27】

（4）《大誥》：延洪惟我幼沖人。《孔傳》：*凶害*延大，惟累我幼童人成王。【28】

（5）人或以立春東北徙，抵艮之下，不被*凶害*。（東漢·王充【27-約97】《論衡·難歲》）【29】

（6）從寅、申徙，相之如者，無有*凶害*。（東漢·王充《論衡·難歲》）【30】

（7）惟辟作威，圖黜*凶害*，天子是毗。（東漢·班固【32-92】《漢

【23】參劉師殿爵教授、陳方正主編：《尚書逐字索引》〔香港：商務印書館，1995年〕。

【24】參《漢語大詞典》第 2 冊，頁 466。

【25】《尚書注疏》頁 145。

【26】《尚書注疏》頁 154。

【27】《尚書注疏》頁 190。

【28】《尚書注疏》頁 190。

【29】黃暉：《論衡校釋》〔北京：中華書局，1990 年〕第 3 冊，頁 1024-5。

【30】黃暉：《論衡校釋》第 3 冊，頁 1025。

書・敘傳下》）【31】

（8）丁、傅僭恣，自求*凶害*。（東漢・班固《漢書・敘傳下》）【32】

（9）人之數當與天地相應，不相應力而不及，故得*凶害*也。（東漢・于吉【生卒年不詳】《太平經・一男二女法第四十二》）【33】

（10）失此三而多端者，悉被*凶害*也。（東漢・于吉《太平經・三急吉凶法第四十五》）【34】

（11）為者，為利帝王，除*凶害*出也。（東漢・于吉《太平經・解師策書訣第五十》）【35】

（12）恐愚民人犯天地忌諱不止，共亂正氣，使為*凶害*。（東漢・于吉《太平經・起土出書訣第六十一》）【36】

（13）不知守道，早避*凶害*。（東漢・于吉《太平經・急學真法第六十六》）【37】

（14）此乃救迷惑，使人長吉而遠*凶害*。（東漢・于吉《太平經・生物方訣第七十一》）【38】

（15）可謂已得長吉，遠凶*凶害*。（東漢・于吉《太平經・六罪十治訣第一百三》）【39】

（16）天不欲蓋，地不欲載，*凶害*日起，死于道旁。（東漢・于吉

【31】《漢書》〔北京：中華書局，1962 年〕第 12 冊，頁 4261。

【32】《漢書》第 12 冊，頁 4269。

【33】王明：《太平經合校》〔北京：中華書局，1960 年〕頁 38。

【34】王明：《太平經合校》頁 47。

【35】王明：《太平經合校》頁 64。

【36】王明：《太平經合校》頁 125。

【37】王明：《太平經合校》頁 160。

【38】王明：《太平經合校》頁 174。

【39】王明：《太平經合校》頁 244。

《太平經‧六罪十治訣第一百三》）【40】

（17）從是令者，後皆亂而有*凶害*。（東漢‧于吉《太平經‧天讖支干相配法第一百五》）【41】

（18）人能堅閉耳，不聽其辭語，則吉矣；聽其辭，則*凶害*矣。（東漢‧于吉《太平經‧致善除邪令人受道戒文第一百八》）【42】

（19）得天地之意，*凶害*自去。（東漢‧于吉《太平經‧卷七十三至八十五‧闕題》）【43】

（20）守吾文以為深戒，以為行者萬世可無*凶害*。（東漢‧于吉《太平經‧神司人守本陰祐訣第一百五十六》）【44】

（21）以此自養，乃可無*凶害*也。（東漢‧于吉《太平經‧經文部數所應訣第一百六十七》）【45】

（22）得其中意者，可以致平，除*凶害*也。（東漢‧于吉《太平經‧某訣第二百四》）【46】

（23）臣知其君有失，將睹*凶害*而救之。（東漢‧于吉《太平經‧卷一百二十至一百三十六‧辛部》）【47】

（24）使其更無*凶害*，是大功也。（東漢‧于吉《太平經‧卷一百二十至一百三十六‧辛部》）【48】

（25）凡人以此日入山，皆*凶害*，與虎狼毒蟲相遇也。（晉‧葛洪

【40】 王明：《太平經合校》頁 252。

【41】 王明：《太平經合校》頁 271。

【42】 王明：《太平經合校》頁 286。

【43】 王明：《太平經合校》頁 310。

【44】 王明：《太平經合校》頁 440。

【45】 王明：《太平經合校》頁 466。

【46】 王明：《太平經合校》頁 634。

【47】 王明：《太平經合校》頁 685。

【48】 王明：《太平經合校》頁 685。

【283-363】《抱朴子內篇‧登涉》)【49】

（26）而比年水旱，人不收穫，涼州緣邊，家被**凶害**。（劉宋‧范曄【398-445】《後漢書‧何敞列傳》)【50】

（27）上顯忠義，下除**凶害**，此桓文之事也。（劉宋‧范曄《後漢書‧皇甫嵩列傳》)【51】

據以上資料，可見《漢語大字典》所舉書證偏晚。

第三、《湯誥》為偽古文，原文作「**凶害**」正與其晚出時代吻合。【52】

根據以上所考，筆者認為今本《湯誥》原文當作「**凶害**」。

二、王誅

「王誅」一詞，《孔傳》共兩見。【53】

（1）《大禹謨》：帝曰：咨禹惟時有苗弗率，汝徂征。《**孔傳**》：三苗之民數干**王誅**。【54】

（2）《胤征》：奉將天罰。《**孔傳**》：將、行也。奉王命行**王誅**。【55】

【49】王明：《抱朴子內篇校釋》〔增訂本〕〔北京：中華書局，1985年〕頁301。

【50】《後漢書》第6冊〔北京：中華書局，1965年〕頁1481。

【51】《後漢書》第8冊頁2306。

【52】筆者案：「凶虐」一詞比較早的用例見於東漢‧班固【32-92】《封燕然山銘》：「鑠王師兮征荒裔，勦凶虐兮截海外。」（《文選》〔上海：上海古籍出版社，1986年〕第6冊，頁2408），即使《湯誥》原文作「凶虐」，也與《湯誥》晚出時代吻合。

【53】「借手於我有命商王誅討之。」（《伊訓》「假手于我有命」偽《孔傳》，見《尚書注疏》頁114。）此句《孔傳》當讀作「商王‧誅討之」，而非「商‧王誅‧討之。」因此，「王誅」一詞，偽《孔傳》只共兩見。

【54】《尚書注疏》頁57。

【55】《尚書注疏》頁104。

對《大禹謨》偽《孔傳》，南昌學府本《校勘記》云：「《纂傳》『誅』作『法』，是也。」【56】

文選樓及皇清經解本《校勘記》則作：「『誅』《纂傳》作『法』，是也。」【57】

　　據筆者所考，阮說非是。

第一、唐・孔穎達《大禹謨疏》：「命禹徂征，是三苗之民數干*王誅*之事，禹率眾征之。」【58】可見孔穎達所見《孔傳》當作「王誅」。

第二、筆者所見《孔傳》【59】及孔穎達《疏》均作「王誅」，筆者所見《孔傳》包括：《敦煌本》〔斯801〕、【60】日本《內野本》、【61】日本《足利本》、【62】日本《上圖本》〔影天正本〕、【63】日本《上圖本》〔八行本〕、【64】南宋高宗年間刊本《尚書正義》、【65】南宋孝宗年間十三卷刊本《尚書》、【66】南宋寧宗慶元間《附釋文尚書註疏》；【67】筆者所見孔穎達《疏》包括：南宋高宗年間刊本《尚書正義》、【68】南宋

【56】《尚書注疏》頁 64。

【57】《續四庫》頁 377；《皇清經解》頁 1132。

【58】《尚書注疏》頁 58。

【59】蒙評審學者指出《尚書正義》（上海：上海古籍出版社，2007 年）校勘記：「『誅』，殿本作『法』。」

【60】顧頡剛、顧廷龍：《尚書文字合編》第 1 冊，頁 165。

【61】顧頡剛、顧廷龍：《尚書文字合編》第 1 冊，頁 181。

【62】顧頡剛、顧廷龍：《尚書文字合編》第 1 冊，頁 194。

【63】顧頡剛、顧廷龍：《尚書文字合編》第 1 冊，頁 205。

【64】顧頡剛、顧廷龍：《尚書文字合編》第 1 冊，頁 216。

【65】《尚書正義》〔《古逸叢書三編》之二十七〕第 1 函第 2 冊，卷 4 頁 16a。

【66】《尚書》〔《國立中央圖書館善本叢刊》第 2-3 種〕頁 51。

【67】《景印宋本附釋文尚書註疏》第 2 冊，卷 4 頁 14a。

【68】《尚書正義》〔《古逸叢書三編》之二十七〕第 1 函第 2 冊，卷 4 頁 17a。

寧宗慶元間《附釋文尚書註疏》、【69】《尚書正義》〔《四部叢刊單疏本》〕。【70】

第三、「王誅」一詞解作「謂王法之當誅滅者」或「謂天子的討伐」。【71】先秦西漢典籍也見「王誅」，惟這些例子的結構當分析作「某王・誅・某」或「王・誅・某」，與上引偽《孔傳》不同；其解釋也和以「王誅」為固定組合者不同。茲把有關資料引錄如下：

（1）齊不以為怨，反為**王・誅**勺（趙）信，以其無禮於王之邊吏也。（《戰國從橫家書》）【72】

（2）莊**王・誅**里史。（西漢・劉安【前 179-前 122】《淮南子・說山訓》）【73】

（3）武**王・誅**紂。（西漢・劉安《淮南子・泰族訓》）【74】

（4）周宣**王・誅**伯御，立其弟稱，是為孝公。（西漢・司馬遷【前 145-？】《史記・十二諸侯年表》）【75】

（5）周公欲殺王而立子克，**王・誅**周公，克奔燕。（西漢・司馬遷《史記・十二諸侯年表》）【76】

【69】《景印宋本附釋文尚書註疏》第 2 冊，卷 4 頁 14b。

【70】《尚書正義》〔《四部叢刊單疏本》〕（《四部叢刊廣編》〔臺灣：商務書館，1981年〕第 3 冊，頁 51。

【71】參《漢語大詞典》第 4 冊，頁 468。

【72】馬王堆漢墓帛書整理小組：《戰國縱橫家書》〔北京：文物出版社，1976 年〕頁 46。

【73】劉文典：《淮南鴻烈集解》〔北京：中華書局，1989 年〕下冊，頁 550。

【74】「誅紂」，劉文典《淮南鴻烈集解》作「伐紂」（劉文典：《淮南鴻烈集解》下冊，頁 676。）。何寧說：「《道藏》本、中立本、茅本、景宋本皆作『誅紂』，當據正。」（何寧：《淮南子集釋》〔北京：中華書局，1998 年〕下冊，頁 1395。）今據何氏說改。

【75】《史記》第 2 冊〔北京：中華書局，1959 年〕頁 526。

【76】《史記》第 2 冊頁 564。

宗靜航　讀阮刻本《尚書注疏》——兼論相關問題　　547

（6）陳王‧**誅**殺葛嬰。（西漢‧司馬遷《史記‧陳涉世家》）【77】

（7）陳王‧**誅**鄧說。（西漢‧司馬遷《史記‧陳涉世家》）【78】

（8）昔者玉人獻寶，楚王‧**誅**之。（西漢‧劉向【前 77- 前 6】《新序‧雜事三》）【79】

（9）遂破楚軍于垓下，追項王‧**誅**之於淮津。（西漢‧劉向《新序‧善謀下》）【80】

（10）而使王‧**誅**其良將武安君李牧。（西漢‧劉向《古列女傳‧孽嬖傳》）【81】

（11）文王‧**誅**犬夷。（西漢‧桓寬【生卒年不詳】《鹽鐵論‧繇役》）【82】

第四、解作「謂王法之當誅滅者」或「謂天子的討伐」的「王誅」，此詞語不見於先秦西漢時期之典籍，《漢語大詞典》所舉書證為班固《漢書‧谷永傳》，【83】惟據筆者所見，該詞比較早的用例當為東漢‧王充《論衡》，茲引錄如下：【84】

【77】《史記》第 6 冊頁 1954。

【78】《史記》第 6 冊頁 1957。

【79】趙善詒：《新序疏證》〔上海：華東師範大學出版社，1989 年〕頁 79。

【80】趙善詒：《新序疏證》頁 284。

【81】劉師殿爵教授、陳方正教授：《古列女傳逐字索引》〔香港：商務印書館，1993 年〕頁 73。

【82】王利器：《鹽鐵論校注》〔北京：中華書局，1992 年〕下冊，頁 519。

【83】參《漢語大詞典》第 4 冊，頁 468。

【84】「君親無將，王誅宜耳」（東漢‧應劭【？-204 前】《風俗通義‧十反》），惟王利器說：「『王』當作『將』，蓋原作小二，即上文『將』之重文，後人轉寫，誤為『王』耳。說詳《正失》篇。」（王利器：《風俗通義校注》頁 230。）王氏於《正失》篇原注 11 說：「《春秋公羊傳》莊公三十一年、昭公元年並云：『君親無將，將而誅焉。』《春秋繁露‧王道》篇：『君親無將，將而誅。』《漢

（1）天殺用夏，**王誅**以秋，天人相違，非奉天之義也。（東漢・王充【27-約97】《論衡・雷虛》）【85】

（2）官秩不當，縱釋**王誅**，【86】驕其親屬，假之威權。（東漢・班固【32-92】《漢書・谷永杜鄴傳》）【87】

（3）因見桓公行霸**王誅**，不阿親親。（《公羊傳・僖公・元年》：「桓公召而縊殺之。」東漢・何休【129-182】注）【88】

（4）又鎮南將軍張魯，負固不恭。皆我**王誅**所當先加。（東漢・陳琳【156-217】《檄吳將校部曲文》）【89】

（5）昔袁術僭逆，**王誅**將加。（東漢・陳琳《檄吳將校部曲文》）【90】

（6）恃江湖之險阻，**王誅**未加。（晉・裴松之【370-449】《三國志・魏書・公孫度傳》注引三國・吳・韋昭【204-273】《吳書》【91】

書・叔孫通傳》：『人臣無將，將即反罪，死無赦。』《王莽傳》：『《春秋》之義，君親無將，將而誅焉。』《董賢傳》：『君親無將，將而誅之。』」（王利器：《風俗通義校注》頁 117 。）據王氏所引各書，可證今本《風俗通義・十反》之「王誅」當作「將誅」，所以本文不以之為例。

【85】黃暉：《論衡校釋》第 1 冊，頁 302 。

【86】顏師古說：「王誅，謂王法當誅者。」（參《漢書》第 11 冊，頁 3460 。）

【87】《漢書》第 11 冊，頁 3 460 。

【88】《公羊注疏》〔台灣藝文印書館景印清嘉慶 20 年（1815）南昌府學重刊本〕頁 121 。

【89】《文選》第 5 冊，頁 1979 。

【90】《文選》第 5 冊，頁 1982 。

【91】沈家本說：「韋曜《吳書》，案《隋志》「正史類」《吳書》二十五卷，韋昭撰。本五十五卷，梁有，今殘缺。《唐志》韋昭《吳書》五十五卷殆後出全本，至宋而又亡矣。《吳志》，裴氏云：曜本名昭，史為晉諱改之。然則隋、唐志作昭者從其本名也。」（參沈家本：《三國志注所引書目》〔《古書目三種》，北京：中華書局，1963 年〕卷 1 頁 17 。）張舜徽說：「《吳書》，書名。三國吳韋昭撰。

宗靜航　讀阮刻本《尚書注疏》——兼論相關問題　　549

載三國・公孫淵【？-238】《表》)【92】

（7）遠勞**王誅**，卒不悟順。（晉・裴松之《三國志・魏書・王朗傳》
注引三國・吳・袁曄【93】【生卒年不詳】《獻帝春秋》)【94】

（8）方北有逋寇，固阻河洛，久稽**王誅**。（晉・陳壽【233-297】《三
國志・吳書・周魴》)【95】

（9）賊臣祖約蘇峻，不恭天命，不畏**王誅**。（晉・庾闡【？-347？】
《為郗車騎討蘇峻盟》)【96】

（10）今**王誅**既加，於法已備。（晉・裴松之《三國志・鍾會傳》注
引東晉・習鑿齒【？-382】《漢晉春秋》)【97】【98】

五十五卷。紀傳體，記三國時吳國史事。吳大帝孫權在位時，命太史令丁孚、郎
中項峻始撰《吳書》。其所撰作不足紀錄，少帝孫亮另使韋曜（昭）、周昭、薛
瑩、梁廣、華覈合著《吳書》終未完稿。至末帝孫晧時，韋昭在原稿基礎上，撰
成是書。已佚。」（張舜徽：《三國志辭典》頁 191。）

【92】《三國志》〔北京：中華書局，1959 年〕第 1 冊，頁 255。

【93】沈家本說：「袁曄《獻帝春秋》。《魏武紀》亦但稱《獻帝春秋》。案《隋志》
《獻帝春秋》十卷，袁曄撰，《唐志》同。惟獻上多一漢字。《吳志・陸瑁傳》
『廣陵袁迪孫曄，字思光，作《獻帝春秋》』，與隋唐二志合。《續漢志注》、
《後漢書注》、《文選注》、《御覽》諸書並作袁曄。然裴氏他卷屢稱袁暐，疑
不能明也。」（參沈家本：《三國志注所引書目》〔《古書目三種》〕卷 1 頁 22。）
張舜徽說：「袁曄，三國時吳史學家。亦作袁暐，字思光。廣陵（今江蘇揚州
西北）人。著有《獻帝春秋》。」（張舜徽：《三國志辭典》頁 331。）

【94】《三國志》第 2 冊頁 407。

【95】《三國志》第 5 冊頁 1390。

【96】《藝文類聚》〔上海：上海古籍出版社，1982 年〕上冊頁 589。

【97】沈家本說：「習鑿齒《漢晉春秋》。案《隋志》《漢晉陽秋》四十七卷，訖愍帝
晉榮陽太守習鑿齒撰。『春秋』作『陽秋』者，晉避簡文帝太后諱也。」（參沈
家本：《三國志注所引書目》〔《古書目三種》〕卷 1 頁 23。）張舜徽說：「《漢
晉春秋》，書名。五十四卷。東晉習鑿齒撰。編年體。記述自東漢、三國至西晉

（11）蔡侯般弒父之賊，此人倫之所不容，*王誅*之所必加。（《穀梁傳·昭公·十一年》：「夷狄之君誘中國之君而殺之，故謹而名之也。」晉·范寧【339-401】《注》）【99】

（12）林邑介恃遐險，久稽*王誅*。（蕭梁·沈約【441-513】《宋書·夷蠻列傳》）【100】

（13）晏安假日，舉斧函谷，規延*王誅*。（蕭梁·沈約《宋書·自序》）【101】

（14）天子親戎，則稱恭行天罰；諸侯御師，則云肅將*王誅*。（齊梁·劉勰【466？-537？】《文心雕龍·檄移》）【102】

根據以上所述，《大禹謨》偽《孔傳》原文當作「王誅」。此詞語東漢以後習見，今本偽《孔傳》有「王誅」這個詞語正與其晚出時代吻合。

三、幼童

「幼童」一詞，《孔傳》共兩見。

滅亡共二百八十一年間歷史。其記三國時事，以蜀漢為正統，斥魏為篡逆，至司馬昭平蜀乃為漢亡，摒魏以晉承漢，故名《漢晉春秋》。書久佚不傳，今存清人輯本。黃奭、王仁俊各輯得一卷，分別收入《漢學堂叢書》及《玉函山房輯佚書續編》。湯球輯本三卷，收入《廣雅書局叢書》。」（張舜徽：《三國志辭典》頁 580 。）

【98】《三國志》第 3 冊頁 794 。

【99】《穀梁注疏》〔台灣藝文印書館景印清嘉慶 20 年（1815）南昌府學重刊本〕頁169 。

【100】《宋書》〔北京：中華書局，1974 年〕第 8 冊頁 2378 。

【101】《宋書》第 8 冊頁 2449 。

【102】范文瀾：《文心雕龍注》〔北京：人民文學出版社，1978 年〕上冊頁 378 。

宗靜航　讀阮刻本《尚書注疏》——兼論相關問題　　551

（1）《金縢》：昔公勤勞王家，惟予沖人弗及知。《孔傳》：言己*幼童*，不及知周公昔日忠勤。【103】

（2）《大誥》：延洪惟我幼沖人。《孔傳》：凶害延大，惟累我*幼童*人成王，言其不可不誅之意。【104】

對《金縢》偽《孔傳》「幼童」一詞，阮刻《尚書注疏‧孔傳》作「童幼」，【105】南昌學府本《校勘記》云：「岳本童幼二字倒」。【106】文選樓及皇清經解本《校勘記》則作：「童幼二字岳本倒」。【107】據筆者所考，《孔傳》原文當作「幼童」。

第一、阮刻本《孔疏》云：昔公勤勞王家，惟我*幼童*之人不及見知。【108】可知孔穎達所見《孔傳》本作「幼童」。

第二、筆者所見各本《孔傳》和《孔疏》，除南宋寧宗慶元間《附釋文尚書註疏》的《孔傳》及《孔疏》作「童幼」外，【109】其他都作「幼童」。筆者所見《孔傳》包括日本《鳥田本》、【110】日本《內野本》、【111】日本《足利本》、【112】日本《上圖本》〔影天正本〕、【113】日本《上圖本》〔八行本〕、【114】南宋高宗年間刊本《尚書正義》、【115】南宋孝宗年間

【103】《尚書》〔《四部叢刊》〕，《四部要籍注疏叢刊》第 1 冊卷 7 頁 63 上。

【104】《尚書注疏》頁 190。

【105】《尚書注疏》頁 188。

【106】《尚書注疏》頁 198。

【107】《續四庫》頁 424；《皇清經解》頁 1176。

【108】《尚書注疏》頁 189。

【109】《景印宋本附釋文尚書註疏》第 4 冊，卷 13 頁 14b、頁 15a。

【110】顧頡剛、顧廷龍：《尚書文字合編》第 2 冊，頁 1619。

【111】顧頡剛、顧廷龍：《尚書文字合編》第 2 冊，頁 1628。

【112】顧頡剛、顧廷龍：《尚書文字合編》第 2 冊，頁 1634。

【113】顧頡剛、顧廷龍：《尚書文字合編》第 2 冊，頁 1640。

【114】顧頡剛、顧廷龍：《尚書文字合編》第 2 冊，頁 1646。

十三卷刊本《尚書》、【116】日本東方文化研究所《尚書正義定本》；【117】筆者所見《孔疏》包括南宋高宗年間刊本《尚書正義》、【118】《尚書正義》〔《四部叢刊單疏本》〕、【119】日本東方文化研究所《尚書正義定本》。【120】

第三、「幼童」即「小孩」，此詞語不見於先秦西漢時期之典籍，《漢語大詞典》所舉書證為東漢・蔡邕《與人書》，【121】惟據筆者所見，該詞比較早的用例當為東漢・班固《漢書》，茲引錄如下：

　（1）故*幼童*而守一藝，白首而後能言。（東漢・班固【32-92】《漢書・藝文志》）【122】

　（2）及外親*幼童*未通經術者，皆宜令休就師傅。（東漢・班固《漢書・鮑宣列傳》）【123】

　（3）硯冰釋，命*幼童*入小學，學篇章。（東漢・崔寔【？-170？】《四民月令》）【124】

【115】《尚書正義》〔《古逸叢書三編》之二十七〕第 2 函，第 5 冊，卷 12 頁 18b。

【116】《尚書》〔《國立中央圖書館善本叢刊》第 2-3 種〕頁 178。

【117】東方文化研究所經學文學研究室：《尚書正義定本》〔《四部要籍注疏叢刊》〕第 1 冊，卷 12 頁 319 上。

【118】《尚書正義》〔《古逸叢書三編》之二十七〕第 2 函第 5 冊，卷 12 頁 18a。

【119】《尚書正義》〔單疏本〕，《四部叢刊廣編》〔臺灣：商務印書館，1981 年〕第 3 冊，卷 12 頁 13，總頁 157。

【120】東方文化研究所經學文學研究室：《尚書正義定本》〔《四部要籍注疏叢刊》〕第 1 冊，卷 12 頁 319 上。

【121】參《漢語大詞典》第 4 冊，頁 431。

【122】《漢書》第 6 冊，頁 1723。

【123】《漢書》第 10 冊，頁 3090。

【124】石聲漢：《四民月令校注》〔北京：中華書局，1965 年〕頁 9；又繆啟愉：《齊民要術校釋》〔農業出版社，1982 年〕卷 3・雜說三十，頁 163。

宗靜航　讀阮刻本《尚書注疏》──兼論相關問題　　553

（4）叔父親之，猶若**幼童**。（東漢・蔡邕【132-192】《與人書》）【125】

（5）惠公以**幼童**即位，自謂有才能而驕慢於大臣。（《詩經・衛風・
芄蘭・序》東漢・鄭玄【127-200】《箋》）【126】

（6）初，脩識高柔于弱冠，異王基于**幼童**，終皆遠至，世稱其知
人。（晉・陳壽【233-297】《三國志・魏書・王脩列傳》）【127】

（7）翩翩周生，婉孌**幼童**。（晉・張翰【生卒年不詳】《周小史》
詩）【128】

根據以上所述，《金縢》偽《孔傳》原文當作「幼童」。此詞語東漢以
後習見，今本偽《孔傳》有「幼童」這個詞語正與其晚出時代吻合。

四、條列

「條列」一詞，《孔傳》只一見。

《禹貢》：熊耳、外方、桐柏、至于陪尾。《孔傳》：凡此皆先舉所
施功之山於上，而後條列所治水於下，互相備。【129】

對於此條《孔傳》，隋・陸德明《經典釋文》云：

「列」如字，本或作「別」，彼列反。【130】

南昌學府本《校勘記》云：

【125】蔡邕：《蔡中郎外集》，《蔡中郎集》〔臺灣：新興書局，1959年〕卷2頁13，
總頁130上。

【126】《毛詩注疏》〔台灣藝文印書館景印清嘉慶20年（1815）南昌府學重刊本〕頁
137。

【127】《三國志》第1冊，頁347。

【128】《藝文類聚》上冊，頁576。

【129】《尚書注疏》頁88。

【130】《尚書注疏》頁88。

新亞學報第二十八卷　下編

陸氏曰：「列」，本或作「別」。【131】

文選樓及皇清經解本《校勘記》同作：「列，本或作別」。【132】

據筆者所考，《禹貢》偽《孔傳》原文當作「條列」。

第一、唐・孔穎達《禹貢・疏》云：

> 凡舉山名皆為治水……故云皆先舉所施功之山於上，而後條列
> 所治水於下，互相備也。【133】

據上引孔穎達《疏》，可知孔穎達所見《孔傳》本作「列」。

第二、據筆者所見各本《孔傳》及孔穎達《疏》均作「列」，筆者所見《孔傳》包括：日本《九條本》、【134】日本《內野本》、【135】日本《足利本》、【136】日本《上圖本》〔影天正本〕、【137】日本《上圖本》〔八行本〕、【138】南宋高宗年間刊本《尚書正義》、【139】南宋孝宗年間十三卷刊本《尚書》、【140】南宋寧宗慶元間《附釋文尚書註疏》；【141】筆者所見孔穎達《疏》包括：南宋高宗年間刊本《尚書正義》、【142】南宋寧宗慶元間《附釋文尚書註疏》、【143】《尚書正義》（《四部叢刊單疏本》）。【144】

【131】《尚書注疏》頁 96。

【132】《續四庫》頁 388；《皇清經解》頁 1143。

【133】《尚書注疏》頁 88。

【134】顧頡剛、顧廷龍：《尚書文字合編》頁 382。

【135】顧頡剛、顧廷龍：《尚書文字合編》頁 403。

【136】顧頡剛、顧廷龍：《尚書文字合編》頁 423。

【137】顧頡剛、顧廷龍：《尚書文字合編》頁 438。

【138】顧頡剛、顧廷龍：《尚書文字合編》頁 454。

【139】《尚書正義》〔《古逸叢書三編》之二十七〕第 1 函第 3 冊，卷 6 頁 31a。

【140】《尚書》〔《國立中央圖書館善本叢刊》第 2-3 種〕頁 78。

【141】《景印宋本附釋文尚書註疏》第 2 冊，卷 6 頁 27a。

【142】《尚書正義》〔《古逸叢書三編》之二十七〕第 1 函第 3 冊，卷 6 頁 31a。

【143】《景印宋本附釋文尚書註疏》第 2 冊，卷 6 頁 27a。

【144】《尚書正義》〔單疏本〕〔《四部叢刊廣編》〕卷 6 頁 25b，總頁 80 上。

宗靜航　讀阮刻本《尚書注疏》——兼論相關問題　555

第三、「條列」即「分條列舉」，此詞語不見於先秦兩漢時期之典籍，《漢語大詞典》所舉書證為劉宋・范曄《後漢書・張堪傳》，【145】惟據筆者所見，該詞比較早的用例當為三國・吳・韋昭《吳書》，茲引錄如下：

（1）諸法令有不便者，**條列**以聞，權輒聽之。（南宋・裴松之【372-451】《三國志・吳書・諸葛恪列傳》注引三國・吳・韋昭【204-273】《吳書》）【146】

（2）撿閱庫藏，收其珍寶，悉**條列**上言，秋毫無私。（劉宋・范曄【398-445】《後漢書・張堪列傳》）【147】

（3）又進項羽、陳涉而黜淮南、衡山，細意委曲，**條列**不經。（劉宋・范曄《後漢書・班彪列傳》）【148】

（4）所為之術，**條列**後行。（北魏・賈思勰【生卒年不詳】《齊民要術・雜說》）【149】

（5）凡畦種之物，治畦皆如種葵法，不復**條列**煩文。（北魏・賈思勰《齊民要術・種葵》注【150】）【151】

【145】參《漢語大詞典》第 1 冊，頁 1480。

【146】《三國志》第 5 冊，頁 1434。

【147】《漢書》第 4 冊，頁 1100。

【148】《漢書》第 5 冊，頁 1327。

【149】繆啟愉校釋、繆桂龍參校：《齊民要術校釋》〔北京：農業出版社，1982 年〕頁 15。

【150】繆啟愉說：「《要術》中有大量的小字注文，這要分別看待。注文的絕大部分是賈思勰自己寫的，作為正文的補充說明和申說利弊得失的道理，和正文同樣重要，在很多場合，有了注文才使正文更體，更明確，更有說服力，理解得更透切，可以說比正文還重要。這部分注文最多，與正文血肉相關，不是作者本人是很難寫出來的。」（繆啟愉：《齊民要術導讀》〔四川：巴蜀書社，1988 年〕頁 29。）

（6）故齊、宋雜記，咸**條列**秀者。（梁・釋慧皎【497-554】《高僧傳・序錄》）【152】

（7）臣請太傅、太尉、司徒、司空、太常**條列**禮儀正處上。（西晉・司馬彪【？-約306】《續漢書》南梁・劉昭【生卒年不詳】注）【153】

（8）又趙郡范祢**條列**敷兄弟事狀，有司以聞，敷坐得罪。（北齊・魏收【506-572】《魏書・李訢列傳》）【154】

（9）與相訣經日，具條列南方諸兄珍之等，手以付洪之。（北齊・魏收《魏書・酷吏・李洪之傳》）【155】

根據以上所述，《禹貢》偽《孔傳》原文當作「條列」。此詞語東漢以前不見，今本偽《孔傳》有「條列」這個詞語正與其晚出時代吻合。

五、詞章

「詞章」一詞，《孔傳》只一見。

> 《洪範》：五事：二曰言。《孔傳》：**詞章**。【156】
>
> 孔穎達《疏》云：
>
>> 言者道其語有**辭章**也。【157】

對於《洪範》偽《孔傳》，南昌學府本、文選樓及皇清經解本《校勘記》

【151】繆啟愉校釋、繆桂龍參校：《齊民要術校釋》頁 126。

【152】梁・釋慧皎撰、湯用彤校注：《高僧傳》〔北京：中華書局，1992 年〕頁 525。

【153】《後漢書》第 11 冊，頁 3121；又清・孫星衍等輯、周天游點校：《漢官六種》〔北京：中華書局，1990 年〕頁 209。

【154】《魏書》第 3 冊〔北京：中華書局，1974 年〕頁 1041。

【155】《魏書》第 6 冊頁 1918。

【156】《尚書注疏》頁 170。

【157】《尚書注疏》頁 170。

宗靜航　讀阮刻本《尚書注疏》——兼論相關問題　　557

均無校記。

據筆者所考，《洪範》偽《孔傳》原文當作「辭章」。

第一、據上引孔《疏》，孔穎達所據《孔傳》當作「辭章」。

第二、據筆者所見，今存《孔傳》確有作「辭章」，不過作「詞章」者較多，有中土傳本，也有日本傳本，而作「辭章」者俱為日本傳本。現在把有關資料迻錄如下：

> 1，《孔傳》傳文作「詞章」者有：日本《足利本》、【158】日本《上圖本（影天正本）》、【159】南宋高宗年間刊本《尚書正義》、【160】南宋孝宗年間十三卷刊本《尚書》、【161】南宋寧宗慶元間《附釋文尚書註疏》、【162】《四部叢刊本尚書》。【163】

> 2，《孔傳》傳文作「辭章」者有：日本《內野本》【164】、日本《上圖本（八行本）》【165】。

> 3，《孔疏》疏文不見有作「詞章」，作「辭章」者有：南宋高宗年間刊本《尚書正義》【166】、南宋寧宗慶元間《附釋文尚書註疏》、【167】清・阮元刊本《尚書注疏》【168】。

從上引資料可知《孔傳》傳文作「詞章」或「辭章」者俱為古本，難以

【158】顧頡剛、顧廷龍：《尚書文字合編》第 2 冊，頁 1518。

【159】顧頡剛、顧廷龍：《尚書文字合編》第 2 冊，頁 1530。

【160】《尚書正義》〔《古逸叢書三編》之二十七〕第 2 函第 5 冊，卷 11 頁 10a。

【161】《尚書》〔《國立中央圖書館善本叢刊》第 2-3 種〕頁 163。

【162】《景印宋本附釋文尚書註疏》第 4 冊，卷 12，頁 8b。

【163】《尚書》〔《四部叢刊》〕卷 7，頁 46 上。

【164】顧頡剛、顧廷龍：《尚書文字合編》第 2 冊，頁 1502。

【165】顧頡剛、顧廷龍：《尚書文字合編》第 2 冊，頁 1543。

【166】《尚書正義》〔《古逸叢書三編》之二十七〕第 2 函第 5 冊，卷 11 頁 11a。

【167】《景印宋本附釋文尚書註疏》第 4 冊，卷 12 頁 9a。

【168】《尚書注疏》頁 170。

21

頁 39 - 565

判斷優劣。不過,「詞」這個字,《孔傳》僅一見,而「辭」則凡六十一見;「詞章」一詞,比較早的用例見於隋唐,而「辭章」則魏晉已見(詳下文),所以今本《孔傳》作「詞章」者,或是後人所誤改。然而無論是「詞章」或「辭章」,均不見於先秦兩漢時期之典籍(詳下文)。現在先討論有關「詞章」之資料。

今傳先秦典籍中,「詞章」只一見於《韓非子・問辯》:

> 是以儒服帶劍者眾,而耕戰之士寡;堅白無厚之詞章,而憲令之法息。故曰:「上不明,則辯生焉。」[169]

不過,《韓非子・問辯》中的「詞章」與上引《洪範》偽《孔傳》的「詞章」不同。《洪範》中的「言」是指「言論」[170]、「語言」、「言語」[171],所以《孔傳》的「詞章」是一個詞。《韓非子・問辯》「詞章」中的「章」則通「彰」[172],作「顯」[173]、「顯揚」解[174]。「堅白、無厚之詞・章(彰)」是說「堅白、無厚詭辯的言論越來越盛。」[175]第四、「詞章」一詞,實不見於先秦兩漢時期之典籍,《漢語大詞典》所舉書證為隋・江總【519-594】《濟黃河》詩,[176]茲引錄相關資料如下:

（1）未殫所聞見,無待驗*詞章*。（隋・江總【519-594】《濟黃河》

---

[169] 韓非子校注組:《韓非子校注》〔江蘇:江蘇人民出版社,1982 年〕頁 581。

[170] 參屈萬里先生:《尚書今註今譯》〔臺灣:商務印書館,1969 年〕頁 76;江灝、錢宗武:《今古文尚書全譯》〔貴州:貴州人民出版社,1990 年〕頁 236。

[171] 參王世舜:《尚書譯注》〔四川:四川人民出版社,1982 年〕頁 120。

[172] 韓非子校注組:《韓非子校注》頁 581。

[173] 梁啟雄:《韓子淺解》〔北京:中華書局,1960 年〕頁 401。

[174] 韓非子校注組:《韓非子校注》頁 581。

[175] 傅武光、賴炎元《新譯韓非子》〔臺灣:三民書局,1997 年〕頁 629。

[176] 《漢語大詞典》以「詞章」為「詩文的總稱」(參《漢語大詞典》第 11 冊,頁 123。)。不過,本文所引《孔傳》的「詞章」,似應解作「言論」。惟「言論」與「詩文的總稱」當有詞意引申的關係。

詩）【177】

（2）珽弟孝隱，亦有文學，早知名。*詞章*雖不逮兄，亦機警有辯。
（唐・李百藥【565-648】《北齊書・祖珽列傳》）【178】

（3）珽弟孝隱，亦有文學，早知名。*詞章*雖不逮兄，機警有口辯，
兼解音律。（唐・李延壽【生卒年不詳】《北史・祖瑩列
傳》）【179】

（4）儒、墨泉海，*詞章*苑囿。（唐・魏徵【580-643】《隋書・文學列
傳・王貞》）【180】

第五、至於「辭章」一詞，亦不見於先秦兩漢時期之典籍，《漢語大詞
典》所舉書證為劉宋・范曄《後漢書・蔡邕傳》，【181】惟據筆者所見，
該詞比較早的用例當為魏晉・荀勖《文章敘錄》，茲引錄如下：

（1）有文才，善屬*辭章*。（晉・裴松之【370-449】《三國志・魏書・
劉劭》注引魏晉・荀勖【217？-288】《文章敘錄》【182】）【183】

（2）余若欲以此輩事，騁*辭章*於來世。（晉・葛洪【283-363】《抱朴
子內篇卷之十六・黃白》）【184】

（3）載之於篇，實為*辭章*之費。（裴松之《三國志・吳書・諸葛瑾》

【177】參《漢語大詞典》第 11 冊頁 123。

【178】《北齊書》〔北京：中華書局，1972 年〕第 2 冊頁 521。

【179】《北史》〔北京：中華書局，1974 年〕第 6 冊頁 1744。

【180】《隋書》〔北京：中華書局，1973 年〕第 6 冊頁 1734。

【181】《漢語大詞典》以「辭章」即「詩文的總稱」。（參《漢語大詞典》第 11 冊，
頁 505。）惟《孔傳》的「詞章」（或「辭章」）似當解作「言論」。惟「言論」
與「詩文的總稱」當有詞意引申的關係。

【182】張舜徽說：「《文章敘錄》，書名。一作《雜撰文章家集敘》。晉荀勖撰。十
卷。記述漢魏文人事跡。已佚。」（張舜徽：《三國志辭典》頁 78。）

【183】《三國志》第 3 冊頁 621。

【184】王明：《抱朴子內篇校釋》（增訂本）頁 283。

注）【185】

（4）皆**辭章**粲麗，馳名當世。（東晉・常璩【生卒年不詳】《華陽國志・後賢志・陳壽傳》）【186】

（5）好**辭章**、數術、天文，妙操音律。（劉宋・范曄【398-445】《後漢書・蔡邕列傳》）【187】

（6）並為**辭章**之美，引為佐史國臣。（蕭梁・沈約【441-513】《宋書・宗室・臨川烈武王道規》）【188】

（7）晉之**辭章**，瞻望魏采。（齊梁・劉勰【466？-537？】《文心雕龍・通變》）【189】

（8）五情發而為**辭章**，神理之數也。（齊梁・劉勰《文心雕龍・情采》）【190】

（9）有**辭章**調韻者，雖有差謬，亦有會合。（蕭梁・蕭子顯【488-537】《南齊書・文學列傳・陸厥》）【191】

根據以上所述，《洪範》偽《孔傳》原文當作「辭章」。此詞語東漢以前不見，今本偽《孔傳》有「辭章」這個詞語正與其晚出時代吻合。

六、背違

「背違」一詞，《孔傳》只一見。

【185】《三國志》第 5 冊頁 1233。

【186】晉・常璩撰、劉琳校注：《華陽國志校注》〔四川：巴蜀書社，1984 年〕頁850。

【187】《後漢書》第 7 冊頁 1980。

【188】《宋書》第 5 冊頁 1477。

【189】范文瀾：《文心雕龍注》下冊頁 520。

【190】范文瀾《文心雕龍注》下冊頁 537。

【191】《南齊書》第 3 冊〔北京：中華書局，1972 年〕頁 898。

宗靜航　讀阮刻本《尚書注疏》──兼論相關問題　　561

《堯典》：帝曰：吁！靜言庸違，象恭滔天。《孔傳》：言共工自為謀言，起用行事而**背違**之。【192】

上引《堯典》偽《孔傳》「背違」一詞，阮元刻本《尚書注疏‧孔傳》作「違背」。【193】

南昌學府本《校勘記》沒有校記。

文選樓及皇清經解本《校勘記》同作：「違背二字古本宋版俱倒」。【194】

據筆者所考，《堯典》偽《孔傳》原文當作「背違」。

第一、阮刻本《孔疏》云：

> 帝亦疑怪之曰：吁！此人自作謀計之言，及起用行事而**背違**之，……《傳》……共工險偽之人，自為謀慮之言，皆合於道。
>
> 及起用行事而**背違**之。【195】

據上引《孔疏》，可知孔穎達所見《孔傳》當作「背違」。

第二、據筆者所見各本《孔傳》，除南宋孝宗年間十三卷刊本《尚書》、【196】《孔氏傳尚書》（《四部叢刊》）【197】作「違背」外，其他各本《孔傳》及《孔疏》都作「背違」。各本《孔傳》包括：《敦煌本》〔伯3015〕、【198】日本《內野本》、【199】日本《足利本》、【200】日本《上圖

【192】《尚書正義》〔《古逸叢書三編》之二十七〕第 1 函第 1 冊卷 2 頁 27b。

【193】《尚書注疏》頁 26。

【194】《續四庫》頁 368；《皇清經解》頁 1124。

【195】《尚書注疏》頁 26-7。

【196】《尚書》〔《國立中央圖書館善本叢刊》第 2-3 種〕頁 32。

【197】《孔氏傳尚書》（《四部要籍注疏叢刊》〔北京：中華書局，1998 年〕）第 1 冊卷 1 頁 5 上。

【198】顧頡剛、顧廷龍：《尚書文字合編》第 1 冊頁 5。

【199】顧頡剛、顧廷龍：《尚書文字合編》第 1 冊頁 21。

【200】顧頡剛、顧廷龍：《尚書文字合編》第 1 冊頁 31。

本》〔影天正本〕、【201】日本《上圖本》〔八行本〕、【202】南宋高宗年間刊本《尚書正義》、【203】南宋寧宗慶元間《附釋文尚書註疏》、【204】日本東方文化研究所《尚書正義定本》;【205】所見《孔疏》包括南宋高宗年間刊本《尚書正義》、【206】南宋寧宗慶元間《附釋文尚書註疏》、【207】《尚書正義》〔《四部叢刊單疏本》〕、【208】日本東方文化研究所《尚書正義定本》。【209】從上引《孔傳》和《孔疏》版本異文的數量上看,《孔傳》原文當作「背違」。然而,數量的多少不是決定對錯的唯一條件。

第三、《經典釋文》是現在研讀有關文獻的重要典籍,誠如黃焯先生所言《經典釋文》「對於我們閱讀古代文獻很有幫助,它確不失為一部極有價值的工具書。」【210】宗福邦先生也說,「《經典釋文》集漢魏南北朝音義書之大成,是漢語言文字研究的資料寶庫。」【211】阮刻本《尚書注疏》所附《經典釋文》作:

【201】顧頡剛、顧廷龍:《尚書文字合編》第 1 冊頁 39。

【202】顧頡剛、顧廷龍:《尚書文字合編》第 1 冊頁 48。

【203】《尚書正義》〔《古逸叢書三編》之二十七〕第 1 函第 1 冊卷 2 頁 27b。

【204】《景印宋本附釋文尚書註疏》第 1 冊卷 2 頁 22a。

【205】東方文化研究所經學文學研究室:《尚書正義定本》〔《四部要籍注疏叢刊》〕第 1 冊卷 2 頁 147 下。

【206】《尚書正義》〔《古逸叢書三編》之二十七〕第 1 函第 1 冊卷 2 頁 28b、頁 31a。

【207】《景印宋本附釋文尚書註疏》第 1 冊卷 2 頁 23b、25b。

【208】《尚書正義》〔單疏本〕,(《四部叢刊廣編》〔臺灣:商務印書館,1981 年〕)第 3 冊卷 2 頁 22,總頁 22、卷 2 頁 25,總頁 24。

【209】東方文化研究所經學文學研究室:《尚書正義定本》〔《四部要籍注疏叢刊》〕第 1 冊卷 2 頁 147 下、148 下。

【210】黃焯:《〈經典釋文〉匯校》「前言」頁 2。

【211】宗福邦:〈《經典釋文》音切類目研究序〉,載萬獻初《〈經典釋文〉音切類目研究》〔北京:商務印書局,2004 年〕。

滔，吐刀反；漫，末旦反，下同，又末寒反；**背**、音佩；傲、五
報反，下同；很、恨懇反。【212】

這段資料不能用以判斷《孔傳》原文作「背違」還是「違背」。不過，
阮刻本《尚書注疏》所附《經典釋文》間有脫漏，所以，應該核對單行
本的《經典釋文》。可是今傳單行本《經典釋文》這部分的資料與阮刻
本《尚書注疏》所附基本相同，【213】對於解決這個問題，並沒有作用。
幸而這部分正見於敦煌本《堯典釋文》，敦煌本雖然與阮刻本和單行本
基本相同，但箇中一字之異，正對解決問題起了關鍵的作用。敦煌本
《堯典釋文》：

滔、吐刀反，滂也；漫也、末旦反，下同；而**背**、音佩；傲、五
報反；很、恨懇反。【214】

「**而背**音佩」四字，正是標注《孔傳》「起用行事而背違之」中的「而背」
的「背」字讀音。敦煌本《釋文》作「而背」而不是作「而違背」，可
證陸德明所見《孔傳》本原作「而背違之」。

第四、「背違」即「背逆違反」，此詞語不見於先秦西漢時期之典籍，
《漢語大詞典》所舉書證為魏・曹丕《禁母后預政詔》，【215】惟據筆
者所見，該詞比較早的用例當為東漢・鄭玄《毛詩箋》，茲引錄如
下：

（1）謀之善者，俱**背違**之。其不善者，依就之。（《詩・小雅・小
旻》「謀之其臧，則具是違。謀之不臧，則具是依」東漢・鄭

【212】《尚書注疏》頁 26。

【213】唐・陸德明撰：《經典釋文》（全三冊）〔上海：上海古籍出版社，1985 年〕頁
144。單行本與阮刻本的差別只在「很」字的反切，阮刻本作「恨懇反」，單行
本作「很懇反」。

【214】顧頡剛、顧廷龍：《尚書文字合編》第 1 冊，頁 12。黃焯：「背，寫本背上
出而字。」（《〈經典釋文〉匯校》頁 73）

【215】參《漢語大詞典》第 6 冊頁 1229。

玄【127-200】《箋》）【216】

（2）盟之所以數者，由世衰亂多相**背違**。（《詩・小雅・巧言》「君子屢盟，亂是用長」東漢・鄭玄《箋》）【217】

（3）始於不信，終於**背違**。（《詩・大雅・瞻卬》「譖始竟背」東漢・鄭玄《箋》）【218】

（4）反側猶**背違**法度也。（《周禮・匡人》「無敢反側」東漢・鄭玄《注》）【219】

（5）偭，背也。……**背違**先聖之法。（《離騷》「偭規矩而改錯」東漢・王逸【生卒年不詳】注）【220】

（6）**俏**【221】違邑里，之他邦也。（《九辯》「去鄉離家兮」東漢・王逸注）【222】

（7）改更先聖法度，**背違**仁義。（《七諫・怨世》「偭規矩而改錯」東漢・王逸注）【223】

（8）若有**背違**，天下共誅之。（魏・曹丕【187-226】《禁母后預政詔》）【224】

【216】《毛詩注疏》頁 412。

【217】《毛詩注疏》頁 424。

【218】《毛詩注疏》頁 695。

【219】《周禮注疏》〔台灣藝文印書館景印清嘉慶20年（1815）南昌府學重刊本〕頁 504。

【220】宋・洪興祖撰，白文化等點校：《楚辭補註》〔北京：中華書局，1983 年〕頁 15。

【221】「俏」同「背」，（參《漢語大字典》第 1 冊頁 188-9。）《文選》引作「背」。（《文選》第 4 冊頁 1535。）

【222】宋・洪興祖撰，白文化等點校：《楚辭補註》頁 184。

【223】宋・洪興祖撰，白文化等點校：《楚辭補註》頁 246。

【224】《三國志》第 1 冊頁 80。

（9）今恃險遠，**背違**王命。（晉・陳壽【233-297】《三國志・魏書・牽招》）【225】

（10）中更**背違**，棄同即異。（晉・陳壽 《三國志・魏書・鍾會》）【226】

（11）面從**背違**，意與口戾。（晉・仲長敖【生卒年不詳】《覈性賦》）【227】

（12）忝辱爵命，**背違**人主，紹罪二也。（劉宋・范曄【398-445】《後漢書・劉虞公孫瓚陶謙列傳》）【228】

（13）博士既不據古，又不依今，**背違**施行見事。（蕭梁・沈約【441-513】《宋書・志・禮》）【229】

（14）遂生猜懼，**背違**信約。（蕭梁・沈約《宋書・何承天列傳》）【230】

根據以上所述，《堯典》偽《孔傳》原文當作「背違」。此詞語東漢以後始見，今本偽《孔傳》有「背違」這個詞語正與其晚出時代吻合。

總結本文所論，可以得出：

1、阮刻《尚書注疏》（南昌學府本）所附《校勘記》間有脫漏，使用時應參照單行本，【231】例如本文所舉之「違背」條。

2、南昌學府本《校勘記》與文選樓及皇清經解本《校勘記》所校對象雖然相同，但用語間有差別，例如本文所舉之「凶害」、「王誅」、「幼童」等條。

【225】《三國志》第 3 冊頁 731。

【226】《三國志》第 3 冊頁 788；又《文選》第 5 冊頁 1998。

【227】《藝文類聚》上冊頁 385。

【228】《後漢書》第 8 冊頁 2360。

【229】《宋書》第 2 冊頁 400。

【230】《宋書》第 4 冊頁 1075。

【231】參錢宗武、陳樹：〈論阮元《十三經注疏校勘記》兩個版本系統〉，載《揚州大學學報》（人文社會科學版）第 11 卷 1 期（2007 年 1 月），頁 24-28。

3、阮氏在作校勘記時，間有只列出各本異文而沒有判斷當作何字，例如本文所舉之「凶害」、「幼童」、「條列」條。

4、阮氏校記個別判斷並不可從，例如本文所舉之「王誅」條。

5、個別異文，「南昌學府本」與「文選樓及皇清經解本」之《校勘記》都沒有校記，例如本文所舉之「詞章」條。

6、「南昌學府本」與「文選樓及皇清經解本」之《校勘記》所列校記間有差別，例如本文所舉之「背違」條，「南昌學府本」沒有校記，「文選樓及皇清經解本」則有。

7、個別異文不能從版本上加以判斷，可從語言角度以作探討，例如本文所舉之「凶害」、「詞章」條。

8、阮刻《尚書注疏》所附《經典釋文》亦有脫漏，使用時應根據單行本；然而今傳本《經典釋文》並非原貌，如有敦煌舊本，應仔細對照，以還陸氏書原貌，例如本文所舉之「背違」條。

9、從上引敦煌本《堯典釋文》「而背音佩」條，可知今傳本《經典釋文》為後人所刪甚多，誠如黃焯先生所言，《經典釋文》「雖然主要目的在於考證字音，但也兼及字義的解釋。惜為後人刪掉不少，如宋代陳鄂校勘《經典釋文》的時候把《尚書音義》中只載形義而不載音的注文加芟薙，其音義兼載的往往存音去義。」【232】這種刪改不利於以《經典釋文》研究相關典籍，對以《經典釋文》研究古漢語詞匯也做成重大的障礙。

10、唐陸德明《經典釋文》是閱讀相關典籍的重要參考工具，然而今傳本經後人所刪改，並非陸氏書原貌。近世敦煌本《尚書釋文》殘卷面世，引起學術界的重視，認為「比今本和其他各種《釋文》殘卷都要更接近陸德明的原稿」。【233】不過，也有學

【232】黃焯：《〈經典釋文〉匯校》「前言」〔北京：中華書局，2006 年〕頁 1。

【233】余行達：〈《尚書釋文》殘卷和今本的比較〉，載《古漢語研究》1993 年第 4 期（總第 21 期）頁 72。

者認為敦煌本不一定優於今傳本。【234】敦煌本與今傳本孰優孰劣，不是本文所能解決的，但筆者在使用敦煌本《尚書釋文》殘卷時，確實發現有優於今傳本之處。

11、隨着地下佚籍的不斷出土，學者對古書的形成和流傳，大多認為要經過很長時間，李學勤先生就指出「一般都要經過較大的改動變化，才能定型。」【235】徐剛先生在詳細研究《尚書》的「古文源流」後說：「經文與孔傳都應該有一個不斷地加工完善的過程。在這一過程中，難免加入西晉甚至更晚時候的東西。」【236】對於今本《孔傳》成書年代的考辨，學術界一般採取文獻學方法或歷史學方法，很少從語言角度加以探討。然而，今本《孔傳》既然要「不斷地加工」和「一般都要經過較大的改動變化，才能定型」，其中有晚出的語言現象是難以避免的。從本文所述，今本《孔傳》中確有「凶害」、「王誅」等晚出的語言材料，其書恐不能認為成於西漢孔安國之手。

12、《漢語大詞典》雖然是我們閱讀古代典籍不可缺少的重要詞書，惟從本文所述，《漢語大詞典》所舉書證間有偏晚，例如本所舉之「凶害」、「王誅」、「幼童」、「條列」、「辭章」、「背違」等條。

【234】方孝岳：〈跋唐寫本《經典釋文》殘卷〉，載《學術研究》1936 年第 1 期頁 132。

【235】李學勤先生：〈對古書的反思〉，《簡帛佚籍與學術史》〔江西：江西教育出版社，2001 年〕頁 32。

【236】徐剛：《古文源流考》，北京：北京大學出版社，2008 年，頁 47。

景印香港新亞研究所《新亞學報》（第一至三十卷）

王筠《說文句讀》字義研究闡釋

馬顯慈*

提 要

王筠（1784-1854）[1]，字貫山，號篆友。精通小學，畢生致力於《說文解字》研究，清代「《說文》四大家」之一。代表作有《說文釋例》、《說文句讀》（又稱《說文解字句讀》）及《文字蒙求》三書。《說文句讀》是王氏於晚年耗用了十三年時間與精力而完成的鉅著，是一部薈萃桂馥（1736-1805）《說文解字義證》與段玉裁（1735-1815）《說文解字注》的《說文》學讀本。[2] 此書有「述」有「作」，流通甚廣，對文字的形、音、義皆有精要的分析研究，並在許慎的說解語句關鍵之處標示句讀，注重訓解語句的語言結構，對後世的《說文》研究有一定的響影。[3] 本文以《說文句讀》的字義分析為研究重心，將王氏之有關研究劃分為本義、引申義、假借義、動靜字幾項，以列舉式的闡析，評述全書的字義研究。

---

*香港公開大學 教育及語文學院副教授。

[1] 關於王筠的生平，其《說文句讀》之成書、版本、體例、句讀方式、字形、字音研究等，筆者已發表專文探討，於此不再重述。詳見《新亞論叢》，總第七期；《新亞學報》，第二十六卷及第二十七卷。

[2] 王氏《說文句讀》一共用了十三年編撰全稿，詳見拙文〈王筠《說文解字句讀》的寫作背景及其句讀方式〉，刊於《新亞論叢》〔香港：香港新亞研究所，2005年6月〕，總第七期，頁 319-333。

[3] 台灣金錫準曾詳細討論過王氏《說文句讀》一書，其作《王筠的文字學研究》之第四章「箋注篇」。是篇共分四節：第一節《說文解字句讀》的編纂第二節《說

一、引言

關於研究文字字義的課題，近代學者朱宗萊（1886-1919）在他的《文字學形義篇》裏曾提出了很有建設性的意見，他說：

> 文字有形，有音，有義。自其始制字言之，必有義而後有音，有音而後有形。自其既成字言之，則音寓於形，義寓於音，三者之相關，至密比也。夫形有古今，音有古今，義亦有古今。何謂古義？本訓是也。何謂今義？轉訓是也。不達本訓，無以知文字之原；不曉轉訓，無以通文字之用。訓詁者，隨字之所施而順說之者也。明其行事，識其時制，通其故言，則文辭自此明，義理自此出。世有高言窮理，而詆訓詁為破碎者，不知義理寄于文辭，文辭本乎訓詁。舍訓詁而求義理，猶欲升堂入室而閉其門也。【4】

事實上，字義不清楚的確會直接影響對文章義理的理解。乾嘉學派宗師戴震（1723 — 1777）曾說：

> 經之至者道也，所以明道者詞也，所以成詞者字也。由字以通其詞，由詞以通其道。【5】

可見字義研究是治學的首要階段。然而，研究字義所應當注意的，基本

文句讀》的內容述要：〔一〕述、〔二〕作；第三節《說文句讀》的特色：〔一〕刪篆：〔1〕刪正文、〔2〕審重文，〔二〕一貫，〔三〕反經，〔四〕正雅，〔五〕特識；第四節《說文句讀》的成就。見《王筠的文字學研究》（台灣：國立台灣師範大學國文系博士論文，1988 年），頁 106-107。另，筆者對王氏《句讀》全書亦曾作總結性的論述，詳見拙文《王筠〈說文解字句讀〉研究》（香港：香港大學中文系哲學碩士論文，1995 年）。

【4】 錢玄同（1887 — 1937）、朱宗萊《文字學音篇‧文字學形義篇》（合刊）（臺灣：臺灣學生書局，1978 年 9 月）頁 142。

【5】 見戴震《與是仲明論學書》，收於《戴東原集》（臺北：臺灣商務印書館，1968 年，《國學基本叢書》，第 327 冊）卷 9，頁 30。

上離不開本義、引申義和假借義三大範疇。清代學者江沅（1767—1838）《說文解字注·後序》說：

> 本義明而後餘義明，引申之義亦明，假借之義亦明。【6】

段玉裁《說文解字注》曾分析過本義、引申義、假借義的關係。他說：

> 凡說字必用其本義。凡說經必因文求義，則於字或取本義，或取引申、假借，有不可得而必者矣。故許於毛傳，有直用其文者，凡毛說同是也。有相近而不同者，如毛曰：「鬈、好貌。」許曰：「髮、好貌。」……是也。此引申之說也。有全違者，如……毛曰：「干、澗也。」許曰：「犯也。」是也。此假借之說也。【7】

段氏又說：

> 凡字有本義焉，有引申、假借之餘義焉。守其本義而棄其餘義者，其失也固。習其餘義而忘其本義，其失也蔽。【8】

段氏的論說正好說明要特別重視字義研究的理由。誠然，乾嘉文字訓詁專家，如桂馥、王念孫（1744-1832）、朱駿聲（1788-1858）等，他們研究文字、訓詁等學問，都有不少精僻的見解。如前所述，王筠的《句讀》採納了不少段、桂兩家的研究成果。不過，書中也有不少是出自

【6】見丁福保編撰《說文解字詁林·前編上》（臺北：鼎文書局，1983 年），第 1 冊，頁 204b。

【7】見《說文解字詁林》第 7 冊，頁 1036a。

【8】見《經韻樓集》，收於阮元（1764—1849）輯《皇清經解》（清光緒 9 年〔1883〕刊本）卷 661，頁 8a。

案：引申義、假借義，段氏一概稱為「餘義」。《說文》比下云：「密也。」《段注》說：「其本義謂相親密也。餘義偹也、及也、次也、校也、例也、類也、頻也、擇善而從之也、阿黨也，皆其所引申。許書無「篦」字，古只作「比」，見《蒼頡篇》。《釋名》、《漢書·匈奴傳》、《周禮》或假「比」為「庀」。（見《說文解字詁林》第 7 冊，頁 36b。）

王氏的創獲。《句讀》除了申明本義、引申義、假借義，以及補訂《說文》闡析字義訓詁的條例外，又援引動靜字條例為說，這對後世的詞彙及語法研究，都有不少裨益。以下將王氏《句讀》有關字義的研究情況，摘要引述如次。

二、《句讀》的字義研究概述

1. 本義【9】

所謂本義，是指某字的本來意義。【10】王筠在《句讀》裏討論文字本義的地方甚多，例如：

（1）束

《說文》束下云：「縛也。從口木。」【11】王筠《句讀》說：

【9】本義之說，詳參：

（i）陸宗達・王寧《訓詁方法論》說：「反映在字形上，體現原始造字意圖的字義，叫作本義。」（《訓詁方法論》〔北京：中國社會科學出版社，1983 年 12 月〕頁 174。）

（ii）羅邦柱主編《古漢語知識辭典》說：「本指詞的原始意義，即造詞之初所賦予的意義。由於文字產生之前某詞的最早的意義是什麼已無從知道，故通常所謂本義，則是指詞在文字產生階段的意義，即文字形體結構所反映的，并有史料可以印證的意義。例如『行』，甲骨文寫作十，象十字路之形，本義是道路，《詩・豳風・七月》「女執懿筐，遵彼微行」之用例亦可證。本義是詞義引申的基礎，分析和掌握詞的本義，對於理解和掌握詞的引申義具有十分重要的意義。」（《古漢語知識辭典》〔武漢：武漢大學出版社，1988 年 11 月〕頁 160—161。）

（iii）任學良《說文解字引論》談到「本義」之說曾引《說文》若干篆例佐論，詳見該書第三章「《說文》釋義形音」之第三節。（《說文解字引論》〔福州：福建人民出版社，1985 年 9 月〕頁 85-87。）

【10】以上所謂本義與一般詞義學所謂之本義概念基本相同。

【11】《說文解字詁林》第 5 冊，頁 1075b。

字從口木，則《詩》：「束楚束薪」，其本義也。而《易》之「束帛」、《詩》之「束矢」、《論語》之「束脩」、《左傳》之「束馬」，皆用之。【12】

以上是援引經義去闡明《說文》說解字形本義的例子。

（2）辭

《說文》辭下云：「訟也。」【13】王筠《句讀》援引經義論證許慎的說解：

《小司寇》：「辭聽。」《呂刑》：「師聽五辭。」《大學》：「無情者不得盡其辭。」皆用本義。【14】

王氏所引《周禮》、《尚書》的「辭」字，都與獄訟之義互相關涉，並由此論證「訟」是「辭」的本義。

（3）辯

《說文》辯下云：「治也。」【15】王筠《句讀》援引經義加以解釋說：

《易·訟卦》：「其辯明也。」是本義。《樂記》：「其治辯者其禮具。」則泛言辯治之義。《曲禮》：「分爭辯訟，非禮不決。」則與辡字同義，（案：辡下云：「辠人相與訟也。」）【16】知辯即辡之累增字，故辡不見於經。【17】

（4）則

《說文》則下云：「等畫物也。」【18】王筠《句讀》參考經義內容詳細分析說：

【12】《說文解字詁林》第 7 冊，頁 1076a。

【13】《說文解字詁林》第 11 冊，頁 671a。

【14】《說文解字詁林》第 11 冊，頁 672b。

【15】《說文解字詁林》第 11 冊，頁 675a。

【16】《說文解字詁林》第 11 冊，頁 674a。

【17】《說文解字詁林》第 11 冊，頁 676a。

【18】《說文解字詁林》第 4 冊，頁 838a。

蓋即今之天平法馬也。（案：此句說解許語。）《儀禮》：「一馬從二馬。」（案：此句《禮記·投壺》兩見。）[19]為今語所本。法馬與所稱之物，必輕重相等，故式樣之義起焉。《詩》：「其則不遠。」是也。而法度之義亦起焉。《大司馬》：「均守平則。」是也。有法度則效法之。《詩》：「君子是則是傚。」是也。許君但說本義耳。云等畫者，猶今之等子有星也。為之界畫以區其等。[20]

上述束、辭、辯、則四個篆字，是王筠《句讀》中據經義印證《說文》文字本義的例子。此外，書中另有王氏認為《說文》所說本義有所不當之例，於是援引典籍並加以辨析，例如：

（1）括

《說文》括下云：「絜也。从手。昏聲。」[21]王筠《句讀》在許語「絜也」下，辨明「括」字的本義說：

絜、麻一端也。（案：此為許君絜篆說解。）此非用其本義。《玉篇》：「絜，結束也。」是此義也。髟部：「髻，絜髮也。」亦此義。髻髮，《禮經》作括髮。《詩·車舝》：「德音來括。」《傳》曰：「括、會也。」薛君《韓詩章句》：「括、約束也。」戴侗引蜀本有「結也」二字。案：此乃絜之訓釋或庚注也。《廣雅》：「括、結也。」鄭注《大學》：「絜、猶結也。」[22]

按王氏所論，括篆的本義應是「結也」。張舜徽（1911-1992）《說文解字約注》的看法可以作為補充，他說：

---

[19] 見漢·鄭玄注、唐孔穎達疏《禮記注疏》（臺北：臺北藝文印書館景印清嘉慶20年〔1815〕南昌府學重刊宋本《十三經注疏》，附《校勘記》，1973年5月5日版）頁966b，頁968a。

[20] 《禮記注疏》，頁839b。

[21] 《說文解字詁林》第9冊，頁1322a。

[22] 《說文解字詁林》第9冊，頁1322b。

馬顯慈　王筠《說文句讀》字義研究闡釋　　575

段玉裁曰：「絜者、麻一端也。引申為絜束之絜。凡物圍度之曰絜，《賈子》：『度長絜大。』是也。束之亦曰絜，凡經言括髮者，皆謂束髮也。髟部：『鬊，絜髮也。』然則束髮曰鬊，括為凡物總會之稱。」舜徽案：絜謂之括，猶會謂之括耳。《六書故》引蜀本《說文》作「絜也，結也。」結與絜義相近，「結也」一訓，蓋後人所附益，非許書原文。【23】

（2）伉

《說文》伉下云：「人名。」【24】王筠《句讀》說：

段氏曰：「非例也。」筠案：下文健、伉也。犬部犺、健犬也。則此當云健也。《漢書·宣帝紀》：「伉健習騎射。」顏注：「伉、強也。」雖二字遠隔，健或系伉引申之義而非本義，則亦當云「敵也」。杜注《左傳》「伉儷」曰：「伉、敵也。儷、偶也。」《莊子》：「萬乘之主，夫子未嘗不分庭伉禮。」是亦敵體之意也。蔡邕《釋誨》：「帶甲百萬，非一勇所伉。」則抗扞之意，即伉健也。【25】

案：《說文》本篆說解在「從人，亢聲」句下，有「《論語》有陳伉」一句，【26】所以許慎在伉篆下說：「人名」。王筠是依據《說文》健、伉的說解及典籍所記載材料，去訂正伉篆的本義。不過，他自己還是有所懷疑，未能確定。張舜徽《說文解字約注》就這樣分析：

……伉、健、強皆一語之轉，聲義同原，本書川部：「侃、剛直也。」亦與伉雙聲。【27】

【23】張舜徽《說文解字約注》（河南：中州書畫社，1983 年），下冊，卷 23，頁 56b —57a。

【24】《說文解字詁林》第 7 冊，頁 44b。

【25】《說文解字詁林》第 7 冊，頁 45a。

【26】《說文解字詁林》第 7 冊，頁 44b。

【27】《說文解字約注》中冊，卷 15，頁 5a。

案：伉字說解應當是「健也」。《說文》健下：「伉也。」【28】正好表示兩字有互相轉注訓解的特質。

以上是王筠《句讀》說解許篆本義例子，他的論說有據字形立論，有據典籍立說，基本上都是證據充實，其研究字義方面的造詣，由此可見一斑。然而，《句讀》所說解的文字本義，也有疏漏及未妥善的地方，例如：

出

《說文》出下云：「進也。象艸木益滋，上出達也。」【29】王筠《句讀》在許語「進也」下解釋說：

> 辵部「進、登也。」出字義本指人，故部中無一涉于艸木者，與生部曰「進也」不同。或曰「進也」當作「達也」。蓋據下文「出達」推之。【30】

王氏又在「上出達也」句下分析字形結構說：

> 上者，字形自下上。上象出之狀也。出達是複語。……此兩句解字形，則指艸木言，以人之出無可象，故借艸木之出象之。【31】

案：王筠說「出字義本指人」，可以說是對的。但他說「以人之出無可象」，就未必對了。出部的前後分別是之部和生部。《說文》之下云：「出也。象艸過中、枝莖益大，有所之。一者，地也。」【32】生下云：「進也。象艸木生，出土上。」【33】由此可以了解之、出、生三篆分別解作「進也」、「出也」，這都是它們的本義。出字甲骨文作 ⬔ 一期甲二四一、⬓ 一期合集六○五七、⬓ 一期合一二四、⬓ 一期合集八一七八、⬓

【28】《說文解字詁林》第 7 冊，頁 85a。

【29】《說文解字詁林》第 5 冊，頁 1010b — 1011a。

【30】《說文解字詁林》第 5 冊，頁 1011b。

【31】同上。

【32】《說文解字詁林》第 5 冊，頁 999a。

【33】《說文解字詁林》第 5 冊，頁 1036a。

一期合集六〇九三、◎ 一期合集七九四二、◎ 一期乙九〇九、◎ 一期甲四七六、◎ 二期合集二三六〇二、◎ 三期合集二九〇七六、◎ 四期屯南三四五、◎ 四期合集三三〇〇六、◎ 五期林二、二五・六、◎ 周甲探六六。【34】徐中舒（1898-1991）《甲骨文字典》解釋說：

> 從◎止從◎，◎象足，◎或作◎，象古代穴居之洞穴。故甲骨文出字象自穴居外出之形，或更從◎◎◎行，則出行之義尤顯。《說文》：「出、進也。象艸木益滋上出達也。」《說文》說形不確。【35】

再看看出字的金文，有這些寫法：◎毛公鼎、◎伯矩鼎、◎ 敔卣、◎宅簋、◎頌鼎、◎ ◎頌簋、◎頌壺、◎克鼎、◎ 師望鼎、◎号甲盤、◎伯敦蓋、◎魚鼎匕。【36】清末金文學者孫詒讓（1848-1908）《名原》說：

> 《說文》出部云：「◎、進也，象艸木益茲上出達也。」金文毛公鼎作◎、石鼓文作◎，皆从止。龜甲文則作◎，中亦从止，明古出字取足行出入之義，不象艸木上出形，蓋亦秦篆之變易而許君沿襲之也。【37】

當代語言學者張日昇（1938- ）則有以下的看法：

> 按《說文》云：「出、進也。象艸益滋上出達也。凡出之屬皆从出。」甲骨文作◎◎◎諸形，从止从山。金文稍變作◎。許氏據篆文譌體以止為艸木之形，其誤顯然。……孫詒讓謂古出字取足行出入之義。李孝定謂「以內字作◎觀之，◎疑為坎陷之象。古人有穴居者，故从止从山，而以止之向背別出入也。（《甲骨文字集釋》頁二〇七四）內作◎之說未詳。以止之向

【34】見徐中舒《甲骨文字典》（成都：四川辭書出版社，1988 年），頁 681。

【35】《甲骨文字典》，頁 681 — 682。

【36】周法高主編《金文詁林》（香港：香港中文大學出版社，1974-75 年），第 8 冊，頁 3930。

【37】《金文詁林》第 8 冊，頁 3932。

背別出入一說，則當移用於出各兩字。出、離穴外出。各、自外臨至。止形相反，字義隨之。【38】

綜觀而論，諸家的說法都是合理可取。出篆从止，字義與人相關涉，實在昭然明白。王筠以《說文》所謂「出、進也」、「進、登也」互訓，而推論「出字義本指人」，之後又說「人之出無可象，故借艸木之出象之」，就顯得自相矛盾，這正由於過於拘執於許篆字形體和許慎的說解，以致思想糾纏不清，說解迂迴而轉折。

2. 引申義【39】

所謂引申義，是指詞義由本義發展而衍生的另一個解釋義。如《說

【38】《金文詁林》第 8 冊，頁 3934-3935。

【39】引申義之說，詳參：

（i）陸宗達・王寧《訓詁方法論》說：「詞義從一點（本義）出發，沿着它的特點所決定的方向，按照各民族的習慣，不斷延伸出新義或派生出新詞，從而構成有系統的義列，這叫作引申。引申詞是詞義運動的基本形式。」（《訓詁方法論》頁 187 — 188。）

（ii）任學良《說文解字引論》說：「引申是將本義引長，義項由少到多，正象八卦推演為六十四卦一樣；產生了新的義項，而新義項和舊義又密切相關，這樣的引申義才是真正的引申義。」（《說文解字引論》頁 88。）

（iii）呂思勉《字例略說》釋「引申」說：「引伸者，字義之遷變，即語義之遷變。其根原則在人觀念之遷變。人之觀念，本無一息而不變；亦無兩人之觀念，全然相同，特其別甚微，人不易覺耳。閱時既久而更回顧焉，則判若兩義矣。夫觀念之遷變，無一息之停；而語言為固定之物，勢不能朝更暮改。積之久而其義漸殊，實為無可如何之事。以今義解古語，必不能合，即由於此。然語義之遷變，自有其一定之規則。能得其規則，則樊然淆亂之義，其中皆有線索可尋。如是，則可自源沿流，而用字便；亦可自流泝源，而讀書便矣。此引伸一端，所以雖不在六書之內，而以實用論，則尤要於六書也。」（《文字學四種》〔上海：上海教育出版社，1985 年〕頁 204。）

案：引申義乃指詞義因相關而伸延發展之新義，此說相對於本義而言。

文》引下云:「開弓也。从弓丨。」【40】《孟子‧盡心》:「君子引而不發。」【41】所用的就是「引」字的本義。《韓非子‧外儲說右下》:「善張網者引其綱」【42】,則是由本義引申出來的詞義,解作牽引的意思。《史記‧秦始皇本紀》:「引兵欲攻燕」【43】,則引申為抽象的詞義概念,解作導引。王筠《句讀》研究文字引申義的例子也非常多,以下舉有關例子說明:

（1）飧

《說文》飧下云:「餔也。」【44】王筠《句讀》說:

> 《宰夫‧注》:「鄭司農云:『飧、夕食也。』」即以字形說字義,此許君所本也。《小雅‧傳》曰:「孰食曰饔。」許君用之。《魏風‧傳》曰:「孰食曰飧。」許君不用,蓋以為引申之義也。是以《公羊傳》:「趙盾食魚飧。」直以為飲食之別名。《司儀》:「掌客之饔飧。」則又以為小禮、大禮之名,皆引申義也。【45】

《說文》本篆下有餔篆,許慎的說解是:「日加申時食也」【46】。王筠《句讀》說:「謂日加申之時而食,謂之餔也」【47】,可知夕食是餔的本義。王筠所引述的都是經傳的引申義。

（2）丰

【40】《說文解字詁林》第 10 冊,頁 472b。

【41】見《孟子注疏》（臺北:臺北藝文印書館景印清嘉慶 20 年（1815）南昌府學重刊宋本《十三經注疏》,附《校勘記》,1973 年 5 月 5 日版）頁 243a。

【42】陳奇猷校注《韓非子集釋》（臺北:河洛圖書出版社,1974 年 3 月）頁 781。

【43】司馬遷撰《史記》（北京:中華書局,1978 年 1 月）頁 233。

【44】《說文解字詁林》第 5 冊,頁 88a。

【45】《說文解字詁林》第 5 冊,頁 88b。

【46】《說文解字詁林》第 5 冊,頁 90a。

【47】《說文解字詁林》第 5 冊,頁 91a。

《說文》丰下云：「艸盛丰丰也。从生上下達也。」[48] 王筠《句讀》在「丰丰也」句下說：

《廣韻》引少一丰字，非。《詩》：「子之丰兮。」《箋》云：「面皃丰丰然豐滿。」引申之義也。丰、豐，疊韻。[49]

王氏所引述的與《段注》相同，段玉裁說：

引伸為凡豐盛之稱。《鄭風》：「子之丰兮。」《毛傳》：「丰、豐滿也。」鄭云：「面皃丰丰然豐滿。」……[50]

段、王所說都是本着經義立論。丰字本來指艸盛，經傳用作描述人的面皃豐滿，這是用了引申義。

（3）䪼

《說文》䪼下云：「繫頭殟也。」[51] 王筠《句讀》說：

《玉篇》曰：「《莊子》云：『問焉則䪼然。』䪼、不曉也。」案：此與《孟子》「王曰吾惛」同意，乃䪼引申之義。歺部殟：「暴無知也。」則正義也。言繫頭者，此殟須繫其頭也，今俗猶有然者。《廣韻》有二音，一烏渾切，病也。一陀骨切，心悶也。此殟當烏渾切，即瘟疫之瘟。[52]

張舜徽《說文解字約注》引述王筠之說，並加按語分析：

王氏讀殟為瘟，是也。謂此殟須繫其頭，非也。許所云「繫頭殟」者，謂瘟疫之中，有頭痛甚厲，如有繩索束繫之，不可解耳。今醫所稱腦膜炎之類，得病甚猝，傳染甚速者，庶幾近之。得此疾者，昏迷不曉人事，故䪼義又通于惛。[53]

---

[48]《說文解字詁林》第 5 冊，頁 1038b 。

[49]《說文解字詁林》第 5 冊，頁 1039a 。

[50] 同上。

[51]《說文解字詁林》第 7 冊，頁 968a 。

[52]《說文解字詁林》第 7 冊，頁 968b 。

[53]《說文解字約注》中冊，卷 17 ，頁 17a 。

馬顯慈　王筠《說文句讀》字義研究闡釋　　581

張氏所析甚是。事實上，許慎的解釋是指頭痛病，此病可令人昏迷，不曉人事。此字古籍一般作動詞及形容詞用，都是引申義。

（4）偆

《說文》偆下云：「富也。」【54】王筠《句讀》說：

　　心部惷：「厚也。」宀部富：「厚也。」《廣韻》：「偆、厚也。富也。」《春秋繁露》：「春之言猶偆也。偆者，喜樂之皃也。」此引申之義。……【55】

案：《說文》偆篆「从人、春聲。」【56】至於春篆，許慎的解釋是：

　　推也。从艸、从日。艸春時生也，屯聲。【57】

大陸學者李玉潔《常用漢字形音義》對春字有這樣的分析：

　　甲骨文从艸，从日，屯聲。左邊中間是日；上下的ψ形是草字的初形；右邊是屯的本字。金文變形，將「ψ」放在上邊，屯字變為彎曲形置于中間，日放在下邊。（案：李氏書中的金文作𦸁；甲骨文作𡴴。）……日在草中表示日照草生，屯聲含有萬物蓄積將生之意。春的本義是萬物始生的季節。【58】

日本學者高田忠周（1881-1946）《古籀篇》則如此分析：

　　愚謂春之从屯，形聲而會意也。屯下曰：「象艸木初生，屯然而難。」難者，難出也。陽氣未舒，陰氣尚強，故中艸欲生而不能生，屯然而屈。及春陽舒暢，於是屯然中艸生出也。春字从艸屯从日，其會意自顯矣。【59】

　　綜上所述，春字是表示有生機的意思，由此可見許慎訓解為「進

【54】《說文解字詁林》第 7 冊，頁 196b。

【55】同上。

【56】同上。

【57】《說文解字詁林》第 2 冊，頁 948b。

【58】李玉潔《常用漢字形音義》（吉林：吉林教育出版社，1990 年 3 月）頁 648。

【59】《金文詁林》第 1 冊，頁 409。

新亞學報第二十八卷　下編

也」自有道理。春時萬物抽條發芽，因而有「富也」、「厚也」的含義，這些都應該是引申義。由萬物之富厚引申到人事，則可以發展為富有、充足、喜樂的意思，所以《春秋繁露》有「喜樂之皃」的說法。【60】

　　以上是王筠《句讀》據古籍以論證引申義的例子。

　　（5）閑

　　《說文》閑下云：「闌也。从門，中有木。」【61】王筠《句讀》在「闌也」下說：

　　　牛部：「牢、閑，養牛馬圈也。」引申其義為防閑。《易·文言》：「閑邪存其誠。」又《家人》：「閑有家。」馬融曰：「閑、闌也。」【62】

　　《說文》有闌篆，許慎解釋為：「門遮也」【63】，王筠《句讀》說：

　　　遮、一本作越。《字鑑》引同。似謂必越此闌，乃得入門。然經典無徵。《廣雅》：「闌、遮也。」《孝經·鉤命訣》：「先立春七日，勅門闌無關鑰，以迎春之精。」字又借蘭，《漢書·王莽傳》：「與牛馬同蘭。」顏注：「蘭謂遮闌，若牛馬蘭圈也。」【64】

　　由此可知閑，闌兩字同義，都是指阻隔門口進出的東西。閑，金文作 ⿵門木 同簋【65】。闌，金文作 ⿵門柬 王孫鐘、⿵門柬 噩侯鼎、⿵門柬 闌卣、⿵門柬 宰撻角、⿵門柬 利簋、⿵門柬 王孫誥鐘。【66】

────────────────

【60】董仲舒（176—104前）《春秋繁露》（見《四庫全書珍本別輯》卷 47。臺北：臺灣商務印書館，1975 年）卷 11，頁 6b。

【61】《說文解字詁林》第 9 冊，頁 1043a。

【62】《說文解字詁林》第 9 冊，頁 1043b。

【63】《說文解字詁林》第 9 冊，頁 1042a。

【64】《說文解字詁林》第 9 冊，頁 1042b。

【65】《金文詁林》第 13 冊，頁 6566。

【66】《金文詁林》第 13 冊，頁 6563。及周法高主編《金文詁林補》（臺灣：中央研究院歷史語言研究所，1982 年），第 6 冊，頁 3007。

馬顯慈　王筠《說文句讀》字義研究闡釋　　　583

段玉裁《說文解字注》說：

> 謂門之遮蔽也。俗謂櫐檻為闌。引申為酒闌字。於遮止之義演之
> 也。【67】

高鴻縉（1893-1963）對「闌」有這樣解釋：

> 竊以為門遮之字而取柬聲者，當亦謂柬為竹簡可編之以遮門
> 也。【68】

張舜徽《說文解字約注》對閑篆的說解是這樣：

> 今俗猶多以木為櫐檻，形制甚小，施於門限上，所以隔別內外，
> 防小兒、家畜之任意出入，蓋即闌之遺意，閑从門中有木而訓為
> 闌，謂此也。【69】

綜合上述諸家所論，張氏的說法最清晰，他把「閑」的本義明白地揭示出來。「閑」的本義應是「隔別內外」的橫木，可以進一步「引申其義為防閑」，這其實是語法上的詞類活用，將名詞轉作動詞用。《穀梁傳・桓公二年》：「孔父閑也。」《注》：「閑謂扞禦。」【70】《孟子・滕文公下》：「閑先聖之道。」《注》：「閑、習也。」《疏》：「欲防閑衛其先聖之正道。」【71】同樣有「扞禦」的意思。漢人揚雄（前53—後18）《太玄經》：「閑……物咸見閑。」晉人范望注釋說：

> 四陰雖盡於下，而猶壯於上，故能防閑。……萬物皆見其防閑，
> 故謂之閑。【72】

【67】《說文解字詁林》第9冊，頁1042a。

【68】《金文詁林》第13冊，頁6564-6565。

【69】《說文解字約注》下冊，卷23，頁14b。

【70】見晉・范寧（339-401）集解、楊士勛疏《春秋穀梁傳注疏》（臺北：臺北藝文印書館景印清嘉慶20年〔1815〕南昌府學重刊宋本《十三經注疏》，附《校勘記》，1973年5月5日版）頁29a。

【71】見《孟子注疏》，頁118—119a。

【72】漢・揚雄撰、晉・范望注《太玄經》（《四部叢刊》第393冊，據上海涵芬樓景印明萬玉堂翻宋本原書版）卷1，頁10b。

唐人劉禹錫（772－842）《天論》：「建極閑邪。」【73】「閑」字同樣有「防止」的意思。《廣韻・二十八山》：「閑、闌也」就清楚的記下了兩種解釋：「防也、禦也。」【74】總而言之，「閑」有防、禦的解釋確是由於詞義的引申結果。

（6）戶

《說文》戶下云：「護也。」【75】王筠《句讀》說：

> 字不須說，故以疊韻說之。《左傳》曰：「勇夫重閉，則戶者所以防盜也。」故引申其義為止。《左・宣二十一年・傳》：「屈蕩戶之。」杜注：「戶、止也。」……《漢書・樊噲傳》：「詔戶者無得入群臣。」《王嘉傳》：「坐戶殿門失闌，免。」《公羊・宣六年・傳》：「勇士入其大門，則無人門焉者；入其閨，則無人閨焉者。」與戶者同意。【76】

許慎對戶篆的構形解釋是：「半門曰戶。」【77】這是戶的本義。戶，甲骨文作〕一期乙一一二八、〕一期乙四八一〇、〕二期坎・下六、〕三期鄴三・四一、六。【78】徐中舒解釋此象單扉之形。【79】李玉潔《常用漢字形音義》說：

> 戶是象形字。甲骨文象單扇門的樣子。……戶的本義是雙扇門的一半，即單扇門，也泛指門。【80】

【73】劉禹錫《天論》、見《劉禹錫集》（上海：上海人民出版社，1975年11月）頁52。

【74】陳彭年（961－1017）撰《鉅宋廣韻》（上海：上海古籍出版社，1983年4月）頁79。

【75】《說文解字詁林》第9冊，頁982a。

【76】《說文解字詁林》第9冊，頁983a。

【77】《說文解字詁林》第9冊，頁982a。

【78】見徐中舒《甲骨文字典》，頁1280。

【79】同上。

【80】《常用漢字形音義》，頁616

馬顯慈　王筠《說文句讀》字義研究闡釋　　585

　　《說文》利用聲訓條例，說解「門」為「護也」，這因為經義中有以「戶」作為動詞。「戶」的本義是門，由於有阻礙、保護的作用，所以《左傳》的杜注就把它引申為「止」。《釋名・釋宮室》：「戶，護也。所以謹護閉塞也。」[81]《玉篇》：「戶，所以出入也。一扉曰戶，兩扉曰門。」[82] 正好補充許慎的說解。

　　以上兩項是補訂王筠考證《說文》許語的引申義例子，下面列舉一些《句讀》書中值得商榷的說法：

　　（1）辛

　　《說文》辛下云：「秋時，萬物成而孰。金，剛、味辛。辛痛即泣出。」[83] 王筠《句讀》訂定為「味辛也。又辛痛即泣出。」王氏說：

　　　　依《集韻》引補。蓋成孰之義，與一辛之形不相比附，故委曲引
　　　　申而傅合之。丵下云：「辛者物孰味也。」故由成孰而得金、
　　　　剛，味辛之義。含辛則泣，辛痛亦泣，有罪之人必辛痛，遞相引
　　　　申，乃得從一辛之形。[84]

　　　　案：《周禮・天官・食醫》：「凡和、春多酸，夏多苦，秋多辛，冬多鹹。」《疏》：

　　　　……秋多辛者，西方金，味辛屬秋，秋時調和食辛，亦多於餘味
　　　　一分，故云：「秋多辛。」[85]

考之《天官・食醫》及《疾醫》，有「五味」、「五穀」、「五藥」、

────────────────────

【81】漢・劉熙、吳琯校《釋名》（臺北：臺灣商務印書館，1969，據上海涵芬樓1937
　　景明刻本景印）卷 5，頁 6b。

【82】南朝・顧野王《大廣益會玉篇》（北京：中華書局，1987 年 7 月）頁 55b。

【83】《說文解字詁林》第 11 冊，頁 661a。

【84】《說文解字詁林》第 11 冊，頁 662a。

【85】見漢・鄭玄注、唐・賈公彥疏《周禮注疏》（臺北：臺北藝文印書館景印清嘉
　　慶 20 年〔1815〕南昌府學重刊宋本《十三經注疏》，附《校勘記》，1973 年
　　5 月 5 日版）頁 73a。

「五氣」、「五聲」、「五毒」等說法。唐人賈公彥疏解說：

> ……云五味：醯、酒、飴蜜、薑、鹽之屬者，醯則酸也，酒則苦也，飴蜜即甘也，薑即辛也，鹽即鹹也。此五味，酸、苦、辛、鹹、甘也。[86]

又於《疾醫》「以辛養筋」一說之下解說：

> ……云辛，金味。金之纏合異物似筋者，人之筋亦纏合諸骨，故云似筋而以辛養之也。[87]

此外，《尚書·洪範》又有「金曰從革」、「從革作辛」的說法。《尚書正義》就這樣解釋：

> ……金之在火，別有腥氣，非苦非酸，其味近辛，故辛為金之氣味。《月令·秋》云：「其位辛，其臭腥。」是也。[88]

按上文所述，都是古代經書以五行說「辛」的例證。眾所周知，漢代陰陽五行之說十分盛行，許慎曾師事經學名家賈逵（30—101），精於古文經學，當時有「五經無雙許叔重」之美譽[89]，因此許慎在《說文》裏用五行的概念來說解文字，實在亦無可厚非。然而，假若從其他材料來研究，辛字的字義就有另外的解釋：辛，甲骨文作 ╆ 一期前四·二四一、 ╪ 二期粹五一一、 ╪ 三期粹四六三、 ╲ 四期粹四〇五、 ╪ 五期粹一四〇四。[90] 徐中舒《甲骨文字典》解釋說：

> 郭沫若謂辛象古之剞劂形，剞劂即曲刀，乃施黥之刑具，其形始

---

[86] 見《周禮注疏》，頁 74a。

[87] 見《周禮注疏》，頁 75b。

[88] 見漢·孔安國傳、唐·孔穎達疏《尚書正義》（臺北：臺北藝文印書館景印清嘉慶 20 年〔1815〕南昌府學重刊宋本《十三經注疏》，附《校勘記》，1973 年 5 月 5 日版）頁 169b，頁 170a。

[89] 參嚴可均《許君事跡考》，見《說文解字詁林·前編下》第 1 冊，頁 1288b—1290。

[90] 見《甲骨文字典》，頁 1561。

馬顯慈　王筠《說文句讀》字義研究闡釋　　587

如今之圓鑿而鋒其末，刀身作六十度之弧形，辛字金文之作🔨串父
辛敲，若🔨父辛爵加一乃表示上下意，即其正面之圖形，作竒若竒
者，則縱斷之側面也，知此則知辛亏何以為一字之故。（《甲骨
文字研究·釋干支》）按郭說可從。竒、竒、亏初為一字，而
《說文》分為辛、竒、亏三字（亏見於啻字偏旁），義遂各有所
專。《說文》：「辛、秋時萬物成而孰，金剛味辛，辛痛即泣出。
从一从竒，竒，辠也。辛承庚。象人股。」不確。【91】

當代文字學家鄒曉麗（1937-）《基礎漢字形義釋源》也主張依從郭
氏的說法，鄒氏說：

「辛」的本義，郭沫若以為「剞劂」（jìjúe，雕刻用的曲刀）之
形。古人對俘虜行黥刑時亦用之，故引申為罪愆、辛酸。在《子
執戈父辛鼎》中有🔨形，中象斧鑿，兩邊象木裂卷曲，故證明郭
說可信。又，學者亦以為是「薪」（柴）的本字。成語中有「負
荊請罪」，故知「薪」亦可用為刑具。總之，在「辛」作為兵器、
刑具這點上眾人無分歧。【92】

康殷（1926-1999）《古文字形發微》則認為「辛」是施肉刑的刀。【93】辛

【91】同上。

【92】鄒曉麗《基礎漢字形義釋源》（北京：北京出版社，1990年6月）頁252。

以下詳錄鄒氏對「辛」義之分析表：

```
                                                （假借）
秋天 ◄─── 西方 ◄─── 金 ◄──────── 辛（兵器、刑具）────► 干支 ────► 人名
       （《詩·十月之交·》：
        「朔日辛卯」，鄭箋：
        「辛，金也。」）
   │                                         │
   ▼                                         ▼
有收成（《釋名·釋天》：「辛                殺傷（《白虎通》：「辛所以煞傷也。」）
     者，新也，物初新
     者皆收成也。」）
   │
   ▼
萬物新生（《史記·律書》：「辛            苦痛（今有辛酸、辛苦、辛痛等雙音詞）
     者，言萬物之新生。」）
```

【93】康殷《古文字形發微》（北京：北京教育出版社，1990年3月）頁639。

字的本義應是刀、鑿之類的器具。《說文》：「秋時萬物成而孰。金、剛，味辛。」大抵是以經義結合五行思想立說。「辛痛即泣出」則是施以黥刑令人苦痛無比的情態描述，是文字本義的引申。王筠《句讀》所謂「含辛則泣，辛痛亦泣，有罪之人必辛痛」，這樣解說就比較迂曲，難以令人清楚理解。

（2）昔（昔）

《說文》昔下云：「昔，乾肉也。从殘肉，日以晞之，與俎同意。」【94】王筠《句讀》在「乾肉也」下說：

《易·噬嗑》：「噬腊肉。」《釋文》：「音昔。馬云：『晞於陽，而煬于火，曰腊肉。』」虞本作昔，云三在膚裏，故稱肉。离日乾之為昔。筠案：群書皆作腊，遂昔之部位也。昔專為對今之詞，則引申之義也。腊非一日可乾，故為昔矣。知許合之不誤者。《檀弓》：「陳乾昔。」必是腊，乃可連乾為詞。人名乾昔者，或取堯如腊之義。【95】

案：昔，甲骨文作 昔 一期一九六八、昔 一期乙七四九二、昔 一期乙八二○七、昔 一期後下五·三、昔 一期菁六、昔 一期鄴一、四五·四、昔 一期京一八八五、昔 五期南七八五。【96】徐中舒《甲骨文字典》解釋說：

從日從昔。葉玉森謂昔乃象洪水，即古 巛 字。從日。古人殆不忘洪水之 巛，故制昔字，取誼於洪水之日。說契按其說可從。《說文》：「昔、乾肉也。从殘肉，日以晞之，與俎同意。」不確。【97】

又金文「昔」作 昔 克鼎、昔 卯簋、昔 師麥簋、昔 善鼎、昔 昌鼎、昔 史

【94】《說文解字詁林》第 6 冊，頁 96a。

【95】《說文解字詁林》第 6 冊，頁 97a。

【96】見《甲骨文字典》，頁 725。

【97】同上。

音鼎、徐王鼎【98】。林潔明也主張採用葉說，林氏說：

> 按葉說是也。昔字本義當為古今之意。金文昔字除用為人名外，皆為往昔之意。當為乾肉之本字，从肉昔、昔亦聲，與昔為二字也。徐王鼎用脢腊、腊用為乾肉字，與昔字判然不混也。【99】

由此可知，昔的本義原是指往昔的時候。張舜徽《說文解字約注》有進一步的分析：

> 舜徽按：昔字智鼎作；甲文作、或作；皆不見殘肉之形。葉玉森謂昔上从，乃象洪水，即古字。下从日，古人殆不忘洪水之，故制昔字取誼于洪水之日，其說是也。竊疑昔、腊本是兩字。昔乃今昔之昔，為會意字；腊乃乾肉之腊，為形聲字。自篆體易為，許書依篆立解，遂目灮為殘肉之形，與腊混為一字矣。經傳中惟用腊為乾肉，猶可見古字古義。【100】

張說比諸前人所釋更見清晰合理。王筠所謂「昔專為對今之詞，引申之義也」，完全是附會許慎的說法。至於他說「腊非一日可乾，故為昔曩矣」，則是牽強的推論，難以信服於人。

3. 假借義【101】

【98】《金文詁林》第 9 冊，頁 4191。

【99】《金文詁林》第 9 冊，頁 4191-4192。

【100】《說文解字約注》中冊，卷 13，頁 13b。

【101】假借義之說，詳參：

（i）任學良說：「假借者，本無其字，依聲託事，令長是也。古書的假借字應當分成兩類：一是屬於造字方面的，一是屬於用字方面的。『令、長、朋、西、來』等屬於前者，即本無其字，借他字之聲以表此字之義。如「令」，篆文作，意思是號令。甲文作，金文作，都是會意字，人集合起來跪着聽號令。篆文卪指符節，不對，實際上卪（卪）都是人字的變體，應以甲文、金

所謂假借，就是指語言中有音無字之詞，借用了同音字去表示詞義的一種造字方法。如「難」本義是鳥，而借作困難之「難」；「易」本義是蜥蜴，而借作容易之「易」。【102】然而，古人對假借及引申義的概念有時也混淆起來。【103】例如，段玉裁《說文解字注》說：

文為準。總之，假借為善義的『令』（令尊、令郎）和原字的意義不相干，只是依聲而託以新的事。《詩‧東山》：『勿士行枚』的『士』和『行』，就是用字方面的。鄭玄所說『倉卒無其字，或者以音類比方假借為之，趣於近之而已』，就是這種假借字。『从事』的『事』；『銜枚』的『銜』本來有的，但寫字的人倉卒之間想不起來，便借同音字來代替，就成了用字上的通例——假借字。實際上這是一種錯別字，不是許慎所說的造字法裏的假借字。」（任學良著《說文解字引論》頁 52。）

（ⅱ）向夏說：「假借是克服造字困難的一種造字方式。從符號的形體來說，它沒有造出新字；從文字的使用上說，等於造出了新字；如借『人』的異文『大』做大小之大之類。它只借用『大』字的形和音，作為表示大小之『大』的一種概念，它和『大』字本義絕無任何關係。周祖謨說：『假借字就是借用一個語音相同的字來代表另一個語詞，它的作用就是表音。例如 (我) (其) (自) (來) (北)，「我」象戈形，「其」象箕形，「自」象鼻形，「來」象麥形，「北」象二人相背。在卜辭裏「我」是代詞，「其」「自」都是虛詞，「來」是往來之來，「北」是四方的名稱。這些都是假借字。假借字只是作為一種表音的符號來使用，不再有表意的作用。文字在使用上有了假借的方法，就可以少造字。遇到難以造字的時候，也可以用假借以濟其窮。這樣就可以更好地使文字與語言相適應了。假借的產生可能要比形聲字早得多。』」（《問學集‧漢字的產生和發展》）」（向夏著《說文解字敘講疏——中國文字學導論》〔香港：中華書局香港分局，1977 年 5 月〕頁 125-126。）

【102】參考許嘉璐主編《傳統語言學辭典》（河北：河北教育出版社，1990 年 8 月）頁 189。

【103】有義之假借、無義之假借說，詳參：

（ⅰ）林尹（1909—1983）《文字學概說》（臺北：正中書局，1985 年 6 月）

馬顯慈　王筠《說文句讀》字義研究闡釋　　591

令之本義發號也，長之本義久遠也，縣令縣長本字，而由發號、
久遠之義引申展轉而為之，是謂假借。【104】

王筠《句讀》卷二十九，在許慎《說文‧敘》：「假借者，本無其
字，依聲託事，令，長是也。」一節下加以申說：

徐鍇曰：「今所以使令，或長於德，或長於年，皆可為長，故因
而借之。」筠案：此尚是有義之借。其純乎依聲者，如某本果
名，借為誰某，是也。【105】

王氏此說可與他在《句讀》某篆：「酸果也」下，所注的內容互相
發明，他說：「今借梅，而用為誰某之字」。【106】又如離篆說解，王氏
說：「借離為離別也」。【107】於何篆說解「一曰：誰也」下，王氏說：
「此借義」。【108】然而，王筠早於《說文釋例》對假借下了定義：「凡
與本義不符者，皆假借也」，又說：「假借一門，觸目皆是，不勝書
也」。【109】事實上，王氏在《句讀》以「借」、「假借」等方式說解字
義的例子十分之多。以下是書中一些研究假借的例子：

（1）蓑

《說文》蓑下云：「喪藉也。」【110】王筠《句讀》注釋說：

頁 187 － 193。

（ii）杜學知《六書今議》（臺北：正中書局，1977 年 6 月）頁 241 － 255。

（iii）帥鴻勳《六書商榷》（臺北：正中書局，1969 年 4 月）頁 110 － 114。

（iv）董希謙、張啟煥主編《許慎與〈說文解字〉研究》，頁 104 － 105。

【104】《說文解字詁林》第 11 冊，頁 932a。

【105】《說文解字詁林》第 11 冊，頁 967b。

【106】《說文解字詁林》第 5 冊，頁 575b。

【107】《說文解字詁林》第 4 冊，頁 249b。

【108】《說文解字詁林》第 7 冊，頁 116a。

【109】見《說文釋例》頁 118b，頁 104b。

【110】《說文解字詁林》第 2 冊，頁 887a。

《儀禮》、《禮記》皆作寢苫，同音假借。【111】

（2）朱

《說文》朱下云：「艸木盛。朱朱然。」【112】王筠《句讀》注釋說：

> 《玉篇》引無盛字，非。字隸作市，與朱市字同形。《玉篇》市下引《毛傳》：「蔽市，小皃。」知今本作市者加艸也。猶「東門之揚，某葉肺肺。」字外加肉也。且《春秋》：「有星孛入于北斗。」《天文錄》：「孛星者，芒氣四出曰孛。孛謂字孛然也。」是又於孛外加子也。然孛在本部，義自可通，而《孟子》：「則苗淳然興之矣。」《左·莊十一年·傳》：「其興也悖焉。」又於孛外加水加心矣。皆同聲假借也。【113】

（3）贛

《說文》贛下云：「賜也。」【114】王筠《句讀》注釋說：

> 《釋詁》：「貢、賜也。」《釋文》：「字或作贛。」是也。《漢石經·論語》：「或旁其名為之字者，聞名即知其字，聞字即知其名，若名賜、字子貢。」案：此貢亦當作贛，蓋同聲假借，經典常事。若言聞名知字，即當用正字矣。【115】

案：以上三項，是王筠說解文字同聲假借的例子。

（4）侗

《說文》侗下云：「大皃。从人同聲。」《詩》曰：『神罔時侗。』」【116】王筠《句讀》於「神罔時侗」下注釋說：

> 《大雅·思齊》文。今作恫。《傳》曰：「恫，痛也。」許引此以

【111】同上。

【112】《說文解字詁林》第 5 冊，頁 1022a。

【113】《說文解字詁林》第 5 冊，頁 1023a。

【114】《說文解字詁林》第 5 冊，頁 1163a。

【115】《說文解字詁林》第 5 冊，頁 1164a。

【116】《說文解字詁林》第 7 冊，頁 80a。

馬顯慈　王筠《說文句讀》字義研究闡釋　　593

說假借。【117】

（5）勿

《說文》勿下云：「……所以趣民事。故怱遽者稱為勿勿。」【118】王筠《句讀》注釋說：

> 上文說義說形之詞既具，此又舉假借之義也。「所以趣民事」者，《地官・遂人》：「若起野役，則令各帥其所治之民而至，以遂之大旗致之。」「怱遽者」、囪部怱：「多遽怱怱也。」《禮記・祭義》：「勿勿乎其欲其饗之也。」《大戴禮・曾子立事篇》：「君子終身守此勿勿也。」《鄭注》、《盧注》皆曰：「勿勿猶勉勉也。」晉人書翰中之勿勿，則怱遽義矣。【119】

案：以上兩項，是王氏引書傳疏證許語以闡析假借的例子。

上文所述都是王氏在《句讀》裏申明許篆「假借」例子。此外，書中另有用「某為某之借」、「借義」、「借字」等術語以說明假借的例子。現舉王氏有關研究，並加以補訂說明如下：

（1）毋

《說文》毋下云：「 止之詞也。其字從女，內有一畫，象有姦之者，禁止之，勿令姦。」【120】王筠《句讀》在「止之詞也」下說：

> 依《曲禮・釋文》引補。下竝同。《士昏禮》：「夙夜毋違命。」《注》：「古文毋為無。」案：無者借字。鄭君依今文之正字。【121】

又在「其字從女……勿令姦」下說：

> 勿亦毋之借字，許說當止於此。【122】

【117】《說文解字詁林》第 7 冊，頁 80b。

【118】《說文解字詁林》第 8 冊，頁 264b。

【119】《說文解字詁林》第 8 冊，頁 266a。

【120】《說文解字詁林》第 10 冊，頁 250b。案：是句說解依王氏《句讀》所訂。

【121】同上。

【122】同上。

案：今存甲骨文、金文都沒有毋字。徐中舒認為卜辭以母為毋[123]，這應是假借字。鄒曉麗《基礎漢字形義釋源》引戰國竹簡為證，指出毋字有作申、申。鄒氏解釋說：

「毋」與「母」（母，甲文申一期，是指撫育過孩子的婦女，故字形从「女」且有二乳）同源。如今甲盤「母敢不即市……」的「母」即是否定詞。從讀音上看，「无有」二字連讀成「毋」。今吳語區「沒有」稱「嘸啥」可證。

考「毋」字之來源，則是因母親對孩子最有權威（特別是母系社會），故「母」被借為禁止詞。後來字形改寫成「毋」。[124]

大陸學者章季濤《怎樣學習〈說文解字〉》說：

《說文》云：「毋：止之也。从女，有奸之者，（止之）。」從文意上看，原文似脫漏「止之」二字。「毋」字反映了對偶婚確立之後的社會道德觀念，婦女受到侵犯（「有奸之者」），見到的人應當仗義制止。所以「毋」字用作否定副詞，不僅表示制止別人，不讓人繼續做下去，而且往往帶有命令的意味。「毋」是一個準初文，由「女」字加一筆組成（指事字）。[125]

張舜徽《說文解字約注》另有見解，他說：

……毋字在金文中作申，作申，即母字也。小篆變而从一者，蓋自借為禁止之詞以後，為有別於父母之母，乃稍變其筆畫及音讀耳。古人言「毋」猶今語作「莫」，此種語詞，古無專字，大率借實字以為之。母音近莫，故即借為禁止之詞也。禁止之詞，經傳亦多借用無字勿字，皆雙聲相轉耳。[126]

---

[123] 徐中舒《甲骨文字典》，頁 1353。

[124] 見《基礎漢字形義釋源》，頁 29 — 30。

[125] 章季海《怎樣學習〈說文解字〉》（河南：河南人民出版社，1988 年 12 月）頁 78。

[126]《說文解字約注》下冊，卷 24，頁 43a。

昔日於香港珠海書院文史研究所追隨國學大師王韶生教授（1904-1998）研習《史記》，王師曾於課中闡述毋篆字義，謂「毋」中之直筆乃一示禁符號，母字兩點原指女性胸上乳頭，不可胡亂觸摸，由此引申為「無」，有禁止之意。綜觀而論，諸家所說，各自成理，其中以張、王二人的見解最合理可取。至於無字，根據近人張哲《舞無淺說》一文所考證，應是「舞」的本字。【127】現在作為有無之「無」，是用了假借義。「勿」借作「毋」，經子書傳十分常見，如《禮記·月令》：「驅獸毋害五穀。」【128】《淮南子·時則》毋作勿。【129】《禮記·月令》：「毋敢詐偽。」【130】《呂氏春秋·季夏紀》毋作勿【131】，以上諸例皆可為證。

勿，甲骨文作 ⟨圖⟩ 一期前五·二二·二、⟨圖⟩ 三期四二四。【132】徐中舒解釋說：

> 從 ⟨圖⟩ 從 ⟨圖⟩，⟨圖⟩ 象弓形，其旁之 ⟨圖⟩ 乃所以表示弓弦之振動。引弓而發矢則弓弦撥動，故發弓撥弦乃勿之本義，卜辭借其聲而為否定辭，（案：弓上之矢一旦由弦發出則一去不返，即沒有的意思，

【127】張哲《舞無淺說》在文中總結說：「舞字原是以人為本，作兩手執物揮舞型，象徵舞蹈之意，因舞無同聲，故金文中多以舞代無。後來幾經變化，那有腳的保存着舞字的原意，沒腳的就形成了現在的舞字。」見《中國文字》（臺北：國立臺灣大學文學院中國文學系編印，1972年3月）第1卷，頁279。

【128】見《禮記注疏》，頁308b。

【129】案：《時則訓》：「驅獸畜勿令害殺。」見漢·高誘注《淮南子》（臺北：臺灣商務印書館，1967年。《四部叢刊初編縮本》，據1936年上海商務縮印影鈔北宋刊本影印）頁33a。

【130】見《禮記注疏》，頁316b。

【131】案：《季夏紀》：「勿敢詐偽。」見呂不韋（？—235前）撰·高誘注《呂氏春秋》（臺北：臺灣商務印書館，1967年，據上海1936年上海商務縮印明刊本景印）卷26，頁186a。

【132】見《甲骨文字典》，頁1043。

所以勿之字義可以借為無。）至於《說文》篆文則譌而與物字所從之勿為一形，二者初非一字。……《說文》：「勿、州里所建旗，象其柄，有三游，襍帛，幅半異，所以趣民。故遽稱勿勿。㪱勿或从扒。」不確。【133】

勿，金文作㓱盂鼎、㓱量侯簋、彐毛公鼎、㠯師㝬簋、㓱齊鎛、㓱中山王䝍鼎、彐召伯簋、彐桓戻鼎、彐師虎簋、彐師酉簋、㓱南彊鉦，【134】林潔明解釋說：

> 按字在金文作㓱，甲骨文勿字作㠯藏一‧四、㓱藏三‧七‧四、㓱後下‧十六‧一，㓱犁之初字作㓱，則知金文勿與刃已因形似而已混用不別。朱芳圃云：「（勿）字从刀从彡會意，……故引申而有雜色之義，卜辭假作物若牟」（釋叢頁183—184）。按朱說蓋誤以甲骨文勿勿為一字。馬敘倫曰：「疑甲文㓱乃易字，如金甲文作彐㠯諸形之變體，借以為勿不之勿。金文勿字與甲文中牛之㓱同。甲文之㓱即犁牛，物即犁牛，从牛勿聲，勿為㓱之偽體，㓱為耒之初文。」（刻詞頁139—140）按據李孝定云：「栔文㠯字之義均作否定詞，無一與牛字連用作雜文牛解者，而㓱字之義則反是。」（《集釋》頁325。）則知勿刃二字，在甲骨文中固不容相混，亦非形譌，是馬朱二氏皆失之也。勿之本義，或以郭沫若氏以為笏之本字較為近是。《說文》則以勿為旐之本字，於字形字義並據，蓋以假借義為本義也。金文勿字皆用為否定詞，有否定及禁止之意。【135】

林氏的說法是合理可取的。「勿」的本義，雖然至今還未成定論，但是它的假借義作為否定詞，與「毋」、「無」同義通用，的確是自古已有的事實。

【133】同上。

【134】《金文詁林》第 11 冊，頁 5807。

【135】《金文詁林》第 11 冊，頁 5814—5815。

（2）子

《說文》子下云：「十一月，陽气動，萬物滋，入以為偁。象形也。凡子之屬皆從子。」【136】王筠《句讀》在「入以為偁」下解釋說：

> 入、當作人。子者，男子之美偁也。許君以干支類聚，故以子月為正義，男子為借義，不可附和，亦不須駁正也。【137】

王氏所謂借義，其實即是假借義。子，甲骨文作 ☐ 一期佚一三四、☐ 一期乙四五〇四、☐ 一期甲二九〇八、☐ 一期甲二九〇七、☐ 一期乙一七五、☐ 一期乙四一三、☐ 一期前六・五一・七、☐ 一期前四・二・七、☐ 一期前六、五二、一、☐ 一期後下八・一〇、☐ 一期粹三〇九、☐ 三期合集二二六五五、☐ 三期甲一八六一、☐ 三期甲三九一七、☐ 三期粹三三三、☐ 三期甲二四三一、☐ 四期佚二三三、☐ 期戩一五・六、☐ 四期戩一七・二、☐ 四期粹七七六、☐ 四期後上四・一七、☐ 五期三、四一、☐ 五期林一・一七・八、☐ 五期三七・五、☐ 五期後上四、一四，【138】徐中舒解釋說：

> 甲骨文地支之子作 ☐ ☐ ☐ ☐ 等形，地支之巳作 ☐ ☐ ☐ 等形，☐、☐ 實為一字，皆象幼兒之形，惟表現各異耳。☐ 象幼兒頭上有髮及兩脛之形，☐ 象幼兒在襁褓中兩臂舞動，上象其頭形，因象幼兒在襁褓中，故其下僅見一微曲之直畫而不見其兩脛。【139】

子，金文作 ☐ 利簋、☐ 傳卣、☐ 析觥、☐ 琱生簋、☐ 戍甬鼎、☐ 小子射鼎、☐ 子辛卣、☐ 史頌簋、☐ 者姛罍、☐ 齊鎛、☐ 邾討鼎、☐ 中山王嚳鼎、☐ 番君鬲、☐ 蔡公子果戈、☐ 子睤戈、☐ 王子午鼎、☐ 上官登，【140】陳初

【136】《說文解字詁林》第 11 冊，頁 689b。

【137】《說文解字詁林》第 11 冊，頁 691a。

【138】見《甲骨文字典》，頁 1570 － 1571。

【139】見《甲骨文字典》，頁 1571。

【140】見《金文詁林》第 15 冊，頁 8171 － 8177；《金文詁林補》第 6 冊，頁 3640；《金文常用字典》頁 1159。

新亞學報第二十八卷　下編

生《金文常用字典》這樣分析：

> 子字甲骨文作 🔣、🔣，象小兒頭有髮及二足之形，與籀文近，或
> 省作 🔣、🔣，或作 🔣，與《說文》古文同，或作 🔣，與小篆同。
> 金文大致相同。籀文下體乃足形之譌變，非几案也。【141】

陳氏說得通達明白，合理可信。「子」的本義就是小孩，再引申而
為人的通稱。

（3）須

《說文》須下云：「而，毛也。」【142】王筠《句讀》說：

> 《禮運・孔疏》引《說文》云：「耏者鬚也。」鬚謂頤下之毛，象
> 形字也。案：耏是會意字。既云象形，則耏是而之譌。鬚則須之
> 俗作也。而部既以須說之，既須部以而說之，是謂轉注。又申之
> 以毛者，毛部說以須髮。《左傳》亦曰「二毛」。又借而為語助
> 既久，故申之也。【143】

金文有須字，作 🔣 周雒盨、🔣 季㦷盨、🔣 白多父盨、🔣 立盨、🔣 遣叔
盨、🔣 弭叔盨、🔣 鄭義伯盨、🔣 剌叔盨、🔣 須盂生鼎，【144】陳初生《金
文常用字典》辨析「須」的構形說：

> 須字金文象人面上長滿鬍鬚。為須之初文。本為整體象形，小篆
> 分離為从頁从彡會意。金文多用為器名。【145】

高鴻縉有這樣的看法：

> 雷浚《說文外編》曰：「《說文》無鬚字。《玉篇》曰：「鬚本作
> 須。」按金文 🔣 字，屢見於盨字偏旁，均象頁（頭）旁生鬚

【141】《金文常用字典》頁 1159－1160。

【142】見《說文解字詁林》第 7 冊，頁 1000b。案：是句說解依王氏《句讀》所訂。

【143】同上。

【144】《金文詁林》第 11 冊，頁 5519。《金文常用字典》頁 849。

【145】《金文常用字典》頁 849。

馬顯慈　王筠《說文句讀》字義研究闡釋　599

形，字倚頁畫鬚形，由物形 ∬ 生意，故為鬚意，名詞。後須借用
為必須意，副詞。久而不返，秦人乃加彡（髮字之次初文），為
意符，作鬚。【146】

案：《易·賁》：「賁其須。」《疏》：「須，是上須〔附〕於面。」【147】
《漢書·高帝紀》：「高祖為人，隆準而龍顏，美須髯。」《注》：「在
頤曰須，在頰曰髯。」【148】這些都是用了「須」的本義。至於《詩·邶
風·匏有苦葉》：「人涉卬否，卬須我友。」《傳》：「人皆涉，我友未
至，我獨待之而不涉。」【149】《漢書·馮奉世傳》：「奉世上言：『願得
其眾，不須煩大將』。」【150】《荀子·王制》：「賢能不待次而舉，罷不
能不待須而廢。」《注》：「須，須臾也。」【151】《文選》應璩《與滿公
琰書》：「適有事務，須自經營，不獲侍坐，良增邑邑。」【152】所用的
字義就與「須」的本義不關涉，這些都是用了「須」的假借義。

　　以上是王筠《句讀》中沒有標明「假借」一詞作為說解術語的例
子。然而，他所謂「借」、「借義」、「借字」，其實都是「假借」的
意思。

【146】《金文詁林》第 11 冊，頁 5521。

【147】魏·王弼、晉·韓康伯注、唐·孔穎達疏《周易正義》（臺北：臺北藝文印書
　　　館景印清嘉慶 20 年〔1815〕南昌府學重刊宋本《十三經注疏》，附《校勘記》，
　　　1973 年 5 月 5 日版）頁 63a，頁 77b。

【148】漢·班固撰《漢書》（北京：中華書局，1983 年 6 月），頁 2。

【149】漢·毛亨傳、鄭玄箋、唐·孔穎達疏《毛詩正義》（臺北：臺北藝文印書館景
　　　印清嘉慶20年〔1815〕南昌府學重刊宋本《十三經注疏》，附《校勘記》，1973
　　　年 5 月 5 日版）頁 89a。

【150】《漢書》，頁 3298。

【151】謝墉（1719 — 1795）、盧文弨（1717 — 1796）《荀子集解》（臺北：新興書
　　　局，1963 年）頁 59。

【152】見梁·蕭統撰《文選》（北京：中華書局，1977 年 11 月），頁 597b。

4. 動靜字

動靜字之說最早見於元代劉鑑《經史動靜字音》一書，劉氏說：「凡字之動者，在諸經史當以朱筆圈之，靜字不當圈也」。【153】動靜字本來是古漢語語法術語【154】，並非屬於傳統文字學之範疇。清代語法學者馬建忠（1845-1900）在他的著作《馬氏文通》裏，曾討論假借的理論，並提及通名假借之說及動字假借之說。所謂通名假借，是指靜字、動字、狀字假借為通名。動字假借，是指名字、代字、靜字處於語詞之位置上，所顯示之動字語法功能。【155】然而，在乾嘉時期的王筠，他在《句讀》說解字義時，已引用動字、靜字等術語，去闡明字義、詞義的特性。王氏這種處理方式，對後世研究字義、詞性，甚至語法方面，都具有啟導性的影響。以下條舉一些關於王筠研究動靜字的例子：

（1）形

《說文》形下云：「象形也。」【156】王筠《句讀》說：

> 今人之用形字也，以靜字為本義，動字為引申義。古人之制字也，則以動字為本義，何也？人之形不止於須髮，而字從彡，可知《說命》曰：「乃審厥象，俾以形旁求于天下。」乃其本義。形者，圖畫也，故從彡，部首下所謂畫文也。而在天成象，在地成形，則引伸之義矣，是以篆文形字，動字也。說解「象形也」之形字，又是靜字，謂象其形也。【157】

【153】元・劉鑑《經史動靜字音》（墨緣堂，癸酉 1933 年），頁 1a。

【154】參考：許嘉璐主編《傳統語言學辭典》，頁 71、頁 206。

【155】參考呂叔湘（1904－1998）、王海棻主編《馬氏文通讀本》（上海：上海教育出版社，1986 年，6 月）頁 70－71，頁 326－333，頁 385－387。

【156】《說文解字詁林》第 7 冊，頁 1008b。

【157】《說文解字詁林》第 7 冊，頁 1008b－1009a。

馬顯慈　王筠《說文句讀》字義研究闡釋　　　　　601

以上是王氏說明動字、靜字與本義、引申義關係的例子。

（2）塗

《說文》塗下云：「涂也。」【158】王筠《句讀》說：

此涂泥之涂也。現、堊二篆下放此，皆靜字。墍墀二篆下涂字，則梓材塗墍之塗也，皆動字。墐字下涂字，則動靜兼之，且凡靜字皆可為動字也。【159】

（3）杖

《說文》杖下云：「持也。」【160】王筠《句讀》說：

上下文皆靜字，此以持解杖，則是動字乎，蓋杖鉞、杖策、杖劍、杖節，不第齒杖可杖也，故云持以關之，仍是靜字。【161】

以上是王氏說明《說文》所收篆字，有動靜詞性特點的例子。

（4）髹

《說文》髹下云：「桼也。」【162】王筠《句讀》說：

此用靜字為動字也。今人言桼不言髹。《儀禮·鄉射記》、《春官·巾車》字皆作髤。《漢書·外戚傳》顏注：「以漆漆物謂之髹……字或作髤。」《巾車·注》：「故書髤為軨。杜子春讀為桼垸之桼，直謂髤桼也。」《釋文》：「軨音次。」韋昭曰：「賦桼曰髹。」是髹乃動字。而《鄉射記》：「楅髤。」《注》云：「赤黑漆也。」「巾車」《注》云：「髤，赤多黑少之色韋也。」則又以為靜字。【163】

（5）數

──────────────────────────────

【158】《說文解字詁林》第 10 冊，頁 1141a。

【159】《說文解字詁林》第 10 冊，頁 1141b。

【160】《說文解字詁林》第 5 冊，頁 819b。

【161】《說文解字詁林》第 5 冊，頁 820a。

【162】《說文解字詁林》第 5 冊，頁 1073a。

【163】《說文解字詁林》第 5 冊，頁 1073b ─ 1074a。

《說文》數下云：「毀也。」【164】王筠《句讀》說：

> 《書・序・釋文》：「壞，《字林》作斁毀也。」《釋詁・釋文》引《說文》：「壞，敗也。籀文作斁。」《字林》：「壞，自敗也。……斁，毀也。」諸家據此，謂本篆當刪，非也。諸家不知重文在兩部之例耳。《釋文》不誤，但「籀文作斁」句下，失「注在攴部」句。其引《字林》也，本部：「敗、毀也。」則本篆云：「毀也。」仍是敗也。壞字分動靜，許君舉動以該靜。呂忱則壞、靜；斁、動也。【164】

以上是王氏闡明《說文》篆字的說解具有動靜字義概念的例子。

（6）羅

《說文》羅下云：「以絲罟鳥也。」【166】王筠《句讀》說：

> 《釋器》：「鳥罟謂之羅。」許不云鳥罟也者，《郭注》云：「謂羅絡之。」即許君意也。《詩・鴛鴦》：「畢之羅之。」用靜字為動字，許兼動靜而說之也。【167】

（7）鏤

《說文》鏤下云：「剛鐵也。」【168】王筠《句讀》說：

> 此謂本是靜字也。僅見《禹貢》，乃生成之物。若夏侯陽《算經》所云：「鍊黃鐵為剛鐵。」此雖百鍊之剛，不足以當鏤之名。又《夢溪筆談》云：「用柔鐵屈盤之，而以生鐵陷其間，泥封之鍊之，鍛令相入，謂之團鋼，亦謂之灌鋼，此乃偽鋼耳。」案：此尤不足道也。【169】

【164】《說文解字詁林》第 10 冊，頁 1208a。所引許語依《說文解字繫傳》。

【165】《說文解字詁林》第 10 冊，頁 1209a。

【166】《說文解字詁林》第 6 冊，頁 970a。

【167】《說文解字詁林》第 6 冊，頁 970b。

【168】《說文解字詁林》第 11 冊，頁 15a。

【169】《說文解字詁林》第 11 冊，頁 16a。

又在許語「可以刻鏤」句下說：

> 此又謂以靜字為動字也。經傳多有之。《詩·小戎》：「虎韔鏤
> 膺。」《韓奕》：「鉤膺鏤錫。」《箋》：「刻金飾之。」《釋
> 器》：「金謂之鏤。」又曰：「鏤，鐼也。」《注》：「刻鏤物為
> 鐼。」【170】

（8）履

《說文》履下云：「足所依也。」【171】王筠《句讀》說：

> 履、依疊韻。《方言》：「絲作之者謂之履。」《詩》：「君子所
> 履。」以靜字為動字也。所履必于禮，故《序卦》云：「履者禮
> 也。君子勤禮，斯福履綏之矣。」【172】

以上是王筠通過經子書傳的考證，以闡明文字有動靜義的例子。同屬這
類例的，還有又、略、糞、津、幾、釁、堅等篆字的說解。王氏對動靜
字的重視，於此可見一斑。

三、《句讀》對文字形義辨析之不足

王筠在《句讀》說解字義時，雖然援引了傳統訓詁條例及語法理
論、術語去闡明字義、詞義的特性，可是仍有不少地方分析得不夠清晰
具體，特別是在文字之形義關係方面，仍有不少值得讀者注意及有待商
榷的地方。茲條舉幾例略述於下：

（1）鄉

《說文》鄉下云：「國離邑，民所封鄉也。嗇夫別治。封圻之內六
鄉，六鄉治之。从𨛜，皀聲。」【173】按許慎所釋，這是一個形聲字，

【170】同上。

【171】《說文解字詁林》第 7 冊，頁 653a。

【172】《說文解字詁林》第 7 冊，頁 654a。

【173】《說文解字詁林》第 5 冊，頁 1422b-1423a。

新亞學報第二十八卷　下編

而他只是講述了本篆在文獻上的訓解，並沒有按其形義加以分析。【174】王筠大概是受到許慎的說解影響，認為本篆亦是形聲結構，於是沒有參考金文來研究，只是援引桂馥及段玉裁兩家之說，並依照所引書證，如徐鍇《說文繫傳》、晉人黃恭《交廣記》、《漢書・百官表》、《周禮》及《集韻》引《說文》等材料作論，結果因循許說而強為疏解，忽略了文字的形義關係。【175】案：鄉篆的古文字作 ⿰ 前四・二一・五、⿰ 三年癲壺、⿰ 衛盉等形【176】，從字的構形來看，有兩人相對而坐，面向食具之意。商承祚（1902-1991）《殷墟文字》更援引用了大量古文字材料來論證，他指出其字形是「象饗食時賓主相嚮之狀」，「鄉」就是「饗」。【177】徐中舒《甲骨文字典》認為「鄉」、「饗」、「卿」在古代本來是同一個字。他說：

> 從卯從皀，皀為食器，象二人相嚮共食之形，為饗之初字。饗、鄉（後起字為嚮）、卿初為一字，蓋宴饗之時須相嚮食器而坐，故得引申為鄉，更以陪君王共饗之人分化為卿。《說文》：「饗，鄉人飲酒也。从食从鄉，鄉亦聲。」已非初義。【178】

於此可見，王氏對本篆說解確是有所缺漏，他忽視了文字的形義關係及本義與引申義的發展。

（2）辟

《說文》辟下云：「法也。从卩从辛，節制其辠也。从口，用法者也。」【179】王筠《句讀》依照許語立說，於「从口，用法者也」說：

【174】《說文解字詁林》第 5 冊，頁 1423。

【175】同上。

【176】見徐中舒主編《漢語大字典》（湖北：四川辭書出版社，1990 年），頁 3786，「鄉」字條。

【177】《說文解字詁林》第 5 冊，頁 1425b — 1426a。

【178】見《甲骨文字典》，頁 1014、頁 713。

【179】見《說文解字詁林》，第 7 冊，頁 1124b。

「《釋詁》：『辟，君也。』君，制法者也，字亦從口。」【180】此說只是依靠一項古文獻之訓解立說，而且說得十分簡單，難以令人信服。考之古文字，辟字甲骨文作 ⿰ 一期前四‧七‧五、⿰ 一期甲一〇四六、⿰ 一期乙六七六八等形【181】；金文則作 ⿰ 盂鼎、⿰ 召卣、⿰ 毛公鼎等形【182】。徐中舒《甲骨文字典》辨析「辟」之構形為「從 ⿰ 卩從 ⿰ 辛，或又從 ⿰ 口」，指出其古文字形與《說文》篆文略同。【183】高田忠周《金文詁林》則參照清人羅振玉的說法，認為金文「⿰」中有「○」是另一個字，此應是「璧」的借字，並謂「古文人卩通用，而『𡴫』字所從，正是卩字正形正義，斷非人也」。【184】日本學者加藤常賢（1894-1978）亦認為「辟」之古文字本義為服于罪罰，《說文》「辟」是借字，「𡴫」則是本字。【185】按金文家于省吾（1896-1984）分析，「辟」於古代有作名詞及動詞用，他援引書證立說：

> 典籍中訓「辟」為「法」者習見，例如：《逸周書‧祭公》的「天子自三公上下辟于文武」，孔注訓「辟」為「法」，是指「效法」言之。師望鼎的「用辟先王」，「辟」也應訓為「效法」。《詩‧文王有聲》的「皇王維辟」，釋文訓「辟」為「法」，是指「法則」言之。總之，「辟」作動詞，則為「效法」；其在句末作名詞用，則為「法則」。……「孝各唯辟」之「辟」作名詞用，應訓為「法則」。【186】

由此可見，以「從口」結構來討論「辟」字是不當的，應結合文字的形

【180】見《說文解字詁林》，第 7 冊，頁 1125a。

【181】見《甲骨文字典》，頁 1015。

【182】見《金文詁林》，頁 5627。

【183】見《甲骨文字典》，頁 1015。

【184】見《金文詁林》，頁 5628。

【185】見《金文詁林補》，頁 2951。

【186】同上，頁 2956-2957。

義及其於古籍中的語法功能立說。

（3）樹

《說文》樹下云：「生植之總名。从木，尌聲。」王筠《句讀》則參照桂、段二書立說：

> 《大司徒》：「辨五地之物生」，而合皂、膏，覆荄、叢，皆謂之植物，故曰生植也。樹、植皆有立義。「十年之計，莫如樹木」，是木言樹也。「樹藝五穀」，是穀言樹也。「潤溼不可穀者，樹之萑蒲」，是艸亦言樹也，故曰總名。而主謂木者，字從木也。【187】

段玉裁、朱駿聲兩家均指出本篆有假借義，可以借作「尌」、「豎」【188】，這兩字都不是名詞，與作樹木解，用作名詞不同。朱珔（1769-1850）《說文假借義證》引《孟子·告子下》：「無易樹子」，《趙注》：「樹，立也」。【189】以證此字於先秦時有作動詞用，朱氏謂：「今之『建樹』字皆『尌』之假借。」【190】其實，許慎《說文解字》於本篆說解末處收有「樹」字之古文，作 𡰥【191】。按字形而言，該字有人手執植物之莖榦作種植之意。從字的構形與構意來論，這本來就是描述種植的具體動作，可見「樹」之本義未必一定是名詞，不一定作「生植之總名」解。事實上，先秦文獻中，此字亦作動詞用。如《尚書·泰誓下》：「樹德務滋，除惡務本。」【192】《左傳·襄公三十一年》：「吾子

【187】見《說文解字詁林》，第 5 冊，頁 580a。

【188】同上。

【189】見《說文解字詁林》，第 5 冊，頁 581a。

【190】同上。

【191】見《說文解字詁林》，第 5 冊，頁 580a。

【192】見漢·孔安國注、唐·孔穎達疏《尚書注疏》（臺北：臺北藝文印書館景印清嘉慶 20 年〔1815〕南昌府學重刊宋本《十三經注疏》，附《校勘記》，1973 年 5 月 5 日版）頁 156b。

馬顯慈　王筠《說文句讀》字義研究闡釋　　607

盍與季孫子言之，可以樹善，君子也。」【193】《孟子‧梁惠王上》：「五畝之宅，樹之以桑。」【194】《韓非子‧外儲說左下》：「吾聞子善樹人」，「故君子慎所樹」。【195】以上皆作動詞用。王筠則過於相信許慎的說解，而忽略文字形義與詞類關係，縱然他旁徵博引為「生植之總名」疏證，但也不能將「樹」字之形義說解得合理清楚。

除上三例，《句讀》書中類此而有待討論的，還有「幻」、「旦」、「宿」、「晶」、「躬」、「俘」、「頭」等，篇幅所限，於此不再逐一討論。

四、總結

本義、引申義、假借義、動靜字，是王氏《句讀》裏分析字義、詞義中常見的術語。綜合本章所述，王氏在說解許篆本義之中，精細而又可取的，有束、辭、辯、則、括、亢等字例。引申義方面，則有殄、丰、倩等字例。假借義方面，則有蒁、贛、ㄓ、侗、勿等字例。當中有需要補充或須加以商榷、討論的，有出、閑、戶、辛、昔、毋、子、須等字例。此外，也有若干申說是未有充份顧及文字形義關係立說，此類例子有鄉、辟、樹等。總的來說，王筠的研究態度是認真而審慎，《句讀》全書雖然參考桂、段二書立論頗多【196】，但王氏也不是照單全收，

【193】見晉‧杜預注、唐‧孔穎達疏《左傳注疏》（臺北：臺北藝文印書館景印清嘉慶 20 年〔1815〕南昌府學重刊宋本《十三經注疏》，附《校勘記》，1973 年 5 月 5 日版）頁 645a。

【194】見《孟子注疏》，頁 24a。

【195】見王先謙撰、鍾哲點校《韓非子集釋》，北京：中華書局，1998 年，頁 305。

【196】筆者認為研究王筠《說文句讀》宜先將桂馥《說文義證》及段玉裁《說文解字注》兩書一起閱讀。王說中有明引桂、段二書的體例（此於書中每每標明「桂說」、「段說」），亦有暗用兩家之言的形式，即是在書直錄二人之資料，甚至將

他在汲取前人成果之餘，亦每每自己蒐集其他相關書證佐說，務求逐一溯本追源，對一字一義的解釋皆要求言必有據，札札實實的表現出一派樸學大師風範。至於動靜字之說，雖然並非王氏首創，但是他的見解卻往往精要獨到，充份反映出他對古漢語詞義發展、語法及詞性的重視，展現了他個人廣闊而深邃的學術眼界。

其分析、論說引錄而不再作交待。事實上，王氏在《說文句讀》之《序》言中已早作說明，參閱王書前宜先細心閱讀，弄清楚全書體例後，對王氏之學問來龍去脈有了更清晰的了解，評講亦會比較中肯合理。

稿　約

（一）本刊宗旨專重研究中國學術，以登載有關中國歷史、文學、哲學、教育、社會、民族、藝術、宗教、禮俗等各項研究性之論文為限。

（二）本刊年出一卷。

（三）本刊由新亞研究所主持編纂，歡迎海內外學者賜稿。

（四）來稿每篇原則上以三萬字為限，請附中文提要（二百字內）；英文篇題；通訊地址、電話、傳真及電郵地址。

（五）來稿均由本所送呈專家學者審閱，以決定刊登與否。

（六）本所有文稿刪改權，如不同意，請預先聲明。

（七）文責自負；文稿若涉及版權問題，由作者負責。

（八）來稿請勿一稿兩投。本所不接受已刊登之文稿。

（九）來稿如以電腦處理，請以word系統輸入，並隨稿附寄電腦磁片。

（十）請作者自留底稿。來稿刊用與否，恕不退還。若經採用，將盡快通知作者；如半年後仍未接獲採用通知，作者可自行處理。

（十一）本刊所載各稿，其版權及翻譯權均歸本研究所；作者未經本所同意，不得在別處發表或另行出版。

（十二）來稿刊出後，作者每人可獲贈本刊二本及抽印本三十冊，不設稿酬。

（十三）來稿請寄：

香港　九龍　農圃道 6 號，新亞研究所

《新亞學報》編委會收

Editorial Board, New Asia Journal

New Asia Institute of Advanced Chinese Studies

6 Farm Road, Kowloon

Hong Kong

景印香港新亞研究所《新亞學報》（第一至三十卷）

版權所有
不准翻印

新亞學報 第二十八卷

出　　版：新亞研究所

　　　　　九龍農圃道六號

　　　　　No. 6, Farm Road, Kowloon, Hong Kong

　　　　　電話：(852) 2715 5929

編　　輯：《新亞學報》編輯委員會

發　　行：新亞研究所圖書館

　　　　　九龍農圃道六號

　　　　　No. 6, Farm Road, Kowloon, Hong Kong

　　　　　電話：(852) 2711 9211

定　　價：港幣二百元

　　　　　美金二十五元

ISSN: 0073-375X

出版日期：二〇一〇年三月初版

景印香港新亞研究所《新亞學報》（第一至三十卷）

新亞學報

目 錄

第二十八卷　　　　　　　　　　　　　　　　　二〇一〇年三月

上編：唐君毅、牟宗三先生百周年誕辰紀念國際學術研討會論文

一　當代新儒家的興起及其文化貢獻——紀念唐君毅、牟宗三二先生誕生百周年 ... 蔡仁厚
二　唐、牟二先生之陽明學——兼論朱陸異同 .... 李瑞全
三　〈中國文化與世界宣言〉之啟示——論聯署發表及共同參與撰寫之意義 .... 黃兆強
四　法國新儒家領域之研究 .... 岑詠芳
五　唐、牟二師對禪學開顯的處理述異 .... 李潤生
六　從佛教體用義之衡定看唐、牟之分判儒佛 .... 吳　明
七　唐、牟二先生論荀子 .... 鄭炯堅
八　讀唐君毅《大學》改本 .... 黃漢光
九　唐君毅先生的文化理想與實踐 .... 劉國強
一〇　唐君毅論荀子之統類心 .... 張　倩
一一　忠義與報恩：中國祠廟文化的教育意義——以臺灣韓文公祠為例 .... 柯萬成
一二　讀唐君毅先生《日記》叢札 .... 李學銘
一三　比較牟宗三先生對天台圓教及郭象玄學的詮釋 .... 楊祖漢
一四　牟宗三先生的存有論意識——從《五十自述》第三章「直覺的解悟」談起 ... 李淳玲
一五　理智的直觀與智的直覺 .... 盧雪崑
一六　據牟宗三先生的觀點判辨劉宗周的「意體」 .... 陳敏華
一七　牟宗三先生詩學格調說管窺 .... 劉衛林
一八　牟宗三先生論政道與治道 .... 宋敘五

下編：其他論文

一九　《乾隆石經》考述 .... 何廣棪
二〇　論東漢之「事歸臺閣」與「權移外戚」 .... 李學銘
二一　香蕉、茶葉與臺日貿易 .... 陳慈玉
二二　張君勱之非理性主義、反理性主義與浪漫主義及其自我反省 .... 葉其忠
二三　陳柱《公羊》學中的反戰論 .... 盧鳴東
二四　〈賀萬壽詩〉之異文、用韻與修辭——以越南文獻為考察焦點 .... 朱少璋
二五　讀阮刻本《尚書注疏》——兼論相關問題 .... 宗靜航
二六　王筠《說文句讀》字義研究闡釋 .... 馬顯慈

NEW ASIA INSTITUTE OF ADVANCED CHINESE STUDIES

ISSN 0073-375X

頁 39 — 621

景印香港新亞研究所《新亞學報》（第一至三十卷）